Ian Kershaw

Der Mensch und die Macht

Über Erbauer und Zerstörer Europas im 20. Jahrhundert

Aus dem Englischen von
Klaus-Dieter Schmidt

Pantheon

Die Originalausgabe erschien 2022 unter dem Titel
Personality and Power. Builders and Destroyers of Modern Europe
bei Allen Lane, London, einem Imprint von Penguin Books UK.

MIX
Papier | Fördert gute Waldnutzung
FSC® C014496

Penguin Random House Verlagsgruppe FSC® N001967

3. Auflage

Neumarkter Straße 28, 81673 München
produktsicherheit@penguinrandomhouse.de
(Vorstehende Angaben sind zugleich
Pflichtinformationen nach GPSR.)

Umschlaggestaltung: Büro Jorge Schmidt, München
Umschlagabbildungen: picture alliance (AP; akg-images; dpa / London Express;
Photo12 / Photosvintages; KEYSTONE / STR; empics / PA;
Karl Schöndorfer / picturedesk.com; Ulrich Baumgarten)
Satz: GGP Media GmbH, Pößneck
Druck und Bindung: GGP Media GmbH, Pößneck
Printed in Germany
ISBN 978-3-570-55499-9

www.pantheon-verlag.de

In Erinnerung an Stephen

INHALT

VORWORT

Es gibt politische Führer, Demokraten wie Diktatoren, jeweils ausgestattet mit einer markanten Persönlichkeit, die augenscheinlich tiefe Spuren in der Geschichte hinterlassen. Aber was bringt starke Persönlichkeiten an die Macht? Und was fördert oder beschränkt ihre Machtausübung? Welche sozialen und politischen Bedingungen bestimmen die Art der Macht, die sie verkörpern, was entscheidet, ob demokratische oder autoritäre Führer zum Zug kommen? Wie wichtig ist die Persönlichkeit selbst sowohl bei der Erlangung der Macht als auch bei deren Ausübung? Fernsehen, soziale Medien und Journalismus stellen die Persönlichkeit und ihre Rolle gern als eine nahezu elementare, unbeschränkte politische Kraft dar, die durch ihren individuellen Willen den Wandel erzwingt. Aber wird die Macht politischer Führer, wie groß sie auch erscheinen mag, nicht durch Kräfte beschränkt, die sie nicht zu steuern vermögen?

Dies sind grundlegende Fragen der historischen Analyse. Durch jüngste Erfahrungen mit politischer Führerschaft von Figuren wie Donald Trump, Wladimir Putin, Xi Jinping, Recep Tayyip Erdoğan, Boris Johnson und anderen »starken Führern« haben sie jedoch neue Relevanz erhalten.

Außergewöhnliche Zeiten, könnte man sagen, bringen außergewöhnliche Führer hervor, die außergewöhnliche Dinge tun – häufig schreckliche. Eine Systemkrise ist der gemeinsame Faktor. Die in diesem Buch vorgelegten Fallstudien über europäische Führer des 20. Jahrhunderts, unter ihnen Diktatoren wie Demokraten, behandeln alle, bis auf eine, solche außergewöhnlichen Führer, deren spezifische Art der Machtausübung von außergewöhnlichen Vorbedingungen ermöglicht wurde. Der eine der hier behandelten politischen Führer, der nicht in dieses Muster passt – Helmut Kohl –, erhielt einen außergewöhnlichen Anstoß, als der Zusammenbruch des Sowjetblocks ihm überraschend die Gelegenheit bot, die deutsche Vereinigung zu erreichen. Davor war er ein völlig durchschnittlicher demokratischer Führer gewesen. Sein Fall ist vielleicht ein Beleg dafür, dass politische Führer in ruhigen Zeiten, wenn keine Systemkrise herrscht, im Gedanken an die Wirkung auf die Wähler und von breiteren Kräften des ökonomischen, sozialen und kulturellen Wandels beeinflusst, die sie allenfalls teilweise steuern können, die Hebel des historischen Wandels lediglich antippen. Die von mir ausgewählten Fallstudien konzentrieren sich auf das Außergewöhnliche; das unspektakuläre, wenn auch manchmal schätzenswerte und nutzbringende Handeln jener europäischen Politiker und Politikerinnen des 20. Jahrhunderts, die kleine, schrittweise Veränderungen bewirkten, wird nicht untersucht. Hätte ich auch die »normalen«, nicht außergewöhnlichen politischen Führer in den Blick genommen, wäre ein anderes Buch entstanden. Aber ich musste eine Auswahl treffen, und es ist kaum bestreitbar, dass diejenigen, die ich ausgewählt habe, die europäische Geschichte in bedeutender – häufig äußerst negativer – Weise verändert haben.

Was folgt, ist eine Reihe von interpretativen Essays über die Erlangung und Ausübung von Macht durch einige beeindruckende politische Persönlichkeiten. Dabei handelt es sich ausdrücklich *nicht* um Mini-Biographien. Jeder der dargestellten Staatsmänner ist seiner Bedeutung und gewaltigen Wirkung gemäß Gegenstand zahlreicher Biographien geworden, die sich auf umfangreiche historische Forschungsarbeiten stützen. Ich habe diese Biographien und andere Studien über die hier Behandelten herangezogen und behaupte nicht, selbst Primärforschung zu ihnen betrieben zu haben, abgesehen von Hitler, bei dessen Darstellung ich mich auf meine eigene, vor Jahren unternommene Forschungsarbeit stützen konnte.

Die einzelnen Kapitel folgen alle dem gleichen Muster. Zuerst betrachte ich die Charakterzüge und Umstände, die einen bestimmten

Persönlichkeitstyp mit dem Potential ausstatteten, als Führer die Macht zu ergreifen. Danach untersuche ich ausgewählte Aspekte ihrer Ausübung und der Strukturen, die dies ermöglichten. Die Kapitel schließen jeweils mit einer Betrachtung über die Hinterlassenschaft des behandelten politischen Führers. In der Einführung skizziere ich den Rahmen der Untersuchung und lege eine Reihe allgemeiner Annahmen über die Bedingungen des Aufstiegs zur Macht und ihre Ausübung dar, auf die ich dann in der Schlussbetrachtung zurückkommen werde. Anmerkungen und Literaturverweise habe ich auf ein Mindestmaß beschränkt.

Dieses Buch handelt von Geschichte, von jüngerer und häufig immer noch schmerzlicher Geschichte. Europa hat sich seit den hier geschilderten Zeiten weiterentwickelt, und zwar – trotz enormer gegenwärtiger Probleme – überwiegend zum Besseren, insbesondere wenn man an die Schrecken der ersten Hälfte des 20. Jahrhunderts denkt. Ereignisse der jüngsten Zeit haben soziale und politische Themen in den Vordergrund gerückt – Rassismus, Imperialismus, Sklaverei, Geschlechts- und Identitätsfragen –, die im Vergleich zum vorigen Jahrhundert neue oder wenigstens andere Ausdrucksformen angenommen haben. Und die Politik ist erfreulicherweise keine reine Männerdomäne mehr, wie sie es einst war. Dass nur eine der Fallstudien in diesem Buch eine Frau zum Gegenstand hat, spiegelt die Tatsache wider, dass die Politik im 20. Jahrhundert überwiegend Männersache war. Eine nichtweiße Persönlichkeit fehlt gänzlich, was daran erinnert, dass die europäische Politik im 20. Jahrhundert nicht einfach nur eine Domäne von Männern war, sondern eine von weißen Männern. Die Veränderungen in unserer Zeit sind ein Anzeichen dafür, dass weit stärkere Kräfte, als selbst der mächtigste politische Führer sie besitzt, eine langfristige soziale Transformation vorantreiben.

Geschichte bietet, wenn überhaupt, dann nur wenige Rezepte für die Zukunft. Sie zeigt jedoch, dass es nicht wünschenswert ist, die Politik mächtigen Persönlichkeiten zu überlassen, die behaupten, über ein Allheilmittel für die Missstände der Gegenwart zu verfügen, und durch einen umfassenden Wandel eine tiefgreifende Verbesserung versprechen. »Sei vorsichtig mit dem, was du dir wünschst«, ist eine nützliche Mahnung, die man beim Nachdenken über die Behauptungen potentieller politischer Führer im Kopf behalten sollte. Ich selbst wäre froh, wenn »charismatische« Persönlichkeiten gänzlich außen vor blieben, zugunsten solcher Führer, deren Persönlichkeit zwar weniger schillert, die aber kompetente, effektive Regierungsarbeit auf der Grundlage kollektiver Beratung und fundierter rationaler Entscheidungen, die auf die Verbesserung des Lebens *aller* Staatsbürger abzielen, leisten. Doch dies ist wahrscheinlich nur eine weitere Definition von Utopie.

Ian Kershaw
Manchester, Oktober 2021

EINLEITUNG

DER EINZELNE UND DER HISTORISCHE WANDEL

Inwieweit wurde Europas turbulentes 20. Jahrhundert durch das Handeln politischer Führer geprägt? Waren es diese Führer, die das 20. Jahrhundert »gemacht« haben? Oder wurden sie vielmehr von ihm gemacht? Diese Fragen sind Teil der umfassenderen Frage, wie wichtig Einzelne bei der Gestaltung von Geschichte sind. Ändern sie deren Gang grundlegend? Oder leiten sie die Flut lediglich in neue, temporäre Kanäle? Man nimmt häufig nahezu automatisch und fraglos an, politische Führer seien mehr oder weniger persönlich – oder sogar allein, wie implizit manchmal unterstellt wird – dafür verantwortlich, welchen Kurs die Geschichte nimmt. Aber wie und warum sind sie in die Position gelangt, überhaupt so handeln zu können, wie sie es tun? Welchen Einschränkungen sind sie unterworfen? Welcher Druck lastet auf ihnen? Welche Unterstützung oder Opposition bedingt ihr Handeln? Unter welchen Umständen sind die Führer in unterschiedlichen politischen Systemen erfolgreich? Und wie wichtig ist dabei die Rolle der Persönlichkeit? Inwieweit färbt oder prägt sie sogar tiefgreifende politische Entscheidungen? In welchem Maß haben politische Führer selbst durch frei getroffene Entscheidungen den Wandel bewirkt, mit dem man sie später dann identifiziert hat? Diese Fragen betreffen sowohl demokratische als auch autoritäre Führer.[1]

Die Frage des Einflusses des Einzelnen auf den historischen Wandel ist von Historikern häufig und wiederholt aufgegriffen worden,[2] und nicht nur von diesen. So hat Lew Tolstoi viele Seiten seines 1869 erschienenen Romans *Krieg und Frieden* der philosophischen Reflexion über die Rolle des individuellen Willens bei der Gestaltung historischer Ereignisse gewidmet und durch die Betonung des »Schicksals« den Gedanken zurückgewiesen, sie würden von »großen Männern« geprägt.[3] Indirekt lag die Frage aber stets dicht am Zentrum der historischen Forschung, seit das Studium der Geschichte im 19. Jahrhundert zu einer Fachdisziplin geworden ist. Während sie als theoretisches oder philosophisches Thema häufig untersucht wurde, ist sie jedoch selten direkt und empirisch behandelt worden.

Der deutsche Historiker Imanuel Geiss beschäftigte sich 1970 vor dem Hintergrund der in Deutschland herrschenden starken Abneigung gegen eine personalisierte Geschichtsschreibung mit der Rolle der Persönlichkeit. Diese Aversion war zum Teil auf die Ablehnung der früheren Tradition der deutschen Geschichtsschreibung zurückzuführen, die Rolle mächtiger, häufig visionärer Einzelner bei der Gestaltung der deutschen Geschichte zu überhöhen. Hauptsächlich war sie jedoch eine Reaktion auf die katastrophale jüngste deutsche Geschichte, die häufig implizit, wenn nicht sogar explizit als Werk eines einzigen Mannes, Adolf Hitlers, gesehen wurde. Der Führerkult im »Dritten Reich«, der alle »Leistungen« der »Größe« des »Führers« zuschrieb, und die Umkehr dieser Wertung nach 1945, als man nur zu bereitwillig das ganze Desaster, das Deutschland ereilt hatte, Hitler persönlich anlastete, hatten in den 1960er Jahren dazu geführt, dass man der Persönlichkeit eine Rolle in der Geschichte nahezu vollständig absprach. Dies war sowohl in Westdeutschland, wo die Strukturgeschichte vorherrschend wurde, als auch – aufgrund der marxistisch-leninistischen Betonung des Primats der Ökonomie – in extremer Weise in Ostdeutschland der Fall. Geiss schlug einen Mittelweg zwischen Übertreibung und Zurückweisung der Rolle des Einzelnen ein, ging aber nicht weit über – nicht sehr klare – Abstraktionen hinaus. »Die noch so große Persönlichkeit«, stellt er fest, »schafft nicht selbst den historischen Stoff oder formt ihn entscheidend selbst, sondern gibt ihm nur die ihr eigene persönliche Note.« Eine »große Persönlichkeit« präge »allenfalls ihrer Zeit den eigenen persönlichen Stempel« auf.[4]

Die starke Betonung struktureller Determinanten historischen Wandels und die Geringschätzung der Rolle des Einzelnen hatten zur Folge, dass der Biographie, einem traditionellen Bestandteil der angloamerikanischen Geschichtsschreibung, in Deutschland bei der Interpretation der Vergangenheit lange Zeit keine besondere Bedeutung beigemessen wurde. Nach dem Fall des Eisernen Vorhangs hat sich dies in Deutschland und anderswo jedoch geändert. Der Rückgang des geistigen Einflusses des Marxismus nach dem Sturz des Sowjetblocks und die Ausbreitung der neuen »Kulturgeschichte«, die jede »große Erzählung«, jede dem historischen Wandel übergestülpte umfassende Theorie zurückweist, brachten eine Fragmentierung ohne grundlegendes Muster oder zu enthüllende Bedeutung mit sich, so dass sich das Augenmerk erneut auf den Willen, die Handlungen und die Wirkung von Einzelnen richtete. Eine »allgemeine Wende vom Abstrakten zum Konkreten« hatte eine »Abkehr von System und Struktur hin zum Subjekt, zum Einzigartigen und Individuellen« zur Folge.[5]

Als das Millennium näher rückte, veröffentlichte einer der führenden deutschen Historiker, Hans-Peter Schwarz, eine umfangreiche, schwungvoll geschriebene »Porträtgalerie« des 20. Jahrhunderts, wie sie eine Generation zuvor in Deutschland noch undenkbar gewesen wäre. Durch die »Kunstform des biographischen Essays«, erklärte Schwarz, ähnle sein Buch einem »Durchgang durch ein Geschichtsmuseum, in dem die Porträts verschiedener Größen des 20. Jahrhunderts zu betrachten sind: das Gesicht des Jahrhunderts als Abfolge von Gesichtern«. Er räumte ein, dass »der Faktor Persönlichkeit nur einer unter vielen« sei, fragte aber anschließend rhetorisch: »Doch wer wollte seine Bedeutung ernstlich bestreiten?«[6]

Die Vorstellungen von politischer Führung sind natürlich alles andere als statisch. Selbst ihre Anhänger verleihen heutigen »starken Führern« selten jene »heroischen« Züge von »Schicksalsmännern«, deren Taten das Geschick ihrer Nation prägen, wie sie noch politischen Führern im 19. Jahrhundert zugeschrieben wurden, als dem romantischen Zeitgeist entsprechend der Glaube an »große Männer« entstand.[7] Thomas Carlyles gefeierte Vorlesungsreihe *Über Helden, Heldenverehrung und das Heldentümliche in der Geschichte* von 1840 gab diesem Glauben enormen Auftrieb und trug wesentlich dazu bei, den »großen Mann« – Frauen schenkte man keine Beachtung – ins Geschichtsbild einzuführen. Nach Carlyles Ansicht ist »die Universalgeschichte, die Geschichte dessen, was der Mensch in dieser Welt vollbracht hat, im Grunde die Geschichte der großen Männer […]. Alle Dinge, die wir in der Welt fertig dastehen sehen, sind eigentlich das äußere wesentliche Ergebnis, die praktische Verwirklichung und Verkörperung von Gedanken, die in den Hirnen der uns in die Welt gesandten großen Männer lebten.« Für Carlyle waren »große Männer« vollkommen positive Figuren. Ein »großer Mann« war in seinen Augen nicht weniger als »die lebendige Quelle des Lichtes, und es ist gut und ersprießlich, ihr nahe zu sein«, dieser »strömende[n] Lichtquelle […] der angeborenen ursprünglichen Erkenntnis, der Mannheit und des edlen Heldentums«.[8]

Die meisten von Carlyles »Helden« bewegten sich auf den Gebieten von Religion (wie Mohammed und Luther) und Literatur (Dante, Shakespeare). In der letzten Vorlesung wandte er sich jedoch der Politik zu, wobei er Cromwell und Napoleon herausgriff, die beide nach revolutionärem Chaos die Ordnung wiederhergestellt hatten, oder wie er es ausdrückt: »In aufrührerischen Zeiten, wo das Königtum an sich tot und vernichtet zu sein schien, treten Cromwell und Napoleon wieder als Könige hervor.«[9] Der »Held« oder »große Mann« prägt die Geschichte durch Willenskraft: Dies war die grundlegende Botschaft. Kein Wunder also, dass ein Jahrhundert später Hitler ein begeisterter Bewunderer Carlyles war – und dass Carlyle heute so wenig gelesen wird.[10]

Auch der herausragende Schweizer Kulturhistoriker Jacob Burckhardt befasste sich in einem Essay mit dem Thema »historischer Größe«. In der erst 1905, nach seinem Tod, veröffentlichten Schrift, die auf 1870 gehaltenen Vorträgen beruht, räumt er ein, dass »wirkliche Größe [...] ein *Mysterium*« sei, wir aber »unwiderstehlich dahin getrieben« seien, »diejenigen in der Vergangenheit und Gegenwart für groß zu halten, durch deren Tun unser spezielles Dasein beherrscht ist«. Große Männer zeichneten sich durch Einzigkeit und Unersetzlichkeit aus.[11] Burckhardts Hauptanliegen war die »Größe« in der Kultur, insbesondere von Malern, Dichtern und Philosophen sowie von religiösen Figuren (auch hier Mohammed und Luther). In der Politik unterschied er »Größe« von »bloßer Macht«; »bloßen kräftigen Ruinierern«, wie er sie nennt, spricht er jede Größe ab.[12] Wer nur zerstöre und nichts schaffe, habe jeden Anspruch auf Größe verspielt. Groß seien nur diejenigen, die sich als fähig erwiesen, die Gesellschaft von »abgestorbenen Lebensformen« zu befreien.[13] Zur »Größe« gehört nach Burckhardts Ansicht mehr als die Durchsetzung des eigenen Willens. Ihr bestimmender Faktor liegt vielmehr darin, ob er – je nach Standpunkt – dem Willen Gottes, der Nation oder des Zeitalters entspricht.[14] Wie dieser definiert werden sollte, ließ er offen.

Sowohl Carlyle als auch Burckhardt suchten »Größe« in der Persönlichkeit. Aber ihre Definitionsversuche blieben nebulös. Vielleicht ist es wirklich möglich, in Kunst und Kultur eine objektive Definition des Genies, das der Größe gleichkommt, zu finden. Vielleicht trifft es objektiv zu, wenn man sagt, Michelangelo, Mozart oder Shakespeare seien »große« Künstler gewesen, weil eine fachmännische ästhetische Einschätzung ihres Genies und ihrer künstlerischen Fähigkeiten zeige, wie weit sie sich damit über die Werke ihrer Zeitgenossen erhoben. Nach Burckhardts Ansicht liegt die Größe von Malern, Dichtern und Philosophen in ihrer Fähigkeit, sowohl den Zeitgeist wiederzugeben als auch einen grundlegenden interpretativen Rahmen für das Verständnis durch künftige Generationen zu liefern.[15] Auf einer anderen Ebene, auf der Leistungen genau gemessen werden können, ist es möglich, von großen Sportlern zu sprechen, wenn sie Leistungen erreichen, die weit über denjenigen aller anderen liegen. Doch dies alles ist weit von politischer »Größe« entfernt.

Lucy Riall, eine Expertin für die moderne italienische Geschichte, hat jüngst den Begriff historischer Größe neu gefasst, indem sie ihn als politische und kulturelle Konstruktion interpretierte und diese Perspektive in ihrer Garibaldi-Biographie anlegte.[16] »Für Italiener wie für Nichtitaliener«, führt sie aus, »war und bleibt Garibaldi der große Mann par excellence.« Aber dies sei ein Konstrukt, stellt sie klar, eine »Erfindung« der italienischen Gesellschaft, an der nicht zuletzt Garibaldi selbst beteiligt war. »Indem er den Begriff der Größe hinterfragt«, resümiert sie, »kann der politische Biograph den Prozess enthüllen, durch den Größe erlangt, manipuliert und ausgenutzt wird, und vielleicht eine Erklärung dafür geben, warum wir uns nach Helden sehnen.«[17] Kaum jemand wird den Nutzen bestreiten, den es hat, wenn man die Gründe erkundet, aus denen Gesellschaften – oder wenigstens Teile von ihnen – zuzeiten bereit sind, ihren politischen Führern Größe zuzubilligen (die sie sich nur zu gern auch selbst zuschreiben). Und dass es wichtig ist zu erkennen, wie Regime solche Ansichten manipulieren und ausnutzen, versteht sich von selbst. Aber sich die Bedingungen anzuschauen, unter denen Führerkulte geschaffen werden und gedeihen, beantwortet noch nicht die Frage, ob und nach welchen Kriterien bestimmte politische Führer tatsächlich als »groß« bezeichnet werden können.

Im Reich der Politik eine objektive Definition von »Größe« aufstellen zu wollen, scheint mir ein letztlich sinnloses Unterfangen zu sein. Welches sind die Kriterien? Burckhardt gestand Dschingis Khan »Größe« zu, weil dieser seine Gefolgschaft »vom Nomadenleben zur Welteroberung« geführt hatte. Timur dagegen, dessen selbsternanntem Nachfolger, sprach Burckhardt sie ab; in ihm sah er bloß einen »kräftigen Ruinierer«, der die Mongolen in einem schlimmeren Zustand hinterließ als den, in dem er sie vorgefunden hatte.[18] Ist diese Unterscheidung wirklich mehr als ein subjektives Urteil? Beide Herrscher waren zu Recht gefürchtet; den Streifzügen ihrer Armeen durch riesige eroberte Territorien fielen Zigtausende Menschen zum Opfer. Moralisch gesehen, waren beide abstoßende Beispiele ungezügelter

Grausamkeit. Doch die Moral spielt bei Burckhardts Urteil über die »Größe« keine Rolle; ausschlaggebend scheint vielmehr die Effektivität ihrer Eroberungen zu sein (für die Eroberer, nicht die Eroberten). »Größe« scheint ausschließlich in den Augen bestimmter Betrachter zu liegen. Und überhaupt: Trägt es irgendwie zum besseren Verständnis dessen bei, wie Dschingis und Timur die Macht erlangten und ausübten, wenn man den einen als »groß« bezeichnet und dem anderen mangelnde »Größe« vorwirft?

Bei der Betrachtung der fernen Vergangenheit ist es vielleicht möglich, die Moral außer Acht zu lassen. Moralität als Urteilskriterium verblasst im Lauf der Zeit, bis sie schließlich ganz verschwindet. Vielleicht sollte dies nicht geschehen, aber es geschieht. Kaum jemand schenkt bei der Beurteilung der Leistungen von Eroberern aus lange zurückliegenden Epochen dem Ausmaß der von ihnen verübten Gemetzel Beachtung. Aber wie ist es in der Neuzeit? In der Moderne verlangt politische Macht unweigerlich moralische Entscheidungen und ideologische Stellungnahmen, die beide in der Regel sowohl Befremden als auch Bewunderung hervorrufen. Welches Maß an moralischer Verfehlung darf nicht überschritten werden, um jemandem »Größe« zubilligen zu können? Hitler dürfte der wohl am meisten geschmähte politische Führer der Neuzeit sein. Kaum jemand würde heute bei der Charakterisierung des Hauptschuldigen eines Weltkriegs, des Holocausts und der Zerstörung seines eigenen Landes das Epitheton »groß« verwenden. Es ist allerdings vorgeschlagen worden, ihm »negative Größe« zu bescheinigen.[19] Aus diesem Blickwinkel betrachtet, wiegt die Anerkennung seiner enormen, wenn auch katastrophalen Wirkung und zweifellos vorhandenen historischen Bedeutung den moralischen Abscheu auf. Abgesehen davon, dass es als implizite, wenngleich unbeabsichtigte Apologie verstanden werden kann, verweist es erneut auf die Leere des Begriffs historischer »Größe«. Selbst wenn sie adäquat definiert werden könnte, würde man den historischen Wandel in extremer Weise auf das Handeln von Einzelnen reduzieren. Es liefe auf eine Personalisierung von Geschichte hinaus, die, sofern sie nicht in einen tieferen kausalen Zusammenhang eingebettet ist, nur sehr begrenzte Erklärungskraft besitzt.

Der Definition politischer »Größe« steht noch ein weiteres Hindernis entgegen. Der Begriff ist nicht nur unklar, sondern auch für wechselnde Werte offen. Kaum ein westlicher politischer Führer der Neuzeit ist häufiger und nachhaltiger als »groß« bezeichnet worden als Winston Churchill.[20] Seine Führerschaft im Zweiten Weltkrieg wird zu Recht als wesentliche Voraussetzung des Sieges der Westalliierten, der Freiheit über die Tyrannei in der westlichen Welt betrachtet. Aber wenn man ihm »Größe« attestiert, muss man sich auch der Tatsache stellen, dass seine Ansichten über »Rasse« und Kolonien mittlerweile Anstoß erregen, und zwar so sehr, dass seine Statue in Westminster vor »Black Lives Matter«-Demonstranten geschützt werden muss, die ihn als rassistischen Imperialisten verabscheuen. Dass er die weiße »Rasse« als den einheimischen Bevölkerungen der britischen Kolonien überlegen betrachtete, entsprach der Auffassung der herrschenden Elite seiner Zeit (und vieler anderer Menschen). Viele seiner Äußerungen wirken heute abstoßend, sie drücken jedoch die Haltung seiner Zeit aus. (Mit dem Vorwurf, er sei für die furchtbare Hungersnot in Bengalen in den Jahren 1943/44 verantwortlich, schießt man allerdings über das Ziel hinaus. Ob er mehr hätte tun können, um das schreckliche Leid zu lindern, ist weiterhin umstritten. Aber der militärische Vorrang bei der Zuteilung von Schiffsraum mitten in einem Weltkrieg setzte dem, was möglich war, offensichtliche Grenzen.)[21] Für ein späteres Zeitalter ist Churchills Haltung zur »Rasse« ebenso abstoßend wie seine Billigung der Eugenik. (Den Juden stand er im Gegensatz zu vielen seiner Zeitgenossen jedoch stets positiv gegenüber; er unterstützte die Balfour-Erklärung, in der ihnen eine Heimstatt versprochen wurde, und war immun gegen Antisemitismus.) Nichts davon schmälert seine herausragenden Leistungen. Aber es führt zu moralischen Urteilen, die voller Unbehagen erwogen und subjektiv bewertet werden müssen, will man zu einer Einschätzung der »Größe« gelangen.

Nach meiner Ansicht ist es daher am besten, die Suche nach »Größe« bei politischen Führern hinter sich zu lassen. Die Frage ist nicht, ob sie nach irgendeiner nebulösen Definition »groß« waren oder nicht. Das Augenmerk sollte vielmehr auf ihrer historischen Wirkung und Nachwirkung, der Hinterlassenschaft, liegen. Dann fallen moralische Urteile fort – ob ein »großer« Führer Gutes bewirken sollte oder ob es »negative Größe« gibt (allerdings besitzt allein schon der Sprachgebrauch des Historikers moralische Untertöne). Damit ist jedoch die Frage nach der Rolle des Einzelnen in der Geschichte immer noch offen.

Dass bestimmte Einzelne herausragen, zu Berühmtheit gelangen, Macht gewinnen und in der Lage sind, sie auszuüben, um politische Veränderungen zu erreichen, hängt eng mit bestimmten Persönlichkeitszügen, ihnen unterstellter Charakterstärke und individuellen Fähigkeiten zusammen. Üblicherweise bezeichnet man eine solche Persönlichkeit als »charismatisch«. Im Allgemeinen besagt dies lediglich, dass jemand in irgendeiner Weise, die in der Regel nicht näher bestimmt wird, anziehend wirkt. Aber was für den einen attraktiv ist, ist für andere abstoßend. Und warum können die Persönlichkeitszüge eines bestimmten Menschen in der einen Zeit politisch unattraktiv und in der anderen höchst anziehend sein? Dies verweist offensichtlich auf den spezifischen Kontext, auf die Umstände und Vorbedingungen, unter denen ein Einzelner als »charismatisch« angesehen wird, was häufig erheblich zur Effektivität seiner politischen Tätigkeit beiträgt.

Für das Verständnis des Zusammenhangs zwischen der Rolle des Einzelnen und dem sozialen und politischen Rahmen, in dem seine Persönlichkeit besondere Wirkung entfaltet, ist die Art nützlich, wie der deutsche Soziologe Max Weber (1864–1920) den Begriff »Charisma« verwendet. Nach seiner Auffassung bedeutet er nicht notwendigerweise, dass jemandem außergewöhnliche Qualitäten eigen sind, die ihn objektiv »charismatisch« machen – auch wenn manche politischen Führer offensichtlich über besondere Talente verfügen, etwa öffentliche Reden zu halten, oder potentiell einnehmende oder attraktive persönliche Eigenschaften besitzen. Vielmehr legt er die Betonung auf die Wahrnehmung durch eine »Gefolgschaft«, die »charismatische Gemeinschaft«, die glaubt, dass der jeweilige Führer herausragende Eigenschaften besitzt. Insofern *schafft* die »Gefolgschaft« das »Charisma«, das sie dem »Auserwählten« zuschreibt, indem sie ihn als heldenhaft oder »groß« wahrnimmt, als Träger einer »Sendung« oder ideologischen Botschaft, die sie anziehend findet.[22] Unter modernen politischen Bedingungen wird das »Charisma« unweigerlich von regierungsnahen Medien und Massenparteien geschaffen und gestärkt, so dass das vermeintliche »Charisma« des jeweiligen politischen Führers zum großen Teil ein künstliches Produkt des »Marketings« durch eine politische Bewegung, Medienberichte oder offene Propaganda ist. Diktatoren verwenden viel Zeit und Kraft auf die Schaffung eines Personenkults, der neben einem starken Repressionsapparat dazu dient, ihre Macht zu festigen und aufrechtzuerhalten.[23] Die Massenverherrlichung der Führer diktatorischer Regime ist keine Reaktion auf echte persönliche Eigenschaften, sondern künstlich ausgelöst.

»Charismatische« Figuren können ihre spezifische Aura natürlich ebenso verlieren wie gewinnen, für gewöhnlich durch ein Versagen – manchmal ein katastrophales – und ihr Unvermögen, den an sie gestellten Erwartungen gerecht zu werden. Es gibt offensichtlich Ausnahmen von der Behauptung des rechts-konservativen britischen Politikers Enoch Powell, jede politische Karriere ende im Scheitern. Doch die Vielzahl gescheiterter politischer Führer, die man einst für herausragend gehalten, dann jedoch abgelehnt hat, verweist auf die Flüchtigkeit der Rolle von Einzelnen und die von ihnen nicht kontrollierbaren Kräfte, die ihren Handlungsspielraum einschränken und den tiefergehenden historischen Wandel bestimmen. Wer die Rolle des Einzelnen bei der Gestaltung der Geschichte einschätzen will, sollte deshalb von Anfang an nicht nur die Persönlichkeit betrachten, sondern auch die Umstände, die deren Beitrag prägen.

Einen möglicherweise ergiebigen Ansatz – der dem Konzept des »großen Mannes« diametral gegenübersteht – bietet der Anfang der

1852 verfassten Schrift *Der achtzehnte Brumaire des Louis Bonaparte* von Karl Marx, wo es heißt: »Die Menschen machen ihre eigene Geschichte, aber sie machen sie nicht aus freien Stücken, nicht unter selbstgewählten, sondern unter unmittelbar vorgefundenen, gegebenen und überlieferten Umständen.«[24] Man muss kein Marxist sein – und ich war nie einer –, um die Implikationen dieser Feststellung für das Verständnis des historischen Wandels zu sehen. Marx schaute nicht nach historischer »Größe«, sondern versuchte zu erklären, wieso eine unbedeutende Person, ja sogar eine Witzfigur, als welche er Louis Bonaparte, Napoleon III., betrachtete, in der Lage war, in einem Staatsstreich wie dem vom Dezember 1851 diktatorische Machtvollkommenheit zu erlangen. Seine Antwort lautete, dass keine der sozialen Klassen der französischen Gesellschaft ihre Herrschaft aufzuzwingen vermochte, was nach seiner Ansicht eine ungewöhnliche und notwendigerweise vergängliche Rahmenbedingung darstellte. Die Arbeiter waren in der Revolution von 1848 besiegt worden, während das Bürgertum gespalten und politisch schwach war. Die Schwäche sowohl des Proletariats als auch des Bürgertums ermöglichte es Louis Bonaparte, den Marx schneidend als »ernsthaften Hanswurst« charakterisiert, der auf ein »langes abenteuerliches Vagabundenleben« zurückblicke, die exekutive Gewalt im Staat zu übernehmen und durch Bestechung, Beschwatzen und sonstige Manipulationen das Lumpenproletariat und die Kleinbauern dazu zu bewegen, seine Diktatur zu unterstützen.[25]

Nach deren Schaffung war das Ausmaß seiner persönlichen Machtausübung durch das Gleichgewicht der sozialen und politischen Kräfte bedingt, das die strukturelle Voraussetzung seiner Machtübernahme bildete. Es ermöglichte eine »relative Autonomie« von Klassenkräften; eine Zeitlang konnte er uneingeschränkt handeln. Man muss diese Interpretation des »Klassengleichgewichts« nicht beibehalten. Aber die Betonung der strukturellen Vorbedingungen beleuchtet die Möglichkeit, dass politische Führer Krisen und das Durcheinander außergewöhnlicher Umstände ausnutzen, um ein unübliches Maß persönlicher – häufig tyrannischer – Machtvollkommenheit zu erlangen. Allgemeiner gesprochen, stellt dieser Ansatz ein Korrektiv der verbreiteten Überbetonung der Rolle des Einzelnen bei der Gestaltung des historischen Wandels dar. Indem man am »falschen« Ende anfängt und anstelle von Persönlichkeit und individueller Leistung den Kontext und die Vorbedingungen hervorhebt, kommt man zu einer Analyse, welche die Rolle des Einzelnen nicht leugnet, aber zuerst die Rahmenbedingungen untersucht, unter denen sie möglich wurde. Aus einer solchen Perspektive hat der Politologe Archie Brown eine ebenso tiefgreifende wie anregende Analyse moderner politischer Führerschaft vorgelegt. Sein Ausgangspunkt ist, dass sich politische Führer »stets in einer historisch gewachsenen politischen Kultur« bewegen. Insbesondere Demokratien, fügt er hinzu, würden »den Handlungsspielraum der Person an der Spitze der Regierung mit gutem Grund erheblich einschränken, was nichts daran ändert, dass eine übermäßige Fixierung auf diese Person heute bedauerlicherweise sehr verbreitet ist«.[26]

Selbstverständlich besitzt jedermann eine Persönlichkeit, welche die inneren Charakterzüge widerspiegelt, die in seiner Kindheit geformt und durch Erziehung, Bildung, Lebenschancen und soziales Umfeld geprägt wurden. Aber nicht jede Persönlichkeit weist Eigenschaften auf, die sie für eine Führungsrolle prädestinieren, sei es in Politik, Wirtschaft oder anderen Lebensbereichen. Psychologische Untersuchungen von Persönlichkeitstypen und Führungseigenschaften, wie sie in Wirtschaftskreisen verbreitet sind, sind in Bezug auf politische Führung vermutlich nicht allzu ergiebig. Zuverlässigkeit, Verantwortungsgefühl, geistige Offenheit, emotionale Stabilität, Geselligkeit, Fleiß, Verträglichkeit, Gleichmut unter Druck und Bereitschaft zur Teamarbeit sind bei Wirtschaftsführern zweifellos wünschenswerte Eigenschaften.[27] Aber es fällt nicht schwer, politische Führer zu nennen, die nicht in dieses Raster passen und dies sogar für nicht wünschenswert hielten, aber dennoch – wenigstens zeitweise – höchst effektiv waren (und in der heutigen Welt manchmal noch sind).

Die Bedingungen, unter denen ein bestimmter Persönlichkeitstyp als politischer Führer erfolgreich sein kann, variieren derart, dass Verallgemeinerungen schwerfallen. Was in einer etablierten Demokratie funktioniert, kann in den politischen Turbulenzen einer großen Krise völlig unwirksam sein. Ein Diktator kann persönliche Eigenschaften besitzen, welche in einer prosperierenden pluralistischen Gesellschaft die meisten Menschen abstoßen, aber in Krisen, wie sie viele Diktatoren an die Macht bringen, gutgeheißen werden. Man kann, zum Beispiel, Hitler nicht verstehen, ohne die unerträglich schmerzliche Wirkung der Niederlage im Ersten Weltkrieg und der Weltwirtschaftskrise auf die deutsche Gesellschaft zu beachten. »Wirksamkeit« kann kurzlebig sein und in eine Katastrophe führen, aber eine Zeitlang kann sie greifen und immense Folgen auslösen. Die Umstände bestimmen weitgehend die Wirkung eines bestimmten Persönlichkeitstyps.

Sie bestimmen auch die Art, wie die Macht wahrscheinlich ausgeübt wird. Laut Michael Mann gibt es vier Quellen der Macht, die miteinander in Wechselwirkung stehen: ideologische, ökonomische, militärische und politische.[28] Die Umstände diktieren, welche von ihnen in einer bestimmten Zeit dominieren. Je nach den Umständen und der besonderen politischen Konstellation gelangt wahrscheinlich ein bestimmter Persönlichkeitstyp zu Bekanntheit, findet breite Anerkennung und gewinnt institutionelle Unterstützung. Historisch waren sehr unterschiedliche Führungseigenschaften gefordert; dort, wo eine institutionalisierte Ideologie weitgehend unangefochten herrschte, waren die Anforderungen andere als in einer von Unruhe, politischer Krise oder Krieg erschütterten Gesellschaft.

Wenn Frieden herrscht, der Wohlstand zunimmt und sich ausbreitet sowie zentrale Werte – wie Menschenrechte, bürgerliche Freiheiten, pluralistische Demokratie, Rechtsstaatlichkeit und Gewaltenteilung – und eine relativ krisenfreie kapitalistische Wirtschaft allgemein als Grundlage einer stabilen, zivilisierten Gesellschaft anerkannt werden, werden Führer wahrscheinlich institutionelle Beschränkungen ihres Handlungsspielraums weitgehend akzeptieren und nicht danach streben, das politische System selbst zu verändern. Solche Bedingungen waren seit dem Zweiten Weltkrieg bis in jüngste Zeit in Westeuropa und den USA gegeben. Neue geopolitische Spannungen und Wirtschaftskrisen haben jedoch die prekären Fundamente der intensivierten Globalisierung enthüllt und zumindest vorübergehend einen anderen, populistischen Führungsstil gedeihen lassen – wie ihn Donald Trump in den USA und in geringerem Maß Boris Johnson in Großbritannien verkörpern.

In umstrittenen und krisengeschüttelten politischen Systemen, wie es sie zwischen den beiden Weltkriegen in großen Teilen Europas gab, fand ein völlig anderer Persönlichkeitstyp, der bereit und willens war, radikale Veränderungen zu fordern und mit massiver Gewalt durchzusetzen, Anerkennung und gelangte an die Macht. Während der Kriege selbst hatten selbstverständlich militärische Ziele und Erfordernisse Vorrang. Für eine kurze, aber überaus zerstörerische Zeit überragte die Rolle der Militärmacht alles andere. Unter solchen Umständen mussten sich selbst Diktatoren wie Hitler, Mussolini und Stalin teilweise deren Forderungen und Zwängen beugen. Militärkommandeure, deren Fähigkeiten sich von denjenigen der politischen Führer unterschieden, hatten in der Praxis einen großen Teil der Macht in Händen, auch wenn sie nur relativ autonom von der politischen Führung waren.

Individuelle Macht kann, nach Max Weber, als Fähigkeit eines Führers gesehen werden, seinen eigenen Willen auch gegen Widerstand durchzusetzen.[29] In pluralistischen, liberalen Demokratien drückt sich dieser Wille für gewöhnlich als Konsensentscheidung eines Kabinetts oder anderer Regierungsorgane aus, und die Macht ist zudem über ein Netz von Institutionen und Organisationen über die Gesellschaft verteilt. Opposition findet in der Regel im Kontext eines Parlaments oder einer anderen Versammlung, durch die Massenmedien sowie gelegentlich auch durch Demonstrationen und im Regierungsapparat selbst statt. Aber sie wird, so lautstark oder sogar erhitzt sie sein mag, innerhalb eines Systems geäußert, das auf Konsens beruht, und ein Regierungschef ist zumeist immer noch in der Lage, mit Hilfe eines die Gesellschaft durchdringenden institutionellen Netzwerks seinen Willen durchzusetzen. Macht kann daher, mit Michael Manns Worten, als »infrastrukturell« definiert werden. Es ist Macht *durch* den Staat.

Die entgegengesetzte Art der Macht in Diktaturen ist die »despotische Macht« oder Macht *über* den Staat. Hier wird die Macht direkt von einer autoritären Führung ausgeübt, die vollkommenen Gehorsam auf Befehle von oben erwartet und – mit einem großen Maß an Zwang – einfordert.[30] Opposition wird unterdrückt, die öffentliche Meinung massiv manipuliert, und der Wille des Führers ist offener und direkter auf die Machtausübung ausgerichtet. Aber auch die despotische Macht ist nicht völlig unabhängig von der infrastrukturellen Macht. Ihr Führer braucht starke institutionelle Unterstützung durch Militär, Sicherheitsdienste, Polizei, Justiz sowie eine Vielzahl von Parteiorganisationen. Selbst wenn die Macht des Führers schwindet, wie zum Beispiel diejenige Hitlers in den letzten Kriegsmonaten, kann der Unterstützungsmechanismus sicherstellen, dass die Diktatur extrem stark bleibt. Die Frage nach dem Verhältnis von Persönlichkeit und Macht umfasst also über die Biographie und die psychologischen Prädispositionen und persönlichen Eigenschaften von politischen Führern hinaus auch die Bedingungen, die ihre Führung ermöglichen und begrenzen.

Im Folgenden werden Ansichten des 20. Jahrhunderts am Beispiel mehrerer politischer Figuren präsentiert. Sie alle waren zuzeiten Staats- oder Regierungschef und ragen heraus, weil sie ihre Macht in besonderer Weise zum Guten oder – öfter – zum Schlechten nutzten. Ich habe mich auf Fallstudien über einige europäische Führer beschränkt, deren Wirkung von großer Bedeutung war und zudem über ihr eigenes Land hinausreichte. Andere Persönlichkeiten wären zweifellos auch in Frage gekommen. Nach reiflicher Überlegung habe ich einige – Willy Brandt und François Mitterrand zum Beispiel – ausgeschlossen, für deren Aufnahme einiges sprach. Sie hätten eine Gruppe von politischen Führern repräsentiert, überwiegend Sozialdemokraten oder Liberale der einen oder anderen Färbung, die vorwiegend in der zweiten Hälfte des 20. Jahrhunderts wichtige Beiträge zum Fortschritt von sozialer Gerechtigkeit und Menschenrechten geleistet haben. Mein Schwerpunkt lag jedoch auf Krisenbedingungen, dem Führertyp, den diese hervorbringen, und der Rolle von Einzelnen an entscheidenden historischen Wegscheiden, und dies hat den Fokus unweigerlich – und vielleicht irrigerweise – von einer solchen Art der Führung entfernt. Andererseits gab es kaum einen Grund, die Führer, die ich aufgenommen habe, auszuschließen. Ihre Bedeutung ist offensichtlich.

Der Kreis der hier Behandelten hätte leicht um nichteuropäische Führer erweitert werden können – um US-Präsidenten von Woodrow Wilson bis Bill Clinton beispielsweise, aber auch um andere Figuren mit weltweiter Wirkung wie Mao Zedong oder Ajatollah Khomeini. Immerhin haben diese durch ihr Handeln wesentlich, wenn auch indirekt, zur Gestaltung von Europas 20. Jahrhundert beigetragen. Am schwersten fiel mir die Entscheidung im Fall von Franklin Delano Roosevelt, der zweifellos ein bedeutender US-Präsident und zudem eine faszinierende Persönlichkeit war. Die Rolle, die er während des Zweiten Weltkriegs nicht nur in der amerikanischen, sondern auch in der europäischen Geschichte spielte, muss nicht eigens hervorgehoben werden. Aber die Einbeziehung eines außereuropäischen Führers hätte unweigerlich den Einwand heraufbeschworen: Warum dann damit aufhören? Weitere Personen einzubeziehen, hätte jedoch bedeutet, die Untersuchung auf politische Arenen und die Rolle von Einzelnen in ihnen auszuweiten, die weit vom europäischen Kontinent entfernt liegen. Es wäre in solchen Fällen unmöglich gewesen, Überlegungen über die Innenpolitik anderer Länder zu vermeiden, die zwar den jeweiligen Führer geprägt, aber bestenfalls marginalen Einfluss auf Europa hatte. Dies hätte den Rahmen des hier Möglichen gesprengt.

Genauso wenig behandle ich Personen, wie einflussreich sie auch gewesen sein mögen, die zwar tiefe Spuren in der Politik hinterließen – in der Opposition oder in Protest- oder Widerstandsbewegungen –, aber nie Staats- oder Regierungschef waren. Aus diesem Grund musste ich auch Jean Monnet und Robert Schuman ausschließen, die, obwohl sie nie an der Spitze eines Staates oder einer Regierung standen, zu den Architekten dessen wurden, was schließlich die Europäische Union werden sollte. Dies war zweifellos eine der bedeutsamsten Entwicklungen des 20. Jahrhunderts, allerdings im Wesentlichen keine individuelle Schöpfung, sondern ein kollektives Projekt. Auch außerhalb der Politik sind natürlich leicht Figuren zu finden, die in Kunst, Wissenschaft, Medizin, Wirtschaft und auf vielen anderen Gebieten Herausragendes geleistet haben. Aber in diesem Buch geht es nicht um solche Persönlichkeiten.

Zusammengenommen haben die elf hier behandelten europäischen politischen Führer und die eine politische Führerin jedoch unbestreitbar den Gang der europäischen Geschichte im 20. Jahrhundert tiefgreifend beeinflusst, die meisten von ihnen in einer Krisenzeit für ihr Land. Lenin ging aus der Krise des Zarenregimes während des Ersten Weltkriegs hervor. Die Krise des verheerenden Bürgerkriegs, der auf die bolschewistische Revolution folgte, und das Machtvakuum nach Lenins Tod bildeten die Voraussetzungen für Stalins Machtübernahme. Mussolini war ein Nutznießer der politischen Nachkriegskrise in Italien. Noch weit über ein Jahrzehnt nach seinem Ende bildete das Trauma des Ersten Weltkriegs die Grundlage für Hitlers Aufstieg zur Macht inmitten einer umfassenden Staats- und Gesellschaftskrise, die in der Weltwirtschaftskrise der frühen 1930er Jahre die Zerstörung der deutschen Demokratie nach sich zog. Franco kam als Sieger eines grausamen Bürgerkriegs in seinem krisengeschüttelten Land an die Macht. Churchill wurde in einer ernsten politischen Krise, während deutsche Armeen weite Teile Westeuropas überrannten, zum Premierminister ernannt. De Gaulles Macht speiste sich aus zwei Krisen – derjenigen des besiegten und besetzten Frankreichs und später der Krise des Algerienkriegs. Tito zementierte seinen Machtanspruch durch seine Führung des militärischen Widerstands in der facettenreichen Krise des vom Krieg zerrissenen, besetzten Jugoslawiens. Gorbatschow wurde zum Generalsekretär der Kommunistischen Partei der Sowjetunion gewählt, als diese mit der tiefreichenden Krise ihres gescheiterten ökonomischen und politischen Systems zu kämpfen hatte.

Auch in den Nachkriegsdemokratien brachten Krisen außerordentliche Führer hervor. Adenauers Führung war zum großen Teil bedingt durch die kritische Lage Deutschlands nach seiner Zerstörung und Besetzung im Jahr 1945 sowie durch die akuten Spannungen und Gefahren des Kalten Krieges. Thatcher gelangte in der Wirtschafts- und in mancher Hinsicht auch Kulturkrise, die Großbritannien in den 1970er Jahren erlebte, an die Spitze.

Die zwölfte Fallstudie ist die einzige, deren Protagonist nicht durch eine wie auch immer geartete nationale Krise an die Macht gelangte. Helmut Kohl übernahm zwar in den Nachwehen der ökonomischen Schwierigkeiten nach dem Ölschock von 1979 – dem zweiten nach dem ersten von 1973 – in Westdeutschland die Regierung, aber in einer grundsätzlich von politischer Stabilität und Prosperität gekennzeichneten Lage. Er amtierte bereits sieben Jahre als Bundeskanzler – und dies, verglichen mit seinen beiden unmittelbaren Vorgängern, Helmut Schmidt und Willy Brandt, auf relativ unauffällige Weise –, bevor er, als der Kalte Krieg zu Ende ging und die deutsche Vereinigung zu einem realistischen Ziel wurde, mit eine Krise konfrontiert war, die man als »gutartig« bezeichnen könnte. Aber in diesem Kontext wurde auch er zu einer bedeutenden Figur in Europas 20. Jahrhundert.

In den Fallstudien wird eine Reihe von Annahmen geprüft:

- Die Wirkung von Einzelnen ist in oder unmittelbar nach großer politischer Unruhe, wenn vorhandene Strukturen zusammenbrechen oder zerstört werden, am größten.
- Entschlossene Verfolgung leicht zu definierender Ziele und ideologische Unnachgiebigkeit, kombiniert mit taktischem Geschick, versetzen bestimmte Einzelne in die Lage, sich hervorzutun und Anhänger zu gewinnen.

- Die Ausübung und das Ausmaß der persönlichen Macht sind durch die Umstände der Machtübernahme und die erste Phase ihrer Konsolidierung bedingt.
- Machtkonzentration vergrößert das Wirkpotential des Einzelnen, häufig mit negativen, manchmal sogar katastrophalen Folgen.[31]
- In Kriegen unterliegen sogar mächtige politische Führer den überwältigenden Zwängen der Militärmacht.
- Macht und Handlungsspielraum von Führern hängen in erheblichem Maß von der institutionellen Basis und der relativen Stärke ihrer Unterstützer ab, vor allem im zweiten Rang der Macht, aber auch in der breiteren Öffentlichkeit.
- Eine demokratische Regierungsform legt dem Einzelnen hinsichtlich seiner Handlungsfreiheit und des Ausmaßes, in dem er den historischen Wandel bestimmen kann, die engsten Zügel an.

Es gibt keine mathematische Formel für die relative Gewichtung der persönlichen und unpersönlichen Faktoren, die eine historische Veränderung bewirkt haben. Das Augenmerk auf bestimmte Geschehnisse zu richten – auf prägende oder schicksalhafte Entscheidungen zum Beispiel –, bei denen persönliches Eingreifen eine bedeutende Wirkung erzielte, könnte jedoch helfen, allgemeinere Schlussfolgerungen zu ziehen.

Dieses Buch handelt von historischer Führung im 20. Jahrhundert, nicht von heutigen Führern in der ersten Hälfte des 21. Jahrhunderts. Gleichwohl sind die in ihm aufgeworfenen Fragen in unserer eigenen Zeit ebenso relevant wie in derjenigen früherer Generationen, die Fragen danach, unter welchen Bedingungen welche Persönlichkeitstypen an die Macht gelangen, nach den staatlichen Strukturen, in denen die Machtausübung stattfindet, und nach den Bedingungen, unter denen einzelne Persönlichkeiten eine entscheidende Rolle im historischen Wandel zu spielen vermögen.[32]

13
14
12

3
15
16
4
5
7
6
9
B
11
10

Lenin hat am 3. Oktober 1922 nach längerer Krankheit den Vorsitz in einer besonders gut besuchten Sitzung des Rats der Volkskommissare (Sownarkom) inne. Hinter ihm stehen Alexei Rykow (links, bezeichnet mit der Ziffer 2) und Lew Kamenew (rechts, bezeichnet mit der Ziffer 3), die beide später im Zuge von Stalins Säuberungen hingerichtet wurden. Dies war möglicherweise Lenins letzte Sownarkom-Sitzung, da er ab Dezember 1922 wieder schwer erkrankt war. *Hulton Deutsch / Corbis Historical*

EINS

WLADIMIR ILJITSCH LENIN

Revolutionsführer, Gründer des bolschewistischen Staats

Zu den vielen weitreichenden Folgen des vom Ersten Weltkrieg ausgelösten enormen Aufruhrs gehörte eine, die in Europa und der Welt sieben Jahrzehnte und darüber hinaus nachwirken sollte: die bolschewistische Revolution von 1917. Im Zentrum dieses welterschütternden Ereignisses stand Wladimir Iljitsch Uljanow, der unter dem Pseudonym, das er um 1902 herum angenommen hatte, in die Geschichte einging: Lenin.[1]

Lenin kann Anspruch darauf erheben, an die – oder in die Nähe der – Spitze der Macher von Europas 20. Jahrhundert gestellt zu werden. Dieser Anspruch wirft jedoch einige naheliegende Fragen auf: Inwieweit hing ein Ereignis von solchem Ausmaß – und solcher Nachwirkung – wie die russische Revolution von einer einzelnen Person ab? Welchen persönlichen Beitrag leistete Lenin zur Errichtung, Festigung und anhaltenden Wirkung der bolschewistischen Herrschaft? Immerhin war er seinerzeit nicht die dynamischste revolutionäre Triebkraft in Russland. Dies war der als »revolutionäres Genie« apostrophierte Leo Trotzki.[2] Außerdem starb er im Januar 1924, nach nicht mehr als sechs Jahren an der Macht, wobei er in den letzten rund 15 Monaten durch eine Reihe von Schlaganfällen zumeist außer Gefecht gesetzt war. Was tat er persönlich, um die revolutionäre Umwälzung Russlands zu gestalten, und wie konnte er in einem derart riesigen Land wie Russland – das größer ist als das gesamte übrige Europa – sicherstellen, dass seine Politik ausgeführt wurde?

Warum also entpuppte er sich als Führer der Revolution, die den Lauf der russischen und europäischen Geschichte veränderte? Er war keineswegs der Einzige, der entschlossen war, Russland umzugestalten. Die Unzufriedenheit mit der Zarenherrschaft und die Verbreitung des Marxismus im russischen Reich seit den 1880er Jahren hatten viele Möchtegernrevolutionäre hervorgebracht, unter ihnen bedeutende Figuren der zahlreichen subversiven politischen Gruppen, die in dieser Zeit entstanden. Was war an Lenin so besonders? Wie und warum wurde er allgemein als beherrschender Revolutionsführer anerkannt? Welche Persönlichkeitszüge ließen ihn zur obersten Macht im neuen Staat werden und ermöglichten es ihm, diese Stellung in dem unmittelbar an die Revolution anschließenden Bürgerkrieg zu behalten? Und warum hatte Lenin als Repräsentant eines Staats, dessen Philosophie die Bedeutung unpersönlicher Determinanten der Geschichte hervorhob und die Rolle des Einzelnen dementsprechend herunterspielte, innerhalb und außerhalb der Sowjetunion eine solch profunde und anhaltende Nachwirkung? Diese Fragen lassen mehr als nur erahnen, welch faszinierendes Fallbeispiel Lenin darstellt, wenn man den Einfluss des Einzelnen auf die Geschichte untersuchen will.

Vorbedingungen der Macht

Das Russland von 1917 war reif für die Revolution. Die enormen Todesopfer im Ersten Weltkrieg, eine zunehmende Demoralisierung der Frontsoldaten, unerträgliche Härten für die Zivilbevölkerung und die halsstarrige Weigerung des Zaren, Reformen auch nur in Erwägung zu ziehen, schufen eine akute Aufstandsstimmung. Von Streiks, Demonstrationen und Hungerunruhen begleitet, wurde die Forderung nach Frieden immer lauter, während der Zar zunehmend in Verruf geriet.

Tatsächlich brach im Februar des Jahres die Revolution aus. Lenin hatte damit nichts zu tun: Er befand sich noch im Schweizer Exil.

Schon im Herbst 1905, als die innere Unzufriedenheit durch die demütigende Niederlage im Russisch-Japanischen Krieg verstärkt wurde, hatte es einen kurzlebigen Revolutionsversuch gegeben. Eine Mischung aus staatlicher Repression und überwiegend kosmetischen Verfassungszugeständnissen in Richtung einer repräsentativen Regierung nahmen der Gefahr, in der das Regime schwebte, die Spitze. Die Macht der zaristischen Autokratie hielt stand. Allerdings war das Ferment des Aufruhrs nicht aufgelöst, sondern nur eingedämmt.

Die Realität ließ nicht zu, dass das politische System durch graduelle Reformen grundsätzlich verändert werden konnte. Die Zivilgesellschaft war schwach, und ein unabhängiges Fundament des Rechts gab es nicht. Gewalt war allgegenwärtig. Die grundbesitzende Mittelschicht war klein und die Intelligenz winzig, wenn auch unter dem Eindruck staatlicher Unterdrückung und sich ausbreitender revolutionärer Ideen unverhältnismäßig radikalisiert. Jenseits einer kleinen Elite hatten nur wenige das Gefühl, einen Anteil am sozioökonomischen System und an dem Regime, das es aufrechterhielt, zu besitzen. Über achtzig Prozent der Bevölkerung des riesigen und überwiegend armen Landes waren Bauern, von denen viele dem Staat und seinen Beamten feindselig gegenüberstanden. Die meisten Bauern lebten unter primitiven Bedingungen in Dorfgemeinschaften und waren ökonomisch von Grundbesitzern abhängig. In den industriellen Großstädten, die in den vorangegangenen zwei Jahrzehnten enorm gewachsen waren, verfügte ein armes, unterdrücktes Proletariat über keinerlei Rechtsmittel, das ihm erlaubt hätte, seine Klagen vorzubringen. Anders als die weit größere deutsche Industriearbeiterschaft, in der Marxisten die wahrscheinliche Quelle der Revolution gesehen hatten und die am Vorabend des Ersten Weltkriegs von der größten Arbeiterpartei Europas repräsentiert wurde, besaß das russische städtische Proletariat weder eine Stimme in der russischen Gesellschaft noch irgendwelche politischen Mittel, um sie zu verändern. Dies machte es – unter den richtigen Umständen – für eine revolutionäre Mobilisierung empfänglich.[3]

Der Erste Weltkrieg schuf diese Umstände. Durch die katastrophalen Verluste – über zwei Millionen Tote und etwa doppelt so viele Verwundete – und das enorme Kriegselend war eine Situation entstanden, die 1905 nicht vorhanden war. So groß die Unzufriedenheit damals auch gewesen war, die streikenden Arbeiter und die rebellischen Teile der Bauernschaft hatten die Unterschiede ihrer Interessen nicht überbrücken können, um eine kohärente, vereinigte revolutionäre Streitmacht zu bilden. 1917 dagegen verschmolz das revolutionäre Potential der Industriearbeiter zumindest vorübergehend mit demjenigen der Bauern. Auch ein anderer Unterschied war von entscheidender Bedeutung. 1905 war das Militär, eine wesentliche Stütze des Regimes, trotz einiger Unruhen und Meutereien in der Marine nach der Niederlage gegen Japan, in seiner überwältigenden Mehrheit dem Zaren treu ergeben gewesen. 1917 jedoch erwies sich die anschwellende Krise in der russischen Armee als unaufhaltbar. Defätismus, Desertionen und Demoralisierung führten dazu, dass immer lauter nach Frieden gerufen wurde, und schürten die Wut auf den Zaren und das von ihm angeführte Regime, das man für die Notlage verantwortlich machte. Die extreme Unzufriedenheit der Frontsoldaten verband sich mit der revolutionären Stimmung unter Arbeitern und Bauern, was das Zarenregime in ernste Gefahr brachte. Ein weiterer Revolutionsversuch wie 1905 war jedenfalls zu erwarten. Ohne den Krieg als einigenden Faktor für das Verlangen, das Zarenregime zu stürzen, hätte er allerdings wie schon 1905 erfolglos enden können.[4]

Noch ein weiterer Unterschied kam hinzu. Eine erfolgreiche Revolution braucht Führung und Organisation. 1905 fehlte sowohl eine Führung, die den Aufruhr auf ein Ziel hätte ausrichten und die disparaten rebellischen Kräfte zu einer einzigen, unaufhaltsamen Streitmacht hätte vereinigen können, als auch eine Organisation. 1917 gab es Lenin und seine zwar kleine, aber wild entschlossene und eng verschworene Partei, die Bolschewiki. Das Zusammentreffen von revolutionärem Aufstand und Revolutionsführer war jedoch alles andere als unvermeidlich. Tatsächlich hing es von einem höchst unwahrscheinlichen Zufall ab, auf den Lenin keinen Einfluss hatte, ohne den aber die russische Revolution zweifellos anders verlaufen wäre und wohl auch ein anderes Ergebnis gehabt hätte.

Nur einem bemerkenswerten Glücksfall hatte Lenin es zu verdanken, dass er den enormen Aufruhr, der dem Aufstand in Petrograd – wie St. Petersburg zu dieser Zeit genannt wurde – in der letzten Februarwoche folgte, ausnutzen konnte. Der Ausbruch des Aufstands hatte ihn überrascht. Obwohl er damit gerechnet hatte, dass irgendwann eine Revolution ausbrechen würde, hatte er noch im Januar 1917 geglaubt, dass er selbst sie wahrscheinlich nicht mehr erleben würde.[5] Aber als der Zar am 2. März gezwungen war abzudanken, wusste er, dass die ersehnte Revolution da war. Diesmal wollte und musste er, anders als 1905, so schnell wie möglich nach Russland zurückkehren. Inmitten eines europäischen Krieges war dies indes leichter gesagt als getan. Doch an dieser Stelle griff das Schicksal ein und – es ist nicht zu viel gesagt – veränderte den Lauf der europäischen Geschichte.

Es ist kaum vorstellbar, wie Lenin ins revolutionäre Petrograd hätte gelangen können, wenn die deutsche Regierung ihm und rund dreißig seiner Mitstreiter nicht über Mittelsmänner gestattet hätte, mit einem Zug von der Schweiz nach Russland zu fahren. Es war natürlich kein reiner Zufall und noch nicht einmal eine unverständliche Fehlkalkulation der Deutschen, dass sie einwilligten, Lenin zu helfen. Angesichts zunehmenden militärischen Drucks auf Deutschland hielten sie es für vorteilhaft, die Revolution in Russland zu fördern, um so den Weg für einen Waffenstillstand an der Ostfront zu ebnen, der es ihnen erlauben würde, sich ganz auf den Kampf im Westen zu konzentrieren. Aber hätte man Lenin nicht geholfen und wäre er in jenem Frühjahr nicht nach Russland zurückgekehrt, ist es zweifelhaft, dass er unter den Revolutionären die Anerkennung gefunden hätte, die es ihm ermöglichte, in der radikaleren Revolution im Oktober die Führung zu übernehmen. Kein Geringerer als Trotzki glaubte, dass deren Erfolg von Lenin abhing.[6] Dass er vor Ort sein und sie anführen konnte, verdankte er jedoch infolge einer bizarren Ironie der Geschichte den deutschen Imperialisten, die er so sehr verachtete.

Als Lenin im April 1917 nach Russland zurückkehrte, war er für die große Mehrheit der Russen ein Unbekannter. Selbst unter den Arbeitern kannten nur wenige seinen Namen.[7] Er hatte seit einem Jahrzehnt im Exil gelebt, überwiegend in Westeuropa. Die Bolschewiki, an deren Spitze er stand, waren bei allem Fanatismus und aller Entschlossenheit nicht mehr als eine kleine revolutionäre Gruppe mit höchstens 23000 Mitgliedern und ohne Massenbasis.[8] Für die außerordentliche Entwicklung dieses harten Kerns zu einer rasch wachsenden Partei, die innerhalb weniger Monate die Macht im Staat übernahm, spielte Lenins zielstrebiger politischer Scharfsinn eine entscheidende Rolle. Weder die Sozialrevolutionäre noch die Menschewiki, die beiden Hauptrivalen der Bolschewiki im Jahr 1917, besaßen einen Führer, der es mit dem Organisationstalent Lenins aufnehmen konnte.

Dessen Chancen, an die Macht zu kommen, schienen anfangs nicht sehr groß zu sein. Die Februarrevolution hatte den Zaren gestürzt und zur Bildung einer Provisorischen Regierung geführt, deren Ziel es war, die Grundlagen für die Einführung weitreichender sozialer Freiheiten zu legen und eine verfassungsmäßige Herrschaft aufzubauen. Das Ausmaß des politischen Aufruhrs und des revolutionären Furors zerstörte jedoch jede Hoffnung auf die Errichtung einer stabilen sozialen Demokratie auf der Grundlage eines rechtlichen Rahmens für eine verfassungsmäßige Regierung. Dies bedeutete aber nicht, dass die Provisorische Regierung von Anfang an dazu verdammt war, einer zweiten, diesmal bolschewistischen Revolution zu weichen. Schritte auf eine Beendigung des Krieges zu wären populär gewesen und hätten ihr Zeit erkauft. Damit hätte sie die bolschewistische Revolution möglicherweise abwenden können.[9] Stattdessen begann die Provisorische Regierung zu einem Zeitpunkt, als ihre Autorität bereits sichtlich schwand, eine neue, katastrophale Militäroffensive, deren Scheitern das vorhersehbare Ergebnis hatte: Sie selbst war diskreditiert, und das revolutionäre Feuer wurde weiter angefacht.

Anfangs schien eine Revolution unter Führung von Lenins Bolschewiki tatsächlich unwahrscheinlich zu sein. Lenin traf erst in der Nacht des 3. April in Petrograd ein. Es war das erste Mal seit zehn Jahren, dass er wieder einen Fuß auf Heimaterde setzte. Und binnen wenigen Wochen verschwand er erneut. Um der Verhaftung zu entgehen, war er gezwungen abzutauchen. Am 6. Juli ging er in den Untergrund, und drei Tage später überquerte er verkleidet die Grenze nach Finnland. Es schien, als sei er erledigt. In Wirklichkeit stand er gerade erst am Anfang.

Persönlichkeit und Auftritt eines Revolutionsführers

Lenins äußere Erscheinung war wenig einnehmend. Der amerikanische Journalist John Reed, der ihn während der Revolution von 1917 aus nächster Nähe beobachtet hatte, beschrieb ihn als untersetzten kahlköpfigen Mann mit »kleinen beweglichen Augen, großem sympathischen Mund und kräftigem Kinn«. In seinen »armseligen Kleidern« gab er einen »seltsamen Führer des Volkes« ab. Er führte »nur dank der Überlegenheit seines Intellekts« und der »Fähigkeit, tiefe Gedanken in einfache Worte zu fassen«.[10] Aber wie »seltsam« seine äußere Erscheinung auch war, niemand, der ihm begegnete, konnte ihn übersehen. Noch bestand irgendein Zweifel an seiner Intelligenz (die er in seiner politischen Laufbahn mit überragendem politischen, manipulativen und organisatorischen Geschick paaren sollte). Er besaß erstaunliche Energie und strahlte Tatkraft aus. Außerdem war er ein mitreißender Redner – für jene, die auf einer Wellenlänge mit ihm waren – und begabter Polemiker, dessen scharfer Verstand und aggressiver Debattenstil ihn in die Lage versetzten, in den meisten mündlichen und schriftlichen Disputen die Oberhand zu gewinnen. Ferner wusste er in seinen vielen Schriften die marxistische Dialektik meisterhaft anzuwenden. Aber es waren nicht nur seine geistigen Fähigkeiten, die ihn auszeichneten. Er war zudem enorm willensstark und selbstsicher, und ein cholerisches, launisches Temperament, Unduldsamkeit sowie die Gewissheit, immer recht zu haben, machten es jedem, der eine offenere Sichtweise hatte, weniger dogmatisch dachte oder weniger Selbstvertrauen besaß, schwer, seine Dominanz abzuwehren.

Lenin lebte für die Politik. Alles andere zählte nicht. Es war schwer, sich mit ihm anzufreunden. Tatsächlich besaß er kaum echte Freunde. Selbst der spätere enge Zirkel von Gefährten in der bolschewistischen Führung bestand aus Genossen im politischen Kampf, nicht aus persönlichen Freunden. Sein kleiner Kreis von Vertrauten erstreckte sich kaum über seine Frau, seine Schwestern, seinen jüngeren Bruder und seine einstige Geliebte Inessa Armand hinaus, die ihm auch nach ihrer zweijährigen Affäre, die 1912 endete, bis zu ihrem Tod im Jahr 1920 eng verbunden blieb. Lenin war ein Zwangscharakter, der pedantisch auf einer bestimmten Ordnung beharrte; schon wenn die sauber aufgereihten Stifte auf seinem Schreibtisch durcheinandergerieten, drohte ein Wutausbruch. Er war ehrgeizig und widmete seine ganze Kraft ebenso zielstrebig wie entschlossen der Aufgabe, die russische Gesellschaft durch eine Revolution umzugestalten. Zudem war er intolerant und gegenüber marxistischen Ideologen mit anderen Auffassungen völlig unduldsam, selbst wenn er sie einst als enge Verbündete betrachtet hatte. Tatsächlich war es praktisch unausweichlich, dass er sich irgendwann gegen einstige Gefährten wandte und mit anderen marxistischen Theoretikern zerstritt. Und gegenüber Klassenfeinden – eine sehr flexible Kategorie – war er gnadenlos und befürwortete oder billigte Terror, um sie zu vernichten.

Sein Leben lang hatte Lenin mit gesundheitlichen Problemen zu kämpfen. Lähmende Kopfschmerzen, Schlaflosigkeit, eine Nervenanspannung, die ihn an den Rand des Zusammenbruchs brachte, Magenschmerzen und tiefe Müdigkeit – die angesichts seines Arbeitspensums kaum überrascht – waren wiederkehrende Probleme, die sich in gelegentlichen unmäßigen Wutausbrüchen entluden. Es ist fast sicher, dass er unter Bluthochdruck und Arteriosklerose litt, die zu den schweren Schlaganfällen führten, an denen er Anfang 1924 schließlich sterben sollte. Bevor er 1917 die Macht in Russland ergriff, hatte er sich von dem Druck, der seine häufigen Krankheitsanfälle auslöste oder verschlimmerte, in ausgiebigen Urlauben erholen können, in denen er lange Spaziergänge unternahm, schwamm und sich auf andere Weise körperlich betätigte.[11] Die Entspannung gab ihm neue Kraft. Aber nach 1917 kam er kaum noch dazu, sich zu entspannen. Möglicherweise hat er gespürt, dass er wie schon sein Vater früh sterben würde. Er hatte sich lange als vom Schicksal auserkoren betrachtet. Vielleicht verstärkte die Vorahnung eines frühen Todes seine Entschlossenheit, sein Lebenswerk durch die Vollendung der Revolution so schnell wie möglich abzuschließen.[12]

Seine Herkunft wies ihn auf den ersten Blick kaum als künftigen Revolutionsführer aus. Er war 1870 in Simbirsk, einer Stadt an der Wolga, rund 890 Kilometer östlich von Moskau, in eine gutbürgerliche Familie hineingeboren worden. Die Uljanows waren eine gebildete, an Literatur, bildender Kunst und Musik interessierte Familie, in der die damals üblichen bürgerlichen Werte hochgehalten wurden, wie Ordnung, Hierarchie und Gehorsam.[13] Man war nicht offen politisch und verstand sich als treue Untertanen des Zaren, obwohl man liberale, modernisierende Reformen begrüßte, die Russland den aufgeklärten westlichen Gesellschaften näher bringen würden – ein Standpunkt, der bei den konservativen Teilen der Simbirsker Oberschicht, so geachtet die Uljanows waren, wenig Anklang fand.

Wladimir war das dritte von sechs überlebenden Kindern (zwei starben im Säuglingsalter) und blieb seiner Familie stets verbunden, insbesondere – bis zu ihrem Tod im Jahr 1916 – seiner Mutter, seiner älteren Schwester Anna und seiner jüngeren Schwester Maria, die ihm bis zum Ende treu ergeben sein sollte. Seine Eltern hegten ehrgeizige Pläne für ihre Nachkommen und achteten streng auf ihre Ausbildung. Wladimir war ein intelligenter Junge, der gern las und das Gymnasium

1887 als Jahrgangsbester mit außerordentlich guten Noten in allen Fächern beendete. Im August dieses Jahres nahm er an der Universität von Kasan, ein Stück die Wolga hinauf, das Studium der Rechtswissenschaft auf. Nur vier Monate später wurde er jedoch zusammen mit einigen Kommilitonen von der Universität verwiesen, weil er sich an einem Protest beteiligt hatte, der die Aufhebung von Restriktionen für Studentenvereinigungen gefordert hatte. Zu diesem Zeitpunkt war er bereits mit revolutionären Aktivisten in Kontakt gekommen und hatte begonnen, sich mit revolutionärer Politik zu beschäftigen.

Schon 1886 war sein Bruder Alexander, der sich während seines naturwissenschaftlichen Studiums an der Universität von St. Petersburg radikalisiert hatte, einer Gruppe von Freunden beigetreten, die von einer Umwälzung der russischen Gesellschaft träumten und konspirativ planten, durch die Ermordung von Zar Alexander III. eine Revolution auszulösen. Ihr amateurhafter Attentatsversuch am 1. März 1887 führte jedoch nur zu ihrer Verhaftung und Vernehmung durch die zaristische Geheimpolizei Ochrana. Alexander legte ein Geständnis ab, wurde zum Tod verurteilt und am 8. Mai des Jahres gehängt. Seit der Hinrichtung seines Bruders empfand Wladimir einen brennenden Hass auf die Dynastie der Romanows. Er war jetzt überzeugt, dass der Zarismus gestürzt werden müsse. Vielleicht brachte Alexanders Tod eine schon vorher latente Haltung zum Vorschein, doch dies ist nicht mehr als Spekulation. Auf jeden Fall sollte man der Versuchung, nach einer psychologischen Erklärung dessen, was nachfolgte, zu fahnden, grundsätzlich widerstehen. Was auch immer der ursprüngliche Auslöser war, Wladimir begann subversive Literatur zu lesen, und sein Engagement für die künftige Revolution sollte ihn in den nächsten dreißig Jahren – dem größten Teil seines Lebens – ausfüllen, bis zu der kurzen, dramatischen Phase nach 1917, in der er als Praktiker der realen Revolution wirkte.

Er begann in die marxistische Gedankenwelt einzudringen und fand Anschluss an den kleinen Kreis entschlossener Revolutionäre. In den 1890er Jahren führte dies zu einer Verhaftung durch die Ochrana und einer – komfortablen – Verbannung in einen angenehmen Teil Ostsibiriens, wohin ihm seine künftige Ehefrau – sie heirateten 1898 – Nadeschda Krupskaja folgte, die sich selbst bereits der revolutionären Sache verschrieben hatte. Aus Angst vor weiteren Verhaftungen und Gefängnisaufenthalten ging Lenin im Jahr 1900 ins selbstgewählte Exil, womit eine Odyssee über Zürich, München, Paris, Genf und Krakau begann, um nur die Wohnorte zu nennen, von denen aus er Abstecher in verschiedene andere europäische Städte unternahm.[14] Der künftige Arbeiterführer war nie gezwungen, seinen Lebensunterhalt durch konventionelle regelmäßige Lohnarbeit zu verdienen. Er wurde – auch noch in seinen Vierzigern – von seiner Mutter und in zunehmendem Umfang auch von reichen Sympathisanten der Bolschewiki finanziell unterstützt. Schließlich war er in der Lage, sich selbst aus der Parteikasse ein Gehalt zu zahlen. Es war genug, um ein relativ bescheidenes Leben zu führen, und ermöglichte es ihm, sich – fern von Russland – ganz dem Nachdenken über die Revolution und ihrer Planung zu widmen.[15]

Lenins Persönlichkeit, die in seinen frühen Jahren allenfalls zu erahnen war, nahm in den vielen Jahren deutliche Züge an, die er damit zubrachte, zu schreiben, an Versammlungen und Kongressen teilzunehmen, sich an Disputen zu beteiligen, zu organisieren und Vorbereitungen für den revolutionären Moment zu treffen, von dem er sicher war, dass er kommen würde, auch wenn er nichts tun konnte, um ihn herbeizuführen. Wie zwecklos diese Existenz auch häufig erscheinen mochte, sie festigte in den Augen derjenigen, die mit ihm in Kontakt kamen, und nicht zuletzt auch den eigenen seine Glaubwürdigkeit. Die Ideen, die er entwickelte, verliehen ihm in den Reihen der revolutionären Opposition die Aura eines visionären Führers im Wartezustand. Aber in dem unablässigen Kampf um Vorrang im Milieu der Möchtegernrevolutionäre erlernte er auch viele der Tricks des politischen Geschäfts.

Zum ersten Mal als führender russischer Theoretiker der marxistischen Revolution wahrgenommen wurde er 1902, als seine Schrift

Was tun? erschien – der Titel bezieht sich auf Nikolai Tschernyschewskis gleichnamigen antizaristischen Roman, den er in seiner Jugend bewundert hatte. Bis dahin war Lenin hauptsächlich als Schüler Georgi Plechanows gesehen worden, eines marxistischen Denkers, der im Exil in Zürich lebte. Plechanow vertrat die Auffassung, dass die Revolution in Russland nicht von den Bauern ausgehen würde, wie es die russischen Volkstümler (Narodniki), die die bäuerliche Gemeinschaft idealisierten, annahmen, sondern von der organisierten Industriearbeiterschaft. Tatsächlich hatte Lenin Russland im Jahr 1900 verlassen, um sich Plechanow in der Schweiz anzuschließen. Aber das Verhältnis zwischen ihnen verschlechterte sich bald. Mit *Was tun?* trat Lenin, wie er sich inzwischen nannte, aus Plechanows Schatten. In der Broschüre legte er das Fundament für die Umsetzung von Marx' Theorie der Revolution in politische Aktion, indem er die Notwendigkeit hervorhob, eine zentralistisch organisierte konspirative Partei aus entschlossenen Revolutionären zu schaffen, die im Klassenkampf als Vorhut des Proletariats agieren sollte. Und die revolutionäre Vorhutpartei brauchte wiederum einen Führer. Damit hatte Lenin seinen Anspruch auf diesen Posten erklärt.[16]

Daneben erwarb er unschätzbare Fähigkeiten im Fraktionskampf. Als die Sozialdemokratische Arbeiterpartei Russlands, eine revolutionäre Partei, die sich 1898 mit einem marxistischen Programm gegründet hatte, 1903 in London ihren II. Parteitag abhielt, wurde dieser zu einem turbulenten Ereignis. Ein spitzfindiger Streit über die Bedingungen der Parteimitgliedschaft führte zu einem Zerwürfnis zwischen den von Lenin einerseits, Julius Martow andererseits geführten Fraktionen. Letzterer war von einem Freund zu einem unerbittlichen politischen Gegner Lenins geworden. Eine Fehleinschätzung Martows, der es, was politisches Manövrieren betraf, nicht mit Lenin aufnehmen konnte, hatte zur Folge, dass er in einer Abstimmung über das Randthema der Mitgliedschaft in der Redaktionsleitung der seit Dezember 1900 in kleiner Auflage gedruckten marxistischen Zeitung *Iskra* (Der Funke) unterlag. Lenin gewann die Abstimmung und bezeichnete seine Fraktion daraufhin als »Mehrheitler«, russisch Bolschewiki, eine Bezeichnung, die er mit Freuden auch später beibehielt, als seine Fraktion in Wirklichkeit zumeist in der Minderheit war. Martow tappte in die sprachliche Falle, aus der seine Fraktion zu ihrem Leidwesen nie mehr entkommen sollte, indem er die Bezeichnung »Minderheitler«, russisch Menschewiki, übernahm.[17]

Lenins Reaktion auf die russische Revolution von 1905, die er bloß aus der Ferne verfolgte hatte, bestand darin, dass er seine Rhetorik weiter verschärfte und für die Zeit nach dem Sturz der Romanows die Schaffung einer von Terror gestützten »provisorischen revolutionären demokratischen Diktatur des Proletariats und der Bauernschaft« verlangte.[18] Dies vergrößerte das Zerwürfnis mit den Menschewiki, nach deren Ansicht als erste Stufe auf dem Weg zum Sozialismus eine »bürgerlich-demokratische Revolution« unter Führung des Bürgertums stattfinden musste, während Lenin darauf bestand, diese Stufe zu überspringen.[19] Der Riss zwischen den Fraktionen wurde 1906 aus taktischen Gründen vorübergehend oberflächlich gekittet, trat aber schon bald wieder zutage und vertiefte sich unter weiteren Aufsplitterungen sowohl der Menschewiki als auch der Bolschewiki zusehends, bis er 1912 auch formell vollzogen wurde.

Während des Jahrzehnts vor der Revolution von 1917 besaßen die Menschewiki zumeist mehr Rückhalt in Russland als die Bolschewiki. Aber auf deren Seite entwickelte Lenins extremer, ungezügelter Radikalismus erhebliche Anziehungskraft. Seine Unnachgiebigkeit und Angriffslust in erbitterten theoretischen und organisatorischen Disputen waren in den Augen seiner Anhänger positive Eigenschaften. Und der nicht abreißende Strom seiner journalistischen Artikel sorgte dafür, dass er präsent blieb und sein Status als Führer gestärkt wurde. Gleichwohl war er nicht mehr als ein Exilführer einer revolutionären Splitterpartei. Die meisten russischen Industriearbeiter, die er als Speerspitze der Revolution betrachtete, interessierten sich nicht für komplizierte Fraktionsstreitigkeiten oder theoretische Schriften und hatten kaum schon einmal von ihm gehört. Trotz all seiner Predigten aus dem Ausland konnte Lenin eines nicht, nämlich die Umstände gestalten, unter denen die Revolution, deren Kommen er unermüdlich ankündigte, Realität werden würde.

Als Lenin 1917 nach der Februarrevolution und dem Sturz des Zaren nach Russland zurückkehrte, war er 46 Jahre alt und hatte seit fast zwei Jahrzehnten kaum dort gelebt. Während er den meisten Russen völlig unbekannt war, galt er bei denjenigen, die sich der radikalsten Form der Revolution verschrieben hatten, den Mitgliedern der Partei der Bolschewiki, geradezu als Prophet – als Guru des revolutionären Denkens und fähiger, begeisternder Organisator einer revolutionären Bewegung, deren Zeit kommen würde.

Eine Revolution machen

Am 27. März 1917 ging Lenin auf die Reise nach Russland, die ihn über Deutschland und Schweden nach Finnland führte, von wo aus er am späten Abend des 3. April Petrograd erreichte. Während der Fahrt hatte er den Entwurf einer radikalen Strategie für die Machtübernahme durch das Proletariat und die Kleinbauern niedergeschrieben: seine »Aprilthesen«. Nach der Ankunft in Petrograd setzte er die Anhänger, die in großer Zahl zu seiner Begrüßung zusammengeströmt waren, umgehend über seinen kompromisslosen Radikalismus ins Bild. Auf einem von örtlichen Bolschewiki herbeigeschafften gepanzerten Wagen stehend, rief er zur »sozialistischen Weltrevolution« auf und erklärte, wahre Sozialisten dürften die Provisorische Regierung in keiner Weise unterstützen.[20] Nach vielen Jahren im Ausland war Lenin von einem revolutionären Feuereifer erfüllt, den er in den nächsten Tagen in einer Reihe von Reden zu vermitteln versuchte. Durch die ungetrübte Klarheit seines Ziels und die Selbstsicherheit, die er ausstrahlte, hob er sich ab. Aber zu diesem Zeitpunkt schlossen sich selbst unter seinen engsten Gefolgsleuten nur wenige seiner radikalen Haltung an.

Als Lenin am 4. April auf einer Sitzung der Bolschewiki seine »Aprilthesen« erläuterte und jene angriff, die mit den Menschewiki zusammenarbeiten wollten, erntete er überwiegend kritische Reaktionen. Lew Kamenew, eine der prominentesten Figuren der Partei und später ein führendes Mitglied der nachrevolutionären Regierung, hielt Lenins Haltung für verrückt. In der *Prawda* vom 8. April wies er seine »Generallinie« als »unannehmbar« zurück. Unter Stalin, zwei Jahrzehnte später, wäre dies selbstmörderisch gewesen; tatsächlich sollte Kamenew zu Stalins Opfern unter den »Altbolschewiken« gehören. Aber 1917 war nicht 1937, und Lenin war nicht Stalin. Nach seiner Rückkehr nach Petrograd war eine brutale Ausschaltung der Opposition aus den eigenen Reihen ebenso undenkbar wie undurchführbar. Lenins gesamte Laufbahn in der Sphäre revolutionärer Politik war durch den hartnäckigen und entschlossenen Kampf für seine Ansichten und die Auseinandersetzung mit der Kritik an ihnen geprägt, und er befand sich 1917 nicht in einer Position, die es ihm erlaubt hätte, von dieser Linie abzuweichen. Und obwohl seine Autorität bald wesentlich stärker sein sollte, bestand die interne Vielfalt konkurrierender Auffassungen während seiner gesamten Herrschaftszeit weiter. Beseitigt wurde sie erst unter Stalin.

Viele Revolutionäre, die die jüngsten Ereignisse in Russland miterlebt hatten, hüteten sich, zu weit zu gehen, und traten dafür ein, sich mit der Provisorischen Regierung zu arrangieren. Lenins Brillanz als Revolutionsführer beruhte zu einem großen Teil auf der Kombination von beinhartem ideologischen Radikalismus und taktischer Flexibilität. Er passte seine Botschaft an, ohne die grundlegende Strategie aufzugeben. Anstelle von »Revolutionskrieg« und »Diktatur« rückten politische Ziele in den Vordergrund, von denen er wusste, dass sie populär waren: die Verstaatlichung von Banken und Großindustrie, die Enteignung von agrarischem Landbesitz, Frieden und die Herrschaft nicht des Parlaments, sondern der Sowjets – der von Arbeitern und Bauern dominierten Räte.[21] Geschickt verpackte er sein revolutionäres Programm in einen prägnanten, eingängigen Slogan, den er wahrscheinlich auf einem Transparent bei einer Demonstration im April zum ersten Mal gesehen hatte: »Alle Macht den Sowjets!«[22]

In den folgenden Wochen hämmerte er der Öffentlichkeit in einem wahren Aktivitätswirbel seine Botschaft ein: Im Mai erschienen in der *Prawda* 48 Artikel von ihm, im Mai und Juni hielt er 21 Reden.[23] Seine Militanz blieb. Unablässig betonte er, dass die Bolschewiki zur führenden Kraft in den Sowjets werden müssten, die immer noch von Vertretern rivalisierender revolutionärer Parteien beherrscht wurden, der Menschewiki und der Sozialrevolutionäre (einer 1901 gegründeten Partei, die vor allem bäuerliche Interessen vertrat). Er besaß fähige Helfer, die unermüdlich innerhalb der Partei arbeiteten und später eine wichtige Rolle im bolschewistischen Regime spielen sollten, wie Lew Kamenew, Grigori Sinowjew, Nikolai Bucharin, Josef Stalin und – als wichtiger Überläufer aus den Reihen der Menschewiki – Leo Trotzki.[24] Jeder von ihnen besaß für die revolutionäre Partei nützliche Talente. Insbesondere Trotzki ragte als brillanter Redner, ausgezeichneter Agitator und gewiefter Organisator heraus. Aber ihm schlug wegen seiner menschewistischen Vergangenheit und späten Konversion zum Bolschewismus (erst im Jahr 1917) Misstrauen entgegen. Außerdem war er schroff, arrogant und egozentrisch und machte sich ständig neue Feinde. Keiner dieser Paladine dachte daran, Lenins Platz einzunehmen. Sie alle erkannten seinen Vorrang an.

Die ständige Propaganda begann sich auszuzahlen. Die Anhängerschaft der Bolschewiki wuchs, zumal diese den immensen Aufruhr und die schrecklichen, von galoppierender Inflation und zunehmenden Versorgungsmängeln geprägten Lebensbedingungen für sich ausnutzen konnten. Zudem stieg die Zahl von Desertionen aus der Armee.[25] Als Anfang Juli gewalttätige Demonstrationen gegen die Regierung ausbrachen, hielten bolschewistische Hitzköpfe den Zeitpunkt für einen bewaffneten Aufstand für gekommen. Lenin war abwesend, da er sich in einem kurzen Urlaub an der finnischen Ostseeküste von den Anstrengungen und der Erschöpfung erholte. Er kehrte wutentbrannt nach Petrograd zurück, um die Bolschewiki von einem seiner Meinung nach unbesonnenen und verfrühten Versuch der Machtübernahme abzuhalten. Ihnen fehlte es sowohl an Organisation als auch an der nötigen Massenbasis.

Die Bolschewiki verloren daraufhin vorübergehend an Ansehen, und die Regierung ging zum Gegenangriff über. Lenin wurde als deutscher Spion gebrandmarkt und musste mit seiner Verhaftung rechnen – der zweifellos eine Verurteilung gefolgt wäre, die ihm die Fähigkeit genommen hätte, die bolschewistische Taktik zu bestimmen. Am 9. Juli floh er zusammen mit Sinowjew aufs Land, bevor er einige Tage später nach Finnland weiterreiste, wo er sich bis Ende September versteckt hielt. Von Finnland aus war er nicht in der Lage, die Ereignisse in Russland zu steuern. Sie entwickelten sich dennoch in seinem Sinn. Wäre es nicht so gewesen, er wäre womöglich als Fußnote der Geschichte geendet.

Die größte Katastrophe für die bedrängte Provisorische Regierung handelte sie sich selbst ein – durch die Entscheidung von Kriegs- und Marineminister Alexander Kerenski, am 1. Juli an der Südwestfront eine militärische Offensive zu beginnen. Sie sollte die Alliierten im Westen entlasten, die mit Meutereien in der französischen Armee zu kämpfen hatten, aber in erster Linie hoffte die Regierung, durch die Popularität, die ein Sieg ihr einbringen würde, die Stimmung in der Armee zu verbessern und die eigene Stellung zu stärken.[26] Angesichts der extremen Kriegsmüdigkeit im Land, aufgrund deren die Friedenspropaganda nicht nur der Bolschewiki auf offene Ohren traf, war es allerdings ein höchst riskanter Schritt, der leicht nach hinten losgehen konnte. Mitte des Monats brach die Offensive zusammen, und die russischen Truppen befanden sich in ungeordnetem Rückzug. Kerenski übernahm in einer Regierung, die zusehends an Ansehen verlor, das Amt des Ministerpräsidenten. Seine Probleme verschärften sich, als der Oberbefehlshaber der russischen Armee, General Lawr Kornilow, ein ehemaliger zaristischer Offizier, am 28. August Truppen in Petrograd einmarschieren ließ. Ob dies ein Putschversuch war oder

Kornilow Kerenski dazu bringen wollte, eine härtere Haltung gegenüber den Bolschewiki einzunehmen, ist nicht klar. Auf jeden Fall scheiterte er rasch. Kerenski war jedoch gezwungen, die Bolschewiki darum zu bitten, die Truppen von der Unterstützung Kornilows abzubringen, womit er ihrer Propaganda in die Hände spielte, die jetzt behaupten konnte, sie, die Bolschewiki, seien unverzichtbar gewesen, um einen konterrevolutionären Angriff abzuwehren.

Die Affäre untergrub die Stellung der Provisorischen Regierung weiter und stärkte die Bolschewiki, deren Anhängerschaft seit dem Frühjahr erheblich angewachsen war. Der Rückhalt der Regierung und der Parteien, die ihr angehörten, befand sich dagegen in Auflösung. Arbeiter, unter ihnen viele, die von den Unternehmern ausgesperrt worden waren, übernahmen die Leitung von Fabriken, Bauern besetzten Land, Soldaten desertierten. Lenin gelangte zu der Ansicht, dass der Zeitpunkt gekommen war. »Jetzt die Macht nicht ergreifen, ›warten‹«, schrieb er aus dem finnischen »Exil«, »heißt die Revolution zugrunde richten.« Seine Genossen in der Führung der Bolschewiki waren sich da weniger sicher. Aber Lenin stimmte sie mit großem politischen Geschick und bemerkenswerter Überzeugungskraft um. Er benannte die strategischen Punkte, die in einem Aufstand besetzt werden mussten, und mahnte: »Die Geschichte wird es uns nicht verzeihen, wenn wir jetzt nicht die Macht ergreifen.«[27]

In dieser überhitzten Atmosphäre, die für eine weit radikalere Revolution als jene vom Februar geeignet war, kehrte Lenin am 7. Oktober getarnt und mit einem falschen Pass nach Petrograd zurück. Obwohl alle Bolschewiki ihn als Führer anerkannten, stieß er – unter anderen bei zwei Parteigrößen, Kamenew und Sinowjew – auf Widerspruch, als er in den nächsten Tagen darauf drängte, umgehend den bewaffneten Aufstand auszulösen. Aber seine starken Argumente, seine Überzeugungskraft und seine anerkannte Stellung als Parteiführer sorgten dafür, dass er die Oberhand behielt. Als am 23. und 24. Oktober das Gerücht umging, Kerenski würde loyale Truppen in die Stadt verlegen, um die Kontrolle wiederzuerlangen, war es für

Lenin der Anlass zu handeln.[28] In einem Zustand nervöser Anspannung entschied er, dass der Zeitpunkt gekommen war.

In den vorangegangenen Tagen hatte Trotzki als Vorsitzender des Petrograder Sowjets und eigentlicher Chef des überwiegend mit Bolschewiki besetzten Militärrevolutionären Komitees die Schlüsselrolle bei der Vorbereitung des bewaffneten Aufstands gespielt. Er sollte auch derjenige sein, der die – weitgehend improvisierte – Machtübernahme am 24./25. Oktober in Gang setzte. Trotzki war zweifellos die wichtigste Person der gesamten revolutionären Bewegung – abgesehen von Lenin, dessen Vorrang Trotzki anerkannte. Lenins Führung als Parteigründer stand nie in Frage. Trotzki ist als »Stabschef« bezeichnet worden, Lenin als »Höchstkommandierender«.[29]

Die Machtübernahme ging fast ohne Blutvergießen und im Grunde an einem einzigen Tag, dem 25. Oktober, vonstatten. Die Provisorische Regierung kapitulierte. Kaum jemand glaubte, dass die neue Regierung, wie auch immer sie aussehen mochte, sich lange halten würde. Lenins Rolle in den anschließenden Tagen und Wochen war entscheidend dafür, dass sie es tat. An die Stelle des jahrelangen Nachdenkens über die Revolution trat die revolutionäre Praxis. Als Erstes billigte der Zweite Allrussische Sowjetkongress, der an diesem Tag eröffnet wurde, die Zusammensetzung einer revolutionären Regierung. Ihr gehörten neben Bolschewiki auch Menschewiki und Sozialrevolutionäre an, so dass es keineswegs unvermeidlich war, dass Lenin sich durchsetzen würde. Aber der Boden für die Dominanz der Bolschewiki war bereitet. Als der Kongress zusammentrat, war die Revolution eine vollendete Tatsache. Zudem hatte das Zentralkomitee der Bolschewiki auf Drängen Lenins bereits beschlossen, wie die Regierung aussehen sollte.[30] Lenin schlug Trotzki, der den Aufstand geleitet hatte, sogar vor, er solle den Posten des Regierungschefs übernehmen. Lenin wollte sich offenbar auf die Führung der Partei konzentrieren und lehnte es für seine Person ab, an die Spitze der Regierung zu treten oder ihr auch nur anzugehören. Aber Trotzki, der Lenin den Vortritt lassen wollte, lehnte das Angebot ab.[31] Hätte er es angenommen, wäre die Geschichte möglicherweise anders verlaufen.

Nach Lage der Dinge wählte der Kongress Lenin zum Vorsitzenden – im Grunde Ministerpräsidenten – des Rats der Volkskommissare, einem Regierungskabinett, das unter der sowjetischen Abkürzung Sownarkom (Sowjet Narodnych Komissarow, Rat der Volkskommissare) bekannt ist. Die Bolschewiki stellten die größte Fraktion der 670 Kongressdelegierten, besaßen jedoch nicht die Mehrheit. Aber sie provozierten Menschewiki, Sozialrevolutionäre und andere so lange, bis sie den Kongress verließen, so dass sie als beherrschende Kraft übrig blieben. Auf diese Weise wurde eine ausschließlich aus Bolschewiki bestehende Regierung gebildet, auch wenn sie bis zum Zusammentreten einer Verfassungsversammlung nur provisorisch im Amt war.

Ihre ersten Dekrete, die Lenin in aller Eile verfasst hatte, waren von enormer Bedeutung.[32] Ein Dekret über den Frieden verfügte als Voraussetzung für die Aufnahme von Friedensverhandlungen die sofortige Einstellung der Kämpfe an der Front. Durch das Dekret über Grund und Boden – oder »Lenins Dekret«, wie es allgemein genannt wurde[33] – wurde der Großgrundbesitz entschädigungslos enteignet und der Handel mit Land beendet. Begleitet wurden diese Dekrete von der Einführung einer Pressezensur und der Entsendung bolschewistischer Kommissare, welche die militärische Kontrolle über das Land übernehmen sollten. In den nächsten zwei Wochen folgten weitere Dekrete: über den Achtstundentag für Arbeiter, kostenlose Bildung und die Rechte der Völker Russlands – nationale und religiöse Privilegien wurden aufgehoben, ethnische Minderheiten geschützt und nationale Selbstbestimmung versprochen. Die Dekrete trugen dazu bei, dass die Bolschewiki bei Frontsoldaten, nationalen Minderheiten und, was entscheidend war, einem großen Teil der Bauernschaft Anhänger gewannen (die Lenin den Sozialrevolutionären, hinter denen sie bisher in überwältigender Mehrheit gestanden hatte, abspenstig machen und auf seine Seite ziehen musste). Außerdem musste Lenin die Opposition aus den eigenen Reihen abwehren, mit Kamenew und Sinowjew an der Spitze, die eine breiter aufgestellte Koalitionsregierung befürworteten. Wieder einmal zahlte sich seine Unnachgiebigkeit aus. Das übrige Zentralkomitee, der harte Kern der Parteiführung, stellte sich hinter ihn. Er festigte seine Kontrolle über die Bolschewiki in Petrograd, und seine Führung des Sownarkom war unumstritten. Überall in dem riesigen Land übernahmen die Bolschewiki in den ersten Wochen nach der Revolution durch von ihnen unterwanderte und dominierte lokale Sowjets die Macht. Wo sich Widerstand zeigte, erzwangen Rote Garden Wohlverhalten.[34]

Wie begrenzt die Unterstützung der Bolschewiki im Land war, zeigte das Ergebnis der am 12. November abgehaltenen Wahl zur Konstituierenden Versammlung, die letzte pluralistische Wahl für mehr als sieben Jahrzehnte. Lenin hatte das negative Ergebnis für die Bolschewiki vorausgesehen und daher die Wahl nicht gewollt, sich in diesem Fall aber der gegenteiligen Meinung praktisch seines gesamten Gefolges gebeugt. Die Provisorische Regierung hatte demokratische Wahlen zu einer Konstituierenden Versammlung versprochen. »Es würde sehr schlecht aussehen«, erklärte Jakow Swerdlow, einer seiner engsten Vertrauten, wenn man gleich am Anfang Wahlen verhindere.[35] Aber Lenins Vorahnung bewahrheitete sich. Von 41 Millionen abgegebenen Stimmen erhielten die Bolschewiki weniger als ein Viertel. Die Konstituierende Versammlung trat am 5. Januar 1918 zusammen, bestand aber nur einen Tag. Rote Garden eröffneten das Feuer auf Arbeiter, die für die Versammlung demonstrierten, wobei neun Menschen starben und 22 verwundet wurden. Am nächsten Morgen verwehrten sie den Delegierten den Zutritt zum Versammlungsort.[36] Jede Hoffnung auf eine pluralistische Demokratie war ausgelöscht. Die Bolschewiki hatten die Macht und waren entschlossen, sie nicht mit anderen Parteien zu teilen. Sie wollten sie vielmehr ausbauen und monopolisieren. Aber sie waren noch weit davon entfernt, das ganze Land für sich gewonnen zu haben. Dafür reichten politische Überredung, Vortäuschung und Manipulation nicht aus.

Der Weg zu verstärktem Zwang, Gewalt gegen Gegner und direkter terroristischer Repression war unausweichlich. Während seines Exils in Finnland im Sommer 1917 hatte Lenin an einem Buch weitergearbeitet, das im folgenden Jahr erscheinen sollte: *Staat und Revolution*. Darin argumentierte er, dass *nach* der erfolgreichen Machtübernahme Gewalt nötig sei, um die Kapitalistenklasse zu vernichten und die »Diktatur des Proletariats« zu errichten. Erst im Lauf einer langen, nicht näher bestimmten Zeitspanne würde dieser Staat »absterben« und einer wahrhaft kommunistischen Gesellschaft Platz machen. Bis dahin müsse der Krieg gegen die Feinde des Proletariats rücksichtslos fortgeführt werden. Lenin hatte Terror seit Beginn seiner Laufbahn als revolutionärer Denker als nützliches Mittel betrachtet. Am 7. Dezember 1917 ließ er den Sownarkom die »Außerordentliche Kommission« gründen, besser bekannt als Tscheka, die gefürchtete Geheimpolizei des Sowjetregimes. Unter ihrem Vorsitzenden Felix Dserschinski verfügte sie anfangs nur über einen kleinen Mitarbeiterstab, der jedoch rasch anwuchs, so dass die Tscheka im Sommer des folgenden Jahres bereits auf dem besten Weg war, ein Staat im Staat zu werden. Ihre Aufgabe war es, jede Opposition gegen die Revolution auszuschalten. Da es im Unklaren gelassen wurde, wer als konterrevolutionärer »Feind« gelten sollte, waren der willkürlichen Ausweitung des Terrors Tür und Tor geöffnet.[37] »Wir müssen die Energie und die populäre Natur des Terrors unterstützen«, schrieb Lenin im Juni 1918.[38] Zu diesem Zeitpunkt war er das Oberhaupt eines Staates, der in einem unvorstellbar brutalen Bürgerkrieg, in dem der Revolutionsregierung eine von ausländischen Mächten unterstützte organisierte Konterrevolution entgegentrat, um sein Überleben kämpfte. Unter diesen extremen Bedingungen sollte der staatlich geförderte Terror geradezu explodieren.

Staatsführer

Lenin übte die Macht über die Gesamtheit des riesigen Landes in vollem Umfang nur in dem kurzen Zeitraum zwischen dem Ende des Bürgerkriegs im Herbst 1920 und seiner teilweisen Lähmung durch einen schweren Schlaganfall im Mai 1922 aus. Danach verblieben ihm bis zu seinem Tod nur wenig mehr als anderthalb Jahre, in denen er weitgehend arbeitsunfähig war.

In dem enormen Aufruhr der Monate nach der Oktoberrevolution konnte keine Rede davon sein, dass Lenin als Despot hätte handeln können, selbst wenn er es gewollt hätte. In der ersten nachrevolutionären Phase war die Regierung noch keineswegs die schlaffe Erfüllungsgehilfin der Tyrannei, zu der sie später unter Stalin wurde. Vieles musste improvisiert werden. Und Lenin musste sich zumindest den embryonalen Strukturen der Revolutionsregierung anpassen, die zum Zeitpunkt der bolschewistischen Machtübernahme bereits vorhanden waren. Er musste die riesigen, zeitraubenden Versammlungen des Allrussischen Sowjetkongresses mit seinen anfangs vielen Fraktionen bewältigen. Der Kongress – bereits unter der Provisorischen Regierung theoretisch die oberste Regierungsinstanz – war im Juni 1917 vor der bolschewistischen Revolution das erste Mal zusammengetreten und kam zwischen November 1917 und November 1918 weitere fünfmal zusammen. Die Bolschewiki wurden erst im Lauf des Jahres 1918 zur beherrschenden Kraft. Der Kongress ratifizierte im Wesentlichen – was anfangs keine bloße Formalität war – die vom (seit 1898 bestehenden) Zentralkomitee (ZK) der Bolschewiki beschlossenen Maßnahmen. Auch in diesem Gremium, in dem Entscheidungen per Mehrheitsbeschluss getroffen wurden, gab es hitzige Debatten, und Lenin sah sich häufig mit erbittertem Widerstand konfrontiert, dem er mit Überredungskunst und politischem Geschick begegnen musste, nicht mit einem Diktat. Bis sie auf dem X. Parteitag im März 1921 im Interesse der Parteidisziplin offiziell verboten wurde, war Fraktionsbildung durchaus gestattet.

Gleichwohl fand eine Zentralisierung statt, und von oben wurde eine »Parteilinie« vorgegeben. Das bei seiner Schaffung winzige ZK war bis März 1919 auf 19 Mitglieder angewachsen und zu schwerfällig für schnelle, effiziente politische Entscheidungen geworden. Deshalb wurde beschlossen, ein »Politisches Büro« – kurz Politbüro genannt – sowie ein Organisationsbüro und ein Sekretariat zu schaffen. Damit wurde formalisiert, was es in Anfängen bereits seit der Oktoberrevolution gab. Ab April 1919 fanden regelmäßige wöchentliche Sitzungen des fünfköpfigen Politbüros statt. Neben Lenin, Trotzki, Stalin und Kamenew gehörte ihm Nikolai Krestinski an, ein strammer Bolschewik, der seinen Posten allerdings 1921 verlor, weil er sich zu eng mit Trotzki verbündet hatte. Dies war das Führungsgremium, das die Politik der Partei beschloss, eine »Regierung über der Regierung«, wie es genannt worden ist.[39] Seine Kompetenzen waren grenzenlos. Lenin verfasste selten Berichte für das Politbüro und begnügte sich in den Sitzungen anscheinend zumeist damit, den anderen Mitgliedern kurze schriftliche Notizen zu schicken. Aber er konnte jeden Augenblick aufspringen, um mit wütendem Eifer einen Vorschlag zurückzuweisen. In dem kleinen Gremium verhalfen ihm seine Stellung, Entschlossenheit und Willensstärke unweigerlich zum Erfolg. Und nachdem das Politbüro seiner Linie zugestimmt hatte, war es kein Problem mehr, das ZK und anschließend den Volkskongress dafür zu gewinnen.

Obwohl seine überragende Autorität von allen in der Partei anerkannt wurde, wurden seine Entscheidungen kritisiert und hitzig diskutiert. Die Aura, die ihn als langjährigen Parteitheoretiker und mehr noch als Revolutionsführer, dessen Einschätzungen sich ein ums andere Mal als richtig erwiesen hatten, umgab, half ihm jedoch, in parteiinternen Disputen zu obsiegen. In der Anfangszeit des Personenkults um den »großen Führer«, den die Partei nach dem Anschlag auf sein Leben Ende August 1918 inszenierte, wurde er als »Volkszar« dargestellt und seine persönliche Haltung verherrlicht.[40] Bis der schwere Schlaganfall ihn weitgehend außer Gefecht setzte, blieb er auch ein unermüdlicher, kraftvoller und lebendiger Denker und Debattierer. Für gewöhnlich setzte er sich durch. Die führenden Bolschewiki – Trotzki, Stalin, Sinowjew, Kamenew und Bucharin – waren zwar machthungrig, aber untereinander zerstritten, und sie alle beugten sich Lenin, während ihre Grabenkämpfe seine Macht und sein Ansehen stärkten.[41] Ihre eigene und die Rücksichtslosigkeit ihrer Untergebenen in der Hierarchie der Bolschewiki war entscheidend für die Ausmerzung jeglicher Opposition auf den unteren Ebenen im ganzen Land. Dies brauchte jedoch Zeit. Anfangs war die Opposition beachtlich. Doch die Bedrohung durch die Feinde der Revolution im Bürgerkrieg und die Furcht vor schweren Maßregelungen wegen mangelnder Linientreue innerhalb der bolschewistischen Bewegung selbst zwangen Opponenten ins Glied.

Lenins erste große Herausforderung als Staatsoberhaupt war, das Land – bevor es im Strudel des Bürgerkriegs versank – aus dem Weltkrieg herauszuführen. Im ersten Regierungsdekret vom 26. Oktober 1917 hatte er Frieden versprochen. Die große Mehrheit der Bevölkerung, einschließlich der meisten Soldaten in der Armee, die immer noch aus mehr als sieben Millionen Mann bestand, sehnte sich nach einem Ende des Krieges.[42] Aber Lenin war sich mit seiner Partei in der Frage, ob der Mitte Dezember mit den Mittelmächten geschlossene befristete Waffenstillstand in einen Friedensvertrag umgewandelt werden sollte, uneins. Er wollte keinen Frieden um seiner selbst willen. Vielmehr sah er in ihm eine Atempause, bevor man in einen internationalen Bürgerkrieg eintreten und die Revolution in ganz Europa triumphieren würde. Stalin, Kamenew und Sinowjew gehörten zu denen, die am revolutionären Potential in Westeuropa zweifelten. Trotzki, der Volkskommissar für auswärtige Angelegenheiten, erwartete ebenfalls, dass sich die Revolution über Europa ausbreiten würde, und glaubte, eine längere Waffenruhe würde ihr Zeit geben, sich zu entwickeln. Er konnte die Mittelmächte Deutschland und Österreich-Ungarn jedoch nicht dazu bewegen, den Waffenstillstand zu verlängern. Stattdessen überbrachte er der Führung der Bolschewiki im

Januar 1918 deren Ultimatum, Frieden zu schließen oder sich auf eine Offensive gefasst zu machen.

Lenin sprach sich dafür aus, die Bedingungen anzunehmen. Aber sein Friedensvorschlag wurde von anderen in der Partei – allen voran von Bucharin – abgelehnt; sie wollten mit den verhassten imperialistischen Mächten keinen Vertrag schließen. Damit standen sie jedoch vor einem unüberwindlichen Problem. Einige setzten auf einen »revolutionären Krieg«, um sich gegen die »Imperialisten« zu verteidigen. Die meisten hielten dies indes für unmöglich, denn eine kleine, unerfahrene revolutionäre Truppe hätte gegen die Macht des deutschen Heeres keine Chance gehabt. Sie stellten sich hinter Trotzki, der eine Politik unter dem Motto »weder Krieg noch Frieden« befürwortete, mit der er Zeit kaufen wollte, um die europäische Revolution zu entfachen. Aber auch dies erwies sich als unmöglich, da die immer ungeduldiger werdenden Mittelmächte Mitte Februar ihr Ultimatum wiederholten: Wenn Russland dem Friedensschluss nicht zustimmte, würden sie angreifen.

Am 18. Februar, als die angedrohte Offensive bereits im Gang war, gewann Lenin im ZK eine knappe Mehrheit für seine Position. Doch selbst jetzt noch verhinderte die Spaltung der Führung, dass entsprechend gehandelt wurde. Erst fünf Tage später, als dem Sownarkom nur noch wenige Stunden blieben, die von den Mittelmächten diktierten Bedingungen zu akzeptieren, stimmte die Mehrheit widerstrebend Lenins Argumentation zu; Trotzki enthielt sich der Stimme. »Man muss diese Bedingungen unterzeichnen«, beschwor Lenin seine Genossen in der entscheidenden ZK-Sitzung. »Wenn Sie sie nicht unterzeichnen, werden Sie in drei Wochen das Todesurteil über die Sowjetmacht unterzeichnen.« Dies dürfte keine Übertreibung gewesen sein. Wenn die Deutschen das russische Kernland besetzt hätten, wäre dies wahrscheinlich das Ende der bolschewistischen Revolution gewesen.[43] Über kurz oder lang wäre es möglicherweise zu einem neuen revolutionären Erdbeben gekommen, aber vermutlich mit anderen Folgen.

Weder Lenin noch Trotzki setzten ihren Namen unter den grausamen Vertrag von Brest-Litowsk, der am 3. März 1918 unterzeichnet wurde. Russland verlor einen riesigen Teil seines Territoriums, ein Drittel seiner Bevölkerung und die Hälfte seiner Industrie- und Agrarressourcen. Kein Wunder, dass Lenin den Vertrag als »obszönen Frieden« bezeichnete.[44] Aber er betrachtete ihn als notwendiges temporäres Zugeständnis an überlegene imperialistische Mächte, bevor diese durch soziale Revolutionen erschüttert wurden. Und seine inneren Gegenspieler hatten keine ernstzunehmende Alternative anbieten können. Trotzki und Bucharin hatten sich beide Lenins unbeirrbarer Argumentation beugen müssen. Ersterer musste in dieser Zeit an der Spitze des Regimes nur Lenin den Vortritt lassen und konnte es sich leisten, sich ihm gelegentlich offen zu widersetzen. Aber er erkannte Lenins überragende Stellung an und versuchte nie, ihn zu verdrängen.

In dem grauenvollen Bürgerkrieg, der im Sommer 1918 mit aller Wucht ausbrach und über zwei Jahre lang wüten sollte, weil vom Westen unterstützte konterrevolutionäre Kräfte das neue Regime zu stürzen versuchten, spielte Trotzki, der inzwischen auf den Posten des Volkskommissars für Militär- und Meeresangelegenheiten gewechselt war, eine unverzichtbare Rolle. Er war derjenige, der die im Februar 1918 von ihm gegründet Rote Armee organisierte und befehligte. Er erreichte, dass sie bis 1920 zu einer formidablen Streitmacht von über fünf Millionen Mann anwuchs. Die unermüdliche Tatkraft, mit der Trotzki kreuz und quer durch Russland fuhr, die Energie, mit der er die Moral der Truppen aufrechterhielt, seine unbändige Entschlossenheit und nicht zuletzt seine wachsende Erfahrung und Fähigkeit auf dem Gebiet der militärischen Taktik erwiesen sich als letztlich entscheidend für den Sieg der Roten Armee. Danach war das Überleben des Bolschewismus, der am Anfang des Bürgerkriegs in ernster Bedrängnis zu sein schien, gesichert, und dies verdankte er – abgesehen von Lenin, der als Vorsitzender des Sownarkom und der Entscheidungsorgane der Partei, des Politbüros und des ZK, die politische Leitung des Krieges innehatte – keinem anderen Einzelnen mehr als Trotzki.[45]

Aber auch andere in der Parteiführung – unter ihnen Stalin, der durch sein Beharren darauf, Zarizyn an der Wolga auf seine Weise zu verteidigen, mit Trotzki direkt aneinandergeriet – spielten eine bedeutende Rolle. Über die Abneigung zwischen Trotzki – der sich durch seine Überheblichkeit in den oberen Rängen der Partei und darüber hinaus unbeliebt machte – und Stalin hinaus gab es fast immer Konflikte zwischen führenden Bolschewiki. Anders als Trotzki, der ständig unterwegs war, verließ Lenin Moskau – wohin die Regierung im März 1918 umgezogen war – nur selten. Er war kein Autokrat, und er konnte sich in den hitzigen Debatten im ZK nicht immer durchsetzen. Er musste durch Untergebene agieren. Aber aufgrund seiner Autorität – die er manchmal durch die Androhung seines Rücktritts verstärkte – behielt er in der Regel die Oberhand.

Eine Priorität war die Sicherstellung der Lebensmittelversorgung. Die Knappheit hatte sich erheblich verschärft, da große Teile der Landwirtschaftsgebiete des Landes jetzt von den Mittelmächten besetzt waren. Der Mangel führte dazu, dass Arbeiter aus den hungernden Städten flohen, Lebensmittel gehortet wurden und sich ein Schwarzmarkt entwickelte, der die Preise auf dem Land in die Höhe trieb. Angesichts der Notlage plädierte Lenin im Mai 1918 für eine »Lebensmitteldiktatur«. Bewaffnete Einheiten wurden in die Dörfer geschickt, um Getreide zu konfiszieren. Der von den Bauern erwirtschaftete Überschuss wurde zu Staatseigentum erklärt. Wo man keinen fand, beschuldigte man die »Kulaken« – Großbauern –, ihn zu verstecken. Die Kampagne gab einen Vorgeschmack auf Stalins späteres Vorgehen gegen die Kulaken. Lenin gab mit erschreckender Rhetorik den Ton für die Kampagne vor, indem er die Kulaken als »Blutsauger« bezeichnete, die sich »an der Not des Volkes bereichert« hätten, und den Schlachtruf ausstieß: »Schonungsloser Krieg diesen Kulaken! Tod den Kulaken!«[46] Am 11. August 1918 befahl er der bolschewistischen Führung von Pensa an der Wolga, exemplarische Hinrichtungen von Kulaken durchzuführen und deren gesamte Getreidevorräte zu beschlagnahmen: »*Mindestens einhundert* bekannte Kulaken, Reiche, Blutsauger aufhängen (die Hinrichtung ist unbedingt *vor den Augen der Bevölkerung* vorzunehmen).«[47]

Als Elemente des »Kriegskommunismus« folgten Rationierung, strenge Arbeitskontrolle und die Verstaatlichung der Großindustrie. Und während Zwang alltäglich wurde, wuchs der Terror unaufhaltsam an. Nach einem beinah erfolgreichen Attentat auf Lenin am 30. August 1918, bei dem er von zwei Kugeln in der Schulter getroffen wurde, setzte eine maßlose Eskalation ein. Am 5. September hatte ein Bericht von Tschekachef Dserschinski zur Folge, dass der Sownarkom einen Beschluss »Über den roten Terror« fasste, in dem es hieß: »In der gegebenen Situation ist es unbedingt erforderlich, das Hinterland durch den Terror zu sichern.« Zum »Schutz der Sowjetrepublik« müssten »Klassenfeinde [...] in Konzentrationslagern isoliert« werden. Lenin, der sich noch von seinen Verletzungen erholte, war in der Sitzung nicht anwesend, aber es besteht nicht der geringste Zweifel, dass er dem Beschluss zustimmte.[48] Während der Bürgerkrieg tobte, raste auch seine Wut auf die Feinde der Revolution, und er drängte verstärkt darauf, sie mit gnadenlosem Terror zu verfolgen. »Man muss mit der vollen Härte des Terrors gegen die Konterrevolution vorgehen«, verlangte er. Nötig sei »grenzenlose Macht, die auf der Gewalt und nicht auf dem Gesetz basiert«. Er machte konkrete Vorschläge, wie die Tscheka ihre Gefangenen behandeln sollte, und versicherte sie seines persönlichen Schutzes.[49]

Die Tscheka führte Zehntausende von standrechtlichen Erschießungen durch, unter anderem in der Nacht vom 16. auf den 17. Juli an der Zarenfamilie. Willkürliche Festnahmen und Erschießungen waren an der Tagesordnung. Terror hatte von Anfang an implizit zum bolschewistischen Denken gehört, doch im Bürgerkrieg wurde er systemisch.[50] Lenin verstand ihn als integralen Bestandteil seiner Staatspolitik.[51] Keiner der führenden Bolschewiken begehrte dagegen auf. Die Billigung von Terror im Interesse des bolschewistischen

Staats gehörte zu ihrer DNA. Trotzki schrieb 1920, wer die historische Bedeutung des Sowjetsystems bejahe, müsse »auch den Roten Terror anerkennen«.[52] In diesem Punkt stimmte Stalin seinem Erzfeind voll und ganz zu. Er sollte den Staatsterror später in ungeahnte Extreme treiben und im Gegensatz zu Lenin auch gegen die Bolschewiki und ihre Führer selbst richten. Aber die zentrale Rolle des Terrors hatte bereits Lenin fest im bolschewistischen Herrschaftssystem verankert.

Zwei Initiativen Lenins wurden zu bedeutenden Fehlschlägen. Der erste erwies sich als dauerhaft und sollte sich tiefgreifend auf die künftige Entwicklung der Sowjetunion auswirken. Er war eine direkte Folge von Lenins Entscheidung im Jahr 1920, die Revolution auszuweiten. Auslöser war, dass Polen unter Staatschef und Oberbefehlshaber Józef Piłsudski in die Ukraine einmarschierte, um einen Bundesstaat mit ihr zu bilden. Am 7. Mai nahmen polnische Truppen Kiew ein. Doch die Rote Armee konnte sie binnen einem Monat zurückdrängen. Aber Lenin wollte mehr. Er sah eine Gelegenheit für den »revolutionären Krieg« gegen Polen, der, wie er glaubte, eine breitere Revolutionsbewegung in Europa anstoßen würde. Andere Länder, vor allem Deutschland, würden wie fallende Dominosteine folgen. Trotzki war zwar ein Anhänger des Konzepts der Weltrevolution, bezweifelte aber, dass die Rote Armee in der Lage war, eine Invasion Polens zum Erfolg werden zu lassen. Stalin befürchtete, dass die letzte große Armee der Weißen – der Konterrevolution – die Entsendung der Roten Armee nach Polen ausnutzen könnte, um in Südrussland vorzurücken. Außerdem war es nach Ansicht vieler fraglich, ob die polnischen Arbeiter im Namen der Weltrevolution einen Angriff auf ihr Land unterstützen würden. Aber Lenin ließ sich nicht umstimmen. Er war sich sicher, dass er recht hatte. Weder der Sownarkom noch das ZK oder das Politbüro beschäftigte sich in einer formellen Sitzung mit dem Thema. Mehrere führende Bolschewiki befanden sich – aus guten Gründen – nicht in Moskau. Und man war sich darin einig, dass Piłsudski eine blutige Nase verdient hatte. Ohne konzertierte Opposition genügte Lenins Beharren auf der Invasion Polens. Und nachdem er die Entscheidung gefällt hatte, stimmten andere führende Bolschewiki zu.[53]

Doch die auf Warschau marschierenden Truppen der Roten Armee erlitten Mitte August an der Weichsel eine vernichtende Niederlage.[54] Lenin schob die Verantwortung an der Katastrophe, die eindeutig bei ihm lag, von sich, wobei ihm die innenpolitische Ablenkung durch die offene Animosität zwischen Trotzki und Stalin zugutekam. Doch das Ergebnis war klar: Der Traum von einer »sozialistischen Revolution in Europa« war geplatzt.[55] Der Weg war geöffnet für die Politik des »Sozialismus in einem Land«, deren Hauptverfechter Stalin werden sollte.[56]

Der zweite Fehlschlag erwies sich mit der Zeit, wenn auch erst in den Jahren nach Lenins Tod, als vorübergehend. Die durch die drakonischen Einschnitte des Kriegskommunismus verursachte tiefe wirtschaftliche Notlage hatte zu schweren Unruhen geführt – Streiks in den Städten, Bauernrevolten auf dem Land und im März 1921 zu einem Aufstand der Garnison von Kronstadt bei Petrograd, deren Matrosen 1917 leidenschaftliche Unterstützer der Bolschewiki gewesen waren. Trotzki ließ den Aufstand mit großer Brutalität niederschlagen. Dennoch war klar, dass sich das Regime ohne eine Änderung der Wirtschaftspolitik in Gefahr befand. Tatsächlich erläuterte Lenin auf dem während des Kronstädter Aufstands tagenden Parteitag die Notwendigkeit einer ökonomischen Kehrtwende, die er im Monat zuvor bereits im Politbüro durchgesetzt hatte.

Daraufhin wurde ein wirtschaftspolitisches Programm eingeführt, das als Neue Ökonomische Politik (NÖP) bekannt wurde. Sie beendete die höchst unpopuläre Praxis der Beschlagnahmung von Lebensmitteln. Stattdessen wurde den Bauern nach Zahlung einer zwanzigprozentigen Naturalsteuer erlaubt, ihre überschüssigen Produkte auf dem freien Markt zu verkaufen.[57] Trotzki erinnerte Lenin daran, dass er ihm genau dies schon im vorangegangenen Jahr vorgeschlagen hatte, er dies damals aber abgelehnt habe. Lenin entschuldigte sich indes nie und zeigte nie Reue. Das Ergebnis war jedenfalls eine Politik, welche die harten Maßnahmen des Kriegskommunismus zurücknahm, aber zu langjährigen Bestandteilen von Lenins Ideengebäude, die für die Bauernschaft nie günstig gewesen waren, im Widerspruch stand. Natürlich bestritt er jede Abweichung von bolschewistischen Prinzipien, und seine Autorität war stark genug, um den beachtlichen Widerspruch in den eigenen Reihen zu überwinden. Die Gegner beugten sich der pragmatischen Notwendigkeit; zudem hatten sie keine Alternative anzubieten. Die NÖP wurde angenommen.[58]

Als die neue Politik zu greifen begann, ebbten die Bauernunruhen nach und nach ab, und die Wirtschaft begann zu wachsen. Sie führte jedoch bald zu Problemen bei der Versorgung mit Lebensmitteln, da die Bauern sie zurückhielten, um die Marktnachfrage auszunutzen. Daher blieb die NÖP in der Partei umstritten und spaltete auch deren Führung. Lenin sah in ihr einen taktischen Rückzug, aber auch ein Programm, das die Revolution für mindestens zehn Jahre festigen würde. Das Ziel blieb jedoch die Kollektivierung der Landwirtschaft, das heißt die Zusammenfassung der Produktion in großen Agrarkooperativen, den sogenannten Kolchosen, die im Staatsauftrag eine ausreichende Lebensmittelversorgung sicherstellen würden. Der Theorie nach sollte sie schrittweise und auf freiwilliger Basis über einen längeren Zeitraum hinweg stattfinden.[59]

Binnen wenigen Wochen nach der Billigung der NÖP verschlechterte sich Lenins noch nie besonders robuster Gesundheitszustand dramatisch. Im Hochsommer 1921 erkrankte er ernsthaft und war widerstrebend gezwungen, das Ausmaß seiner Aktivitäten zurückzufahren. Der Führer der revolutionären Arbeiter wurde in ein imposantes Herrenhaus auf einem Anwesen in Gorki gebracht, wenige Kilometer außerhalb Moskaus, von wo er, solange er noch arbeitsfähig war, mit einem Rolls-Royce Silver Ghost, der für die Fahrt auf verschneiten Straßen mit Skiern an den Vorderrädern und einem Raupenfahrwerk an der Hinterachse ausgestattet worden war, zum Kreml und zurück pendelte. Am 25. Mai 1922 erlitt er einen schweren

Schlaganfall, und in der zweiten Jahreshälfte folgten weitere körperliche Zusammenbrüche, die ihn zeitweise außer Gefecht setzten und seine rechte Seite lähmten, so dass er kaum noch sprechen und nicht mehr leserlich schreiben konnte.

Gegen Jahresende diktierte er, was als sein »politisches Testament« bekannt wurde, in dem er das Zentralkomitee vor Stalin warnte. Früher im Jahr war er ihm noch wohlgesinnt gewesen und hatte ihn zum Generalsekretär der Partei ernannt. Aber seine Krankheit machte ihn äußerst cholerisch. Er geriet mit Stalin in der Frage der Stellung der nichtrussischen Sowjetrepubliken in Streit. (Dessen Ergebnis, die Gründung der Union der Sozialistischen Sowjetrepubliken [UdSSR] – diesen Namen hatte Stalin vorgeschlagen –, wurde 1924 vollzogen.) Das Zerwürfnis mit Stalin vertiefte sich.[60] Im Bewusstsein, dass seine Tage gezählt waren, und offenbar in Sorge über seine Nachfolge unterzog Lenin alle Hauptanwärter einer kritischen Analyse, die bei Stalin besonders scharf ausfiel. Er warnte davor, dass Stalin die in seinen Händen konzentrierte Macht missbrauchen würde, deutete allerdings mit keinem Wort an, dass er die Ausübung von Terror fürchtete. Wahrscheinlich war ein beleidigender Telefonanruf bei Lenins Frau der letzte Auslöser für die Niederschrift der Warnung gewesen. Vielleicht war das »Testament«, wie behauptet worden ist, gar kein Diktat des eingeschränkten Parteiführers, sondern Krupskajas eigenes Werk.[61] Jedenfalls besteht kaum ein Zweifel daran, dass Lenin sich, während sein Leben zu Ende ging, bemühte, Stalins Anspruch auf seine Nachfolge zu untergraben. Sein Versuch, ihn als Generalsekretär abzusetzen, schlug fehl – mit unheilvollen Folgen. Stalin gelang es mit subtiler Manipulation des XII. Parteitags im Jahr 1923 – an dem Lenin wegen seines Gesundheitszustands nicht teilnehmen konnte –, im Amt zu bleiben. Lenins »Testament« ging vielleicht auch auf die Erkenntnis zurück, dass nicht nur seine Macht schwand, sondern die Macht insgesamt vom Sownarkom, also dem Staat, auf die Partei überging, deren Organisation von Stalin beherrscht wurde.[62]

Angesichts seines hoffnungslosen Gesundheitszustands wäre ein Machtkampf unvermeidlich gewesen, selbst wenn Lenin länger gelebt hätte. Nach Lage der Dinge war er Mitte 1923 nicht mehr in der Lage, Russland zu regieren. Nach einem letzten Schlaganfall am 21. Januar 1924 verstarb er am frühen Abend desselben Tages.[63]

Hinterlassenschaft

Obwohl nur für kurze Zeit an der Macht, war Lenins Nachwirkung auf Russland, das übrige Europa und die Welt tiefgreifend. Der Kommunismus – 1918 hatten sich die Bolschewiki auf seinen Vorschlag in Kommunistische Partei Russlands (B), wobei das B für Bolschewiki stand, umbenannt – wurde in vielen Teilen der Welt zu einer wichtigen Kraft. In der Sowjetunion blieben die wesentlichen Grundlagen des von Lenin eingeführten Herrschaftssystems bis zu ihrem Zusammenbruch über sieben Jahrzehnte später bestehen.

Die diesem System zugrunde liegende Ideologie – deren bloßer Name, Marxismus-Leninismus, bereits Lenin und Marx als ihre Hauptschöpfer miteinander verknüpfte – interpretierte die Geschichte als von unpersönlichen Kräften und Klassenbeziehungen determiniert. Gleichzeitig verherrlichte sie ihre Gründer. Doch dies war kein Widerspruch. Marx – wie später Lenin – hatte stets betont, dass zur Veränderung der Klassenbeziehungen ein politischer Kampf nötig sei. Lenin hatte aufgrund seiner Rolle als Führer dieses Kampfs in Russland augenscheinlich einen Sonderplatz im sowjetischen Pantheon verdient. Der um ihn geschaffene Personenkult ging mit seiner quasireligiösen Verehrung jedoch um einiges weiter. Er weitete sich unmittelbar nach seinem Tod durch das öffentliche Interesse an seinem Leichnam rasant aus. Die Verwesung wurde aufgehalten und eine »Kommission für die Verewigung des Gedenkens an Lenin« gebildet. Eine Fraktion, die den politischen Nutzen einer Einbalsamierung sah, gewann über deren Gegner – zu denen Nadeschda Krupskaja gehörte – die Oberhand.[64] Durch die Erhaltung des Leichnams sollte ein Symbol der Einheit geschaffen werden: das Individuum als Repräsentant der ewigen Wahrheit, als »einziger Interpret der Gesetze der Geschichte«.[65] Und sie besaß in einer weitgehend bäuerlichen Gesellschaft, deren Kultur – obwohl nominell atheistisch – auf miteinander verflochtenen religiösen und abergläubischen Motiven beruhte, das Potential der Massenwirksamkeit.[66]

Lenin blieb bis zum Ende die Totemfigur des Sowjetkommunismus. Der Personenkult, der in seinen letzten Jahren um ihn herum inszeniert wurde, gelangte nach seinem Tod zur vollen Blüte und diente als Vorbild für den späteren Stalinkult.[67] Sein einbalsamierter Leichnam wurde in einem eigens errichteten Mausoleum zur Anbetung durch die Gläubigen aufgebahrt. Porträts, Denkmäler, die Umbenennung Petrograds in Leningrad und zahlreiche andere Zeichen der Beinahevergöttlichung eines Propheten schufen den Mythos des unantastbaren Führers. »Lenin ist tot, der Leninismus lebt«, gab Sinowjew auf der Trauerfeier den Ton vor.[68] Auch Stalin verbreitete, um seinen Platz in der apostolischen Nachfolge zu untermauern, öffentlich eine sorgfältig redigierte Variante des Lenin-Mythos. Sein noch weitaus grotesker überzogener Personenkult sollte allerdings denjenigen des Gründers des Bolschewismus in den Schatten stellen. Durch Nikita Chruschtschows Anklage gegen Stalin im Jahr 1956 wurde die Heiligkeit Lenins wiederhergestellt. Tatsächlich war Lenins unmittelbare Hinterlassenschaft jedoch Stalins Aufstieg zur Macht. Stalin war – trotz der Warnung in seinem »Testament« – ein Protegé Lenins gewesen, und er hatte von dessen Zögern, einen Nachfolger zu benennen, profitiert. Und einmal an der Macht, war er zwar erheblich von Lenins Regierungsstil abgewichen, hatte seine Tyrannei aber auf dem Fundament des Leninismus errichtet. Chruschtschow stellte es jedoch so dar, als hätte Stalin grundsätzlich mit Lenins Hinterlassenschaft gebrochen. Seine Diktatur galt jetzt als bösartige Häresie, als teuflische Abkehr vom Pfad des wahren Glaubens. Die Folge war, dass die Figur Lenins erneut eine unvergleichliche Stellung einnahm. Sie wurde zum

Symbol der Unfehlbarkeit der Kommunistischen Partei. Seine ideologischen Grundsätze bildeten wieder die Richtschnur. Sogar noch in den 1980er Jahren bestand Michail Gorbatschows Ziel nicht darin, den Leninismus zu vernichten, sondern darin, ihn aufrechtzuerhalten.

Laut anlässlich des hundertsten Jahrestages der Oktoberrevolution durchgeführten Meinungsumfragen in Russland dachte über die Hälfte der Befragten, dass Lenin eine positive Rolle in der Geschichte ihres Landes gespielt hatte; allerdings wussten nur wenige, was genau er getan hatte.[69] Heute ist er eine Figur der fernen Vergangenheit, die für das gegenwärtige Russland kaum von Bedeutung ist. Für Präsident Wladimir Putin ist die makabre Zurschaustellung von Lenins Leichnam eine peinliche Angelegenheit. Lenin ist das Symbol der Revolution, während Putin die Stabilität betont, die er nach den chaotischen Jelzin-Jahren hergestellt hat. Andererseits bewundern viele Russen immer noch die Stärke und das Ansehen der Sowjetära. Wenn er Lenin aus seinem Mausoleum entfernen ließe, liefe Putin Gefahr, eine neue Debatte über die russische Vergangenheit zu entfachen. Wahrscheinlich zieht er es vor, dies zu vermeiden. Also bleibt Lenins Leichnam vorläufig, wo er ist.[70] Sein Leichnam hält sich mittlerweile weit länger in dem Mausoleum am Roten Platz als das System, das er einst geschaffen hatte.

Außerhalb Russlands übernahmen während des 20. Jahrhunderts Aufstandsbewegungen in vielen Ländern und einige kommunistische Regime überall auf der Welt zumindest Teile von Lenins Ideologie. Der für die Geschichte des Jahrhunderts zentrale Konflikt zwischen Kapitalismus und Kommunismus war umrissen durch das alternative Staatssystem und die ihm zugrunde liegende Ideologie, an deren Schaffung Lenin wesentlich beteiligt war. Der mörderische Kampf zwischen Faschismus und Kommunismus, der in dem katastrophalsten Krieg der Geschichte kulminierte, war die entscheidende Phase in einer Auseinandersetzung, die bis zum Ende des Kalten Krieges andauerte. So hat Lenin wenigstens indirekt den Lauf der Geschichte bis zum Ende des 20. Jahrhunderts und darüber hinaus beeinflusst.

Die russische Revolution war ein epochales Ereignis des 20. Jahrhunderts, und an diesem Angelpunkt der Geschichte war Lenins Rolle entscheidend. Er wurde von der revolutionären Strömung seiner Zeit getragen. Er war ihr Nutznießer, nicht ihr Schöpfer. Aber es war nicht vorgezeichnet, dass eine Revolution in Russland den Verlauf nehmen musste, den sie nahm. Dass die Revolution Russland und Europa so veränderte, wie sie es tat, ist ohne Lenins Führung unvorstellbar. Er ergriff die Gelegenheit, die sich ergab, behielt aber stets seine ideologischen Ziele im Blick. Ohne ihn wäre die Geschichte des 20. Jahrhunderts anders verlaufen. Wie, darüber kann man allenfalls spekulieren. Lenin hinterließ eine tiefere Spur in der Geschichte als jede andere Persönlichkeit seiner Zeit. Er gehört zu den bedeutendsten Gestaltern des Europas des 20. Jahrhunderts.

Ein immer noch Optimismus ausstrahlender Mussolini wird im Oktober 1942 von Bewunderern begrüßt. Seine Beliebtheit ließ aber in dieser Zeit bereits deutlich nach. Italiens dramatischer militärischer Zusammenbruch führte im Juli 1943 zu seinem Sturz. *Ullstein Bild*

ZWEI

BENITO MUSSOLINI

Ikone des Faschismus

Fast ein Vierteljahrhundert hatte Benito Mussolini tiefen Einfluss auf die Geschichte Italiens und in zunehmendem Maß ganz Europas – durch imperialistische Eroberung und als Verbündeter Deutschlands und Japans im Zweiten Weltkrieg tatsächlich sogar über Europa hinaus auf die Welt. In Italien stand er an der Spitze einer Diktatur, die sich über zwei Jahrzehnte an der Macht hielt. Bevor sich das Kriegsglück auf für sein Land verheerende Weise wendete, besaß er die Unterstützung von Millionen Italienern und wurde von vielen von ihnen geradezu vergöttert. In anderen europäischen Ländern – und nicht nur denen, die dem Faschismus zuneigten – betrachteten ihn in der Zwischenkriegszeit viele Konservative als Ikone.[1]

Mussolini wollte Krieg. Unter seiner Führung verstrickte sich Italien in den 1920er und 1930er Jahren auf die eine oder andere Weise in Kriege auf Korfu sowie in Libyen, Äthiopien und Spanien. Aber als der allgemeine europäische und dann globale Krieg ab 1940 Italien heimsuchte, erlebten das Land selbst und die unter seiner Herrschaft stehenden Gebiete Leid und Zerstörung. Die Folgen waren Mussolinis Entmachtung im Jahr 1943, eine kurze, aber äußerst blutige Rückkehr an die Macht unter deutscher Ägide und schließlich sein gewaltsamer Tod als Gefangener von Partisanen im April 1945. Der Führer, der einst Millionen unterjocht hatte, hinterließ ein Land in Trümmern.

»Ein Mann und ein Mann allein«, erklärte Winston Churchill, der Mussolini einst bewundert hatte, am 23. Dezember 1940 in einer

Radioansprache an das italienische Volk, sei für das Schicksal Italiens verantwortlich.[2] Dies war eine grobe Vereinfachung, mit der Churchill darauf abzielte, einen Keil zwischen Mussolini und das italienische Volk zu treiben. Die Frage bleibt jedoch: War Mussolinis persönliche Rolle unverzichtbar für den Weg vom Aufstieg des Faschismus zur Macht bis zur Not der Kriegsjahre? Wenn sie es war, stellen sich sofort weitere Fragen: Welche Umstände ermöglichten Mussolinis Machtübernahme und versetzten ihn anschließend in die Lage, diese Macht auf solch schicksalhafte Weise auszuüben? Was tat er selbst, um die Macht zu ergreifen? Und in welchem Ausmaß bestimmte er nach seinem Machtantritt selbst die Politik? Wie mächtig war er in den katastrophalen Kriegsjahren wirklich? Handelte er in zunehmendem Maß auf deutschen Druck, getrieben von Kräften, die er nicht beherrschte? Oder übersieht und entschuldigt man, wenn man dies annimmt, seine persönliche, brutale Führung der Politik bis zum Finale furioso? Mussolini, der sich als Verkörperung machohafter, »männlicher« Allmacht gerierte, stellt einen faszinierenden Fall dar, an dem untersucht werden kann, inwieweit das Individuum sein eigenes und, was noch wichtiger ist, das Schicksal seines Landes bestimmt.

Persönlichkeit und politischer Aufstieg

Mussolini war der Traum der Karikaturisten: klein – er war nur 1,68 Meter groß –, gedrungen, kahlköpfig, mit seltsamen theatralischen Gesten, zur Schau getragener übertriebener »Männlichkeit«, aufgeplusterter Arroganz, kämpferischer Miene, rollenden Augen, aggressiv vorgestrecktem Kinn, gespreizten Beinen, geblähter Brust. Sein Image als Diktator ruft leicht den Eindruck hervor, dass sich hinter dem auftrumpfenden Gehabe eine lächerliche, clowneske Figur versteckte, »ein eitler, pfuschender Angeber ohne Ideen oder Ziele«, bestenfalls ein »Schauspieler von hohen Graden« und geschickter

Propagandist.[3] Aber damit übersieht man sowohl, welch bösartiger, grausamer Mensch er war, als auch die Falschheit seines Charakters, die Brutalität seiner Politik und den Angriff auf die Menschlichkeit, den er als Führer Italiens unternahm.[4]

Seine dominierende Persönlichkeit zeigte sich schon früh. Er war starrsinnig, intolerant gegenüber anderen Meinungen, autoritär, reizbar, rachsüchtig und befürwortete Gewalt als politisches Mittel. Zweifellos war er intelligent, besaß eine rasche Auffassungsgabe und ein ausgezeichnetes Gedächtnis. Er war extrem ernsthaft, recht humorlos und gestand selbst ein, dass er nur wenige echte Freunde hatte. Auf später Geborene mag sein Charakter wenig anziehend wirken. Aber für viele seiner Zeitgenossen, die von Jahrzehnten ineffizienter, korrupter, parteiischer Regierung durch eine scheinbar unrettbar träge Oligarchie liberaler Würdenträger genug hatten, strahlte er Vitalität und Tatkraft aus. Er stand für rastlose Tätigkeit, kompromisslose Zielstrebigkeit, unermüdliche Willenskraft und einen unwiderstehlichen revolutionären Veränderungsgeist. Seine Erscheinung, seine Kleidung, seine Manieriertheiten, die Posen, die er einnahm, seine politische Rhetorik: All dies stellte etwas radikal Neues dar, das sich vollkommen von der müden, farblosen Politik der bourgeoisen Elite unterschied und einen notwendigen, tiefgreifenden Bruch mit der Vergangenheit versprach. Mussolini schien die moderne Ära zu verkörpern, das Zeitalter der Massen. Auf eine Klientel, die sich der gewaltsamen Revolution verschrieben hatte, konnten seine Charakterzüge überaus anziehend wirken; insbesondere als sie später in das »heroische« Image eines »Mannes der Vorsehung« – als den er sich selbst sah – übertragen wurden. Sein betont männliches, viril-martialisches Auftreten passte zu dem weithin akzeptierten Ideal einer starken Führung.[5] Es fehlte ihm jedenfalls nie an Verehrerinnen. Tatsächlich scheint er sexsüchtig gewesen zu sein.[6] Von seinen frühen Jahren bis zum Ende hatte er zahlreiche, zumeist flüchtige Affären. Die letzte war allerdings tiefer, und die Frau, Clara Petacci, sollte 1945 sein Schicksal mit ihm teilen. Seine Ehefrau, Rachele Guidi, die er 1915 geheiratet hatte und die ihm fünf Kinder gebar, fand sich mit dem ab, was sie nicht ändern konnte.

Mussolini war in bescheidenen Verhältnissen aufgewachsen. Er wurde 1883 in Dovia, einem Vorort von Predappio in der Emilia Romagna, als erstes von drei Kindern geboren, in einer provinziellen Umgebung, weitab von den nächsten Städten, Bologna und Ravenna. Trotz ihrer Armut genossen seine Eltern in der Gemeinde ein gewisses Ansehen. Sein Vater, Alessandro Mussolini, war Schmied und Kleinbauer. Als früher Sozialist – mit einer Neigung zum Anarchismus – stand er Kirche, Grundbesitzern und politischem Establishment ablehnend gegenüber. Eine Zeitlang gehörte er dem Stadtrat von Predappio an. Sowohl seine sozialistische Einstellung als auch sein cholerisches Temperament färbten auf seinen Sohn ab. Benitos Mutter, Rosa Mussolini, war sanftmütiger als ihr Mann. Sie arbeitete als Grundschullehrerin und war eine gläubige Katholikin. Benito war ein aufgeweckter Junge und zeigte eine gewisse musikalische Begabung. Aber zwei kleinere Messerstechereien während seiner Schulzeit offenbarten bereits seine Gewalttätigkeit.

1902 begann er als Journalist zu arbeiten. Er schrieb für eine sozialistische Wochenzeitung, wobei er ein Talent für Provokation und Agitation an den Tag legte, das in den folgenden Jahren zu Zusammenstößen mit der Polizei führte, die Verhaftungen und kurze Gefängnisaufenthalte nach sich zogen. Mit seinen scharfzüngigen Artikeln, in denen er leidenschaftliche Attacken auf das politische Establishment ritt, machte er sich vor dem Ersten Weltkrieg in sozialistischen Kreisen einen Namen. Er unterstützte den revolutionären Flügel der Sozialistischen Partei und kämpfte 1911 – was im Licht dessen, was kommen sollte, bemerkenswert ist – vehement gegen den italienischen Kolonialkrieg in Libyen. Im folgenden Jahr wurde er, inzwischen 28 Jahre alt, zum Chefredakteur der großen sozialistischen Tageszeitung *Avanti!* ernannt, die in Mailand erschien.

Beim Ausbruch des Ersten Weltkriegs im Jahr 1914 war Mussolini überzeugter Sozialist. Doch dies sollte sich bald ändern. Tatsächlich war der Sozialismus, den er vertrat, ein eklektisches Konstrukt. Er kannte Marx, zog aber, wenn es ihm passte, auch die Gedanken anderer heran: so Vilfredo Paretos Elitetheorie, Friedrich Nietzsches »Willen zur Macht« und George Sorels »Kampf gegen die Dekadenz«. Die Ideen an sich interessierten ihn nicht, außer sie vermochten Massen zu mobilisieren und konnten als Vehikel auf dem Weg zur Macht dienen. Dabei ging es ihm nicht um Macht als solche. Das seit etwas mehr als einem halben Jahrhundert vereinte Italien, das erst seit 1861 eine nationale Monarchie war, war politisch und sozial tief gespalten. Die herrschende Schicht war eine kleine, korrupte Oligarchie. Und in den Augen der Sozialisten benötige man die Macht, um die bürgerliche Gesellschaft zu zerstören und eine sozialistische Revolution in Gang zu setzen.

Bei Kriegsbeginn sprach sich Mussolini für die Neutralität Italiens aus. Aber Arbeiter überall in Europa traten in ihre nationalen Armeen ein. Sozialistische Parteien unterstützten den Krieg. Der marxistische Internationalismus, erkannte Mussolini, hatte versagt; der Sozialismus war unfähig, die alte Ordnung zu zerstören. Die emotionale Anziehungskraft der nationalistischen Leidenschaft überall in Europa dagegen war enorm. Der Krieg selbst, schlussfolgerte er, würde den revolutionären Umsturz herbeiführen. Dies hatte auch Marx gesagt. Einflussreiche Stimmen, darunter auch Linke, vertraten die Auffassung, dass Italien in den Krieg eintreten müsse, um mit der Vergangenheit zu brechen und eine bessere Zukunft aufzubauen. Mussolinis wachsende Zweifel am Sozialismus und an der italienischen Neutralität bildeten die Ingredienzien, die zusammengenommen zu seiner dramatischen Bekehrung zur interventionistischen Einstellung führten.

Damit stand seine Meinung nun im Gegensatz zu seiner bisher öffentlich geäußerten Haltung. Im Oktober 1914 überraschte er die Leser von *Avanti!* mit der Erklärung, dass seine frühere Ansicht falsch gewesen sei. Diesen Meinungsumschwung hatte er allein vollzogen, im Widerspruch zur Haltung der Parteiführung (und fern von allen Parteimitgliedern). Er musste als Chefredakteur zurücktreten und wurde wenig später aus der Sozialistischen Partei ausgeschlossen. In der Folgezeit wurde er rasch zu einem führenden Verfechter der Intervention – die mit Italiens Kriegseintritt auf Seiten der Entente aus Großbritannien, Frankreich und Russland am 23. Mai 1915 schließlich erfolgte. Binnen zwei Wochen hatte er zur Verbreitung seines Anliegens eine neue Zeitung gegründet, *Il Popolo d'Italia,* die anfangs noch einen linken Ton anschlug, aber von Industriellen finanziert wurde, die vom italienischen Kriegseintritt zu profitieren hofften. 1922 sollte sie zum offiziellen Organ der Faschistischen Partei (Partito Nazionale Fascista, PNF) werden.

Im Dezember 1914 verschaffte ihm die Zeitung das Forum, das er brauchte, um zum Wortführer jener kleinen Gruppen zu werden – unter deren Mitgliedern auch einige ehemalige Sozialisten waren, die den Kriegseintritt befürworteten –, die sich selbst »Bünde der revolutionären Aktion« (Fasci d'Azione Rivoluzionaria) nannten, zu diesem Zeitpunkt allerdings über keinen nennenswerten Einfluss verfügten.[7] (»Fasci« – ursprünglich die Rutenbündel, die im antiken Rom das Symbol für die öffentliche Ordnung waren – meinte in etwa »Gruppen« oder »Bünde«.) In Mussolinis Denken war die nationale Revolution inzwischen an die Stelle der marxistischen Auffassung vom Klassenkampf getreten. Er sah keinen Kampf zwischen Klassen mehr, sondern zwischen »proletarischen« und »plutokratischen« Nationen. Für ihn stand nun nicht mehr der Kampf für den Sieg des Proletariats in Italien im Zentrum, sondern die Etablierung Italiens als Großmacht. Expansion und bewaffnete Eroberung sollten die Größe des Landes beweisen. Macht bedeutete die Zerstörung einer »dekadenten« Gesellschaft und ihre Ersetzung durch eine aufstrebende Nation, die auf den Werten des »neuen Menschen« aufgebaut sein sollte – Stärke, Lebenskraft, Willen und Dominanz. Der Sozialismus mit seiner Hervorhebung der Arbeiterklasse und nicht der Nation, der Gleichheit und nicht der Herrschaft der Stärksten, des internationalen Friedens und nicht der Kriegsvorbereitung war der ideologische Feind. Mussolini spürte das Potential für eine neue Bewegung, die die extreme Orientierungslosigkeit und Unzufriedenheit nach dem Weltkrieg ausnutzte. Im Februar 1919 begannen desillusionierte und politisch wurzellose Einzelne, überwiegend tief frustrierte Kriegsveteranen, sich in Gruppen zusammenzufinden, die sich »Fasci di Combattimento« (Kampfbünde) nannten. Am 23. Februar berief Mussolini eine Versammlung von rund fünfzig dieser Enttäuschten ein, um eine solche Gruppe in Mailand zu gründen. Es war eine von zunächst 37 ähnlichen Gruppen in Italien.[8] Aber sie sollte unter Mussolinis Führung zur Keimzelle der Faschistischen Partei werden.

Von dort zur »Machtergreifung« im Jahr 1922 war es noch ein langer, gewundener Weg, der zumeist nicht unter Mussolinis persönlicher Führung beschritten wurde. Seine Machtübernahme war keineswegs unvermeidlich.[9] Ohne die damals vorhandenen sozialen, ökonomischen und politischen Vorbedingungen wäre seine Diktatur unmöglich gewesen. Ohne die äußerst zerstörerische, tief polarisierende Wirkung des Ersten Weltkriegs auf Italien, die weithin wahrgenommene Gefahr eines sozialistischen Umsturzes und damit eines Zusammenbruchs der Ordnung sowie die – selbst damals schon vorhandene – Bereitschaft der konservativen Machtelite, ihn zum Ministerpräsidenten zu machen, wäre Mussolini nie zum Diktator Italiens geworden.

Vorbedingungen der Macht

Vor dem Ersten Weltkrieg war die über das Land herrschende Oligarchie ohne große Schwierigkeiten in der Lage gewesen, das Wachstum des extremen Nationalismus und des Imperialismus auszunutzen, zugleich aber auch so weit einzudämmen, um nicht selbst von ihm bedroht zu werden. Die soziale und politische Macht der politischen Elite beruhte, wenn man die stark begrenzte Wählerschaft bedenkt, nicht auf einer massiven Basis im Volk, war aber bisher noch mit keiner revolutionären Bedrohung von links oder rechts konfrontiert gewesen. Die Anfang der 1890er Jahre gegründete Sozialistische Partei

Italiens wuchs zwar, war aber noch klein, und ihr Wachstum war weitgehend auf den Industriegürtel im Norden des Landes beschränkt. Außerdem war sie zwischen Reformisten und Revolutionären – zu denen Mussolini in dieser Zeit gehörte – gespalten. Die Linke war nicht in der Lage, die politische Ordnung herauszufordern, und die populistische Rechte existierte noch kaum.

Der Krieg änderte all dies. Er hinterließ eine demoralisierte Bevölkerung, die auf die politischen Führer wütend und von der militärischen Schwäche gedemütigt war. Die herrschende Schicht liberaler Würdenträger hatte jeden Anspruch auf breite Legitimität im Volk verwirkt und sah sich gezwungen, die extrem begrenzte Wählerschaft zu erweitern: Im Dezember 1918 erhielten alle erwachsenen Männer das Wahlrecht. Im folgenden Jahr wurde das Wahlsystem zugunsten einer proportionalen Repräsentanz geändert, was dazu führte, dass die Sozialisten bei der Wahl im November 1919 große Gewinne erzielten und mit Leichtigkeit zur stärksten Fraktion im Parlament wurden, die als Ziel die Vernichtung der Bourgeoisie verkündete. Der andere große Wahlgewinner war die neugegründete Italienische Volkspartei, die Partito Popolare Italiano (PPI), die katholische Interessen vertrat. Die Folge war, dass die liberal-konservative Elite die Parlamentspolitik nicht mehr steuern und manipulieren konnte. Als der Aufruhr zunahm, vermochte das instabile Regierungssystem die Lage nicht mehr zu bewältigen. Die Gesellschaftsordnung und die Macht, die sie stützte, schienen bedroht. Die Aussicht auf eine sozialistische Revolution – für viele ein furchtbares Schreckgespenst – schien Gestalt anzunehmen.

Gleichzeitig kannte die Wut der Rechten über die territoriale Umverteilung, welche die Führer der Alliierten im Juni 1919 in Versailles beschlossen hatten, keine Grenzen. Italien, behaupteten Nationalisten und Faschisten lautstark, sei um die ihm zustehenden Kriegsgewinne betrogen worden, man habe einen »verstümmelten Sieg« errungen. In Wirklichkeit hatte Italien nicht unerhebliche Gewinne davongetragen und durch den Erwerb des überwiegend deutschsprachigen Südtirols und der nordöstlichen Küstenregion um Triest von Österreich sein Territorium abgerundet. Aber die extremen Nationalisten gaben sich damit nicht zufrieden. Sie forderten imperiale Erwerbungen, wie sie einer siegreichen »Großmacht« angeblich zustanden. Der Groll richtete sich dagegen, dass Italien keine Gewinne *jenseits* seiner Grenzgebiete erhalten hatte. Man hatte auf Dalmatien, ein Protektorat über Albanien, eine »Einflusszone« an der türkischen Adriaküste und ausgedehnte Kolonien in Afrika gehofft. Nachdem italienische Freischärler unter Führung des protofaschistischen Dichters Gabriele D'Annunzio im September 1919 die kleine Hafenstadt Fiume, das heutige Rijeka in Kroatien, besetzt hatten – deren Bewohner nur zum Teil Italiener waren (die hofften, durch die Zugehörigkeit ihrer Stadt zu Italien wieder einen Wohlstand zu erreichen, wie sie ihn als Angehörige des Habsburgerreichs genossen hatten) –, wurde sie zu einem Brennpunkt faschistischer Agitation.[10]

Der vom Krieg ausgelöste soziale, politische und ideologische Aufruhr verschärfte die Klassengegensätze erheblich. Streiks, Fabrikbesetzungen, die Plünderung von Geschäften und Landbesetzungen in den Jahren 1919/20 – dem *bienno rosso*, den »zwei roten Jahren« – schienen zu belegen, dass das politische System außer Kontrolle geraten war. Die Mittelschicht, die ihre Ersparnisse durch Inflation dahinschwinden und ihren Besitz bedroht sah, verlangte es nach Ordnung. Von der rechten Presse groß herausgebrachte Berichte über bolschewistischen Terror in Russland vergrößerten ihre Furcht vor einer sozialistischen Revolution in Italien. Und die Gründung einer auf Lenins Russland orientierten kommunistischen Partei im Januar 1921 trug auch nicht gerade zur Beruhigung ihrer Nerven bei.

In dieser Situation kamen die diversen kleinen paramilitärischen Organisationen, die sich Fasci nannten, gerade recht. Den Kern der sich herausbildenden faschistischen Bewegung bildeten demobilisierte Soldaten. Mit zunehmendem Wachstum zog sie jedoch Anhänger aus dem gesamten sozialen Spektrum an. Nur im städtischen Proletariat konnte sie kaum Fuß fassen, und ihre Anführer stammten überwiegend aus der Mittelschicht. Unter den Mitgliedern der paramilitärischen Gruppen waren Studenten – auch sie zumeist Mittelschichtangehörige – deutlich überrepräsentiert. Der frühe Faschismus war eine junge und überwiegend männliche Bewegung.[11] Eine kohärente Ideologie besaß sie nicht. Aber ihre Anhänger waren von einem lodernden Hass auf das korrupte liberale Establishment erfüllt und forderten gewaltsame Aktionen, um den nach ihrer Ansicht verrotteten Staat zu zerstören, dessen Führung die Nation angeblich betrogen hatte. Darauf läuft der Faschismus hinaus: auf die völlige Zerstörung der alten politischen und sozialen Ordnung und das utopische Versprechen einer neuen Gesellschaft, angetrieben vom Glauben an die nationale Wiedergeburt und eine ruhmreiche Zukunft.[12] Gewalt war dabei ein zentrales Element. Paramilitärische faschistische Aktionskommandos begingen Tausende politische Gewalttaten, die Hunderte Todesopfer kosteten.[13] Mussolinis Mailänder Faschistengruppe warb mit einem links anmutenden Programm für sich, das jedoch weniger auf eine praktische Umsetzung als vielmehr auf anti-elitäre populistische Agitation abzielte. Es wurde denn auch 1921 aufgegeben.[14]

Nicht nur Mussolinis Gruppe, sondern auch die vielen anderen faschistischen Zirkel wurden rasch zu Vehikeln der Unterdrückung der sozialistischen Bewegung und jedes von der Linken entfachten Aufruhrs. Anfangs ein städtisches Phänomen, breitete sich der Faschismus um 1920 rasch auf die ländlichen Gebiete Norditaliens aus. Junge aufstrebende Provinzführer, wie Italo Balbo in Ferrara, knüpften Kontakte zu lokalen Großgrundbesitzern und Industriellen,[15] die erkannten, wie nützlich es für sie war, paramilitärische faschistische Schlägertrupps, die Schwarzhemden – organisiert in *squadre*, Aktionskommandos, weshalb sie auch *squadristi* genannt wurden –, zu finanzieren. Sie konnten schwierige Mieter vertreiben, Streiks brechen, Gegner zusammenschlagen und Sozialisten – oder wer ihnen sonst im Weg war – terrorisieren. Grundbesitzer begannen, nur noch Mitglieder faschistischer Organisationen, in denen unter anderem auch frühere anti-sozialistische »Bürgerwehren« aufgegangen waren, zu beschäftigen.[16] Spätestens ab 1921 wurden die Faschisten vom Staat mit Geld und Waffen unterstützt, und die Polizei sah weg, wenn sie ihre Gegner auf brutalste Weise verprügelten.

Mussolinis beherrschende Stellung in der rasch wachsenden faschistischen Bewegung war nicht selbstverständlich. Einige mächtige Provinzfürsten erkannten seinen Vorrang an, aber er war nicht unangefochten. Balbo in Ferrara, Dino Grandi in Bologna und Roberto Farinacci in Cremona waren die stärksten lokalen Führer, die sich Mussolini nicht bedingungslos unterordneten. Sie selbst und die Schwarzhemden, die sie befehligten, waren für die Verbreitung des Faschismus wichtiger als er.[17] Mussolini fürchtete 1921, die Kontrolle über die faschistische Bewegung auf dem Land zu verlieren. Außerdem schaute er besorgt auf die Gewalt der von ihren lokalen Führern unterstützten Schwarzhemden, die kontraproduktiv zu werden drohte und ein Hindernis auf dem Weg zur Macht im Staat darstellte. In der Parlamentswahl im Mai 1921 hatten die Faschisten 35 von 535 Sitzen in der Abgeordnetenkammer gewonnen; sie bildeten also nicht mehr als eine kleine Minderheit. Um diese Schwäche auszugleichen, schlug Mussolini im Juli des Jahres ohne oder fast ohne Rücksprache eine erstaunliche politische Kehrtwende vor: eine Koalition mit Sozialistischer Partei und Volkspartei – die beide im Parlament immer noch stark vertreten waren. Dies führte im August zur Unterzeichnung eines »Befriedungspakts« – und zu einer Krise in den Beziehungen zu den Provinzgranden.

Der Pakt stieß die faschistischen Provinzchefs vor den Kopf. Grandi stellte öffentlich Mussolinis Anspruch in Frage, *padrone* »unserer Bewegung« zu sein.[18] Daraufhin trat Mussolini, der Gehorsam verlangte, als Führer zurück. Die Provinzchefs kamen ohne ihn zusammen und boten dem »Helden« von Fiume, D'Annunzio, die Führung an, der sich selbst jedoch in dieser Position nicht sah und deshalb ablehnte. Die Krise rief nach einem Kompromiss. Mussolini steckte zurück und räumte ein, dass er einen taktischen Fehler begangen hatte. Was die Provinzbosse anging, so erkannten sie, dass, bei aller Macht, die sie lokal besaßen, nur Mussolini über das nationale Ansehen verfügte, das ihn befähigte, die faschistische Bewegung zusammenzuhalten. Das war seine Stärke und ihre Schwäche. Die Provinzführer erkannten öffentlich seine Autorität an, während er die Fortsetzung der Gewalt billigte und nur darauf bestand, dass sie fortan organisiert sein sollte und die Schwarzhemden in eine landesweite Miliz umgewandelt wurden. Das Vorgehen der Fasci sollte politisch koordiniert werden. Mit theatralischem Aufwand wurde im November 1921 die Faschistische Partei offiziell gegründet. In ihrer Zeitung erklärte Mussolini zwei Wochen später, die Menschen wünschten sich »vielleicht einen Diktator«.[19]

Die Regierung in Rom stellte unterdessen weiter ihre Schwäche und ihre mangelnde Popularität unter Beweis. Zwischen Oktober 1917 und Oktober 1922 gab es nicht weniger als sieben Regierungsumbildungen unter fünf Ministerpräsidenten.[20] Die Zersplitterung der liberal-konservativen Rechten öffnete politischen Raum für die wachsende faschistische Bewegung.[21] Mitte 1922 zählte sie über 300000 Anhänger. An diesem Punkt fand die konservative Elite sich bereit, Mussolini die Regierung anzuvertrauen. Nicht dessen Persönlichkeit oder politisches Geschick war die entscheidende Vorbedingung seiner Macht, sondern die Schwäche der Elite.

Ohne Unterstützung der Faschisten, so glaubte das Kabinett, konnte man nicht auf eine stabile Regierung hoffen. Sorgen bereiteten seinen Mitgliedern weniger die Faschisten als vielmehr die sozialistische Linke, und als Mussolinis Aktionskommandos im August 1922 einen kläglichen, von den Sozialisten entfachten Generalstreikversuch niederschlugen, konnten sie die Faschisten in Verkehrung der Tatsachen als Retter des Rechtsstaats feiern, obwohl sie wussten, dass Mussolini einen bewaffneten Aufstand vorbereitete. Die Konservativen waren zu dem Schluss gelangt, dass sie ohne die Faschisten nicht mehr regieren konnten. Aber ohne Unterstützung der Regierung wiederum waren die Faschisten nicht stark genug, um die Macht zu übernehmen. Die Grundzüge des politischen Handels, der Mussolini an die Macht bringen sollte, begannen sich herauszuschälen. Die amtierenden Minister glaubten, ihn im Zaum halten zu können. Es war der gleiche Fehler, den die politische Elite in Deutschland wenig mehr als ein Jahrzehnt später in Bezug auf Hitler begehen sollte.

Mussolini betrieb ein Doppelspiel. Seine politische Doppelzüngigkeit war eine der Voraussetzungen seines Erfolgs. Einerseits ermunterte er die faschistischen Aktionskommandos zu Gewalt und feuerte seine militanten Anhänger an, gewaltsam die Macht zu ergreifen. Andererseits empfahl er sich Regierungsmitgliedern als Einzigen, der die Ordnung im Staat wiederherstellen und die Wirtschaft wieder in Gang bringen könne. Sobald er im Amt sei, deutete er an, würde er seine paramilitärische Truppe auflösen. Er hielt sich seine Optionen offen und handelte mit wenig oder völlig ohne Rücksprache mit den radikalen Faschistenführern, deren Zustimmung zu etwas anderem als einem bewaffneten Aufstand er nicht voraussetzen konnte. Keiner der faschistischen Provinzführer hätte vorgehen können, wie Mussolini es tat. Sie waren gute Organisatoren von Schlägertrupps, besaßen aber nicht Mussolinis taktisches Geschick.

Der liberale Ministerpräsident Luigi Facta, der seit Februar 1922 im Amt war, zögerte bis zur Nacht vom 27. auf den 28. Oktober. Zu diesem Zeitpunkt hatte die Gewalt der faschistischen Schwarzhemden, die 22 Menschen das Leben kostete, bedrohlich zugenommen. Die Trupps hatten in den Großstädten Präfekturen – denen die Polizei unterstand –, Postämter und Bahnhöfe besetzt und wichtige Transportwege in die Hauptstadt blockiert.[22] Schließlich beugte sich Facta der Bitte des Stadtkommandanten von Rom, das Kriegsrecht zu verhängen und den Ausnahmezustand auszurufen. Die Armee hatte gezeigt, dass sie, wenn sie es wollte, durchaus fähig war, faschistische Mobs niederzuhalten; über Nacht waren die besetzten Gebäude problemlos zurückerobert worden. Entscheidend war jedoch, dass König Viktor Emanuel III. zugesagt hatte, die Verordnung über den Ausnahmezustand zu unterzeichnen. Doch dann änderte er seine Meinung. Er war dahingehend falsch informiert worden, dass die Armee nicht in der Lage sei, Rom gegen die faschistische Miliz zu verteidigen.[23] In Wirklichkeit wäre es ihr nicht schwergefallen, die schlecht bewaffnete faschistische Miliz, die über nicht mehr als 30000 Mann verfügte, die sich außerhalb Roms befanden, vernichtend zu besiegen.

Doch Mythen sind in einer Diktatur häufig wirkungsvoller als Fakten. Das Image des heroischen Führers, der auf dem Rücken eines Pferdes an der Spitze seiner Legionen einen triumphalen »Marsch auf Rom« anführte, wurde zur Gründungslegende von Mussolinis Herrschaft und ein Grundbaustein des Ducekults. In Wirklichkeit reiste Mussolini, nachdem er seiner Ernennung zum Regierungschef zugestimmt und dem König versprochen hatte, dass Zehntausende von *squadristi* vor dessen Heimkehr an ihm vorbeidefilieren würden,[24] in einem Anzug und mit einer Melone auf dem Kopf mit dem Zug aus Mailand ab. Er hat die Macht nicht »ergriffen«, er wurde gebeten, sie zu übernehmen. Am 29. Oktober ernannte der König ihn zum Ministerpräsidenten.

Duce

Bevor Mussolini zum Diktator aufstieg, hatte man dem Wort »Duce« keine besondere Bedeutung beigemessen. Es wurde einfach als Bezeichnung für einen Anführer benutzt, ganz ohne die mystische Konnotation, die es später erhielt. Mussolini war zwar in der Frühzeit der faschistischen Bewegung von manchen Anhängern als »Duce« bezeichnet worden, anderen Provinzchefs kam aber dieselbe Ehre zuteil.[25] Der Mussolinikult entstand in vollem Ausmaß erst nach 1925.

Davor ertastete sich Mussolini noch seinen Weg, auch wenn er bereits einen neuen Regierungsstil einführte und mit Tatkraft sowie zunehmender Selbstgewissheit und Kühnheit handelte. Dies war möglich, weil die konservativ-liberale Elite, Armee und König sich ihm fast uneingeschränkt unterwarfen. Schon zu diesem frühen Zeitpunkt reichte das Spektrum ihrer Einstellung ihm und seinem Regime gegenüber lediglich von passiver Duldung bis zu direkter Unterstützung. Die Ziele, die er nach seinem Amtsantritt als Ministerpräsident verkündete – ein Ende des Aufruhrs, ein ausgeglichener Staatshaushalt und Disziplin –, hätten zu jeder konservativen Regierung gepasst. Die Methoden, mit denen sie erreicht werden sollten, allerdings nicht. Gleichwohl fand man die Gewalt, die zur »Wiederherstellung der Ordnung« angewandt wurde, akzeptabel – solange sie ausschließlich gegen »Unruhestifter« auf der Linken eingesetzt wurde. Die Sozialisten – eingeschüchtert, brutal misshandelt und mit Terror zum Schweigen gebracht – stellten indes keine echte politische Gefahr mehr dar. Und die zweitgrößte Partei im Parlament, die Volkspartei, wurde mit der Erhöhung der Zuwendungen an Priester und Bischöfe und der Unterstützung der katholischen Sozialpolitik gekauft.

Mit der politischen Elite ging Mussolini vorsichtiger um. Wenn er es für notwendig hielt, schlug er einen gemäßigten Ton an. Bei anderen Gelegenheiten war der drohende Unterton kaum zu überhören. Er brauchte parlamentarischen Rückhalt, und in der Abgeordnetenkammer waren die Faschisten immer noch eine kleine Minderheit. Neben dem Amt des Ministerpräsidenten übernahm er auch die Ministerien für Äußeres und Inneres, womit er die umfassende Kontrolle über die Politik in Händen hielt. Ansonsten bestand seine Regierung aus Nichtfaschisten – Nationalisten, Liberalen und Popolari (Mitgliedern der Volkspartei). Seine faschistischen Kameraden waren verärgert, dass sie nicht die Früchte ihres Siegs genießen konnten, aber Mussolini hatte eingesehen, dass er – zumindest vorläufig – ohne nichtfaschistische Unterstützung nicht auskommen würde. Am 16. November 1922 sprachen ihm beide Kammern des Parlaments mit überwältigender Mehrheit das Vertrauen aus und erteilten ihm für ein Jahr Notstandsvollmachten; nur die Sozialisten und die Kommunisten hatten dagegen gestimmt. Altfaschisten, die bei der Regierungsbildung übergangen worden waren, wurden im Dezember 1922 mit einer Neuerung besänftigt, der Schaffung des Großen Faschistischen Rats, eines Organs ganz von Mussolinis Gnaden, der seine Mitglieder berief und seine Agenda bestimmte. Der Rat war ein Vehikel der Partei zur Einflussnahme auf die Regierungspolitik.

Unterdessen herrschten die Faschisten auf der Straße. Die *squadre* wurden in eine nationale Miliz eingegliedert und dienten im Grunde als skrupellose politische Polizei. Mussolini erließ eine allgemeine Amnestie, so dass Tausende von Häftlingen, die brutalste Angriffe auf Sozialisten und andere Gegner ausgeführt hatten, in Freiheit kamen. Öffentlich erklärte er, dass die Gewalt beendet werden würde, aber in Wirklichkeit gestattete er ihre Fortsetzung. Tatsächlich hatte er die Aktionskommandos, die immer noch lokalen Faschistenführern unterstanden, die nicht bereit waren, ihre Macht aufzugeben, keineswegs völlig unter Kontrolle. Gleichwohl wurden in der Frühphase des Regimes die Grundlagen für die umfassende zentrale Überwachung der Bürger durch den Staat geschaffen. Die Polizei, die jetzt Mussolini unterstand, und die Justizbehörden beteiligten sich an der extremen Zwangsausübung und den Massenverhaftungen von politischen Gegnern. Gewählte lokale Staatsbeamte, die Oppositionsparteien angehörten, wurden vorsorglich entlassen und durch Faschisten ersetzt. Eine Pressezensur wurde eingeführt; oppositionelle Zeitungen wurden zwar noch nicht verboten, aber ihre Journalisten eingeschüchtert und bedroht. Die Faschistische Partei selbst, deren Mitgliederzahl sich binnen einem Jahr verdoppelte, streckte ihre Tentakel der sozialen Kontrolle aus und diente gleichzeitig dazu, Mussolinis Macht abzustützen und sein öffentliches Ansehen zu steigern.[26]

Mussolini nutzte das Vertrauen des Parlaments im folgenden Jahr, um mit einer Mischung aus Manipulation und Drohungen die grundlegende Veränderung durchzusetzen, durch welche die parlamentarische Demokratie durch eine Diktatur ersetzt wurde. Im Juli stimmte die große nichtfaschistische Parlamentsmehrheit einem politischen Taschenspielertrick zu, der im Herbst als neues Wahlgesetz verabschiedet wurde. Es sicherte der Partei mit dem höchsten Stimmenanteil, sofern sie mindestens ein Viertel der Wählerstimmen erhalten hatte, zwei Drittel der Sitze in der Abgeordnetenkammer zu. Tatsächlich gewann der von den Faschisten dominierte nationale Block in der Wahl im April 1924 nach einem von Gewalt gegen politische Gegner geprägten Wahlkampf ohnehin über zwei Drittel der Stimmen. Die Oppositionsparteien schrumpften in der Abgeordnetenkammer zu einem kleinen bedrängten Haufen. Fortan war das Parlament nur noch dazu da, die von der faschistischen Regierung beschlossene Politik widerspruchslos abzusegnen.

Zwei Monate nach der Wahl war Mussolini jedoch mit einer schweren Krise konfrontiert, die bis Anfang 1925 dauerte und zeitweise seine eigene Machtstellung sowie den Bestand der Regierung bedrohte. Von Zeitgenossen wurde sie als Krise des Faschismus wahrgenommen.[27] Als der Vorsitzende der Sozialistischen Partei, Giacomo Matteotti, am 10. Juni 1924 von Faschisten entführt und anschließend ermordet wurde, war man weithin überzeugt, dass es auf Mussolinis Befehl geschehen war. Mit großer Wahrscheinlichkeit war er zumindest indirekt beteiligt. Die nachfolgende politische Krise dauerte ein halbes Jahr. Aber die Sozialisten vergaben ihre Chance. Indem sie wie die Volkspartei aus Protest das Parlament boykottierten, spielten sie den Faschisten in die Hand. Mussolini trug dazu bei, die politische Elite zu besänftigen, indem er das wichtige Innenministerium an den »respektablen« früheren Nationalisten Luigi Federzoni abgab und die Schwarzhemden einen Treueid auf den König schwören ließ.[28] Die liberale und konservative politische Schicht, der König, Armee und Wirtschaftsführer sowie auch der Papst sahen in Mussolini im Vergleich zu einem Wiedererstarken der Linken das geringere Übel und standen weiter zu ihm. Weniger leicht fiel es Mussolini, seine eigene Partei im Zaum zu halten. Die Ermordung eines faschistischen Abgeordneten im September verstärkte die Wut der Radikalen, die die faschistische Revolution vollenden wollten. Es wurde ein angespannter Herbst, in dem Mussolini den Riss in seiner Partei und die neuerlichen Gewaltausbrüche in den Provinzen nicht mehr ignorieren konnte. Er musste die lokalen Faschistenführer unter Kontrolle bringen, was jedoch nur möglich war, wenn er die Partei der Vorherrschaft des Staats unterwarf.[29] Um die Situation zu bereinigen, übernahm er am 3. Januar 1925 im Parlament die Verantwortung für alles, was geschehen war. Die Radikalen beschwichtigte er mit der Erklärung, die »einzige Lösung [sei] Gewalt«.[30] Erstaunlicherweise ging er nicht geschwächt, sondern gestärkt aus der Krise hervor. Gewissermaßen in einer zweiten »Machtergreifung« folgten nun die Schritte, die zur Diktatur führten.

Nichtfaschisten wurden aus dem Kabinett entfernt. Mussolini selbst übernahm bis 1929 nicht weniger als acht Ministerien, darunter auch wieder das Innenministerium. 1926 wurden Oppositionsparteien verboten. Eine strenge Pressezensur wurde eingeführt, Streiks und Aussperrungen wurden untersagt, Dissidenten verhaftet, und der Polizeistaat wurde ausgebaut. Das letzte Hindernis vor der Vollendung des faschistischen Staats wurde 1929 durch die Unterzeichnung der Lateranverträge beseitigt. Mussolini hatte persönlich die Verhandlungen geführt, an deren Ende die Anerkennung der Souveränität des Vatikans, die Regelung der zwischenstaatlichen Beziehungen und die Bestätigung des Katholizismus als Staatsreligion Italiens standen. Das Lob, das er anschließend von allen Seiten erhielt – selbst Papst Pius XI. erklärte, Mussolini sei von der »Vorsehung« geschickt worden, um das Land von der Irrlehre des Liberalismus zu befreien –, bedeutete einen enormen Prestigegewinn für ihn.[31]

Die Faschistische Partei, die Quelle ständigen inneren Aufruhrs und äußerer Spannungen, hatte Mussolini 1925 zur Räson gebracht, indem er Roberto Farinacci, den wohl unbändigsten, extremistischsten und aggressivsten der faschistischen Provinzbosse, zum Sekretär der Partei machte. Farinacci versuchte die Partei mit eiserner Disziplin auf Linie zu bringen, vermochte die regelmäßigen Gewaltausbrüche aber nicht einzudämmen und wurde nach kaum mehr als einem Jahr von Mussolini wieder abgesetzt. Danach ernannte Mussolini nur noch administrativ erfahrene und politisch unterwürfige Anhänger zum Parteisekretär, als Ersten den ultraloyalen Augusto Turati und später, Ende 1931, Achille Starace. Institutionell stellte die Partei

1927/28 keine Gefahr für den Staat mehr dar, sondern war zu seinem Hauptorganisations- und Hauptmobilisierungsinstrument geworden.[32] Sie bot lokalen Eliten Aufstiegschancen, hatte aber ihr Adrenalin verloren. Die »Wilden« und Aufrührer der Anfangszeit der Partei wurden ausgeschlossen oder gezähmt. Die Kontrolle der Gewalt ging auf den Staat über.[33] Der Schwung der Bewegung verebbte, und die Partei verwandelte sich in ein Vehikel der Akklamation für den Duce sowie ein Instrument der Propaganda und der Sozialkontrolle. In dieser Gestalt bildete sie die Hauptstütze von Mussolinis Macht.

In den 1930er Jahren drangen die Partei und ihre Unterorganisationen in praktisch alle Bereiche des öffentlichen Lebens ein – Sozialfürsorge, Jugendklubs, Freizeitaktivitäten, Sportvereine und so weiter. 1939 gehörte nahezu jeder zweite Italiener der einen oder anderen faschistischen Organisation an. Wo die Grenze zwischen Partei und Staat verlief, war immer schwerer auszumachen. Im Mittelpunkt des riesigen amorph verschlungenen Komplexes von Organisationen und Institutionen von Partei und Staat stand Mussolini. In den 1930er Jahren handelte er ohne irgendwelche institutionellen Einschränkungen. Der Ministerrat und der Große Faschistische Rat traten nur zusammen, wenn Mussolini es wollte, und sie waren im Grunde nicht mehr als Empfänger seiner Anweisungen. 1939 wurde die Abgeordnetenkammer in Kammer der Fasces und Korporationen umbenannt. Mussolini war jetzt konstitutionell der »Oberste Führer«.[34]

Auch wenn er – wenigstens nominell – dem König unterstand, war er derjenige, der die Entscheidungen traf. Dass er dazu berechtigt war, wurde von allen Seiten anerkannt, auch vom König und den Chefs der Streitkräfte – die keine kollektive Stimme besaßen und trotz aller Vorbehalte, die sie haben mochten, nie rebellisch waren. Natürlich wurden viele Entscheidungen vorgeformt, bevor sie Mussolini in kurzen Audienzen – die zumeist nicht länger als eine Viertelstunde dauerten – von seinen Untergebenen vorgetragen wurden. Jeden Tag traf er Dutzende von Entscheidungen, häufig impulsiv, ohne lange zu überlegen oder sich zu beraten. Aber ohne seine Autorität hätte die Regierungsmaschine nicht funktioniert. Er verwandte jeden Tag viel Zeit auf die Regierungsarbeit. Es war natürlich schlicht unmöglich, die Tätigkeit aller Ministerien, an deren Spitze er formell stand, bis ins Kleinste im Blick zu behalten. Doch er gab ungern Aufgaben ab. Er war praktisch ständig überlastet und ertrank in einem Morast aus häufig unbedeutenden Angelegenheiten, die seine Aufmerksamkeit verlangten.[35] Infolgedessen blähte sich die Bürokratie in der Partei ebenso wie im Staat, die Mussolinis Absichten antizipierte oder vorwegnahm, unablässig auf.[36]

Was ausländische Beobachter des Regimes am meisten beeindruckte, war dessen außergewöhnliche Tatkraft. Mussolini, welche Charakterfehler er auch besitzen mochte, strahlte eine unermüdliche Vitalität aus. Die Propaganda konnte immer auf die utopischen Ziele der Formung eines »neuen Menschen«, des Aufbaus einer großen Nation und der Schaffung von imperialem Glanz zurückgreifen, um ein Bild von unaufhaltbarem Antrieb und Dynamik, wie Mussolini sie verkörperte, zu malen. Er erkannte früher als die meisten das Mobilisierungspotential der Massenmedien, die zunehmende Beeinflussung der Bevölkerung durch Zeitungen, Radio und Film. Sein Porträt war auf Postkarten oder Plakaten allgegenwärtig. Die Anfänge des Radios ermöglichten es, seine Reden über Lautsprecher, die auf zentralen Plätzen der Städte installiert wurden, zu den Menschen zu übertragen. Er war der erste populistische Politiker des Zeitalters der Massenmedien.

Die monopolisierte Propaganda brachte das wichtigste vereinigende Element des faschistischen Staats hervor: den Ducekult. Er war der Zement, der mehr als alles andere das Gewebe des faschistischen Staats zusammenhielt. Der Kult besaß eine starke pseudoreligiöse Dimension. In den Augen vieler Italiener war Mussolini praktisch gottgleich.[37] Mit seinen grandiosen theatralischen Gesten bei Auftritten vor einem Massenpublikum – die einem späteren Zeitalter lächerlich erscheinen – wollte er den Eindruck von Stärke, Entschlossenheit und Unbeirrbarkeit vermitteln. In Schulbüchern wurde er als unermüdlicher Arbeiter für sein Volk dargestellt. Fotos, die ihn mit bloßem Oberkörper, auf einem Pferd, schwimmend, rennend, in einem Rennwagen oder mit Löwenjungen spielend zeigten, sollten seine »männlichen« Eigenschaften hervorheben. Tag für Tag erhielt er bergeweise Briefe aus der Bevölkerung, in denen er in den Himmel gehoben und ihm für die fabelhaften Leistungen, die er mit seinen wunderbaren Fähigkeiten erreicht habe, gedankt wurde. Und er schwelgte offenbar in den absurden Auswüchsen des Kults um seine Person und genoss es, wenn er als übermenschlicher neuer Cäsar und ebenso allmächtiges wie allwissendes gottgleiches Genie gefeiert wurde.[38]

Wie viele diesen Unsinn wirklich glaubten, lässt sich nicht sagen. Mussolini tat es – und Millionen mit ihm. Jedenfalls war er auch dort populär, wo es die Faschistische Partei, ihre Funktionäre und das Regime im Allgemeinen nicht waren. Ihren Höhepunkt erreichte diese Popularität wahrscheinlich 1936, nachdem er den Sieg über Äthiopien verkündet hatte (obwohl Italien nur einen Teil des Landes kontrollierte). Allerdings scheint die öffentliche Unzufriedenheit durch den militärischen Erfolg nur vorübergehend überdeckt worden zu sein.[39] Die Planungen für den Krieg hatten schon 1932 begonnen. Äthiopien, so stellte man es sich vor, sollte zusammen mit den vorhandenen Kolonien Eritrea und Somalia einen »Lebensraum« für Millionen italienischer Siedler bilden und die Ausbeutung der reichen Rohstoffvorkommen in Ostafrika ermöglichen.[40] Im Oktober 1935 glaubte Mussolini Italien bereit für den imperialistischen Krieg, den er seit Langem anstrebte. Eine riesige italienische Armee ging mit brutalsten Mitteln, einschließlich Flächenbombardements und Giftgasangriffen, gegen die weit unterlegenen äthiopischen Truppen vor. Dennoch dauerte es bis zum Mai des folgenden Jahres, ehe der Sieg verkündet werden konnte. Die Propaganda feierte Mussolini als militärisches Genie. Er befand sich auf dem Höhepunkt seiner Macht.

Er hatte jedoch eine Achillesferse. Sie wurde zwar erst viel später zu einem akuten Manko, war aber, eingebettet in die strukturellen Voraussetzungen der Machtübernahme, vom Beginn seines Regimes an vorhanden. 1936 trat sie in der Tatsache zutage, dass nicht er, sondern der König zum Kaiser von Abessinien (Äthiopien) proklamiert wurde. Es war ein Zeichen dafür, dass er zwar die Politik diktierte, seine Macht aber nicht absolut war: Es gab eine höhere Autorität, eine alternative Legitimitätsquelle. Die Monarchie war trotz seiner totalen Macht bestehen geblieben. Und die Streitkräfte unterstanden zwar Mussolinis Befehl, aber ihre Treue gehörte dem Staatsoberhaupt – dem König.[41]

Viktor Emanuel III. war ein schwacher, kraftloser Herrscher, eine Nullität, der darüber hinaus die Unterdrückung des Sozialismus, die Zerschlagung der Demokratie und die Errichtung eines autoritären Staats begrüßt hatte. Mussolini verachtete den König und hielt seine tiefsitzende republikanische Gesinnung nur aus taktischen Gründen zurück. Die Vorbehalte gegenüber der Politik, die der König bisweilen in Unterredungen mit Mussolini äußerte und die manchmal nach außen durchsickerten, wurmten ihn enorm. In privatem Rahmen kündigte er mehrmals wutschnaubend an, er werde sich der Monarchie bei der ersten Gelegenheit entledigen.[42] Aber er fühlte sich nie stark genug, dies zu tun. Und als der Krieg näher rückte, konnte er keine große Zwietracht riskieren, welche die nationale Einigkeit gefährdet und die Legitimität des Regimes untergraben hätte. So ergab sich nie die Gelegenheit.

Solange das Regime stark war, wie in der Mitte der 1930er Jahre, war das Vorhandensein der Monarchie als alternative Legitimitätsquelle nicht mehr als eine leichte Irritation. Zudem schien der vermeintliche Sieg in Äthiopien zu beweisen, dass Mussolini recht gehabt hatte und die Zweifler – insbesondere im Militär – unrecht. Dies stärkte Mussolinis Macht. Aber, was damals niemand bemerkte, sie sollte bald ihren Höhepunkt überschreiten. 1936 trat Mussolini, sowohl strategisch als auch ideologisch von ihm angezogen, in den deutschen Orbit ein und sollte bald zu einem Satelliten werden, der um eine bedeutend größere Macht kreiste und sich immer weiter dem Punkt seiner Zerstörung näherte. Ohne es zu bemerken, wurde er zu einem schwachen

Diktator. Und als sich herausstellte, dass er zu einem Hindernis für Italiens nationales Überleben geworden war, tauchte die alternative Legitimationsquelle, der König, aus der fast völligen Unsichtbarkeit auf und setzte den einst übermächtigen Diktator mühelos ab.

Ein schwacher Diktator

Dieser Begriff klingt wie ein Widerspruch. Auf Hitler angewandt – wie er ursprünglich benutzt wurde –, ist er unpassend und irreführend.[43] Auf den Mussolini der Zeit nach Mitte der 1930er Jahre passt er indes. Damit ist natürlich nicht gemeint, dass er aufhörte, die Politik zu bestimmen, oder seine Macht, dies zu tun, in Frage gestellt wurde. Gleichwohl sollte sich die Existenz einer alternativen Legitimationsquelle in Gestalt der Monarchie als fatale Schwäche herausstellen. Und dass Italien spätestens seit 1936 in zunehmendem Maß – und ab Kriegsmitte völlig – von Deutschland abhing, schwächte Mussolinis Macht erheblich. Aus der wachsenden Abhängigkeit von Hitler konnte er sich nicht selbst befreien. Letzten Endes sollte sie ihn vernichten. Auch in diesem Sinn war er, je länger, desto mehr, ein schwacher Diktator.

Hätte er einen anderen Weg einschlagen können? Die meisten autoritären Führer im Europa der 1930er Jahre beteiligten sich schließlich nicht freiwillig an einem militärischen Konflikt mit den hochgerüsteten Westmächten. Auf der Iberischen Halbinsel hielten die Diktatoren Spaniens und Portugals, Francisco Franco und António de Oliveira Salazar, ihre Länder aus dem Zweiten Weltkrieg heraus und behaupteten sich bis in die 1970er Jahre an der Macht. Hätte Mussolini sich ähnlich verhalten können, um sich Hitlers Griff zu entziehen? Das war nie eine Option. Diese kontrafaktische Überlegung geht am zentralen Punkt vorbei: Mussolini wollte das Bündnis mit Deutschland. Er warb aktiv für die Achse Rom–Berlin. Es war eine ideologische Wahl und keine, die durch unpersönliche Faktoren erzwungen wurde.[44] Auch arrogante Anmaßung spielte eine Rolle. Mussolini sah sich selbst als Begründer des Faschismus, der bereits fast anderthalb Jahrzehnte über Italien herrschte, und in der Beziehung zu Hitler als überlegenen Partner, gewissermaßen als »Seniordiktator«. Sich die Gelegenheit entgehen zu lassen, die ein Bündnis mit Deutschland ihm nach seiner Ansicht bot, hätte nicht seiner Persönlichkeit und seinem ideologischen Impetus entsprochen. Er hatte von Anfang an Krieg und Eroberung im Sinn, mit dem Ziel, ein Imperium aufzubauen. Seine Herrschaft in Italien gründete darauf, und die drastisch veränderte geopolitische Lage in der Mitte der 1930er Jahre schien für die Verwirklichung seiner ideologischen Ambitionen günstig zu sein. Durch das Bündnis mit Deutschland erhielt Mussolini die Chance, die Westmächte herauszufordern, und die Aussicht auf die imperialistische Expansion im Mittelmeerraum und in Nordafrika, die die Faschisten von Anfang an angestrebt hatten.

Nach Hitlers Machtantritt in Deutschland im Jahr 1933 schien eine Annäherung anfangs nicht sehr wahrscheinlich zu sein. Hinter einer prächtigen Propagandafassade verlief das erste Treffen der beiden Diktatoren im Juni 1934 in Venedig alles andere als herzlich, hauptsächlich wegen Spannungen in Bezug auf den Status Österreichs.[45] Die Aussicht auf eine deutsche Vorherrschaft über Mitteleuropa und insbesondere die Kontrolle über Österreich war für Mussolini bedrohlich, und als österreichische Nationalsozialisten im Juli 1934 Bundeskanzler Engelbert Dollfuß ermordeten, wurden italienische Truppen mobilisiert, um den Brennerpass in den Alpen zu schützen. Im April 1935 bildete Italien mit Frankreich und Großbritannien die sogenannte Stresa-Front, die unter anderem darauf abzielte, deutsche Schritte zur Einverleibung Österreichs zu verhindern. Die westliche Ablehnung des Abessinienkriegs und die deutsche Neutralität führten dann jedoch zu einem grundlegenden Kurswechsel. Mussolini gab zu verstehen, dass er jetzt nichts mehr dagegen einzuwenden habe, wenn Österreich unter deutsche Ägide geriete, und im März 1936 gab er grünes Licht für die Remilitarisierung des Rheinlands. Im Herbst desselben Jahres erprobten deutsche und italienische Streitkräfte ihre Waffen auf Seiten der Nationalisten im Spanischen Bürgerkrieg. Mussolini hatte sich vom Westen abgewandt und dem verschrieben, was im November 1936 als neuer Achsenpakt zwischen Italien und Deutschland verkündet wurde.

Mussolinis Staatsbesuch in Deutschland im folgenden Jahr markierte dann eine psychologische Verschiebung in seiner Beziehung zu Hitler. Er war derart überwältigt vom deutschen Diktator und von dem, was er in Deutschland sah und über die deutsche Wiederbewaffnung erfuhr, dass sein bisheriges Überlegenheitsgefühl einem Minderwertigkeitskomplex zu weichen begann.[46] Er sollte bald nach Hitlers Pfeife tanzen. Als das »Dritte Reich« 1938 Österreich annektierte und die Tschechoslowakei zerteilte, konnte er nichts anderes tun, als sich zu fügen, und als deutsche Truppen im folgenden Jahr den Rest der ehemaligen Tschechoslowakei besetzten, konnte er nur lamentieren: »Jedes Mal, wenn Hitler ein Land besetzt, sendet er mir eine Botschaft.«[47] Dass Italien im April 1939 Albanien besetzte, vermochte Mussolinis verletzten Stolz kaum zu heilen.

Mussolini war die treibende Kraft bei der schicksalhaften Unterwerfung Italiens unter die deutschen Interessen. Daran besteht kein Zweifel. Er hatte die Schritte unternommen – für gewöhnlich fast oder ganz ohne vorherige Beratung –, die das Schicksal Italiens unwiderruflich an das deutsche gebunden hatten. Seine Persönlichkeit – sein Stolz, sein Glaube an sich selbst, sein überschäumender Optimismus und seine übertriebene Gewissheit, dass die Geschichte sich im Sinne der Achse bewege – stellte einen wichtigen Faktor dar. Sein Unwille gegenüber skeptischen oder gar kritischen Äußerungen, seine Impulsivität und seine Neigung, das Gefühl über den Verstand siegen zu lassen, bildeten keine guten Voraussetzungen für ein vernünftiges Urteil. Der außenpolitische Kurs wurde jedoch nicht von ihm allein bestimmt, ebenso wenig wie die diktatorische Durchsetzung von Entscheidungen in unwilligen Sektoren des Regimes allein sein Werk war.

Die herrschende Schicht – das Offizierskorps, die Partei, Wirtschaftsführer, Großgrundbesitzer, Staatsbeamte, die Kirche und der König – hatte, wenn auch mit variierender Begeisterung, den Krieg in Äthiopien und – mit größeren Bedenken – die Anlehnung an Deutschland unterstützt.[48] Aber es war eine Sache, einen Kolonialkrieg zu gewinnen; eine andere war es, in einem großen europäischen Krieg zu kämpfen. Generale, die sich für die Bombardierung von Zivilisten in Äthiopien und später in Spanien ausgesprochen und diese durchgeführt hatten, hatten große Bedenken, in einen Konflikt mit den Westmächten einzutreten, der zu einem langen Krieg werden konnte, für den Italien schlecht gerüstet war.[49] Sie wussten nur zu genau, wie langsam Italiens Aufrüstung vorankam. Mangelnde industrielle Leistungskraft und finanzielle Stärke stellten große Hindernisse für einen raschen Ausbau der Militärmacht dar. Ökonomische Erfordernisse im Innern erlaubten keine großen Rüstungsanstrengungen. 1937/38 sanken die Rüstungsausgaben sogar, und das große Rüstungsprogramm, das Mussolini im Sommer 1938 in Gang setzte, konnte diese Schwäche nicht über Nacht beheben. Sosehr es ihn nach Krieg gelüstete, musste er doch eingestehen: »Italien braucht zehn Jahre Frieden.«[50]

Da Hitler Europa mit seinen Aggressionen an den Rand des Krieges trieb, war klar, dass Italien diese Zeit nicht haben würde. Bei den Militärs wuchs die Furcht vor der Verwicklung in einen Krieg, auf den Italien nicht vorbereitet war. Dennoch stimmten sie Mussolinis Politik zu. Von kollektivem Widerspruch keine Spur. Mussolini wusste, dass die Öffentlichkeit gegen die Teilnahme an einem neuen Krieg war. Außerdem meldete die Polizei, dass der Glaube an den Faschismus abnehme. Und die Anlehnung an Deutschland war höchst unbeliebt.[51] Mussolini war kein Rassenfanatiker wie Hitler. Gleichwohl gehörte der Antisemitismus zu seiner rassistischen Mentalität. Sein tief verwurzelter Rassismus spielte eine bedeutende Rolle bei der Anstachelung einer antisemitischen Kampagne, die den nachlassenden Elan des Regimes neu beleben sollte. Ihren Höhepunkt erreichte sie mit den bösartigen antijüdischen Gesetzen, die 1938 erlassen wurden.[52]

Sie griffen antijüdische Einstellungen auf, die zwar mit den in Deutschland verbreiteten nicht zu vergleichen waren, aber seit dem Machtantritt der Faschisten erheblich zugenommen hatten.[53] Den Antisemitismus anzustacheln, genügte jedoch nicht, um die verbreitete Ablehnung eines neuen Krieges zu überdecken.

Im Mai 1939 band sich Italien durch die Unterzeichnung des Stahlpakts – eines militärischen Bündnisvertrags, der beide Seiten im Fall einer Kriegsbeteiligung der jeweils anderen verpflichtete, diese zu unterstützen – noch enger an Deutschland. Damit hatte Mussolini einer deutschen Kriegführung, auf die er keinen Einfluss hatte, seine bedingungslose Unterstützung zugesagt. Mitte August, als der Krieg unmittelbar bevorstand, klagte der König über den »erbärmlichen« Zustand der italienischen Armee und beharrte darauf, dass Italien sich aus einem Krieg heraushalten sollte. Er wollte in »letzte Entscheidungen« einbezogen werden.[54] Mussolini konnte keinen Krieg riskieren, den zu führen seine Streitkräfte nicht bereit waren. Selbst als die deutsche Wehrmacht bereits mobilisiert wurde, musste er zu seiner großen Verlegenheit eingestehen, dass Italien nicht kampfbereit war. Es war ein schwerer Schlag für sein Ansehen. Er musste sich mit dem für ihn neuen Status des »Nichtkriegführenden« abfinden, was kaum den kämpferischen Werten des Faschismus entsprach.

Er bemühte sich, seinen Ärger über die Unfähigkeit, am Krieg teilzunehmen, im Zaum zu halten. Seine Kampfeslust hatte nicht im Geringsten abgenommen. Aber er musste sich damit abfinden, dass die militärischen Vorbereitungen noch einige Jahre in Anspruch nehmen würden. Das erstaunliche Tempo des deutschen Sieges über Frankreich im Mai und Juni 1940 änderte jedoch die Lage. Der König, die Chefs der Streitkräfte und auch Mussolinis Schwiegersohn, Graf Galeazzo Ciano, seit 1936 Außenminister, gaben ihre ablehnende Haltung gegenüber einer Kriegsteilnahme auf, sahen sie doch die Chance rascher Gewinne in einem Krieg, den Deutschland, wie es schien, mit Sicherheit gewinnen würde. Am 29. Mai teilte Mussolini den Militärchefs seine – ohne Beratung gefällte – Entscheidung mit, in den Krieg einzutreten. Widerspruch erhob sich nicht. Am 10. Juni wurde Italien in Hoffnung auf territoriale Gewinne, und um zu vermeiden, in einen langwierigen Konflikt hineingezogen zu werden, zum Kriegsteilnehmer. Aber es war klar, dass der Sieg bald kommen musste.

Italiens mangelnde Vorbereitung auf einen langen Krieg beschränkte sich nicht nur auf die unzureichende Modernisierung der Waffen, die Engpässe der Rüstungsproduktion, die knappe Versorgung mit Rohstoffen und die schwache industrielle Basis der Wirtschaft allgemein. Auch die Führung der Streitkräfte war ein Manko. Am 29. Mai hatte der König Mussolini auf dessen Drängen das Kommando über die politische und militärische Kriegführung übertragen. Viktor Emanuel hatte jedoch darauf bestanden, den Oberbefehl zu behalten, den er in dieser Zeit freilich nur nominell innehatte. 1943 sollte er sich indes als entscheidend erweisen.[55] Nach Lage der Dinge war Mussolinis Kommando amateurhaft. Der Krieg beschäftigte ihn sechs bis sieben Stunden am Tag. Daneben fand er immer noch genügend Zeit, um Tennis zu spielen, zu reiten, sein Deutsch zu verbessern, im Sommer 1940 einen Urlaub an der Adria zu verbringen und vor allem seinen nach wie vor unersättlichen sexuellen Appetit zu befriedigen, indem er eine Vielzahl von Partnerinnen nachmittags in sein Bett einlud.[56] Er tat kaum etwas, um eine koordinierte strategische Planung einzuführen, und die Chefs der Einzelstreitkräfte mussten sich in der Praxis mit keinerlei einschneidenden Anweisungen von Generalstabschef Pietro Badoglio auseinandersetzen.[57] Die Streitkräfte waren auf die neue, mobilere Kriegführung nicht eingestellt. Der tiefsitzende Konservatismus und die Zögerlichkeit Badoglios und der Streitkräftechefs passten nicht zu Mussolinis Impulsivität, ungeduldigem Tatendrang, dilettantischem Wissen über operative Fragen und Vertrauen auf solch nebulöse Dinge wie Willenskraft und »extreme Energie«.[58] Mussolini trug die Hauptverantwortung für die katastrophale italienische Kriegführung. Aber die Militärs waren ergebene Komplizen. Die vorhersehbare Katastrophe war eine des gesamten Systems, nicht nur diejenige eines einzelnen Mannes.

Der Weg in den Abgrund ist bekannt. Mussolinis Entscheidung für den Angriff auf Griechenland, die er Mitte Oktober 1940 trotz der Warnungen der Militärs allein und impulsiv traf, führte zu einem demütigenden Ergebnis. (Wenigstens wurde der von ihm ausgegebene Befehl, alle griechischen Städte mit mehr als zehntausend Einwohnern dem Erdboden gleichzumachen, nicht ausgeführt.) Der Seekrieg ging verloren, weil britische Bomber im November aufgrund der schwachen italienischen Luftverteidigung die in Taranto liegenden italienischen Kriegsschiffe zerstören konnten. Aber es sollte noch schlimmer kommen. Die Hälfte der 230000 italienischen Soldaten, die in den Kampf in den eisigen Weiten der Sowjetunion geschickt worden waren, kehrte nicht zurück. In Nordafrika gewannen die Briten aufgrund der militärischen Inaktivität der Italiener schließlich die Oberhand und fügten ihnen eine vernichtende Niederlage bei, nach der rund 400000 Soldaten in alliierte Gefangenschaft gerieten.[59] Die italienische Besatzungsarmee in Kroatien erwies sich, trotz ihrer Brutalität,[60] als unfähig, die Partisanenbewegung zu besiegen. Im ersten Halbjahr 1943 verstärkten sich die Luftangriffe auf italienische Städte, da die Verteidigung sich als kläglich unzureichend herausstellte. Schwere Bombenangriffe auf die norditalienischen Industriezentren Genua, Turin und Mailand untergruben die Moral der Bevölkerung und verstärkten die jetzt offen politisch werdende Unruhe unter den Arbeitern der großen Rüstungsbetriebe. Die Antikriegsstimmung und die Ablehnung von Mussolinis Regime, die schon im vorangegangenen Herbst angewachsen waren, führten zusammen mit einer drastischen Verschlechterung der Lebensbedingungen zu massiven Streiks, insbesondere im März und April 1943 in den riesigen Fiat-Werken in Turin.[61] Am 10. Juli landeten die Alliierten in Sizilien. Als sie am 19. Juli Rom bombardierten, war es sowohl ein Schock als auch ein klares Zeichen dafür, dass Mussolini Italien in den vollständigen Ruin führte. Nun stemmten sich die Militärführer und der König dagegen, von der sich abzeichnenden Katastrophe mitgerissen zu werden, indem sie ihre eigene Verantwortung verleugneten und Mussolini die ganze Schuld in die Schuhe schoben.

Jetzt trat auch eine zweite strukturelle Schwäche von Mussolinis Diktatur – neben der Existenz der Monarchie als alternative Legitimationsquelle – zutage. Der Große Faschistische Rat war bisher kaum mehr als ein machtloses Akklamationsinstrument gewesen. Seit seiner Aufwertung zum Staatsorgan im Jahr 1928 hatte er lediglich Mussolinis Entscheidungen abgenickt. Er hatte ihn in unregelmäßigen Abständen einberufen und in seinen Versammlungen selbst die meiste Redezeit beansprucht. Dennoch war der Rat ein potentieller Fokus kollektiver Opposition, sofern er sich jemals zu eigenständigem Handeln aufraffen sollte. Und genau dies geschah 1943.

Hinter Mussolinis Rücken suchten die faschistischen Granden nach einer Möglichkeit, den nahenden Ruin abzuwenden. Sie hatten nicht die Absicht, mit den Parteiradikalen zusammen unterzugehen. Mussolini hatte keine Einwände gegen die Einberufung des Rats. Er wusste, dass ihm Kritik entgegenschlagen würde, rechnete aber nicht mit mehr. Außerdem würden sich seine Kritiker in einer Sitzung zu erkennen geben müssen. Erstaunlicherweise spürte er nicht, was sich zusammenbraute. Vielleicht schmälerten die schweren Magenprobleme, unter denen er seit einigen Monaten litt, seine Wachsamkeit und Energie. Jedenfalls verhielt er sich ungewöhnlich passiv. In einer zehnstündigen Sitzung in der Nacht vom 24. auf den 25. Juli wurde, nach rituellen Treuebekundungen, starke Kritik an Mussolinis Führung laut. Er erklärte sich selbst bereit, den König als tatsächlichen Oberkommandierenden zu bestätigen. Dino Grandi, der frühere Parteiboss von Bologna und kurzzeitige Außenminister, der anschließend mehrere Jahre Botschafter in London gewesen war, brachte einen Antrag ein, dem zufolge einige Machtkompetenzen wieder an die Monarchie übergehen sollten. Bemerkenswerterweise ließ Mussolini eine Abstimmung zu – und verlor. Nicht weniger als 19 der 28 führenden Faschisten stimmten für Grandis Vorlage.

Selbst zu diesem Zeitpunkt scheint Mussolini der Ernst der Situation noch nicht klar gewesen zu sein. Am Nachmittag des 25. Juli begab er sich, offenbar ohne etwas zu ahnen, zum König, um ihm über das Ergebnis der Ratssitzung zu berichten. In der kurzen Audienz teilte ihm der König jedoch mit, dass er zum bestgehassten Mann Italiens geworden sei, dass der Krieg verloren sei, die Moral der Armee zusammenbreche und er ihn als Ministerpräsident durch Marschall Badoglio ersetze. Als Mussolini ging, wurde er vor der Tür von den dort wartenden Wachen festgenommen. Die Festnahme war schon seit einiger Zeit insgeheim geplant worden. Kein einziger Faschist erhob sich, um den Duce zu befreien. Seine Macht war einfach verpufft. Der König, der seit zwanzig Jahren nicht mehr als ein willfähriger Appendix gewesen war, war selbst überrascht, wie leicht ihm die Absetzung des einst übermächtigen Diktators gefallen war.

Für politische Nachrufe auf Mussolini war es jedoch zu früh. Am 12. September 1943, vier Tage, nachdem Italien gegenüber den Alliierten kapituliert hatte, wurde er von den Deutschen auf spektakuläre Weise aus seiner Haft in einem Skiort in den Apenninen befreit und bald darauf wieder als Machthaber eingesetzt, allerdings nur als Chef einer Marionettenregierung von deutschen Gnaden, die ihren Sitz bei Salò am Gardasee hatte und deren Herrschaftsgebiet sich auch nur über die noch nicht von den Alliierten besetzte Hälfte Italiens erstreckte. Er hatte erheblich an Gewicht verloren, litt fast ständig an Bauchschmerzen und war in jeder Hinsicht zurechtgestutzt. Seine Tatkraft hatte er jedoch weitgehend zurückgewonnen. Er sah es als seine Aufgabe an, den Faschismus mit neuem Leben zu erfüllen, Verräter zu bestrafen und den Makel der Demütigung von der Nation zu tilgen.[62] Seine illusorische Vision war eine nationale Wiedergeburt unter seiner Führung.

Er kehrte in diesen letzten Monaten zu seinen radikalen Wurzeln zurück, die er nie ganz hinter sich gelassen hatte. Unter seiner Herrschaft über die Republik von Salò – die Italienische Sozialrepublik, wie sie offiziell genannt wurde – zeigte der Faschismus sein blutigstes, brutalstes und gnadenlosestes Gesicht. Die Deutschen standen hinter dem Regime, gewiss, aber sie schrieben ihm nicht vor, wie es handeln sollte. Mussolini stachelte Miliz, Polizeieinheiten und faschistische

Fanatiker an – nicht dass dies nötig gewesen wäre –, antifaschistische Partisanen gnadenlos hinzurichten. Jeder, der als Bedrohung oder potentieller Gegner galt, war dem Terror der Todesschwadronen ausgesetzt. Das Regime war extrem antisemitisch. Im November 1943 wurden Juden zu »Angehörigen einer feindlichen Nationalität« erklärt. Im Monat zuvor hatten die Deutschen die Deportation der Juden von Rom initiiert und ausgeführt. Mussolini, der seit 1942 vom Vernichtungsprogramm der Nationalsozialisten wusste, schwieg, während seine Sicherheitspolizei dabei half, die Juden zusammenzutreiben und den Deutschen zu übergeben.[63] In der letzten Phase von Mussolinis Herrschaft befand sich Italien gewissermaßen in einem Bürgerkrieg, dem Zehntausende Menschen, Faschisten wie Antifaschisten, zum Opfer fielen.[64] Ohne militärische und finanzielle Unterstützung der Deutschen hätte sich die Republik von Salò nicht bis ins Jahr 1945 hinein halten können. Als die deutsche Niederlage bevorstand, war auch ihr Ende unvermeidlich. Kurz vor dem Zusammenbruch verschlechterten sich die Lebensbedingungen drastisch, und die Partisanen gewannen die Oberhand, während Mussolini – abgesehen vom Bodensatz an Desperados und Fanatikern, der aber immer noch gefährlich blieb – seinen Rückhalt verlor. Der einst mächtige Diktator warf dem italienischen Volk vor, seiner nicht wert zu sein. Sein Schicksal war besiegelt, als die Deutschen hinter seinem Rücken mit den Alliierten einen Waffenstillstand für Italien schlossen.

In eine deutsche Uniform gekleidet, floh Mussolini nach Norden, wurde aber in der Nähe des Comer Sees zusammen mit seiner Geliebten, Clara Petacci, von Partisanen gefangen genommen und am 28. April 1945 hingerichtet. Die Leichen wurden durch die Straßen von Mailand gefahren und auf dem Piazzale Loreto von einer großen Menschenmenge verhöhnt, geschmäht und verstümmelt und anschließend an einer nahen Tankstelle kopfüber aufgehängt.

Hinterlassenschaft

Mussolini hinterließ ein in Trümmern liegendes Land. Er hatte es in einen Krieg geführt, der in eine Katastrophe mündete, und Teilen Afrikas und des Balkans Tod und Zerstörung gebracht. Das gesamte politische Establishment Italiens hatte, trotz gelegentlicher Bedenken, über zwanzig Jahre lang zu ihm gehalten. Auf dem Höhepunkt seiner Macht hatte – über die Mitglieder der Faschistischen Partei hinaus – eine große, wenn auch nicht genau zu beziffernde Zahl von Italienern ihn unterstützt. Er war sicherlich nicht die einzige Ursache für Italiens Katastrophe. Aber er war ihre Haupttriebkraft. Er trug eindeutig die Hauptschuld. Ohne ihn wäre die Geschichte Italiens weniger unheilvoll verlaufen – gewiss jedenfalls anders.

Einen Aspekt dieser Geschichte, die Mussolini ermöglicht hatte, bildeten die italienischen Großmachtambitionen. Er hatte sie sich zunutze gemacht und durch imperialistische Eroberungen verstärkt, nur um am Ende jeden solchen Anspruch ein für alle Mal auszulöschen. Nach dem Krieg lag die Zukunft Italiens in der Negation von praktisch allem, wofür Mussolini gestanden hatte. Der Wiederaufbau, der weitgehend unter amerikanischer Ägide stattfand, beendete die Monarchie und brachte Demokratie, Rechtsstaat, ein Mehrparteiensystem und die Marktwirtschaft – wenn auch mit umfangreichen staatlichen Eingriffen –, die Italien für den internationalen Handel öffnete. Während Mussolini nach Eroberung und Vorherrschaft gestrebt hatte, wandte sich Nachkriegsitalien der internationalen Zusammenarbeit zu und gehörte 1951 zu den Gründungsmitgliedern der übernationalen Vereinigung, aus der die Europäische Wirtschaftsgemeinschaft und später die Europäische Union hervorgingen. Innerhalb Italiens blieb die Korruption, die schon vor Mussolini Politik und öffentliches Leben befallen hatte und unter seiner Herrschaft weiter gediehen war, ebenso bestehen wie – zum Teil als Nebenprodukt des Kalten Krieges – ein starker Antikommunismus, ein Hauptbestandteil von Mussolinis rhetorischem Arsenal. Letzterer äußerte sich im Ausschluss der Kommunisten aus der Regierung im Jahr 1948 und in der langjährigen Dominanz der Democrazia Cristiana, die wie zuvor der Faschismus den Rückhalt der katholischen Kirche besaß.

Mussolinis unmittelbare Hinterlassenschaft war das Nachkriegschaos. In der ersten Zeit übten Partisanen grausame Vergeltung.[65] Bis Ende 1945 wurden die »wilden« Bestrafungen jedoch, zum Teil auf amerikanischen Druck, in juristische Bahnen gelenkt. Zu viele Menschen hatten ein zu großes Interesse daran, zu verhindern, dass ihre Verwicklung ins faschistische System ans Licht kam. Eine im Juni 1946 erlassene allgemeine Amnestie stellte die meisten Kriegsverbrechen straffrei und sorgte für ein hohes Maß an Kontinuität zum faschistischen Regime im öffentlichen Dienst, einschließlich Polizei und Justiz.[66] Die höchsten Vertreter des Landes, die am tiefsten in das faschistische Regime verwickelt waren, kamen nahezu unbeschadet davon. König Viktor Emanuel dankte ab und ging ins Exil nach Ägypten. Marschall Badoglio, der unter dem Schutz der Amerikaner stand, zog sich in sein Landhaus zurück und lebte noch lange genug, um selbstgefällige Memoiren zu verfassen. Marschall Rodolfo Graziani, der »Schlächter von Äthiopien«, wurde 1950 zu 19 Jahren Haft verurteilt, aber nach nur drei Monaten entlassen. Andere Militärführer und Industriekapitäne entgingen ebenfalls einer schweren Bestrafung.[67] Der politische, wirtschaftliche und soziale Wiederaufbau des Landes hatte Vorrang vor ernsthaften Versuchen der Vergangenheitsbewältigung. Dies passte zur Stimmung im Land. Nach Traumata und Aufruhr wollten die meisten Menschen wenigstens den Anschein von »Normalität« wiederherstellen. Einen Vorhang vor die faschistische Vergangenheit zu ziehen, war der Mehrheit der Italiener nur recht.

Der Wunsch nach nationaler Rehabilitation verband auf merkwürdige Weise das Geschichtsbild von Linken und Rechten. Figuren, die eine prominente Rolle in Partei, Regierung oder Militär des faschistischen Regimes gespielt hatten, beeilten sich, Memoiren zu veröffentlichen, in denen sie Mussolini als allein verantwortlich darstellten und sich selbst von jeder Mitschuld freisprachen. Auf Seiten der Linken lag die Betonung auf dem »wahren« Italien des antifaschistischen Widerstands, der die von Mussolini befleckte Ehre des Landes gerettet habe. Auf diese Weise entgingen der frühere Diktator und die Unterstützung, die sein Regime erfahren hatte, der eingehenden Analyse, bis Mitte der 1960er Jahre Renzo De Felices mehrbändige Biographie Mussolinis zu erscheinen begann.[68] Das Werk zeichnete ein weichgespültes Bild Mussolinis, das ihn als einen Diktator zeigte, der ein tief gespaltenes Land geeint habe, von den Deutschen gezwungen worden sei, seine vernünftige Strategie der Konzentration auf den Mittelmeerraum aufzugeben, und Hitlers antijüdische Manie nicht geteilt habe, aber durch seine Unterordnung unter das Achsenbündnis schließlich genötigt gewesen sei, sich an der Vernichtung der Juden zu beteiligen.[69]

Nur wenige Italiener quälten sich durch die Tausenden von Seiten der Biographie. Aber aufgrund der enormen öffentlichen Aufmerksamkeit, die De Felice mit ihr erregte, hinterließ sie einen bleibenden Eindruck.[70] Es war bequem, Mussolini als im Grunde milden Diktator zu sehen, der bei allen Fehlern, die er beging, das Beste für sein Land wollte. Die Dauerkrise der Regierung trug zweifellos zu *einer* Unterströmung der pluralistischen politischen Kultur Italiens bei, die – wenigstens in der Theorie – nach einer starken Hand verlangte, die das korrupte politische Establishment stürzen und Ordnung schaffen würde.[71] Ein beachtlicher Teil der Öffentlichkeit war, um dies zu erreichen, bereit, die persönlichen Schwächen und verhängnisvollen Entscheidungen eines populistischen Führers, der eine grundlegende Reform und nationale Wiedergeburt versprach, zu übersehen. Nach einem massiven Korruptionsskandal in den 1990er Jahren fand diese Strömung ihren Ausdruck in der possenhaften Figur Silvio Berlusconis. Dessen schillerndes Privatleben, Einfluss auf die Massenmedien, populistischer Stil und Parteigründung – der Forza Italia –, die das Establishment herausfordern, Neofaschisten in die Regierung bringen und das Land neu beleben sollte, weckten Erinnerungen an die Vergangenheit. Dass 2019 laut einer Umfrage fast die Hälfte der Italiener einen starken Mann an der Macht gutheißen würde, der weder dem Parlament verantwortlich wäre noch Wahlen abhalten müsste, deutet darauf hin, dass Mussolinis Geist immer noch nicht ganz ausgetrieben ist.[72]

Mussolinis politische Hinterlassenschaft wurde von einer 1946 gegründeten neofaschistischen Partei, dem Movimento Sociale Italiano, direkt weitergetragen. In Wahlen erhielt sie selten mehr als rund sechs Prozent der Stimmen, aber sie trug zu einer breiteren Strömung in der italienischen Politik bei. Fraktionskämpfe und politische Anpassungen brachten im Lauf der Jahrzehnte einige Namensänderungen und eine gewisse Abkehr von Mussolini mit sich. Aber die verbliebene Unterstützung für den Neofaschismus hat ungefähr auf demselben Stand verharrt.

Ein kleiner harter Kern von unverbesserlichen faschistischen Sympathisanten pflegt weiterhin seine Verehrung für Mussolini. Jedes Jahr pilgern Tausende von ihnen zu seinem Geburtsort Predappio. Glühende Neofaschisten hatten das anonyme Grab auf dem größten Mailänder Friedhof entdeckt, in dem er beerdigt worden war, und seine Gebeine exhumiert. Nach mehreren Zwischenstationen wurden sie elf Jahre lang in einem Kapuzinerkloster bei Mailand verborgen gehalten, bevor sie 1957 in der Familiengruft in seiner Heimatstadt beigesetzt wurden. An seinem hundertsten Geburtstag im Jahr 1983 erwiesen ihm über 30000 Neofaschisten die Ehre. Und sie kommen weiter nach Predappio, wenn auch nicht in solcher Zahl. Für die Stadt ist der prominente Tote gut fürs Geschäft.[73]

Wenn ein verschwindend geringer Anteil der italienischen Bevölkerung den Mussolini-Schrein in Predappio besucht, ist dies nicht mehr als eine Nostalgiereise von Unbelehrbaren und Teil eines Mussolini-Tourismus. Zwar wirft der »Duce« immer noch seinen Schatten über Italien, aber er zerfließt langsam und löst sich auf. Nur wenige Italiener gedenken seiner, und er hat wenig oder gar keinen Einfluss auf ihr tägliches Leben. Laut einer Meinungsumfrage von 2018 stehen zwei Drittel von ihnen Mussolini ablehnend gegenüber.[74] Sie haben wie die Welt um sie herum erkannt, dass er persönlich durch sein Handeln ihrem Land und darüber hinaus Teilen von Afrika und Europa Krieg, Leid und Verwüstung gebracht hat.

Hitler am 20. April 1944, seinem fünfundfünfzigsten Geburtstag, während eines Gesprächs auf dem Berghof, seiner Alpenresidenz bei Berchtesgaden. Angesichts der sich rasch verschlechternden militärischen Lage fielen die Feierlichkeiten eher gedämpft aus. Links ist Hermann Göring zu sehen.
Ullstein Bild

DREI

ADOLF HITLER

Anstifter von Krieg und Völkermord

»Als letzten Faktor muss ich in aller Bescheidenheit meine eigene Person nennen: unersetzbar [...] Das Schicksal des Reiches hängt nur von mir ab.« So Hitler am 23. November 1939 vor der deutschen Militärführung, als er sie mahnte, sich unverzüglich für den Angriff auf Frankreich und Großbritannien bereitzumachen. Er sah sich selbst in der Nachfolge der »großen Männer unserer Geschichte«.[1] Viele Deutsche hätten ihm darin zugestimmt, dass er unersetzbar sei, und nach dem erstaunlichen Sieg über Frankreich im Juni des nächsten Jahres hätten sie sicherlich auch seinen Anspruch auf »Größe« unterschrieben.

Fünf Jahre später sollten ihn viele derjenigen, die ihm einst zugejubelt hatten, verfluchen. Obwohl noch Ende der 1950er Jahre in Meinungsumfragen zehn Prozent der Befragten Hitler priesen, hatte sich die Mehrheit der Deutschen schon zum Zeitpunkt des Nürnberger Prozesses gegen die Hauptkriegsverbrecher, der von November 1945 bis Oktober 1946 stattfand, von ihm abgewandt.[2] Andere prominente Nationalsozialisten, von denen einige wie Hitler bei Kriegsende Selbstmord begangen hatten, wurden natürlich ebenfalls für die »deutsche Katastrophe« verantwortlich gemacht. Aber Nationalsozialisten geringeren Rangs konnten aufgrund des »Führerprinzips«, das dem NS-Regime zugrunde lag, behaupten, sie hätten nur Befehlen gehorcht. Militärführer brachten dieselbe Entschuldigung vor: Sie seien aufgrund des Treueids, den sie Hitler geschworen hätten, trotz ihrer Einwände gezwungen gewesen, »Führerbefehle« zu befolgen. An Kriegsverbrechen und Völkermord sei die Wehrmacht nicht beteiligt gewesen; sie seien allein das Werk Hitlers, seines nibelungentreuen Polizeichefs, Heinrich Himmler, und der SS gewesen. Spitzenbeamte des Regimes führten an, sie hätten nur ihre Pflicht erfüllt, indem sie Befehle ausführten, und ihr Möglichstes getan, um die Folgen von inhumanen Anweisungen abzumildern. Und gewöhnliche Menschen erklärten, sie seien dem von Hitler errichteten totalitären Polizeistaat hilflos ausgeliefert gewesen. Auf die eine oder andere Weise diente Hitler als Alibi einer Nation.

In den 1960er Jahren erlitt die extrem personalisierte Geschichtsinterpretation einen Rückschlag. Hitlers Rolle wurde relativiert. Er wurde zu einer Gestalt reduziert, die kaum mehr als Galionsfigur und Exponent mächtiger Interessen war – politischer, wirtschaftlicher, sozialer und militärischer. Anstatt ihn als Diktator zu sehen, der eine unbeschränkte Alleinherrschaft ausübte, neigte man jetzt zu der Annahme, er habe in Reaktion auf strukturellen inneren und äußeren Druck gehandelt. Niemand zog in Zweifel, dass er eine Begabung für demagogische Propaganda besaß. Doch abgesehen davon schien er ein Musterbeispiel des »Mannes ohne Eigenschaften« zu sein, der zwar bestrebt war, sein Ansehen und seine Autorität aufrechtzuerhalten, aber ansonsten von seiner Umgebung beeinflusst wurde und in fundamentalen Fragen ein »schwacher Diktator« war.[3]

Hitler, schien es, war entweder allmächtig oder kaum mehr als eine Marionette. Die Interpretationen polarisierten sich. Es war eine Art Nullsummenspiel. War dies nötig? Konnte Hitler nicht der entscheidende Faktor der Politikgestaltung gewesen sein, auch wenn er gleichzeitig von anderen Kräften beeinflusst wurde, inneren wie äußeren, und seine Diktatur alles andere als eine Einmannshow war? Die Schlüsselfrage ist, wie seine Macht sich äußerte, wo seine eigene Rolle andere bedeutende Interessen in der Struktur der Diktatur bestätigte, durchkreuzte, überwältigte oder ihnen unterlag. Hitlers Persönlichkeit muss bei jedem Antwortversuch berücksichtigt werden. Aber sie kann nicht die ganze Antwort sein. Wie wichtig war sie für seinen Aufstieg zur Macht und dann für die Art, wie die Diktatur funktionierte? Traf er selbst die grundlegenden Entscheidungen? Wenn ja, verlieh er einem vorhandenen Konsens Ausdruck oder überstimmte er Widerspruch? War er in der Lage, die Kräfte um ihn herum zu beherrschen? Hätte er anders handeln und alternative politische Kursentscheidungen treffen können? War es der Fall, und wenn ja, wie war es möglich, dass er persönlich, wie er 1939 behauptete, in der Lage war, das Schicksal Deutschlands zu bestimmen?

Persönlichkeit und politische Anfänge

Hitler hatte vielleicht von allen Politikern des 20. Jahrhunderts das Gesicht mit dem größten Wiedererkennungswert. Es wurde zum Gesicht des politischen Bösen. Der Schnauzbart und die von rechts nach links über die Stirn fallende Haarsträhne, der starre Blick und die harte, ernste Miene sind unverkennbar. Aus Sicht seiner Gegner forderte es förmlich dazu auf, es zu karikieren, zu verspotten und lächerlich zu machen. Für die Millionen seiner Anhänger im »Dritten Reich« war es jedoch das Gesicht politischer Größe. In ihren Augen drückte es Autorität, Willensstärke, Männlichkeit, unerschrockenen Mut und strenge Väterlichkeit aus. Es war das lebendige Symbol des Triumphs über alle Widrigkeiten, von nationaler Größe und deutscher Militärmacht. Was immer man von seinen Porträts hält, sie waren als Visualisierung seines Images ein Produkt der suggestiven Techniken moderner Propaganda. Auf Fotos aus seinen Anfangsjahren sticht sein Gesicht in keiner Weise heraus; es war weder besonders anziehend noch abstoßend – eben unauffällig.[4]

Hitler war mittelgroß, knapp 1,73 Meter, etwas größer als Mussolini und Stalin. Er hatte keine athletische Figur und mied im Unterschied zu Mussolini jegliche sportliche Pose, um sich nicht der

Lächerlichkeit preiszugeben. In den frühen 1920er Jahren war er eine bizarre Erscheinung, wenn er in langem Trenchcoat, Gamaschen und mit einer Reitpeitsche in den Münchner Salons auftauchte. Bei Erholungsaufenthalten auf dem Land in Bayern zeigte er sich gern in einer traditionellen Lederhose. Um des martialischen Eindrucks willen trug er regelmäßig eine Parteiuniform und später, im Zweiten Weltkrieg, eine Militäruniform. Im Anzug wirkte er immer etwas ungelenk, insbesondere wenn ein förmlicher Anlass Abendgarderobe erforderte.

Seine familiäre Herkunft war problembelastet. Sein Vater, Alois Hitler, ein kleiner österreichischer Zollbeamter, der bei Adolfs Geburt im Jahr 1889 in Braunau am Inn, an der Grenze zu Bayern, stationiert war, war ein rauer, jähzorniger, tyrannischer Mann. Zum Ausgleich wurde er von seiner sanften, unterwürfigen Mutter, Klara, verhätschelt, umso mehr nach dem Tod des Vaters im Jahr 1903. Nachdem sie selbst 1907 an Krebs verstorben war, folgten für Hitler unglückliche Jahre in Wien. Sein Erbe war bald verbraucht, und danach war er gezwungen, in einem Männerwohnheim für Landstreicher Unterschlupf zu suchen. Seinen Lebensunterhalt verdiente er, bis er 1913 nach München ging, mehr schlecht als recht mit dem Malen von Sehenswürdigkeiten der Stadt. Durch den Kriegsausbruch im folgenden Jahr fand er, der bereits zum glühenden Deutschnationalen geworden war, eine Sache, an die er glauben konnte.

In seinen Augen war es ein Kampf mit rassistischem Ziel. Die ungeheuren Leiden und Opfer wären es wert, schrieb er 1915, wenn »die Heimat […] reiner und von der Fremdländerei gereinigter« und der »innere Internationalismus« gebrochen würden.[5] Vermutlich haben der Tod und die Zerstörung, die er vom ersten Kriegstag an tagtäglich miterlebte, seine Gleichgültigkeit gegenüber menschlichem Leid verstärkt und die gnadenlose Brutalität, die er später an den Tag legte, vertieft. Er war kein »Frontkämpfer«, wie er später behauptete, sondern verbrachte den Krieg als Meldegänger hinter den Linien. Da Meldegänger ein leichtes Leben zu haben schienen, waren sie bei der kämpfenden Truppe nicht beliebt. Meldungen an die Front zu überbringen, konnte jedoch recht gefährlich sein. Es gibt keinen Grund zu bezweifeln, dass Hitler ein gewissenhafter, eifriger Soldat war. 1916 wurde er verwundet, 1918 erhielt er das Eiserne Kreuz erster Klasse, und bei Kriegsende befand er sich, durch Senfgas vorübergehend erblindet, in einem Lazarett. Dort wurde er von der Neuigkeit über Deutschlands Niederlage traumatisiert.[6]

In den folgenden Monaten erlebte er, zur Truppe zurückgekehrt, inmitten des revolutionären Aufruhrs in München sein politisches Erwachen. Die Anfang April 1919 gegründete kurzlebige Münchner »Räterepublik« nach sowjetischem Vorbild markierte den Wendepunkt. Fortan betrachteten seine Vorgesetzten ihn als Talent im Kampf gegen den Sozialismus und bei der Indoktrinierung der Truppe mit nationalistischem Gedankengut. Seine Vorurteile und Ressentiments, mit einem extremen Judenhass als Kernelement, verschmolzen zu einer Ideologie oder »Weltanschauung«, wie er sie nannte, die zum Grundmotiv seiner politischen Existenz wurde. Woher sein pathologischer Antisemitismus kam, lässt sich nicht abschließend sagen. Seine Ursprünge sind verborgen und psychologische Erklärungsversuche spekulativ. Man betrachtet seine Herausbildung am besten als Prozess: In Wien – einer der am stärksten von Antisemitismus geprägten Städte Europas – war Hitler mit antijüdischen Phobien konfrontiert. Daraus entwickelte sich ein Hass, der sich 1918/19 vertiefte, weil er die Ansicht vieler Deutscher teilte, dass die Juden an der Kriegsniederlage ihres Landes und der Novemberrevolution schuld seien. In München schließlich, im ersten Jahr nach dem Krieg, verfestigte sich dieser Hass zu einem Grundpfeiler seiner politischen »Weltanschauung«. Kurt Eisner, der Chef der bayerischen Revolutionsregierung, der im Februar 1919 ermordet wurde, war Jude, ebenso wie mehrere Führer – Osteuropäer mit bolschewistischen Verbindungen – der noch radikaleren »Räterepublik« vom April desselben Jahres. In Hitlers Gedanken war damit die Verbindung zwischen Juden und sozialistischer Revolution zementiert.

Weit wichtiger als das Rätselraten über die Ursprünge ist die Bedeutung des Antisemitismus für Hitlers spätere Führung von NS-Partei und Staat. Zweifellos wurde der obsessive Drang, die angebliche Macht der Juden zu brechen und sie schließlich physisch zu vernichten, zum Kernpunkt seiner persönlichen politischen Motivation. Deutschlands Größe, glaubte er, konnte nur wiederhergestellt werden, wenn Macht und Einfluss der Juden ausgemerzt wurden. Nach seiner verdrehten Auffassung hatten die Juden die nationale Demütigung am Ende des Ersten Weltkriegs verschuldet. Sie hatten angeblich den Aufruhr an der »Heimatfront« entfacht, und das gierige »jüdische Finanzkapital« hatte auf Kosten des deutschen Volks vom Krieg profitiert. Aus Hitlers Perspektive gesehen, war die Macht des Judentums allgegenwärtig. Daraus folgerte er, dass die Juden überall vernichtet werden müssten. Ein weiterer Krieg war nötig, um die Vergangenheit ungeschehen zu machen, die Geschichte neu zu schreiben und die deutsche Vorherrschaft in Europa herzustellen. Dies alles lag in der Zukunft. Aber im Kern ging sein Denken auf die Jahre unmittelbar nach dem Ersten Weltkrieg zurück.

Bereits im September 1919, als er in Armeekreisen offenbar als Experte für die »Judenfrage« angesehen wurde, erklärte er, das »letzte Ziel« einer nationalen Regierung müsse die »Entfernung der Juden überhaupt« sein.[7] Dies war zwar keine Blaupause für den Holocaust, aber er war zunehmend davon überzeugt, dass die Juden die Wurzel allen Übels seien. In seinem Denken erlangte diese Vorstellung universelle Erklärungsmacht, zunächst einmal für die Kriegsniederlage und die sozialistische Revolution. Bald sah er die Juden aber auch als Macht, die sowohl hinter dem anglo-amerikanischen Kapitalismus als auch hinter der vom Bolschewismus ausgehenden wachsenden sozialistischen Gefahr stand. Als er 1924/25 seine zweibändige Propagandaschrift *Mein Kampf* verfasste,[8] hatte er einen zweiten Grundpfeiler zu seinem Ideologiegebäude hinzugefügt, den Gedanken, dass Deutschland, um seine wirtschaftliche Zukunft zu sichern, »Lebensraum« im Osten erobern müsse. In Osteuropa und Russland lebte aber eine große jüdische Bevölkerung. Ein Krieg um »Lebensraum« bedeutete also, auch wenn Hitler es noch viele Jahre lang nicht aussprach, implizit einen Vernichtungskrieg gegen die Juden.[9] Diese beiden Ideen, die Vernichtung der Juden und die Eroberung von »Lebensraum«, bildeten den Kern einer Ideologie, die bis zu Hitlers Tod im Jahr 1945 im Wesentlichen unverändert bestehen bleiben sollte.

Die schrittweise Umsetzung dieser persönlichen »Weltanschauung« in Staatspolitik nach Hitlers Machtantritt in Deutschland verlief keineswegs geradlinig. Hitlers Persönlichkeit war nur eine Komponente in diesem Prozess. Sie ist allerdings nicht leicht zu trennen von seinem öffentlichen Image, nachdem er zu Berühmtheit gelangt war und insbesondere nachdem er die Macht im Staat übernommen hatte. Einige dauerhafte, prägende Charakterzüge – die vielleicht denen seines Vaters ähneln – sind jedoch schon in seiner Frühzeit erkennbar. Er war tyrannisch, cholerisch, unduldsam und egozentrisch. Anzeichen deuteten auf Verbitterung, tiefsitzende Vorurteile und starke Abneigungen hin, die leicht in Hass umschlagen konnten. Wurzelte diese Grundhaltung in persönlichen Erfahrungen, einer tiefen Demütigung, die unauslöschliche Spuren hinterließ – vielleicht durch den Abstieg ins Landstreichermilieu in Wien? Durch die Nebel der Zeit lässt sich nicht mehr ausmachen, wodurch Hitlers Selbstwertgefühl derart beschädigt wurde, dass ein solch grundlegender, allumfassender Hass in ihm zurückblieb.

Andere Eigenschaften waren zwar nicht unbedingt liebenswert, wiesen aber kaum auf eine Persönlichkeit hin, die die Welt verändern würde. Ihm mangelte es völlig an unbeschwertem Humor. Er war prüde und peinlich auf Sauberkeit bedacht. Er hegte grandiose – und höchst dogmatische – Vorstellungen über Architektur, bildende Kunst und Musik, Gebiete, auf denen er durchaus bewandert war, wenn auch nicht mit offenem Geist. Er war sicherlich intelligent und besaß ein ausgezeichnetes Gedächtnis. Aber er hatte es in der Schule an Fleiß und Übung fehlen lassen, und auch später hatte er sich, nach der Ablehnung durch die Wiener Akademie der bildenden Künste im

Jahr 1907, nicht sonderlich um eine Ausbildung in Malerei oder Architektur bemüht. Wie andere Autodidakten war er ein rechthaberischer Besserwisser mit starren Ansichten über nahezu alles und mehr als bereit, sie zu äußern.

In diesen frühen Jahren war seine Persönlichkeit eher abstoßend als gewinnend. Es überrascht kaum, dass er nur wenige Freunde hatte. Sein einziger Jugendfreund scheint August Kubizek gewesen zu sein, der voller Bewunderung zuhörte, wenn er endlos über Architektur und Wagneropern dozierte. Einige Jahre später hatte er einen anderen engen Freund, Erich Schmidt, der während des gesamten Krieges mit ihm als Regimentsmeldegänger diente und von seiner »Künstlernatur« beeindruckt gewesen zu sein scheint.[10] Auch mit den anderen in seiner Gruppe kam er gut aus, auch wenn sie ihn etwas sonderbar fanden. Nach seinem Einstieg in die Politik nach dem Krieg bestand sein Umgang fast ausschließlich aus Männern. Bis Eva Braun 1931 die Bühne betrat, um bis zu ihrem gemeinsamen Ende im Bunker in Berlin bei ihm zu bleiben, hatte er keine dauerhafte intime Beziehung mit einer Frau. Die Beziehungen, die er hatte – beispielsweise mit Maria Reiter Mitte der 1920er Jahre und seiner Nichte Geli Raubal, die sich 1931 in seiner Münchner Wohnung das Leben nahm –, waren von kurzer Dauer und stets mit weit jüngeren Frauen (was auch für Eva Braun zutraf). Wie viel Wahrheit an den von seinen politischen Gegnern in Umlauf gesetzten grellen Gerüchten über sexuelle Perversionen ist, lässt sich nicht sagen. Über Hitlers Sexualität ist schon immer spekuliert worden. Eine abschließende Aussage lässt sich jedoch nicht treffen.[11] Für die Erklärung der Wirkung seiner Persönlichkeit auf die politische Entwicklung, die Deutschland und Europa in Richtung Weltkrieg und Völkermord führte, wäre sie ohnehin nicht von Bedeutung.

Nach Hitlers Einstieg in die Politik erwiesen sich Persönlichkeitszüge, die in der ersten Hälfte seines Lebens nicht sonderlich aufgefallen waren, als Vorteil: Starre Ansichten, Intoleranz und ein außergewöhnliches Talent für demagogische Rhetorik wurden zu grundlegenden Eigenschaften eines aufsteigenden politischen Sterns. Vor 1919 hatte er kaum jemals einen besonderen Eindruck hinterlassen, und niemand hatte viel auf das gegeben, was er sagte.

Dies sollte sich jetzt ändern. Im Sommer 1919, als die Reichswehr ihn für Lehrgänge für Soldaten, die entlassen werden sollten, einsetzte, zeigte er zum ersten Mal, dass er fähig war, ein Publikum mit feurigen Reden mitzureißen. Diese Fähigkeit trat erneut zutage, als er im September 1919 mit dem Auftrag, seinen Vorgesetzten über deren Aktivitäten zu berichten, eine Versammlung der Deutschen Arbeiterpartei in München besuchte. Nachdem er dieser Splitterpartei – einer von 73 ähnlichen Parteien, die es damals in Deutschland gab – noch im selben Monat beigetreten war, wurde er rasch zu ihrem Hauptredner in Münchner Bierhallen. Am 24. Februar 1920 verkündete er in einer solchen scharfen Rede vor 2000 Zuhörern das 24-Punkte-Programm seiner Partei, die fortan als Nationalsozialistische Deutsche Arbeiterpartei (NSDAP) firmierte. Es war der Start einer politischen »Karriere«.

Dass der Redner 13 Jahre später zum Reichskanzler ernannt werden würde, glaubte sicherlich niemand im Publikum. Damit dies geschehen konnte, musste sich das Land tiefgreifend verändern. Bei dieser Entwicklung spielte Hitlers Persönlichkeit gewiss eine Rolle. Aber hätte es die Veränderungen nicht gegeben, die Deutschland durchmachte, wäre er nicht in der Lage gewesen, das Schicksal des Landes zu beeinflussen.

Ohne die schmerzlichen Auswirkungen des Ersten Weltkriegs auf Deutschland wäre Hitler ein politischer Niemand geblieben. Ohne die verheerenden Auswirkungen der Weltwirtschaftskrise am Anfang der 1930er Jahre hätte sich niemand ihn als möglichen Regierungschef vorgestellt. Und ohne die Bereitschaft eines kleinen, aber einflussreichen Teils der politischen Elite, der beim Reichspräsidenten Gehör fand, wäre er nicht zum Reichskanzler ernannt worden. Dies waren die entscheidenden Voraussetzungen, unter denen Hitlers Persönlichkeit höchste Bedeutung erlangte.

Vorbedingungen der Macht

Deutschland war von den Folgen des Krieges traumatisiert, von Niederlage und Revolution, und stand, wie es schien, zeitweise an der Schwelle eines Bürgerkriegs. Die Angst vor dem Kommunismus wuchs, während die rechte Presse Gräuelnachrichten über Russland verbreitete. Die Politik polarisierte sich. Die gerade erst geschaffene Demokratie war gefährdet. Im März 1920 verhinderte ein Generalstreik einen rechten Putsch. Kurz darauf ging die Reichswehr im Ruhrgebiet brutal gegen eine aus Arbeitern bestehende »Rote Armee« vor. 1921 schlug die preußische Polizei in Sachsen einen kommunistischen Aufstand nieder. Paramilitärische Gewalt gehörte zum Alltag. Hunderte von politisch motivierten Morden wurden verübt, zumeist von Rechtsextremen. Der Hass auf den im Juni 1919 geschlossenen Versailler Vertrag, der dem besiegten Land erhebliche Gebietsverluste und enorme Reparationen abverlangte, sorgte für ein ständig erhitztes politisches Klima. Als Frankreich 1923 aufgrund eines Zahlungsverzugs bei den Reparationen das Rheinland besetzte und zugleich eine Hyperinflation tobte, lief das Fass über.

Im politischen Treibhaus Bayerns, das zu einem Eldorado der antirepublikanischen extremen Rechten geworden war, begann Hitlers Persönlichkeit Wirkung zu zeigen. Sein rhetorisches Feuerwerk passte perfekt zur vorherrschenden Stimmung. Seine Art zu reden zog große Menschenmengen in die Münchner Bierhallen und machte ihn in der kleinen, aber schnell wachsenden nationalsozialistischen Bewegung unentbehrlich. Seine polternde Verurteilung der neuen Demokratie und sein extrem rassistischer Nationalismus waren genau das, was sein Publikum hören wollte. Wenn er Gewalt gegen politische Gegner schürte und giftige Angriffe auf Juden führte, indem er sie als angebliche Verursacher von Deutschlands Leiden verteufelte, bestätigte er nur die Vorurteile seiner Zuhörer. Er sprach ihre Sprache. Die Wirksamkeit seiner Rhetorik beruhte auf seiner Fähigkeit, in einfachen, direkten und hochemotionalen Worten die Wut, die

Verbitterung und den Hass auszudrücken, die seine eigene Psyche versehrten.

1921 nutzte er in einem frühen Anfall von Primadonnengehabe – das ebenfalls zu seiner Persönlichkeit gehörte – seine Unentbehrlichkeit, um die absolute Kontrolle über die Parteiführung zu übernehmen. Bis 1923 hatte er sich in eine führende Rolle in der beachtlichen paramilitärischen Szene Bayerns manövriert, in der er den gescheiterten Putsch vom 9. November desselben Jahres mit anführte. Die anschließende Verhaftung, Verurteilung und Festungshaft hätten sein politisches Ende bedeuten müssen. Des Hochverrats schuldig gesprochen, hätte er bestenfalls eine langjährige Haftstrafe, wenn nicht sogar die Todesstrafe gewärtigen müssen.[12] Doch die Nachsicht der bayerischen Behörden ermöglichte es ihm, den Gerichtssaal in ein Propagandaforum für die nationalistische Sache zu verwandeln und seine unangemessen kurze Haftzeit – von den lediglich fünf Jahren Haft, zu denen er verurteilt worden war, musste er nur anderthalb Jahre absitzen, bevor er auf Bewährung entlassen wurde – dafür zu nutzen, seine Stellung in der radikalen Rechten zu festigen. Unter bequemen Haftbedingungen verfasste er den ersten Band von *Mein Kampf* und empfing zahlreiche Botschaften von Anhängern, die in ihm das ohnehin schon vorhandene Gefühl verstärkten, dass er der Führer sei, auf den Deutschland warte. Allerdings warteten nur wenige tatsächlich auf ihn. Die NSDAP war verboten und in mehrere konkurrierende Fraktionen zerfallen. Die wirtschaftliche Stabilität war wiederhergestellt und die Demokratie zwar erschüttert, aber intakt. Sie schien wirklich eine Zukunft zu haben. Hitlers Chancen, den Portalen der Macht nahezukommen, schienen gering zu sein.

Wenn 1930 nicht die Weltwirtschaftskrise eingesetzt hätte, wären Deutschland Hitlers Diktatur und alles, was folgte, erspart geblieben. Solange der wirtschaftliche Aufschwung anhielt, wie bis 1929, war für Hitler das Tor zur Macht verschlossen. Seine Lebensluft war die Krise. Ohne sie fand er nur am radikalen politischen Rand Anhänger. Er musste zügig an die Macht gelangen, andererseits würde er seine

Anziehungskraft verlieren und wahrscheinlich in die Bedeutungslosigkeit zurücksinken. Hätte die Demokratie sich gefestigt, wäre die 1925 neugegründete und stets zur Fraktionsbildung neigende NSDAP möglicherweise auseinandergefallen. Das Ergebnis der Reichstagswahl von 1928 schien darauf hinzudeuten, dass Deutschland sich auf einem guten Weg befand. Die eindeutig demokratischen Parteien hatten sich im Gegensatz zu den Nationalisten gut geschlagen, und die NSDAP schien auf dem Weg in die politische Vergessenheit oder wenigstens Bedeutungslosigkeit zu sein. Gerettet wurde sie vom Ausbruch der Weltwirtschaftskrise.

Bis dahin hatte Hitler kaum etwas tun können, um die Ereignisse zu beeinflussen. Stattdessen formte er die neugegründete NSDAP zu einer »Führerpartei«. Bedingungsloser Gehorsam seinem Willen gegenüber und quasifeudale Treue bildeten die Bande, die die potentiell auseinanderstrebenden Teile der Bewegung zusammenhielten.[13] Die »Idee« des Nationalsozialismus – die Hitler absichtlich nicht zu einem klaren Programm ausarbeitete, sondern als Vision einer nationalen Wiedergeburt bestehen ließ – wurde von seiner Person untrennbar. Die Fundamente für den vollen Ausbau des Führerkults, der zu diesem Zeitpunkt noch auf die kleine Zahl der Parteigetreuen begrenzt war, waren gelegt. Er war natürlich ein von der Parteiführung gepflegtes und durch unermüdliche Propaganda beworbenes Kunstprodukt, beruhte aber auf der Erwartung einer »heroischen Führung«, wie sie in völkisch-nationalistischen Kreisen in Deutschland schon vor dem Ersten Weltkrieg verbreitet war und während der Anstrengungen der Demokratie in den 1920er Jahren auf der Rechten größere Verbreitung fand. In den Worten eines protestantischen Nationalisten aus dem Jahr 1932 klingt ein fast messianischer Ton an: »Der wahre Staatsmann vereinigt in sich Väterlichkeit, kriegerischen Geist und Charisma [...]. So ist der wahre Staatsmann Herrscher, Krieger und Priester zugleich.«[14]

Der Weg an die Macht lag jedoch noch völlig im Nebel. Alles, was Hitler tun konnte, war, unablässig zu agitieren und darauf zu hoffen, dass Ereignisse eintreten würden, die für ihn günstig wären. Zudem war die Parteiorganisation in einem besseren Zustand als vor dem Putsch, wofür nicht er selbst, sondern sein wichtigster Gehilfe, Gregor Strasser, verantwortlich war (der 1924 während Hitlers Haft erstmals in den Vordergrund getreten war). Die Zahl der Parteimitglieder wuchs, und als Deutschland von der Weltwirtschaftskrise erfasst wurde, standen rund 100000 Aktivisten bereit, sie zu nutzen.

Was sich zwischen 1930 und 1933 abspielte, war nicht nur ein katastrophaler Wirtschaftseinbruch, sondern eine umfassende Krise von Wirtschaft, Gesellschaft, Kultur und Staat.[15] Die in der Nachkriegskrise zutage getretenen tiefen Risse in der Gesellschaft, die überwunden schienen, als die Bedingungen sich besserten, taten sich in schärferer Form erneut auf. Die ideologische Kluft zwischen Links und Rechts bot dem nationalistischen Populismus der gröbsten Art, dessen Slogans die wachsende NS-Bewegung unablässig propagierte, breiten Spielraum. Die Agitation war höchst wirkungsvoll, zumal sie von zunehmender Gewalt ihres paramilitärischen Flügels begleitet wurde.

Die NSDAP erlebte bei Reichtagswahlen einen kometenhaften Aufstieg: Ihr Stimmenanteil wuchs von 2,6 Prozent im Jahr 1928 auf 18,3 Prozent 1930 und 37,4 Prozent im Juli 1932. Damit stellte sie die mit Abstand größte Fraktion im Reichstag. 1932 scheiterte Hitler nur knapp mit dem Versuch, die Wiederwahl des allgemein verehrten Kriegshelden Paul von Hindenburg als Reichspräsident zu verhindern. Als er im Januar 1933 die Macht übernahm, hatte die NSDAP rund 850000 Mitglieder, und ihr paramilitärischer Zweig, die SA (Sturmabteilung), verfügte über 400000 Mann, von denen nicht alle Parteimitglieder waren. Die NS-Bewegung war dreimal so groß wie die italienische Faschistische Partei bei Mussolinis Machtantritt im Jahr 1922.

Als die Wirtschaftskrise ausbrach, war Hitler als populistischer Agitator in seinem Element. Er wütete – auf der Arbeitsgrundlage: »Was stabil ist, ist das Gefühl, der Hass«[16] – gegen innere Feinde und die Ungerechtigkeit des »Systems«. Sein Kampagnenstil war modern. 1932 nutzte er als erster Politiker ein Flugzeug, um von Stadt zu Stadt zu kommen und vor jetzt Zehntausenden von Menschen zu sprechen, die er mit seiner Botschaft anzog. Die Botschaft selbst formulierte er absichtlich schwammig: Es gehe darum, diejenigen zu vernichten, die Deutschland ruinierten, die Demokratie zu überwinden, die sie repräsentierten, und eine neue Gesellschaft, eine »Volksgemeinschaft«, unter seiner Führung aufzubauen. Über die Juden sprach er weniger direkt, als er es ein Jahrzehnt zuvor getan hatte. Aber seine Ansichten waren nicht versteckt und nicht nur implizit in seiner ungezügelten Verdammung des politischen Systems Deutschlands enthalten. Die Massen jubelten ihm zu, wenn er offen seine Intoleranz und seine Entschlossenheit, die Demokratie abzuschaffen, vertrat. Um Letzteres tun zu können, brauchte er jedoch die Kontrolle über die Regierung. Und diese konnten ihm Wahlgewinne allein nicht verschaffen.

Verfassungsgemäß ernannte der Reichspräsident den Reichskanzler. Es war keine Formalität, sondern eine echte Machtkompetenz. Im August 1932, nach dem überwältigenden Wahlgewinn der NSDAP im Monat zuvor, verweigerte Reichspräsident Hindenburg Hitler die Kanzlerschaft. Fünf Monate später, nach einer weiteren Wahl im November 1932, bei der die NSDAP zwei Millionen Stimmen verloren hatte, was sie in eine tiefe Krise stürzte, änderte Hindenburg seine Meinung und ernannte Hitler am 30. Januar 1933 zum Reichskanzler. Nicht Hitler, sondern die Umstände hatten sich verändert. In den vorangegangenen Wochen hatte Hitler alles auf die Kanzlerschaft gesetzt und erklärt, dass er sich mit weniger nicht zufriedengeben würde. Ohne die Bereitschaft des inneren Kerns des politischen Establishments, ihm zu geben, was er wollte, hätte er vermutlich mit leeren Händen dagestanden.

Deutschlands nationalkonservative herrschende Schicht half zwischen 1930 und 1933, ihr eigenes Grab zu schaufeln.[17] Die von Reichskanzler Heinrich Brüning vorgenommenen tiefen ökonomischen Einschnitte verschärften die Krise weiter, anstatt sie abzumildern. Die Demokratie war nicht mehr handhabbar, und die Regierung arbeitete in zunehmendem Maß mit vom Reichspräsidenten erlassenen Notverordnungen. Als die Krise sich vertiefte, ersetzte Hindenburg Brüning durch offen antidemokratische Kanzler, zuerst durch Franz von Papen und dann durch Kurt von Schleicher. Keiner von beiden hatte eine Lösung für die vielschichtige Krise anzubieten, die ohne eine Regierungsbeteiligung der Nationalsozialisten ausgekommen wäre. Sie waren bereit, diese Bedingung zu erfüllen, wollten Hitler aber nicht als Kanzler. Doch sie befanden sich in einem Dilemma. Sie konnten die Demokratie untergraben, was sie auch taten. Aber sie konnten sie nicht durch eine autoritäre Regierungsform ersetzen, wie sie ihnen vorschwebte, das heißt mit einer kleinen traditionellen politischen Kaste als Führungskraft. Hitler besaß einen Massenrückhalt, der ihnen fehlte, und er spekulierte auf die Unfähigkeit der konservativen Elite, ihre Macht ohne seine Hilfe aufrechtzuerhalten. Aber er forderte einen hohen Preis. Er bestand hartnäckig auf seiner Ernennung zum Regierungschef, der von der Vollmacht des Reichspräsidenten, durch den Erlass von Notverordnungen das Parlament zu umgehen, Gebrauch machen konnte. Dies war das blockierende Element inmitten der Staatskrise.

Angesichts der Möglichkeit der Regierungsbeteiligung, wenn auch ohne Kanzlerschaft, brach die NSDAP im Dezember 1932 beinah auseinander, denn Gregor Strasser zeigte sich bereit, als Vizekanzler in Schleichers Kabinett einzutreten, während Hitler eisern dabei blieb, dass nur die Kanzlerschaft in Frage komme. In der Auseinandersetzung mit Strasser behielt Hitler die Oberhand, was die Partei in der Treue zu ihm bestärkte. Es war ein Schlüsselmoment, in dem die Geschichte einen anderen Weg hätte einschlagen können. Der unterlegene Strasser trat von seinen Parteiämtern zurück. Er gehörte der Vergangenheit an. Bezeichnenderweise demontierte Hitler nach Strassers Rücktritt die von ihm aufgebaute Organisationsstruktur der NSDAP.[18] Aufgabe der Partei, erklärte er, seien Propaganda, Mobilisierung und Treue zur vom Führer verkörperten Idee. Im Gegensatz zur italienischen Diktatur, in der der Große Faschistische Rat ein Gremium bildete, das Mussolini schließlich stürzte, war es der

NS-Partei nie gestattet, einen institutionellen Rahmen zu schaffen, der Hitlers totale Herrschaft in irgendeiner Weise gefährden konnte.

In der politischen Sackgasse des Januars 1933 wurde schließlich die Vereinbarung erreicht, die Hitler gab, was er wollte. Wirtschaftsführer, Großgrundbesitzer und nicht zuletzt das Militär – das nicht in einen aus seiner Sicht möglichen Bürgerkrieg hineingezogen werden wollte – strebten allesamt eine autoritäre Lösung an, wenn auch nicht unbedingt eine NS-Regierung. Von Papen brachte schließlich eine Vereinbarung zustande, die Hitler die Kanzlerschaft brachte, ihn aber mit Konservativen »einrahmte«, die ihn – wie man glaubte – »zähmen« würden, sobald er erst einmal ein Regierungsamt innehatte. Am Mittag des 30. Januar 1933, einem nicht nur für Deutschland, sondern für ganz Europa schicksalhaften Tag, ernannte Reichspräsident Hindenburg Hitler zum Reichskanzler.

Diktator

Das Tempo, mit dem Hitler seine Macht festigte, war atemberaubend. Wofür Mussolini Jahre gebraucht hatte, gelang ihm in Monaten. In einer Terrorwelle nahm die Polizei in den ersten Wochen nach seinem Machtantritt mit Hilfe nationalsozialistischer Paramilitärs – und von rechtlichen Formalitäten unbehindert – Zehntausende Kommunisten und Sozialisten fest und sperrte sie in improvisierte Gefängnisse und Lager, wo sie auf haarsträubende Weise misshandelt wurden. Jeder, der den Nationalsozialisten im Weg war, befand sich in Gefahr. In dieser Zeit waren politische Gegner das Hauptziel. Aber auch Juden waren bereits Angriffen von NS-Schlägern ausgesetzt, und bald sollten ihre Geschäfte boykottiert und diskriminierende Vorschriften gegen sie erlassen werden.

In der Nacht vom 27. auf den 28. Februar 1933 brannte der Reichstag nach einem Brandanschlag aus. Wer dafür verantwortlich war, wurde nie ganz geklärt.[19] Wichtiger als die Täterschaft waren jedoch die Folgen: Am Tag nach dem Brand setzte eine Notverordnung die bürgerlichen Freiheiten für unbestimmte Zeit aus. Am 23. März erhielt Hitler durch ein Ermächtigungsgesetz diktatorische Vollmachten, zunächst für vier Jahre. Zwei Tage zuvor hatte er sich demütig und bescheiden gegeben, als er sich am vom Reichspropagandachef Joseph Goebbels theatralisch inszenierten »Tag von Potsdam« – an dem die Eröffnung des neu »gewählten« Reichstags begangen wurde – vor Reichspräsident Hindenburg verbeugte. Damit gewann er viele anfangs zögerliche Nichtnationalsozialisten für sich, die die »nationale Erneuerung« – einschließlich der brutalen Ausschaltung der Linken – begrüßten und bereit waren, Hitler eine Chance zu geben, zu beweisen, dass er nicht mehr der polternde Parteifanatiker war, sondern sich zum echten Staatsmann gewandelt hatte. In den folgenden Monaten erlebte das Land einen wahren Aktivitätssturm, dem Oppositionsparteien und Gewerkschaften zum Opfer fielen, bevor Mitte Juli schließlich die NSDAP zur einzigen erlaubten Partei erklärt wurde. Durch eine Mischung aus Einschüchterung, Schmeichelei und Begeisterung über das neue Regime wurden die Organisationen und Institutionen, die die Grundlage des reichhaltigen gesellschaftlichen Lebens gebildet hatten, zwangsweise nazifiziert oder genötigt, sich selbst zu nazifizieren. Hitler gab lediglich den Rahmen für die Aktion vor, ansonsten musste er bemerkenswert wenig tun, um diese dramatische Umgestaltung Deutschlands zustande zu bringen.

Im Juni 1934 war er jedoch gezwungen zu handeln, um die einzige verbliebene Bedrohung für sein Regime auszuschalten, und er tat es mit aller Rücksichtslosigkeit. SA-Chef Ernst Röhm hatte begonnen, lautstark die Vollendung der nationalsozialistischen Revolution zu fordern. Er wollte seine Organisation zur beherrschenden Kraft im Staat machen, und sein Ehrgeiz, die riesige paramilitärische Organisation unter seinem Befehl in eine Volksmiliz zu verwandeln, stellte eine offensichtliche direkte Gefahr für eine unverzichtbare Säule des Regimes dar, die Reichswehr. Als Hitler von der Reichswehrführung zu dem irrigen Glauben verleitet wurde, dass ein Putsch der SA unmittelbar bevorstehe, schlug er mit grausamer Entschlossenheit zu. Zu den rund 200 Opfern der Säuberung gehörten neben Ernst Röhm, einem langjährigen engen Weggenossen Hitlers, Gregor Strasser, der frühere Reichskanzler Kurt von Schleicher und eine Reihe weiterer Personen, die in der Vergangenheit mit Hitler aneinandergeraten waren. Er übernahm öffentlich die Verantwortung für die »Säuberungsaktion«. Bemerkenswerterweise stärkte sie ihn enorm. Die Rücksichtslosigkeit, mit der er vorgegangen war, sprach für ein Regime, das offensichtlich vor nichts zurückschreckte. Mehr noch: Die Reichswehrführung war jetzt Hitler verpflichtet und erpicht darauf, ihre Loyalität zu beweisen; die Justiz billigte die außergerichtlichen Tötungen im Interesse des Staats; und nicht zuletzt ging die SS (Schutzstaffel), die sie durchgeführt hatte, als Gewinnerin aus der »Aktion« hervor, da sie ihre eigene Machtbasis im Regime ausgebaut hatte. Ihr fanatischer Chef, Heinrich Himmler, übernahm an Hermann Görings Stelle die Führung der politischen Polizei, der Gestapo, und die SS wuchs zu einer einzigartigen Organisation heran, die gesetzlich unbeschränkte Machtbefugnisse über Polizei und Konzentrationslager mit dem Status einer Elitetruppe verband, deren ideologischer Impuls auf die Auslöschung innerer Feinde und den Aufbau einer »rassereinen« Gesellschaft abzielte.

Als Hindenburg im August 1934 starb, ergriff Hitler die Gelegenheit und machte sich selbst zum Staatsoberhaupt. Danach war seine Macht absolut. Er konnte allenfalls durch einen höchst unwahrscheinlichen Putsch der Reichswehr oder der SS oder durch ein Attentat gestürzt werden; im November 1939 scheiterte ein Anschlag auf ihn nur knapp. Staatsmacht bedeutete jetzt Macht des »Führers«. Kein Gesetz stand über seinen Willensäußerungen.[20] Seine Autorität als »Führer« beruhte, laut Hans Frank, dem führenden NS-Anwalt, nicht auf seiner institutionellen Position, sondern auf seinen »überragenden Leistungen«.[21] Es lief auf die von Max Weber beschriebene »charismatische Herrschaft« hinaus, eine vermeintlich »heroische Führung«, die einem Anführer von seinen Anhängern zugeschrieben wird. Dass dieses »Charisma« ein Kunstprodukt war, muss nicht eigens betont werden. Aber seine Wirkung war real genug.[22] In der Praxis erhob es Hitlers Macht über alle rechtlichen Einschränkungen.

In inneren Angelegenheiten musste Hitler wenig tun, um die Dynamik des Regimes voranzutreiben. Das von einem NS-Funktionär formulierte Prinzip, »zu versuchen, im Sinne des Führers ihm entgegenzuarbeiten«,[23] bedeutete, dass keine Notwendigkeit bestand, einen Strom von Anweisungen von oben zu produzieren. Radikale auf allen Ebenen des Regimes waren unausgesprochen aufgefordert, in Vorwegnahme von Hitlers vermutlichen Wünschen zu handeln. Hitler war vom Temperament her unbürokratisch. Zu seinem Regierungsstil gehörte es, sich so weit wie möglich bei allen umstrittenen politischen Entscheidungen herauszuhalten. Er mochte keine kollektiven Diskussionsforen, auf denen seine Ansichten in Frage gestellt werden könnten, und so trat das Kabinett – immerhin das zentrale Regierungsorgan – nur unregelmäßig und ab 1938 gar nicht mehr zusammen. Die Koordination der Regierungsarbeit erledigte der Chef der Reichskanzlei, Hans Heinrich Lammers, der oft genug Mühe hatte, bei Hitler Gehör zu finden. Dementsprechend ineffizient und willkürlich war in vielen Bereichen der Regierungstätigkeit die Entscheidungsfindung. Der Parteiapparat war extrem bürokratisch, aber undurchsichtig, zumindest bis zu Rudolf Heß' Flug nach Schottland im Jahr 1941, der Martin Bormann die Chance eröffnete, die NSDAP ideologisch noch strammer auszurichten und ihre Verwaltung stärker zu koordinieren.

Am entspanntesten war Hitler während seiner langen Aufenthalte auf dem Berghof, seiner alpinen Residenz oberhalb von Berchtesgaden, wo er im Kreis seines »Hofstaats« aus ergebenen Bewunderern bei seinen Monologen nicht mit Widerspruch rechnen musste.[24] Der Luxus des Berghofs strafte sein Image eines einfachen »Mannes aus dem Volk« Lügen. Die enormen Tantiemen aus dem Verkauf von *Mein Kampf* ermöglichten es ihm, populistisch damit zu prahlen, dass er kein Salär vom Staat nehme. Und um die Fiktion aufrechtzuerhalten, dass er sein Leben allein dem deutschen Volk geweiht habe, wurde die

Beziehung zu seiner Partnerin, Eva Braun, unter Verschluss gehalten – abgesehen von seinem »Hofstaat« auf dem Berghof.

Solange alles in Übereinstimmung mit den breiten ideologischen Imperativen, die er repräsentierte, verlief – Wiederaufbau der Nation, Vernichtung ihrer inneren Feinde und Kriegsvorbereitung –, hatte er keinen Anlass einzugreifen. Er hatte seine Satrapen – Schlüsseluntergebene, deren Machtstellung von ihm abhing und die ihm daher treu ergeben waren: Sein langjähriger, verlässlicher Gefolgsmann Rudolf Heß leitete die Partei; Joseph Goebbels kontrollierte den überaus wichtigen Propagandaapparat; Heinrich Himmler führte das wachsende SS-Reich; Hermann Göring bereitete die Wirtschaft auf den Krieg vor, nachdem der frühere Wirtschaftsminister und Finanzguru Hjalmar Schacht den wirtschaftlichen Wiederaufschwung der Anfangsjahre des »Dritten Reichs« gemanagt hatte; Robert Ley stand an der Spitze der riesigen Deutschen Arbeitsfront, die an die Stelle der früheren freien Gewerkschaften getreten war; der kommende Mann war Albert Speer, ein junger Architekt, dessen Begabung, Organisationstalent und künstlerischer Geschmack ihm bald die Gunst Hitlers einbringen sollten.

Hitler standen mächtige Herrschaftsinstrumente zur Verfügung: Eine hochentwickelte Staatsbürokratie bemühte sich auszuführen, was die Beamten als von Hitler intendierte Maßnahmen ansahen. Die Partei wuchs unterdessen gewaltig an, und ihre Unterorganisationen durchdrangen sämtliche Bereiche des öffentlichen Lebens. Die NSDAP diente als gewaltige Mobilisierungskraft, die unablässig den »Führer« beweihräucherte, für Konformität sorgte und politische Kontrolle ausübte. Die SS verstand sich selbst als rassische Elite, die sich ganz dem Ziel der Rassereinheit und der Aufrechterhaltung der inneren Sicherheit verschrieben hatte. Die Wehrmachtführung war zwar nicht nazifiziert, stand aber hinter dem »Führer«, der ihr garantierte, dass unbeschränkte Mittel in die Aufrüstung flossen. Die Großunternehmen genossen die Profite, die sie aufgrund der wieder in Gang gekommenen Wirtschaft einstrichen, und die Vorteile, die ihnen die Ausschaltung der kämpferischen Linken gebracht hatte. Die christlichen Kirchen wehrten sich gegen Eingriffe in ihre Domänen, stellten aber keine politische Gefahr für das Regime dar. Wie groß die Unzufriedenheit der Bevölkerung auch gewesen sein mag – beispielsweise über die sozialen Bedingungen, die Arbeitspolitik oder Angriffe auf die Kirchen –, sie fand keinen institutionellen Ausdruck und wurde durch eine Reihe spektakulärer außenpolitischer Erfolge, die Hitler in den ersten Jahren nach seinem Machtantritt erzielte, überstrahlt. Lautstark gefeierte Triumphe wie die Remilitarisierung des Rheinlands im März 1936 stärkten den voll ausgebildeten, unmäßigen Führerkult zusätzlich. Doch die Zustimmung zu Hitlers Führung koexistierte mit der Verachtung der niederen Chargen des NS-Regimes. Viele spürten das Nahen eines weiteren Krieges und fürchteten ihn. Aber es gab auch, insbesondere bei der Jugend, Begeisterung über die Möglichkeiten, die ein solch lebendiges, starkes und dynamisches Deutschland bot.

Hitler war keineswegs ein passiver Diktator. Hatten die von der NS-Herrschaft verursachten Spannungen einen kritischen Punkt erreicht, griff er ein, um die Situation zu bereinigen. So führte die von der Ideologie vorangetriebene antijüdische Dynamik zu einer Spirale der Verfolgung. 1935, als die von Hitzköpfen in der Partei ausgeübte antijüdische Gewalt der Wirtschaft zu schaden drohte und öffentliche Kritik hervorrief, handelte Hitler, indem er die Aggression in eine einschneidende diskriminierende Gesetzgebung kanalisierte, die berüchtigten Nürnberger Gesetze. Als im folgenden Jahr in der Schweiz ein junger Jude einen NS-Funktionär ermordete, ordnete Hitler an, die antijüdische Gewalt im Zaum zu halten. Im Jahr der Olympischen Spiele in Berlin, die als Schaufenster des neuen Deutschlands dienen sollten, mussten sich die Parteiradikalen zurückhalten. Zwei Jahre später sah die Sache anders aus. Hitler hatte schon im September 1937 in einer flammenden Rede auf dem Nürnberger Parteitag den Ton für einen neuen Angriff auf die Juden vorgegeben. Als sich im Sommer des folgenden Jahres die außenpolitischen Spannungen verstärkten, nahmen die Feindseligkeiten gegen Juden zu. Anstifter der reichsweiten Pogrome der »Kristallnacht« vom 9. auf den 10. November 1938 war Goebbels, aber Hitler hatte ihn dazu autorisiert. Er ging geflissentlich auf Abstand zu der weithin unpopulären willkürlichen Zerstörung von Eigentum in dieser Nacht – von Synagogen ebenso wie von vielen Wohnhäusern und Geschäften – und der Gewalt, durch die Hunderte von Juden getötet oder verletzt wurden. Aber er billigte die extremen Maßnahmen, die unmittelbar darauf ergriffen wurden: dass 30000 Juden in Konzentrationslager gesperrt wurden, Juden jede Möglichkeit genommen wurde, ihren Lebensunterhalt zu verdienen, dass sie zu Parias gemacht und zu Tausenden zur Flucht ins Ausland gezwungen wurden. Und er übertrug die Verantwortung für die antijüdische Politik dem Sicherheitsdienst, der von Himmlers rechter Hand, Reinhard Heydrich, geleitet wurde.

Dass Hitler das letzte Wort hatte, war in der Außenpolitik am offensichtlichsten. Natürlich musste er auf äußeren Druck reagieren, sowohl aus dem Ausland als auch von innen, von Seiten des Außenministeriums, der Wehrmachtführung und der Großindustrie. Die Außenpolitik wurde von vielem beeinflusst, nicht zuletzt jedoch von Hitlers Persönlichkeit. Dass er selbst die Schlüsselentscheidungen traf, steht außer Frage. Anfang 1936 beispielsweise erkannte er die Uneinigkeit der westlichen Demokratien in ihrer Haltung zum italienischen Krieg gegen Äthiopien als Gelegenheit für die spektakuläre Remilitarisierung des Rheinlands. Trotz Einwänden von Diplomaten und führenden Militärs entschied er sich für diesen Schritt. Die Schwäche der Westmächte wurde offenbar, als sie, abgesehen von Protesten, nichts unternahmen, um gegen diesen eklatanten Bruch internationaler Verträge vorzugehen. Die euphorische Reaktion in Deutschland auf diesen Triumph stärkte Hitlers Ansehen im In- und Ausland weiter.

Sein außenpolitisches Handeln war opportunistisch, erfolgte aber innerhalb unveränderlicher ideologischer Parameter. Er nutzte den Vorteil des Augenblicks. Aber seine Entscheidungen wiesen alle in dieselbe Richtung: auf Krieg, und zwar je eher, desto besser. Obwohl er zwischen 1933 und 1935 öffentlich friedliche Absichten bekundete, bereitete er den Krieg vor. Im Sommer 1936 musste eine Grundsatzentscheidung zwischen Aufrüstung und Konsumausgaben gefällt werden: Kanonen oder Butter. In einer Denkschrift für den Vier-Jahres-Plan entschied Hitler im August, dass Kanonen Vorrang hatten. Göring erhielt den Auftrag, Wehrmacht und Wirtschaft mit Hochdruck auf einen kommenden Zusammenstoß mit dem Bolschewismus vorzubereiten. Im Februar 1938 nutzte Hitler Sexskandale in der Wehrmachtführung für einen gravierenden Umbau ihrer Struktur und eine Auswechslung ihres Personals. (Es hatte sich herausgestellt, dass Kriegsminister Werner von Blomberg eine ehemalige Prostituierte geheiratet hatte, und Heereschef Werner von Fritsch wurde – fälschlicherweise – verdächtigt, homosexuell zu sein.) Hitler stärkte seine Kontrolle über die Wehrmacht und hievte, während der Krieg näher rückte, durch die Ernennung Joachim von Ribbentrops zum Außenminister eine unterwürfige, aber fanatische Figur in eine Schlüsselposition der Regierung. Im Frühjahr und Sommer traf er die Entscheidungen, Österreich zu annektieren und dann, als ein Krieg unumgänglich zu sein schien, die westlichen Demokratien zu zwingen, die Tschechoslowakei zu zerbrechen (die durch die deutsche Besetzung im März 1939 endgültig von der Landkarte verschwand) und Deutschland das Sudentenland zu übergeben.

Im Frühjahr 1939 beschloss Hitler, im Herbst Polen anzugreifen und zu zerstören. Zusammen mit der Verherrlichung durch die Massen und der ständigen kriecherischen Beweihräucherung durch seinen Hofstaat – Nebenprodukte des überspannten Führerkults – hatten seine außenpolitischen Triumphe ihn schon lange dazu verleitet, selbst an seinen Mythos zu glauben. Seine grandiosen Bauvorhaben waren Zeichen seines Größenwahns. Er hielt sich für unfehlbar, für ein Genie vom Rang der großen Figuren der Geschichte. Polen sollte nur der Anfang sein.

Während ein weiterer Sommer voller Spannungen verging, stieß Hitlers Kriegswille im Innern auf keinen ernsthaften Widerspruch.

Diejenigen in der Wehrmachtführung, die sich im letzten Sommer besorgt über einen Krieg mit den Westmächten geäußert hatten, hatten jetzt offenbar weniger Bedenken – und gar keine gegen die Zerstörung Polens. Dass der Krieg unvermeidlich war, woran nach der Unterzeichnung des Nichtangriffspakts mit der Sowjetunion im August 1939 niemand mehr zweifelte, war das Ergebnis der von Hitler in den vorangegangenen Jahren betriebenen Politik. Er argumentierte regelmäßig damit, dass die Zeit nicht auf Seiten Deutschlands sei, weshalb der Krieg nicht aufgeschoben werden könne. Tatsächlich war der ökonomische, militärische und diplomatische Druck derart angewachsen, dass die Kriegsdynamik unaufhaltsam war. Aber Hitlers Persönlichkeit war ein Faktor in der Rechnung. Ihn dürstete förmlich nach Krieg. Aus welchen Tiefen seiner Psyche dieser Drang auch kommen mochte, die ungezügelte Aggressivität, das Verlangen nach Rache, die Angst vor Gesichtsverlust, der Unwille, Kompromisse einzugehen, und die Verächtlichmachung jeder Kritik an seinem Urteil trugen allesamt zum Kriegsimpuls bei. In den hektischen letzten Tagen vor dem Angriff auf Polen mahnte kein Geringerer als Göring, die Nummer zwei in der NS-Hierarchie, man solle doch das Vabanque-Spiel lassen, worauf Hitler entgegnete: »Ich habe in meinem Leben immer va banque gespielt.«[25]

Kriegsführer

Es dürfte kaum Zufall gewesen sein, dass die beiden Obsessionen Hitlers – Krieg und Beseitigung der Juden – im Herbst 1939 zu zentralen Zielen des Regimes wurden. Dies war natürlich nicht sein Werk allein. Alle Bereiche des Regimes hatten sich mittlerweile auf diese Ziele festgelegt. Aber der ideologische Impetus, der auf dem Höhepunkt des Regimes von Hitler ausging, bildete ein wesentliches Element. Er hatte die NS-Bewegung vereint, die Aktivisten mobilisiert und von anderen unternommene Initiativen legalisiert. Seine persönlichen ideologischen Obsessionen waren zur treibenden Kraft des Regierungshandelns geworden. Unablässige Propaganda hatte einem großen Teil der Gesellschaft extremes nationales Selbstbewusstsein und Judenhass eingeflößt. Und nun kam der Krieg, den er sich gewünscht hatte. Rassistische Ziele konnten jetzt auf eine Weise verfolgt werden, wie es internationale Beschränkungen in Friedenszeiten nicht zugelassen hätten.

Hitler drängte es ungeduldig zu handeln. Der Krieg musste gewonnen werden, solange die westlichen Demokratien schwach und die Vereinigten Staaten, die neutral waren, aber Deutschland zunehmend ablehnend gegenüberstanden, nicht zum Eingreifen bereit waren. Sobald Polen besiegt war, wollte er sich gegen den Westen wenden. Zu diesem Zeitpunkt waren seine Generale noch in der Lage, ihn zurückzuhalten, indem sie ihm klarmachten, dass die Wehrmacht zu einem Angriff auf Frankreich noch nicht in der Lage sei. Beim Polenfeldzug konnte er noch weitgehend aus der operativen Kriegführung herausgehalten werden. Bei der Besetzung von Dänemark und Norwegen im April 1940 griff er schon aktiver ein, und die Wehrmachtführung erhielt trotz der raschen Siege einen Vorgeschmack auf seine aus ihrer Sicht mangelnde militärische Urteilskraft. Danach sollte sein persönliches Eingreifen in die Strategie und sogar Taktik der Wehrmacht für die deutsche Kriegführung entscheidend sein.

Seine Enttäuschung über die strategische Planung des entscheidenden Westfeldzugs machte ihn für eine gewagte Alternative empfänglich, die General Erich von Manstein im April 1940 vorschlug: einen Angriff durch die Ardennen, wo der Feind ihn am wenigsten erwartete. Die Strategie ging auf. Die Welt erlebte erstaunt mit, wie Frankreich bis Mitte Juni in einem verheerenden Feldzug von weniger als fünf Wochen besiegt wurde. Es war ein Triumph sondergleichen. Eine schwerwiegende Folge war, dass die Generale einsehen mussten, dass Hitlers strategischer Instinkt richtig gewesen war. Entsprechend geschwächt waren sie, wenn es darum ging, Kritik an seinen künftigen militärischen Anweisungen zu üben. Gleichzeitig war Hitlers Verachtung der Generale als Gegenstück zu seinem grandiosen Gefühl der eigenen Größe gewachsen. Als er ihnen am 31. Juli, keinen Monat, nachdem er nach dem folgenreichen Sieg über Frankreich nach Berlin zurückgekehrt war, seine Absicht mitteilte, im folgenden Frühjahr die Sowjetunion anzugreifen, hatten einige im Stillen Bedenken. Aber die strategischen Ziele, die er darlegte, trafen auf breite Zustimmung. Widerspruch erhob sich nicht.

Ideologische Imperative standen für Hitler an erster Stelle. Aber von seinen Wirtschaftsberatern musste er sich anhören, dass Deutschlands ökonomische Ressourcen für einen langen Krieg nicht ausreichten. Großbritannien, das von seinem Empire unterstützt wurde, konnte weder zum Einlenken überredet noch zur Unterwerfung gebombt oder erobert werden, und es war klar, dass sich Deutschland über kurz oder lang mit der Macht der Vereinigten Staaten würde auseinandersetzen müssen. Wollte man die Vorherrschaft über ganz Europa erlangen, war es unerlässlich, die Ressourcen der Sowjetunion zu gewinnen. Am 22. Juni 1941 erfolgte der Angriff auf die Sowjetunion, und anfangs wurden der Roten Armee derart schnelle und verheerende Schläge zugefügt, dass für kurze Zeit der vollständige Sieg bevorzustehen schien. Anfang Dezember war jedoch klar, dass Deutschland im Osten vor einem langen Krieg stand, während im Westen die Vereinigten Staaten mit ihren unvergleichlichen ökonomischen und militärischen Ressourcen in den Krieg eintraten. Hitlers Kriegserklärung gegen die Vereinigten Staaten am 11. Dezember 1941 war im Grunde ein Akt der Verzweiflung, auch wenn sie strategisch durchaus einen gewissen Sinn hatte. Hitler hoffte, dass die Kräfte der Vereinigten Staaten durch den Krieg mit Japan – der durch den japanischen Angriff auf Pearl Harbor am 7. Dezember begonnen hatte – gebunden waren und die deutschen U-Boote die britischen Nachschublinien durchtrennen würden. Als sich diese Hoffnungen Ende 1942 zerschlugen, der Wüstenkrieg in Nordafrika verloren war und der sowjetische Sieg in Stalingrad den entscheidenden Wendepunkt an der Ostfront markierte, blieb Deutschland, wollte es die Niederlage abwenden, nur noch ein verbissen geführter Rückzugskampf. In den restlichen Kriegsjahren wurde Hitlers Führung zu einer Belastung für die Wehrmachtführung, die jedoch, in sich gespalten, keinen kollektiven Mechanismus besaß, der es ihr ermöglicht hätte, seine Anweisungen zu kritisieren, ganz zu schweigen davon, ihnen zuwiderzuhandeln. Darüber hinaus war seine ungebrochene Macht ein unüberwindliches Hindernis für jeden Versuch, den Krieg auf dem Verhandlungsweg zu beenden. Als im Juli 1944 der verzweifelte Versuch, ihn zu töten, fehlschlug, war die totale militärische Niederlage als Ergebnis von Hitlers Kriegsglücksspiel nach dem Motto »alles oder nichts« kaum noch zu vermeiden.

Der Völkermord war kein zufälliges Nebenprodukt des Krieges, sondern bildete eines seiner Kernelemente. Die Aushöhlung des Rechts, die Ausweitung der polizeilichen Willkür und die Ambitionen der SS-Führung, die sich auf ihre Pläne zur rassischen Säuberung ganz Europas konzentrierten – all dies hatte sich in den vorangegangenen sechs Jahren der nationalsozialistischen Herrschaft entwickelt und eine eigene Dynamik entfaltet.

Für die entscheidenden Schritte zum Völkermord war jedoch Hitler unerlässlich, nicht nur, um den Ton vorzugeben, sondern auch, um die nötige Autorisierung zu erteilen. Er gestattete persönlich die extreme Brutalität, die im besetzten Polen ausgeübt und überwiegend von der SS initiiert, angestachelt und ausgeführt wurde. Der »harte Volkstumskampf« in Polen sollte, wie Hitler am 17. Oktober 1939 einer kleinen Gruppe von NS-Führern erklärte, von keinerlei rechtlichen Einschränkungen behindert werden.[26] Ungefähr zur gleichen Zeit autorisierte er schriftlich die »Euthanasieaktion« in Deutschland selbst, die Zehntausenden von geistig oder körperlich Behinderten das Leben kostete.

Die gewaltigen Umsiedlungspläne, die in Polen hastig improvisiert und mit unaussprechlicher Grausamkeit umgesetzt wurden, schufen unüberwindliche organisatorische Probleme für die NS-Führung. Genozidale Möglichkeiten wurden erwogen. Um die Juden zu entfernen, dachte man 1940 kurzzeitig darüber nach, sie nach Madagaskar zu bringen, doch diese Idee wurde bald wieder aufgegeben. Als Hitler im Dezember des Jahres erklärte, dass der Angriff auf die Sowjetunion im folgenden Mai erfolgen werde, eröffneten sich neue Aussichten. In Vorbereitung auf die Invasion fasste man eine massive Ausweitung der rassischen »Säuberung« ins Auge. Mit Hitlers Zustimmung begann die SS-Führung die Deportation von Millionen Juden in die eisigen Weiten der Sowjetunion zu planen, wo weitere Millionen bereits lebten. Das Ziel war eine »Endlösung« der »Judenfrage«, sobald der Krieg gewonnen war, der, wie man annahm, nur kurz sein würde. Offenbar rechnete man damit, dass die Juden an den Deportationsorten sterben würden. 1942 sahen die genozidalen Pläne der SS für die eroberten Gebiete im Osten die Deportation von 31 Millionen Menschen vor, überwiegend Slawen, die in Sibirien dahinvegetieren und aussterben sollten. Juden wurden nicht mitgerechnet; sie sollten bereits »liquidiert« sein.[27]

Nachdem Hitler SS-Chef Himmler weitgehende Polizei- und Sicherheitsvollmachten im Osten erteilt hatte, wurden im Sommer 1941 die Massenerschießungen von Juden in den besetzten Gebieten der Sowjetunion erheblich ausgeweitet. Hitler wollte zudem über die Arbeit der Einsatzgruppen, welche die Tötungen durchführten, auf dem Laufenden gehalten werden.[28] Aber die Methode der Massenerschießungen war für die NS-Mörder unbefriedigend. Deshalb experimentierte man auf der Grundlage von Techniken, die bereits bei der »Euthanasieaktion« angewandt worden waren, mit Giftgas. Zudem war immer noch ungeklärt, was mit den außerhalb der Sowjetunion lebenden Juden geschehen sollte. Als sich herausstellte, dass der Krieg im Osten nicht schnell gewonnen werden konnte, während lokale NS-Führer unablässig darauf drängten, Juden aus ihren Herrschaftsgebieten zu deportieren, nahm die Suche nach einer »Lösung der Judenfrage« einen eindeutig genozidalen Charakter an. Die im September 1941 getroffene Entscheidung, im Reich lebende Juden in den Osten zu deportieren – eine Entscheidung, die, wie NS-Führer anerkannten, von Hitler kommen musste –, hob die genozidale Dynamik auf eine neue Stufe. Bald darauf begann man in Polen mit dem Aufbau kleiner Vernichtungseinrichtungen, in denen Juden getötet werden sollten. Die ersten Vergasungen von Juden begannen im Dezember 1941 in Chelmo im vom Deutschen Reich annektierten Westpolen. Zusätzliche Kraft erhielt das genozidale Momentum unmittelbar nach der Kriegserklärung gegen die Vereinigten Staaten am 11. Dezember 1941. »Der Weltkrieg ist da«, sagte Hitler am nächsten Tag vor Parteiführern, »die Vernichtung des Judentums muss die notwendige Folge sein.«[29]

Damit spielte er auf die »Prophezeiung« an, die er am 30. Januar 1939 vor dem Reichstag ausgesprochen hatte. Damals hatte er für den Fall eines neuen Weltkriegs »die Vernichtung der jüdischen Rasse in Europa« angedroht.[30] In vier Radioansprachen im Jahr 1942, als die Vernichtungslager in Polen in Betrieb gingen, wiederholte er diese Drohung; insgesamt äußerte er sie mehr als ein Dutzend Mal. Die Überzeugung, dass der Krieg die endgültige Vernichtung des europäischen Judentums mit sich bringen würde, diente untergeordneten NS-Funktionären als Antrieb, Hitlers angenommene Wünsche in die Tat umzusetzen. Außerdem war die Wiederholung der »Prophezeiung« ein Mittel, die Vernichtung der Juden in programmatischer Weise bekanntzumachen, ohne auf die Einzelheiten eines unter großer Geheimhaltung (außerhalb des Herrschaftsapparats) durchgeführten Projekts einzugehen – wahrscheinlich aus Unsicherheit darüber, wie die deutsche Öffentlichkeit auf den Massenmord an den Juden reagieren würde. Selbst im engsten Kreis sprach Hitler vom Schicksal der Juden nur andeutungsweise. Aber alle entscheidenden Schritte bedurften seiner Autorisierung.[31] Mit Himmler, der wiederholt betonte, er handle mit Hitlers Billigung, sprach er unter vier Augen explizit über die Vernichtungspolitik.[32]

Hitler trägt die Gesamtverantwortung für den Holocaust, wie spätere Generationen ihn nennen sollten.[33] Aber er war auch direkt beteiligt. Er genehmigte, autorisierte, billigte und legitimierte, was seine Untergebenen taten. Ein komplexer Prozess der Radikalisierung, der seit 1933 in Gang war, mündete 1941 im Völkermord. Hitlers Zustimmung und darüber hinaus die ideologische Rechtfertigung, die jedes Organ des Regimes von ihm erhielt, waren bei jedem bedeutenden Schritt unerlässlich. Die Gleichung lautet schlicht: Ohne Hitler kein Holocaust.

Himmler sorgte im Oktober 1943 durch Reden vor SS- und Parteiführern dafür, dass sie sich ihrer Komplizenschaft beim Vernichtungsprogramm bewusst waren. Brücken mussten abgebrannt werden. Einen Ausweg gab es nicht. Die Komplizenschaft half, die nachgeordneten Führungsebenen an Hitler zu binden, als die militärische Lage sich unaufhaltbar verschlechterte und die Niederlage so gut wie sicher war. Auch die Wehrmacht wusste, dass sie in ihrer Beteiligung an der grauenhaften Barbarei an der Ostfront verfangen war. Die Furcht davor, was eine Niederlage durch die Rote Armee bedeuten würde, war ein extrem starkes Motiv dafür, weiterzukämpfen, selbst als immer klarer wurde, dass alles verloren war.

In den letzten beiden Kriegsjahren war Hitlers Beziehung zur Militärführung katastrophal. Im Lauf des Krieges mischte er sich immer stärker sowohl in strategische als auch in taktische Angelegenheiten ein. Wenn unmögliche Befehle nicht ausgeführt werden konnten, reagierte er immer öfter mit rasenden Wutausbrüchen. Die Entlassung fähiger Generale konnte die militärische Lage ebenso wenig verbessern oder dem nachlassenden Kriegsglück Deutschlands aufhelfen, aber es ermöglichte Hitler, Sündenböcke für seine eigenen Mängel als Militärführer zu benennen. Als die Niederlage immer unvermeidlicher wurde, hatte er nichts mehr zu bieten außer dem fadenscheinig werdenden Rückgriff auf schiere Willenskraft und der Entschlossenheit, dass es – wie er allen in seiner Umgebung klarmachte – keine Kapitulation wie 1918 geben würde. »Wir kapitulieren nicht, niemals«, notierte sein Luftwaffenadjutant Nicolaus von Below seine Worte. »Wir können untergehen. Aber wir werden eine Welt mitnehmen.«[34]

Im Sommer 1944, in dem die Alliierten in der Normandie landeten, während die Rote Armee von Osten nach Mitteleuropa vorstieß, veranlasste die immer bedrohlicher werdende militärische Lage eine Gruppe von Verschwörern unter Führung von Heeresoffizieren mit Oberst Claus Schenk Graf von Stauffenberg an der Spitze, am 20. Juli einen Staatsstreich auszulösen und einen Anschlag auf Hitler zu verüben. Sein Scheitern und die schreckliche Vergeltung, die folgte, sorgten dafür, dass aus den Reihen des Regimes kein weiterer Versuch unternommen wurde, Hitler zu stürzen. Die katastrophale letzte Kriegsphase mussten alle Deutschen durchmachen. Hitlers Herrschaft konnte nur von außen beendet werden, durch die totale militärische Niederlage.

Der Machtelite, die Hitlers Politik in früheren Jahren gebilligt, von ihr profitiert und sich selbst in Kriegsverbrechen und Völkermord verstrickt hatte, blieb kein Ausweg. Die Furcht vor alliierter und insbesondere sowjetischer Rache band sie weiter an Hitler, selbst als die Feinde unaufhaltsam vorrückten und das Reich auseinanderbrach. Es gab keinen institutionellen Rahmen, keinen Machtmechanismus und keinen kollektiven Willen, Hitler daran zu hindern, Deutschland ins Verderben zu stürzen. Und ein Aufstand von unten war angesichts des Ausmaßes der terroristischen Repression undenkbar. So blieb dem NS-Regime und den Deutschen insgesamt nichts anderes übrig, als in den letzten Kriegsmonaten das Schlimmste zu erdulden und voller Angst die Folgen der totalen Niederlage abzuwarten.

In der letzten Phase der hereinbrechenden Katastrophe erreichte Hitlers ständiges Beharren auf der Alternative von totalem Sieg oder totaler Niederlage sein logisches Ende. Es konnte nur die totale Niederlage sein. In diesem Fall gab es für Hitler nichts mehr, das es wert gewesen wäre, gerettet zu werden. Die Monstrosität seines Egos war völlig losgelöst von jeder Realität. Mit Medikamenten und Aufputschmitteln vollgepumpt, war er zu diesem Zeitpunkt nur noch ein physisches Wrack und geistig angeschlagen. Seine rachsüchtige Zerstörungswut richtete sich jetzt gegen das deutsche Volk selbst, das sich, wie er meinte, seiner als unwürdig erwiesen hatte und es verdiente unterzugehen. Rüstungsminister Speer, der enge Beziehungen zu bedeutenden Industriellen unterhielt, trug aus Eigeninteresse dazu bei, dass Hitlers »Nerobefehl«, den Siegern nur verbrannte Erde zu hinterlassen, nicht befolgt wurde. Andere NS-Führer versuchten kurz vor dem Ende, ihre Haut zu retten, oder erkannten wie Hitler, dass ihnen nur die Selbstzerstörung blieb. Die meisten legten sich bereits ein Alibi zurecht: Hitler sei an allem schuld; sie selbst hätten nur Befehle ausgeführt. Im Bunker in Berlin klammerte sich Hitler an Illusionen, bevor er die Wirklichkeit akzeptierte und den naheliegenden einfachen Weg wählte. Ein selbstzerstörerischer, suizidaler Zug hatte schon seit Langem zu seinem Charakter gehört. Jetzt, als die Sowjets buchstäblich vor der Tür standen, wählte er den einzigen verbliebenen Ausweg und tötete sich selbst.

Hinterlassenschaft

Der Zweite Weltkrieg und der Holocaust prägten das 20. Jahrhundert stärker als alles andere. Hitler war der Hauptverursacher von beidem. Aber es wäre absurd, solche epochemachenden, folgenreichen Ereignisse auf die Handlungen eines einzigen Mannes zu reduzieren. Ebenso absurd wäre es jedoch, Hitlers zentrale Rolle in ihnen zu ignorieren. Seine persönliche Antriebskraft war darauf gerichtet, Deutschland auf einen zweiten Weltkrieg vorzubereiten, um die Demütigung des ersten zu tilgen, und eine ethnische Minderheit – die Juden – auszulöschen, der er unsinnigerweise unterstellte, sie habe sowohl diese Katastrophe der Kriegsniederlage als auch alle anderen Übel, von denen das deutsche Volk heimgesucht wurde, verschuldet. Er hatte schon lange, bevor er zum Anwärter auf die Macht im Staat wurde, keinen Hehl aus seinen Absichten gemacht. Inmitten einer umfassenden Krise von Staat und Gesellschaft ließ es die deutsche politische Elite dennoch zu, dass er die höchste Macht im Land erlangte. In den folgenden Jahren band sich jede Institution mit politischer Macht unauflöslich an seine Person. Und bis zum rasanten Rückgang seiner Popularität in den letzten Kriegsjahren jubelten ihm Millionen Deutsche zu und stimmten der

Politik, die sie schließlich in den Abgrund führte, mehr oder weniger zu. Der Abstieg Deutschlands innerhalb weniger Jahre von einer kultivierten, zivilisierten, demokratischen Gesellschaft zu einem Land, das zu unvorstellbarer Unmenschlichkeit bereit war, war derart tief, dass die bleibende Hinterlassenschaft mehr als nur Unverständnis ist, nämlich vielmehr ein Trauma, das nicht nur die gesamte Nation, sondern auch den ganzen Kontinent erfasst hat. Dieses bleibende Trauma ist unauslöschlich mit dem Namen Hitler verbunden.

Hitler hinterließ nichts Konstruktives wie der andere Eroberer Europas, Napoleon, über ein Jahrhundert zuvor. Die wirtschaftliche Modernisierung der 1930er Jahre fand im Zuge der Kriegsvorbereitung statt. Sein eigenes Land wurde so total zerstört, dass es, von den Kriegsgewinnern besetzt, vier Jahre nach seinem Tod in zwei einander feindlich gegenüberstehenden Staaten rekonstituiert wurde, die erst vier Jahrzehnte später wiedervereint wurden. Zerbombte Städte waren das augenscheinliche Zeichen der physischen Zerstörung, während eine entwurzelte Bevölkerung und zerbrochene Familien den menschlichen Verlust anzeigten. Hitlers bitteres Erbe aus Ruin und Leid war in ganz Europa zu spüren, besonders in Osteuropa und der Sowjetunion. Und fast jedes europäische Land musste sich mit einer weiteren Hinterlassenschaft auseinandersetzen: der Kollaboration mit den deutschen Besatzungstruppen.

Die Vernichtung der Juden, das Kernelement von Hitlers Ideologie und ein Hauptmotiv des Krieges, den er anzettelte, war das einzige seiner Ziele, das der Verwirklichung nahekam. Jüdische Gemeinden, die seit Jahrhunderten die europäische Kultur bereichert hatten, wurden ausgelöscht. Die größten Nutznießer der erzwungenen jüdischen Emigration waren die Vereinigten Staaten und Israel. Auch ohne den Holocaust wäre Israel wahrscheinlich irgendwann gegründet worden. Aber Hitlers tödlicher Angriff auf das europäische Judentum beschleunigte den Prozess und lieferte zugleich die moralische Rechtfertigung für eine Entwicklung von enormer Bedeutung für die globale Nachkriegsgeschichte.

Durch Krieg und Völkermord ist Hitlers Hinterlassenschaft global geworden. Auch andere Diktatoren haben haarsträubende Verbrechen von grotesker Grausamkeit verübt, aber überwiegend an ihrer eigenen Bevölkerung. Hitlers Verbrechen haben einen ganzen Kontinent in Mitleidenschaft gezogen, und ihre Folgen haben die ganze Welt erfasst. Unter seiner Herrschaft haben weit mehr Nichtdeutsche als Deutsche gelitten. In dem Bestreben, ein Rassenreich zu errichten, wurden Millionen Menschen dem NS-Terror unterworfen. In die Geschichte jedes europäischen Landes und außerhalb Europas insbesondere in diejenige der Vereinigten Staaten ist die Erinnerung an den Zweiten Weltkrieg, an deutsche Besetzung und familiäre Verluste unauslöschlich eingeschrieben. Hitler ist zu einem Synonym für Rassenhass, extrem nationalistische Aggression, den Versuch, die Herrschaft einer Herrenrasse zu errichten, und unbeschreibliche Unmenschlichkeit geworden.

Er hat das alte Deutschland vollständig zerstört. Nach dem Krieg waren die Ostprovinzen des Deutschen Reichs, die sich durch Polen bis an die russische Grenze erstreckten, für immer verloren, einschließlich der großen Güter deutscher Adelsfamilien, die sich dort befanden. Verschwunden war auch das einst mächtige Preußen und mit ihm das Militärethos, das einen solch starken Wesenszug der politischen Kultur Deutschlands bildete. Auch andere althergebrachte soziale Traditionen, Loyalitäten und Strukturen waren unrettbar zerbrochen oder beschädigt.[35] Hitler hatte tatsächlich eine politische und soziale Revolution bewirkt. Aber sie wurde durch die Zerstörung erreicht, die er verursacht hatte, und sie war das völlige Gegenteil derjenigen, die er gewollt hatte.

In den folgenden Jahrzehnten haben Deutschland und Europa sich physisch und politisch von den Verwüstungen der Hitlerzeit erholt. Als direkte Antithese zu deren Werten bildet das moderne Deutschland einen Eckpfeiler des verfassungsmäßigen, liberalen und demokratischen Wertesystems Europas. Seit den 1950er Jahren steht Westdeutschland, später das vereinigte Deutschland, als energischste treibende Kraft auf dem Weg zur Europäischen Union im Zentrum des europäischen »Projekts« der übernationalen Integration. Die Auseinandersetzung mit der NS-Vergangenheit ist ein langer, unabgeschlossener Prozess, der in Westdeutschland über viele Jahre hinweg durch eine zögerliche und begrenzte juristische Verfolgung von NS-Verbrechen behindert wurde.[36] Zutiefst beunruhigend und schwierig, wie er war und immer noch ist, stellt er ein wesentliches Element der politischen und sozialen Transformation dar. In den meisten anderen Ländern ist man weniger mutig und zögerlicher an die Bewältigung der eigenen dunklen Vergangenheit herangegangen.

Der von Hitler verschuldete moralische Schandfleck war schwerer zu beseitigen als die physischen Ruinen, die er hinterlassen hatte. Für fast zwei Jahrzehnte nach seinem Tod wurde er in Westdeutschland von einer Bevölkerung, welche die Schrecken der jüngsten Vergangenheit hinter sich lassen wollte, bewusst oder unbewusst weitgehend verdrängt, während er in Ostdeutschland unter einer marxistisch-leninistischen Interpretation der Vergangenheit verschwand, die den Zusammenbruch der Zivilisation der imperialistischen Aggression des Monopolkapitals anlastete und den Sieg des Sowjetkommunismus feierte. Erst die Enkelgeneration beleuchtete das Ausmaß der Komplizenschaft an den Verbrechen der NS-Zeit und lenkte den Blick der Öffentlichkeit auf die zentrale Bedeutung des größten von ihnen, des Holocausts. In dem erbittert geführten »Historikerstreit«, der 1986 wochenlang die westdeutsche Presse beherrschte, ging es um die Frage, welcher Platz dem Holocaust in der gegenwärtigen politischen Kultur des Landes zukam. Er war ein klares Anzeichen für den langen Schatten, den Hitler auf das deutsche soziale und politische Bewusstsein warf – und wirft.

In Deutschland – und vielen anderen Ländern auf der Welt – gibt es weiterhin einen Neonazismus, dessen harter Kern immer noch Hitler verehrt. Das Macht- und Überlegenheitsgefühl von vermeintlich Zukurzgekommenen, das er verkörperte, wird in einer kleinen Minderheit der Gesellschaft wahrscheinlich nie ganz verschwinden. Hitlerglaube und Nazismus finden bei Wahlen nur wenig Zustimmung, können als untergründige Strömung indes immer noch rassistische Gewalt auslösen. Die breitere populistische Rechte, die in den letzten Jahren in vielen europäischen Ländern, einschließlich Deutschlands, an Boden gewonnen hat, zählt zwar Neonazis zu ihren Anhängern, muss sich aber extrem vorsichtig verhalten, um eine offene Bezugnahme auf Hitler zu vermeiden. Jede direkte Verbindung mit ihm würde ihre politischen Hoffnungen gefährden. Dies ist ein weiterer Hinweis auf das moralische Stigma, das dem Namen »Hitler« in Deutschland, aber auch weit darüber hinaus, anhaftet.

An den moralischen Schandfleck wird auch im 21. Jahrhundert, über siebzig Jahre nach Hitlers Tod, immer wieder erinnert. Die Rückgabe eines wertvollen Gemäldes, das seinem jüdischen Eigentümer während des »Dritten Reichs« geraubt wurde, kann ein solcher Hinweis sein. Oder die unglückliche Bemerkung eines Politikers. Jede Äußerung, die auf Zustimmung zu einer Aussage oder Handlung Hitlers hindeutet – im Grunde alles, was keine völlige Verdammung ausdrückt –, kann das sofortige Ende einer politischen oder medialen Karriere bedeuten.

Europas 20. Jahrhundert hatte seine guten und schlechten Seiten. Aber insbesondere seine erste Hälfte war furchtbar. Und Hitler steht mehr als jeder andere für die Schrecken dieser Epoche. Dass er persönlich diese Geschichte auf unheilvolle Weise mitgeprägt hat, steht außer Frage. Er war die Haupttriebkraft des katastrophalsten Zusammenbruchs der Zivilisation der modernen Geschichte. Andere europäische Führer – vor allem Churchill und Stalin – hinterließen aufgrund des siegreichen Krieges gegen das nationalsozialistische Deutschland eine unauslöschliche Spur in der europäischen Geschichte. Aber Hitler hatte mehr als jeder andere dazu beigetragen, dass dieser Krieg ausbrach. Kein anderer hat eine solch starke und nachhaltige Wirkung auf die Geschichte Europas in dieser Epoche ausgeübt.

Stalin am 5. Juni 1946 auf dem Roten Platz in Moskau an der Spitze des Trauerzuges zu Ehren Michail Kalinins, des früheren Vorsitzenden des Präsidiums des Obersten Sowjets. Direkt hinter ihm marschieren (von links nach rechts) Lawrenti Berija, Georgi Malenkow und Wjatscheslaw Molotow, die den Diktator auch in dessen letzten Jahren noch fürchten mussten. *Serge Plantureux / Corbis Historical*

VIER

JOSEF WISSARIONOWITSCH STALIN

Unterdrücker des eigenen Volks, Held des »Großen vaterländischen Krieges«

Stalin war in jeder Hinsicht einer der bedeutendsten Macher der europäischen Geschichte des 20. Jahrhunderts. Sein Hauptbeitrag war der Umbau von Gesellschaft und Wirtschaft seines eigenen Landes, bevor er es im Zweiten Weltkrieg zum Sieg über NS-Deutschland führte und anschließend Europa umformte, indem er fast dem gesamten östlichen Teil des Kontinents im Zuge einer Spaltung, die bis zum Ende des Kalten Kriegs bestehen bleiben sollte, die sowjetische Herrschaft aufzwang. Der außergewöhnliche Siegeszug der Roten Armee, nachdem sie sich von anfänglichen verheerenden Niederlagen erholt hatte, und die enorme Widerstandsfähigkeit des russischen Volks, das geradezu unerträgliche Leiden und haarsträubende Verluste an Menschenleben überstand, waren Produkte des Herrschaftssystems, das sich unter Stalin in der Sowjetunion herausgebildet hatte – und dessen Unmenschlichkeit nahezu jede Vorstellungskraft sprengt.

Terror von unfassbarem Ausmaß war das Kennzeichen von Stalins Regime. Er war überwiegend gegen die eigene Bevölkerung gerichtet. Die Zahl derjenigen, die hingerichtet wurden, in Gefängnisse kamen, unter grausamen Umständen in Arbeitslagern vegetierten, in menschenfeindliche Gegenden verschleppt wurden oder in politisch verursachten Hungersnöten starben, ging in die Millionen. Auf dem Höhepunkt des Terrors in den Jahren 1937/38 konnte niemand sich sicher fühlen. Furcht erfasste das Land. Auch der Krieg wurde mit extremer Grausamkeit geführt. Nach dem Krieg stieg die Repression im Innern erneut stark an. Sie endete erst nach Stalins Tod.

Auf dem XX. Parteitag der Kommunistischen Partei der Sowjetunion übte deren Erster Sekretär, Nikita Chruschtschow, scharfe Kritik an Stalin. In der Rede, die er am 25. Februar 1956 hielt, lastete er die Schuld an den unmenschlichen Verbrechen des Regimes allein dem Diktator an, indem er erklärte, »dass alles von der Willkür eines einzigen Mannes abhing«.[1] Die Rolle des Einzelnen in der Geschichte ist selten derart absolut gesetzt worden.

Mit seiner vernichtenden Attacke auf den Mann, der von 1929 bis zu seinem Tod im Jahr 1953 über die Sowjetunion geherrscht hatte, wollte Chruschtschow offensichtlich andere Parteiführer, einschließlich seiner selbst, sowie zahllose Sowjetbürger von ihrer Beteiligung am Terror freisprechen. Aber sie wirft darüber hinaus die Frage auf, wie es möglich war, dass Stalins »Willkür« allein solche extreme Unmenschlichkeit hervorrufen konnte. Welche Herrschaftsmechanismen bediente er? Warum waren so viele in entlegenen Teilen des riesigen Landes bereit, Befehle des Diktators, der Moskau selten verließ – außer für Reisen zu seinem Feriensitz in Sotschi am Schwarzen Meer –, auszuführen oder vorwegzunehmen? Eine der Hauptfragen der nie verebbten Diskussion über die Stalin-Ära lautet, ob sie eine logische Folge der bolschewistischen Revolution oder eine von der Persönlichkeit des Diktators bewirkte Verirrung war. War die terroristische Repression dem Sowjetsystem inhärent, oder war sie ein grauenhafter Ausdruck von Stalins verdrehtem Geist, ein schrecklicher, aber vorübergehender Bruch mit der von Lenin entworfenen Struktur des Sowjetsystems?

Persönlichkeit

Stalins komplexe Persönlichkeit gab den Zeitgenossen Rätsel auf und hat sich auch der Analyse von Nachgeborenen nicht in vollem Umfang erschlossen.[2] Man nimmt allgemein an, dass er eine beträchtliche Persönlichkeitsstörung hatte.[3] Aber deren genaue Art und Herkunft bleiben unklar. Psychologische Spekulationen werden von keinerlei medizinischen Fakten untermauert. Gleichwohl gibt es zahlreiche Anzeichen für ein außerordentliches Misstrauen, die für eine regelrechte Paranoia sprechen. Er sah überall Betrug und war besessen von dem Gedanken an einen Anschlag, obwohl, soweit bekannt, nie einer auf ihn unternommen wurde.[4] Gegen Ende seines Lebens sagte er zu Chruschtschow, er traue niemandem, nicht einmal sich selbst.[5]

Doch auch in dieser Hinsicht gab es Widersprüche. So trug er in der Öffentlichkeit keine kugelsichere Weste, schüttelte außerhalb seines Ferienhauses in Sotschi Gratulanten die Hand und genoss offenbar die Gesellschaft seiner Mitpassagiere, als er an einem Abend im Jahr 1935 zum Schrecken seiner Leibwächter mit der Moskauer Metro fuhr. Wie extrem seine Paranoia sich auch äußerte, er war nicht einfach verrückt, wie es ihm viele Beobachter während des Großen Terrors der Jahre 1937/38 unterstellten – zumal sie kein reiner Wahn war: Es gab viele, die gern die Chance gehabt hätten, mit ihm abzurechnen. Außerdem behielt er seine Gefühle unter Kontrolle, hob selten die Stimme oder geriet in Wut. Er war bei klarem Verstand und berechnend.[6] Dennoch war sein paranoides Misstrauen allen und allem gegenüber, wie man es auch sieht, ein Grundzug seines Charakters und prägte sein Verhalten als Sowjetführer. Es passte zu einem anderen Charakterzug: der Rachsucht und Gnadenlosigkeit gegenüber Feinden. Wie tief Paranoia und Rachsucht auch in seinem Charakter verwurzelt sein mochten, sie verstärkten sich im Lauf der Zeit, zweifellos durch die langen Jahre intensiviert, die er als junger Revolutionär und dann als führender Bolschewik während Revolution und

Bürgerkrieg in akuter Unsicherheit gelebt hatte. Zusammen mit vorhandenen Eigenschaften bewirkten die spezifischen Umstände seines Aufstiegs an die Macht und die realen wie eingebildeten Gefahren, die ein Leben an der Spitze des Sowjetsystems begleiteten, eine in grenzenlose Extreme gesteigerte Paranoia.

Stalin war nur 1,65 Meter groß. Sein blasses, pockennarbiges Gesicht (Folge einer Pockenerkrankung im Alter von sechs Jahren) wurde von einem vollen Schnurrbart, verfärbten Zähnen und gelblichen Augen dominiert. Das Haar trug er aus der Stirn zurückgekämmt. In Sitzungen sagte er wenig, hörte aber aufmerksam wie eine Sphinx zu – manchmal auch in kaum verhüllter bedrohlicher Haltung. Für gewöhnlich trug er eine Arbeitsjacke, die er im Krieg gegen die Uniform eines Marschalls der Sowjetunion auswechselte. Er sprach leise und mit dem Akzent seiner georgischen Heimat. Er arbeitete außerordentlich fleißig und war hochintelligent. Außerdem las er viel, unter anderem mit Vergnügen über die Grausamkeiten Iwans des Schrecklichen. Auch den Zynismus von Machiavellis *Der Fürst* schätzte er. Auf seine Weise war er ein Intellektueller, und er schrieb einiges über marxistisch-leninistische Dialektik, in der er gut bewandert war (und sich selbst als Schüler Lenins bezeichnete).

Sein Ehrgeiz, an die Macht zu gelangen, und seine Entschlossenheit, sie rücksichtslos zu verteidigen, nachdem er sie gewonnen hatte, waren grenzenlos. Aber es war keine Macht um ihrer selbst willen. Was ihn antrieb, war die Ideologie. Als junger Mann hatte er die Prinzipien der leninistischen Interpretation des Marxismus aufgesaugt. Lenin hatte dessen zentrale Lehre vom Klassenkampf durch das Element der »Diktatur des Proletariats« unter Führung einer revolutionären Vorhutpartei ergänzt, die das Ziel verfolgte, die Herrschaft der Ausbeuterklasse zu beenden. Stalins eigene Variante dieser Lehre führte früh zu Meinungsverschiedenheiten mit Lenin selbst – allerdings weniger über Grundsätzliches als über die praktische Anwendung – und lag später, während er zur Macht aufstieg und sie festigte, der brutalen Auseinandersetzung mit seinen Rivalen zugrunde. Neben dem Kampf um die Macht und dem ideologischen Fundament für diese Macht hatte kaum etwas anderes Platz in seinem Leben.

Sein persönliches Leben war ganz der Revolution und seinem Machtanspruch untergeordnet. Als einziger Sohn verlor er früh den Kontakt zu seinem Vater, der 1909 angeblich bei einer Kneipenschlägerei erstochen wurde. Seine Mutter, die ihren Mann um dreißig Jahre überlebte, sah er im späteren Leben nur selten; auch an ihrem Begräbnis nahm er nicht teil. Seine erste Ehefrau, Jekaterina Swanidse, starb 1907, keine zwei Jahre nach ihrer Heirat, wahrscheinlich an Tuberkulose. Seine zweite Frau, Nadeschda Allilujewa, die erst 16 Jahre alt war, als er sie heiratete, beging 1932, krank und unter der Vernachlässigung durch ihren Mann leidend, Selbstmord. Stalins Beziehung zu seinen beiden Söhnen Jakow und Wassili war schlecht. Jakow sollte später in deutscher Gefangenschaft sterben, und Wassili, der Luftwaffenoffizier wurde, war wegen seines ausschweifenden Lebenswandels für seinen Vater eine herbe Enttäuschung.[7] Seine Tochter Swetlana erdrückte er in ihrer Kindheit förmlich mit seiner Zuneigung. Später wurde er jedoch tyrannisch, besitzergreifend, gelegentlich auch brutal, und die Beziehung blieb getrübt. Seit den späten 1930er Jahren war seine Haushälterin Walentina Istomina, eine einfache, stille, nicht bedrohliche Frau, seine ständige, allerdings im Hintergrund gehaltene Gefährtin.[8] Aber für ihn war keine Beziehung unverzichtbar. Wer seine Ansprüche nicht erfüllte, war entbehrlich.

Es wäre zu einfach, Stalins spätere Unmenschlichkeit mit seiner Kindheit und Erziehung zu erklären. Er wuchs in ärmlichen Verhältnissen in Gori in Georgien auf, wo er 1878 als Iosseb Dschugaschwili – den Namen »Stalin«, der Stählerne, legte er sich später zu – zur Welt gekommen war. Sein Vater, Bessarion Dschugaschwili, war Schuster, seine Mutter, Katewan Geladse, arbeitete als Wäscherin, Näherin und Köchin für wohlhabende Haushalte. Ihre kärglichen Lebensumstände unterschieden sich kaum von denjenigen vieler anderer Familien ihrer Zeit. Und die meisten Georgier, aus welch ärmlichen Verhältnissen sie auch kamen, wuchsen nicht zu »Stalins« heran. Die furchtbaren

Schläge, die er von seinem trunksüchtigen Vater bekam, schufen allerdings einen von Brutalität geprägten Hintergrund. Er verachtete seinen Vater, soll seine Rachsucht aber von ihm geerbt haben. Im Gegensatz dazu stand er seiner Mutter, zumindest in der Kindheit, sehr nahe. Sie vergötterte ihn – als er geboren wurde, hatte sie bereits drei Kinder beerdigen müssen – und wollte, dass er die Ausbildung genoss, die ihr fehlte. Sie hoffte, dass er Priester werden würde.

Stalin war ein guter Schüler, und im Jahr 1894, mit 15 Jahren, wechselte er zur weiteren Ausbildung ans Priesterseminar in Tblissi (Tiflis), wo er jedoch gegen die strenge Disziplin rebellierte, die er bis 1899 aushielt. Zu diesem Zeitpunkt hatte er seinen Glauben verloren und sich dem neuen Glaubensbekenntnis des Marxismus zugewandt. Er versenkte sich in marxistische Literatur und lernte im Zuge dessen Lenins Schriften kennen. Noch vor der Jahrhundertwende begann er, in Tblissi marxistische Propaganda zu betreiben. In der Folgezeit bis zur Oktoberrevolution im Jahr 1917 wurde er von einem Unbekannten zu einer der führenden Figuren der revolutionären Bewegung, zunächst im Kaukasus und dann im ganzen Russischen Reich. Durch die Wahl seines Decknamens, Koba, identifizierte er sich mit einem romantischen georgischen Gesetzlosen, der die Unterdrückten rächte.

Lenin, der seit 1900 überwiegend in Westeuropa gelebt hatte, wurde rasch zu einem Bewunderer von Stalins Organisations- und Propagandatalent und ließ ihn 1912 ins Zentralkomitee der Bolschewiki aufnehmen. Zu seinem Aufgabenbereich gehörte unter anderem die Herausgabe der neuen Tageszeitung der Partei, der *Prawda*. Die trübe, von Fraktionskämpfen geprägte Atmosphäre der revolutionären Bewegung rundete seine Charakterbildung ab. Stalin, wie er sich ab 1912 beständig nannte, geriet bei zahlreichen Gelegenheiten mit der Polizei aneinander; er war häufiger Gast in Gefängnissen, wurde mehrmals verbannt, unter anderem während des größten Teils des Ersten Weltkriegs nach Sibirien, und organisierte bewaffnete Raubüberfälle. War Brutalität bereits in Gori und Tblissi seinem Charakter eingeschrieben worden, so machten ihn die Jahre als junger Revolutionär und dann seine Erfahrungen der Härten von Revolution und Bürgerkrieg zu der Figur, als die er in die Geschichte einging.

Lenins Unterstützung verhalf Stalin 1917 zu einem prominenten Platz in der Führung der Bolschewiki, auch wenn er mehr hinter den Kulissen als öffentlich sichtbar tätig war. Andere Revolutionäre, vor allem tatkräftige Figuren wie Leo Trotzki, Grigori Sinowjew, Lew Kamenew, Alexei Rykow und Nikolai Bucharin, drohten ihn in den Schatten zu stellen. Ihre Rivalitäten sollten nach der Oktoberrevolution, die sie an die Macht brachte, zutage treten. Trotzki verbreitete die böswillige Behauptung, Stalin habe in der Revolution nur eine kleine Nebenrolle gespielt, und bezeichnete ihn als »Herausragendsten in der Partei an Mittelmäßigkeit«.[9] Stalins Groll schwelte im Privaten. Aber er verging nicht. Keiner seiner Hauptrivalen überlebte die Stalin-Ära. Die Feindschaft gegen Trotzki war schon während der Revolution und des Bürgerkriegs vorhanden, aber später wurde sein Name zum Symbol der inneren Feinde, die angeblich die Sowjetunion bedrohten. Trotzki wurde schließlich im Exil aufgespürt und 1940 in Mexiko ermordet.

Der schreckliche Bürgerkrieg, der auf die bolschewistische Revolution folgte, verfestigte bereits vorhandene Züge von Stalins Persönlichkeit und bestärkte ihn in seinen ideologischen Überzeugungen. Dass die Westalliierten die »weißen« konterrevolutionären Kräfte unterstützten, sah er als Bestätigung seiner Ansicht, dass die Welt in zwei Lager gespalten war, Imperialismus und Sozialismus.[10] Er übte extreme Gewalt aus, um bei widerspenstigen Bauern Getreide zu requirieren, und terrorisierte die Bevölkerung, um sie zur Erfüllung der Forderungen der »Roten« zu zwingen. Terror betrachteten alle führenden Bolschewiki als probates Mittel im Kampf gegen Klassenfeinde. Aber Stalins Blutdurst war außergewöhnlich.[11] Überall sah er Verräter am Werk, und er ging mit allen Mitteln gegen sie vor. Menschenleben hatten für ihn keine Bedeutung, es sei denn, sie wurden zum Besten der Revolution eingesetzt. Und er genoss offensichtlich die Macht, die er sich anmaßte, gelegentlich auch gegen Anweisungen aus Moskau. Insbesondere Trotzki ließ er seine Verachtung spüren.

In der Führung der Bolschewiki wurde schon früh die Sorge laut, dass Stalin seine Macht missbrauchen würde. Wie bereits im ersten Kapitel erwähnt, warnte der todkranke Lenin selbst in einem berühmt gewordenen Dokument, das als sein politisches Testament angesehen wird, vor ihm: »Gen[osse]. Stalin hat, nachdem er Generalsekretär geworden ist, eine unermessliche Macht in seinen Händen konzentriert, und ich bin nicht überzeugt, dass er es immer verstehen wird, von dieser Macht vorsichtig genug Gebrauch zu machen.« In einer Nachschrift bekräftigte Lenin seine Vorahnung: »Stalin ist zu grob, und dieser Mangel, der in unserer Mitte und im Verkehr zwischen uns Kommunisten durchaus erträglich ist, kann in der Funktion des Generalsekretärs«, der mächtigen Position an der Spitze des Parteiapparats, in die Stalin 1922 gelangt war, »nicht geduldet werden.«[12] Die Echtheit des Dokuments wird in Zweifel gezogen.[13] Aber ob authentisch oder nicht, das Fazit bleibt dasselbe: Stalins Anspruch auf die Nachfolge Lenins war vom Revolutionsführer selbst in Frage gestellt worden. Sein vernichtendes Urteil über Stalins Charakter wurde auf dem XIII. Parteitag der Bolschewiki im Mai 1923 verlesen, woraufhin Stalins Stellung als Generalsekretär in Gefahr geriet. Dass er auf diesem wichtigen Posten verbleiben konnte, verdankte er Sinowjew und Kamenew, die verhindern wollten, dass Trotzki an die Macht gelangte. Lenins niederschmetterndes Urteil verstärkte die Unsicherheit Stalins, der später behauptete, der Erbe des großen Revolutionshelden zu sein, nachhaltig und bildete einen weiteren ständigen Anstoß für seine Paranoia.

Wäre Stalins Hoffnung auf die Macht damals geplatzt, wäre die Geschichte zweifellos anders verlaufen, und kaum jemand hätte sich wohl für die Biographie eines relativ unbedeutenden Akteurs der bolschewistischen Revolution und der unmittelbaren Zeit danach interessiert.[14] Aber im nachfolgenden Vierteljahrhundert sollte Stalin eine große Rolle bei der Gestaltung der Zukunft nicht nur der Sowjetunion, sondern auch des europäischen Kontinents spielen. Wie diese Rolle genau aussah und welchen Anteil er tatsächlich persönlich an ihr hatte, ist nicht so einfach zu klären. Seine historische Wirkung bedurfte zu ihrer Entfaltung nicht weniger als der Übertragung seiner persönlichen Paranoia auf das Staatssystem. Dieser Vorgang hing seinerseits von der Art der Gesellschaft ab, die bereit war, sich seiner Herrschaft anzupassen, und von der Art, wie er an die Macht kam und sie anschließend monopolisierte.

Vorbedingungen der Macht

Stalin ging aus dem fünfjährigen Machtkampf, der nach Lenins Tod im Januar 1924 ausbrach, als unbestrittener Sieger hervor. Voraussetzung für seinen Triumph war die Kontrolle über die Parteiorganisation, die er seit seiner Wahl zum Generalsekretär der Kommunistischen Partei im Jahr 1922 ausübte. Auf diesem Posten war er wie keiner seiner Rivalen in der Lage, seine Macht auszubauen. Darüber hinaus bewies er großes politisches Geschick dabei, sie auszumanövrieren.

Eine Vorbedingung für die Art und Weise, wie er seine Macht nach 1929 nutzte, war der Charakter der Gesellschaft, der sich in nahezu drei Jahrzehnten enormen Aufruhrs und Umbruchs herausgebildet hatte.[15] In dieser Zeit war eine Revolution gescheitert (1905), hatte Russland im Ersten Weltkrieg riesige Verluste hinnehmen müssen, war der Zar gestürzt worden (1917), hatte im Oktober desselben Jahres die bolschewistische Revolution gesiegt, waren die Russen anschließend zum Terror gegen »Klassenfeinde« aufgewiegelt worden – einer schwammigen Kategorie, die Angehörige des Bürgertums, Geistliche und Großbauern (Kulaken) umfasste –, hatte drei Jahre lang ein grausamer Bürgerkrieg gewütet, der viermal so viele Russen – über sieben Millionen – das Leben kostete wie der Erste Weltkrieg, hatte die brutale Beschlagnahme von Getreide zu Hunger und Massenerschießungen rebellischer Bauern geführt (1921/22), war in Abkehr von früheren extremen Gewaltmaßnahmen eine »Neue Ökonomische Politik« (NÖP) eingeführt worden, die bis 1928 verfolgt wurde und gewisse marktwirtschaftliche Mechanismen in der Landwirtschaft gestattete, aber in den Städten Proteste gegen Profitmacherei und Korruption auslöste.

Diese Gesellschaft hatte in Europa nicht ihresgleichen. Das enorme Chaos des Umbruchs, das Stalin übernahm, bildete die Grundlage des Terrors, der in den 1930er Jahren ausbrechen sollte. Schon vor seinem Machtantritt war die Gesellschaft der Sowjetunion, die 1922 gegründet wurde und 1924 ihre erste Verfassung erhielt, von außerordentlicher Gewalttätigkeit geprägt. Menschenleben galten nicht viel, und willkürlicher Terror von Polizei, Partei und Staat war an der Tagesordnung. Rechtlichkeit nach westlichem Verständnis existierte nicht. Das alles war nichts Neues. Mit zügelloser Polizeigewalt und der Verurteilung zu Zwangsarbeit, manchmal durch Verbannung in die Weiten Sibiriens, wo Tausende Gefangene elend verendeten, hatte man schon im Zarenreich jederzeit rechnen müssen. Nach der Revolution fielen dann Hunderttausende Russen dem Terror der Geheimpolizei, der Tscheka, zum Opfer. Und bis zu den späten 1920er Jahren hatte sich eine wahre Armee von Parteifunktionären und Staatsbeamten, den sogenannten Apparatschiks, herausgebildet, die vom Zentrum aus mittels einer Organisation kontrolliert wurden, die sich in Stalins Händen befand.

Nach Lenins Tod brachen die internen Grabenkämpfe, die er während seiner Zeit als unumstrittener Führer der Bolschewiki hatte eindämmen können, in aller Härte aus. Fraktionsbildungen, auch wenn sie offiziell untersagt waren, gehörten in der bolschewistischen Bewegung zum Alltag. Die Debatten innerhalb des Marxismus wurden ebenso erbittert geführt und waren von ebensolchen Häresievorwürfen begleitet wie theologische Dispute im Mittelalter. Es herrschten erhebliche Meinungsverschiedenheiten darüber, welchen Kurs die Sowjetunion einschlagen sollte: den der beschleunigten Industrialisierung und der Weltrevolution (wie von Trotzki und seinen Anhängern gefordert), den der Fortsetzung der NÖP (wofür Bucharin eintrat) oder den des »Sozialismus in einem Land« (was sowohl Stalin als auch Bucharin befürworteten). Aber noch stärker als die ideologischen Differenzen waren die persönlichen Rivalitäten und Machtansprüche, auch wenn sie mit den Fraktionsbildungen verwoben waren. In der Praxis waren die Positionen fließend. Lenin hatte davor gewarnt, dass der Gegensatz zwischen Stalin und Trotzki die Partei spalten würde. Und tatsächlich spielte er im Nachfolgekampf nach Lenins Tod eine wichtige Rolle.

Trotzki, ein wirkungsvoller Redner und guter Organisator, hatte sich, obwohl er in Partei und Armee beliebt war, mächtige Feinde gemacht. Dies vereinte zeitweise ansonsten erbitterte Rivalen. Das Bestreben, zu verhindern, dass Trotzki die Nachfolge Lenins antrat, brachte die Troika – wie ihre Mitglieder sie selbst nannten – aus Stalin, Sinowjew und Kamenew zusammen. Aber ihr rein negatives Bündnis war fragil. Es gab andere Fraktionen, und Stalin unterstützte ostentativ Bucharin, der über eine beachtliche Gefolgschaft verfügte. Aber auch diese Unterstützung war rein taktischer Art.

1924/25 unterminierte die Troika Trotzkis Stellung. Ende 1925 waren Sinowjew und Kamenew jedoch mehr über Stalin besorgt als über Trotzki, und im folgenden Jahr wechselten sie auf dessen Seite. Gegen die vereinte Macht von Stalin und Bucharin kamen sie jedoch nicht an, 1927 wurden alle drei samt ihrer Anhänger aus der Partei ausgeschlossen. Sinowjew und Kamenew wurden im Jahr darauf, reumütig und geschwächt, wieder aufgenommen.[16] Trotzki dagegen wurde 1928 verbannt und im folgenden Jahr aus der Sowjetunion ausgewiesen. Danach wandte sich Stalin mit seinem ganzen Gewicht als Chef der Parteiorganisation und seinem taktischen Geschick gegen Bucharin und dessen Anhänger, das letzte ernstzunehmende Hindernis beim Griff nach der totalen Macht. Bis Ende 1929 wurde Bucharins Unterstützern jede organisatorische Basis genommen, die sie noch in der Partei besessen hatten. Danach stand Stalins Alleinherrschaft nichts mehr im Weg.[17]

Von den Intrigen und Machenschaften an der Spitze von Partei und Staat bekam die große Mehrheit der überwiegend analphabetischen russischen Bauern nichts mit. Aber der Ausgang des Machtkampfs sollte ihr Leben tiefgreifend verändern. Die NÖP war bis 1926 erfolgreich gewesen und hatte die Industrieproduktion auf das Niveau von 1913 gesteigert. Aber die Frage, wie schnell die Sowjetunion modernisiert werden und ob dies durch beschleunigte Industrialisierung – mit erheblichem Druck auf die Bauern – oder durch Investitionen in die Landwirtschaft geschehen sollte, war heftig umstritten. Unterdessen geriet die NÖP ins Schlingern. Bucharin, der Hauptbefürworter ihrer Fortsetzung, war geschwächt. Bauern hielten ihre Produkte zurück, anstatt sie zu den amtlich festgesetzten niedrigen Preisen zu verkaufen. Geschäftemacher nutzten die Knappheit und verkauften Agrarprodukte zu Schwarzmarktpreisen. Stalins Reaktion war typisch: Er griff auf die brutalen Methoden des Bürgerkriegs zurück. 1928 fuhr er nach Sibirien, um die Beschlagnahme gehorteten Getreides zu überwachen, das den Bauern mit großer Gewalt abgenommen wurde.[18] Im selben Jahr stellte er den ersten Fünfjahresplan für die rasche Industrialisierung vor, der auf dem Parteitag von 1929 angenommen wurde.

Zu diesem Zeitpunkt hatte Stalin seine Rivalen bereits aus dem Feld geschlagen, die Rückendeckung der Partei für seine Führerschaft gewonnen und die Debatte über die künftige Ausrichtung der sowjetischen Wirtschaft für sich entschieden. Das Fundament für die volle Entfaltung seiner persönlichen Herrschaft und die Ausübung beispiellosen Terrors in allen Bereichen der Gesellschaft war gelegt.

Kumulative Radikalisierung

Der Begriff der »kumulativen Radikalisierung«, der geprägt wurde, um die innere Entwicklung der nationalsozialistischen Herrschaft zu erklären,[19] passt ebenso gut, wenn nicht besser auf die stalinistische Herrschaft in der Sowjetunion in den 1930er Jahren. Der jahrelange revolutionäre Aufruhr hatte die Gesellschaft völlig destabilisiert. Im Grunde befand sich die Sowjetunion seit ihrer Gründung im Ausnahmezustand. Stalin profitierte von ihm und dehnte ihn aus. Das Gefühl, in einer Gesellschaft zu leben, die gegen mächtige innere und äußere Feinde zu kämpfen hatte, die sie zu zerstören trachteten, förderte den Glauben an Phantome – Feinde von solcher Machtfülle, dass sie nur mit extremem Terror besiegt werden konnten. Stalins langjähriger Erzfeind, Trotzki, wurde zu einem Popanz, der als Strippenzieher hinter allen vermeintlichen Verschwörungen steckte und dessen Anhänger in jedem Winkel zu finden waren, jederzeit bereit, selbst mit dem ärgsten Klassenfeind, dem internationalen imperialistischen Kapitalismus zusammenzuarbeiten, um die Sowjetunion zu zerstören. In diesem Klima konnte eine persönliche Paranoia zur Paranoia eines ganzen Staatssystems werden, die sich in Terror von beispiellosem Ausmaß gegen alle angeblichen Feinde äußerte.

Stalin stand zweifellos im Zentrum des zunehmenden Schreckens. Er war derjenige, der sämtliche wichtigen Entscheidungen, welche die Radikalisierung himmelschreiender Unmenschlichkeit vorantrieben, anregte, autorisierte und bestätigte. Er persönlich erhöhte den Druck, den Terror auszuweiten. Er persönlich genehmigte Befehle für Massenhinrichtungen. Aber die Umsetzung seiner Anordnungen in einem derart riesigen Land erforderte einen ausgebauten Machtapparat, der seinerseits die Bereitschaft von Vertretern des Regimes auf allen Ebenen der enorm wachsenden Partei- und Staatsbürokratie voraussetzte, Befehle auszuführen, wie unmenschlich sie auch waren.[20]

Möglich wurde dies durch ein hochzentralisiertes hierarchisches Kommandosystem, das auf allen Ebenen bedingungslosen Gehorsam gegenüber Vorgesetzten und den kritiklosen Glauben daran verlangte, dass die Partei »immer recht« habe. Und als Vehikel der »Diktatur des Proletariats« beherrschte die Partei den Staat. Stalin hatte kein Staatsamt inne, bevor er 1941 als Nachfolger seines treuesten Gefolgsmanns, Wjatscheslaw Molotow, der diesen Posten seit 1930 besetzt hatte, Ministerpräsident wurde. Was zählte, war seine Stellung als Generalsekretär der Partei. Während er seine absolute Macht festigte, verkümmerten die Parteiinstitutionen. Der Parteikongress, der unter Lenin jährlich zusammengetreten war, fand nur noch sporadisch statt und war zu einem bloßen Akklamationsforum verkommen. Das Zentralkomitee, das Führungsgremium der Partei, wurde zu einem Bestätigungsorgan für Stalins Entscheidungen, und das Politbüro, eine Art innerparteiliches Kabinett, fasste in zunehmendem Maß nur noch von Stalin diktierte Beschlüsse.[21] Seine Mitglieder hingen von Stalins Gunst ab und lebten in der Furcht, bei ihm in Ungnade zu fallen. In der Mitte dieses Netzes befand sich Stalins innerer Kreis von Getreuen, nicht mehr als eine Handvoll altgedienter Höflinge, die wegen ihres hündischen Gehorsams ausgewählt worden und sich ihrer untergeordneten Stellung deutlich bewusst waren. Die neben Molotow wichtigsten unter ihnen waren Lasar Kaganowitsch (der Hauptorganisator der Kollektivierung der Landwirtschaft), Kliment Woroschilow (Volkskommissar für Verteidigung) und Anastas Mikojan (Volkskommissar für Außenhandel). Mit Stalins Rückendeckung waren sie Granden der sowjetischen Gesellschaft, ohne sie nichts. Diese Gruppe – letztlich also Stalin selbst – kontrollierte sämtliche wichtigen Ernennungen in Partei und Staat. Die Macht- und Patronagepyramide in Partei und Staat war riesig.

Ihre Fußfläche bildete ein Konglomerat aus Beamten und Funktionären, selbstherrlichen Chefs von Produktionszweigen und Agenten des gefürchteten Volkskommissariats für Innere Angelegenheiten, des NKWD (Narodny kommissariat wnutrennich del), die ihre Stellung ihrer Bereitschaft verdankten, Befehle zu befolgen und sogar vorwegzunehmen. Natürlich handelten sie nicht nur aus Furcht, wie allgegenwärtig die Unsicherheit und das von ihr ausgelöste Misstrauen auch waren. Idealismus existierte neben karrieristischem Opportunismus. Besonders unter den vielen jungen Leuten, die in die Partei eintraten, war die Überzeugung verbreitet, am Aufbau einer neuen Gesellschaft mitzuarbeiten. Nach ihrer Meinung war Stalin derjenige, der ihn ermöglichte. Aber ob sie nun die Exzesse des künstlichen Kults des großen Führers schluckten oder der Stalinverehrung bloß ein zynisches Lippenbekenntnis zollten, um ihre Konformität zu bezeigen, das Ergebnis war dasselbe: die Schaffung eines unantastbaren Idols an der Spitze des Sowjetsystems.[22] Aufgrund der enormen Fluktuation der Parteimitgliedschaft – die zu einem großen Teil auf Säuberungen, Hinrichtungen und Inhaftierungen zurückzuführen war – gelangten junge, ehrgeizige neue Mitglieder auf autoritative, mit einer gewissen Macht ausgestattete Posten, so dass nie Mangel herrschte an Minidespoten, deren Stellung auf der kritiklosen Umsetzung von Anweisungen beruhte.

Stalins tiefsitzende Unsicherheit machte ihn zu einem besessenen Mikromanager, der sich auf jeder Regierungsebene einmischte. Voraussetzung dafür war ein ständiger Strom von Berichten aus allen Teilen der Sowjetunion. Die wichtigsten von ihnen kamen vom NKWD, der im Grunde ein Staat im Staate war, abgesehen davon, dass selbst autoritäre Staaten für gewöhnlich (wenn auch nicht immer) an gewisse Regeln gebunden sind, während das NKWD sich, außer an Stalins Befehle, an keinerlei Regeln zu halten brauchte. Darüber hinaus bedeutete, Stalin zufriedenzustellen, auf eigene Initiative Opfer zu finden, um die verlangten Quoten von »Feinden« und »Verrätern«, die auszulöschen waren, zu erfüllen. Die NKWD-Berichte beruhten häufig auf Denunziationen und schilderten immer ausführlicher die scheinbar beunruhigende Zunahme der Zahl innerer Feinde. Stalin las diese Berichte ebenso eifrig wie akribisch, genehmigte Massenverhaftungen und Hinrichtungslisten – allein 1937/38 waren es 383 Listen mit den Namen von 44000 Todgeweihten[23] – und forderte das NKWD auf, das Netz zu erweitern und die Zahl derjenigen zu vervielfachen, die hingerichtet, ins Gefängnis gesteckt oder in die – zum wachsenden Reich der Geheimpolizei gehörenden – Arbeitslager des Gulags verschleppt werden sollten.

Unter Stalin wurde die Geheimpolizei enorm ausgebaut. 1938 gehörten ihr rund eine Million Mitarbeiter an.[24] Ihre Agenten erhielten große Gehaltserhöhungen, und ihre Führungskräfte wurden mit Auszeichnungen geehrt und mit anderen Vergütungen und Requisiten der Macht belohnt. Aber selbst die NKWD-Mitarbeiter, die Hauptscharfrichter des Terrorregimes, konnten sich nicht in Sicherheit wiegen. Als sich die Paranoia in den 1930er Jahren in alle Bereiche des Systems ausbreitete, war das NKWD angehalten, auch eigene Leute zu denunzieren, zu verhaften und hinzurichten.

Terror war von Anfang an ein Teil des Sowjetsystems gewesen. Aber seine groteske Explosion in den 1930er Jahren war eine direkte Folge von Stalins persönlicher Führung der Sowjetunion unter bestimmten Umständen, die seine Verbreitung in alle Teile der sowjetischen Gesellschaft förderten und ermöglichten.

Die Radikalisierung begann mit der rücksichtslosen Zwangskollektivierung der Landwirtschaft in den frühen 1930er Jahren. Stalin war nicht der Einzige, der diese Politik vorantrieb. Unter einem anderen Führer hätte sie ebenfalls stattfinden können. Aber die extrem gewalttätige, brutale und kompromisslose Art ihrer Durchführung trug Stalins Stempel.[25] Die Zahl der Hingerichteten, Deportierten und Inhaftierten wird auf vier bis fünf Millionen geschätzt.[26] Mehrere zehn Millionen Bauern wurden gezwungen, ihr Land abzugeben und in Kollektivwirtschaften einzutreten. Viele mussten hungern, da die Getreideproduktion dramatisch sank. Stalin selbst gab 1932 die Anweisung, dass jeder, der einer Kollektivwirtschaft Getreide stahl, mit dem Tod bestraft werden sollte.[27] Hungersnöten als direkter Folge nicht nur von Naturkatastrophen, sondern auch von politischen Entscheidungen fielen mehr als fünf Millionen Menschen zum Opfer. Die Anstachelung zu zügelloser Gewalt, um die willkürlich definierte »Klasse« der Kulaken auszurotten, prägte eine Gesellschaft, die bereits an rohe Gewalt und Massenmorde mit dem Ziel, vermeintliche Klassenfeinde auszuschalten, gewöhnt war.

Eine zweite Welle intensivierten Terrors folgte nach der Ermordung des beliebten Leningrader Parteichefs – und engen Verbündeten Stalins – Sergei Kirow im Jahr 1934 durch einen geistig verwirrten Querulanten, dessen Frau ein Verhältnis mit Kirow hatte. Für Stalins

Beteiligung gibt es keine Beweise. Aber das offensichtliche Sicherheitsversagen bestärkte ihn in seinen Verratsverdächtigungen. Er teilte dem NKWD mit, was nötig sei, und die Geheimpolizei reagierte auf vorhersehbare Weise, indem sie die Existenz terroristischer Organisationen in Leningrad und Moskau erfand und diese mit Stalins alten Feinden Sinowjew und Kamenew in Verbindung brachte. Die Hexenjagd auf deren Anhänger führte zu Hunderten Verhaftungen, zur Verbannung von Tausenden anderen und zum Ausschluss von 280000 Mitgliedern aus der Partei.[28] In Verhören erzwang das NKWD »Geständnisse« von Attentatsplänen gegen Stalin und gelangte unweigerlich dahin, sowohl dem fernen Trotzki und seinen Anhängern als auch dem näheren Bucharin »terroristische Handlungen« zu unterstellen. Die Paranoia verbreitete sich jetzt rasch im gesamten System, und es brauchte nicht viel, um sie auf die höheren Ränge von Partei, Streitkräften und sogar der Geheimpolizei selbst zu lenken.

Sein furchtbarstes Stadium erreichte der Angriff auf überwiegend fiktive »innere Feinde« mit dem zu Recht so genannten Großen Terror der Jahre 1937/38, als die zunehmende Wahrscheinlichkeit eines großen europäischen Krieges die Bedrohung der Sowjetunion durch aggressive »imperialistische Mächte« unterstrich. Die Verdächtigungen bezüglich Trotzkis Einfluss wurden immer greller. In jedem Winkel der Sowjetunion vermutete man Handlanger einer »fünften Kolonne« aus »faschistischen Spionen und Feinden«.

In dieser fieberhaften Atmosphäre fand eine Säuberung der Parteielite und der Streitkräfteführung statt. Die »alte Garde« der Bolschewiki aus Lenins Zeit wurde ausgeschaltet, die Parteielite zerstört. Den Schauprozessen, in denen 1936 Sinowjew und Kamenew zum Tod verurteilt worden waren, folgte jetzt ein solches Verfahren gegen Bucharin, das mit dem unausweichlichen Ergebnis seiner Hinrichtung endete. Rund 30000 Offiziere der Roten Armee fielen der Säuberung zum Opfer; etwa 20000 von ihnen, einschließlich des führenden Militärstrategen Michail Tuchatschewski, wurden hingerichtet, was die Führung der Roten Armee erheblich schwächte – und die Feinde der

Sowjetunion ihre Kampfkraft unterschätzen ließ. Die Säuberung erfasste auch den sowjetischen Auslandsnachrichtendienst, so dass dessen Effektivität geschmälert wurde, was wiederum Stalins Vertrauen in seine Berichte verringerte. Auch das NKWD selbst geriet in Verdacht. Hunderte seiner Agenten im In- und Ausland fielen der Säuberung zum Opfer. Sein früherer Chef, der widerwärtige Genrich Jagoda, wurde 1938 hingerichtet, zwei Jahre nach seiner Entlassung und Verhaftung unter der absurden Anklage, er habe in den Reihen des NKWD Spionen und Verrätern Unterschlupf geboten. Sein Nachfolger, der noch abstoßendere Nikolai Jeschow, der fast so paranoid war wie Stalin und als dessen Hauptscharfrichter während des Großen Terrors diente, wurde Ende 1938 von seinem eigenen Stellvertreter, Lawrenti Berija, denunziert, der den lächerlichen Vorwurf gegen ihn erhob, er würde ausländischen Spionen Staatsgeheimnisse verkaufen. Nachdem er unter Berijas Aufsicht gefoltert worden war, wurde er 1940 schließlich hingerichtet.[29]

Als Stalin den Großen Terror Ende 1938 stoppte, waren rund 700000 Menschen erschossen und anderthalb Millionen verhaftet worden. Fast drei Millionen Menschen vegetierten in Gefangenenlagern dahin. Zu diesem Zeitpunkt war offensichtlich, dass nicht nur der Parteikader wiederaufgebaut werden musste, sondern auch und vor allem die Führung der Roten Armee. Angesichts der unbedingt notwendigen Verteidigungsvorbereitungen musste außerdem verhindert werden, dass die Industrieproduktion noch stärker geschädigt wurde.

Stalins Terror der 1930er Jahre war gegen das eigene Volk gerichtet. Indirekt reichten seine Auswirkungen jedoch über die Grenzen der Sowjetunion hinaus. Kommunistische Parteien überall in Europa und ihre Sympathisanten, unter ihnen viele westliche Intellektuelle, übersahen entweder bewusst Stalins Verbrechen oder ignorierten sie in ihrer Begeisterung für die radikale Alternative, welche die Sowjetunion gegenüber dem krisengeschüttelten westlichen Kapitalismus und dem Faschismus darstellte. Selbst wenn sie die Unmenschlichkeit des Terrors erkannten, rechtfertigten sie ihn als bedauerlicherweise notwendiges Mittel zum wertvollen Zweck des Aufbaus einer sozialistischen Gesellschaft. Doch der Terror brachte ein noch bösartigeres internationales Nebenprodukt hervor, denn der Abscheu vor dem Stalinismus passte gut ins ideologische Arsenal der radikalen Rechten zahlreicher europäischer Länder, insbesondere der deutschen. Der Faschismus profitierte vom Stalinismus. Darüber hinaus beunruhigte die potentielle Ausbreitung des Bolschewismus, die die sowjetische Beteiligung am Spanischen Bürgerkrieg anzukündigen schien, sowohl die faschistische als auch die konservative Rechte. Aber es war die extreme Rechte, deren schrillste Wortmeldungen aus Hitlerdeutschland zu hören waren, die den Weg zum Showdown mit der Sowjetunion ebnete.

Als im Sommer 1939 der Krieg in Europa unabwendbar wurde, wusste Stalin, dass die Sowjetunion in keiner Weise darauf vorbereitet war, sich gegen den mit Sicherheit bevorstehenden Angriff Deutschlands – vielleicht im Bündnis mit anderen »imperialistischen Mächten« – zu verteidigen. Die westlichen Demokratien hatten sich bereit gezeigt, sich mit dem nationalsozialistischen Deutschland zu arrangieren. Aus dieser Richtung war keine Hilfe zu erwarten. Hinter Stalins Bereitschaft, einen Pakt mit dem ideologischen Erzfeind zu schließen, wie er im August 1939 dann unterzeichnet wurde, stand die Notwendigkeit, sich Zeit zu kaufen (auch dem »Dritten Reich« passte er ins Konzept, denn es konnte sich, bevor es sich gegen den Westen wenden würde, zunächst auf Polen konzentrieren). Das Crashprogramm der Industrialisierung, das mit Hilfe der brutalen Kollektivierung der Landwirtschaft umgesetzt wurde, hatte eine enorme Steigerung der Rüstungsproduktion bewirkt. Aber die Industrie konnte die rasch wachsende Nachfrage nach Rüstungsgütern immer noch nicht in vollem Umfang befriedigen. Hinzu kam, dass die Säuberungen zu einem Mangel an erfahrenen Offizieren geführt hatten. Die militärische Schwäche der Roten Armee trat 1939/40 im Winterkrieg gegen Finnland zutage, und im Dezember 1940 lenkte ein Bericht des Volkskommissars für Verteidigung Stalins Aufmerksamkeit auf die gravierenden Mängel bei den Streitkräften.[30] Inzwischen nahm die Rüstungsproduktion rasch zu, und der Personalbestand der Streitkräfte war seit 1938 auf mehr als das Dreifache gestiegen. Dennoch war Stalin klar, dass die Sowjetunion frühestens 1942 in der Lage sein würde, einer Invasion entgegenzutreten.

Als der Angriff am 22. Juni 1941 erfolgte, war Stalin trotz der vielen konkreten Warnungen, die den unmittelbar bevorstehenden Überfall vorausgesagt hatten, bis ins Mark erschüttert. Seine verhängnisvolle Fehleinschätzung der deutschen Absichten hatte sowohl systemische als auch persönliche Gründe. Das ganze System fußte auf dem Kriechertum vor Stalin und dem Tabu, ihm zu widersprechen. Deshalb stellte niemand seine starrsinnige Leugnung der deutschen Angriffspläne in Frage. Andererseits betrachtete er praktisch alle Nachrichtendienstmeldungen als »Desinformation«. Das im gesamten System herrschende Misstrauen trug dazu bei, dass er den harten nachrichtendienstlichen Erkenntnissen, die er von mehreren gut platzierten Quellen erhielt, keinen Glauben schenkte. Seine grandiose Fehleinschätzung hatte verheerende Folgen. In den ersten Wochen der Invasion erlitt die Sowjetunion eine beispiellose militärische Katastrophe. Bis Dezember beliefen sich die Verluste der Roten Armee auf 2 663 000 Gefallene und 3 350 000 in Gefangenschaft geratene Soldaten – von denen die meisten in deutschen Kriegsgefangenenlagern sterben sollten.[31]

Für diese Katastrophe war Stalin persönlich verantwortlich, aber auch die endemischen Mängel des Systems, an dessen Spitze er stand, spielten eine Rolle. Dennoch sollte die Sowjetunion nur vier Jahre später den wohl größten militärischen Sieg in der Geschichte erringen. Wenn Stalin an der Katastrophe von 1941 schuld war, verdient er dann auch die Meriten für den Sieg von 1945?

Kriegsführer

Ohne den gewaltigen Beitrag der Sowjetunion zum Krieg gegen NS-Deutschland wäre ein alliierter Sieg 1945 – der entscheidende Wendepunkt im 20. Jahrhundert – wahrscheinlich nur durch eine deutsche Kapitulation nach Atombombenabwürfen über Berlin, München und anderen deutschen Städten erreichbar gewesen. Das Ausmaß der sowjetischen Verluste ist kaum vorstellbar: mindestens 25 Millionen Tote, unter ihnen rund 17 Millionen Zivilisten; 84 Prozent der mobilisierten 34,5 Millionen Männer und Frauen waren ums Leben gekommen, verwundet worden oder in Gefangenschaft geraten.[32] Für diese Leistung gab es nicht nur einen Grund. Ein zentraler Faktor war sicherlich der Wille, Familie, Heimat und Land gegen barbarische Invasoren zu verteidigen, die einen Vernichtungskrieg führten. Daneben spielte eine neue Betonung des Patriotismus, begleitet von größerer religiöser Toleranz, eine Rolle. Eine starke Motivation war Rache für das, was ein gnadenloser Feind geliebten Menschen angetan hatte. Hinzu kam der elementare Kampf ums Überleben, der grundlegende Motivationsfaktor jedes Soldaten, zusammen mit der Treue zu den direkten Kameraden, von denen das eigene Überleben abhing. Der sowjetische Sieg war ein Sieg der gesamten Gesellschaft, den sie unter außerordentlichen Opfern und Verlusten errungen hatte. Aber ohne Führung, einschließlich der kollektiven Anstrengung der militärischen und zivilen Mobilisierung, wäre er nicht erreicht worden.

Welchen Beitrag also leistete Stalin zu dieser Führung und zum Sieg? Er ließ sich später feiern und badete im Ruhm des Kriegshelden, während er gleichzeitig dafür sorgte, dass der Siegeslorbeer nicht von dem legendären Militärführer Marschall Georgi Schukow »gepflückt« wurde.[33] Wie absurd es auch war, sich als Einzigem das Verdienst am Sieg zuzurechnen, ist es doch schwer vorstellbar, dass er unter einem anderen Führer errungen worden wäre. Insbesondere nach den gewaltigen Anfangsverlusten nach dem deutschen Angriff bedurfte es einer starken Führung an der Spitze, um die nahe scheinende Niederlage abzuwenden und die militärische Stärke anzusammeln, um sie in überwältigende Siege und schließlich den totalen Triumph zu verwandeln. Stalins Wort war in mehreren Bereichen der sowjetischen Kriegsanstrengung ausschlaggebend, denjenigen von Terror, Propaganda, Militärführung und diplomatischen Bemühungen. In jedem dieser Bereiche spielte die Persönlichkeit des Führers eine entscheidende Rolle.

Der Terror der 1930er Jahre hatte eine Gesellschaft geschaffen, die aus Furcht vor den schärfsten Bestrafungen für Ungehorsam oder Unangepasstheit zur Unterwerfung gezwungen war. Der Terror gegen Sowjetbürger wurde während des Krieges zwar heruntergefahren, blieb aber nach allen anderen Maßstäben außer dem der 1930er Jahre weiterhin auf erstaunlich hohem Niveau. Er trug deutlich Stalins Stempel.

Auch in der Roten Armee herrschte entlang der Befehlskette von oben nach unten die Furcht. Kommandeure fürchteten Stalin, und dies mit Recht. Nach den riesigen Verlusten in der ersten Woche der deutschen Invasion und dem Fall von Minsk – nach dem der Weg nach Moskau für die Wehrmacht frei war – wurden der Oberbefehlshaber der Westfront, General Dmitri Pawlow, und die drei ihm direkt unterstehenden Generale unter dem Vorwurf des Verrats verhaftet, gefoltert und hingerichtet. Pawlow war der Sündenbock für den katastrophalen Fehler, den Stalin begangen hatte, als er die Warnungen vor einem deutschen Angriff in den Wind schlug. Jedenfalls war die Exekution eines derart hochrangigen Kommandeurs ein klares Signal. Kommandeure gingen brutal gegen ihre Untergebenen vor. Später im Krieg sollte der Befehlshaber der 62. Armee in der Schlacht um Stalingrad, Wassili Tschuikow, Offiziere, die sein Missfallen erregt hatten, sogar selbst tätlich angreifen.[34] Ungehorsam in der Truppe wurde mit schweren exemplarischen Strafen geahndet. »Feiglinge und Verräter« wurden standrechtlich erschossen. Die Soldaten fürchteten ihre Offiziere also aus gutem Grund. Hunderttausende sowjetische Soldaten wurden wegen Desertion festgenommen und zum Tode verurteilt, in

Strafbataillone gesteckt oder in Gefangenenlager gesperrt, was beides einer Todesstrafe gleichkam. Hinter der Front stationierte NKWD-Einheiten drohten damit, auf Deserteure zu schießen. Viele Soldaten hielten es für weniger riskant, auf die deutschen Linien vorzurücken, als beim Rückzug den Waffen des NKWD vor die Mündung zu laufen. Wer aus der Hand des Feindes befreit wurde, wurde inhaftiert und häufig hingerichtet.[35]

Zivilisten litten unter Obdachlosigkeit, Elend und Hunger, da aufgrund der von Stalin im Juni 1941 angeordneten Politik der verbrannten Erde ihre Häuser, Höfe und Dörfer zerstört wurden.[36] Wer als »innerer Feind« galt, also einer weit gefassten Kategorie angehörte, unter die etwa Landstreicher, Prostituierte, Roma und Kleinkriminelle fielen, wurde hingerichtet oder nach Sibirien deportiert. Hunderttausende Arbeiter kamen wegen häufig geringer Verletzungen der drakonischen Arbeitsgesetze ins Gefängnis. Auch nur zu spät zur Arbeit zu kommen, konnte die schrecklichsten Folgen haben.[37]

In Grenznähe lebende nichtsowjetische Bürger, die als Sicherheitsbedrohung betrachtet wurden, schwebten in großer Gefahr. Im März 1940 stimmten Stalin und sein engster Kreis Berijas Vorschlag zu, 25 700 polnische Offiziere zu erschießen; die Leichen eines Teils von ihnen fand man später im Wald von Katyn. Zu diesem Zeitpunkt waren bereits Hunderttausende Polen, seit Deutschland und die Sowjetunion ihr Land 1939 unter sich aufgeteilt hatten, auf Stalins Befehl aus Ostpolen nach Sibirien und Mittelasien verschleppt worden. Später im Krieg ließ Stalin über drei Millionen Angehörige großer ethnischer Minderheiten in der Sowjetunion – Wolgadeutsche, Krimtataren, Kalmücken, Tschetschenen und andere –, die verdächtigt wurden, mit den Deutschen zu sympathisieren, aus ihrem Siedlungsgebiet vertreiben und massenhaft in unwirtliche Regionen in Mittelasien deportieren.[38]

Der Terror der Kriegszeit war kein Bruch mit der vor dem Krieg verfolgten Politik, sondern deren Fortsetzung. Über Stalins Zustimmung und in vielen Fällen seine ausdrücklichen Anweisungen besteht kein

Zweifel. Natürlich war der Terror nicht der einzige Grund, aus dem heraus das sowjetische Volk so hartnäckig kämpfte. Aber er war ein wohl unverzichtbarer Bestandteil der sowjetischen Kriegsanstrengung. Für liberale Geister ist es freilich ein unangenehmer Gedanke, dass der Sieg über das »Dritte Reich« ohne Stalins Terror möglicherweise nicht erreicht worden wäre.

Stalin war auch die treibende Kraft hinter der Propaganda, mit der die Unterstützung der Kriegsanstrengung und die Kampfbereitschaft gestärkt werden sollten. Gegenüber dem amerikanischen Botschafter Averell Harriman gestand er ein, »dass die Menschen nicht für die Weltrevolution kämpfen und dass sie auch nicht für die Sowjetmacht kämpfen werden, aber vielleicht werden sie für Russland kämpfen«. Von Anfang an bemühte man sich nach Kräften, das Bild eines »vaterländischen« Kampfs zu schaffen und an die Heimatliebe zu appellieren, um den Widerstand gegen die Invasoren zu stärken.[39] In seiner ersten Kriegsrede am 3. Juli 1941 drohte Stalin einerseits »Feiglingen, Deserteuren [und] Panikmachern« gnadenlose Bestrafung an, erging sich andererseits aber in patriotischer, an die Familien gerichteter Rhetorik, indem er seine Zuhörer sowohl als »Genossen« und »Bürger« wie auch als »Brüder und Schwestern« ansprach.[40] Außerdem kehrte Gott zurück. Kirchen wurden wiedereröffnet, Priester aus den Lagern geholt und Truppen mit Gottes Segen in die Schlacht geschickt. Stalin empfing sogar den Patriarchen der russisch-orthodoxen Kirche, der öffentlich die Verteidigung der »heiligen Grenzen unseres Vaterlandes« unterstützte.[41]

Der Stalinkult wurde noch pompöser, um die Einheit zwischen Volk und Führer zu stärken. Er kam einer Vergöttlichung des »großen Führers« nahe, ganz im Sinn des jahrhundertealten naiven Bauernglaubens an das streng autoritäre, aber wohlwollende »Väterchen Zar«. Stalins entscheidende Bedeutung für die Stabilität des Regimes trat im kritischsten Moment eines kritischen Jahres offen zutage, als Mitte Oktober 1941 die Moskauer von Panik erfasst wurden, weil der Fall ihrer Stadt unmittelbar bevorzustehen schien. Man bereitete alles vor, damit Stalin die Stadt verlassen und sich in Sicherheit bringen konnte. Am Bahnhof stand sein Zug unter Dampf, doch er entschied sich in letzter Minute dafür, nicht zu fliehen. Als sich die Nachricht verbreitete, dass er in Moskau blieb, an der Spitze seines Volks und auf dem Posten, verbesserte sich die Stimmung der Moskauer rasch. Molotow meinte später, vielleicht etwas zu dramatisch, die Sowjetunion wäre zusammengebrochen, wenn Stalin die Stadt verlassen hätte. Auf jeden Fall trug seine Entscheidung, in Moskau zu bleiben, nicht wenig dazu bei, dass in einem entscheidenden Moment die patriotische Anstrengung aufrechterhalten wurde.[42]

Stalins Hauptbeitrag zum sowjetischen Sieg waren die Planung und Leitung der ab 1942 durchgeführten Operationen der Roten Armee. Als Oberster Befehlshaber – seit Juli 1941 – hatte er die Gesamtverantwortung für die Kriegführung. Seine Beziehung zu den Militärkommandeuren war von ausschlaggebender Bedeutung. Sie veränderte sich 1942/43 tiefgreifend.

Die militärische Inkompetenz, die Stalin in den ersten Kriegsmonaten bewies, und die haarsträubenden Fehler, die er beging, wurden durch die Tatsache begleitet, dass es zum Zeitpunkt der Invasion keine koordinierte Kommandostruktur gab und sowohl die Planer als auch die Feldoffiziere unerfahren waren.[43] Anfang 1942, nachdem die Rote Armee den deutschen Vormarsch aufgehalten hatte, unterlief Stalin ein weiterer kostspieliger strategischer Fehler. Er war allerdings nicht allein auf seinen Starrsinn zurückzuführen, denn die Militärführung war sich über die Strategie nicht einig. Gleichwohl war der Generalstab zu dem Schluss gelangt, dass der Umfang der vorhandenen Ausrüstung und die Zahl ausgebildeter Soldaten es erforderlich machten, sich für mehrere Monate auf eine »aktive strategische Verteidigung« zu beschränken und sich auf den Mittelabschnitt der Front – den Zugang nach Moskau – zu konzentrieren. Stalin setzte sich über diese Empfehlung hinweg und bestand auf Angriffsoperationen »auf breiter Front«.[44] Eine Folge davon war der verheerende Verlust Charkows im Mai 1942, trotz einer zahlenmäßigen Überlegenheit der Roten Armee. Die Lage verschlechterte sich weiter, als Anfang Juli die Krim vollständig verloren ging. Zusammengenommen kosteten beide Verluste rund 370 000 Mann und eine große Menge an Ausrüstung und Waffen.[45] Eine weitere Katastrophe folgte am 23./24. Juli mit dem Fall von Rostow, durch den der Weg über den Don zu den kaukasischen Ölquellen frei war. Angesichts der ernsten militärischen Lage im Sommer musste Stalin eingestehen, dass sein eigener Fehler zumindest teilweise zum Debakel beigetragen hatte.[46] Er reagierte in typischer Weise mit einem Befehl vom 28. Juli, in dem er es zur Pflicht jedes Soldaten erklärte, bis zum letzten Blutstropfen zu kämpfen. »Keinen Schritt zurück!«, laute die Devise. »Panikmacher«, »Feiglinge« und »Verräter« seien zu liquidieren.[47]

Ende August 1942 ernannte Stalin General Schukow zum Stellvertretenden Obersten Befehlshaber, das heißt zur militärischen Nummer zwei nach ihm selbst, und übertrug ihm das Kommando im wichtigen Gebiet von Stalingrad, wo die Deutschen durchzubrechen drohten. Dass Stalin sich hinter die taktischen Planungen Schukows und des Generalstabschefs, General Alexander Wassilewski, stellte, war entscheidend für den sowjetischen Sieg in Stalingrad. Aber seine eigene Rolle sollte nicht unterschätzt werden. Schukow war beeindruckt von seiner Aufmerksamkeit, seinem Wissen über die Lage und seinem Sinn für Details.[48]

Nach Stalingrad war Stalin eher bereit, auf die Ratschläge der Generalität zu hören, auch wenn er sich immer noch einmischte. Darüber hinaus war dieser Wendepunkt im Krieg an der deutschen Ostfront der Auftakt zu einer atemberaubenden Reihe sowjetischer Siege in den letzten beiden Kriegsjahren, mit der Einnahme Berlins im Jahr 1945 als Schlusspunkt. Hatten die Niederlagen der ersten anderthalb Kriegsjahre zu Spannungen zwischen Stalin und der Generalität geführt, gelangten sie im Zuge der Siege verständlicherweise zu einer weit besseren Arbeitsbeziehung. Die wichtigsten Kommandeure besaßen jetzt seine volle Unterstützung, und er nahm in der Siegesphase des Krieges nur noch wenige Personalveränderungen vor. Das Verdienst an den erfolgreichen Militäroperationen gebührt natürlich zum großen Teil den Kommandeuren der Roten Armee, allen voran Schukow. Die Führung der Roten Armee gewann an Erfahrung, lernte aus Fehlern und führte in Technologie, Bewaffnung und Organisation bedeutende Neuerungen ein. Stalin billigte die Veränderungen und sorgte durch unbarmherzige Forderungen an Industrie und Bevölkerung dafür, dass die Rote Armee stets über die nötige Ausrüstung, Reserve und Feuerkraft verfügte. Er behielt in Bezug auf die Strategie und alle grundlegenden militärischen Entscheidungen das letzte Wort, war aber bereit, dem Rat der Spitzenkommandeure zu folgen.[49]

Als die deutsche Niederlage abzusehen war, kamen die alliierten Führer zusammen, um über die Gestaltung von Nachkriegseuropa zu beraten. Zum ersten Mal trafen sich Stalin, Roosevelt und Churchill im November 1943 in Teheran. Es war Stalins erste Auslandsreise seit seinem Machtantritt. Ein zweites folgenreiches Treffen fand im Februar 1945, als sich der Krieg in Europa dem Ende näherte, in Jalta auf der Krim statt. Die dritte Konferenz schließlich wurde nach dem alliierten Sieg in Europa im August 1945 in Potsdam abgehalten. Bei jedem dieser Treffen war Stalin die Schlüsselfigur. In diesen drei Verhandlungsrunden einigten sich die Alliierten weitgehend über die künftige Gestalt Europas, wie sie dann auch für die nächsten viereinhalb Jahrzehnte aussehen sollte. Zum Zeitpunkt der Konferenz von Jalta hatte die Rote Armee durch ihre Siege bereits viele der harten Realitäten geschaffen, die der Diplomatie zugrunde lagen. Aber die Beschlüsse von Jalta fußten zu einem großen Teil auf den Ergebnissen der Konferenz von Teheran.[50] Obwohl dort keine endgültigen Beschlüsse gefasst worden waren, hatte man sich doch im Wesentlichen auf den für die Gestalt Europas ausschlaggebenden neuen Verlauf der polnischen Grenzen geeinigt. Auch darauf, dass Deutschland aufgespalten werden sollte, hatte man sich im Prinzip festgelegt. Vor dem Hintergrund, dass inzwischen ein großer Teil Osteuropas von der Sowjetunion erobert worden war, wurde in Jalta nur noch bestätigt, dass über Polens Zukunft im Grunde in Moskau entschieden werden würde. In Potsdam wurde dann die Teilung Deutschlands bestätigt.

Stalin befand sich unter den »Großen Drei« im Vorteil, was natürlich an den Großtaten der Roten Armee lag. Aber er erreichte seine Ziele durch eine geschickte, gutinformierte Verhandlungstaktik, hervorragende Detailkenntnisse, die Beherrschung der Geopolitik – und die schiere Kraft seiner Persönlichkeit. Roosevelt und Churchill verließen Teheran und Jalta mit der Überzeugung, zufriedenstellende Ergebnisse ausgehandelt zu haben. Sie glaubten, Stalins Freundschaft gewonnen zu haben und ihm vertrauen zu können. Tatsächlich mochten beide den Sowjetdiktator. Aber Stalin war ein guter Schauspieler, der sich charmant und jovial geben konnte und einen scharfen, wenn auch etwas düsteren Humor an den Tag legte. Er hatte sowohl Roosevelt als auch Churchill Sand in die Augen gestreut.

Sie waren nicht die einzigen Gesprächspartner, die er beeindruckte. So erklärte der damalige britische Außenminister Anthony Eden, Stalin wäre der Erste, den er in ein Verhandlungsteam berufen würde.[51] Averell Harriman, der zwischen 1941 und 1946 regelmäßig mit Stalin sprach, hielt ihn für besser informiert als Roosevelt und realistischer als Churchill.[52] Der britische Generalstabschef Alan Brooke hat seinen Eindruck von Stalin, als er zusammen mit Churchill im August 1942 in Moskau weilte, in seinem Tagebuch scharfsichtig zusammengefasst: »Zweifellos ist er eine ungewöhnliche Erscheinung, aber keineswegs anziehend. Er hat ein unangenehm kaltes, listiges, grausames Gesicht, und jedes Mal, wenn ich ihn anblicke, muss ich an die Menschen denken, die er bedenkenlos ins Verderben schickt. Fraglos arbeitet sein Gehirn sehr rasch; er erfasst das Wesentliche der Kriegführung sofort.«[53]

Stalin war eine monströse Persönlichkeit, die an der Spitze eines monströsen Regimes stand, das nach seinem Bild geformt war. Aber eben diese Monstrosität führte die Sowjetunion zum Sieg über Deutschland und ermöglichte den umfassenden Sieg der Alliierten. Bei der Durchsetzung unerbittlicher terroristischer Unterdrückung, um die kolossale militärische wie zivile Kriegsanstrengung aufrechtzuerhalten, als Verkörperung des patriotischen Kampfs zur Befreiung des Vaterlands, bei der Leitung der erfolgreichen Kriegführung ab 1942 und beim Aushandeln großer territorialer Gewinne für die Sowjetunion: In all dem war Stalins persönliche Führung unerlässlich. Bei Kriegsende befand sich sein Ansehen im In- und Ausland auf dem Höhepunkt.

Die letzten Jahre

Am 24. Juni 1945 stand Stalin auf der Tribüne des Lenin-Mausoleums und genoss als siegreicher Held die Verehrung einer riesigen euphorischen Menschenmenge. Marschall Schukow ritt auf einem Schimmelhengst auf den Roten Platz, gefolgt von einer langen Reihe in exakter Formation marschierender Regimenter der Roten Armee, die vor dem großen Führer salutierten und eroberte Banner des besiegten Feindes vor ihm niederlegten.[54] Es war ein Augenblick des Ruhms und ungetrübter Freude. Aber es war nicht mehr als eine flüchtige Ablenkung, bevor man sich der immensen Aufgabe zuwandte, das vom Krieg verwüstete Land wiederaufzubauen. Stalins letzte Jahre sollten den Sowjetbürgern weiteres großes Elend und Leid bringen. Er selbst ruhte sich nicht auf vergangenen Ruhmestaten aus. Seine Persönlichkeit, seine Instinkte, sein tief verwurzeltes Misstrauen waren dieselben geblieben, ebenso wie in allem Wesentlichen das System, an dessen Spitze er vor dem Krieg gestanden hatte – und das er in eine persönliche Despotie verwandelt hatte.

Der Sieg katapultierte den ohnehin schon grotesken Kult des großen Führers in ungeahnte Sphären der Absurdität. Stalin protestierte gegen seine Auswüchse, tat aber nichts, um sie zu dämpfen. Obwohl er vorgab, Lenins Schüler zu sein, hob ihn die allgegenwärtige Propaganda auf einen noch höheren Sockel als den des legendären Revolutionsführers. Memoiren, die an der heroischen Aura kratzten, waren gefährlich. Als Anna Allilujewa, die Schwester von Stalins zweiter

Frau, 1946 – mit amtlicher Billigung – ihre Erinnerungen veröffentlichte, die harmlose, aber wenig schmeichelhafte Details aus seinen frühen Jahren enthielten, wurde sie wegen Verleumdung zu zehn Jahren Haft im Gulag verurteilt.[55] Der Personenkult verdeckte, wie fern Stalin in seinen letzten Jahren den gewöhnlichen Sowjetbürgern tatsächlich war. Er erschien selten in der Öffentlichkeit, hielt nur wenige Reden, lebte zurückgezogen hinter den undurchdringlichen Schutzmauern der Sicherheitsdienste und verschwand praktisch aus dem Blickfeld der Bevölkerung.

Dennoch hielt er weiterhin alle Hebel der zentralisierten Macht über Partei, Staat, Geheimpolizei und Armee – die Hauptpfeiler seiner Herrschaft – in der Hand. Er stützte sich weiter auf Berichte, die er nunmehr vom Ministerium für Staatssicherheit (Ministerstwo gossudarstwennoj besopasnosti, MGB) und von Einzelnen aus allen Herrschaftsinstitutionen erhielt, die aus persönlicher Rivalität oder Eifersucht andere denunzierten oder politisch kritisierten, um ihnen zu schaden. Stalins Misstrauen machte vor niemandem Halt. Sogar die Wohnungen von Politbüromitgliedern wurden abgehört. Niemand konnte sich in Sicherheit wiegen, insbesondere nicht hochrangige Personen, die eine Bedrohung hätten darstellen können. Der große Kriegsheld Marschall Schukow, der Stalin aufgrund seiner Leistungen zu überstrahlen drohte, wurde ins entlegene Odessa versetzt und 1947 schließlich ganz aus dem Dienst entlassen. Berija wurde als Chef der Geheimpolizei, als der er Stalin hätte gefährlich werden können, abgesetzt und mit dem Projekt der Entwicklung der Atombombe betraut.[56] Molotow, Mikojan, Schdanow, Malenkow, Kaganowitsch und Berija: Sie alle hatten in Stalins letzten Jahren Grund, ihn zu fürchten.

Die Repression wurde verstärkt. Die Zwangsarbeitslager wurden erneut ausgebaut. Zu ihren fünf Millionen Insassen gehörten über eine Million Rotarmisten, die die grauenhaften Bedingungen der deutschen Kriegsgefangenschaft überlebt hatten und in die Heimat zurückgekehrt waren. Ihr einziges »Verbrechen« war es, dem Feind in die Hände gefallen zu sein, doch es weckte Zweifel an ihrer Loyalität.

Wie bisher wurden materielle Zuwendungen und Privilegien als Anreiz eingesetzt, um die Ergebenheit der Ausführenden der Zwangsmaßnahmen zu erkaufen. Man ließ nicht den Großen Terror von 1937/38 wiederaufleben. Aber die örtlich begrenzte Säuberung der Leningrader Parteileitung im Jahr 1949 war ein Anzeichen dafür, dass man jederzeit den unvorhersehbaren Zorn des Diktators auf sich ziehen konnte. Kurz vor seinem Tod fürchtete man in den höheren Rängen der Partei größere Säuberungen. In seinen letzten Monaten sah Stalin wieder in jeder Ecke Bedrohungen und Verrat. Seine Paranoia hatte sich, wenn möglich, weiter verstärkt. Er argwöhnte, dass Molotow und Mikojan, zwei seiner treuesten Gefolgsleute, Agenten ausländischer Mächte waren und dass seine Ärzte – die jüdisch klingende Namen trugen – ein Mordkomplott gegen ihn schmiedeten.

Die Ängste seines Hofstaats endeten erst mit seinem Tod am 5. März 1953 nach einem schweren Schlaganfall und starken Magenblutungen. Der sofort beginnende Nachfolgekampf führte zum Machtantritt Nikita Chruschtschows, der 1956 eine vernichtende Anklage gegen den Führer erheben sollte, dem er so lange willfährig gefolgt war und an dessen Verbrechen gegen die Menschlichkeit er sich bereitwillig beteiligt hatte.

Hinterlassenschaft

Kaum war der Diktator tot, gingen seine Gefolgsleute daran, das Regime zu reformieren.[57] Der Machtkampf, aus dem schließlich Chruschtschow als Sieger hervorging, ebbte nur nach und nach ab. Nachdem er Stalins Personenkult 1956 verurteilt hatte, lockerte Chruschtschow den Würgegriff, der die sowjetische Gesellschaft in der Stalin-Ära gelähmt hatte. Über vier Millionen Häftlinge wurden aus Lagern und Strafkolonien entlassen. Das Leben wurde weniger unsicher. Der Lebensstandard stieg, blieb aber im Vergleich mit demjenigen des Westens bescheiden. Als letztes Zeichen des offiziellen

Bruchs mit dem Stalinkult wurde 1961 der Leichnam des früheren Diktators aus dem Lenin-Mausoleum, wo er neben Lenin aufgebahrt war, entfernt.

Aber war es ein Bruch mit dem Stalinismus? Nach Ansicht einiger führender Experten war der Stalinismus ein »eigenständiges System«, das radikal von den Zielen des Bolschewismus abwich.[58] Plausibler scheint es jedoch, in Stalins Diktatur kein separates »System« zu sehen, sondern *eine* Möglichkeit, die im Bolschewismus angelegt war, der unter den Bedingungen eines ständigen Notstands – der Furcht vor inneren und äußeren Feinden, der wachsenden Kriegsgefahr – extreme, radikale Formen annahm. Es war keine zufällige Entwicklung, keine Abweichung von einem »wahren Kurs« des Bolschewismus. Aber es war auch keine unvermeidliche Folge der bolschewistischen Revolution. Nach Lenins Tod waren mehrere Wege denkbar. Wäre Bucharin an die Macht gekommen, hätte sich der weitere Gang von demjenigen, den Stalin einschlug, unterschieden. Kollektivierung und Industrialisierung hätte man ohne Stalins extreme Maßnahmen durchführen können, zweifellos auch dann mit erheblicher Brutalität – aber nicht im stalinistischen Ausmaß. Die Reduzierung von Herrschaftsstrukturen auf Vehikel einer persönlichen, von einem extremen Personenkult gestützten Despotie und die Vernichtung des Parteikaders folgten nicht zwangsläufig aus Lenins Führungsstil. Der Terror war zwar ein fester Bestandteil von Lenins System, aber Stalin hob ihn in eine völlig neue Dimension. Lenin hatte ihn nicht gegen die Partei selbst gerichtet, während Stalin genau dies tat. Die Voraussetzungen für Stalins Herrschaft waren dennoch unter Lenin geschaffen worden.[59] Dass sie die Herausbildung von Stalins Tyrannei ermöglichten, war dem System inhärent. Die Extreme, in die Stalin das System, das er übernommen hatte, trieb, stellten zwar kein neues System oder einen Bruch mit dem Leninismus dar, waren aber eine Verzerrung, die unverkennbar seinen persönlichen Stempel trug.

Allein schon das Tempo der Veränderungen nach Stalins Tod war ein Zeichen dafür, wie tief das Herrschaftssystem während seiner langen Zeit an der Macht mit den Zügen seiner paranoiden Persönlichkeit durchtränkt war. Sobald er tot war, konnte es sich von den Verzerrungen befreien. Durch Stalins Tod und die traumatische Abrechnung mit dem Personenkult durch Chruschtschow verlor das System seine – grauenhafte – Dynamik. Doch seine strukturellen Grundlagen blieben erhalten. Unter Leonid Breschnew entwickelte es sich zu einem repressiven, aber stabilen konservativen Autoritarismus. Obwohl man nicht zum Massenterror zurückkehrte, blieb es erkennbar das Regierungssystem, das sich unter Stalin herausgebildet hatte. Um die marxistische Terminologie zu verwenden: Stalin verschandelte den Überbau – und zerstörte ihn teilweise –, erhielt aber die Basis. Nach seinem Tod konnte der Überbau auf dieser Basis erneuert werden, die in ihren wesentlichen Bestandteilen bis zum Zusammenbruch der Sowjetunion fast vier Jahrzehnte später stabil blieb.

Als Stalin starb, war die Sowjetunion kein zurückgebliebenes Agrarland mehr, dessen schwacher Staat von Invasionen im Westen wie im Osten bedroht war. Der Zweite Weltkrieg war die Feuerprobe gewesen, aus der sie als aufstrebende Supermacht hervorging. Dies war offensichtlich nicht allein Stalins Verdienst. Aber er hatte gewiss mehr als nur ein wenig dazu beigetragen. Hätte die Sowjetunion ohne Stalin an der Macht schnell genug industrialisiert, aufgerüstet und organisiert werden können, um Hitlers Armeen zu besiegen? Dies scheint höchst unwahrscheinlich zu sein. Zu einem unvorstellbaren Preis an menschlichem Leid hatte eine phänomenale soziale und wirtschaftliche Umwälzung stattgefunden. 1953 war die Sowjetunion, die über ein wachsendes Nukleararsenal verfügte, eine Rivalin der Vereinigten Staaten und ein globales Schwergewicht. Wenige Jahre später sollte sie fähig sein, Menschen in den Weltraum zu schicken. Der Wandel von einer Agrargesellschaft zur Supermacht war nicht der geringste Teil von Stalins Hinterlassenschaft.

Natürlich gehörte auch der Kalte Krieg zu ihr. Das Misstrauen zwischen der Sowjetunion und ihren ehemaligen Kriegsalliierten war unvermeidbar und bildete sich entsprechend rasch heraus. In den mittel-

und osteuropäischen Ländern, die in die sowjetische Einflusssphäre geraten waren, kamen bald stalinistische Marionettenregierungen an die Macht, was die westliche Furcht vor einer sowjetischen Expansion verstärkte. Churchill lenkte mit seiner berühmten Rede über den »Eisernen Vorhang« von 1946 die Aufmerksamkeit auf die Verantwortung der Sowjetunion für die Teilung Europas. Die westlichen Befürchtungen wuchsen. Aber Stalins Priorität in Europa war keine Expansion, sondern eine Sicherheitszone als Puffer vor dem eigenen Territorium. So half er beispielsweise den griechischen Kommunisten nicht bei dem Versuch, an die Macht zu gelangen. Auch die beachtlichen kommunistischen Parteien Frankreichs und Italiens erhielten keine greifbare Hilfe von ihm. (In Asien sah die Sache anders aus; dort leistete er einen bedeutenden Beitrag zur Machtübernahme der Kommunisten in China.)[60] In der unmittelbaren Nachkriegszeit bemühte sich Stalin, den Westen nicht zu provozieren. Ihm war bewusst, dass sein kriegsverwüstetes Land es mit der amerikanischen Militärmacht nicht aufnehmen konnte, und er fürchtete, dass die Vereinigten Staaten ihren anfänglichen nuklearen Vorteil nutzen könnten, um die Sowjetunion anzugreifen. Das frühe gegenseitige Misstrauen der ehemaligen Kriegsalliierten vertiefte sich rasch und war ab 1947 gleichsam in Stein gemeißelt. Nachdem Stalin in diesem Jahr Marshallplanhilfe für die Ostblockländer abgelehnt hatte – sie anzunehmen, hätte die Dominanz der Sowjetunion in ihrer Einflusssphäre unterminiert –, nahm der Kalte Krieg seine dauerhafte Form an. Er sollte für mehr als vierzig Jahre eine Gefahr für den Weltfrieden darstellen.

Stalins persönlicher Einfluss auf die Machtausübung seiner Ostblocklakaien war offensichtlich. Solange er lebte, befanden sich die Führer der Staaten östlich des Eisernen Vorhangs in seinem Joch, und ihre Völker wurden von den Repressionsorganen von Partei und Staat rücksichtslos unterdrückt. Nach seinem Tod änderte sich das Klima abrupt. Binnen drei Jahren brachen in der Deutschen Demokratischen Republik und in Ungarn Aufstände aus, und Polen wurde von schweren Unruhen erschüttert. Aber auch nach Stalin erwiesen sich die

Systeme, deren Aufbau er so stark beeinflusst hatte, als stark genug, um sich – wenn auch mit unterschiedlich großen Schwierigkeiten – bis in die 1980er Jahre zu halten.

Nach Stalins Tod war das Urteil über seinen Platz in der Geschichte jahrzehntelang fast vollständig und universell negativ. Westliche Verteidiger der Sowjetunion versuchten den Stalinismus als Verirrung innerhalb der sowjetischen Geschichte darzustellen. Die Sowjetunion selbst versuchte ihn aus ihrer Geschichte zu löschen. Beides funktionierte nicht. Stalin wurde zunehmend nicht mehr als Bruch, sondern als integraler Bestandteil der sowjetischen Geschichte gesehen, als Produkt der einzigartigen Umstände der 1920er Jahre. Der schreckliche Zoll, den seine Despotie von dem Land gefordert hatte, wurde ebenso gewürdigt wie die Tatsache, dass er es zu einem historischen Sieg geführt und ein Erbe hinterlassen hatte, das es bis zu dessen Ende prägte. Michail Gorbatschow verurteilte Stalin zu Recht als einen der größten Verbrecher der Geschichte. Boris Jelzin schloss sich diesem Verdikt an. Wladimir Putin indes verschob die Perspektive, indem er die Leistungen des sowjetischen Staats in der Stalin-Ära pries – ohne Stalin selbst zu rehabilitieren – und die Kontinuität von russischer und sowjetischer Größe hervorhob.[61] Putins Strategie, Russland – den Haupterben der Sowjetunion – wieder zu einer globalen Großmacht zu machen und die Einstellung zur sowjetischen Vergangenheit zu verändern, hat jedoch auch Einfluss auf die Haltung zu Stalin. 2003, fünfzig Jahre nach Stalins Tod, ergab eine Umfrage unter 1600 Russen, dass 53 Prozent von ihnen den Diktator positiv bewerteten. Nur 27 Prozent stimmten der Aussage zu, dass er ein »grausamer, inhumaner Tyrann, verantwortlich für den Tod von Millionen Menschen«, gewesen sei.[62]

Solche Ansichten spiegeln die Unwägbarkeiten einer manipulierten öffentlichen Meinung wider. Aber trotz des umfangreichen Materials, das seit dem Ende der Sowjetunion verfügbar geworden ist, fällt die historische Einschätzung Stalins – wie war er möglich, wie konnte er so lange eine derartige Terrorherrschaft über ein so riesiges Land ausüben, wie sind seine Leistungen zu beurteilen – in vieler Hinsicht weniger eindeutig aus als früher und ist für unterschiedliche Interpretationen offen. In welche Richtung die Argumentation auch geht, klar scheint jedenfalls zu sein, dass Stalin, trotz seiner grauenerregenden Persönlichkeit und obwohl er das Land mit Blut tränkte, eine tiefere Spur in der europäischen Geschichte des 20. Jahrhunderts hinterlassen hat als jeder andere – vielleicht mit Ausnahme Hitlers. Vor dem Hintergrund eines einzigartigen Kontexts, der die notwendigen strukturellen Voraussetzungen darbot, ist Stalin ein augenscheinliches Beispiel dafür, welche Bedeutung ein Einzelner für den Lauf der Geschichte haben kann.

Churchill im August 1941 während der Atlantikkonferenz vor Neufundland an Deck des Schlachtschiffs HMS *Prince of Wales*. Bei dem Treffen besprachen er und US-Präsident Franklin D. Roosevelt die Kriegsstrategie und beschlossen die Atlantikcharta, in der sie die angloamerikanischen Ziele für die Nachkriegszeit festlegten. *Photo 12 / Universal Images Group*

FÜNF
WINSTON CHURCHILL
Britanniens Kriegsheld

Wahrscheinlich hat kein Politiker in einer westlichen Demokratie jemals so viel Macht gehabt wie Winston Churchill zwischen 1940 und 1945. Mit Sicherheit ist keiner derart mit Ehrungen überhäuft worden wie er. Churchill ist regelmäßig als Inbegriff historischer Größe dargestellt worden, als Retter der Nation, ja, mehr noch: als Retter der Freiheit der westlichen Welt. Selten, wenn überhaupt jemals, ist die Kraft der Persönlichkeit in solch eine bestimmende Rolle erhoben worden, und dies, im Gegensatz zur katastrophalen Wirkung der Persönlichkeit von Diktatoren, im positiven Sinn.

Dennoch war Churchill vor 1940 politisch weitgehend gescheitert. Und seine Führung in dem Jahrzehnt nach 1945 – bis 1951 in der Opposition und dann bis 1955 als Premierminister – hätte ohne die Geschehnisse der Zeit davor nicht zu solchen Ergüssen von ungetrübtem Lobpreis für einen politischen Titanen geführt. Daher hängt die Einschätzung des Verhältnisses von Persönlichkeit und Macht in diesem Fall überwiegend davon ab, wie man Churchills Rolle im Zweiten Weltkrieg beurteilt. Niemand war sich deutlicher im Klaren darüber als Churchill selbst, der mit seinen sechsbändigen Kriegsmemoiren ganz bewusst versuchte, das Bild zu prägen, das sich die Nachwelt von seiner Führerschaft im Krieg machen würde. *Der Zweite Weltkrieg,* zwischen 1948 und 1954 erschienen, erreichte weltweit Millionen Leser.[1]

Persönlichkeit und Führungsstil

Es waren die außergewöhnlichen Bedingungen der im Krieg befindlichen britischen Demokratie, unter denen Churchills Persönlichkeit eine entscheidende Rolle spielen konnte. Dieselben persönlichen Eigenschaften, die sich vor dem Krieg so oft als unzureichend erwiesen hatten und die nach dem Krieg nicht zu kontrollierenden ökonomischen und geopolitischen Zwängen untergeordnet werden mussten, waren wie geschaffen für die Notstandssituation des Krieges.

Churchill war, von dem der britischen Aristokratie, in die er hineingeboren war, eigenen tiefen Selbstvertrauen gestützt, extrem geltungsbedürftig und ausgesprochen eigensinnig. Zudem hatte seine soziale Herkunft ihm dieses quasi angeborene Gefühl von Anrecht und Autorität vermittelt, das zu einem Angehörigen der herrschenden Elite gehörte. Sein Temperament strahlte Kampflust aus. Angriff lag ihm instinktiv mehr als Verteidigung. Er war entschlossen und rücksichtslos, besaß physischen Mut und neigte zu schnellen, kühnen Entscheidungen, was ihm seit Langem den Ruf eingetragen hatte, unbesonnen zu sein und es an gesundem Menschenverstand fehlen zu lassen. Sein Glaube an sich selbst war unerschütterlich. Er war von innerer Rastlosigkeit getrieben und hatte eine tief verwurzelte autoritäre Tendenz. In Debatten erzielte er mit seinem scharfen Verstand und seiner häufig sarkastischen Schlagfertigkeit große Wirkung. Gegen die Stärke seiner Ansichten und seine Überzeugungskraft war nur schwer anzukommen. Seine angeborene Energie und Tatkraft waren von Ungeduld und Ausbrüchen schlechter Laune begleitet. Sogar seine Frau, Clementine Churchill, hielt es 1940 für angebracht, ihn wegen seiner »groben, sarkastischen und überheblichen Art« und seiner »Reizbarkeit und Unhöflichkeit« zu rügen.[2] Aber er konnte auch großzügig und hochherzig sein. Bei denen, die direkt mit ihm zu tun hatten, erweckte er Zuneigung und Loyalität. »Handle heute« wurde zu seinem Motto. Unermüdlich trieb er die Regierung voran.

Da alles der Kriegsanstrengung untergeordnet war, fand demokratische Kontrolle der Exekutive durch parlamentarische Aufsicht und insbesondere durch die öffentliche Meinung nur noch in eingeschränktem Ausmaß statt. Selbstverständlich tagte das Parlament weiterhin, Kabinettsausschüsse kamen zusammen, Zeitungen erschienen, und das Radio war wichtiger denn je. Aber die Zensur, sowohl die amtliche als auch die vielleicht noch wirkungsvollere »Selbstzensur«, sorgte dafür, dass alles, was unpatriotisch klang, unterdrückt oder gestrichen wurde.

Das Hauptorgan der Regierung, das Kabinett, trat regelmäßig zusammen. Aber Churchill vergeudete Sitzungszeit, weil er relevante Papiere nicht vorher gelesen hatte oder sich langatmig über Augenblickseinfälle ausließ. Die wichtigen Entscheidungen wurden von einem kleineren Kriegskabinett mit anfangs nur fünf, später acht Mitgliedern gefasst. Churchill war die dominante Figur, nachdem er seine Autorität ebenso rasch wie vollständig durchgesetzt hatte. Er hörte auf Ratschläge und nahm sie auch häufig an. Allerdings ist man zu Recht weithin der Meinung, dass er sich allzu sehr auf den Rat zweier persönlicher Freunde verließ, Lord Beaverbrook, der nacheinander Minister für die Flugzeugproduktion, dann für den Nachschub und schließlich Lordsiegelbewahrer war, und Informationsminister Brendan Bracken, der dem Kriegskabinett nicht angehörte.[3] Auch gegen den starken Einfluss seines wissenschaftlichen Hauptberaters Frederick Lindemann, eines Oxforder Physikprofessors, gab es Vorbehalte. Das Krisenmanagement in Kriegszeiten bot einen Rahmen, in dem Churchills diktatorische Neigung voll zum Tragen kommen konnte. Was einst als impulsiv oder rücksichtslos betrachtet wurde, konnte jetzt als entschlossen und tatkräftig durchgehen.

Als Verteidigungsminister und Premierminister in Personalunion war die Leitung der Kriegführung seine Domäne. Die Außenpolitik lag im Prinzip in den Händen von Anthony Eden, der im Dezember 1940 als Nachfolger von Lord Halifax, der als Botschafter nach Washington ging, zum Außenminister ernannt wurde. In der Praxis leitete Churchill aber auch die Außenpolitik. An der Innenpolitik war er kaum interessiert; in dieser Hinsicht hing er stark von den Labour-Politikern ab, die er ins Kabinett aufgenommen hatte: Clement Attlee, dem Vorsitzenden der Labour Party und höchst effizienten Koordinator der Innenpolitik, Ernest Bevin, den Churchill auf den Schlüsselposten des Arbeitsministers berufen hatte, und Herbert Morrison, der im Oktober 1940 Minister für Inneres und Heimatsicherheit wurde. Die wichtige Arbeit, die sie an der Heimatfront leisteten, ermöglichte es Churchill, seine reichlich vorhandene Tatkraft ganz auf die Kriegführung zu konzentrieren.

Seine strategischen Überlegungen wiesen jedoch häufig Mängel auf und bedurften der Korrektur durch die Chefs der Teilstreitkräfte. In der zweiten Kriegshälfte nahm seine Macht ab, da er gezwungen war, sich in strategischen wie geopolitischen Belangen in zunehmendem Maß amerikanischen Imperativen zu beugen. Tatsächlich lag die wirkliche Macht, als die Konferenzen der »Großen Drei« begannen, auf denen die europäische Nachkriegsordnung festgelegt wurde, weder bei Churchill noch bei Roosevelt, sondern beim sowjetischen Diktator Josef Stalin. Was jetzt zählte, war weniger die Persönlichkeit als vielmehr die militärischen Realitäten.

Der lange, gewundene Weg an die Macht

Winston Churchill wurde am 30. November 1874 im Blenheim Palace bei Oxford geboren. Das Schloss hatte sein berühmter Vorfahre, der Herzog von Marlborough – dessen Biographie er schreiben sollte –, nach dem Sieg über die Franzosen in der zweiten Schlacht von Höchstädt (im Englischen: Battle of Blenheim) im Jahr 1704 als Geschenk erhalten. Winstons Vater, Lord Randolph Churchill, stieg bis zum Schatzkanzler auf und wurde, bis er über seine Rücksichtslosigkeit und politische Fehler stolperte, als künftiger Premierminister gehandelt. Er starb 1895 im Alter von nur 45 Jahren, wahrscheinlich an einer syphilitischen Erkrankung. Winstons Mutter, die in Amerika geborene Jennie Jerome, eine Gesellschaftsdame von bemerkenswerter Schönheit, hatte nach dem Tod Lord Randolphs mehrere Liebhaber, einschließlich des Prinzen von Wales, und ging zwei weitere Ehen ein, bevor sie 1921 starb. Churchills Eltern waren ferne Figuren, die ihre Karriere und ihr gesellschaftliches Leben über die Beziehung zu ihren Söhnen, Winston und seinem jüngeren Bruder Jack, stellten. Während seiner unglücklichen Jahre in Harrow, einer der führenden Internatsschulen Englands, warb Churchill in traurigen Briefen nach Hause in klagendem Ton um Liebe und Aufmerksamkeit. Im Schulalltag verhielt er sich widerspenstig, seine Leistungen waren durchschnittlich. Die meisten seiner Briefe blieben unbeantwortet, und die Antworten, die er erhielt, waren kühl und herablassend. Sie zeugten von einer abstoßenden emotionalen Grausamkeit. Dennoch wurde das Verhältnis zu seiner Mutter im Lauf der Jahre enger. Seinen Vater verehrte er, obwohl er sich vergeblich bemühte, seine Anerkennung zu gewinnen. Der Drang, die Leistungen seines Vaters zu erreichen und dann zu überbieten, blieb ein Grundantrieb seines Tuns. Noch lange nach dem Tod des Vaters, der seinen Sohn für einen Versager hielt, sollte er sich ihm gegenüber rechtfertigen.[4]

In den viereinhalb Jahrzehnten, die nach dem Tod des Vaters bis 1940 vergingen, war Churchills Bilanz tatsächlich durchwachsen. Als junger, tatendurstiger Heeresoffizier und Kriegsberichterstatter erlangte er durch seine Flucht aus der Gefangenschaft im Burenkrieg Berühmtheit. Nachdem er 1899 in die Politik eingestiegen war, fiel sein frühreifes Talent bald auf, und er verfügte über die nötigen Beziehungen höheren Orts, um sein Vorankommen zu fördern. 1907 sagte er voraus, dass er in gut einem Jahrzehnt Premierminister sein würde.[5] Im Jahr zuvor war er in der liberalen Regierung von Henry Campbell-Bannerman Staatssekretär im Kolonialministerium geworden. (Als überzeugter Freihändler war er 1904 wegen der Einführung von Zöllen auf Importe aus nicht zum Britischen Empire gehörenden Ländern aus der Konservativen Partei ausgetreten.) 1907 trat er als Handelsminister ins Kabinett ein, 1910 wechselte er auf den Posten des Innenministers und 1911 auf den des Ersten Lords der Admiralität, den er besonders wertschätzte. 1917 wurde er zum Rüstungsminister ernannt, 1919 zum Kriegs- und Luftfahrtminister, und 1921/22 amtierte er kurzzeitig als Kolonialminister. Zwischen 1924 und 1929 gehörte er als Schatzkanzler der konservativen Regierung von Stanley Baldwin an, nachdem er 1924 zur Konservativen Partei zurückgekehrt war.

Aufgrund der langen Jahre in verschiedenen Regierungsämtern besaß er, als er nach der Niederlage der Konservativen in der allgemeinen Wahl von 1929 in die Opposition ging, ungewöhnlich breit gefächerte Erfahrungen. Baldwin, der zwischen 1924 und 1937 dreimal Premierminister war, bemerkte privat über ihn: »Als Winston geboren wurde, schwebten viele Feen mit Gaben zu seiner Wiege herab – Phantasie, Beredsamkeit, Fleiß, Geschicklichkeit –, und dann kam eine Fee, die ihn mit den Worten ›Niemand hat ein Anrecht auf so viele Gaben‹ hochhob und derart schüttelte, dass ihm trotz all dieser Gaben Urteilsvermögen und Weisheit versagt blieben.«[6] Die Ansicht, dass Churchill zwar über große Fähigkeiten verfügte, es ihm aber an Urteilskraft gebrach, war weit verbreitet und hielt sich während des größten Teils seiner Karriere. Bis zu dem dramatischen Wandel der äußeren Umstände in den späten 1930er Jahren deutete alles darauf hin, dass er seinen Ehrgeiz, Premierminister zu werden, niemals würde befriedigen können.

Tatsächlich hatte seine Halsstarrigkeit zu schweren Fehlern geführt. So trat er von dem geliebten Posten des Ersten Lords der Admiralität zurück, weil er die Verantwortung für die unglückselige Operation trug, mit der 1915 die Durchfahrt durch die Dardanellen erzwungen werden sollte, dem Vorspiel der katastrophalen Schlacht von Gallipoli, in der über 100 000 Soldaten fielen. Eine konservative britische Zeitung bezeichnete Churchill in jenem Jahr als eine »Gefahr für das Land«.[7] Dass er 1925 als Schatzkanzler die Rückkehr zum Goldstandard durchsetzte, wurde nicht nur damals als ökonomisch schädlich angesehen. Er selbst gestand später ein, dass er ein schlechter Schatzkanzler gewesen sei.[8] Er hatte nicht gehalten, was seine reichen Gaben versprochen hatten.

Gleichwohl war nicht zu erwarten gewesen, dass er für ein Jahrzehnt keiner Regierung angehören würde. Seine Jahre »in der Wildnis«, wie er sie selbst bezeichnete, schienen das Ende einer Karriere zu sein, die mit solch hohen Erwartungen begonnen hatte. Sie ließen ihm allerdings die Zeit zu schreiben, so seine vierbändige Marlborough-Biographie, und sich seinen zahlreichen anderen Hobbys zu widmen, wie dem Malen, Maurern und Imkern. Auf ein Ministergehalt konnte er verzichten, erzielte er doch mit seinem umfangreichen literarischen Schaffen ein beachtliches Einkommen. Aber sein extravaganter Lebensstil und die Unterhalts- und Instandhaltungskosten des Hauses und Anwesens in Chartwell in Kent mit seinen 14 Hausangestellten – wo er seit den frühen 1920er Jahren wohnte und eine großzügige Gastlichkeit pflegte – sowie die Lebenshaltung seiner Familie – seiner Frau, Clementine, und ihrer vier inzwischen erwachsenen, kostspieligen Kinder – bedeuteten, dass das verdiente Geld – und mehr – ihm zwischen den Fingern zerrann.

Ein Hauptzug von Churchills Charakter war sein Geschichtsbewusstsein. Als Abkömmling der englischen Aristokratie von den Werten der viktorianischen und edwardianischen Ära geprägt, betrachtete er Geschichte als Fortschritt der menschlichen Zivilisation, die ihren höchsten Ausdruck in den parlamentarischen Institutionen und dem Empire Großbritanniens erreicht hatte, das sich in der Zeit, als er erwachsen wurde, auf dem Höhepunkt befand. In mancher Hinsicht gehörte er mehr dem 19. als dem 20. Jahrhundert an.[9] Als Schuljunge hatte er die Geschichten über die Taten der großen Helden der englischen Vergangenheit, die Britanniens Weltmacht begründet hatten, aufgesogen. Sein Glaube an das Britische Empire war der Grundpfeiler von allem, was er tat, und dessen Verteidigung seine Schlüsselmotivation. Er teilte die Überzeugung der meisten Briten der damaligen Zeit – und ganz gewiss der herrschenden Schicht –, dass die »weiße Rasse« den »Eingeborenen« in den Ländern des Empires, denen er ein paternalistisches Pflichtgefühl entgegenbrachte, überlegen war. Sein Leben lang benutzte er rassistische Ausdrücke, die spätere Generationen als abstoßend betrachten sollten.[10]

Seine bereits überholte imperialistische Einstellung lag auch seiner halsstarrigen Ablehnung selbst einer begrenzten Verfassungsreform in Indien zugrunde, die ihn in Gegensatz zu den meisten seiner Parteigenossen brachte. Auf der falschen Seite stand er auch in der Abdankungskrise von 1936, als er sich für Edward VIII. einsetzte. Aber was ihn vor allem unbeliebt machte, war seine wiederholt vorgebrachte Forderung nach größeren Rüstungsanstrengungen. Aus einer Reihe zuverlässiger inoffizieller Quellen wusste er über das Ausmaß der deutschen Aufrüstung Bescheid, die ihn zutiefst beunruhigte. Aber seine Warnungen trafen weithin auf taube Ohren, da die Regierung – mit Zustimmung eines großen Teils der Opposition – von einer Abrüstungspolitik zu einer Beschwichtigungspolitik überging, bei gleichzeitiger rascher, allerdings verspäteter Wiederaufrüstung. Niemand sprach Churchill die Beredsamkeit ab. Aber seine Unterhausreden, in denen er die britische Verteidigungspolitik kritisierte, blieben wirkungslos. Seine Ansichten wurden nur von einer kleinen Minderheit geteilt. In der Unterhausdebatte nach Neville Chamberlains scheinbar triumphaler Rückkehr von der Münchner Konferenz im Jahr 1938, auf der Großbritannien Hitlers Forderung nach der Annexion des zur Tschechoslowakei gehörenden Sudetenlandes nachgegeben hatte, schlug ihm von den meisten Abgeordneten Ablehnung entgegen.

Churchill hatte Hitlers Regime seit dessen Machtantritt im Januar 1933 stets verurteilt – und seine frühere Bewunderung für Mussolini schwand, als Italien sich mit Deutschland verbündete. Der Hass auf den Bolschewismus, den er seit Langem hegte, wich in den späten 1930er Jahren der Erkenntnis, dass ein Bündnis mit der Sowjetunion nötig war, um die Beschwichtigungspolitik zu beenden und den drohenden Krieg zu verhindern. Aber sein Eintreten für eine »Große Allianz« unter Einschluss der Sowjetunion war vergeblich. Erst als Deutschland im März 1939 den Rest der zerstückelten Tschechoslowakei besetzte, dämmerte der Mehrheit der Briten, dass der Krieg in Europa so gut wie sicher war und dass Churchill, was die vom Nationalsozialismus ausgehende Gefahr betraf, die ganze Zeit recht gehabt hatte. Am 3. September 1939, dem Tag der britischen Kriegserklärung an Deutschland, wurde Churchill in die Regierung berufen, erneut auf den Posten des Ersten Lords der Admiralität, den er fast ein Vierteljahrhundert zuvor auf demütigende Weise hatte räumen müssen.

Wäre er vor 1939 gestorben, hätte man sich an ihn vielleicht »als den Mann, der die Royal Navy für den Ersten Weltkrieg bereit gemacht hatte«, erinnert.[11] Wahrscheinlicher ist jedoch, dass man bei seinem Namen vor allem an die Dardanellen-Katastrophe gedacht hätte.

Vorbedingungen der Macht

Churchill flößte der Marineplanung sicherlich neue Energie und ein Gefühl der Dringlichkeit ein. Es war jedoch unwahrscheinlich, dass er Neville Chamberlain als Premierminister ersetzen würde. Er war in seiner eigenen Partei zum Außenseiter geworden. Noch im Juli 1939 wollten vier Fünftel der konservativen Hinterbänkler im Unterhaus ihn nicht einmal in der Regierung sehen,[12] und nachdem er bei Kriegsausbruch ins Kabinett eingetreten war, waren hochrangige Persönlichkeiten in Whitehall der Ansicht, dass er aufgrund seines mangelnden Urteilsvermögens nicht als künftiger Premierminister in Frage käme.[13] Ihn selbst zog es allerdings instinktiv zur Macht. Er sah sich als vom Schicksal Auserwählten. Über den Augenblick, in dem er zum Premierminister ernannt worden war, schrieb er später: »Mir war zumute, als ob das Schicksal selber mir den Weg wiese, als wäre mein ganzes bisheriges Leben nur eine Vorbereitung auf diesen Augenblick gewesen [...].«[14] In Wirklichkeit war es nicht das Schicksal, sondern der Zufall, der ihm 1940 zum Posten des Premierministers verhalf.

Allerdings wirkte der Zufall in einem strukturellen Rahmen, der von der starken Verschlechterung der internationalen Beziehungen in den vorangegangenen zwei Jahrzehnten geprägt war, vom Aufstieg der deutschen Macht, von der wachsenden Bedrohung durch Japan im Fernen Osten und von der imperialen Überdehnung Großbritanniens, das entsprechende Verteidigungsausgaben tragen musste und gleichzeitig mit kolonialen Unabhängigkeitsbewegungen konfrontiert war. Die Abrüstungspolitik und, als diese offensichtlich gescheitert war, die Beschwichtigungspolitik wurden von diesem Kontext geformt.

Was Baldwin begonnen hatte, wurde von seinem Nachfolger, Neville Chamberlain, so weit fortgeführt, dass die politische, wirtschaftliche und militärische Schwäche Großbritanniens bloßgelegt und die Gefahr, in der das Land schwebte, nur allzu sichtbar wurde. Churchills beständige Opposition, die ihm in den 1930er Jahren so viel abfällige Kritik eingetragen hatte, wurde jetzt als weitblickend gepriesen. Die Haltung ihm gegenüber begann sich zu ändern. Dennoch war Chamberlains Vorrang während der sonderbaren Monate des »Sitzkriegs« nicht in Gefahr. Er war in der Konservativen Partei immer noch sehr beliebt, die Machtstrukturen, die ihn im Amt hielten, waren intakt. Es bedurfte mehr als nur der gescheiterten Beschwichtigungspolitik, um ihn zu stürzen.

Der Wandel wurde von einer unerwarteten Entwicklung eingeleitet. Chamberlains dumme Bemerkung vom 4. April 1940, Hitler habe, indem er Frankreich und Großbritannien nicht umgehend angriff, »den Bus verpasst«, fiel auf ihn zurück. Fünf Tage später überrannten deutsche Truppen Dänemark und Norwegen und durchkreuzten damit den von Churchill nachdrücklich befürworteten britischen Plan, die Gewässer vor der norwegischen Küste zu verminen, um Deutschland von den über Narvik verschifften Eisenerzlieferungen abzuschneiden. Seegefechte, in denen beide Seiten Verluste erlitten, bildeten den Auftakt zu einem für die Alliierten katastrophalen Landfeldzug in Nordnorwegen, der mit ihrem Abzug endete. Zu diesem Ergebnis trugen taktische Fehler ebenso bei wie organisatorische Probleme und ein Versagen der Aufklärung. In der britischen Militärführung löste die Episode viel Groll aus, der sich mit Recht zum großen Teil gegen

Churchill richtete, den Architekten der Narvik-Expedition. Manche forderten sogar seine Entlassung. Wäre sie erfolgt, hätte er keine Chance mehr gehabt, Chamberlains Nachfolge anzutreten. Doch die öffentliche Empörung zielte weniger auf Churchill ab als auf den Regierungschef, Chamberlain.

In der erhitzten Unterhausdebatte über Norwegen am 7. und 8. Mai geriet Chamberlain unter Beschuss wie noch nie. Die gesamte Debatte drehte sich um die Frage, ob er noch das Vertrauen des Hauses besaß. Die Demütigung in Norwegen wurde jetzt mit langjährigen Versäumnissen und strategischen Fehlern in Bezug auf die Aufrüstung und die Beschwichtigungspolitik in Zusammenhang gebracht – was die Aufmerksamkeit von Churchills Rolle in Norwegen ablenkte. Die Forderung nach einem Führungswechsel wurde laut. Churchill stand nach außen hin treu zu Chamberlain. Aber seine Freunde im Unterhaus sangen sein Lob. Die Regierung gewann die Abstimmung, obwohl 45 konservative Abgeordnete gegen sie gestimmt und rund fünfzig weitere sich der Stimme enthalten hatten.[15] Es war eine fatale moralische Niederlage für Chamberlain.[16] Rasch wurde klar, dass es keinen Ausweg für ihn gab. Nur der Zeitpunkt seines Rücktritts und die Frage, wer sein Nachfolger werden sollte, blieben offen.

Dass Churchill sein Nachfolger werden würde, stand keineswegs fest. Tatsächlich schien dies anfangs unwahrscheinlich zu sein. Manche Unterhausabgeordnete dachten sogar darüber nach, auf David Lloyd George zurückzugreifen, der während des Ersten Weltkriegs Premierminister gewesen war.[17] Doch das war haltloses Gerede. Als Favorit für den Posten galt indes nicht Churchill, sondern Lord Halifax, der Außenminister. Halifax wurde von Chamberlain und dem größten Teil der Konservativen bevorzugt. Führende Vertreter der oppositionellen Labour Party, die jede Beteiligung an einer von Chamberlain geführten Regierung ablehnten, hatten signalisiert, dass sie bereit wären, in ein Kabinett Halifax einzutreten. Ein Problem war allerdings, dass Halifax nicht dem Unterhaus angehörte, doch darin sahen weder Chamberlain noch König Georg VI. – der ebenfalls für Halifax war –

ein unüberwindliches Hindernis. Die größere Frage war, ob er überhaupt Premierminister werden wollte, denn schon der bloße Gedanke daran bereitete ihm Bauchschmerzen. Er war sich seiner mangelnden militärischen Erfahrung bewusst und fürchtete, kaum mehr als eine Galionsfigur in einem von Churchill beherrschten Kabinett zu sein. Denn dieser würde sicherlich Verteidigungsminister werden und auf jeden Fall in der Praxis die Kriegsanstrengung leiten. Halifax' Zurückhaltung – oder rechnete er insgeheim damit, dass Churchill scheiterte? – und Churchills Selbstbewusstsein gaben schließlich den Ausschlag. Halifax wollte die schwere Verantwortung nicht tragen, Churchill wollte nichts anderes. Also schlug Chamberlain, als er am Nachmittag des 10. Mai in den Buckingham-Palast ging, um seinen Rücktritt einzureichen, nicht Halifax, sondern Churchill als Nachfolger vor.[18] Vier Männer – Chamberlain, Churchill, Halifax und Chefeinpeitscher David Margesson – hatten unter sich ausgekungelt, wer Großbritannien in der größten Krise, die das Land jemals erlebt hatte, führen würde.

Die herausragende Entscheidung

Die britische Geschichte – und auch die Geschichte Europas und der Welt – wäre anders verlaufen, hätte nicht Churchill, sondern Halifax die Geschicke des Landes in jenem Jahr gelenkt. Halifax besaß viele Fähigkeiten, aber, wie er selbst eingestand, nicht diejenigen eines Kriegsführers. 1940 wäre er nicht der Richtige an der Spitze der Regierung gewesen. Sein bescheidener, zurückhaltender Charakter und seine kühl-rationale Art hätten unter vielen Umständen als wichtige Eigenschaften gegolten. In einer großen nationalen Krise waren sie jedoch nicht das, was gebraucht wurde. Halifax fehlte die Inspirationskraft. Außerdem war er eine zentrale Figur der Regierung gewesen, welche die gescheiterte Beschwichtigungspolitik betrieben hatte. Dagegen wurde Churchill jetzt allgemein als Politiker gesehen, der mit seiner Totalablehnung dieser Politik, mit der er weithin allein dagestanden hatte, die ganze Zeit über recht gehabt hatte. Sein Überschwang, unbezähmbarer Eigensinn und streitbarer Tatendrang waren genau das, was gebraucht wurde, um die Moral aufrechtzuerhalten und dann sie zu heben, als die Aussichten am düstersten waren. Er besaß die Fähigkeit, Hoffnung zu wecken. Sein emotionaler Patriotismus, wie er sich in seiner unnachahmlichen Redeweise mit ihrem grandiosen Tonfall und ihren altertümlich anmutenden literarischen Schnörkeln ausdrückte, erwies sich als inspirierend. Rationales Urteil und kühle Analyse konnten es unter den herrschenden Bedingungen nicht damit aufnehmen. Churchills Charakterzüge waren in seiner langen Laufbahn als Politiker zuweilen ein Handicap gewesen, aber an dieser Wegscheide war seine Persönlichkeit entscheidend.

Es sind kaum ungünstigere Umstände vorstellbar, unter denen der 65-jährige Churchill die Regierung hätte übernehmen können. Der Tag seiner Ernennung endete mit dem Beginn der deutschen Offensive in Westeuropa, die in atemberaubendem Tempo in Richtung Ärmelkanal vorstieß, der »Blitzkrieg«. Binnen zwei Wochen hatten die Niederlande kapituliert, stand Belgien davor, es ebenfalls zu tun, und schien die Niederlage Frankreichs sicher zu sein. Der wichtigste britische Verbündete auf dem Kontinent, der bis dahin immer noch als Großmacht angesehen wurde, stand vor einer niederschmetternden Demütigung. Bis zum 25. Mai wurde die britische Expeditionsarmee nach Dünkirchen zurückgedrängt und saß dort in der Falle. Die Militärführung machte wenig Hoffnung auf eine Evakuierung. Man hatte die Truppen und ihre Ausrüstung praktisch aufgegeben. Und man rechnete mit noch Schlimmerem: Der britische Nachrichtendienst warnte vor einer in naher Zukunft bevorstehenden deutschen Invasion der Britischen Inseln. Die Luftüberlegenheit zu gewinnen, wurde als einzige Chance gesehen, sie zu verhindern. Niemals zuvor war Großbritannien von einer solch extremen Gefahr bedroht gewesen. Von denjenigen, die sich der düsteren Lage vollauf bewusst waren, waren verzagte, wenn nicht sogar defätistische Äußerungen zu vernehmen. Man sprach von der endgültigen Niederlage Britanniens, vom Ende des Britischen Empires, davon, dass alles aus sei.

Als die Krise ausbrach und sich vertiefte, war Churchill noch nicht so dominant, wie er es bald sein sollte. Er wusste um seine Abhängigkeit von Chamberlain – der Vorsitzender der Konservativen Partei blieb, bis er im November an Krebs starb – und auch Halifax, der weiter als Außenminister amtierte. Die anderen Mitglieder des kleinen Kriegskabinetts, das Churchill unmittelbar nach seiner Ernennung zum Premierminister gebildet hatte, waren der Labour-Vorsitzende Clement Attlee und der stellvertretende Labour-Vorsitzende Arthur Greenwood. Manchmal wurde auch der Vorsitzende der Liberalen Partei und Luftminister Archie Sinclair hinzugebeten.

Von diesem Gremium wurde Ende Mai 1940 die wohl bedeutsamste Entscheidung der britischen Geschichte getroffen.[19] Man stand vor der Wahl, Fühler auszustrecken, um die Möglichkeit eines Friedensschlusses zu erkunden, oder trotz der augenscheinlichen Schwäche des Landes weiterzukämpfen. Allerdings lautete die Frage in diesem außerordentlich bedrohlichen Moment nicht, ob man bis zum letztendlichen Sieg kämpfen sollte, sondern nur, ob man in der Hoffnung, dass sich die Lage Großbritanniens in den kommenden Monaten verbessern würde, durchhalten sollte.[20] Die Diskussion im Kriegskabinett darüber, ob man Friedensverhandlungen anbieten sollte, zog sich vom 25. bis 28. Mai hin. Halifax schlug vor, Italien als Vermittler um die Ausrichtung einer Friedenskonferenz zu bitten, an deren Ende ein Verhandlungsfrieden stehen könnte, der den Krieg beenden würde. Zweifellos wären territoriale Zugeständnisse nötig – vielleicht sogar einschließlich Maltas, Gibraltars und des Suezkanals –, aber wenn Großbritannien die Bedingungen nicht gefielen, argumentierte der Außenminister, könne es sie jederzeit ablehnen. Halifax war ebenso patriotisch wie Churchill. Wie dieser wollte er Großbritanniens Unabhängigkeit bewahren. Mit kühlem Blick auf die militärische Schwäche des Landes suchte er, was durchaus nicht unvernünftig war, nach einer diplomatischen Lösung.

Churchill besaß eine andere Mentalität. Seinem Instinkt folgend, sprach er sich leidenschaftlich dafür aus, nicht aufzugeben, auch in der Hoffnung, dass Amerika Großbritannien zu Hilfe kommen würde, bevor es zu spät wäre. Er mischte die Emotion mit rationalen Argumenten: Jede Annäherung an Mussolini würde die britische Kampfkraft unterminieren, Hitler würde sicherlich Bedingungen stellen, die Großbritannien drastisch schwächen würden. Nichts, was er anbieten könnte, wäre akzeptabel. Das Land besitze immer noch die Kraft durchzuhalten. Hitler zu zeigen, dass er es nicht erobern oder zerbrechen könne, sei die einzige vernünftige Option. Wenn man im Kampf besiegt werde, würde es keine schlechteren Bedingungen nach sich ziehen als diejenigen, die man gegenwärtig bekäme. Deshalb wies er Halifax' Haltung als sinnlos und gefährlich zurück.

Die Diskussion verlief zeitweise hitzig. Halifax fand, dass Churchill den »schrecklichsten Mist« von sich gab, und verzweifelte an dessen Leidenschaftlichkeit, »wenn er doch eigentlich seinen Verstand zum Denken und vernünftigen Urteilen« nutzen sollte.[21] Attlee, Greenwood und schließlich auch Chamberlain stimmten jedoch Churchills Einschätzung zu. Halifax war im Kriegskabinett isoliert, umso mehr, nachdem Churchill das übrige Kabinett hinzugebeten und auch dieses sich hinter ihn gestellt hatte. Um die Einigkeit nicht zu untergraben, beugte sich der Außenminister der kollektiven Entscheidung, keine Friedensverhandlungen anzustreben und weiterzukämpfen.[22] Dass diese Entscheidung von überragender Bedeutung getroffen wurde, war zum größten Teil Churchills Verdienst.

Nur eine Woche nach dem Ende dieser folgenreichen Debatte im Kriegskabinett wurde die Evakuierung der alliierten Truppen aus Dünkirchen abgeschlossen. Entgegen allen Erwartungen und als alles verloren zu sein schien, hatte man 338 000 britische, französische und belgische Soldaten über den Ärmelkanal gebracht. Am 4. Juni konnte Churchill im Unterhaus das »Wunder der Errettung« von Dünkirchen vermelden.[23] Seine patriotische, kämpferische Rede wurde zu Recht berühmt. Es gelang ihm, eine demütigende Niederlage in einen nationalen Triumph umzumünzen. Damit war seine Autorität als Großbritanniens unumstrittener Kriegsführer vollends gefestigt.

Es gibt nur wenige derart klare Beispiele für den Anteil der Persönlichkeit an einer Entscheidung von geradezu lebenswichtiger Bedeutung. Wäre Halifax, ein fähiger, intelligenter und überaus integrer Mann, der ebenso wie Churchill bestrebt war, das Beste für sein Land zu tun, 1940 Premierminister geworden, hätte das Schicksal Großbritanniens sicherlich völlig anders ausgesehen. Verhandlungen über einen Friedensschluss wären einer Niederlage gleichgekommen. Die Stimmung der Bevölkerung wäre in den Keller gesunken. Hitler hätte, wie Churchill argumentierte, in einem Friedensvertrag verheerende Bedingungen verankert, durch die Großbritannien dauerhaft in untergeordneter Stellung gehalten worden wäre. Es spricht einiges dafür, dass es das gleiche Schicksal erlitten hätte wie Frankreich nach der Unterzeichnung des Waffenstillstands vom 21. Juni. Unabhängigkeit und Freiheit wären verloren gewesen. Großbritannien wäre im Grunde zu einem Satellitenstaat Deutschlands geworden. Die Streitkräfte wären entweder übernommen oder aufgelöst worden. Halifax, dessen Aufgabe mit der Anbahnung von Friedensverhandlungen erfüllt gewesen wäre, wäre abgesetzt und vermutlich inhaftiert worden – oder Schlimmeres. Eine Marionettenregierung wäre eingesetzt worden, vielleicht unter dem britischen Faschistenführer Oswald Mosley oder dem früheren Kriegsführer und nunmehrigen Hitlerbewunderer Lloyd George. Möglicherweise wäre Exkönig Edward VIII. wieder inthronisiert worden. Eine Besetzung des Landes, ob nun ganz oder teilweise, wäre unnötig gewesen angesichts einer Regierung, die den Vorgaben aus Berlin bereitwillig gefolgt wäre – einschließlich der Umsetzung von Rassengesetzen.

Das Empire wäre nicht zerstört, sondern – nach Erfüllung bedeutender territorialer Ansprüche – den Interessen und dem Einfluss Deutschlands untergeordnet worden. Die Königsfamilie hätte sich wahrscheinlich nach Kanada begeben. Churchill, wenn er nicht gefangen und hingerichtet worden wäre, hätte sich wahrscheinlich ebenfalls abgesetzt und vom Ausland aus Widerstand zu organisieren versucht. Dass die Vereinigten Staaten einem besetzten, auf jeden Fall schutzlosen und deutschfreundlichen Großbritannien Hilfe geleistet hätten, kann ausgeschlossen werden. Da sowohl Frankreich als auch Großbritannien aus dem Krieg ausgeschieden und amerikanische Waffenlieferungen nicht zu erwarten gewesen wären, hätte Deutschland den Krieg in Westeuropa gewonnen, so dass Hitler seine ganze Aufmerksamkeit dem Krieg hätte zuwenden können, den er eigentlich führen wollte, demjenigen gegen die Sowjetunion. Eine deutschfreundliche britische Regierung hätte den Krieg unterstützt und wäre wahrscheinlich in die grauenhaften Verbrechen gegen die Menschlichkeit, die er mit sich brachte, sowie in die Durchführung des Holocausts hineingezogen worden. Möglicherweise hätte ein britisches Kontingent an der Seite der Wehrmacht in den eisigen Weiten und endlosen Steppen Russlands gekämpft.

Dass dieses Schicksal vermieden wurde und Großbritannien aus dem Zweiten Weltkrieg nicht als besiegtes, erobertes und unterdrücktes Land, sondern als eine der Siegermächte hervorging, ist wenigstens zum Teil der Kraft der Persönlichkeit zu verdanken, das heißt der Tatsache, dass 1940 Churchill und nicht Halifax Premierminister wurde.

Kriegsführer

Obwohl die Invasionsgefahr im Herbst nach der Luftschlacht um England verebbte und die fast allnächtliche Bombardierung Londons und anderer Städte endete – bevor sie im letzten Kriegsjahr noch einmal beginnen sollte –, lagen noch viele Rückschläge und schlechte Nachrichten vor den Briten, bis sich gegen Ende 1942 das Blatt zu ihren Gunsten wendete. Es ist kaum vorstellbar, dass in diesem langen dunklen Kriegsabschnitt ein anderer britischer Politiker so wie Churchill in der Lage gewesen wäre, anzuspornen und die Willenskraft zu stärken.

Seine Hauptverbindung zum breiten Publikum war die BBC. Seinen Kriegsreden lauschten zwischen der Hälfte und drei Viertel der Briten, und viele fühlten sich von seiner Rhetorik tatsächlich berührt, aufgerüttelt, erregt und ermutigt.[24] Aber man sollte die Wirkung der Reden nicht überschätzen.[25] Umfragen zu den Reaktionen der Zuhörer zeigten, dass der hochgestochene Redestil des Premierministers nicht von allen bewundert wurde. Seine Rede am 19. Mai 1940 während des unablässigen deutschen Vormarschs in Westeuropa löste ebenso viel Furcht aus, wie sie Mut machte. Und die Rede vom 15. Februar 1942, in der er den Fall Singapurs bekanntgab, nahm über die Hälfte der Zuhörer negativ auf. Freilich reagierten sie stärker auf die schlechten Nachrichten als auf Churchills Art, sie zu überbringen. Die Kritik an seinen Reden nahm zu, wenn er nach militärischen Rückschlägen schlechte Nachrichten verkündete. Hatte er militärische Erfolge zu vermelden, war sie weit geringer. Auf jeden Fall lösten die Reden, ob sie nun positiv oder negativ getönt waren, nur kurzzeitige Reaktionen aus. Durch eine gut aufgenommene Rede besserte sich die öffentliche Stimmung, aber die Wirkung hielt nicht lange an.

In Deutschland unterschied man bei der Einschätzung der Wirkung der eigenen Kriegspropaganda zwischen der »Stimmung«, der man zugestand, dass sie je nach Art der Neuigkeiten schwankte, und der »Haltung«, von der man – mit nachlassendem Wahrheitsgehalt – behauptete, sie sei unverändert positiv. Ähnliches lässt sich auch für Großbritannien sagen. Wie kurzfristig die einzelnen Reden, die den Kriegsverlauf widerspiegelten, auch wirkten, Churchills Ansehen und Auftreten, seine Überzeugung, dass die Briten alle Widrigkeiten überwinden würden, sein unerschütterlicher Siegesglaube, der Geist des Widerstands durch Solidarität, den er vermittelte, trugen wesentlich dazu bei, die Moral der Bevölkerung aufrechtzuerhalten und zu stärken. Zudem festigten die Reden das Vertrauen in seine Führung.

Churchills physische Erscheinung – eine kleine, stämmige Figur und ein Gesicht, das Streitbarkeit ausstrahlte – schien Kampfbereitschaft zu verkörpern. Und er zeigte sich seinem Volk – anders als Hitler, der sich, als sich der Krieg für Deutschland ungünstig entwickelte, aus der Öffentlichkeit zurückzog und kaum noch Reden hielt. Churchill stattete Orten, die stark unter deutscher Bombardierung gelitten hatten, aufmunternde Besuche ab und begab sich zu den Truppen an der Front. Seinen Homburg auf dem Spazierstock hochhebend, die unvermeidliche Zigarre im Mund, bei jeder Gelegenheit das V für Victory zeigend, war er das Symbol des Kampfgeists. Er wollte dem Geschehen nahe sein und musste gelegentlich davon zurückgehalten werden, sich waghalsig in Gefahr zu begeben. Der König selbst musste ihm verbieten, bei der Landung in der Normandie im Jahr 1944 dabei zu sein. Er genoss eine erstaunliche Popularität. Fast während des gesamten Krieges fanden rund vier Fünftel der Briten seine Kriegführung gut; zuzeiten stieg seine Popularitätsquote auf über 90 Prozent.[26] Die überwältigende Mehrheit der Briten hielt ihn offenbar, und zwar aus gutem Grund, für den Richtigen an der Spitze der Kriegsanstrengung.

Ob er der Richtige für den Wiederaufbau nach dem Krieg war, stand auf einem anderen Blatt. Die Erwartungen an das, was nach dem Sieg folgen würde, stiegen nach der Veröffentlichung des Beveridge-Berichts, der die Grundzüge des künftigen Sozialstaats umriss. Den Meinungsumfragen zufolge, die seit 1943 durchgeführt wurden, traute eine Mehrheit der Briten der Labour Party eher als den Konservativen zu, die nötigen tiefgreifenden Veränderungen in Gang zu setzen. In den letzten beiden Kriegsjahren lag die Labour Party bei den Wahlabsichten stets vorn.[27] Die vielfach effektive Innenpolitik von Labour-Ministern in der Kriegskoalition war Werbung für die Fähigkeit der Partei, die Regierung zu stellen. Dagegen blieben die Tories vom Makel der Beschwichtigungspolitik befleckt. Churchills Wahlniederlage im Jahr 1945 war weniger überraschend, als es den Anschein hatte.

Kurz nach Kriegsende wies Churchill die Annahme, seine Reden seien der entscheidende Faktor für die britische Kriegführung gewesen, zurück und unterstrich stattdessen, dass er persönlich »alle wichtigen militärischen Entscheidungen getroffen« habe.[28] Als Premierminister – und zugleich Verteidigungsminister – lag die Entscheidungsgewalt tatsächlich bei ihm. Aber spielte er mit seinem Hinweis nicht die Rolle der Militärführer bei der Entscheidungsfindung herunter? Ging er über militärischen Rat hinweg, oder nahm er ihn an?

Aufgrund seiner Persönlichkeit, seines militärischen Wissens, des Bestrebens, an der strategischen und operationellen Planung von Anfang bis Ende beteiligt zu sein, und des Eingreifens selbst in kleinste Details der Vorbereitung waren Auseinandersetzungen mit seinen Militärberatern vorprogrammiert. Wenn er eine neue Führung für nötig hielt, zögerte er nicht, Generale zu entlassen, selbst wenn er sie kannte und persönlich mochte. Zu den von ihm ersetzten Generalen gehörten Ironside, Gort, Dill, Dowding, Wavell und Auchinleck. Durch die Auswechslung von Kommandeuren, die durch den Druck ausgelaugt waren und denen die nötige Tatkraft fehlte, sollte der kämpfenden Truppe neue Energie zugeführt werden. Natürlich gingen den Entscheidungen intensive Beratungen mit dem militärischen Oberkommando voraus, insbesondere mit General Alan Brooke, der 1940/41 Befehlshaber der britischen Home Forces und danach Chef des Empire-Generalstabs war, aber es waren harte Personalentscheidungen, für die zweifellos Churchill selbst verantwortlich war. Zumeist waren die Auswechslungen gerechtfertigt. Die Ablösung Auchinlecks als Oberkommandierender im Nahen Osten im August 1942 durch General Harold Alexander und wenige Tage später die Ernennung von General Bernard Montgomery zum Kommandeur der demoralisierten Achten Armee waren insofern bedeutsam, als sie im Wüstenkrieg in Nordafrika das Blatt zuungunsten Rommels wendeten.

Brookes Ernennung zum Generalstabschef zeigte, dass Churchill keine Jasager in der Militärführung haben wollte. Brooke war nicht nur ein fähiger Stratege und ausgezeichneter Organisator, sondern geradeheraus, hartnäckig und ein unabhängiger Geist mit festen Ansichten, der bereit war, Churchills wuchtigen Meinungsäußerungen mit gleichem Kaliber zu begegnen.[29] Immer wieder kam es zu temperamentvollen Zusammenstößen. Brookes Tagebucheinträge offenbaren das Ausmaß ihrer regelmäßigen Auseinandersetzungen und malen ein schillerndes Bild von Churchills Kriegführung. So notierte er im September 1944, der Premierminister bringe »lächerliche Argumente« vor und »kennt keine Details, hat nur das halbe Bild im Kopf, gibt Absurditäten von sich und bringt mit seinem Unsinn mein Blut zum Kochen«. Der größte Teil der Bevölkerung halte ihn für ein strategisches Genie, ohne zu ahnen, »welche öffentliche Gefahr er darstellt und während dieses ganzen Krieges war und ist«. Doch trotz seines Unmuts erkannte Brooke Churchills Format und einzigartige Qualitäten an. »Noch nie habe ich einen Mann gleichzeitig im selben Ausmaß bewundert und verachtet wie ihn«, schrieb er im selben Eintrag.[30]

Churchill besaß einen fruchtbaren, einfallsreichen Geist. Manche seiner Vorschläge, wie derjenige von 1942, »schwimmende Häfen« für eine künftige alliierte Landungsoperation zu bauen, waren von größtem Wert.[31] Er war bereit, bei der Verfolgung militärischer Ziele absolut rücksichtslos vorzugehen. So ordnete er im Juli 1940 mit Zustimmung des Kriegskabinetts die Zerstörung der in Mers-el-Kébir, dem Militärhafen von Oran in Algerien, liegenden französischen Flotte an, um zu verhindern, dass sie den Deutschen in die Hände fiel. Die Aktion kostete 1297 französische Seeleute das Leben.[32] Trotz ihrer Grausamkeit wird sie jedoch allgemein als zwar bedauerlich, aber gerechtfertigt angesehen. Umstrittener ist die Effektivität, von der moralischen Rechtfertigung ganz zu schweigen, der im Februar 1942 begonnenen unablässigen Luftangriffe auf die deutsche Zivilbevölkerung. Churchill ließ dem neuen Chef des Bomberkommandos, Arthus Harris, freie Hand – was dieser eifrig nutzte –, deutsche Städte in Trümmer zu legen. Erst die Zerstörung Dresdens im Jahr 1945 löste bei Churchill moralische Bedenken aus.[33] Er erwog mehr als einmal den Einsatz von Giftgas, gab den Gedanken aber auf, weil seine Militärberater ihm – aus praktischen, nicht aus moralischen Gründen – davon abrieten.[34]

Mit äußerstem Nachdruck focht er für seine militärischen Vorlieben. Aber er konnte sich nicht immer durchsetzen. Generalmajor John Kennedy, der fast während des ganzen Krieges Operationschef war, bemerkte, viele seiner Ideen seien »wild, unvernünftig und undurchführbar«, aber »wenn sie nicht annehmbar waren, gab er sie am Ende auf«.[35] Ein solcher Fall, bei dem Churchill sich dem Rat der Streitkräftechefs beugte, war 1940 die Entscheidung, die dringliche französische Bitte, mehr Flugzeuge nach Frankreich zu entsenden, nicht zu erfüllen.[36] Sie wären sicherlich verloren gewesen, und mit ihnen die Fähigkeit, die anschließende Luftschlacht um England zu überleben. Dagegen führte Churchills drängende, ungeduldige Art der Entscheidungsfindung, bei der er selbst zaghafte Fragen brüsk vom Tisch wischte, im Frühjahr 1941 zu dem Fehler – den er später selbst zugab –, britische Truppen nach Griechenland zu entsenden.[37] Er gab dem damaligen Generalstabschef, General John Dill, die Schuld, obwohl es seine eigene Idee gewesen war, der Dill – ein anderer Charakter als sein Nachfolger Alan Brooke – nachgiebig zugestimmt hatte. Auch General Archibald Wavell, der Oberbefehlshaber im Nahen Osten, der sich von Churchill herabgesetzt und bedrängt fühlte, hatte seine Zustimmung gegeben, obwohl seine Armee durch das nach Griechenland entsandte Kontingent erheblich geschwächt wurde.[38]

Entgegen seiner eigenen Präferenz für eine Verstärkung der Truppen im Fernen Osten hatte Dill vorher schon Churchills Beharren darauf nachgegeben, die britische Armee für einen Angriff auf die Italiener in Nordafrika zu stärken – eine im Juli 1940, als eine Invasion der Britischen Inseln unmittelbar bevorzustehen schien, kühne Entscheidung.[39] Dass die Alliierten in Nordafrika nach einigen Rückschlägen schließlich siegten, verdankten sie zum großen Teil der Entschlossenheit, mit der Churchill Nordafrika zum Hauptschauplatz des Krieges im Jahr 1943 machte. Auf Anraten der Stabschefs der Teilstreitkräfte lehnte er die amerikanische Forderung ab, einen Brückenkopf in Frankreich zu erobern, um die Errichtung einer zweiten Front dort im selben Jahr vorzubereiten. Sein Beharren auf der Operation »Torch« – der gemeinsamen alliierten Landung in Nordafrika – führte dazu, dass die Alliierten im Mittelmeerraum die Oberhand gewannen, auch wenn sie aufgrund des anschließenden italienischen Feldzugs monatelang keine Fortschritte erzielten.[40]

Als der strategische Vorrang in den letzten Kriegsjahren an die Vereinigten Staaten überging, war Churchill gezwungen, sich US-Präsident Franklin D. Roosevelt als oberstem Kriegsführer zu beugen. Bei der Planung des D-Days musste er amerikanischen Interessen nachgeben und seine eigene Präferenz für eine Intensivierung des Italienfeldzugs zurückstellen. Für die Operation »Overlord«, die Landung in der Normandie, brachte er bis zum Schluss wenig Begeisterung auf. Auch in Bezug auf die von den Amerikanern geforderte Landung in Südfrankreich musste er einlenken, und er musste den von ihm bevorzugten Plan aufgeben, durch den Balkan nach Norden vorzustoßen.[41] In beiden Fällen war die amerikanische Strategie richtig, während seine eigenen Vorschläge Mängel aufwiesen.

Während der Krieg voranschritt und der unablässige extreme Druck, der auf Churchill lastete, seinen Zoll verlangte, neigte er mehr denn je zu Temperamentsausbrüchen. Es fiel ihm psychologisch schwer einzusehen, dass seine eigene Kriegführung jetzt weniger zählte. Nachdem die Vereinigten Staaten im Dezember 1941 in den Krieg eingetreten waren, war Großbritannien schrittweise, aber unaufhaltsam auf den zweiten Platz zurückgestuft worden. Churchill trug durch seine Fehler selbst dazu bei, dass die Amerikaner seinem Urteil immer weniger trauten. Beispielsweise lehnten sie es ab, Operationen in der Ägäis zu unterstützen, auf deren Durchführung Churchill gegen Brookes Rat im Oktober 1943 bestand und die mit demütigenden Niederlagen endeten.[42] Er gab sich, wie einer seiner Privatsekretäre gegen Kriegsende bemerkte, den Anschein, dass er »das Interesse am Krieg verliert, da er keine Macht mehr über die militärischen Angelegenheiten hat«. Früher habe er sich als »absolute Autorität, der alle militärischen Entscheidungen unterbreitet wurden«, betrachtet. Aber nun sei er »zu wenig mehr als einem bloßen Zuschauer geworden«.[43] Das schmerzte offenbar.

In den ersten Kriegsjahren hatte Churchill Roosevelt eifrig umworben, um zu erreichen, dass die Vereinigten Staaten in den Krieg eintraten. Privat äußerte er sich indes häufig kritisch über den US-Präsidenten, und seine Juniorrolle in ihrer Partnerschaft erfüllte ihn zunehmend mit Verdruss. Dennoch entwickelten die beiden Kriegsführer, trotz aller unvermeidlichen Spannungen, ein von gegenseitigem Respekt geprägtes freundschaftliches Verhältnis zueinander, das die heute noch als solche betrachteten »besonderen Beziehungen« zwischen Großbritannien und den Vereinigten Staaten begründete. Ihre umfangreiche Korrespondenz spiegelte die Gewichtung der Beziehung wider: Churchill schickte 373 Mitteilungen mehr, als er von Roosevelt erhielt.[44] Sie kamen während des Krieges neunmal zusammen, das erste Mal im August 1941 an Bord eines Schiffes in der Placentia Bay in Neufundland, wo sie sich auf die Grundlagen einer freien Nachkriegswelt einigten. Churchill erkannte von Anfang an, dass für den Sieg die amerikanische Intervention unerlässlich war. Seine Bemühungen, die Vereinigten Staaten zum Kriegseintritt zu bewegen, blieben jedoch – wie immer Roosevelt persönlich dazu stehen mochte – erfolglos, bis Japan am 7. Dezember 1941 Pearl Harbor bombardierte und Deutschland vier Tage später Amerika den Krieg erklärte. Zu diesem Zeitpunkt bekam Großbritannien allerdings schon im Rahmen des Leih-Pacht-Programms, das Roosevelt im März 1941 durch den Kongress gebracht hatte, lebenswichtige Güter und Ausrüstung von den Vereinigten Staaten.

Als die Sowjetunion im Herbst 1942 in dem erschreckend barbarischen Krieg im Osten die Oberhand zu gewinnen begann, musste Churchill sich zudem auf die stärker werdende Position Stalins einstellen. Bei seinem ersten Treffen mit dem Sowjetdiktator im August 1942 in Moskau, als die Lage angesichts des deutschen Vormarschs auf die Erdölquellen im Kaukasus düster aussah, wurde er von einem übellaunigen Stalin mit der Forderung bestürmt, eine zweite Front im Westen zu errichten – über deren Fehlen sollte sich die Sowjetunion bis zur Landung in der Normandie im Jahr 1944 ständig beklagen. Doch bei einem späten Abendessen mit reichlich Alkohol in Stalins Wohnung legten die beiden Führer von solch unterschiedlicher Herkunft, die unterschiedliche politische Systeme vertraten, wenigstens die Grundlagen für eine freundliche Arbeitsbeziehung. Obwohl Churchill wusste – weil Stalin es ihm gesagt hatte –, dass sein Gegenüber für Massenmorde an seinem eigenen Volk verantwortlich war, war er bei seiner Abreise aus Moskau von ihm angetan.[45] Noch drei Jahre später erklärte er, trotz seines Wissens um Stalins haarsträubende Verbrechen, dass er ihn mochte.[46] Ihn beeindruckte seine zynische Jovialität. Es nutzte Stalin, sich gegenüber Churchill von seiner besten Seite zu zeigen. In Wirklichkeit stand er ihm – und Roosevelt – weiterhin voller Abneigung und äußerst misstrauisch gegenüber.

Die Konferenzen der »Großen Drei« im November 1943 in Teheran und im Februar 1945 in Jalta enthüllten Churchills zunehmende Schwäche auf der Weltbühne. Schon im Januar 1943 in Casablanca hatte sich Roosevelt eindeutig im Vorteil befunden; Stalin hatte an dem Treffen nicht teilgenommen. Obwohl im Vorfeld konsultiert, gefiel Churchill die von Roosevelt verkündete Politik der »bedingungslosen Kapitulation« nicht.[47] Doch der US-Präsident hatte offensichtlich das Ruder in der Hand und setzte sich durch. In Teheran war Churchills untergeordnete Stellung kaum noch zu übersehen. Es sei, wie anschließend jemand abschätzig bemerkte, kein Treffen der »Großen Drei«, sondern eines der »Großen Zweieinhalb« gewesen.[48] Churchill hätte die Mittelmeerfront der Landung in Frankreich vorgezogen, aber Roosevelt und Stalin hatten sich dagegen ausgesprochen, und er hatte klein beigegeben. Von Roosevelt – der sich mit Stalin gut stellen wollte – nicht genug unterstützt und in dem Wissen, dass Stalin »doch das tun können [wird], was ihm gefällt«, war der Premierminister, wie Lord Moran schreibt, »entsetzt über seine eigene Ohnmacht«.[49]

Bei seinem einzigen Vieraugengespräch mit Stalin in Teheran schlug Churchill bereits vor, die polnischen Grenzen westwärts zu verschieben, und im Oktober 1944 in Moskau erklärte er, die Frage der Nachkriegsgrenzen Polens sei »erledigt«.[50] Tatsächlich wurde sie erst in den schwierigen Verhandlungen in Jalta erledigt, obwohl das Ergebnis kaum von dem abwich, worauf man sich drei Monate zuvor im Grunde bereits geeinigt hatte. Jalta zeigte deutlicher denn je, dass

Stalin durch den Vormarsch der Roten Armee in jeglichen Verhandlungen von vornherein im Vorteil war. Churchill und Roosevelt – Letzterer war inzwischen, nur zwei Monate vor seinem Tod, körperlich geschwächt – waren dennoch nur allzu bereit, ihm Vertrauen zu schenken und eine Übereinkunft mit ihm zu erzielen. Wie in Teheran äußerte sich Roosevelt privat kritisch über Churchill und war, wenn es ihm passte, bereit, mit Stalin allein zu verhandeln – wie er es bei der Vereinbarung über die Bedingungen des sowjetischen Eintritts in den Pazifikkrieg tat, die dann Churchill nur noch zur Unterzeichnung vorgelegt wurde.[51]

Churchill erreichte auf den Dreimächtekonferenzen relativ wenig. Er verhandelte mit Elan, und als gewiefter Kartenspieler machte er das Beste aus einem schlechten Blatt. Aber seine starke Persönlichkeit traf auf zwei andere starke Persönlichkeiten, die beide an der Spitze einer weit größeren Militärmacht standen. Vermutlich hätte sich Clement Attlee, Churchills Nachfolger als Premierminister, in den Verhandlungen genauso gut geschlagen. Attlee war mit seiner unaufdringlichen, uncharismatischen, zurückhaltenden Art zwar das diametrale Gegenteil Churchills, aber er machte seine Sache auf der unmittelbar nach dem Ende des Krieges in Europa abgehaltenen Potsdamer Konferenz gut – ganz im Gegensatz zu Churchills schwachem Auftritt. Churchill trug vielleicht dazu bei, dass die Sowjetunion sich – in Übereinstimmung mit einer Geheimvereinbarung, die er im Oktober 1944 in Moskau mit Stalin getroffen hatte – aus Griechenland heraushielt. Aber wahrscheinlich waren die Sowjets bereits vorher zu dem Schluss gelangt, dass ein Eingreifen in Griechenland kaum in ihrem Interesse lag.[52] Und in Jalta konnte er Roosevelt und Stalin dazu bewegen, Frankreich eine Besatzungszone in Nachkriegsdeutschland zu geben, was für die aufstrebenden Supermächte allerdings keine überragende Bedeutung besaß. Ansonsten dürfte sein wichtigster Erfolg indirekter Art gewesen sein: dafür gesorgt zu haben, dass Großbritannien weit über den Krieg hinaus als Großmacht behandelt wurde, obwohl sein Anspruch auf dieses Status rapide abnahm.

Churchills einzigartiger Beitrag als Kriegsführer bestand zweifellos darin, dass er die Kriegsanstrengung weiterführte und in den dunkelsten Tagen von 1940 die Moral aufrechterhielt.[53] In den restlichen Kriegsjahren waren sein einzigartiger Tatendrang und die unermüdliche Energie, mit der er jeden Aspekt der Mobilisierung der Kräfte vorantrieb, von unschätzbarem Wert, auch wenn seine Entscheidungen häufig Mängel aufwiesen, sein Eingreifen zuzeiten kontraproduktiv war und seine herrische Art diejenigen, die regelmäßig mit ihm zu tun hatte, belastete. Es ist kaum vorstellbar, dass jemand anders hätte tun können, was er getan hat. Er wies das Ziel und vermittelte Motivation und Hoffnung. Seine unablässigen Bemühungen, die Amerikaner dazu zu bewegen, Großbritannien mit Geld und wesentlichen Ausrüstungsgütern zu versorgen, zahlten sich schließlich in reicher Weise aus, obwohl in der zweiten Kriegshälfte, als die Vereinigten Staaten und die Sowjetunion in den Vordergrund rückten, seine Bedeutung abnahm. Er leistete einen wichtigen Beitrag zum Sieg der Alliierten, auch wenn er letztlich von untergeordneter Bedeutung war.

Nachlassende Kräfte

Am 8. Mai 1945 jubelte die riesige Menschenmenge, die das Ende des Krieges in Europa feierte, Churchill als dem Helden zu, der das Land zum Sieg geführt hatte. Knapp zwei Monate später, in der allgemeinen Wahl am 5. Juli, als der Krieg gegen Japan noch immer nicht beendet war, wurde er aus dem Amt gewählt. Für das Ausland war dies ein Schock. Aber die Wahl markierte in mancher Hinsicht die Rückkehr zu herkömmlicher Parteipolitik. Ihr Ergebnis war ein Urteil nicht über Churchill als Kriegsführer, sondern über die Konservative Partei. Und Churchill hatte in einem schlecht geführten Wahlkampf den vereinigenden Mantel des nationalen Kriegsführers abgeworfen und war wieder zu einem umstrittenen Parteipolitiker geworden. Er verstieg sich sogar zu der ebenso absurden wie beleidigenden Behauptung, eine Labour-Regierung – deren Führer fünf Jahre lang zu seinem Kriegskabinett gehört hatten – werde auf »irgendeine Art Gestapo« zurückgreifen.[54] Mit solchen Äußerungen machte er sich bei den Industriearbeitern nicht gerade beliebt, die ihn vor dem Krieg zutiefst verachtet und ihn sowie die Konservativen im Allgemeinen mit dem extremen Elend der Weltwirtschaftskrise in Verbindung gebracht hatten. Viele Männer, die immer noch Uniform trugen, hatten nicht im Krieg gekämpft, um in eine ungeliebte Vergangenheit zurückzukehren, während jüngere Wähler auf eine bessere Zukunft hofften. Trotz Churchills Beliebtheit während des Krieges kam seine Wahlniederlage im April 1945 nicht wie ein Blitz aus heiterem Himmel.[55]

Wo immer Churchill in den nächsten zwanzig Jahren auf der Welt auftrat, wurde er als »größter lebender Engländer« gefeiert.[56] Aber trotz seines beispiellosen internationalen Ansehens ließen seine Kräfte unaufhaltsam nach, was zum Teil am Alter und zunehmender Gebrechlichkeit lag, aber auch die kleinere Rolle Großbritanniens auf der Weltbühne widerspiegelte. Seine herausragende Stellung in der Geschichte Europas und der Welt beruht auf seiner Führung in fünf Kriegsjahren, und nicht auf der Zeit danach. 1946 hielt er jedoch zwei bedeutsame Reden, eine am 5. März in Fulton in Missouri und eine am 19. September in Zürich.

In Fulton prägte er den Begriff des »Eisernen Vorhangs«, der Europa inzwischen teile – wozu er selbst und Roosevelt in Teheran und Jalta im Grunde ihre Zustimmung erteilt hatten. Die Rede wurde berühmt. Damals wurde sie jedoch in den Vereinigten Staaten kritisch aufgenommen und hatte keine praktische Auswirkung auf den Kalten Krieg, der im folgenden Jahr in vollem Umfang ausbrach. Nach Kriegsende ließ Churchill seinem tiefsitzenden Hass auf den Kommunismus, den er zurückgestellt hatte, solange die Sowjetunion Großbritanniens Kriegsverbündeter war, wieder freien Lauf. Tatsächlich hatte er sich schon vor dem Ende der Feindseligkeiten in Europa auf einen Konfrontationskurs zubewegt.[57] Seine Zuneigung zu Stalin während des Krieges war eine bizarre Anomalie. Wie Roosevelt hatte er geglaubt, den Sowjetdiktator zu verstehen. Die groteske Fehlinterpretation von Stalins Charakter lässt sich keineswegs durch die Erfordernisse des Kriegsbündnisses erklären. Sie warf vielmehr einen unauslöschlichen Schatten auf Churchills Glauben an Freiheit und Menschlichkeit, auch wenn dieser Glaube auf die westliche Welt, insbesondere die angelsächsische, begrenzt war.

In der Züricher Rede beschäftigte sich Churchill mit der europäischen Einheit auf der Grundlage freundschaftlicher Beziehungen zwischen Frankreich und Deutschland, die er als wesentliche Voraussetzung künftigen Friedens betrachtete. Visionär war seine Forderung, »Vereinigte Staaten von Europa« zu schaffen, ein Gedanke, den er bereits 1930 geäußert hatte. Die Rede wirkte auf viele Bewohner von Ländern, die durch nationalistische Feindschaft und Krieg zerstört worden waren, inspirierend. Aber sie war zweideutig, eher ein Symbol der Hoffnung als ein Anstoß zum Handeln. Churchill erkannte, dass im künftigen Europa eine gewisse Verschmelzung nationaler Souveränitätsrechte nötig sein würde. Aber dies galt aus seiner Sicht nicht für Großbritannien. Für ihn stand weiterhin fest, was er 1930 gesagt hatte: »Wir sind *mit* Europa, nicht *in* ihm.« Großbritannien würde den »Vereinigten Staaten von Europa« nicht angehören.[58]

Churchill hielt weitere bedeutende Reden über die europäische Einheit, 1948 in Den Haag und im folgenden Jahr in Straßburg anlässlich der Gründung des Europarats, an der er wesentlichen Anteil hatte. Der Europarat arbeitete die Europäische Menschenrechtskonvention aus, war aber nicht der erste Schritt zu einer übernationalen europäischen Föderation, sondern eine Organisation von Nationalstaaten mit dem Ziel, Demokratie, Menschenrechte und Rechtsstaatlichkeit zu fördern. Churchills Europavision blieb zweideutig.[59] Sie machte Föderalisten Mut, auch wenn er selbst keiner war. Er war letztlich zu stark dem Glauben an die britische Besonderheit, das Empire und den Vorrang der atlantischen Bande der »englischsprachigen Völker« verhaftet, um sich eine politische und wirtschaftliche Zugehörigkeit Großbritanniens zu dem neuen Europa vorstellen zu können.

Als Oppositionsführer war Churchill nicht besonders erfolgreich, obwohl er von der zunehmenden Unbeliebtheit der Sparpolitik, mit der die Labour-Regierung die immensen Kriegskosten zu bewältigen versuchte, profitierte. Er hatte als Vorsitzender der Konservativen noch nie eine allgemeine Wahl gewonnen und beabsichtigte, dies nachzuholen. 1950 scheiterte er knapp, aber als im folgenden Jahr eine weitere Wahl nötig wurde, die am 26. Oktober stattfand, einen Monat vor seinem siebenundsiebzigsten Geburtstag, brachte ihn eine Mehrheit der Mandate – obwohl die Konservativen weniger Stimmen als die Labour Party erhielten – in die Downing Street 10 zurück. Die Politik war für ihn wie eine Sucht. Er konnte der Chance, das Land wieder zu führen, nicht widerstehen. Das war in mancher Hinsicht bedauerlich. Seine letzten Jahre als Premierminister waren eher unauffällig, obwohl seine Regierung – die in der Sozial- und Wohlfahrtspolitik weitgehend der Linie der Labour-Regierung folgte – als Nutznießerin des weltweiten Wirtschaftswachstums, das die Grundlage für die Zunahme des Wohlstands bildete, durchaus florierte. Die Innenpolitik kümmerte ihn jedoch nicht sonderlich. Sie wäre unter einem anderen Premierminister kaum anders ausgefallen. Ihn interessierte vor allem die Außenpolitik, in der er ebenfalls im Wesentlichen die Arbeit der Vorgängerregierung fortsetzte. Aber Großbritanniens tatsächliche Weltmachtgeltung war zu dieser Zeit bereits stark geschrumpft, und das Gleiche galt, trotz Churchills unvergleichlichem internationalen Ansehen, für das Maß, in dem er persönlichen Einfluss auf die Weltangelegenheiten ausüben konnte. So oder so führte in dieser Zeit nicht er, sondern Anthony Eden die britische Außenpolitik.[60]

Churchill vermochte wie so viele Führer, die einmal vom Elixier der Macht gekostet haben, nicht von ihm zu lassen, sehr zum Leidwesen Edens. Der Außenminister, der schon lange als »Kronprinz« gehandelt wurde, wartete mit wachsender Ungeduld auf den Moment, in dem er die Nachfolge antreten konnte. Angesichts des katastrophal verfehlten Handlings der Suezkrise nur ein Jahr, nachdem er tatsächlich Premierminister geworden war, dürfte es allerdings ein Segen gewesen sein, dass Churchill ihn so lange warten ließ.

Im Juni 1953 erlitt Churchill einen schweren Schlaganfall, der ihn für über einen Monat außer Gefecht setzte. Allerdings ließ man die Öffentlichkeit im Dunkeln darüber, dass die Regierung ohne Premierminister arbeitete. Churchill erholte sich, behielt aber einige Erinnerungslücken zurück. Er erhielt weiter viele Ehrungen, einschließlich des Literaturnobelpreises im Jahr 1953. Seine Leistungen als Kriegsführer sicherten seine Beliebtheit in Großbritannien und anderswo. Aber das Alter machte sich bemerkbar. Amphetamine hielten ihn aufrecht, und er weigerte sich weiterhin, dem zunehmenden Druck, für Eden Platz zu machen, nachzugeben. Er musste fast aus der Downing Street getragen werden, bevor er am 5. April 1955 mit dem unangebrachten Gefühl, aus dem Amt gejagt worden zu sein, Abschied von der Bühne vergangenen Ruhms nahm.[61]

Er blieb bis 1964 Parlamentsmitglied, erschien aber in den letzten Jahren nur noch selten im Unterhaus. Seine erstaunliche literarische Produktivität kam nicht zum Erliegen. Jetzt hatte er die Zeit, die in den 1930er Jahren begonnene vierbändige *Geschichte der englischsprachigen Völker* zu vollenden, in der er seine Auffassung, dass die Geschichte von »großen Männern« gemacht werde, untermauerte. Er hielt sich zumeist in Chartwell auf, wo er weiterhin großzügig Gäste empfing, wenn er nicht gerade für längere Zeit ins warme Klima an der Mittelmeerküste gereist war oder luxuriöse Kreuzfahrten unternahm. Die Möglichkeit eines Atomkriegs ließ ihn pessimistisch in die Zukunft blicken. Außerdem bedrückte ihn die Überzeugung, dass Großbritannien sich im Niedergang befand: Seine internationale Schwäche war in der Suezkrise von 1956 offenbar geworden, sein Empire, dessen Verteidigung stets das wesentliche Anliegen von Churchills politischer Karriere gewesen war, zerfiel sichtlich. Nach einem schweren Sturz 1962 in Monte Carlo verschlechterte sich der Zustand seines Gedächtnisses, und seine bemerkenswerte physische Zähigkeit begann schließlich zu schwinden.

Er starb am 24. Januar 1965, zwei Wochen nach einem schweren Schlaganfall. An seinem Staatsbegräbnis am 30. Januar 1965 nahmen Vertreter von 112 Staaten teil. Es war ein außergewöhnliches Spektakel von feierlicher Größe, das weltweit 350 Millionen Menschen im Fernsehen verfolgten.[62]

Hinterlassenschaft

Churchills größte Hinterlassenschaft war die Bewahrung von Freiheit, Demokratie und Rechtsstaatlichkeit in der westlichen Welt. Damit hatte er sich zu Recht bleibendes Gedenken verdient. Die Rolle des Einzelnen in der Geschichte ist nie deutlicher zutage getreten als in den kritischen Ereignissen von 1940. Ohne Churchill hätte die Geschichte einen anderen Verlauf genommen.

Freiheit, Demokratie und Rechtsstaatlichkeit sind jedoch unterschiedlich interpretierbar. Wie viel von Churchills Hinterlassenschaft unterhalb dieser abstrakten Ebene hat dem Zahn der Zeit standgehalten? Vielleicht sollte man hier unterscheiden zwischen den Elementen seiner »Weltsicht«, die sich als vergänglich erwiesen haben, und dem bleibenden Einfluss darauf, wie man in Großbritannien insbesondere den Zweiten Weltkrieg betrachtet.

Churchills Beisetzung markierte das Ende einer Ära. Das Zeitalter der Kolonialreiche endete, dasjenige der europäischen Großmächte war schon vorüber. Die Welt, in die Churchill über neunzig Jahre zuvor hineingeboren worden war, lag bereits in weiter Ferne, und die Welt seines politischen Lebens und seiner größten Leistungen veränderte sich rasch. Aber seine eigene Weltsicht war seit dem Ersten Weltkrieg weitgehend gleich geblieben.[63] Seine politischen Ziele hatten sich in dieser Zeit herausgebildet. In dieser Hinsicht war seine Hinterlassenschaft daher zwangsläufig kurzlebig.

Er hatte für den Erhalt des Empires gekämpft. Aber es war, als legte man ein Pflaster auf eine klaffende Wunde. Zum Zeitpunkt seines

Todes stand das Britische Empire – längst in Commonwealth umbenannt, obwohl Churchill die alte Bezeichnung vorzog – seinerseits kurz vor dem Ableben, da die wachsenden Unabhängigkeitsbewegungen die Kolonialmacht zum Rückzug zwangen. Es hatte ihn geschmerzt mitzuerleben, dass Indien 1947 in die Unabhängigkeit entlassen wurde und es anschließend zu dem immensen Blutvergießen kam, das er seit Langem vorausgesagt hatte. In den späten 1950er Jahren erwies es sich als unmöglich, die Überseebesitzungen zu behalten. Als Churchill starb, waren vom einstigen Weltreich nur noch Reste übrig. Vielleicht dachte er daran, wenn er in seinen späten Jahren sagte, er habe nichts erreicht.[64]

Als er starb, war man in Großbritannien noch weit davon entfernt, zu einer multikulturellen Gesellschaft zu werden, und die Zahl der Einwanderer war gering. Churchills Ansichten über die »Rasse« hatten sich seit seiner Jugend nicht grundlegend geändert. Er sah, wie er 1954 im Kabinett erklärte, Schwierigkeiten voraus, »wenn sich viele farbige Menschen hier niederlassen«. Bei anderer Gelegenheit empfahl er den Aufruf »Haltet Britannien weiß« als guten Slogan.[65] Viele im Land, vielleicht sogar die Mehrheit, teilten damals diese Ansichten. Aber die Einstellung zur »Rasse« begann sich bereits zu verändern. Äußerungen, wie Churchill sie im Kabinett machte, hätten nur wenig später das Ende der politischen Karriere jedes gewöhnlichen Politikers bedeutet. 1968 wurde Enoch Powell, trotz großer öffentlicher Zustimmung zu seinen Ansichten, einen Tag, nachdem er eine rassistische Rede gehalten hatte, als Minister entlassen, und er sollte nie wieder ein öffentliches Amt innehaben. Nur drei Jahre nach Churchills Tod wären dessen Ansichten öffentlich ebenso untragbar gewesen. Und trotz weiterhin vorhandener rassistischer Vorurteile wurden diese von einer wachsenden Mehrheit der Bevölkerung als abstoßend empfunden.

Die Einstellung zur »Rasse« war nicht der einzige Aspekt von Churchills Weltsicht, der einem rasch verblassenden Zeitalter angehörte. Themen wie Geschlechtergleichheit, Sexualverhalten, nachlassende Ehrerbietung, Schwächung der Klassenverbundenheit, »grüne« Politik steckten in den Jahren unmittelbar nach Churchills Tod allesamt noch in den Anfängen, sollten aber nach und nach immer mehr an Bedeutung gewinnen. Die Werte, die Churchill hochhielt, befanden sich bald im Rückzug. In der politischen Sphäre wurde sein Beharren auf der »Tory-Demokratie« – seiner Spielart des konservativen Paternalismus – seit den 1980er Jahren durch eine resolutere, schrillere und härtere Doktrin ersetzt, die eher dem liberalen Individualismus des 19. Jahrhunderts glich.

Die Frage der Beziehung Großbritanniens zu Europa, die Churchill 1946 in seiner Züricher Rede behandelte, sollte dagegen ein lange nachwirkender, aber ungewisser Teil seiner Hinterlassenschaft bleiben. Nach seiner Ansicht war Großbritannien, wie er 1949 erklärte, ein »integraler Bestandteil Europas«. Aber er räumte der Beziehung zu Amerika – die in seinen Augen unerlässlich war, um Großbritanniens schrumpfende Großmachtrolle zu bewahren – und zum Commonwealth – dessen wirtschaftliche Bedeutung für Großbritannien in den 1950er Jahren bereits zurückging – stets Vorrang ein.[66] Dies entsprach in den 1950er Jahren der Politik beider großen Parteien. In den frühen 1960er Jahren gestaltete die durch die Römischen Verträge von 1957 gegründete Europäische Wirtschaftsgemeinschaft (EWG) die europäische Integration indes in anderer Weise, als Churchill es sich 1946 vorgestellt hatte. Die konservative Regierung war in dieser Frage zwar ebenso wie die Partei gespalten, gelangte aber zu dem Schluss, dass eine Mitgliedschaft in der EWG für Großbritannien von Vorteil wäre. Zwei Jahre, bevor de Gaulle 1963 sein Veto gegen den britischen Aufnahmeantrag einlegte, hatte Churchill an den Vorsitzenden der Konservativen in seinem Wahlkreis geschrieben, »dass die Regierung recht damit hat, um die Aufnahme in die Europäische Wirtschaftsgemeinschaft zu ersuchen«.[67] Allerdings war auch die gegenteilige, den Beitritt ablehnende Ansicht von ihm zu vernehmen.[68] Als lange nach seinem Tod die britische Mitgliedschaft zu einem immer toxischeren Thema in der britischen Politik wurde, griffen beide Seiten des Streits selektiv auf Churchill-Zitate zurück. Großbritanniens Stellung in der

Welt hatte sich jedoch grundlegend verändert, als Europa zum Hauptanliegen der britischen Politik wurde. Wie sich Churchills Ansichten in Reaktion darauf gewandelt hätten, was er über Entwicklungen, die lange nach seinem Tod stattfanden, gedacht hätte, lässt sich nicht sagen. Aber er war, wie Hugo Young es ausdrückte, »der Vater des Missverständnisses« über die Rolle Großbritanniens in Europa, der »Hauptvertreter britischer Zweideutigkeit«.[69] In Bezug auf Europa war seine Hinterlassenschaft in der Tat vor allem das: Zweideutigkeit.

Am nachhaltigsten dürfte Churchills Einfluss darauf sein, wie die Briten den Zweiten Weltkrieg sehen und wie diese Sichtweise das öffentliche Bewusstsein prägt. »Standing alone«, »fight them on the beaches«, »never surrender«, »their finest hour«: die Gefühle, die sich in diesen Wendungen äußern, sind zu einem tief verankerten Bestandteil des britischen Selbstbilds geworden. Die Sprachbilder sind untrennbar mit Churchills zentraler Rolle in den damaligen Ereignissen verknüpft, wie er selbst sie in seiner sechsbändigen Geschichte des Zweiten Weltkriegs dargestellt hat. 2002 wurde er bei einer Fernsehumfrage – mit der üblichen Absurdität solcher Ranglisten – zum größten Briten, der jemals gelebt hat, gekürt. Er ist in der britischen Sicht auf Vergangenheit und Gegenwart stets präsent.[70] Churchill steht für die Art, wie die Briten sich selbst sehen. 1940 hatte das Bild vom einsamen Kampf gegen alle Widrigkeiten natürlich einen wahren Kern. In den nachfolgenden Jahrzehnten hat die unablässige Beschäftigung der Medien mit dem Zweiten Weltkrieg jedoch das Geschichtsbild nachhaltig verzerrt. Churchill verkörpert den »Mythos« britischer Standhaftigkeit und Unbezwingbarkeit im Zweiten Weltkrieg und die öffentliche Erinnerung an eine heroische Geschichte von Größe, die verloren ging und einem langen, unumkehrbaren nationalen Niedergang wich. Diese Geschichte ist nicht gerade förderlich, wenn eine europäische Mittelmacht ihren Platz in der modernen Welt finden und einnehmen will.

DE GAUL

LGERIE
PM

De Gaulle während seines ersten Besuchs in Algier im Juni 1958 inmitten einer großen Menschenmenge. Einen Monat zuvor war er erneut an die Macht gelangt, weil man ihm als Einzigem zutraute, die Algerienkrise lösen zu können. Vier Jahre später gewährte er Algerien die Unabhängigkeit, womit er sich unter denjenigen, die von ihm die Rettung »Französisch-Algeriens« erwartet hatten, erbitterte Feinde machte. *Daniele Darolle / Sygma*

SECHS

CHARLES DE GAULLE

Erneuerer von Frankreichs Größe

Drei Jahrzehnte lang, zwischen 1940 und seinem Tod im Jahr 1970, drückte Charles de Gaulle der Geschichte seines Landes und Europas seinen Stempel auf. Insbesondere während des Zweiten Weltkriegs war sein Handeln von weltweiter Bedeutung. Eine entscheidende Rolle spielte er auch bei der französischen Entkolonialisierung, insbesondere durch die Beendigung des langen, grausamen Algerienkriegs. Und die Verfassung, die er 1958 schuf, gilt noch heute. Er war in jeder Hinsicht eine überragende Figur auf der europäischen und der Weltbühne.

Seit 1940 betrachtete er sich als unersetzlichen Führer mit einer hehren historischen Mission: Frankreichs Rettung. Seine Angewohnheit, von sich selbst in der dritten Person als »de Gaulle« zu sprechen, deutet auf eine Trennung zwischen aktueller und historischer Figur hin. Der im Zweiten Weltkrieg entstandene »De-Gaulle-Mythos« blieb auch bestehen, als sich der Kriegsführer während des Nachkriegsdurcheinanders aus der Politik zurückzog, und erhielt neuen Aufwind, als er in der Krise von 1958 in sie zurückkehrte und die Fünfte Republik gründete. Das historische Bild de Gaulles ist das einer Verkörperung nationaler Einheit und Größe. Der lebende de Gaulle war dagegen ein Mensch, der tiefe Loyalität, aber auch tiefen Hass hervorrief, eine höchst umstrittene Figur, die für Freund wie Feind ein Rätsel blieb.

Persönlichkeit und Ideale

Zum Teil beruhte das Rätsel auf den inneren Widersprüchen und Paradoxien von de Gaulles außergewöhnlicher Persönlichkeit. 1890 in eine wohlhabende bürgerliche Familie hineingeboren, mit katholischen und patriotischen Werten sowie einer royalistischen Neigung aufgewachsen, war er zutiefst konservativ geprägt. Er bewunderte vieles am Ancien Régime und hätte sich als Militärführer unter Ludwig XIV. wahrscheinlich sehr wohl gefühlt. Sein idealisiertes Bild der Vergangenheit wurde von vielen französischen Konservativen geteilt. Aber de Gaulle war weit davon entfernt, einer romantisierten Vergangenheit nachzuhängen oder das durch die Revolution geschaffene Frankreich rundweg abzulehnen. Die Geschichte inspirierte ihn. Aber er war sich bewusst, dass man sich dem Neuen und Modernen anpassen musste, insbesondere der technologischen Entwicklung. Er war Traditionalist und Reaktionär, aber auch Modernisierer – in Bezug auf Waffentechnik, Wirtschaft, politische Institutionen und Technologie; so nutzte er das neue Medium des Fernsehens auf brillante Weise zu seinem Vorteil. Er war Imperialist, und doch liquidierte er das französische Kolonialreich, er war Nationalist, und doch trug er dazu bei, Frankreich in den übernationalen Rahmen der Europäischen Gemeinschaft einzufügen. Er war auf dogmatische Weise unnachgiebig und doch taktisch geschickt. Viele, die mit ihm zu tun hatten, fanden ihn unerträglich: arrogant, intolerant, grob, barsch und geringschätzig, häufig auch gegenüber treuen Unterstützern. Andererseits konnte er charmant sein und tiefe Ergebenheit hervorrufen. Er war eine autoritäre Persönlichkeit, die an die Verfassung glaubte, ein Gegner von Parteipolitik und Demokratie, der seinen instinktiven Autoritarismus beidem anpasste. Von der Linken wurde er häufig fälschlicherweise als Faschist etikettiert. Dafür fühlte er sich der verfassungsmäßigen Regierungsform zu tief verpflichtet. Aber er wollte die Verfassung seiner Art des Autoritarismus dienstbar machen – wie er es nach 1958 tat.

Ein Kernelement des komplizierten Gefüges seines Geistes war seine hohe Meinung vom französischen Staat. In seinen Augen war der Staat die oberste politische Einheit, die Verkörperung der Nation und ihrer allgemeinen Interessen, die jedoch dem Wesen nach zerbrechlich war, da sie von widerstreitenden Parteiinteressen geschwächt und gefährdet wurde. Der Dienst am Staat war für ihn »die ehrenvollste und wichtigste Tätigkeit, die es in der gegenwärtigen Ordnung gibt«.[1] In dieser Philosophie konnte der Staat jedoch nicht auf Gleichheit beruhen. Er stand vielmehr über der Gesellschaft. Seine Herrscher mussten Frankreichs Größe repräsentieren. De Gaulle war ein Intellektueller, der mit den Taten der Helden der Antike und natürlich auch der französischen Geschichte vertraut war. Er hatte keine Probleme damit, sich selbst in eine Reihe mit den französischen Helden von Karl dem Großen über Jeanne d'Arc und Napoleon bis zu Clemenceau zu stellen.[2] Sein Elitismus, wie dick er auch in romantisierten Patriotismus verpackt sein mochte, beinhaltete jedoch keine hohe Wertschätzung für das französische Volk.[3] Tatsächlich beklagte sich ein Mitglied der Resistance nach einem Abend in de Gaulles Gesellschaft mitten im Krieg über seine »ungeheure Verachtung für die Menschheit«.[4]

Der Schlüssel zum Rätsel de Gaulles lag in seiner einzigartigen Vision von Frankreichs Größe. »[I]ch glaube«, betonte er, »ohne Größe kann Frankreich nicht Frankreich sein.«[5] Nach seiner Ansicht war sie verloren gegangen, weil zweitrangige Politiker über lange Zeit hinweg nur noch den Niedergang verwaltet hatten, der schließlich in die Katastrophe von 1940 mündete. Bemerkenswerterweise hatte er bereits 1905 in einem Schulaufsatz geschrieben, Frankreich würde von einem »General de Gaulle« gerettet werden.[6]

Die Überzeugung, dass zur Rettung einer Nation in Not ein nationaler Held vonnöten sei, trieb ihn auch als Erwachsenen an. Nach seiner Vorstellung war es seine Mission, Frankreichs verlorene Größe wiederherzustellen. Er scheute nicht davor zurück, sich mit Jeanne d'Arc zu vergleichen, wie absurd dies auch klingen mochte.[7] Frankreich zu retten, bedeutete vor allem, die Schmach der Kapitulation von 1940 zu tilgen und das von ihm stets als illegitim betrachtete Vichy-Regime gewissermaßen aus der französischen Geschichte zu streichen. »Vichy war immer und bleibt null und nichtig«, erklärte er 1944 bei seiner Rückkehr nach Paris.[8] Die Befreiung Frankreichs ist für immer in dem berühmten Foto eingefangen, das de Gaulle, mit Kopf und Schultern aus seiner Begleitung herausragend – mit 1,95 Meter war er deutlich größer als der durchschnittliche Franzose seiner Zeit –, am 26. August 1944 vor dem Hintergrund des Arc de Triomphe an der Spitze des Siegeszuges auf den Champs Élysées zeigt. Befreiung bedeutete für ihn Wiederbelebung, Wiederaufbau und Erneuerung. Was er aufbauen wollte, war jedoch kein neues Frankreich, sondern die Republik, die 1940 verraten worden war. Gleichzeitig erforderte die Befreiung, alles zu überwinden, was für Frankreich schädlich war, einschließlich des zersetzenden Parteienstreits. Frankreich zu retten, bedeutete, sich von den alltäglichen Spaltungen des politischen Lebens fernzuhalten und die Nation in all ihrer Größe und ihrem Ruhm zu verkörpern – und zu führen.

Aber wie stark seine elitären Ideale und sein hochmütiges Selbstbild auch waren, ohne die katastrophale Niederlage von 1940 hätte man ihn außerhalb der französischen Militärkreise und des Verteidigungsministeriums wahrscheinlich nicht wahrgenommen. Die französische Kapitulation gegenüber Deutschland war die erste Vorbedingung, die de Gaulle einen Platz in der Geschichte verschaffte. Die zweite sollte lange nach dem Krieg, 1958, eintreten.

Vorbedingungen der Macht

Die totale militärische Niederlage und nationale Krise ermöglichten es de Gaulle, aus dem Schatten herauszutreten und sich auf der Grundlage einer kompromisslosen Einstellung im englischen Exil zum Symbol der Befreiung Frankreichs von deutscher Besetzung zu machen.

Dies waren die wesentlichen Voraussetzungen seiner – anfangs noch schwachen – Behauptung, ein nationaler Führer zu sein. Wäre der frühere Ministerpräsident Paul Reynaud – der sich entschied, nicht nach London zu gehen, und wenig später vom Pétain-Regime verhaftet wurde – nach dem Fall Frankreichs verfügbar gewesen, hätte die britische Regierung höchstwahrscheinlich ihn als Führer des »Freien Frankreichs« de Gaulle vorgezogen. Dass jemand anders hätte erreichen können, was de Gaulle gelang, ist indes stark zu bezweifeln.

Als Frankreich im Mai und Juni 1940 zusammenbrach, sah niemand de Gaulle als politischen Führer, auch nicht er selbst. Bis zu diesem Zeitpunkt hatte nichts in seiner Laufbahn darauf hingedeutet, dass er eines Tages eine entscheidende politische Rolle spielen würde. Er war, seit er 1909 in die Militärakademie in Saint-Cyr aufgenommen worden war, Militär durch und durch. Nachdem er sich als Offizier im Ersten Weltkrieg ausgezeichnet (und einige Zeit in deutscher Kriegsgefangenschaft verbracht) hatte, erwarb er sich ein gewisses Ansehen als unabhängiger Denker bezüglich der militärischen Taktik und Kriegführung, aber auch den Ruf, arrogant und »schwierig« zu sein. 1932 wurde er zum Oberstleutnant befördert und auf eine untergeordnete Stellung im Nationalen Verteidigungsrat berufen. In dieser Zeit entwickelte und publizierte er seine Ideen über die künftige Bedeutung der Panzerkriegführung, von denen er seine Vorgesetzten allerdings nicht zu überzeugen vermochte. Trotz der hohen Meinung, die er von seinen Fähigkeiten und seinem Urteilsvermögen hatte, sah es so aus, als würde er nie mehr sein als ein hoher Offizier.

Seine Beförderung zum Brigadegeneral erfolgte – in Anerkennung seiner Leistung als Kommandeur einer Panzerdivision, die sich inmitten der sich abzeichnenden Katastrophe recht gut geschlagen hatte – erst am 23. Mai 1940. Wenig später, am 5. Juni, berief ihn Reynaud auf seinen ersten Regierungsposten, den des Unterstaatssekretärs im Verteidigungsministerium. Es war eine untergeordnete Position, und die Regierung stand kurz vor ihrem Ende, aber sie brachte ihn in Kontakt zu Winston Churchill, der seit dem 10. Mai britischer Premierminister war. Churchill scheint von seinem unbändigen Kampfeswillen beeindruckt gewesen zu sein. Jedenfalls gewann er einen günstigen Eindruck von ihm. Er hielt es für möglich, dass man de Gaulle das militärische Kommando über den potentiellen Widerstand in den französischen Kolonien anvertrauen würde.[9] Offenbar stellte de Gaulle sein Licht nicht unter den Scheffel. Während eines Londonbesuchs am 16. Juni, als Frankreich kurz vor der Niederlage stand, »spreizte« er sich vor britischen Ministern auf eine Weise, die einen von ihnen zu der wahrscheinlich sarkastischen Bemerkung veranlasste, man habe es wohl mit einem zweiten Napoleon zu tun. »Dabei ist er nur ein Generalmajor, auf den man erst kürzlich aufmerksam geworden ist«, kommentierte Churchills Privatsekretär, John Colville.[10]

Nach seiner Rückkehr aus London am selben Tag erfuhr de Gaulle, dass Reynauds Regierung zurückgetreten war. Mit der Bildung einer neuen Regierung, die um einen Waffenstillstand ersuchen sollte, war Marschall Pétain beauftragt worden, der Held der tapferen Verteidigung von Verdun im Jahr 1916. De Gaulle hatte Pétains militärische Führung im Ersten Weltkrieg bewundert, aber ihr anfänglich gutes Verhältnis hatte sich später verschlechtert. Pétains Bereitschaft, mit Deutschland einen Waffenstillstand auszuhandeln, war für ihn ein unverzeihlicher, unehrenhafter Verrat. Nach seiner Ansicht sollte Frankreich weiterkämpfen. Es verfügte immer noch über Streitkräfte, auch wenn sie sich in einem chaotischen Zustand befanden. Es konnte weiterkämpfen, wenn nötig vom Ausland aus kommandiert. Am nächsten Morgen flog er zusammen mit einem engen Vertrauten und mit 100000 Francs in der Tasche, die ihm Reynaud aus einem geheimen Regierungsfonds mitgegeben hatte, ins Exil nach London.[11] Erst vier Jahre später sollte er nach Paris zurückkehren.

Anhänger gewinnen

De Gaulles Zukunft in London sah nicht sehr vielversprechend aus. Er hatte keine Anhängerschaft und keine Reputation. Zum Glück war er kurz zuvor zum General befördert worden. Als Oberst wäre es ihm möglicherweise noch schwerer gefallen, von Großbritannien als Exilführer Frankreichs anerkannt zu werden.[12] Auf jeden Fall maß man in London, das selbst mit einer drohenden Invasion konfrontiert war, Frankreich keine Priorität bei. De Gaulle stand also vor der doppelten Aufgabe, sich einerseits bei den Briten als Führer des Freien Frankreichs zu etablieren und andererseits die Franzosen für sich zu gewinnen, denen er völlig unbekannt war.

Am Abend des 18. Juni, einen Tag nach seiner Ankunft im Exil, richtete er, sich als »General de Gaulle, zurzeit in London« vorstellend, in der BBC seinen berühmten Appell an die Franzosen: Jeder, der könne, solle sich seinem Kampf anschließen; am Ende werde der Sieg ihnen gehören. Zumindest wurde der Appell *später* berühmt und zu einem Grundbaustein des »De-Gaulle-Mythos«. Damals, im Juni 1940, hörten ihn nur wenige Franzosen, von denen zudem die meisten keine Ahnung hatten, wer dieser de Gaulle war.[13] Die folgenden Monate waren für de Gaulle frustrierend. Es fiel ihm schwer, selbst die wenigen französischen Soldaten und Matrosen, die sich beim Fall Frankreichs in Großbritannien aufgehalten hatten, für sich zu gewinnen. Und von denjenigen, die mit ihm zusammentrafen, fanden manche seine kühle, distanzierte Art und seine äußere Erscheinung – ein Rekrut verglich sie mit der eines Reihers – wenig einnehmend.[14] Noch im November ignorierten emigrierte französische Schriftsteller de Gaulle, indem sie erklärten, es gebe niemanden »mit Autorität«, der Frankreich sagen könne, dass »der Kampf [...] weitergehen« müsse.[15] Andererseits blieben die meisten – obwohl es auch bedeutsame Ausnahmen gab – derjenigen, die sich ihm nach der französischen Kapitulation angeschlossen hatten, unverbrüchlich an seiner Seite und dienten ihm und dem Freien Frankreich mit großer Hingabe.

Einige von ihnen wurden wichtige Berater und unverzichtbare Gefährten im Kampf für das Freie Frankreich und dienten de Gaulle häufig auch nach der Befreiung und nach seiner Rückkehr an die Macht im Jahr 1958 weiterhin. Aber es stand außer Frage, wer die Befehle erteilte, die Direktiven ausgab, die Entscheidungen traf, kurz, der unumstrittene Führer war. De Gaulle gab der Bewegung des Freien Frankreichs mit seiner beherrschenden – und herrischen – Persönlichkeit Ziel, Antrieb und Tatkraft. Er allein hielt die zersplitterte, heterogene und schlecht koordinierte Gruppe zusammen, die in der Anfangszeit den Kern der Führung in London bildete.

Während de Gaulle im Herbst 1940 für mehrere Wochen nach Französisch-Äquatorialafrika reiste, um in den dortigen Kolonien – die sich über einen großen Teil Nord-, West- und Zentralafrikas erstreckten – um Unterstützung zu werben, war die Organisation in London drei Mitstreitern überlassen, deren Triumvirat sich als hoffnungslos dysfunktional erwies. Jules Aristides Antoine, der den Decknamen »Fontaine« benutzte, besaß zwar Erfahrungen aus der Arbeit in Wirtschaftsverbänden, doch sie konnten seine Schroffheit und seine rechtsextremen Ansichten nicht ausgleichen. Admiral Émile Museliers unausgeglichenes Temperament und seine Überzeugung, dass nicht de Gaulle, sondern er an der Spitze stehen sollte, machten eine Zusammenarbeit mit ihm, schon bevor er im September 1941 mit de Gaulle brach, nahezu unmöglich.[16] André Dewavrin schließlich, alias »Passy«, der einen Nachrichtendienst aufbauen sollte, besaß nicht das Format, um die anderen beiden im Zaum zu halten.[17]

Andere Gefolgsleute aus der frühen Zeit waren zuverlässigere Stützen. Geoffrey Chodron de Courcel, gelernter Diplomat und einer von de Gaulles engsten Mitarbeitern, war am 17. Juni mit ihm nach England geflogen. Der Rechtsanwalt René Cassin half, die formale britische Anerkennung von de Gaulles Organisation, die am 7. August 1940 erfolgte, auszuhandeln. Maurice Schumann war die Stimme des Freien Frankreichs, die in Frankreich am häufigsten gehört wurde. Und ein nicht ganz unwichtiger Gefolgsmann der Anfangszeit war

René Pleven, ein junger, begabter Geschäftsmann mit guten Verbindungen in die Vereinigten Staaten, der es in den 1950er Jahren bis zum Ministerpräsidenten bringen sollte.[18]

Anfangs hatte de Gaulles kleine, rudimentäre Gefolgschaft lediglich die Aufgabe, Unterstützer zu gewinnen und ihre Legitimität als wahrer Repräsentant Frankreichs zu etablieren. Ähnlichkeit mit einer entstehenden politischen Organisation gewann die Gruppe erst, als de Gaulle im Oktober 1940 einen neunköpfigen Conseil de Défence de l'Empire (Reichsverteidigungsrat) bildete, der theoretisch die Machtvollkommenheit einer Staatsregierung besaß, in der Praxis aber nicht mehr als ein Beratungsgremium darstellte, während die Entscheidungskompetenz de Gaulle vorbehalten war. Im September 1941 trat das Nationalkomitee des Freien Frankreichs an seine Stelle, dem zwölf Mitglieder angehörten, unter anderen Pleven, der für Wirtschaftsfragen, und Cassin, der für Rechtsfragen zuständig war. Das Komitee ähnelte einer Exilregierung. Doch de Gaulle als ihr Vorsitzender hatte alle Hebel der Macht in Händen.[19] Es war keine Einmannshow, aber nicht weit davon entfernt.

Die Tatsache, dass de Gaulle und seine anfangs kleine, aber entschlossene Gefolgschaft mit großen Schwierigkeiten zu kämpfen hatten, war nicht zu übersehen. Die große Mehrheit der französischen Streitkräfte blieb unter dem Kommando Vichys, und der verheerende britische Angriff auf die in Mers-el-Kébir liegende französische Flotte im Juli 1940 konnte kaum als Werbung für de Gaulle dienen. Zudem hielt das französische Kolonialreich fast vollständig zu Pétain. Als im September eine von Großbritannien unterstützte Landung von Truppen des Freien Frankreichs in Dakar im Senegal scheiterte, war es für die Propaganda Vichys ein gefundenes Fressen. Es war leicht, de Gaulle als Verräter an Frankreich darzustellen.

De Gaulles Beziehungen zu seinen britischen Gastgebern trübten sich bald ein. Die britische Regierung unterstützte das Freie Frankreich finanziell und erkannte ihre Streitkräfte im August 1940 formell als Kriegsteilnehmer an. De Gaulle konnte im Juni und Juli in der BBC insgesamt zwölf Ansprachen und Appelle an die Franzosen richten.[20] Aber ihr Text wurde von den Briten redigiert. Tatsächlich bestimmten sie, ob er überhaupt sprechen durfte und wann.[21] Für die britische Regierung, die sich noch nicht klar geworden war, wie sie mit de Gaulle umgehen sollte, war das Freie Frankreich angesichts der vernichtenden französischen Niederlage in diesen ersten Monaten nicht viel mehr als ein Nebenschauplatz in einem Krieg, in dem es jetzt für Großbritannien ums eigene Überleben ging.

De Gaulle ärgerte sich maßlos über die Unterordnung unter die britischen Interessen und, nachdem die Vereinigten Staaten im Dezember 1941 in den Krieg eingetreten waren, auch zunehmend unter diejenigen Amerikas. Aber mit seinem Starrsinn und häufig schroffen Verhalten stieß er alle, die mit ihm zu tun hatten, vor den Kopf und brachte sie gegen sich auf. Für ihn ging es stets und ausnahmslos um »Frankreich zuerst« und über allem anderen. Diese Haltung kollidierte unweigerlich mit der breiteren Strategie der Alliierten. Ein Zusammenstoß zwischen den Temperamenten de Gaulles und Churchills war unvermeidlich.[22] Churchill empfand Respekt für Frankreich und sorgte sich um seine Zukunft, aber dem stand seine militärische Bedeutungslosigkeit gegenüber. Im weiteren Verlauf des Krieges machte Churchills anfängliche Bewunderung für de Gaulle häufigen Wutausbrüchen über dessen Halsstarrigkeit Platz. Roosevelt schätzte den Führer des Freien Frankreichs von Anfang an nicht sonderlich. In den ersten beiden Kriegsjahren betrachteten die Alliierten de Gaulle und das Freie Frankreich als ein nebensächliches und häufig störendes Element in ihren Planungen. Diese Haltung begann sich allerdings zu ändern, als sich von Ende 1942 an das Kriegsglück immer weiter zugunsten der Alliierten wendete.

In der ersten Kriegsphase fiel es de Gaulle schwer, in den französischen Kolonien Unterstützung zu finden. Aber trotz des schweren Rückschlags durch das Fiasko der Dakar-Operation konnte er wenigstens die Unterstützung von Französisch-Äquatorialafrika sowie winziger französischer Enklaven in Indien und im Pazifikraum gewinnen – zumeist aufgrund der wirtschaftlichen Abhängigkeit dieser Gebiete von Großbritannien.[23] Der größte Teil des französischen Kolonialreichs wechselte erst nach dem November 1942 – nach der strategisch wichtigen anglo-amerikanischen Landung in Nordafrika – auf die Seite des Freien Frankreichs. Zu seinem Verdruss war de Gaulle von der Planung der Landung ausgeschlossen und dem Freien Frankreich keine Rolle in der Operation, in der Vichy-Kräfte gegen die Alliierten kämpften, zugewiesen worden.

Gleichwohl sollte der alliierte Erfolg in Nordafrika de Gaulle völlig neue Gelegenheiten eröffnen, auch wenn sie nicht sofort zutage traten. Als Reaktion auf die Landung besetzten die Deutschen die bisher »freie Zone« Frankreichs, so dass Vichy ganz offensichtlich zu einem deutschen Marionettenregime wurde. Damit war de Gaulle schließlich der Weg geebnet, die Kontrolle über die noch intakten Teile der französischen Armee zu erlangen, die fünfmal größer waren als die Truppen des Freien Frankreichs; die Marine versenkte sich Ende November selbst, um nicht den Deutschen in die Hände zu fallen. Darüber hinaus konnte er nach und nach den großen Rest des französischen Kolonialreichs für sich gewinnen. Aber zunächst gab es noch Hindernisse beiseitezuräumen. Die Vereinigten Staaten gehörten zu den Ländern, die das Vichy-Regime – in der Hoffnung, es würde eine Unterstützung der Kriegsanstrengung der Achse vermeiden – anerkannt hatten. Also hatte Roosevelts Regierung, bei der de Gaulle immer noch wenig Ansehen genoss, zunächst auf Admiral François Darlan gesetzt, den anglophoben starken Mann des Regimes, der einen Waffenstillstand mit den Alliierten in Nordafrika schloss. Nachdem Darlan am Heiligabend in Algier ermordet worden war, wandten die Amerikaner ihre Gunst General Henri Giraud zu, der im vorangegangenen April auf dramatische Weise aus deutscher Gefangenschaft geflohen war und nie müde wurde, von seinen Heldentaten zu erzählen. De Gaulle verlegte im Mai 1943 sein Hauptquartier nach Algier, brauchte jedoch Monate, bis er seinen Vorrang vor Giraud etabliert hatte, obwohl dieser sich durch seine Unfähigkeit und seine Fehler selbst als

Anwärter auf die Führung disqualifizierte.[24] Erst gegen Jahresende konnte de Gaulle die Alliierten dazu bewegen, seine Stellung als politischer und militärischer Führer Frankreichs anzuerkennen. Zu diesem Zeitpunkt war die Konstruktion des »De-Gaulle-Mythos«, dessen Hauptarchitekt er selbst war, bereits weit gediehen.

Die Geburt des Nationalhelden

De Gaulle war nie ein »Mann des Volkes«, auch wenn er lernte, die öffentliche Zustimmung, die ihm entgegenschlug, zu nutzen. Am Anfang war das Hauptmittel, mit dem er öffentliche Unterstützung gewann, das gesprochene Wort. Und dieses beherrschte er, wie Churchill, meisterhaft. Seine Rhetorik hatte wie diejenige Churchills einen altmodischen Anklang, war aber perfekt darauf abgestimmt, patriotische Gefühle zu schüren, zunächst nur bei einem kleinen Teil seiner Landsleute, später aber bei den meisten derjenigen, die den Tag der Befreiung herbeisehnten. Er wurde zur Stimme der Befreiung, lange bevor die meisten Franzosen wussten, wie er aussah.

Vor 1940 war er außerhalb der Militärakademie, des Generalstabs und der Korridore der Macht in Paris kaum bekannt. In London wurde er anfangs – im Guten oder in der Regel im Schlechten – zwar als außergewöhnliche Persönlichkeit wahrgenommen, aber niemand – nicht einmal in seiner eigenen Gefolgschaft – hielt ihn für einen charismatischen Helden mit Massenappeal. Dass er für seine »Schicksalsgenossen das Schicksal unserer Sache verkörperte, für die Menge der Franzosen das Symbol ihrer Hoffnung und für die Ausländer die Gestalt eines in allen Prüfungen standhaften Frankreichs« und dass dies sein Verhalten bestimmen und seiner Persönlichkeit »etwas aufzwingen« musste, das er »nicht mehr ändern konnte«, erkannte er zum ersten Mal, als er im Herbst 1940 in den französischen Kolonien von jubelnden Menschenmengen empfangen wurde. Es sei, fügte er hinzu, für ihn eine »dauernde starke innere Bevormundung und gleichzeitig eine schwere Last« gewesen.[25] Ungefähr zur gleichen Zeit sorgten französische Journalisten mit regelmäßigen Radiosendungen dafür, dass die Franzosen sich seinen Name merkten – zumal er wegen seiner klanglichen Nähe zu »Gaule« (Gallien) selbst schon die Frühgeschichte Frankreichs zu symbolisieren schien. Und es gab erste Anzeichen für Verbindungen de Gaulles zu den vereinzelten Widerstandsnestern gegen die deutsche Besetzung.[26] Der organisierte Widerstand entwickelte sich jedoch nur langsam. Bis eine kohärente Bewegung entstanden war, dauerte es zwei Jahre.[27] Auf jeden Fall erwartete de Gaulle bis 1942 nicht viel von ihr.

Dass sich seine Rolle in der Resistance in jenem Jahr derart ausweitete, war zum großen Teil nicht sein Verdienst, sondern dasjenige von Jean Moulin, der zum Zeitpunkt der deutschen Besetzung Präfekt von Chartres war und danach bald zur Schlüsselfigur der Resistance wurde, welche die einzelnen kleinen Widerstandsgruppen zu einer Bewegung vereinte. Im Oktober 1941 reiste Moulin inkognito über Lissabon nach London, wo er de Gaulle vom Potential eines koordinierten, bewaffneten Widerstands in Frankreich selbst überzeugte. Ab Januar 1942 agierte Moulin formell als »Beauftragter« de Gaulles. Er hielt de Gaulle als Symbol für den Aufbau einer wirkungsvollen Widerstandsbewegung für unverzichtbar, bezweifelte aber seine Eignung für eine spätere Regierung.[28] Selbst mit de Gaulle als Symbol fiel es Moulin schwer, die disparaten organisatorischen und ideologischen Positionen innerhalb der Resistance zu einer auch nur annähernd einheitlichen Bewegung zusammenzuführen. Aber die völlige Fügsamkeit des Vichy-Regimes gegenüber den deutschen Forderungen verschaffte der Resistance, insbesondere nach der Einführung der Zwangsarbeitsverordnung im Februar 1943 – mit der französische Arbeiter für die deutsche Kriegsanstrengung rekrutiert werden sollten –, großen Zulauf.

Auf der Grundlage des gemeinsamen Ziels der Befreiung konnte Moulin schließlich aus Repräsentanten der verschiedenen Widerstandsgruppen einen Nationalrat der Resistance bilden, der am 27. Mai 1943 das erste Mal zusammentrat. Bei diesem Treffen wurde beschlossen, de Gaulle als Führer einer künftigen provisorischen Regierung vorzusehen. Die Einheit der Resistance blieb allerdings künstlich.[29] Seine Rolle in der Resistance gehörte zu diesem Zeitpunkt allerdings nicht zu de Gaulles Prioritäten. Vielmehr nahm ihn in seinem neuen Hauptquartier in Algier immer noch der Machtkampf mit Giraud in Anspruch. Erst im Herbst 1943, nachdem er die alleinige Führung des Französischen Komitees der nationalen Befreiung – an dessen Spitze er bis dahin gemeinsam mit Giraud gestanden hatte – übernommen hatte, wurde er als Symbol des französischen Widerstands allgemein anerkannt.[30] Doch auch danach war insbesondere der kommunistische Flügel der Resistance darauf bedacht, einem Mann, den die Kommunisten als reaktionären Konservativen, wenn nicht gar Faschisten betrachteten, nicht zu viel Autorität zu verleihen. De Gaulle andererseits fürchtete, die Kontrolle über die Resistance an die Kommunisten zu verlieren. Unterdessen war der tapferen Tätigkeit Jean Moulins im Juni 1943 auf tragische Weise ein Ende gesetzt worden, da er verhaftet und anschließend von der Gestapo zu Tode gefoltert worden war.

Ende 1943 sahen immer mehr Franzosen und Alliierte in de Gaulle den künftigen Führer eines befreiten Frankreichs. Er stellte sich pragmatisch auf die Notwendigkeit einer kollektiven Zukunftsplanung im Befreiungskomitee – das sich als Vorläufer einer künftigen Regierung betrachtete – ein, bestand aber darauf, dass es nur beratende Funktion hatte. Jeder demokratische Anschein war reine Fassade. Er behielt in allen wichtigen Fragen die Kontrolle und die Entscheidungsmacht. Sein tief verwurzelter Autoritarismus blieb unverändert bestehen. Dies galt auch für die schwierigen Beziehungen zu den alliierten Führern. Die Alliierten hatten mittlerweile – nicht immer mit Begeisterung – erkannt, dass de Gaulle als Einziger die Autorität besaß, für das Freie Frankreich zu sprechen. Zugleich aber ärgerte sich de Gaulle darüber, dass man ihn aus der Planung des D-Days heraushielt, und misstraute den Vorstellungen der Alliierten für Frankreichs künftige Regierung, weil er – nicht ganz zu Unrecht – annahm, dass sie das Land unter ihre Kontrolle bringen wollten.

Als er, aus Algier nach London zurückgekehrt, am 4. Juni, kurz vor dem D-Day, mit Churchill zusammentraf, war er in reizbarer Stimmung, und beim Mittagessen kam es zu einem wütenden Wortwechsel über die Unterordnung Frankreichs – und Großbritanniens – unter die amerikanischen Interessen bei den Planungen für die Befreiung Frankreichs. Churchills cholerischer – vom Alkohol befeuerter – Ausbruch war ein Anzeichen für seine eigene Anspannung. Am nächsten Tag folgte ein Treffen mit dem alliierten Oberkommandierenden, General Eisenhower, bei dem de Gaulle sich bitter darüber beklagte, dass die Franzosen nicht an der Landung beteiligt wurden.[31] Am D-Day selbst hatte de Gaulle seinen Ärger geschluckt und hielt in der BBC eine flammende patriotische Ansprache an die Franzosen. Zu Churchills Verdruss sprach er von »Anweisungen der französischen Regierung«, so als gäbe es eine solche bereits. Churchill konnte sich gegenüber Roosevelt die Bemerkung nicht verkneifen, dass die Rede bemerkenswert sei, da de Gaulle »keinen einzigen Soldaten in der großen Schlacht hat, die sich jetzt abspielt«. Diesem Seitenhieb sollte jedoch bald die Grundlage entzogen werden, da ab dem 1. August 1944 eine französische Panzerdivision unter dem Kommando von General Philippe Leclerc in der Normandie mitkämpfte.[32] Sosehr er Churchill auch reizte, für viele Franzosen verkörperte de Gaulle mittlerweile die Befreiung und damit die Wiederherstellung der Ehre ihres Landes.

Eine weitere Facette erhielt der »De-Gaulle-Mythos« – das heroische Bild des Befreiers Frankreichs –, als de Gaulle nach vierjähriger Abwesenheit am 14. Juni wieder französischen Boden betrat. Die Rede, die er während eines sorgfältig geplanten Besuchs in Bayeux hielt, der größten zu diesem Zeitpunkt bereits befreiten Stadt, war zum großen Teil Propaganda. Sie wurde mit Begeisterung aufgenommen, wenn auch nicht ganz so euphorisch, wie de Gaulle es später behauptete.[33] Er schuf sich eine Basis für die politische Macht nach der Befreiung. Der größte Schritt war dabei sein triumphaler Einzug in Paris am 25. August. Die Stadt war bereits befreit, und zwar im letzten Akt des Dramas von den Franzosen selbst. Einige Tage zuvor hatte die Resistance in der Hauptstadt und anderswo im Land einen Aufstand entfacht. Und den militärischen Ruhm, sich einen Weg in die Hauptstadt erkämpft zu haben, überließ Eisenhower General Leclercs Truppen. Französische Truppen waren am Abend des 14. August in Paris einmarschiert. Die deutsche Kapitulation folgte am nächsten Tag.

In der bewegenden Rede, die de Gaulle am Abend des 25. August im Rathaus von Paris hielt, erklärte er, die Stadt sei »von seiner Bevölkerung befreit worden, mit Unterstützung der Armee Frankreichs«.[34] Die dürren Worte, mit denen er den Alliierten für ihre Hilfe dankte, waren kaum eine angemessene Anerkennung für das, was sie tatsächlich für die Befreiung Frankreichs getan hatten. Aber für de Gaulle zählte nur eins: Frankreich durch die Vorstellung der Selbstbefreiung zu glorifizieren. Für den Wiederaufbau einer traumatisierten Nation war dies von großer Bedeutung.

Und es stand außer Zweifel, wer als Held der Befreiung und Retter der Nation dargestellt wurde. Bei der Siegesparade auf den Champs-Élysées am nächsten Tag nahm de Gaulle den Ehrenplatz an der Spitze des Zuges ein. Die riesige jubelnde Menschenmenge schwenkte vorher an sie verteilte Transparente mit der Aufschrift: »Vive de Gaulle!«[35]

Scheitern

De Gaulles Führung war ein Produkt des Krieges. Eine Organisation aufzubauen, Anhänger in Frankreich und den Kolonien zu gewinnen, Kontakte zu pflegen, eine Exilarmee zu schaffen und sich gleichzeitig um die Anerkennung der Alliierten zu bemühen, erforderte bestimmte Führungsqualitäten. De Gaulles Persönlichkeit passte zu diesem Aufgabenbündel. Seine Willensstärke, seine Distanz zum alltäglichen politischen Gezänk, sein herrisches Auftreten, sein Beharren auf autokratischer Kontrolle in einer Art militärischer Kommandostruktur waren unter den Notstandsbedingungen des Krieges sicherlich Eigenschaften von unschätzbarem Wert. Zu einer demokratischen Regierung mit der kollektiv zu bewältigenden Aufgabe des Nachkriegswiederaufbaus passten sie indes nicht.

Nach der triumphalen Siegesparade auf den Champs-Élysées zeigte de Gaulle, wie er sich das weitere Vorgehen vorstellte: Er zwang der von ihm ernannten Regierung und – soweit dies möglich war – dem Land als Ganzem (von dem einige Teile noch nicht befreit waren) seine Autorität auf. Der Regierung gehörten Vertreter des gesamten politischen Spektrums an, einschließlich der Kommunisten. Aber de Gaulle hielt die Zügel fest in der Hand.

Anfangs wirkte sein einzigartiges Prestige als Erfolgsgarantie. Er nutzte seinen eigenen Personenkult dazu, die Bedeutung der Resistance herunterzuspielen, deren Ansehen seiner Autorität hätte gefährlich werden können. Die Enttäuschung derjenigen, die im Kampf gegen die Besatzer enorme Risiken eingegangen waren und ihn als Symbol ihrer Zukunftshoffnungen betrachtet hatten, nahm er als Kollateralschaden in Kauf. Indem man Repräsentanten und Kollaborateure des Vichy-Regimes zur Verantwortung zog, konnten ein Gefühl nationaler Einheit geweckt und ein Schlussstrich unter die jüngste, schmerzliche Vergangenheit gezogen werden. Und de Gaulles Moskaubesuch im Dezember 1944 zu bilateralen Gesprächen mit den Sowjets – die zu einem eher bedeutungslosen Hilfs- und Freundschaftsvertrag führten – kam zu Hause gut an, da er signalisierte, dass Frankreich dabei war, seinen angestammten Großmachtstatus wiederzuerlangen.[36]

Wie illusorisch diese Vorstellung war, sollte sich bald herausstellen. De Gaulle war höchst pikiert darüber, dass Frankreich aus den Beratungen der »Großen Drei« – Stalin, Roosevelt und Churchill – sowohl im Februar 1945 in Jalta als auch nach dem Ende des Krieges in Europa im August in Potsdam herausgehalten wurde. Roosevelt mochte de Gaulle immer noch nicht, und Stalin empfand für ein Land, das 1940 »überhaupt nicht gekämpft« hatte, kaum mehr als Verachtung. Aber Churchill wollte Frankreichs Stellung als Großbritanniens wichtigster Verbündeter in Westeuropa stärken. Dass die »Großen Drei« –

»nur aus Freundlichkeit«, wie Roosevelt und Stalin erklärten – Frankreich eine Besatzungszone in Deutschland zugestanden, hatte es hauptsächlich ihm zu verdanken.[37] Außerdem wurde Frankreich in den Alliierten Kontrollrat aufgenommen und erhielt einen ständigen Sitz im neugeschaffenen Sicherheitsrat der Vereinten Nationen.

Vor der größten Herausforderung stand de Gaulle jedoch zu Hause. Die Parteipolitik trat rasch wieder in den Vordergrund, was sich vor allem im Wiederaufbau der Kommunistischen und der Sozialistischen Partei sowie der Gründung einer neuen christdemokratischen Partei, des Mouvement Républicain Populaire (MRP, Volksrepublikanische Bewegung), zeigte. Der Führung des MRP gehörten auch eng mit de Gaulle verbundene Politiker an, wie Georges Bidault, der nach Moulins Tod den Vorsitz des Nationalrats der Resistance übernommen hatte, und Maurice Schumann, der ab 1940 am häufigsten als Rundfunksprecher des Freien Frankreichs in London aufgetreten war. In der ersten Nachkriegswahl im Oktober 1945 lagen die drei großen Parteien nahezu gleichauf. Daraufhin bildeten sie eine wacklige Dreiparteienkoalition, in der es jedoch in der Anfangszeit, als es darum ging, die dringenden Bedürfnisse des wirtschaftlichen Wiederaufbaus zu erfüllen, viel parteiübergreifende Einigkeit gab.

De Gaulle wurde als Regierungschef wiedergewählt. Aber seine Vorstellung davon, wie Frankreich in Zukunft regiert werden sollte, stimmte nicht mit derjenigen der Parteien, insbesondere der linken, überein, und so kam es bald zum vorhersehbaren Zusammenstoß. Während des Krieges hatte de Gaulle stets seine Autorität durchsetzen können. Jetzt jedoch erwies sich die Macht der Parteien als stärker. Nach deren Vorschlägen für eine neue Verfassung wurde die Macht der Regierung sogar noch weiter eingeschränkt als in der Dritten Republik.

De Gaulle hatte darauf beharrt, dass die provisorische Regierung, an deren Spitze er nach der Befreiung getreten war, als direkter Nachfolger der Regierungen der Dritten Republik angesehen wurde. Das Vichy-Regime sei lediglich eine illegale Unterbrechung der rechtmäßigen Ordnung gewesen. Aber trotz der Betonung der verfassungsmäßigen Kontinuität deutete er auch an, dass eine politische Transformation nötig war. Die Verfassung der Dritten Republik hatte die parlamentarische Kontrolle der Regierung besonders betont. Der Präsident hatte eine weitgehend zeremonielle Rolle. Infolgedessen waren die Regierungen schwach und wurden wiederholt von der Nationalversammlung, die selbst vom Parteienstreit zerrissen war, aufgelöst und neu gebildet. In dieser Schwäche sah de Gaulle einen der Hauptgründe für den Zusammenbruch von 1940. Nach seiner Ansicht brauchte Frankreich eine starke Regierung – für deren Bildung er der Richtige war. Ihm schwebte ein Präsidialregime auf der Grundlage der Wählerzustimmung vor.[38]

Die Parteien der Linken waren, was de Gaulles Absichten betraf, von Anfang an misstrauisch und nicht bereit, eine starke Exekutivgewalt in seine Hände zu legen. Die vorgeschlagene Verfassung war das genaue Gegenteil dessen, was er wollte. Da er bereits Schwierigkeiten im Umgang mit der Nationalversammlung hatte, vermochte er sich nicht durchzusetzen. Am 20. Januar 1946 kam er seiner Absetzung zuvor und trat zurück.[39] Möglicherweise hatte er erwartet, dass dieser dramatische Schritt des Nationalhelden die Atmosphäre klären und man ihn zurückrufen würde. Sollte er dies gehofft haben, wurde er enttäuscht. Zum ersten Mal seit 1940 hatte er nicht mehr die Zügel in der Hand.

Er sah sich nicht als Diktator, obwohl andere sich da nicht so sicher waren. Aber die Art, wie er sich selbst präsentierte und sich seine Rolle vorstellte, lief auf eine charismatische Herrschaft – wie Max Weber sie definiert hat – auf der Grundlage seiner Leistungen als Frankreichs Held und nationaler Retter hinaus.[40] Mit der Zerrissenheit pluralistischer Parteipolitik, die in jeder Form von Demokratie – insbesondere einer von der Art, wie es die Dritte Republik gewesen war – die Exekutivgewalt der Regierung einschränkt und kontrolliert, war dies kaum vereinbar. Genau dies war de Gaulles großes Dilemma, als er nach der Befreiung die Führung der provisorischen Regierung übernahm. Er brauchte die Parteien und begrüßte ihren Wiederaufbau, sowohl um den Einfluss der Kommunisten zu begrenzen als auch um das Ausmaß seines Rückhalts in der Öffentlichkeit zu demonstrieren – obwohl die Linken und vor allem die Kommunisten keine einfachen Bundesgenossen waren.[41] Andererseits kamen selbst die linken Parteien nicht ohne ihn aus; auch sie mussten sein einzigartiges Prestige anerkennen. Die innere Spannung der Kombination aus charismatischer Führung und parteipolitisch gespaltener parlamentarischer Demokratie war offensichtlich und unüberwindbar. Dass de Gaulle nicht bereit war, seine charismatische Autorität den Zwängen der Parteipolitik unterzuordnen, führte letztlich dazu, dass er zwölf Jahre im politischen Abseits verbrachte. Als Kriegsführer war er einzigartig und unersetzlich gewesen. Als Friedensführer war er mit Spaltungen konfrontiert, die er nicht zu überbrücken vermochte. Ein potentieller Diktator hätte möglicherweise versucht, die politischen Strukturen, die ihm im Weg waren, zu zerstören. De Gaulle zog sich jedoch ganz aus der Politik zurück und wartete die fundamentale Systemkrise ab, von deren Kommen er überzeugt war. Dann würde der Held wieder gebraucht, und er würde zurückkehren, um Frankreich erneut zu retten.

Nach seinem Rücktritt im Januar 1946 blieb er nicht lange im Verborgenen. Binnen wenigen Monaten kehrte er ins Rampenlicht der Öffentlichkeit zurück, wenn auch nicht in die Regierung. Mit seinem hochentwickelten Gespür für Theatralik wählte er Bayeux, den Ort seiner Rückkehr nach Frankreich im Jahr 1944, um am 16. Juni eine Rede zu halten, in der er seine Argumente für einen Staatsaufbau mit einem gewählten Präsidenten mit Exekutivgewalt an der Spitze darlegte. Die Regierung sollte ihre Macht vom Staatschef erhalten – in dessen Rolle er sich natürlich selbst sah –, der ihre Mitglieder ernennen, aber über dem Verwaltungsalltag stehen sollte. Die Verkündung von Gesetzen und Verordnungen sollte jedoch sein Vorrecht sein. In Zeiten nationaler Gefahr würde der Präsident die Freiheit des Landes garantieren.[42]

Sein Plädoyer stieß auf taube Ohren. Im Oktober 1946 billigten die französischen Wähler – wenn auch etwas halbherzig – die Verfassung der Vierten Republik. Sie war, wie diejenige der Dritten Republik, eine Blaupause für eine schwache Regierung und politische Instabilität. Die Regierung hing von fragilen Mehrheiten in der Nationalversammlung ab. Keine konnte sich lange halten. Zwischen 1945 und 1958 gab es 22 Regierungen, die zwischen einer Woche und 15 Monaten im Amt waren.[43] Die Unfähigkeit zu regieren passte kaum zu de Gaulles Vorstellung von Frankreichs Größe und war das Gegenteil seiner Zukunftsvision für das Land. Er sah mit düsterer Vorahnung eine Katastrophe voraus und verglich die Stimmung im Land – mit bemerkenswerter Übertreibung – mit derjenigen im Juni 1940.[44] Er bereitete sich darauf vor, das Land noch einmal zu retten. Im April 1947 trat er zu einem weiteren Comeback an.

Das Rassemblement du peuple français (RPF, Sammlungsbewegung des französischen Volkes), das er in diesem Monat mit großem Erfolg gründete, behauptete, keine Partei zu sein, sondern eine über den Parteien stehende »Bewegung«. In Wirklichkeit handelte es sich um eine weitere Partei, die sich mit eigenem Programm an Wahlen beteiligen würde. Gleichwohl war sie anders – im Wesentlichen dadurch, dass sie als Vehikel für de Gaulles charismatische Persönlichkeit und die Art von Regierung, die er sich für Frankreich vorstellte, diente. Die Mitgliederzahl des RPF stieg anfangs, unter anderem wegen des verschärften Antikommunismus nach Ausbruch des Kalten Krieges, steil an. Aber es konnte nie auch nur annähernd eine Mehrheit gewinnen; vielmehr spaltete es die rechte Wählerschaft und schwächte damit den MRP. Die gaullistische Rechte und die kommunistische Linke – die Kommunisten waren 1947 aus der Regierung geworfen worden – bildeten einfach die entgegengesetzten Enden des politischen Spektrums, zwischen denen instabile Koalitionen sich bemühten, eine dauerhafte Regierung zu bilden. 1951 erhielt das RPF in der ersten allgemeinen Wahl nach seiner Gründung 22 Prozent der Stimmen und musste damit nur den Kommunisten, die 26 Prozent gewonnen hatten, den Vortritt lassen. De Gaulle behauptete wenig überzeugend, aufgrund dieses relativen Erfolgs habe er das Recht, eine Regierung zu bilden, die eine Verfassungsänderung anstreben würde. Doch Präsident Vincent Auriol wies ihn rundweg ab.[45] Zwei Jahre später, im Mai 1953, erklärte de Gaulle vor dem Hintergrund innerer Spaltungen und schwindender Wählerzustimmung des RPF, wenn er Frankreich regieren sollte, dann nur unter der Voraussetzung, dass er die Macht übernehmen und das Regime ändern könne. »Das bedeutet: alles oder nichts«, fügte er hinzu.[46] Es sah ganz danach aus, dass es Letzteres werden würde. Er zog sich erneut zurück, diesmal, wie es schien, für immer.

Rückkehr des Helden

Ohne eine tiefe Krise der Vierten Republik hatte de Gaulle keine Chance, jemals wieder zu Bedingungen, die er akzeptierte, an die Spitze der französischen Politik zu gelangen. In seinem dreiundsechzigsten Lebensjahr zog er sich in sein relativ bescheidenes Landhaus in Colombey-les-Deux-Églises in der Champagne in Ostfrankreich zurück, das er und seine Frau Yvonne seit 1934 besaßen. Dort setzte er die Arbeit an seinen Kriegserinnerungen fort. Begonnen hatte er sie im Jahr 1946, und seitdem hatte ihm seine politische Tätigkeit nicht viel Zeit zum Schreiben gelassen. Jetzt konnte er sich der Aufgabe widmen, der Nachwelt eine Darstellung des heroischen Kampfs für die Errettung Frankreich nach dem tiefen Sturz von 1940 zu hinterlassen. Das riesige Echo, das die Veröffentlichung der ersten beiden Bände 1954 und 1956 auslöste – der dritte erschien 1959, nach de Gaulles Rückkehr an die Macht –, demonstrierte seinen legendären Ruf als Retter Frankreichs. Und es polierte sein Image als Erlöser auf, der sich in einsamer Abgeschiedenheit bereithielt, sollte Frankreich ihn erneut brauchen.[47] 1958 war es so weit.

Während de Gaulles selbstgewählter Zurückgezogenheit reihte sich, wie schon seit Gründung der Vierten Republik, eine Regierungskrise an die nächste. Angesichts der Art der Verfassung war kaum etwas anderes möglich. Trotz der Instabilität der Regierung blieb das zugrunde liegende staatliche System stabil, und die Wirtschaft prosperierte. Was als Vorbedingung für de Gaulles »Wiederkunft« – und das Zugeständnis an seinen Ehrgeiz, eine dauerhafte, tiefgreifende Veränderung in Gang zu setzen – gebraucht wurde, war nicht einfach nur eine weitere Regierungskrise, sondern eine Krise des französischen Staats selbst. Diese brach 1958 aus. Ihre Ursache war die Unfähigkeit, das Algerienproblem zu lösen.

Kolonialreiche bröckelten überall. Aber Algerien war einzigartig: eine Kolonie, die keine war. Obwohl de facto seit 1830 eine französische Kolonie, in der eine Schicht überwiegend französischer Siedler – die ein Zehntel der Bevölkerung ausmachten – über eine untergeordnete muslimische Bevölkerung herrschte, war es rechtlich ein integraler Bestandteil Frankreichs. Deshalb kam sein Verlust der Abspaltung eines Teils von Frankreich gleich. Im November 1954 hatte die Front de Libération Nationale (FLN, Nationale Befreiungsfront) einen bewaffneten Unabhängigkeitskampf begonnen, der sich rasch zu einem langwierigen, von beiden Seiten mit unbarmherziger Brutalität geführten Krieg entwickelte. Die instabilen, kurzlebigen französischen Regierungen fanden keine Lösung für das vertrackte Problem. Als französische Siedler, die sogenannten *pieds noirs,* mit Unterstützung der in Algerien stationierten französischen Truppen gegen die Regierung rebellierten, erhöhte sich der Druck auf de Gaulle einzugreifen. Er ließ wissen, dass er bereit sei, eine Regierung zu bilden, allerdings nur unter der Bedingung, dass er ermächtigt werde, die Verfassung zu ändern. Er erinnerte die französische Öffentlichkeit daran, dass das Land schon einmal unter seiner Führung gerettet worden war, und versprach, die »äußerst ernste nationale Krise« könne »eine Art Wiedergeburt« mit sich bringen.[48] Sowohl für die Armee als auch für die *pieds noirs* bedeutete die Rettung Frankreichs die Rettung Französisch-Algeriens. Sie trauten de Gaulle zu, tun zu können, was niemand sonst tun konnte.[49]

De Gaulle konnte den Algerienkonflikt nach weiteren vier Jahren schrecklichen Blutvergießens letztlich beenden, allerdings nicht so, wie die *pieds noirs* es erwartet oder sich vorgestellt hatten.[50] Dass er erreichte, woran die Regierungen der Vierten Republik gescheitert waren, war der größeren Machtfülle zu verdanken, die er als Präsident durch die von ihm durchgesetzten gravierenden Verfassungsänderungen erhalten hatte. Nachdem er im Mai 1958 erneut zum Ministerpräsidenten ernannt worden war, hatte er sich rasch die Unterstützung des Parlaments für seine Absicht gesichert, eine neue Verfassung durch eine Volksabstimmung bestätigen zu lassen. Im September gewann er mit seinem Vorschlag 79 Prozent der Stimmen, und am 21. Dezember wurde er nach der neuen Verfassung von einem Wahlmännergremium (Collège électoral) zum Präsidenten gewählt, der jetzt erhebliche Exekutivgewalt besaß. Formal trat er sein neues Amt am 8. Januar 1959 an. Eine Verfassungsreform war bereits im Gespräch gewesen und wäre wahrscheinlich auch ohne de Gaulle irgendwann durchgeführt worden. Die Lähmung der Regierung und ihre Unfähigkeit, die Algerienkrise zu lösen, hatten in der Öffentlichkeit den Wunsch nach der Wiederherstellung der Ordnung geweckt und die politische Elite für den Gedanken einer Verfassungsänderung zugänglich gemacht. Aber die spezifischen Verfassungsbestimmungen der Fünften Republik waren de Gaulles Werk und spiegelten seine einzigartige Autorität und sein Ansehen wider.

Im Rückblick sieht de Gaulles Umgang mit der Krise, die mit der Entlassung Algeriens in die Unabhängigkeit im Jahr 1962 endete, wie ein strategisches Meisterwerk aus. In Wirklichkeit handelte er, wenn er seinen politischen Drahtseilakt auch mit großem Geschick vollführte, nicht zielstrebig nach einer klaren Strategie, sondern pragmatisch in Anpassung an einen Prozess, der unausweichlich auf die Niederlage der Verfechter eines »Algérie française« hinauslief. Es ging eher darum, die Verluste in einem nicht zu gewinnenden Konflikt zu verringern.[51] Seine Versicherung »Ich habe euch verstanden«, die er am 4. Juni 1958 vor einer begeisterten Menschenmenge in Algier abgab, war ein Musterbeispiel ausgeklügelter Zweideutigkeit.[52] Seine Zuhörer dachten fälschlicherweise, er stünde auf ihrer Seite und hätte ihnen versprochen, dass Algerien französisch bleiben würde. Aber er vermied es, sich festzulegen. Trotz militärischer Überlegenheit konnten die Franzosen die für ihre nationale Unabhängigkeit kämpfenden Guerillatruppen nicht besiegen. Darüber hinaus erwies sich ihre brutale Kriegführung als kontraproduktiv, denn sie empörte die Öffentlichkeit sowohl in der Heimat als auch im Ausland. Vorsichtig bewegte sich de Gaulle Schritt für Schritt auf das Eingeständnis zu, dass die einzige machbare Lösung die Unabhängigkeit Algeriens war. Dies öffentlich anzuerkennen, bedeutete, sich bei den *pieds noirs* und der Armee in Algerien Feinde zu machen, also den Gruppen, die sich von ihm ihre Rettung erhofften. De Gaulle nahm das unabwendbare Ende mit Gleichmut hin. Es war weit weniger schlimm, als einen Krieg fortzuführen, der nicht zu gewinnen war. Wegen der *pieds noirs* vergoss er keine Träne. Es war Zeit, sich der Zukunft zuzuwenden, anstatt sich an eine sterbende Vergangenheit zu klammern.

Angesichts des Drucks auf Unabhängigkeit hätte sicherlich keine französische Regierung Algerien als kolonialen Besitz behalten können. Aber aller Wahrscheinlichkeit nach besaß nur de Gaulle die persönliche Autorität, einen möglichen Bürgerkrieg abzuwenden und stattdessen die Öffentlichkeit zu der Einsicht zu bringen, dass Algerien nicht gehalten werden konnte. Er hatte schon lange erkannt, dass er für die Lösung des Algerienkonflikts keine Asse im Ärmel hatte. Im Herbst 1961 begannen Geheimverhandlungen mit der FLN, die am 18. März 1962 zum Waffenstillstand führten, der am 8. April von 90 Prozent der französischen und am 1. Juli von 99 Prozent der algerischen Wähler gebilligt wurde.[53] Am selben Tag wurde die Unabhängigkeit Algeriens proklamiert. Hunderttausende Menschen, überwiegend nichtweiße Algerier, waren in dem schrecklichen Konflikt getötet oder verstümmelt worden. Die meisten *pieds noirs* gingen mit dem anhaltenden Gefühl, betrogen worden zu sein, nach Frankreich. De Gaulle hatte wenig Mitgefühl für sie und gar keins für die nach

Zehntausenden zählenden Harkis, algerische Muslime, die in Algerien auf Seiten der Franzosen gekämpft hatten und nach der Unabhängigkeit nach Frankreich geflohen waren, um der grausamen Vergeltung zu Hause zu entgehen.

Algerien überschattete in den ersten Jahren von de Gaulles Präsidentschaft alles andere. Dass er den Algerienkrieg beendet und lange innere Unruhen vermieden hatte, war an sich schon eine Leistung. Aber sein internationales Ansehen und seine heimische Autorität ermöglichten ihm auch Erfolge auf anderen Gebieten. Im Gegensatz zu der einzigartigen Situation in Algerien ging die Auflösung des übrigen französischen Kolonialreichs zwischen 1958 und Ende 1960 relativ glatt vonstatten. Für jemanden, der im Zeitalter der Kolonialreiche geboren war und den Kolonialbesitz als Grundbestandteil der Großmachtstellung Frankreichs betrachtet hatte, akzeptierte de Gaulle dessen Auflösung erstaunlich schnell und leidenschaftslos. Er begrüßte sie zwar nicht, erkannte aber ihre Unvermeidlichkeit. Auf die neu unabhängig gewordenen Länder und ihre Völker blickte er geringschätzig herab. »Ich weiß, dass die Entkolonialisierung katastrophal ist«, erklärte er 1962 im privaten Rahmen. Die meisten Afrikaner würden kaum auf der Stufe des Mittelalters stehen und bald wieder »Stammeskriege, Zauberei, Kannibalismus« erleben.[54] Dennoch fand die Entkolonialisierung unter ihm statt, und er trug dazu bei, dass der Übergang in die Unabhängigkeit relativ reibungslos verlief, wenn auch unter Wahrung französischer Wirtschaftsinteressen. Seine Leistung sollte nicht übertrieben werden. Der weltweite Druck in Richtung Entkolonialisierung war so groß, dass sie sowieso stattgefunden hätte, welcher Art die französische Regierung auch gewesen wäre. Allerdings hätte es ohne de Gaulles Führung ein weitaus steinigerer Weg werden können.

Der Abdruck der Persönlichkeit

Verfassungsrechtlich war die Fünfte Republik so gestaltet, dass die persönliche Machtausübung des Präsidenten den modernen Anforderungen einer pluralistischen parlamentarischen Repräsentation angepasst war. Insofern war sie eine merkwürdige Mischform, die zwar dem amerikanischen Präsidialsystem ähnelte, jedenfalls mehr als der britischen parlamentarischen Demokratie, aber eine einzigartige französische Schöpfung darstellte. In mancher Hinsicht glich de Gaulles Machtposition, in der er charismatische Herrschaft mit dem Management repräsentativer Politik vereinte, derjenigen, die Bismarck im kaiserlichen Deutschland eingenommen hatte – abgesehen davon, dass dieser dem Kaiser unterstand. De Gaulle erkannte die öffentliche Teilhabe an der Politik als notwendig an, akzeptierte sie und begrüßte sie sogar – solange sie nach seinen Bedingungen erfolgte. Als Staatsoberhaupt mit Exekutivgewalt war er niemandem verantwortlich; er war zwar kein Diktator, konnte aber Referenden abhalten, um die Unterstützung der Öffentlichkeit für seine persönliche Macht zu erhalten oder das Parlament zu beeinflussen. Unter de Gaulle beugte sich die Politik in Frankreich seiner Persönlichkeit und dem außerordentlichen Prestige, das er aufgrund seiner historischen Leistungen besaß.

Theoretisch leitete der Präsident die Außen- und Verteidigungspolitik; außerdem hatte er das Recht, in einem nationalen Notfall quasidiktatorische Vollmachten auszuüben, während die Innenpolitik die Domäne von Ministerpräsident und Regierung war, die dem Parlament verantwortlich waren. In der Praxis gab es kein Gebiet der Politik, für das sich de Gaulle nicht zuständig fühlte. Ihm dienten einige herausragende Politiker, die er in hohe Ämter berief, wie Michel Debré, Georges Pompidou (die nacheinander Ministerpräsident waren), Maurice Couve de Murville (Außenminister) und André Malraux (Kulturminister). Entscheidend aber war, dass die Minister nicht vom Parlament, sondern allein von ihm abhingen. Er war das

Verbindungsglied zwischen Ministern und parlamentarischer Machtbasis. Das Parlament selbst war durch die neue Verfassung stark geschwächt. Aber auch ohne diese Tatsache bildete die neue gaullistische Partei, die 1958 gegründete Union pour la Nouvelle République, eine starke parlamentarische Vertretung von de Gaulles Politik.

De Gaulle dominierte alle bedeutenden politischen Debatten nicht nur in der Außen-, sondern auch in der Innenpolitik. So griff er persönlich ein, um die Entscheidung über Wirtschaftsfragen zu bestimmen, wie den von dem Ökonomen Jacques Rueff ausgearbeiteten Finanzstabilisierungsplan von 1958 und Maßnahmen zur Inflationsbekämpfung im Jahr 1963.[55] Er wachte eifersüchtig über seine Prärogative und traf sämtliche Schlüsselentscheidungen. Für einen Mann in den Siebzigern bewies er bemerkenswerte Tatkraft bei der Umsetzung politischer Maßnahmen, auch wenn er nicht direkt involviert war. Dies war seit seiner Rückkehr an die Macht im Jahr 1958 ein Kennzeichen seines Regierungshandelns. Sein großes Arbeitspensum, seine Fähigkeit zuzuhören, seine Achtsamkeit für Details, die eingehende Befragung von Ministern und sein außergewöhnliches Gedächtnis waren Merkmale seines Regierungsstils und untermauerten seinen instinktiven Autoritarismus.[56] In den wöchentlichen Sitzungen des Ministerrats wurden lediglich Berichte von Ministern angehört und Entscheidungen abgesegnet, die vorher von Ad-hoc-Komitees mit de Gaulle als Vorsitzendem – und dominierendem Mitglied – getroffen worden waren.[57] Es war überdeutlich: De Gaulle entschied.

1962 stärkte er seine persönliche Macht zusätzlich, indem er ein gescheitertes Attentat fanatischer Gegner der algerischen Unabhängigkeit, die der Organisation de l'armée secrète (Organisation der geheimen Armee, OAS) angehörten, für eine Verfassungsänderung in seinem Sinn nutzte. Um die Notwendigkeit parlamentarischen Rückhalts zu verringern, setzte er durch, dass der Präsident künftig nicht mehr, wie von der Verfassung von 1958 vorgeschrieben, von einem Wahlmännergremium, sondern direkt vom Volk gewählt werden sollte. Diese Änderung war höchst umstritten; nicht nur die Linke befürchtete, dass sie den Weg in eine neue bonapartistische Diktatur ebnete. Doch sie wurde im Oktober in einer Volksabstimmung angenommen – wenn auch nur mit 62 Prozent der abgegebenen Stimmen, wobei 23 Prozent der Wahlberechtigten der Abstimmung fernblieben.[58] Drei Jahre später, 1965, wurde er mit 55 Prozent der Stimmen als Präsident wiedergewählt. Er war jedoch, nachdem er in der ersten Wahlrunde nur 45 Prozent der Stimmen gewonnen hatte, in eine Stichwahl gegen seinen Hauptopponenten, den Kandidaten der Linken, François Mitterrand, gezwungen worden. Die Wahl zeigte, wie weit er davon entfernt war, ein über den Parteien stehender Führer zu sein, der die nationale Einheit verkörperte, wie er es behauptete. Vielmehr war er offensichtlich eine Figur, die spaltete und, außer in einer tiefen Krise, den normalen Riss zwischen Links und Rechts eher widerspiegelte als überwand.[59]

Während sich das Kolonialreich im neuen Zeitalter der Supermächte nach und nach auflöste, suchte de Gaulle nach neuen Wegen, Frankreichs Großmachtstatus aufrechtzuerhalten. Die Betonung einer eigenständigen Außenpolitik trug unverkennbar seinen Stempel. Sein tief verwurzelter Antiamerikanismus – der zum Teil auf die abschätzige Behandlung zurückzuführen war, die er Jahre zuvor von Roosevelt erfahren hatte – ließ ihn nach guten Beziehungen zur Sowjetunion und zum kommunistischen China streben. Er lehnte das amerikanische Angebot ab, Frankreich Polaris-Raketen zu liefern, und steckte enorme Mittel in das französische Nuklearprogramm – das tatsächlich schon in der Vierten Republik in Gang gesetzt worden war. Trotz zunehmenden Widerstands der Linken baute Frankreich 1968 die erste eigene Wasserstoffbombe, die für de Gaulle ein unverzichtbares Symbol nationaler Größe war. Der Rückzug aus der amerikanisch dominierten Kommandostruktur der NATO im Jahr 1966 war ein weiterer Schritt, mit dem er die französische Unabhängigkeit in der Verteidigungs- und Außenpolitik unterstreichen wollte. Sowohl die Unabhängigkeit als auch der implizierte Großmachtstatus waren freilich zum großen Teil Trugbilder. De Gaulle gab Frankreich zwar stärker den Anschein eines blockfreien Landes, das sich keiner der Supermächte anschloss,[60] aber die Zeiten einer auch nur annähernd wirklichen Unabhängigkeit eines mittelgroßen europäischen Nationalstaats waren, wie es auch Großbritannien hatte einsehen müssen, lange vorüber.

Anders als Großbritannien hatte Frankreich, als de Gaulle sein Amt antrat, in der Europäischen Wirtschaftsgemeinschaft (EWG) bereits eine neue Rolle gefunden. De Gaulle hatte Jean Monnet und seine Vorstellung einer übernationalen europäischen Integration nie gemocht. Auch in dieser Hinsicht waren seine Ansichten in der Vergangenheit unabhängiger, rivalisierender europäischer Staaten verankert. Aber er war Realist. Die EWG hatte für Frankreich große Vorteile, insbesondere die Gemeinsame Agrarpolitik, die den französischen Bauern in unverhältnismäßiger Weise zugutekam. Außerdem war de Gaulle klar, dass der Frieden in Europa von engen Beziehungen zu Westdeutschland abhing, die er mit dem symbolischen Deutsch-Französisch Freundschaftsvertrag besiegelte, dem sogenannten Élysée-Vertrag, den er gemeinsam mit Konrad Adenauer 1963 unterzeichnete. Aber ihm schwebte ein von Frankreich dominiertes »Europe des patries« vor, ein Europa der Vaterländer. Seine »Frankreich zuerst«-Politik bedeutete, dass Großbritannien – von dem in seinen Augen eine Gefahr für die französischen Interessen in Europa ausging – aus der EWG herausgehalten werden musste. Damit wurde der britische Beitritt allerdings nur für einige Jahre hinausgeschoben – und mit ihm die unvermeidliche Spannung zwischen Großbritannien und der EWG, die er voraussah. De Gaulles Beharren auf dem Vorrang der französischen Interessen führte auch zu einem siebenmonatigen französischen Boykott europäischer Institutionen wegen der Ausweitung der übernationalen Machtbefugnisse der Europäischen Kommission, der 1966 mit einem heiklen Kompromiss endete. Er war Ausdruck der schwierigen Balance zwischen den nationalen Interessen Frankreichs und den übernationalen Zielen der EWG, einer Spannung, die – zumindest solange de Gaulle im Amt war – nicht aufzulösen war.

De Gaulle vermochte es indes nicht, die Kräfte der Modernisierung und der kulturellen Transformation, die Frankreich und Europa in den 1960er Jahren veränderten, seiner Spielart des Autoritarismus zu beugen. Als Studentenproteste – anfangs nur gegen die Zustände an den Universitäten – in ganz Frankreich einen Aufruhr entzündeten, der im Mai 1968 kurzzeitig die politische Ordnung bedrohte, traf dies de Gaulle völlig unvorbereitet. Seine erste Reaktion – sich auf einen viertägigen Staatsbesuch in Rumänien zu begeben und Ministerpräsident Pompidou das Kommando zu überlassen – zeigte, wie falsch er die Situation einschätzte und wie weit er vom Lebensgefühl und von den Einstellungen der jungen Generation entfernt war. Erst gegen Ende eines Monats voller gewalttätiger Unruhen ergriff er wieder die Initiative, und auch jetzt nur, nachdem er für einige Tage auf mysteriöse Weise verschwunden war, ohne selbst den Ministerpräsidenten zu informieren. Der Grund seines Verschwindens war eine Reise nach Westdeutschland, um sich von General Jacques Massu, dem Befehlshaber der dort stationierten französischen Truppen, versichern zu lassen, dass er auf die Rückendeckung des Militärs zählen konnte. Danach ging er in die Offensive, indem er die Nation vor der Gefahr einer Diktatur und der Bedrohung durch den Kommunismus warnte, während ein gut organisierter Demonstrationszug von einer halben Million Anhänger zu seiner Unterstützung durch Paris zog. Danach spielte Pompidou – wie schon während der gesamten Krise – die Hauptrolle, indem er mit Zugeständnissen und Reformversprechen nach und nach die Ordnung wiederherstellte.

In der einen Monat später abgehaltenen Wahl erzielten die Gaullisten eine überwältigende Mehrheit. Aber das Blatt begann sich gegen de Gaulle zu wenden. Als er am 27. April 1969 eine Volksabstimmung über seine Vorschläge für eine Reform der Regionalverwaltung und des Senats abhielt, erlitt er eine Niederlage. Für ihn war die Abstimmung eine Probe auf das Vertrauen in seine Führung. Daher zog er die naheliegende Konsequenz aus dem Ergebnis und trat als Präsident zurück. Zu einem seiner engsten Berater hatte er zuvor gesagt: »Wenn die Franzosen nicht auf mich hören wollen, nun, dann werde ich gehen, und hinterher wird das französische Volk sehen, dass ich recht gehabt habe.«[61]

In Wahrheit war er nicht mehr auf der Höhe der Zeit. In zwei Krisen, derjenigen von 1940 und derjenigen von 1958, war seine Persönlichkeit von entscheidender Bedeutung für das Schicksal Frankreichs gewesen. Aber die Ereignisse des Mai 1968 zeigten, auch wenn sie kaum greifbare unmittelbare Folgen hatten, dass Frankreich sich von de Gaulles besonderer Version persönlicher Macht entfernt hatte. Auf seine unnachahmliche Art erkannte er dies auch. Die Franzosen, deutete er im privaten Gespräch an, seien seiner Vision von Größe nicht gerecht geworden. Sie hätten die »Mittelmäßigkeit« gewählt.[62] In Wirklichkeit war sein Nachfolger, Georges Pompidou, alles andere als mittelmäßig, während de Gaulles Vision der Wiederherstellung von Frankreichs Größe nie mehr gewesen war als eine Illusion. Er zog sich erneut zurück, zunächst in einen Urlaub an der Westküste Irlands, dann in die Abgeschiedenheit von Colombey-les-Deux-Églises, wo er unermüdlich an seinen auf drei Bände veranschlagten Erinnerungen an seine Amtszeiten seit 1958 arbeitete. Diesmal war der Rückzug endgültig. Die Ära de Gaulle war vorüber. Etwas mehr als ein Jahr später starb er.

Hinterlassenschaft

Betrachtet man die dramatischen Jahrzehnte der französischen Geschichte, in denen de Gaulle unauslöschliche Spuren hinterließ – von den 1930er Jahren, den »hohlen Jahren«,[63] über das Trauma von Krieg und Befreiung, die Turbulenzen der Vierten Republik und des Algerienkriegs bis zur bemerkenswert stabilen Fünften Republik –, stellt sich die nächstliegende Frage von selbst: Hätte ein anderer als de Gaulle eine solch tiefgreifende Transformation erreichen können? Sie kann guten Gewissens mit Nein beantwortet werden.

Manche Leistungen lassen sich, wie gesehen, leicht übertreiben oder bedürfen zumindest der Einordnung. Frankreich wurde vor allem von amerikanischen und britischen Truppen befreit, und nicht von de Gaulles Freiem Frankreich oder der fraglos überaus mutigen Resistance. Aber de Gaulles Vision eines »anderen Frankreich« war gleichwohl entscheidend, denn sie bildete einen Sammelpunkt sowohl in Frankreich selbst als auch in den Kolonien und unterstrich den – von Churchill bereitwillig und von Roosevelt zögerlich akzeptierten – Anspruch Frankreichs, nach dem Krieg immer noch als Großmacht behandelt zu werden. Seine Vision ermöglichte es dem 1940 geschlagenen Frankreich, nach der Befreiung seine Selbstachtung wiederzugewinnen.

Die algerische Unabhängigkeit und die Entkolonialisierung im Allgemeinen wären in jeden Fall gekommen, auch wenn de Gaulles persönliche Rolle im tatsächlichen historischen Prozess entscheidend war. Außerdem prägte er der eigenständigen französischen Außen- und Verteidigungspolitik seinen Stempel auf. Diese Leistung ist jedoch mit Einschränkungen zu versehen. Zum einen bestand schon lange, bevor er ins Amt kam, die Absicht, Nuklearwaffen zu entwickeln. Zum anderen haben sowohl der französische Großmachtanspruch als auch der Wert einer unabhängigen Verteidigungspolitik – wie Frankreichs Wiedereingliederung in die Kommandostruktur der NATO zeigt – im Lauf der Zeit an Kraft verloren.

Die Versöhnung zwischen Frankreich und (West-)Deutschland war mehr den frühen Anstrengungen von Robert Schuman, Jean Monnet und Konrad Adenauer zu verdanken als de Gaulle und 1958 bereits weit gediehen, obwohl de Gaulle die neue Beziehung durch den Freundschaftsvertrag, den er 1963 unterzeichnete, besiegelte. Das von ihm gewünschte Modell eines »Europas der Vaterländer« konnte Monnets Vision einer übernationalen Integration nie verdrängen. Aber das Gegenteil ist auch nicht entstanden. In EWG und Europäischer Gemeinschaft (EG), später der Europäischen Union (EU), wurde und wird zwischen Nationalem und Übernationalem ein schwieriges

Gleichgewicht aufrechterhalten. Manches hat sich jedoch in eine Richtung entwickelt, die de Gaulle zugesagt hätte. Seit 1974 ist der Europäische Rat, in dem die einzelnen Mitgliedsstaaten vertreten sind, das wichtigste Entscheidungsgremium. Und die nationalen Interessen haben im Allgemeinen weiterhin Vorrang, insbesondere in Krisenzeiten.

Die französische Wirtschaft hat unter de Gaulle zweifellos prosperiert. Aber schon in der Vierten Republik war – trotz instabiler Regierungen, Inflation, der Kosten des Algerienkriegs und regelmäßiger Krisen der Staatsfinanzen – ein außergewöhnliches Wirtschaftswachstum zu verzeichnen.[64] De Gaulle hatte Glück, was den Zeitpunkt seines Amtsantritts als Präsident betraf, denn er übernahm eine grundsätzlich starke Wirtschaft in einer Phase, in der die Schwierigkeiten bereits leichter zu bewältigen waren. Und das Wachstum hörte auch nach seinem Rücktritt nicht auf. Es setzte sich fort, bis bedeutende Veränderungen der Weltwirtschaft in den 1970er Jahren Frankreich, wie andere Länder auch, in Mitleidenschaft zogen und »les trentes glorieuses«, den »dreißig glorreichen Jahren«, ein Ende setzten. De Gaulles persönliche Rolle war dabei gegenüber den unpersönlichen ökonomischen Kräften, die sich nationaler Kontrolle entzogen, zweitrangig. Und die Modernisierung, die den Wirtschaftsboom begleitete, unterminierte letztlich das Frankreich von de Gaulles Vision. Die Gemeinsame Agrarpolitik der EWG half zwar den französischen Bauern, aber die Bauernschaft – die im Mittelpunkt des traditionellen Frankreichbildes stand – verschwand wie überall in Europa auch in Frankreich zusehends. Und die modernen Lebensstile und Einstellungen, die der rasche ökonomische Wandel hervorbrachte, passten nicht zu de Gaulles patriarchalem Führungsstil.

De Gaulle hatte den Glauben an »Nationalhelden« überlebt. Er war der letzte in der Reihe europäischer politischer Führer, die sich als »große Männer« betrachteten.[65] Demokratischer Pluralismus, bürgerliche Freiheiten und Menschenrechte, wie sie sich insbesondere seit den 1960er Jahren in Europa etablierten, machten die im 19. und frühen 20. Jahrhundert vorherrschende Idee von politischer »Größe« hinfällig. Stabilere Umstände und veränderte Einstellungen passten nicht zur »charismatischen Herrschaft«, die ein Produkt von Krisen war und das »Genie« eines »großen Führers« als Lösung ungemein komplexer sozialer und politischer Probleme präsentierte.

Gleichwohl ist de Gaulles größte und dauerhafteste Leistung seiner Art der persönlichen Führung zu verdanken: die bemerkenswerte Verfassung der Fünften Republik. Sie diente dem Zweck, seinen Machtanspruch zu befriedigen. Autoritarismus mit demokratischem Pluralismus zu einer einzigartigen Struktur verschmelzend, hat sie den Test der Zeit bestanden. In den letzten Jahren ist allerdings ihr Schwachpunkt insbesondere in Krisenzeiten zutage getreten: die starke Abhängigkeit von den (vermeintlichen) Fähigkeiten des Präsidenten. Dennoch wird, obwohl die Politik in Frankreich selten ohne Drama auskommt, nicht nach einer Verfassungsänderung gerufen, und dies lässt sich von keinem anderen Abschnitt der französischen Geschichte zwischen der Revolution und de Gaulle sagen.[66]

De Gaulle war zweifelsohne ein Führer mit bemerkenswerten Fähigkeiten, der Außerordentliches erreichte. Was seine persönliche Rolle jedoch um Längen überdauert hat, ist der »De-Gaulle-Mythos«, das legendäre Image von Größe. Das heroische Bild von de Gaulle hat in den Jahrzehnten seit dem Zweiten Weltkrieg – auch wenn es sich für seine Nachfolger zuzeiten als zweischneidiger Segen herausgestellt hat – alle Kapriolen der französischen Politik überstanden. De Gaulle gilt in Frankreich weithin als bedeutendste Figur der französischen Geschichte, weit vor Napoleon. Der größte Pariser Flughafen trägt seinen Namen. Symbolträchtiger ist die Umbenennung des Place de l'Étoile im Herzen von Paris mit dem Arc de Triomphe in der Mitte und dem Grabmal des unbekannten Soldaten in »Place Charles de Gaulle«.[67] Hunderte andere Plätze in großen und kleinen französischen Städten tragen ebenfalls seinen Namen. Das heutige Frankreich hat sich seit de Gaulles Zeit in vieler Hinsicht weiterentwickelt, ist aber ohne seine Hinterlassenschaft unvorstellbar.

Adenauer (rechts) neben dem Regierenden Bürgermeister Westberlins (und späteren Bundeskanzler) Willy Brandt und dem amerikanischen Präsidenten John F. Kennedy bei dessen begeistertem Empfang in Berlin am 26. Juni 1963.
Bettmann

SIEBEN
KONRAD ADENAUER
Erbauer Westdeutschlands

An Konrad Adenauer ist nicht zuletzt bemerkenswert, dass er seinen bedeutendsten Beitrag zum öffentlichen Leben in einem Alter zu leisten begann, in dem andere sich schon lange im Ruhestand befinden. Bevor er in den ersten Jahren nach dem Zweiten Weltkrieg zu Berühmtheit gelangte, war er hauptsächlich als rheinländischer Provinzpolitiker bekannt. Als er 1949 zum ersten Bundeskanzler der neuen Bundesrepublik Deutschland wurde, war er 73 Jahre alt. Kaum jemand rechnete damit, dass er 14 Jahre später immer noch Kanzler sein und erst im Alter von 87 Jahren zurücktreten würde. Am Ende seiner Amtszeit im Jahr 1963 war er international bekannt und galt allgemein als einer der herausragenden Staatsmänner der frühen Nachkriegszeit.

Adenauer war nach Kriegsende fast zwei Jahrzehnte maßgeblich an der tiefgreifenden Umgestaltung Deutschlands und Europas beteiligt. Aber wie genau sah seine persönliche Rolle aus? Wie viel verdankten der Aufbau der westdeutschen Demokratie, die Westbindung der Bundesrepublik und die Schaffung einer integrierten europäischen Gemeinschaft seinen persönlichen Entscheidungen? Machte er Geschichte, oder war er überwiegend ein Vehikel der Kräfte der internationalen Politik und Ökonomie, die er kanalisierte, aber bestenfalls nur teilweise unter Kontrolle hatte?

Persönlichkeit, frühe Laufbahn und politische Ziele

Schon der junge Konrad Adenauer zeigte unverkennbar jene Persönlichkeitszüge, die später seine Kanzlerschaft prägen sollten und ihn sogar noch in seinen Achtzigern zu solch einem herausragenden politischen Führer machten. Aufgrund der Werte, die er in der Kindheit aufgesogen hatte – er war 1876 in Köln als Kind einer gläubigen katholischen, bürgerlichen Familie geboren –, hatte er ein ausgeprägtes Gefühl dafür entwickelt, dass die Verantwortung und die Pflichten des Einzelnen in der Tradition und dem Erbe des Christentums in Westeuropa wurzelten. Die Bedeutung von Pflichterfüllung, Fleiß, Zuverlässigkeit und Dienst an der Allgemeinheit in einer auf Ordnung und Vernunft aufgebauten Gesellschaft war tief in seinem Charakter verankert.[1] Er teilte die politischen Ansichten der meisten Angehörigen seiner Schicht – und seiner religiösen Bindung – im wilhelminischen Deutschland. Er war stolz, dass sein Vaterland zur Großmacht aufgestiegen war und Kolonien erworben hatte. Durch seine katholische Erziehung war ihm die Furcht vor der zunehmenden Macht der »atheistischen« Sozialdemokratie eingeflößt worden. Die katholische Soziallehre des späten 19. Jahrhunderts – die die Lebensumstände der Armen verbessern, aber Klassenkonflikte und Angriffe auf das Privateigentum vermeiden wollte – prägte sein politisches Bewusstsein und fand später Eingang in seine Spielart des christdemokratischen Konservatismus.

Zu diesen allgemeinen Prinzipien fügte er persönliche Merkmale hinzu, nicht zuletzt seinen Ehrgeiz. In die Politik zog es ihn schon bald, nachdem er sein Jurastudium abgeschlossen und an Kölner Gerichten zu arbeiten begonnen hatte. 1906, inzwischen verheiratet und Vater eines kleinen Kindes, trat er in die Deutsche Zentrumspartei ein, das Hauptsprachrohr des politischen Katholizismus und neben den Liberalen die wichtigste politische Kraft in der Stadt. Damit begann sein Aufstieg. Noch im selben Jahr wurde er zum Beigeordneten der Stadt Köln gewählt, und drei Jahre später wurde er stellvertretender Bürgermeister. Im Ersten Weltkrieg konnte er aufgrund von ernsten Bronchialproblemen nicht in der Armee dienen. Er war schon Jahre vorher vom Wehrdienst befreit worden; im Übrigen war bereits seine Arbeit in der Verwaltung einer nahe der Westfront gelegenen Großstadt wichtig genug, um seine Freistellung zu begründen. Dass es ihm gelang, während des Krieges die Lebensmittelversorgung der Kölner aufrechtzuerhalten, war ein Verdienst, das wesentlich dazu beitrug, dass er 1917 zum jüngsten Oberbürgermeister Preußens gewählt wurde. In diesem Amt, das er bis zum Beginn der Naziherrschaft innehatte, ergänzte er die Annehmlichkeiten Kölns durch modernisierende Verbesserungen und erlangte unschätzbare politische und administrative Erfahrung. Als Oberbürgermeister einer Großstadt besaß er weitgehende exekutive Autorität und eine beträchtliche Machtbasis, und zwar in einem Maß, dass er in den 1920er Jahren mehrfach als möglicher Reichskanzler im Gespräch war. Köln war die wesentliche Feuerprobe für das, was später kommen sollte.

Der Machtantritt der Nationalsozialisten setzte Adenauers langer Amtszeit als Kölner Oberbürgermeister ein jähes Ende. Es folgten schwierige, angsterfüllte Jahre. Als lokale Schlüsselfigur des Zentrums, jener Partei, die ein Haupthindernis für den Durchbruch der Nationalsozialisten bei der katholischen Bevölkerung Kölns und des gesamten Rheinlands darstellte, hatten diese Adenauer schon lange im Visier. Sie setzten eine ebenso bösartige wie anhaltende Kampagne gegen ihn in Gang, wobei sie ihm unter anderem vorwarfen, »judenfreundlich« oder selbst jüdisch zu sein. Nazischläger sammelten sogar Geld für »Eine Kugel für Adenauer«.[2] Wie andere auch war er bereit, die Beteiligung der NSDAP an der Reichsregierung als Mittel für die Überwindung der Staatskrise hinzunehmen, aber diese Fehleinschätzung bedeutete nicht, dass er die Werte der Nationalsozialisten guthieß; ganz im Gegenteil, er fand sie abscheulich. In den Wochen nach Hitlers Ernennung zum Reichskanzler am 30. Januar 1933 stellte er sich weiterhin öffentlich hinter die Devise der Zentrumspartei: »Für Wahrheit, Freiheit und Recht«.[3]

Als die Nationalsozialisten im März in Köln die Kontrolle übernahmen, wurde Adenauers Absetzung als Oberbürgermeister unvermeidlich. Es folgten trübe Jahre. Man nahm ihm sein Heim und seinen Lebensunterhalt. Für einige Monate suchte er im Kloster Maria Laach in der Eifel Zuflucht. Seine zweite Frau, Gussie, und seine inzwischen sieben Kinder – seine erste Frau, Emma, die Mutter der ältesten drei Kinder, war 1916 gestorben – zogen vorübergehend in ein Heim der Caritas in Köln. Bis ihm 1937 seine Pension wieder zugebilligt wurde – das Zivilrecht funktionierte teilweise noch –, musste er sich auf finanzielle Zuwendungen von Freunden verlassen. Ab 1935 wurde ihm erlaubt, mit seiner Familie zurückgezogen in Rhöndorf, einem Dorf am rechten Rheinufer, südlich von Bonn, zu leben. Zu diesem Zeitpunkt hatten die drei Kinder aus seiner ersten Ehe bereits das Elternhaus verlassen, aber Adenauer hielt zu allen seinen Kindern eine enge Beziehung aufrecht. Die Familie war für ihn in diesen bedrückenden Jahren eine Oase von Stabilität und Rückhalt. Doch das NS-Regime verlor ihn nicht aus den Augen. Zweimal wurde er verhaftet. Von der Verschwörung, die 1944 Hitler zu töten versuchte, hielt er sich fern, und er selbst und seine Familie überlebten mit etwas Glück das »Dritte Reich«. Gussie erholte sich nie ganz von einer Blutkrankheit, die sie sich in den letzten Kriegswochen zugezogen hatte, als sie selbst in Haft gewesen war, und starb 1948.

Durch die deutsche Kapitulation von 1945 erhielt Adenauer, so aussichtslos die Situation zu sein schien, die Chance, seine eigene politische Karriere fortzusetzen und nicht nur regionale, sondern nationale Bedeutung zu erlangen. Sein Name stand an der Spitze einer Anfang 1945 von den alliierten Führern aufgestellten »Weißen Liste« mit Personen, die ihnen nützlich sein könnten.[4] Am 4. Mai 1945 setzten die Amerikaner ihn wieder als Oberbürgermeister von Köln ein.[5] Als einige Wochen später die Briten die Besetzung übernahmen, beschuldigten sie ihn jedoch, zu wenig getan zu haben, um die Stadt auf den Winter vorzubereiten. Sie entließen ihn im Oktober wegen Inkompetenz – eine spektakuläre Fehleinschätzung.[6] Binnen drei Monaten sahen sie ihren Fehler ein und begannen Adenauer als wichtige Figur beim Aufbau einer neuen Partei, der Christlich Demokratischen Union (CDU), in ihrer Besatzungszone wahrzunehmen. Er teilte die in konservativen Kreisen weitverbreitete Auffassung, dass eine auf den Grundsätzen christlicher Erneuerung beruhende Partei, welche die Spaltung zwischen Katholiken und Protestanten überbrücke, nötig sei, um den Makel der nationalsozialistischen Verbrechen zu tilgen und die Gefahr des »gottlosen« Sozialismus und Kommunismus abzuwenden. Seit 1945 am Aufbau der CDU im Rheinland beteiligt, wurde Adenauer im März 1946 zum Vorsitzenden der Partei in der gesamten britischen Besatzungszone gewählt.[7] Damit war der Weg geebnet für seine Wahl zum Kanzler der Bundesrepublik Deutschland bei deren Gründung im Jahr 1949.

Inzwischen war sein Ehrgeiz offensichtlich. »Ich möchte Bundeskanzler werden«, erklärte er unverblümt.[8] Er besaß enorme Selbstdisziplin und war noch in hohem Alter in der Lage, ein stachanowistisches Arbeitspensum zu erledigen. Kollegen und Beratern gegenüber bewies er eine unerschütterliche Loyalität. Er vermittelte weder durch seine Erscheinung noch durch seine Reden ein natürliches Charisma, strahlte aber instinktiv Autorität aus, ob nun als Stadtoberhaupt von Köln oder später als Regierungschef der Bundesrepublik Deutschland.

Er besaß einen ungewöhnlich starken Willen mit unverkennbaren autoritären Tendenzen. Schon in den Kölner Jahren fanden manche, er verhalte sich wie ein Diktator. Seine linken Gegner sahen in ihm einen »deutschen Mussolini« oder den »Duce von Köln«.[9] Die Menschen witzelten, er habe in Köln mehr Macht, als der preußische König und der deutsche Kaiser jemals gehabt hätten.[10] Er glaubte an die demokratische Regierungsform, aber die Demokratie brauchte nach seiner Ansicht Lenkung und Leitung. Nicht von ungefähr charakterisierte man sein Regime später häufig als »Kanzlerdemokratie«. Sein Regierungsstil, hieß es, stehe zwischen patriarchalem Staat und Mehrparteiendemokratie.[11] Er hatte ein feines Gespür für die der

Macht zugrunde liegenden politischen Realitäten und konnte auf machiavellistische Weise rücksichtslos manövrieren und intrigieren. Er dachte langfristig, nahm aber geschickt kurzfristige Anpassungen vor und ging vorläufige Kompromisse ein, die nötig waren, um seine Ziele zu erreichen. Zu seinen obersten Zielen gehörte der Aufbau eines demokratischen, ökonomisch stabilen westdeutschen Staats, der sich westlichen Werten verpflichtet fühlte, partnerschaftlich mit seinen Nachbarn zusammenarbeitete und eng mit den Vereinigten Staaten verbündet war. Hatte er einmal die Richtung festgelegt, folgte er ihr mit großer Entschlossenheit und war bereit, für sie zu kämpfen, so dass er nur schwer von ihr abzubringen war. Zusammen mit seiner detaillierten Sachkenntnis machten sein scharfer Verstand und seine Überredungskraft Adenauer zu einem ehrfurchtgebietenden politischen Akteur.

In den ersten Jahren seiner Kanzlerschaft sah Adenauer es als seine vorrangige Aufgabe an, die alliierte Besetzung zu beenden und die Souveränität der Bundesrepublik zu erreichen. Den aggressiven Nationalismus, der zu den Verbrechen des NS-Regimes und zur Zerstörung Deutschlands geführt hatte, lehnte er rundweg ab. Aber er war zutiefst patriotisch und stellte das Wohlergehen und die Interessen seines Landes über alle anderen politischen Erwägungen. Natürlich wollte er, wie die meisten seiner Zeitgenossen, dass Deutschland wieder ein vereinigter Nationalstaat wurde. Im privaten Rahmen akzeptierte er, dass die gegen Kriegsende von der Roten Armee überrannten Gebiete östlich der Oder-Neiße-Linie, die jetzt zum großen Teil zu Polen gehörten, verloren waren. Öffentlich musste er jedoch die Fiktion aufrechterhalten, dass die deutschen Grenzen immer noch diejenigen des Deutschen Reichs von 1937 waren. Als politischer Realist gelangte er zudem rasch zu der Einsicht, dass eine Vereinigung Deutschlands selbst in den auf der Potsdamer Konferenz von 1945 gezogenen Grenzen für unbestimmte Zeit ausgeschlossen war. Erst in unabsehbar ferner Zukunft würde sie möglich sein, und auch dann nur, wenn der Westen der Sowjetunion militärisch überlegen war.

Diese oberste Priorität wurde von einem zweiten Leitmotiv verstärkt. Adenauers katholische Erziehung hatte ihm eine starke Abneigung gegen den Sozialismus eingeflößt. Außerdem hatte er vor dem Ersten Weltkrieg, wie viele andere Deutsche, die Macht Russlands gefürchtet. Daraus entwickelten sich später ein anhaltender tiefer Abscheu vor dem Sowjetkommunismus und die Furcht vor der nuklearen Bedrohung durch die Sowjetunion. Dies bedeutete zwangsläufig, dass er den Schlüssel zur Sicherheit der Bundesrepublik in der engen Bindung an die Westmächte sah, vor allem an die Vereinigten Staaten. Obwohl dadurch eine frühe Wiedervereinigung ausgeschlossen wurde, schmälerte die Westbindung in Adenauers Augen nicht das Gefühl der nationalen Identität. Vielmehr bedeutete sie deren Neudefinition als Teil der westlichen, liberalen, konstitutionellen Demokratie in strikter Ablehnung der Tyrannei des Sowjetkommunismus.

Die Unterstützung der frühen Schritte der westeuropäischen Integration folgte aus derselben Prämisse. Bereits im Herbst 1945 dachte Adenauer, der ein unversöhnlich in Ost und West geteiltes Europa voraussah, dass die Zukunft der nichtsowjetischen Besatzungszonen in der ökonomischen Integration mit anderen Ländern in Westeuropa bestand.[12] Als Rheinländer lag es für ihn nahe, nach einer engen wirtschaftlichen Kooperation mit Deutschlands westlichen Nachbarn zu streben. Schon 1923, während der französischen Besetzung des Ruhrgebiets, hatte er mit dem Gedanken einer separaten Rheinrepublik mit industriellen, finanziellen und gegenseitigen sicherheitspolitischen Bindungen an Frankreich gespielt. Unmittelbar nach dem Zweiten Weltkrieg zeigte er sich offen für die Idee einer ökonomischen Annäherung mit dem Ziel, den uralten Konflikt zwischen Frankreich und Deutschland endgültig beizulegen. Dass er 1950 Robert Schumans Vorschlag einer Kohle- und Stahlgemeinschaft und auch der französischen Idee einer Verteidigungsgemeinschaft so schnell zustimmte, beruhte auf derselben Grundannahme – dass Deutschlands Zukunft im Rahmen der ökonomischen und militärischen Integration Westeuropas gestaltet werden müsse. Aber die Integration war für ihn kein Ziel an sich. Sie sollte vielmehr den deutschen Interessen dienen. Und die Annäherung an Frankreich, so wünschenswert die Überwindung des alten Antagonismus war, würde, sicherheitspolitisch betrachtet, nie ausreichen, um Deutschland vor der Bedrohung durch den Sowjetkommunismus zu schützen. Dafür war nach seiner Ansicht die fortdauernde Unterstützung der Vereinigten Staaten unerlässlich.

Die Gründe, aus denen Adenauer seine Politik enger Bindungen an die Westmächte, insbesondere an die Vereinigten Staaten, und der ökonomischen Integration mit den westlichen Nachbarländern, insbesondere mit Frankreich, vorantrieb, wirkten sich direkt auf seine Innenpolitik aus. Sein Ziel war nicht weniger als der Wiederaufbau seines durch zwölf Jahre NS-Herrschaft physisch, wirtschaftlich und moralisch zerstörten Landes. Die entscheidende Aufgabe war die Zusammenführung einer gebrochenen Gesellschaft als unverzichtbare Hauptkraft des Wiederaufbaus. In den Jahren einer extrem nationalistischen, imperialistischen und rassistischen Diktatur entstandene schädliche und gefährliche Einstellungen mussten durch die Verpflichtung auf Frieden, Demokratie, Freiheit und freundschaftliche Kooperation mit Ländern, die dieselben Werte vertraten, ersetzt werden. Dies würde Zeit brauchen. Es erforderte ein Verbot politischer Bewegungen, rechter wie linker, die diese Werte ablehnten. Aber es bedeutete aus Adenauers Sicht auch, dass man einen Schleier über die Komplizenschaft großer Teile der Gesellschaft mit dem Nationalsozialismus legen musste. Die politische Integration hatte Vorrang vor Verurteilung und Abrechnung.

Der Aufbau eines neuen (West-)Deutschland erforderte Hilfe von außen, von den Westalliierten, aber auch von anderen europäischen Ländern. Vor allem jedoch musste die deutsche Bevölkerung neue, demokratische Werte annehmen. Dafür wiederum war es förderlich, wenn die Demokratie in ihrem Sinne funktionierte. In dieser Hinsicht trugen sowohl glückliche Umstände als auch gute politische Entscheidungen dazu bei, dass in Westdeutschland ein »Wirtschaftswunder« stattfand. Adenauer, der bereits in seinen Kölner Jahren gute Beziehungen zu führenden Industriellen unterhalten hatte, bevorzugte instinktiv eine liberale Wirtschaftspolitik vor staatlicher Kontrolle. Er hatte das Glück, für die Lenkung des wirtschaftlichen Wiederaufbaus Ludwig Erhard an seiner Seite zu haben. Ein anderer, von außen einwirkender »glücklicher« Umstand war der Koreakrieg, der die immer noch lahmende Wirtschaft anregte. Aber die Aufgabe, um die Zustimmung zu höchst umstrittenen Maßnahmen wie der Westbindung auf Kosten einer baldigen nationalen Wiedervereinigung zu werben, erforderte selbst mit einer solch positiven Wirtschaftslage im Rücken politischen Mut, ein hohes Maß an Entschlossenheit und die Fähigkeit, Zweifler mit Argumenten und durch die Kraft der Persönlichkeit zu überzeugen.

Vorbedingungen der Macht

Ungünstigere Umstände als diejenigen, mit denen Adenauer in den frühen Nachkriegsjahren konfrontiert war, sind kaum vorstellbar. Zwischen 1945 und der Gründung der beiden neuen deutschen Staaten, der Bundesrepublik und der Deutschen Demokratischen Republik (DDR), im Jahr 1949 bestand »Deutschland« aus den Zonen der vier Besatzungsmächte Großbritannien, Vereinigte Staaten, Frankreich und Sowjetunion. Als Adenauer zum wichtigsten politischen Führer in den drei Westzonen aufstieg, stand er nicht vor einer Staatskrise, sondern vor der gewaltigen Aufgabe, einen Staat völlig neu aufzubauen. Er hatte sich nicht mit den Nationalsozialisten gemein gemacht, musste aber, bei kompletter Unterordnung unter die Besatzungsmächte, in einem Land beginnen, in dem nationalsozialistische Werte immer noch weit verbreitet waren.

In der britischen Zone ging der Aufbau der CDU-Organisation unter Adenauers Leitung zwischen 1946 und 1949 rasch vonstatten. In der amerikanischen Zone gab es keine einheitliche Führung der Christdemokraten, und im überwiegend katholischen Bayern, dem größten

Bundesland der amerikanischen Zone, in dem der politische Katholizismus in der Weimarer Republik nicht vom Zentrum, sondern von der Bayerischen Volkspartei vertreten worden war, wurde eine eigene Variante der Christdemokratie gegründet, die Christlich-Soziale Union (CSU). Berlin, das zwar unter Vier-Mächte-Kontrolle stand, aber tief innerhalb der sowjetischen Besatzungszone lag, die sich 1946 bereits unter kommunistischer Herrschaft befand, hielt man als Sitz nationaler Zentralen für ungeeignet. Daher erwies sich Adenauers starke Basis in der britischen Zone in Nordwestdeutschland als vorteilhaft für den Ausbau seiner Kontrolle über die entstehende Partei. Als die Westmächte im Juni 1948 vor dem Hintergrund der sich verschärfenden Spannungen des Kalten Krieges der Schaffung eines neuen Staates in Westdeutschland zustimmten, befand sich Adenauer in einer hervorragenden Position, um die Wahl zum Präsidenten des Parlamentarischen Rats zu gewinnen, der im September jenes Jahres in Bonn zusammentrat, um eine Verfassung – das Grundgesetz – auszuarbeiten (der Entwurf wurde im Mai 1949 veröffentlicht). Für Adenauer war es eine wichtige Zäsur, insofern er sich nun immer deutlicher nicht mehr nur als Parteiführer, sondern auch als potentiellen Regierungschef betrachtete.[13]

Am 14. August 1949 führte er die CDU als Spitzenkandidat in die erste Wahl zum (West-)Deutschen Bundestag. Der knappe Wahlsieg vor der Sozialdemokratischen Partei (SPD) reichte aus, um zu gewährleisten, dass der am 23. Mai gegründete neue Staat – die Gründung der DDR folgte am 7. Oktober – auf den Grundsätzen der freien Marktwirtschaft errichtet werden würde, und nicht auf einer sozialistischen Planwirtschaft, wie sie die SPD angestrebt hatte. Die Gegnerschaft zur SPD ermöglichte es Adenauer, eine antisozialistische Koalition zu schmieden, der neben seiner CDU und deren Schwesterpartei, der CSU, die Ende 1948 gegründete, marktorientierte Freie Demokratische Partei (FDP) und die kurz nach Kriegsende entstandene rechtsgerichtete Deutsche Partei (DP) angehörten. Die Frage der Kanzlerschaft war nach den Koalitionsverhandlungen noch offen. Für die Wahl des Kanzlers war eine Mehrheit im Bundestag nötig, und die

Opposition war dort fast genauso stark wie die Regierungskoalition. Als am 15. September die Stimmen ausgezählt wurden, hatte Adenauer die Wahl mit einer Stimme Mehrheit gewonnen – seiner eigenen. Als er seinen Anspruch auf die Kanzlerschaft anmeldete, erklärte er: Sein Arzt habe ihm gesagt, er könne das Amt »wenigstens noch für ein Jahr übernehmen [...]. Er meint, auch für zwei Jahre könne ich das Amt ausführen.«[14] Es sollten vierzehn Jahre werden.

Der Weg zur Souveränität

Dass die Bundesrepublik 1955, nach einem Jahrzehnt alliierter Besetzung, ein souveränes Land wurde – was sechs Jahre zuvor noch kaum vorstellbar gewesen war –, war zu einem guten Teil Adenauers Führung zu verdanken. Maßgeblichen Einfluss übten im Hintergrund seine Hauptberater in der Außenpolitik aus, der Staatssekretär im Außenministerium Walter Hallstein und der erfahrene Diplomat Herbert Blankenhorn. Aber die Richtung gab eindeutig Adenauer vor, der von 1951 bis 1955 – in Anbetracht der außergewöhnlichen Bedeutung der auswärtigen Beziehungen Westdeutschlands – nicht nur Bundeskanzler, sondern auch Außenminister war.

Möglich wurde die rasche Erlangung der Souveränität, weil Adenauer die neue Bundesrepublik entschieden an den Westen band. Im Rückblick scheint es so, als sei die fundamentale Wendung nach Westen nicht weiter bemerkenswert und sogar unvermeidlich gewesen. In den frühen 1950er Jahren war dies anders. Damals stieß sie auf Widerstand, am lautstärksten – wenn auch nicht ausschließlich – bei der SPD, die eine frühe politische Vereinigung eines neutralen, entmilitarisierten Deutschlands und eine verstaatlichte Wirtschaft vorgezogen hätte. Die Westbindung bedeutete dagegen, die scheinbar dauerhafte Teilung des Landes hinzunehmen und sich auf eine kapitalistische Wirtschaft und die Beteiligung am westlichen Militärbündnis, einschließlich der Wiederaufrüstung, festzulegen.

Kaum ein Thema war heikler als die (west-)deutsche Wiederbewaffnung; in der Bundesrepublik spaltete sie die Öffentlichkeit, und in Frankreich, das zwischen 1870 und 1940 dreimal vom anderen Rheinufer aus angegriffen worden war, stieß sie verständlicherweise auf Ablehnung. Um die Sache zu entschärfen, schlug Frankreich die Gründung einer Europäischen Verteidigungsgemeinschaft (EVG) vor, unter Einschluss eines kleinen westdeutschen Truppenkontingents in ein – wie stillschweigend angenommen wurde – von Frankreich kontrolliertes System. Adenauer begrüßte die Initiative, denn er sah den Beitritt zur EVG als einen Schritt auf dem Weg zur Souveränität der Bundesrepublik. Im Herbst 1951 kam er diesem Ziel mit der Aufnahme von Verhandlungen über einen »Generalvertrag«, der anstelle der Besatzungsbedingungen neue Beziehungen zu den Westalliierten begründen und der Bundesrepublik weitgehende Souveränitätsrechte einräumen sollte, etwas näher. Vor diesem Hintergrund startete Stalin, von den Schritten zu einer engeren politischen und militärischen Bindung der Bundesrepublik an die Westmächte beunruhigt, am 10. März 1952 seinerseits eine Initiative.

In seiner »Note« an die Westalliierten schlug er eine Vier-Mächte-Konferenz über einen Friedensvertrag mit Deutschland vor. Als Hauptpunkte nannte er die Wiedervereinigung in den 1945 in Potsdam vereinbarten Grenzen – das heißt westlich der Oder-Neiße-Linie –, Neutralität, »freie Betätigung« von »demokratischen Parteien und Organisationen« sowie die Aufstellung von Streitkräften, soweit sie zur Selbstverteidigung nötig seien. Die Initiative war eindeutig ein Versuch, die Bundesrepublik aus der Anlehnung an die Westalliierten zu lösen. Adenauer witterte die Gefahr und wies Stalins Vorschlag umgehend zurück. Die »Note« habe keinen Einfluss auf die Politik der Bundesregierung, versicherte er dem Hohen Kommissar der Westalliierten. In ihrem diplomatischen Austausch mit der Sowjetunion in den folgenden Wochen stellten die Westmächte Bedingungen, wie die Abhaltung freier Wahlen und andere Klauseln für einen Friedensvertrag, die für Stalin unannehmbar waren. Adenauer blieb bei seiner Haltung: Die Zeit für Verhandlungen würde erst kommen, wenn der Westen stärker als die Sowjetunion war, und damit war vorläufig nicht zu rechnen. In der Zwischenzeit mussten der Aufbau der EVG und vor allem die Verhandlungen über den »Generalvertrag« beschleunigt vorangetrieben werden.[15]

Sorgen bereiteten Adenauer jedoch die öffentlichen Reaktionen in der Bundesrepublik. Oberflächlich betrachtet, war Stalins Vorschlag durchaus nicht unattraktiv, und es gab einflussreiche Stimmen, die sich dafür aussprachen, zumindest die Möglichkeiten zu erkunden, wie den allgemein geachteten SPD-Vorsitzenden Kurt Schumacher und Jakob Kaiser, einen alten Gegner Adenauers innerhalb der CDU, der als Minister für gesamtdeutsche Fragen dessen Kabinett angehörte. Adenauer ließ jedoch ein stark negativ getöntes Pressecommuniqué herausgeben, in dem die von Stalins Initiative ausgehende Gefahr hervorgehoben wurde, dass die Bundesrepublik – angesichts ihrer Unfähigkeit, sich zu verteidigen – unter sowjetischen Einfluss geriet; zudem würden die deutschen Ostprovinzen mit Sicherheit auf Dauer verloren gehen. Laut Meinungsumfragen fand seine Haltung in der Bevölkerung große Zustimmung.[16]

Hätte die Bundesrepublik Stalins »Angebot« angenommen, wäre die weitere deutsche Geschichte anders verlaufen. Es war ein Wendepunkt, an dem Westdeutschland sich nicht wendete, und es überrascht nicht, dass seither regelmäßig die Frage gestellt wurde, ob 1952 eine historische Chance, ein vereinigtes, friedliches und freies Deutschland zu schaffen, vertan wurde. Die Frage »Was wäre, wenn …« lässt sich naturgemäß nie abschließend beantworten. Aber es ist fast sicher, dass es keine historische Chance gab.[17] Dass die Sowjetunion den Ländern Mitteleuropas ihr System aufzwang, konnte kaum Vertrauen in Stalins Versicherungen für die Zukunft Deutschlands wecken. Auch der kommunistische Würgegriff in der sowjetischen Besatzungszone in Ostdeutschland war alles andere als ein gutes Vorzeichen. Ob Stalin die Versprechen, die er in seiner »Note« machte, gehalten hätte, war offensichtlich zweifelhaft. Auf jeden Fall bedeuteten Begriffe wie »freie Wahl« und »Demokratie« für die Sowjetunion etwas anderes als für den Westen. Es bestand die große Gefahr – die einzugehen, sich gewiss nicht gelohnt hätte –, dass letztlich ganz Deutschland unter sowjetische Kontrolle geraten wäre. Die Position der Westmächte, vor allem der Vereinigten Staaten, wäre erheblich geschwächt worden, und Westeuropa wäre entsprechend gefährdet gewesen. Was die Bundesrepublik betrifft, wäre Adenauer sicherlich zurückgetreten, ob nun aus freiem Willen oder weil er dazu gezwungen gewesen wäre. Die Bundesregierung wäre sehr wahrscheinlich für sowjetischen Einfluss zugänglicher gewesen, so dass die Kommunistische Partei hätte Fuß fassen können. Falls die Gefahr einer sowjetischen Vorherrschaft der Bestätigung bedurfte, so wurde sie bald darauf geliefert, als im Juni 1953 der Aufstand gegen die kommunistische Herrschaft in Ostdeutschland mit militärischer Gewalt niedergeschlagen wurde.

Die Westmächte hätten den sowjetischen Vorschlag, auch ohne Adenauer als Bundeskanzler, auf keinen Fall angenommen. Sie waren entschlossen, die Bundesrepublik ins westliche Bündnis einzugliedern. Für die Amerikaner stand fest: Ein Abzug ihrer Truppen aus Deutschland war unvorstellbar, was bedeutete, dass dessen Neutralität und eine Einigung mit der Sowjetunion ausgeschlossen waren und die Teilung Deutschlands und Europas für unbestimmte Zeit fortbestehen würde.[18] Die sowjetische Kontrolle über ganz Deutschland zuzulassen, kam für die Amerikaner nicht in Frage. Aber eine Bundesregierung, die sich für Stalins »Angebot« empfänglicher gezeigt hätte, hätte die Westmächte in Schwierigkeiten gebracht. Auf jeden Fall hätten sie ohne Adenauers starke Führung und die feste prowestliche Haltung der Bundesregierung vor größeren Problemen gestanden.

Die »Stalin-Noten« – nach der ersten folgten 1952 noch drei weitere, die sich jedoch von der ersten nicht wesentlich unterschieden – verzögerten die Verhandlungen zwischen der Bundesregierung und den drei Westmächten über den grundlegenden »Generalvertrag« nicht, sondern beschleunigten sie eher. Die komplexen Verhandlungen nahmen Adenauer monatelang in Anspruch. Erstaunlicherweise ließ er selbst sein Kabinett weitgehend im Dunkeln über ihre Fortschritte.[19] Das inzwischen »Deutschlandvertrag« genannte Abkommen wurde am 26. Mai 1952 in Bonn unterzeichnet. Anschließend trat jedoch eine längere Verzögerung ein, bis die Bundesrepublik am 5. Mai 1955 schließlich ein souveräner Staat wurde. Der Grund war die wachsende Ablehnung der EVG in Frankreich, die im August 1954 dazu führte, dass Frankreich ihre Gründung, die es selbst vorgeschlagen hatte, ablehnte. Für Adenauer war dies anfangs eine große Enttäuschung, aber es öffnete der Bundesrepublik die Tür zur Mitgliedschaft in der NATO, was in seinen Augen eine noch bessere Lösung war.[20] Am 9. Mai 1955 trat die Bundesrepublik der westlichen Allianz bei. Ihr wurde gestattet, eine Armee von einer halben Million Mann aufzustellen, aber – auf Adenauers eigene Anregung hin – ausdrücklich verboten, atomare, biologische und chemische Waffen herzustellen.[21]

Großbritannien und insbesondere die Vereinigten Staaten waren in den frühen 1950er Jahren zu dem Schluss gelangt, dass die Integration einer souveränen Bundesrepublik Deutschland in die westliche Verteidigung für die Militärstrategie des Westens von grundlegender Bedeutung war. Das Scheitern des EVG-Projekts hatte zur Folge, dass Frankreich akzeptieren musste, was es hatte vermeiden wollen. Anstatt zu Frankreichs Juniorpartner in der EVG zu werden, wurde die Bundesrepublik praktisch zum gleichberechtigten Partner in der westlichen Allianz. Der ausschlaggebende Faktor waren die Interessen der Westmächte. Adenauers Wünsche stimmten völlig mit ihnen überein, und seine Gewandtheit, Scharfsichtigkeit und Entschlossenheit waren bei der Verfolgung der Ziele, die sowohl er selbst als auch die Westmächte anstrebten, von unschätzbarem Wert. Hätte ein anderer an der Spitze der Bundesregierung gestanden, wäre die Westintegration der Bundesrepublik vermutlich weniger glatt verlaufen. Die Sozialdemokraten wollten eine völlig andere Politik, und selbst in seinem eigenen Kabinett stieß Adenauer auf Widerspruch.

Die strukturellen Determinanten der westlichen Strategie im Kalten Krieg prägten sicherlich die Grundlagen. Aber um dem Weg zu folgen, bedurfte es Adenauers sicherer Leitung.

Fundament eines neuen Europas

Am 8. Mai 1950 stimmte Adenauer im privaten Gespräch einer Initiative zu, die Robert Schuman am nächsten Tag bekanntgab: der Schaffung einer Europäischen Gemeinschaft für Kohle und Stahl (EGKS) oder Montanunion, der Frankreich, Westdeutschland, die Beneluxstaaten und Italien angehören würden. Vier Jahrzehnte später hatte sich aus diesem Anfang die Europäische Union entwickelt. Die Überwindung der jahrhundertealten Feindschaft zwischen Frankreich und Deutschland, erklärte Schuman, sei die Voraussetzung für die Entstehung eines neuen Europas.

Es war Adenauers erste Auslandsreise als Bundeskanzler, als er am 18. April 1951 zur Unterzeichnung des Vertrags über die EGKS nach Paris fuhr. Der Bundestag ratifizierte den Vertrag am 11. Januar 1952, trotz des Widerstands der Sozialdemokraten, deren Vorsitzender, Kurt Schumacher, die EGKS als kapitalistische Verschwörung gegen die organisierte Arbeiterschaft ablehnte.[22] Aufgrund der durch den Koreakrieg verstärkten Nachfrage nach Stahl erlebte die westdeutsche Wirtschaft in den frühen 1950er Jahren einen Aufschwung und dehnte die Exporte in andere westeuropäische Länder aus,[23] so dass eine direkte Opposition immer schwerer wurde. Als der Bundestag 1956 Adenauer ermächtigte, Verhandlungen über die Schaffung eines Gemeinsamen Marktes und eine gemeinsame Politik in Bezug auf die friedliche Nutzung der Atomenergie zu führen, war man sich parteiübergreifend darin einig, dass die europäische Integration für die künftige Stabilität und Sicherheit unabdingbar war.[24]

Nach dem Scheitern der EVG im Jahr 1954 war Adenauer in Bezug auf die Erfolgsaussichten eines neuen von Frankreich initiierten europäischen Projekts jedoch zunächst skeptisch – was angesichts der anhaltenden politischen Instabilität in Frankreich verständlich war. Zudem bevorzugte sein Wirtschaftsminister, Ludwig Erhard, der mehr als jeder andere zum westdeutschen »Wirtschaftswunder« beigetragen hatte, ein internationales Freihandelssystem gegenüber einer europäischen Zollunion. Außerdem lehnte Erhard wie der Minister für Atomfragen, Franz Josef Strauß, der 1956 Verteidigungsminister werden sollte, eine gemeinsame Atompolitik ab, die nach Ansicht beider Minister für die entstehende deutsche Atomindustrie nachteilig wäre. Aber Adenauer ließ sich vom belgischen Ministerpräsidenten Paul-Henri Spaak, der treibenden Kraft hinter dem Integrationsvorhaben, überzeugen und überwand seine Zweifel am Nutzen eines Gemeinsamen Marktes. Im April 1956 hob er in einem Brief an Erhard hervor, wie sehr die europäische Integration das internationale Ansehen der Bundesrepublik steigern werde. Nach seiner Ansicht war sie sowohl für Europa als auch für die Bundesrepublik notwendig. Besonders aber betonte er, dass die Vereinigten Staaten die europäische Integration als »Ausgangspunkt ihrer ganzen Europapolitik« betrachteten, und deren Hilfe, fügte er hinzu, sei »absolut notwendig für uns«.[25]

Gleichwohl blieb das Kabinett gespalten. Zudem waren Frankreich und die Bundesrepublik sich weder in Bezug auf den angestrebten Atomvertrag noch hinsichtlich des Gemeinsamen Marktes. einig. Kompliziert wurden die Beziehungen durch die Suezkrise, die ausbrach, als britische, französische und israelische Truppen am 5. November 1956 in Ägypten einmarschierten und den vergeblichen Versuch unternahmen, die Kontrolle über den Suezkanal zurückzugewinnen, den der ägyptische Präsident Gamal Abdel Nasser verstaatlicht hatte. Der Durchbruch im westdeutsch-französischen Verhältnis gelang, als Adenauer während der Suezkrise Paris besuchte. In Gesprächen mit dem französischen Ministerpräsidenten Guy Mollet am 6. November wurden die Differenzen ausgeräumt und das Fundament für die künftige enge Zusammenarbeit zwischen den beiden Ländern gelegt. Damit war der Weg zur europäischen Integration geebnet. Am 25. März 1957 gehörte Adenauer zu den Unterzeichnern der – von beiden großen deutschen Parteien befürworteten – Römischen Verträge, durch die die Europäische Wirtschaftsgemeinschaft (EWG) und die Europäische Atomgemeinschaft (EURATOM) geschaffen wurden. Einige Wochen zuvor hatte er gegenüber Journalisten erklärt, vielleicht sei »dieser Zusammenschluss das wichtigste Ereignis der Nachkriegszeit«.[26]

Das Zustandekommen der Römischen Verträge war natürlich nicht allein Adenauers Werk, sondern eine kollektive Errungenschaft. Wenn man einen Einzelnen herausheben wollte, dann wäre es Spaak. Dennoch wäre der große Schritt zur europäischen Integration höchstwahrscheinlich nicht 1957 unternommen worden, wenn es Adenauer nicht gelungen wäre, die Spannungen in seinem Kabinett beizulegen und eine Übereinkunft mit Frankreich auszuhandeln – nicht zuletzt mit Hilfe eines beträchtlichen deutschen Beitrags zum Entwicklungsfonds der EWG, von dem Frankreich profitieren würde.

Ein Randthema in der breiteren europäischen Politik, aber für die öffentliche Meinung in Westdeutschland und das deutsch-französische Verhältnis von Bedeutung, war die Rückkehr des Saarlands unter deutsche Hoheit. Das bedeutende Industriegebiet mit überwiegend deutscher Bevölkerung war seit 1947 ein von Frankreich verwaltetes »Protektorat«. In der Bundesrepublik erregte dieser Zustand erheblichen Unmut, aber Frankreich hatte hartnäckig am Saarland festgehalten. Als am 23. Oktober 1955 in einem Plebiszit über ein europäisches Statut des Saarlandes abgestimmt wurde, sprachen sich über zwei Drittel der Wähler dagegen und damit für die Vereinigung mit Westdeutschland aus. Frankreich hatte kaum eine andere Wahl, als das Ergebnis zu akzeptieren, und so wurde das Saarland am 1. Januar 1957 ein Land der Bundesrepublik. Damit war ein Reibungspunkt zwischen Frankreich und Westdeutschland beseitigt, und die Bundesbürger rechneten Adenauers Regierung das Verdienst daran an.[27] Tatsächlich wäre Adenauer, um Frankreich nicht zu verärgern und im Interesse der europäischen Integration, notfalls bereit gewesen, das Saarland bei Frankreich zu belassen.[28]

Das deutsch-französische Verhältnis hatte sich in den 1950er Jahren erheblich verbessert. Aber eine tiefergehende Annäherung kam erst zustande, nachdem de Gaulle 1958 in Frankreich an die Macht gelangt war. Sie beruhte auf den gemeinsamen strategischen Interessen Frankreichs und der Bundesrepublik. Für de Gaulle waren engere Beziehungen zwischen den beiden Ländern ein Schlüsselelement seiner Bemühungen, den amerikanischen Einfluss in Europa zu begrenzen. Sein oberstes Ziel war es, Frankreich zur Vormacht innerhalb einer europäischen Verteidigungsstrategie zu machen, die von den Vereinigten Staaten und Großbritannien unabhängig sein und einen Modus Vivendi mit der Sowjetunion erreichen sollte. Doch die Abhängigkeit der Bundesrepublik von den Vereinigten Staaten als Garant der westeuropäischen Sicherheit durch eine Anlehnung an Frankreich zu ersetzen, war nie eine Formel, von der man annehmen konnte, dass sie in Bonn auf Zustimmung stoßen würde. Weder Adenauer noch Heinrich von Brentano, seit Juni 1955 als Nachfolger Adenauers Außenminister, dachten in diese Richtung. Ihre Bedenken hingen mit der Frage der europäischen Integration zusammen, und in dieser Hinsicht unterschied sich die deutsche von der französischen Einstellung. Nach de Gaulles Auffassung waren die übernationalen Ziele der EWG – die ihm zutiefst missfielen – den nationalen Interessen Frankreichs untergeordnet. Nach Adenauers Ansicht war den deutschen Interessen nur durch ihre Sublimation in diejenigen eines immer enger vereinten Westeuropas gedient.[29]

In den fünf Jahren nach ihrem ersten Treffen im September 1958 kamen Adenauer und de Gaulle bei zahlreichen Gelegenheiten zusammen. Im Juli 1960 – Frankreich wurde in jenem Jahr zur Atommacht – versuchte de Gaulle Adenauer vom Wert einer tieferen Integration der Verteidigungs- und Außenpolitik ihrer beiden Länder zu überzeugen, die die Sicherheitsabhängigkeit von der NATO erheblich verringern, wenn nicht ganz beseitigen würde. In dieser Vision war die EWG auf die wirtschaftliche Zusammenarbeit beschränkt; eine künftige politische Integration stand nicht mehr zur Debatte. Nach de Gaulles Ansicht war die Politik Sache der nationalen Regierungen. Adenauer war jedoch klar, dass den Interessen der Bundesrepublik am besten gedient war, wenn sie einerseits die Vorteile der EWG-Mitgliedschaft nutzte und sich andererseits fest unter dem von der Macht der Vereinigten Staaten gestützten Sicherheitsschirm der NATO positionierte.[30]

1962 schlug de Gaulle eine bilaterale Beziehung zwischen Frankreich und der Bundesrepublik vor, allerdings immer noch im Rahmen von EWG und NATO. Die Hoffnung auf ein vereintes Europa, erklärte er, hänge von der Solidarität zwischen diesen beiden Ländern ab.[31] Sie fand ihren Ausdruck in dem am 22. Januar 1963 mit großem Pomp und zeremoniellem Aufwand unterzeichneten Élysée-Vertrag, in dem Frankreich und die Bundesrepublik enge gegenseitige Konsultationen vereinbarten, insbesondere in der Verteidigungs- und Außenpolitik.[32] Die Besiegelung der französisch-deutschen Aussöhnung war der letzte außenpolitische Erfolg Adenauers, dessen Kanzlerschaft noch im selben Jahr endete. Aber in Wahrheit war der Vertrag inhaltlich weniger stark denn als Symbol. Und er verschleierte die Risse innerhalb der EWG.

Der von de Gaulle vorgeschlagene Weg für Europa war darauf angelegt, den Einfluss der Beneluxstaaten zu schwächen und Großbritannien von der EWG fernzuhalten. Sein Veto gegen den britischen Beitritt vom 14. Januar 1963 war eine logische Konsequenz daraus. Aber es war ein Schlag für die anderen EWG-Mitglieder, die Großbritannien gern aufgenommen hätten. Adenauer hatte die britische Mitgliedschaft einst als wichtiges Element des europäischen Wiederaufbaus betrachtet, seine Meinung aber aufgrund negativer britischer Stellungnahmen zur EWG inzwischen geändert. Er hielt de Gaulles Veto gegen die britische Mitgliedschaft jetzt für richtig, da er glaubte, dass eine solche für die EWG nicht von Vorteil wäre, und da er wie der französische Präsident der Ansicht war, dass Großbritannien den Vereinigten Staaten zu nahe stand; Adenauer beschäftigte in dieser Zeit die Frage, wie sicher das langfristige Engagement Amerikas für die Verteidigung Europas war.[33]

Seine Partei, die CDU, war für den britischen Beitritt, und da Adenauers Autorität im Innern schwand, übten einige prominente Mitglieder öffentlich Kritik an der Ablehnung der Aufnahme Großbritanniens in die EWG, die sich aus der vorrangigen Verpflichtung auf die bilaterale Beziehung zu Frankreich ergab.[34] In Erhards Augen war die Ablehnung des britischen Aufnahmeantrags »eine schwarze Stunde Europas«.[35] Wenige Monate später sollte er Adenauers Nachfolger als Bundeskanzler werden. Zuvor ratifizierte der Bundestag jedoch noch den Élysée-Vertrag, allerdings erst, nachdem Adenauers Kritiker ihm die Zustimmung zu einer Präambel abgerungen hatten, in der die Partnerschaft der Bundesrepublik mit den Vereinigten Staaten, ihre Bindung an die NATO und ihre Unterstützung der EWG als Vehikel der Vereinigung Europas bekräftigt wurden.

Eine einseitige Ergänzung eines bereits geschlossenen internationalen Vertrags durch eine Präambel war ein außergewöhnlicher Vorgang,[36] der anzeigte, dass Adenauers Zeit als Bundeskanzler fast abgelaufen war. Gegenüber de Gaulle war es natürlich ein Affront. Aber der französische Präsident hatte durch seine Politik die EWG in diese Sackgasse getrieben, und da sie weder de Gaulles Vorstellungen folgen noch sich ohne französisches Engagement – das Mitte der 1960er Jahre eine Zeitlang vollständig fehlte – weiterentwickeln konnte, trat die EWG in den folgenden Jahren im Grunde auf der Stelle.

Adenauer hatte 1957 erheblichen Widerstand überwinden müssen, um die Gründung der EWG zustande zu bringen. Aber obwohl die westdeutsche Wirtschaft als ihr dynamischster Bestandteil weiterhin prosperierte, trug die von Adenauer seit 1958 gepflegte enge bilaterale Beziehung zu de Gaulle, die vor allem von verteidigungsstrategischen Überlegungen getragen wurde, dazu bei, dass Fortschritte in Richtung einer politischen Integration der EWG für nahezu ein Vierteljahrhundert ausgeschlossen waren.

Festigung der Demokratie

Zum Zeitpunkt ihrer Gründung vier Jahre nach dem Ende des NS-Regimes war die Bundesrepublik Deutschland eine höchst fragile Demokratie. Laut Meinungsumfragen hielt jeder zweite Deutsche den Nationalsozialismus immer noch für eine gute Idee, die nur schlecht ausgeführt worden sei – und dem Kommunismus vorzuziehen. Auf die Frage, welche Deutschlands beste Zeit gewesen sei, nannten 1951 vier Fünftel der Befragten entweder die Ära vor 1914, als der Kaiser noch herrschte, oder die Vorkriegsjahre des »Dritten Reichs«. Die Weimarer Republik nannten nur 7 Prozent, und die Gegenwart war nur für 2 Prozent die beste Zeit. Ein Drittel der 1951 Befragten stand den Mitgliedern des Widerstands, der 1944 versucht hatte, Hitler zu töten, kritisch gegenüber. Im folgenden Jahr hatte immer noch ein Viertel der Bevölkerung eine »gute Meinung« von Hitler. Eine Mehrheit war – bemerkenswerterweise und wahrscheinlich, weil sie nur an die »gute Zeit« vor dem Krieg dachte – der Ansicht, dass er mehr für Deutschland getan hatte als Adenauer. Damals stand das »Wirtschaftswunder« allerdings noch bevor.[37] Bis Mitte der 1950er Jahre war jedoch ein erstaunlicher Meinungsumschwung eingetreten. Jetzt musste Adenauer in der Rangliste der deutschen Politiker, die am meisten für Deutschland getan hatten, nur noch Bismarck den Vortritt lassen. Als er 1963 aus dem Amt schied, hatte er sogar den »eisernen« Kanzler überholt. Schon 1958 reihte mehr als die Hälfte der Deutschen ihn unter die »wirklich großen Männer unseres Jahrhunderts« ein.[38]

Als Adenauer in der Mitte seiner vierten Amtszeit als Bundeskanzler zurücktrat, war die von mehreren Parteien getragene parlamentarische Demokratie – obwohl sie konservativ, patriarchalisch und elitistisch geprägt war – weitgehend gefestigt, wenn auch ihrer selbst noch nicht ganz sicher. Anders als die Weimarer Republik, die weder von der politischen Elite noch von einem großen Teil der Wählerschaft akzeptiert worden war, hatte die Bundesrepublik nach ungewissem Beginn die Zustimmung der überwältigenden Mehrheit beider gesellschaftlicher Sektoren gewonnen. Trotz aller politischen Spaltungen wurde ihr auf den Prinzipien von persönlicher Freiheit und Rechtsstaatlichkeit beruhendes Grundgesetz, mit dem man die Lehren aus den Schwächen der Weimarer Verfassung gezogen hatte, praktisch von der ganzen Bevölkerung akzeptiert. Die Weimarer Republik war aufgrund ihrer Unfähigkeit gescheitert, eine langwierige, vielschichtige Krise zu meistern, die sie schon in den frühen 1920er Jahren an den Rand des Zusammenbruchs brachte, der dann ein Jahrzehnt später eintrat. Dagegen war die Bonner Republik von keiner sich hinziehenden inneren Krise belastet, und sie besaß die Unterstützung der Westmächte, insbesondere der Vereinigten Staaten. Im Gegensatz zu den Nachwirkungen des Ersten Weltkriegs waren ihr keine weithin als ungerecht empfundenen Reparationen aufgezwungen worden, wie sie das politische Klima der Weimarer Republik vergiftet hatten. Und nicht zuletzt durchlebte die junge Bundesrepublik keine verheerende Wirtschaftskrise, sondern kam bald in den Genuss eines Aufschwungs, der rasche Verbesserungen des Lebensstandards mit sich brachte. Mehr als alles andere trug das »Wirtschaftswunder« der 1950er Jahre zur Festigung der Demokratie bei. Millionen von Westdeutschen ging es zusehends besser, und sie fühlten sich sozial besser abgesichert. Adenauer spielte sicherlich eine wichtige Rolle bei der Gestaltung des politischen Rahmens für das rasante Wirtschaftswachstum. Aber der Architekt des »Wirtschaftswunders« war Ludwig Erhard, der den Staat erfolgreich nutzte, um die Grundlagen für eine prosperierende, mit Prinzipien der sozialen Wohlfahrt verknüpfte freie Marktwirtschaft zu schaffen.

Adenauer und Erhard waren nicht oft einer Meinung. In den frühen 1960er Jahren kritisierte Erhard, wie erwähnt, offen die nachteiligen Folgen, die Adenauers enge Anlehnung an Frankreich und die Ablehnung der britischen Mitgliedschaft in der EWG für die Beziehungen zu den Vereinigten Staaten und die Entwicklung der europäischen Integration nach sich zogen. Adenauer seinerseits gab zu verstehen, dass er Erhard nicht für einen geeigneten Nachfolger hielt.

Ihr Verhältnis hatte schon immer eher einer Vernunftehe geähnelt. Für Westdeutschland hatte sie sich allerdings ausgezahlt, vor allem, weil Adenauer Erhard die Leitung der Wirtschaftspolitik überließ, ohne sich einzumischen.[39] Auf dem Gebiet der Wirtschaft, die für die Festigung der Demokratie entscheidend war, war Erhard wichtiger als Adenauer.

Erhards Bedeutung für das Schlüsselgebiet der Wirtschaftspolitik ist ein Hinweis darauf, dass selbst ein so durchsetzungsfähiger und dominierender Regierungschef wie Adenauer von der substantiellen Mitarbeit kompetenter Minister abhing. Neben Erhard agierten auch andere Minister keineswegs nur als Ausführende von Adenauers Politik, sondern spielten in der Frühzeit der Bundesrepublik eine bedeutende Rolle, wie etwa Heinrich von Brentano (Außenminister), Gerhard Schröder (zunächst Innen-, dann Außenminister), Theodor Blank (zunächst Verteidigungs-, dann Arbeitsminister) und Franz Josef Strauß (Verteidigungsminister). Aber die Schlüsselentscheidungen wurden im Bundeskanzleramt formuliert. Und Adenauer setzte sie zielstrebig und mit großem politischen Geschick durch.

Anders als in der Außenpolitik schwamm Adenauer in der Innenpolitik – von der Frage der deutschen Vereinigung abgesehen – häufiger mit dem Strom der öffentlichen Meinung als gegen ihn. Sein ausgeprägter Antikommunismus, zum Beispiel, passte zur Stimmung der Öffentlichkeit. Dass der Eiserne Vorhang mitten durch Deutschland verlief und die DDR ein eklatantes Beispiel eines Systems war, das die meisten Westdeutschen verabscheuten, war für Adenauer von unschätzbarem Wert. Die Empörung über die Niederschlagung des ostdeutschen Aufstands von 1953 durch sowjetische Truppen trug zu seinem überwältigenden Wahlsieg in jenem Jahr bei. Der Tag des Aufstands, der 17. Juni, wurde in der Bundesrepublik umgehend zu einem gesetzlichen Feiertag erklärt, an dem alljährlich an die Schrecken des Sowjetkommunismus erinnert wurde.

Der Antikommunismus war der ideologische Kitt der westdeutschen Gesellschaft. Er vereinte alle, außer der äußersten Linken; die ohnehin schon in Wahlen unbedeutende Kommunistische Partei wurde 1956 verboten. Der Antikommunismus half Adenauer auch bei seinem Drahtseilakt in der Deutschlandpolitik. Mitte der 1950er Jahre sah die Sowjetunion ein, dass ihre Anstrengungen, Deutschland zu vereinen, gescheitert waren, und akzeptierte die Unabänderlichkeit der Teilung des Landes. Bis 1960 war der frühere Konflikt zwischen Westbindung und nationaler Vereinigung endgültig vorbei. In jenem Jahr revidierten die Sozialdemokraten ihre Haltung zur Vereinigung und akzeptierten Westbindung, Wiederbewaffnung – den Besitz von Atomwaffen lehnten sie allerdings weiterhin nachdrücklich ab – und NATO-Mitgliedschaft.[40]

Als die letzte große Berlinkrise, die 1958 begonnen hatte, mit dem Bau der Berliner Mauer am 13. August 1961 endete, die für die Endgültigkeit der Teilung Deutschlands stand, versagte Adenauers sonst so empfindliche politische Antenne. Seine Popularität sank erheblich, als er erklärte, seine Regierung würde nichts tun, das die Beziehungen zur Sowjetunion schädigen oder die Weltlage gefährden könnte. Und dass er nach dem Mauerbau neun Tage vergehen ließ, bevor er Berlin besuchte, machte ihn auch nicht beliebter. Aber durch den Mauerbau war die Frage der deutschen Vereinigung entschärft. Welche Hoffnungen man auch langfristig hegen mochte, für die absehbare Zukunft hatte Adenauers Politik der Westbindung obsiegt.

Sein strikt antisowjetischer, prowestlicher Konservatismus war für viele anziehend, die sich ansonsten möglicherweise einem von der extremen Rechten wiederbelebten Nationalismus zugewandt hätten.[41] Der tödliche Antibolschewismus der NS-Zeit verwandelte sich in den Antikommunismus der Adenauer-Ära. Die Kriegführung der Wehrmacht im Osten konnte als ehrenhaft dargestellt werden. Die Öffentlichkeit unterstützte die baldige Haftentlassung ehemaliger hochrangiger Offiziere, die von den Alliierten wegen Kriegsverbrechen verurteilt worden waren. Eine von Adenauers populärsten Leistungen war, dass er während eines Moskaubesuchs im September 1955 die Freilassung Tausender deutscher Kriegsgefangener, die sich immer noch in sowjetischem Gewahrsam befanden, erreichte.[42] Die Deutschen waren froh, annehmen zu können, dass die Wehrmacht »sauber« gewesen war. Die nationalsozialistischen Verbrechen konnten ganz der SS zur Last gelegt werden, wobei selbst dabei noch die rund 900 000 Angehörigen der Waffen-SS ausgenommen wurden. Dem SPD-Vorsitzenden Kurt Schumacher zufolge hatten sie »keine kriminelle Schuld« auf sich geladen, und man sollte ihnen »die Möglichkeit geben, sich erfolgreich mit der für sie neuen Welt auseinanderzusetzen«.[43]

Adenauers Einstellung zur Hitlerzeit war perfekt auf eine Gesellschaft abgestimmt, die mehr auf künftigen Frieden, Wohlstand und Stabilität bedacht war als darauf, die Verbrechen der jüngsten Vergangenheit aufzuarbeiten.[44] Den meisten Deutschen war es sehr recht, einen Schleier über die NS-Vergangenheit zu legen. Sie waren nur allzu bereit, bei der Schuldzuweisung für die Katastrophe, die Deutschland ereilt hatte, nicht über Hitler und die NS-Führung hinauszuschauen. Laut Meinungsumfragen in der amerikanischen Besatzungszone wurde die Bestrafung führender Nationalsozialisten in Nürnberg zwar allgemein als gerechtfertigt angesehen, aber dies war nicht die ganze Geschichte. Viele betrachteten die Kriegsverbrecherprozesse, als sie stattfanden und später, als »Siegerjustiz«: Die Sowjets hätten haarsträubende Verbrechen begangen, die Westalliierten hätten gnadenlos die Zivilbevölkerung bombardiert, aber jetzt säßen sie über die Deutschen zu Gericht. Im Lauf der Zeit nahm das Interesse an den Prozessen ab. Alltägliche wirtschaftliche Sorgen wogen häufig schwerer als das Schicksal früherer Nationalsozialisten.[45] Bei den kleinen Fischen sah die Sache völlig anders aus. Millionen Deutsche waren Mitglieder der NSDAP und ihrer diversen Unterorganisationen gewesen, und zahllose andere hatten Hitler ebenfalls zugejubelt oder waren auf die eine oder andere Weise Komplizen des NS-Regimes gewesen. Aber wie groß die Verstrickung ins NS-System auch gewesen war, die wenigsten waren bereit, ihre eigene Schuld an dem, was geschehen war, einzugestehen. Auch die Kollektivschuld, die in den

Augen der Mehrheit ein ungerechtfertigtes alliiertes Urteil über eine ganze Gesellschaft war, wiesen sie von sich. Sie seien vielmehr von der Propaganda irregeführt und von einem totalitären Polizeistaat unterdrückt worden.

Das alliierte Entnazifizierungsprogramm war, was kaum überrascht, ein völliger Fehlschlag, und als die Deutschen es übernahmen, sank es zu kaum mehr als einer Farce herab. Vor dem Hintergrund einer immer noch starken nationalistischen Einstellung und des Unmuts über die kränkende Behauptung einer Kollektivschuld hatte Adenauer den größten Teil der Öffentlichkeit auf seiner Seite, als er, bis auf einige wenige, die wegen der schlimmsten NS-Verbrechen verurteilt worden waren, alle anderen amnestierte. Der Druck in Richtung einer Generalamnestie war zum Teil von früheren Nationalsozialisten ausgegangen, darunter einige mit einer durchaus düsteren Vergangenheit, die Adenauers Koalitionspartner, die FDP, unterwandert hatten. Aber er kam auch von den immer einflussreicher werdenden Vertriebenenorganisationen, die Millionen von Deutschen vertraten, die aus der Tschechoslowakei, Polen und anderen Ländern vertrieben worden waren.[46] Einem Wiederaufleben des Nationalsozialismus wurde jedoch 1952 durch das Verbot der Sozialistischen Reichspartei, eines Sammelbeckens von Ex-Nazis, ein Riegel vorgeschoben. Im vorangegangenen Jahr hatte sie in Teilen Norddeutschlands beunruhigende Fortschritte erzielt und rund 40 000 Mitglieder gewonnen. Die Gefahr ging vorüber. In der Bundestagswahl im Jahr 1953, als Adenauers Popularität sich aufgrund der prosperierenden Wirtschaft im Aufwind befand, gewann die extreme Rechte nicht einmal 1 Prozent der Stimmen.[47]

Zu diesem Zeitpunkt waren viele, die einst dem NS-Regime gedient hatten – manche in bedeutenden Positionen –, wieder in den öffentlichen Dienst und das Rechtssystem aufgenommen worden. Ein 1951 verabschiedetes Gesetz garantierte früheren Beamten und Karrieresoldaten, die im Zuge der Entnazifizierung entlassen worden waren, die Wiedereinstellung in derselben oder einer gleichwertigen Position, bei voller Pensionsberechtigung. Beispielsweise hatten über zwei Drittel der 1952 im Auswärtigen Amt tätigen Beamten der NSDAP angehört.[48] Richter, die im »Dritten Reich« Todesurteile wegen politischer Vergehen ausgesprochen hatten, kehrten ins Amt zurück. Das Ausmaß der Personalkontinuität zum NS-Regime war enorm.[49]

Nirgendwo trat die Kontroverse darüber deutlicher zutage als in Adenauers engstem Beraterkreis in Gestalt Hans Globkes, der von 1953 bis 1963 Staatssekretär im Bundeskanzleramt war, also dessen höchster Beamter. In dieser Funktion stand er in täglichem Kontakt zum Bundeskanzler und saß wie »die Spinne im Netz«, zog bei allen Personalfragen die Fäden und prägte »den Bundesministerien in weiten Bereichen den Stempel des Adenauerschen Willens« auf.[50] Als höchst kompetenter und effizienter Mitarbeiter wurde er für Adenauer unverzichtbar. Nur seine Vergangenheit war ein Problem. Obwohl kein Parteimitglied, hatte er als Beamter des Reichsinnenministeriums an den antijüdischen Gesetzen des »Dritten Reichs« mitgearbeitet und den Kommentar zum Reichsbürgergesetz von 1935, einem der berüchtigten Nürnberger Gesetze, als Koautor mitverfasst. Dies war politisch peinlich.[51] Aber Adenauer stand, trotz erhitzter öffentlicher Kritik, insbesondere von Seiten der Linken, stets unverbrüchlich hinter Globke.[52] Seiner Popularität schadete dies nicht. Der Fall Globke war Gegenstand einer leidenschaftlich geführten politischen Debatte, wurde paradoxerweise aber von der großen Mehrheit der Westdeutschen kaum wahrgenommen. 1960 erklärten drei Viertel der Befragten in einer Umfrage, sie wüssten nicht einmal, wer Globke sei.[53] Vielleicht wollten sie es auch nicht wissen.

Ein offensichtlicherer Fall der Rehabilitation eines ehemaligen Nationalsozialisten war 1953 die Berufung von Theodor Oberländer in die Regierung. Oberländer hatte 1923 am Hitlerputsch teilgenommen und war vor dem Zweiten Weltkrieg an den Rasseplanungen für Osteuropa beteiligt gewesen. Adenauer wusste, dass Oberländer ein in der Wolle gewaschener Nationalsozialist war, aber er war ein führender Repräsentant der beachtlichen Vertriebenenlobby.[54] Als der Gesamtdeutsche Block/Bund der Heimatvertriebenen und Entrechteten (GB/BHE) in der Wahl von 1953 27 Bundestagssitze gewann, ernannte Adenauer ihn zum Minister für Vertriebene, Flüchtlinge und Kriegsgeschädigte, ohne dadurch einen großen Aufschrei der Empörung auszulösen. Und obwohl der Block vier Jahre später kein einziges Bundestagsmandat gewann, ließ Adenauer Oberländer, der inzwischen opportunerweise zur CDU gewechselt war, nicht fallen. Vor dem Hintergrund wachsender Kritik an der Beteiligung früherer Nationalsozialisten an der Regierung, insbesondere aus den Reihen der Studenten, trat Oberländer, der inzwischen zu einer verzichtbaren Belastung geworden war, 1960 von seinem Posten zurück. Aber Adenauer hielt bis zuletzt zu ihm; nach seiner Ansicht hatte Oberländer »niemals etwas getan, was gegen seine Ehre war«.[55]

Zu diesem Zeitpunkt begann Adenauers Popularität zu sinken. In der Bundestagswahl von 1957 hatte er einen erstaunlichen Sieg errungen. Die Union (CDU und CSU) hatte mit 50,2 Prozent der Stimmen die absolute Mehrheit gewonnen – ein einzigartiges Ergebnis in der Geschichte der Bundesrepublik. Der Wahlslogan »Keine Experimente« passte perfekt zur damaligen Stimmung der Westdeutschen, die einen wachsenden Wohlstand genossen. Für die Wähler besonders attraktiv war das Versprechen eines Ausbaus der Sozialleistungen, insbesondere durch die an die Lebenshaltungskosten gekoppelte Dynamisierung der Altersrente, die auch die Sozialdemokraten forderten.[56] Aber 1957 hatte Adenauers Popularität ihren Höhepunkt erreicht. In der nächsten Bundestagswahl im Jahr 1961 sank zum ersten Mal seit 1949 der Stimmenanteil der Union; sie verlor 5 Prozent und 26 Mandate.

Ein deutliches Zeichen dafür, dass Adenauer den Kontakt zur Stimmung im Land verloren hatte, war die *Spiegel*-Affäre. Nachdem in einem Artikel des Nachrichtenmagazins *Der Spiegel* vom 10. Oktober 1962 Verteidigungsminister Franz Josef Strauß kritisiert und auf Mängel der Verteidigungsbereitschaft der Bundesrepublik hingewiesen worden war, wurden die Büros des Magazins in Hamburg durchsucht und sein Herausgeber und andere verhaftet. Adenauer beschuldigte den *Spiegel* des Hochverrats. Daraufhin brach ein hauptsächlich von Studenten und Intellektuellen getragener Proteststurm gegen die Verletzung der Pressefreiheit und die vermeintlich angewandten Nazimethoden los, der Strauß schließlich zum Rücktritt zwang (er kehrte in seine Hochburg Bayern zurück, wo seine Beliebtheit keinen Schaden genommen hatte). Adenauers Stellung war durch die Affäre beschädigt und seine Autorität geschwächt. Mehrere CDU-Minister hatten sich geweigert, mit Strauß zusammenzuarbeiten, und fünf FDP-Minister waren zurückgetreten. In breiterer Perspektive war die Affäre das erste klare Anzeichen, dass sich die Öffentlichkeit gegen die Form des autoritativen Konservatismus zu wenden begann, die Adenauers lange Kanzlerschaft gekennzeichnet hatte.[57]

Adenauer hatte bereits vor Ende 1962 angedeutet, dass er im Herbst des folgenden Jahres als Kanzler zurücktreten würde. Daraufhin hatten sich führende Politiker zwangsläufig nach einem möglichen Nachfolger umgeschaut. Es war sogar von einer »großen Koalition« mit den Sozialdemokraten die Rede, die nur wenige Jahre zuvor noch undenkbar gewesen war, aber bald Realität werden sollte. Auch in Adenauers eigener Partei stellte sich die Nachfolgefrage. Er scheitere mit dem Versuch, den offensichtlichen und allgemein favorisierten Kandidaten aufzuhalten, und musste schließlich am 15. Oktober widerwillig einem Nachfolger Platz machen, den er als Kanzler für ungeeignet hielt – Ludwig Erhard.

Hinterlassenschaft

Adenauers Rücktritt war von endlosen überschwänglichen Würdigungen im In- und Ausland begleitet. »Adenauer braucht das Urteil der Geschichte nicht zu scheuen«, hieß es in der Wochenzeitung *Die Zeit,* in der er häufig kritisiert worden war. »Er war der Größte unserer Zeit.«[58] Weitere Lobreden erschienen 1967 aus Anlass von Adenauers Tod – im Alter von 91 Jahren. Sein Ansehen überdauerte Jahrzehnte. 2003 wurde er von drei Millionen Deutschen zum »größten Deutschen aller Zeiten« gewählt, weil er Deutschland aus der Asche gezogen und ihm wieder einen Platz auf der Weltbühne verschafft hatte.[59] Aber wenn man sich von dieser nichtssagenden Umfrage über »Größe« ab- und der konkreteren, wenn auch immer noch schwierigen Frage der persönlichen Wirkung auf die historische Entwicklung zuwendet, wird eine nuanciertere Einschätzung möglich.

Adenauers persönliche Rolle bei der Anbindung der Bundesrepublik an das westliche Bündnis in den frühen 1950er Jahren kann mit Grund als seine bedeutendste Hinterlassenschaft angesehen werden. Damals war die Zukunft Deutschlands, das sich im Epizentrum des Kalten Krieges befand, völlig ungewiss. Der von den Sozialdemokraten und Teilen seiner eigenen Partei ausgeübte Druck auf eine frühe Wiedervereinigung hätte, wenn auch unbeabsichtigt, leicht zur Destabilisierung sowohl Deutschlands als auch Europas und zur Vorherrschaft der Sowjetunion in ganz Deutschland führen können. Wahrscheinlich hätten die Westalliierten dies verhindern wollen, wer auch immer Bundeskanzler gewesen wäre. Aber hätte Deutschland 1952 Stalins Angebot angenommen, wäre dies in der dadurch geschaffenen politischen Lage vermutlich schwierig, wenn nicht gar unmöglich gewesen. Adenauers Rolle war ausschlaggebend dafür, dass die Bundesrepublik ihre künftige Sicherheit durch die Bindung an den Westen, insbesondere die Vereinigten Staaten, zu gewährleisten suchte. Trotz aller seither eingetretenen Wechselfälle der internationalen Politik – und schon zu Adenauers Zeiten herrschte in den Beziehungen zu den Vereinigten Staaten nicht immer eitel Sonnenschein – hat die Westbindung der Bundesrepublik über die Jahrzehnte hinweg gutgetan. Ohne Adenauer wäre die Geschichte Deutschlands und Europas möglicherweise völlig anders verlaufen.

Wichtig war Adenauer auch, weil er erkannte und sich dafür einsetzte, dass die Zukunft der Bundesrepublik in der Zugehörigkeit zu einem auf der Grundlage gemeinsamer Interessen, Freundschaft und enger Zusammenarbeit stärker integrierten Westeuropa lag. Vehement unterstützte er die frühe französische Initiative, eine Kohle- und Stahlgemeinschaft sowie eine Verteidigungsgemeinschaft zu schaffen. Und er trat ab 1957 nachdrücklich für die Gründung und den Ausbau der EWG ein. Aber in den späten Jahren seiner Kanzlerschaft ließ er sich allzu stark von de Gaulle beeindrucken, und die Betonung der bilateralen Beziehung zu Frankreich drohte die EWG zu spalten und beschwor Schwierigkeiten für den europäischen Integrationsprozess herauf.

In der Innenpolitik war Adenauers Hinterlassenschaft durchwachsen. Es gab große Leistungen. So war er für die Stabilisierung der Demokratie in Westdeutschland unverzichtbar, obwohl ihre Hauptstütze, das »Wirtschaftswunder«, in erster Linie Erhards Werk war. Anfangs noch fragil, ruhte die westdeutsche Demokratie bald auf soliden Fundamenten. Und Adenauer verhalf durch Auslandsreisen und in Begegnungen mit internationalen Staatsmännern, wie Churchill, Eisenhower und de Gaulle, der neuen westdeutschen Demokratie in der westlichen Welt zu wachsendem Ansehen. Dies war nicht zuletzt dem Respekt zu verdanken, den er persönlich gewann und der auf die Bundesrepublik übertragen wurde, selbst in Israel, nachdem er im Dezember 1951 persönlich – und typischerweise ohne Rücksprache mit dem Kabinett – erhebliche Entschädigungen für NS-Verbrechen gegen Juden zugesagt hatte.[60]

Die frühe westdeutsche Demokratie spiegelte Adenauers autoritäre Persönlichkeit wider. Dies passte zur vorherrschenden öffentlichen Stimmung einer Gesellschaft, die immer noch großen Wert auf politische Autorität legte, nach fester Führung verlangte und einen Schlussstrich unter die NS-Vergangenheit ziehen wollte. Adenauers Rehabilitation und Integration früherer Nationalsozialisten in die neue Demokratie war der fragwürdigste Teil seiner Hinterlassenschaft. War die Berufung Globkes ins Bundeskanzleramt unvermeidlich? Gewiss war Globke ein höchst kompetenter Berater Adenauers. Aber hätte er nicht einen anderen Staatssekretär finden können, der genauso fähig war, aber kein solches moralisches Stigma trug? Und war es absolut notwendig, Oberländer, einem ehemaligen Nationalsozialisten tiefster Brauntönung, einen Platz im Kabinett zu geben und auch noch an ihm festzuhalten, als die Vertriebenenlobby an Bedeutung verlor?

Die starke Personalkontinuität zum »Dritten Reich« in Öffentlichem Dienst, Justiz, Medizin, Lehrerschaft, freien Berufen und anderen Sektoren war zweifellos ein kontroverser Teil von Adenauers Hinterlassenschaft. Nach seiner Ansicht waren die Fähigkeiten dieser Personen beim Aufbau der Bundesrepublik unverzichtbar. Darüber hinaus betrachtete er ihre Integration als wesentliche Voraussetzung für die schnellstmögliche Festigung der Demokratie ohne die Zerreißprobe erbittert geführter Auseinandersetzungen über die jüngste Vergangenheit. Zeitgenössische und spätere Kritiker fanden die rasche Rehabilitation so vieler Personen mit anstößiger Vergangenheit – unter denen sogar frühere Gestapoleute waren – dagegen moralisch abstoßend. Sie hat zweifellos einen dauerhaften Makel auf Adenauers Reputation hinterlassen.

Nicht nur in Westdeutschland legte man einen Schleier über die jüngste Vergangenheit, um ein neues politisches System integrativ und nicht konfrontativ aufzubauen. Tatsächlich war es in Westeuropa – und Japan – nach dem Zweiten Weltkrieg allgemein üblich und wurde später auch im postfranquistischen Spanien so gehandhabt. Doch praktisch überall wurde die Aufarbeitung auf diese Weise nur hinausgeschoben. In der Bundesrepublik wurde sie durch die Prozesse gegen Adolf Eichmann und gegen Angehörige der SS-Wachmannschaften von Auschwitz in den frühen 1960er Jahren ausgelöst und im Zuge der Studentenbewegung von 1968 vertieft. In den folgenden Jahrzehnten kam es regelmäßig zu häufig erhitzten Debatten über die NS-Vergangenheit. Schon als Adenauer aus dem Amt schied, hatten sich die von ihm vertretenen Werte zu zersetzen begonnen. Der stickige, autoritäre Konservatismus der 1950er Jahre machte im Zuge eines europaweiten sozialen Wandels, anfangs noch vorsichtig, liberaleren Werten Platz.

Politisch schlug sich dies darin nieder, dass Adenauers Partei, die CDU, nach der Wahl von 1969 zum ersten Mal seit Gründung der Bundesrepublik zwanzig Jahre zuvor nicht mehr an der Regierung beteiligt war. Die Sozialdemokraten und ihr charismatischer Vorsitzender, Willy Brandt, führten eine Regierung, die eine neue Ära verkörperte. Ein wichtiger Aspekt dieses Zeitenwechsels war die Rücknahme von Adenauers Deutschlandpolitik – mit direkten Auswirkungen auf die Frage der deutschen Vereinigung. 1955 hatte Adenauer eine Politik verkündet, die als »Hallstein-Doktrin« bekannt wurde, benannt nach Walter Hallstein, Adenauers außenpolitischem Chefberater, der später erster Präsident der EWG-Kommission wurde. Seine »Doktrin« hatte den Zweck, die internationale Anerkennung der DDR zu verhindern und den Anspruch aufrechtzuerhalten, dass die Bundesrepublik die einzige Repräsentantin des deutschen Volks innerhalb der Grenzen von 1937 war. Adenauers harte Linie gegenüber der DDR hielt nur bis zur Einführung von Brandts Neuer Ostpolitik im Jahr 1970. Trotz leidenschaftlichen konservativen Widerstands führte sie zur Anerkennung der DDR, zu diplomatischen Beziehungen zwischen den beiden deutschen Staaten und zur grundsätzlichen Akzeptanz der Oder-Neiße-Linie als endgültiger deutscher Ostgrenze, das heißt des Verlusts der ehemaligen deutschen Ostgebiete – auch wenn dies erst 1990 formell bestätigt wurde.

Die Hinterlassenschaft einer derart langen politischen Laufbahn in solch turbulenten Zeiten ist unvermeidlicherweise nicht lupenrein. Fraglos gibt es negative Aspekte, vor allem die Rehabilitation prominenter ehemaliger Nationalsozialisten. Doch dass es Adenauer unter außerordentlich schwierigen Umständen gelang, Westdeutschland zu einem friedlichen, demokratischen Land zu machen und es als wesentlichen Bestandteil in einem auf Pluralismus und Rechtsstaatlichkeit beruhenden westlichen Staatennetzwerk zu verankern, war eine enorme Leistung. Kein Geringerer als Churchill bezeichnete Adenauer 1953 im britischen Unterhaus als den »klügsten deutschen Staatsmann seit den Tagen Bismarcks«. Er habe »die Ausdauer, die Gelassenheit, den Mut und das Geschick sehr bewundert, mit denen er den verwickelten, wandelbaren, ungewissen und unvorhergesehenen Situationen, denen er unaufhörlich ausgesetzt war, begegnete«.[61] Adenauer verband ideologische Zielstrebigkeit mit taktischem Scharfsinn und bewältigte die Zwänge eines demokratischen Systems mit einer Mischung aus politischer Manipulation, Selbstsicherheit und autoritärer Leitung. Ohne ihn wäre die Geschichte Deutschlands – und Europas – anders verlaufen.

Franco am 1. Oktober 1936 in Burgos bei der Akklamation als Generalissimus und Staatschef durch (offenbar nicht durchweg begeisterte) Nationalistenführer. Binnen einem Jahr wurde er offiziell als »Caudillo« (Führer) der »Bewegung zur Rettung Spaniens« bezeichnet.
Hulton Deutsch / Corbis Historical

ACHT

FRANCISCO FRANCO

Nationalistischer Kreuzfahrer

Es ist verlockend, Franco als Randfigur zu betrachten, die nicht zu den »Machern des 20. Jahrhunderts« gezählt werden kann, und ihm zwar eine zentrale Rolle für die spanische Geschichte dieser Ära zuzubilligen, aber weitergehende Bedeutung abzusprechen. Offensichtlich ist seine Wirkung nicht mit derjenigen Hitlers und Mussolinis oder Lenins und Stalins zu vergleichen. Er ist ein Fallbeispiel für die Rolle und Wirkung des Einzelnen am unteren Ende der Skala. Und man kann mit Recht feststellen, dass Spanien sich im 20. Jahrhundert zumeist an der Peripherie der Schlüsselentwicklungen in Europa befand. Franco, lautet ein Urteil über ihn, habe »die Weltgeschichte allenfalls in den dreißiger Jahren etwas beeinflusst, doch wären die Entwicklungen des 20. Jahrhunderts ohne ihn kaum anders verlaufen«.[1]

Dieses Urteil ist zu geringschätzig. Auch die europäische Geschichte wäre wie die spanische sicherlich, wenn auch auf unbestimmbare Weise, anders verlaufen, hätte die Republik das Jahr 1936 überlebt. Dass sie nicht überlebte, lag zweifellos in nicht geringem Maße an Francos Führung im Bürgerkrieg. Dieser war darüber hinaus von solcher Bedeutung, dass die europäischen Großmächte – auf unterschiedliche Weise – in ihn verwickelt wurden und freiwillige Kämpfer vom ganzen Kontinent sich an ihm beteiligten. Auch Francos Umgang mit den Achsenmächten während des Zweiten Weltkriegs und dann mit dem Westen während des Kalten Kriegs verlieh seiner langen Diktatur eine Bedeutung, die nicht auf Spanien begrenzt war. Außerdem wurde er durch die Art des anschließenden Übergangs zu einer pluralistischen Demokratie, die Auswirkungen seiner Herrschaft auf die Erinnerung der spanischen Öffentlichkeit und die politische Kultur Spaniens sowie die umstrittene Frage des regionalen Separatismus in einem der größten Länder Europas zu einer Figur, die nicht nur für die spanische, sondern auch für die europäische Geschichte von Bedeutung ist. Nicht zuletzt zeigt sich an seinem Beispiel, wie ein Einzelner mit anerkannten Fähigkeiten als Militärkommandeur, aber ohne Erfahrungen als politischer Führer von historischen Bedingungen profitieren kann, die ihm den Aufstieg zur Macht ermöglichten und anschließend erlaubten, »seine eigene Geschichte zu machen«.

Persönlichkeit

Dass Francisco Franco Bahamonde eine militärische Laufbahn einschlagen würde, war aufgrund seiner Herkunft vorgezeichnet.[2] Als er 1892 in El Ferrol, einem Marinestützpunkt in Galicien, rund 500 Kilometer von Madrid entfernt, in eine wohlhabende Militärfamilie hineingeboren wurde, schien es eine ausgemachte Sache zu sein, dass er eines Tages in die Fußstapfen seines Vaters und Großvaters treten würde, die beide hochrangige Marineoffiziere waren. Sein Vater, Nicolás, war meist abwesend – was wahrscheinlich ganz gut war, denn er war ein despotischer Mann, der dazu neigte, seine Frau und seine Kinder zu schlagen. Francisco, das zweite von fünf Kindern, erfuhr von seinem herrschsüchtigen, herablassenden Vater keinerlei Zuneigung. 1907 zog Nicolás Franco, ein Schürzenjäger und Glücksspieler, aus der Familienwohnung aus – und ließ eine unglückliche Ehe hinter sich –, um einen Posten in Madrid anzunehmen. Francos Beziehung zu seinem Vater wurde nie besser. Dagegen hing er sehr an seiner frommen, erzkonservativen Mutter, Pilar Bahamonde, die sich nach Kräften bemühte, ein Gegengewicht zum tyrannischen Vater zu sein, und trotz der nach dessen Weggang angespannten finanziellen

Lage dafür sorgte, dass ihr Sohn eine gute Bildung erhielt. 1907, kurz vor dem Auszug seines Vaters, bestand Franco das Aufnahmeexamen der Militärakademie in Toledo.

Dort saugte er militärische Werte auf – strenge Disziplin, ein starkes Pflichtgefühl, Tapferkeit, stoisches Ertragen physischer Härten und den Glauben an die ruhmreiche Vergangenheit Spaniens. Seine Leistungen in der Akademie waren mittelmäßig, und zwischen 1910 und 1912 war er noch nicht genügend qualifiziert, um sich um den angestrebten Posten in Marokko – einer der letzten verbliebenen Kolonien Spaniens – bewerben zu können. Nachdem er fast zwei Jahre in seiner Heimatstadt gedient hatte, erreichte er schließlich die Versetzung nach Nordafrika. Dort sollte er dann herausragende militärische Fähigkeiten beweisen.

In den grausamen Kolonialkriegen gegen aufständische Berber erwies sich Franco als mutiger Offizier mit taktischem Geschick und nüchterner Haltung im Kampf. Aufgrund seiner Tapferkeit und Führungskraft wurde er rasch befördert: 1912 zum Leutnant, 1914 zum Hauptmann, 1916 zum Major (als der er auf einen Posten in Spanien versetzt wurde), 1922 zum Oberstleutnant (als der er im folgenden Jahr das Kommando über die Spanische Legion in Marokko erhielt) und 1926 im Alter von nur 33 Jahren zum Brigadegeneral. Er war seit 1923 mit María del Carmen Polo verheiratet, die aus einer gut vernetzten Familie in Oviedo stammte und ihm drei Jahre später sein einziges Kind gebar, die Tochter Carmen. Aber sein Familienleben trat hinter seiner rasanten Militärlaufbahn zurück. Die Siege, die er in Marokko über rebellische Stammestruppen errang, brachten ihm großes Ansehen ein und machten ihn zu einer Berühmtheit in Spanien. König Alfons XIII. verlieh ihm 1923 den prestigeträchtigen Maria-Christina-Militärorden und nahm ihn in den elitären Kreis der Militärhöflinge auf. Von der ihm entgegengebrachten Bewunderung geschmeichelt, begann Franco sich als Figur von nationaler Bedeutung zu betrachten, vorläufig jedoch noch in erster Linie in der militärischen und nicht in der politischen Sphäre.

Francos ideologische Prägung hatte früh begonnen. Nach Spaniens vernichtender Niederlage in dem kurzen Spanisch-Amerikanischen Krieg von 1898, der zur Unabhängigkeit Kubas und zum Verlust fast aller spanischen Kolonien geführt hatte, herrschte in Militärkreisen lange ein Gefühl der nationalen Demütigung vor. In diese Atmosphäre war der junge Franco hineingewachsen, so dass sich ein Gefühl nationaler Scham und der Glaube, das Militär sei von der Politik im Stich gelassen worden, in ihm festsetzten. Bald sah er Spanien von inneren und äußeren Feinden belagert. Er verabscheute die Anarchisten und Sozialisten, die 1909 eine Woche lang gegen den spanischen Kolonialkrieg in Marokko protestierten, und hieß die brutale Niederschlagung der Proteste durch die Armee gut. Sein lebenslanger Glaube, dass das internationale Freimaurertum hinter Spaniens subversiven Elementen stecke – eine Abneigung, die ebenso irrational, alles durchdringend und dauerhaft war wie Hitlers Judenhass –, scheint aus dieser Zeit zu stammen.[3]

Als Person war Franco selbstbezogen und distanziert, emotional kühl, vorsichtig kalkulierend, nicht spontan, von einem maßlosen Ethos von Pflichterfüllung, Disziplin und Gehorsam getrieben, selten Gefühle zeigend und gnadenlos gegenüber besiegten Feinden. Und er war ehrgeizig. Er billigte die Gräuel, die seine spanischen Legionäre in den Kolonialkriegen in Marokko in eroberten Berberdörfern begingen. Später bewies er gegenüber seinen politischen Gegnern in Spanien den gleichen Mangel an Menschlichkeit. Kalte Rachsucht gegenüber inneren wie äußeren Feinden war ein Grundzug seines Charakters. Und die Liste innerer Feinde umfasste alle, die in seinen Augen Spanien ruinierten – die revolutionäre Linke, Antimonarchisten, Antimilitaristen, Pazifisten, Liberale, Gegner der katholischen Kirche und Separatisten in Katalonien und im Baskenland, die davon träumten, ihre Länder vom spanischen Zentralstaat abzuspalten. Hinter all diesen Feinden sah Franco versteckte Unterstützer – Moskau, Juden, aber vor allem das internationale Freimaurertum, das in seinen Augen für Spaniens Misere verantwortlich war.[4]

Vorbedingungen der Macht

Franco war zweifellos ein Produkt außergewöhnlicher Umstände, auch wenn sie in mancher Hinsicht die spanische Version einer verbreiteten, tiefgreifenden Malaise im Europa der Zwischenkriegszeit waren. Der tiefe soziale, politische und ideologische Aufruhr, der Spanien in den überaus turbulenten fünf Jahren der Zweiten Republik zwischen 1931 und 1936 erschütterte, mündete in den verheerenden Bürgerkrieg, in dem Franco zum Militärführer der nationalistischen Rebellion aufstieg. Ohne den Bürgerkrieg hätte er keine Chance gehabt, zum Staatschef zu werden.

Er war der Nutznießer der seit Langem schwärenden Geschwüre im spanischen Staat. In der konstitutionellen Monarchie von 1874, die bis zur Absetzung Alfons' XIII. im Jahr 1931 bestand, spielte das politische System vor allem einer höchst korrupten herrschenden Schicht in die Hände. Selbst noch nach dem Ausbau der Industrie im Baskenland, in Asturien, Katalonien und im Madrider Umland beherrschten lokale »Würdenträger« – für gewöhnlich Angehörige alteingesessener mächtiger Familiendynastien – die Politik und manipulierten durch Klientelismus und Patronage die Wahlen. Die Korruption war auf jeder Ebene der Gesellschaft verbreitet und endemisch. Der Zentralstaat war schwach, konnte sich aber auf lokale Bosse stützen, die im eigenen Interesse an der Unterdrückung jedes Anzeichens von sozialer Unruhe oder Rebellion mitwirkten. Die Industrialisierung brachte das Wachstum eines produzierenden und Handel treibenden Bürgertums mit sich, dessen Einfluss im Vergleich zu demjenigen der Großgrundbesitzer allerdings gering blieb. Diese hatten zusammen mit der Monarchie und der katholischen Kirche die Hebel der Macht fest im Griff, bis ihre Interessen durch die Absetzung des Königs und die Gründung der Republik im Jahr 1931 in Gefahr gerieten.[5]

Die große Mehrheit der Bevölkerung hatte keine politische Vertretung. Es herrschte weitgehend tiefe Armut. Für Landarbeiter, die in großen Teilen von Zentral- und Südspanien in primitiven Verhältnissen lebten und zermürbende Arbeit auf den Ländereien der Großgrundbesitzer leisteten, und für das wachsende Industrieproletariat, das unter armseligen Bedingungen in Madrid, Barcelona und Teilen Nordspaniens lebte und arbeitete, war der Staat ein fremdes, feindliches und bedrohliches Wesen. Industriearbeitern boten der Sozialismus und die Mitgliedschaft in einer Gewerkschaft eine ideologische und organisatorische Basis, auf deren Grundlage sie die Staatsmacht herausfordern konnten. Im Norden vermischte sich der Klassenkonflikt mit der baskischen beziehungsweise katalanischen Feindseligkeit gegenüber der Zentralregierung in Madrid. Im armen agrarischen Süden gewann der Anarchosyndikalismus, der gelegentlich auch zum Mittel antistaatlicher Gewalt griff, viel Zulauf von landlosen Arbeitern. Immer häufiger kam es zu Streiks, Unruhen und lokalen Aufständen gegen die Staatsmacht und die »bourgeoise Herrschaft«.[6] Auch der Antiklerikalismus floss als weiteres Element des Sturms, der sich zusammenbraute, in den Klassenkonflikt ein. Die Industriearbeiter und das Landproletariat betrachteten die Vertreter der Kirche nicht ganz zu Unrecht als Teil des Systems der ökonomischen und politischen Unterdrückung. Angriffe auf Kircheneigentum waren, schon bevor sie in der Zweiten Republik stark zunahmen, keine Seltenheit.[7] Gleichzeitig war der größte Teil der Bevölkerung, insbesondere in ländlichen Gegenden, noch tief im katholischen Glauben und seinen Traditionen verwurzelt. Der Katholizismus wurde als zentraler, von den Kräften der Linken bedrohter Bestandteil der nationalen Identität, wie immer sie sonst definiert sein mochte, betrachtet.

Die Spaltungen in der Gesellschaft und im politischen System Spaniens vertieften sich nach dem Ersten Weltkrieg; obwohl das Land neutral gewesen war, hatte der Krieg auch in Spanien enorme wirtschaftliche Störungen verursacht.[8] Eine rasch wachsende sozialistische Bewegung und jetzt auch eine Kommunistische Partei mit offen revolutionärer Doktrin standen einer geschwächten politischen Oligarchie aus liberalen und konservativen Eliten gegenüber, die entschlossen waren, an der Macht festzuhalten.[9] Der Staatsstreich von

1923, durch den General Miguel Primo de Rivera die Macht ergriffen hatte – mit Unterstützung praktisch aller konservativen Sektoren der spanischen Gesellschaft, bei unwirksamem und neutralisiertem Widerstand der Arbeiterklasse –, war nur die letzte in einer Reihe von militärischen Machtübernahmen seit dem frühen 19. Jahrhundert. Der Putsch war Ausdruck einer tiefen Kluft zwischen der Armeeführung, die sich als einzigen Garanten von nationaler Einheit und sozialer Ordnung betrachtete, die von mächtigen inneren Feinden auf der revolutionären Linken bedroht wurden, und der Arbeiterklasse, die die Armee als wichtigstes Repressionsinstrument des Staates hasste.[10] Primo de Riveras Gegenrevolution war von kurzer Dauer, aber ideologisch wirkte sie während der gesamten Franco-Ära nach.[11] Anfang 1930 war Primo aufgrund wachsender Wirtschaftsprobleme infolge des Börsenkrachs in der New Yorker Wall Street und zunehmenden öffentlichen Aufruhrs gezwungen, zurückzutreten und nach Paris ins Exil zu gehen. Gut ein Jahr später trat König Alfons XIII. zurück, nachdem die vernichtenden Ergebnisse der wichtigen Kommunalwahlen vom April 1931 zur Schaffung einer neuen demokratischen Republik geführt hatten. Die extrem reaktionären spanischen Streitkräfte waren, vorübergehend besiegt und demoralisiert, in die Defensive gedrängt, sollten sich aber bald neu formieren und ihrerseits zum Angriff übergehen, um ihre Macht wiederherzustellen und die Demokratie – wie sie hofften, für immer – zu zerstören.

Der Sieg der demokratischen Linken in der Parlamentswahl vom Juni 1931 war weniger beeindruckend, als es auf den ersten Blick schien. Die Fundamente der Demokratie waren auf Treibsand errichtet. In den ländlichen Gebieten, also im größten Teil des Landes, hing man oft immer noch an der Monarchie. Viele unterstützten das neue System nur halbherzig und bedingt. Verlassen konnte sich die Führung der Republik nur auf die relativ kleine Arbeiterklasse, die zudem auf Großstädte und bestimmte Regionen beschränkt und in ihrer politischen Orientierung zwischen Sozialisten, Anarchisten und kleineren Gruppen von moskautreuen Kommunisten gespalten war. Der regierenden Koalition aus gemäßigten Sozialisten und überwiegend bürgerlichen Liberalen fehlte eine kohärente, radikale Agenda. Ihre begrenzten Reformen in der Landwirtschaft, in Bezug auf den Schutz der Arbeiter und bei der Begrenzung der sozialen Macht der katholischen Kirche – vor allem im Bildungswesen – durch die Trennung von Staat und Kirche waren sogar für viele ihrer Anhänger nicht radikal genug. Aber sie brachten die dominanten Eliten, deren Macht, Reichtum und Einfluss kaum angerührt wurden, gegen sie auf.[12] Insbesondere die Tatsache, dass Katalonien 1932 weitgehende Autonomie gewährt wurde, erregte Anstoß und zerrüttete das Verhältnis zwischen Republik und Armee, die auf den Zentralstaat eingeschworen und zudem über Pläne, ihre Größe und ihren Einfluss zu verringern, erbost war.[13]

Binnen zwei Jahren stand die Republik mit dem Rücken an der Wand. Nachdem die Linke in der Parlamentswahl im November 1933 eine schwere Niederlage erlitten hatte, verschärfte sich in den nächsten beiden Jahren, den letzten der Republik, der Klassenkonflikt. Damit war der Ton für die Katastrophe, die folgen sollte, vorgegeben. Die soziale Macht der Großgrundbesitzer und Unternehmer, des Militärs und der katholischen Kirche war durch den Wahlsieg rechter Parteien und die anschließende Rücknahme der linken Reformen durch die neue, rechtsgerichtete Regierung gestärkt. Treibende Kraft dieser Entwicklung war die neugegründete Confederación Española de Derechas Autonómas (CEDA, Spanische Konföderation der Autonomen Rechten) unter Führung von José Maria Gil Robles, eine riesige Massenbewegung mit 735 000 Mitgliedern, die, bis auf den Namen, faschistisch war und behauptete, das Christentum gegen den Marxismus zu verteidigen.[14] Die Linke reagierte damit, dass sie im Oktober 1934 zum Generalstreik aufrief, der sich im nordspanischen Asturien zu einem regelrechten Aufstand auswuchs, der zwei Wochen dauerte. Die Aufständischen, überwiegend Arbeiter mit streikenden Bergleuten an der Spitze, besetzten eine Reihe von Städten, eroberten große Mengen von Kleinwaffen, töteten einige Priester und Seminaristen und zerstörten in der asturischen Hauptstadt Oviedo Kirchen und Konvente.[15]

In diesem kritischen Augenblick prägte Franco der sich vertiefenden Krise in Spanien zum ersten Mal seinen Stempel auf. 1928 zum Direktor der neuen Militärakademie in Saragossa ernannt, war seine Karriere seit der Gründung der Republik im Jahr 1931 zum Stillstand gekommen. Er hatte die Abschaffung der Monarchie bedauert, sich aber pragmatisch den neuen Umständen angepasst und gleichsam mit zugehaltener Nase den Treueid auf die Republik abgelegt. Seine Loyalität war jedoch nur äußerlich. Die Regierung war ihm gegenüber argwöhnisch und suchte ihn vom Zentrum der Macht fernzuhalten. 1932 wurde er als Brigadekommandeur nach La Coruña versetzt und im Februar 1933 als Militärgouverneur auf die Balearischen Inseln geschickt. Der Regierungswechsel nach der Wahl von 1933 revitalisierte seine Karriere. Der neue Kriegsminister Diego Hidalgo y Durán war bei einem Treffen mit Franco derart beeindruckt von ihm, dass er ihn zum Generalmajor beförderte und zu seinem Militärberater machte. In dieser Funktion – in der er im Grunde als inoffizieller Generalstabschef fungierte – erhielt er den Auftrag, die Revolte in Asturien zu beenden. Von der Verhängung des Kriegsrechts gestützt, setzte er hartgesottene marokkanische Söldnereinheiten ein, die den Aufstand brutal niederschlugen. Über 1100 Zivilisten wurden getötet, rund 4000 verwundet und mehr als 15 000 Personen verhaftet.[16]

Francos Ansehen auf der konservativen Rechten stieg gewaltig.[17] Aber obwohl über einen Staatsstreich geredet wurde, hielt er den Zeitpunkt für ein militärisches Eingreifen gegen die Republik noch nicht für gekommen. Zur Belohnung für Asturien wurde er zum Oberkommandierenden der marokkanischen Streitkräfte ernannt. Er war allerdings bald wieder zurück in Spanien, denn er wurde 1935 offiziell zum Generalstabschef ernannt. In dem äußerst unbeständigen politischen Klima hielten sich hartnäckig Putschgerüchte. Die Armee hätte über kurz oder lang vermutlich sowieso geputscht, aber die Wahrscheinlichkeit eines Staatsstreichs nach der nächsten, im Februar 1936 abgehaltenen Wahl stieg steil an. Das Wahlergebnis spiegelte die Zerrissenheit des Landes wider, erbrachte aber einen Sieg für die

Linke – mit knappem Stimmenvorsprung, aber einer großen Mehrheit im Parlament. Die Befürchtungen der Rechten verstärkten sich und wurden geradezu fiebrig, als Streiks, Landbesetzungen und Kirchenbrände, jedenfalls aus ihrer Sicht, eine kommunistische Revolution anzukündigen schienen. In Wirklichkeit bestand keinerlei Aussicht darauf, auch wenn die Gefahrenwahrnehmung auf der Rechten durchaus real war und das Land sich in tiefem Aufruhr befand, wie von Linken wie Rechten begangene politische Morde anzeigten. Die soziale, politische und ideologische Polarisierung war unüberbrückbar. Ob die Republik hätte überleben können, ist fraglich. Jedenfalls waren mächtige Kräfte, insbesondere im Militär, entschlossen, sie zu zerstören. Die Führer der Rechten begannen unter Hochdruck zu konspirieren, um einen Militärputsch zu planen.

Die Regierung tappte, was die wachsende Verschwörung betraf, weitgehend im Dunkeln.[18] Aus Vorsicht entließ sie jedoch Franco als Generalstabschef und versetzte ihn auf die Kanarischen Inseln. Man sprach von ihm bereits als Führer eines möglichen Putschs. Aber er zögerte wochenlang und war in die Vorbereitungen kaum involviert. Seine instinktive Vorsicht ließ ihn am Erfolg eines Staatsstreichs zweifeln. In einem im Juni 1936 geschriebenen, zweideutig formulierten Brief an Ministerpräsident Santiago Casares Quiroga schien er anzudeuten, eine Militärregierung, die die Ordnung in der Republik aufrechterhielt, einem ungewissen Aufstand vorzuziehen. Casares Quiroga ignorierte den Brief. Was Franco auch dazu bewogen haben mochte, ihn zu schreiben, jetzt schloss er sich der Verschwörung zum Sturz der Republik an.[19]

Unter den Verschwörern galt General José Sanjurjo y Sacanell als künftiger Führer Spaniens. Sanjurjo war Monarchist, Veteran der Kolonialkriege in Marokko und früherer Chef der Guardia Civil, der wegen seiner Beteiligung an einem gescheiterten Putsch im Jahr 1932 – aus dem Franco sich wohlweislich herausgehalten hatte – in Portugal lebte. Hauptorganisator der Verschwörung war indes General Emilio Mola Vidal, der Militärgouverneur von Pamplona in Nordspanien.

Mola hatte Franco als Aufstandsführer in Spanisch-Marokko vorgesehen. Aber noch Ende Juni war er unsicher, ob dieser sich überhaupt beteiligen würde. Als Franco sich schließlich den Verschwörern anschloss, sah er sich nicht als künftigen Führer Spaniens. Er wollte vielmehr Hochkommissar in Marokko werden.[20]

Als am 13. Juli 1936 José Calvo Sotelo ermordet wurde, ein charismatischer rechter Monarchist, der eine Regierung unter einer autoritären Monarchie befürwortet hatte und nach einem erfolgreichen Putsch eine wichtige Rolle hätte spielen sollen, beschloss Franco, sich nicht länger von der geplanten Rebellion fernzuhalten.[21] Vier Tage später, am 17. Juli, begann der Aufstand in Marokko. Franco flog am folgenden Tag von den Kanaren dorthin, um das Kommando über die Afrika-Armee (Ejército de África) zu übernehmen, die hartgesottenste, brutalste Truppe der spanischen Streitkräfte.

Ideologischer Krieger

Franco schien für die Rolle des Nationalhelden nicht gemacht zu sein. Seine Erscheinung war wenig beeindruckend. Klein von Statur – er war nur 1,63 Meter groß –, vorzeitig kahl geworden, etwas beleibt und mit einer unschönen hohen, eintönigen Stimme geschlagen, fehlte ihm jeglicher charismatische Nimbus. Im Unterschied zu Mussolini und Hitler besaß er keine demagogischen Fähigkeiten und hatte keine Massenbewegung um eine persönliche Gefolgschaft herum aufgebaut. Tatsächlich hatte er sich überhaupt nicht in der Politik engagiert, obwohl er im Mai 1936 kurz mit dem Gedanken gespielt hatte.[22] Aber er besaß herausragende militärische Fähigkeiten und erweckte in den Truppen, die er befehligte, tiefe Loyalität und Bewunderung, am meisten in der Afrika-Armee, in der er wegen seiner siegreichen Führung in den Kolonialkriegen im vorangegangenen Jahrzehnt verehrt wurde. Nach dem Beginn der Militärrebellion strebte er bald danach, sie zu führen. Aber die Erfüllung dieses Anspruchs hing von Faktoren ab, die er nicht kontrollieren konnte. Es gab andere Anwärter. Dennoch stieg er rasch zum Oberkommandierenden der nationalistischen Streitkräfte auf, und nach seiner Anerkennung als Führer der Rebellion war er auch bald als künftiger Staatschef im Gespräch. Diesen raschen Aufstieg verdankte er ebenso sehr dem Wirken des Zufalls wie seinen zweifellos vorhandenen und bewiesenen militärischen Fähigkeiten.

Der Zufall spielte insofern eine Rolle, als nacheinander sämtliche potentiellen Rivalen aus dem Rennen ausschieden. General Sanjurjo, der designierte Führer der Rebellion, kam drei Tage nach deren Beginn beim Absturz des Leichtflugzeugs, mit dem er von Portugal nach Spanien zurückflog, ums Leben. So gelegen dies Franco kam, es war ein Unfall und kein Anschlag. Zwei andere Militärführer, die zu Rivalen hätten werden können, die Generale Joaquín Fanjul und Manuel Goded, wurden nach dem anfänglichen Scheitern der Rebellion in Madrid und Barcelona hingerichtet. Was General Mola betraf, den einzigen verbliebenen Konkurrenten Francos innerhalb des Militärs, so stellte sich rasch heraus, dass er sich in einer schwachen Position befand. Den unter seinem Befehl stehenden Streitkräften in Nordspanien gelang kein entscheidender Durchbruch, während Francos aus Marokko übergesetzte Afrika-Armee im Süden rasche Fortschritte machte. Entscheidend aber war, dass sich Mola bei der Beschaffung von Waffen aus dem Ausland als weniger geschickt und tatkräftig erwies als Franco.

Was die zivilen Konkurrenten anging, war Gil Robles nach dem schlechten Abschneiden der CEDA in der Wahl von 1936 diskreditiert. Sotelo war, wie erwähnt, schon vor der Rebellion ermordet worden, und José Antonio Primo de Rivera, der Sohn des früheren Diktators und charismatische Gründer der radikal-faschistischen Falange – einer Bewegung, die nach bescheidenen Anfängen in den letzten Monaten der Republik, insbesondere durch den Zulauf junger früherer CEDA-Anhänger, rasch gewachsen war –, war im März 1936 verhaftet worden und wurde im November des Jahres hingerichtet. Blieb nur noch Franco.

Seinen Aufstieg hatte er allerdings keineswegs nur dem Zufall zu verdanken. Bei Ausbruch des Bürgerkriegs war er mit 43 Jahren der jüngste General in Europa seit Napoleon.[23] Außerhalb der Militärkreise hatte er sich in der spanischen Rechten durch seine rücksichtslose Unterdrückung des asturischen Aufstands einen Namen gemacht. Und er war sowohl scharfsinnig als auch gut vernetzt. Jetzt handelte er ebenso rasch wie entschlossen und beschaffte, indem er seine Beziehungen spielen ließ, Hilfe aus dem Ausland. Sowohl Mussolini als auch Hitler gingen umgehend darauf ein und schickten dringend benötigte Flugzeuge für den Transport der Armee von Afrika ins spanische Mutterland. Bis Ende August 1936 waren rund 30000 kaltblütige Kämpfer – »Reguläre«, das heißt indigene Marokkaner, wie »Legionäre«, überwiegend Spanier – in Spanien gelandet.

Die Ankunft der gefürchteten Afrika-Armee wendete das Blatt für die Nationalisten in Südspanien, während Mola im Norden sich gegen starke republikanische Verbände zu behaupten hatte. Die marokkanischen Truppen hinterließen bei ihrem Vormarsch eine Spur des Schreckens – was Franco durchaus einkalkuliert hatte –, massakrierten Gefangene und vergewaltigten Frauen.[24] Das Ausmaß der in der ideologisch gespaltenen Gesellschaft ohnehin schon vorhandenen Gewalt war so groß, dass solche Gräuel für die einen so akzeptabel wie für die anderen abstoßend waren. Mitte August vereinigten sich die Rebellen aus Nord und Süd und bildeten eine zusammenhängende nationalistische Zone. Aufgrund seiner frühen Erfolge galt Franco bald als der dominante Kommandeur, zumal er der von den Deutschen bevorzugte Empfänger ihrer für die Nationalisten lebensnotwendigen Waffenlieferungen war.

Am 21. September wurde Franco in einer Sitzung führender Generale – trotz erkennbar gedämpfter Begeisterung bei manchen – zum Oberbefehlshaber (Generalísimo) der nationalistischen Streitkräfte gewählt. Eine Woche später erzielte er einen bedeutenden Propagandasieg, der ihm auf Seiten der Nationalisten euphorische Zustimmung einbrachte, als seine marokkanischen Truppen vom logischen Weg eines Angriffs auf die Hauptstadt Madrid abwichen und die republikanische Belagerung der unter Karl V. erbauten ehrfurchtgebietenden Festung Alcázar in Toledo, einem Symbol des vergangenen spanischen Ruhms, mit einem Blutbad beendeten. Am nächsten Tag stimmten Mola und andere bei einem weiteren Treffen der Generale zähneknirschend einem Vorschlag zu, nach dem Franco »für die Dauer des Krieges« als Regierungschef fungieren und »alle Machtbefugnisse des neuen Staats« erhalten sollte. Am 1. Oktober wurde ihm in einer feierlichen Zeremonie und unter dem Jubel einer begeisterten Menschenmenge »die absolute Staatsgewalt« übertragen.[25]

Binnen wenigen Tagen stellte ihn die nationalistische Propaganda, indem sie ihn zum »Caudillo«, Führer, stilisierte, in eine Reihe mit den Helden der spanischen Geschichte.[26] Diese Verherrlichung schmeichelte Francos ohnehin schon übergroßem Ego. Er sonnte sich in der grellen nationalistischen Propaganda und den Erklärungen von Kirchenführern, die ihn als Anführer eines Kreuzzugs zur Verteidigung Spaniens und des katholischen Glaubens gegen Atheismus und republikanische Barbarei priesen.[27] Dies passte zu seiner Überzeugung, dass er eine alles andere überragende, gottgegebene patriotische Mission zu erfüllen habe. Er glaubte sich von der Vorsehung als Retter Spaniens auserwählt.[28]

Aus Sicht Francos und der Militärkaste im Allgemeinen stand die Armee zwischen der revolutionären Anarchie und einer schwachen Regierung, die unfähig war, Spanien zu retten und den Umsturz zu verhindern. Die spanische Politik, glaubte man, musste gleichsam entgiftet werden, indem der innere Feind nicht nur besiegt, sondern vernichtet wurde. Erst danach könne Spaniens Ruhm wiederbelebt werden. Dass die Armee für Spaniens Schicksal entscheidend war, stand für Franco unumstößlich fest. Darin fühlte er sich durch den Aufruhr der Zweiten Republik bestätigt. Die Erwartung, dass die Rebellion von 1936 zur raschen Machtübernahme des Militärs führen würde, wurde jedoch enttäuscht. Vielmehr begann ein brutaler Kampf, der drei Jahre dauern sollte. Er trug Francos Stempel.

Seine Entschlossenheit, die vermeintlichen inneren Feinde Spaniens nicht nur zu besiegen, sondern zu vernichten, hatte erheblichen Anteil an der Verlängerung des grausamen Konflikts. Franco wollte keinen schnellen, aber oberflächlichen Sieg. Seine Truppen rückten langsam, unermüdlich und gnadenlos vor. Beide Seiten begingen schreckliche Gräuel, die bei Weitem meisten aber die Nationalisten.[29] Rund eine Million Menschen – bei einer Bevölkerung von 25 Millionen – wurden ins Gefängnis oder in Arbeitslager gesteckt und Zehntausende von Republikanern von Francos Truppen exekutiert. Er selbst las sich viele Todesurteile durch und unterzeichnete sie.[30]

Die bedrängte republikanische Verteidigung wurde schrittweise, aber unaufhaltsam schwächer. Als ausschlaggebend erwies sich das materielle Ungleichgewicht aufgrund der ausländischen Waffenlieferungen an die Nationalisten. Der Zustrom von Waffen aus den Achsenländern – die zum einen verhindern wollten, dass Bolschewisten in Spanien Fuß fassten, und zum anderen ihre Militärtechnologie erprobten, einschließlich der Bombardierung von Zivilisten – verschaffte den Nationalisten einen enormen Vorteil, der durch die Nichteinmischungspolitik der westlichen Demokratien noch vergrößert wurde.[31] Die sowjetische Hilfe für die Republikaner reichte nicht aus, um das Blatt zu wenden; und das Moskauer Engagement wirkte zudem entzweiend. Die internationale Dimension des Konflikts ging über die Korridore der Macht in den europäischen Hauptstädten hinaus. Rund 30000 Freiwillige aus ganz Europa reisten nach Spanien, um gegen den Faschismus zu kämpfen. Viele von ihnen bezahlten ihren Wagemut mit dem Leben. Aber ihr Beitrag war zu gering, um in einem zunehmend ungleichen Krieg ins Gewicht zu fallen. Anfang 1939 war das Ende absehbar, da die Verteidigung der Republikaner in einer ihrer Hochburgen nach der anderen zusammenbrach. Am 26. März marschierten die Nationalisten, fast drei Jahre nach ihrem ersten, gescheiterten Versuch, die Stadt einzunehmen, in Madrid ein, und am 1. April erklärte Franco den Bürgerkrieg für beendet.

Zählt man die Hunderttausenden von Gefallenen, die Zehntausenden, die auf beiden Seiten hingerichtet wurden, und die rund eine halbe Million Republikaner, die ins Ausland flohen und von denen viele in französischen Internierungslagern Krankheiten erlagen, zusammen, hat der Bürgerkrieg auf beiden Seiten über eine Million Opfer gekostet.[32] Das Töten hörte mit dem Kriegsende nicht auf. Vergeltung und das Bestreben, »die totale Ausrottung unserer Feinde herbeizuführen« – wie der von Franco ernannte Präsident der Comisión Liquidadora de Responsabilidades Políticas (Kommission zur Regelung der politischen Verantwortung), Enrique Suñer Ordóñez, es 1938 ausdrückte –, sorgten dafür, dass die terroristische Säuberung der demoralisierten Linken bis in die Mitte der 1940er Jahre weiterging.[33] Einer von Francos Pressesprechern, der Armeehauptmann und Großgrundbesitzer Gonzalo de Aguilera Munro, sprach 1939 sogar von einem »Programm« der Reinigung mit dem Ziel, »ein Drittel der männlichen Bevölkerung Spaniens auszulöschen«, um »das Land zu säubern und das Proletariat loszuwerden«.[34] Ein solches Programm wurde nie aufgelegt. Gleichwohl wurden nach dem Ende des Bürgerkriegs rund 20000 Republikaner hingerichtet, und Tausende starben im Gefängnis, in Arbeitslagern und Zwangsarbeitsbataillonen, bevor das Blutvergießen schließlich verebbte.[35]

Welchen Beitrag hat Franco persönlich zum Sieg der Nationalisten geleistet? Mit dem Ausbruch des Bürgerkriegs in Spanien hatte er selbst wenig zu tun. Aber seine ideologischen Präferenzen waren klar. Seine tiefe Abneigung gegen die Republik, die Bereitschaft, rücksichtslos gegen die Linke vorzugehen, und seine Sympathie für die militaristische Rechte, die, wie er wusste, einen Staatsstreich plante, waren offensichtlich. Aber sein ideologischer Hass wurde auf der Rechten weitgehend geteilt, und als die Rebellion begann, befand er sich immer noch am Rand der Verschwörung. Am Anfang bestand sein – allerdings wesentlicher – Hauptbeitrag darin, Hilfe aus Deutschland und Italien zu organisieren, die den Transport der Afrika-Armee nach Spanien ermöglichte. Danach billigte er ihr barbarisches Vorgehen, soweit er es nicht sogar aktiv förderte. Aber der Krieg wäre sicherlich nicht weniger grausam geführt worden, hätte ein anderer General, etwa Mola – der im Juni 1937 bei einem Flugzeugabsturz ums Leben kam, was Franco zupasskam, aber offenbar wie Sanjurjos Absturz ein Unfall war –, anstelle von Franco das Kommando gehabt.

Mola teilte Francos ideologische Obsessionen, einschließlich des Hasses auf Freimaurer und Juden, und befürwortete bei der Verfolgung innerer Feinde und der »Reinigung« Spaniens extreme Gewalt, Terror und exemplarische Bestrafungen.[36] Ob der für Franco typische Rachedurst sich nach dem Ende des Bürgerkriegs unter einem anderen Militärführer so bösartig und so lange ausgetobt hätte, kann man natürlich nicht sagen. Francos militärische Fähigkeiten spielten zweifellos eine bedeutende Rolle beim Sieg über die republikanischen Truppen.[37] Aber ohne die Waffenlieferungen der Achsenmächte hätten sie wahrscheinlich nicht ausgereicht, und mit diesen Waffen hätte wohl auch ein anderer nationalistischer Führer den Sieg davongetragen. Insofern hatte Franco in mancher Hinsicht Glück, dass er allein die Siegeslorbeeren erntete. Zum Zeitpunkt des Sieges war jedoch kaum jemand in Spanien bereit, sie ihm streitig zu machen.

Der Sieg der Nationalisten markierte den Punkt, an dem der Franco-Kult heiß lief. Zu diesem Zeitpunkt stand, weit über das Militär hinaus, eine Massenbewegung hinter ihm, die das Bild des großen Führers hochhielt und verbreitete. 1937 hatten sich die verschiedenen rechten Gruppen zu einer umstrukturierten und neugegründeten Falange vereinigt, der jetzt Monarchisten, Konservative, viele einstige CEDA-Mitglieder und andere Rechte angehörten. Franco hatte dabei kaum eine direkte Rolle gespielt, obwohl er jetzt Gegenstand maßloser Verehrung war. Die einst winzige Bewegung war zur riesigen Staatspartei des neuen Regimes und mit ihren Hunderttausenden von Mitgliedern zum Hauptvehikel der Akklamation Francos geworden.[38]

Die dicht gedrängten Reihen ihrer in riesiger Menge angetretenen Anhänger bildeten einen Teil der spektakulären Propagandashow – von der Art, wie man sie aus dem faschistischen Italien und NS-

Deutschland kannte –, mit der die Rechten drei Tage lang, vom Abend des 18. bis zum 20. Mai 1939, in Madrid ihren Sieg feierten und vor allem Francos Image als Caudillo und ruhmreicher Nationalheld stärkten. Sein triumphaler Einzug in die Stadt war bewusst so inszeniert worden, dass er das Bild des legendären mittelalterlichen Helden El Cid hervorrief. Am nächsten Tag nahm er eine fünfstündige Siegesparade ab, nach der er in einer Rede vor dem »jüdischen Geist« warnte, »der die Allianz von Großkapital und Marxismus ermöglicht« habe. Am 20. Mai gedachte man mit einem großen Festumzug des mittelalterlichen spanischen Kreuzzugs gegen die Mauren und der ruhmreichen militärischen Vergangenheit des Landes. Mit dem zugehörigen feierlichen Hochamt drückte die katholische Kirche ihre Dankbarkeit für Francos Sieg aus.

Drei Jahre hatte der Spanische Bürgerkrieg Europa in Atem gehalten – als Vorspiel, wie es schien, eines immer unvermeidlicher werdenden größeren Flächenbrands. Aber als dieser größere, zunächst europaweite, dann globale Krieg ausbrach, hatte das wenig mit Spanien zu tun. Gleichwohl hatte Francos Sieg Konsequenzen, die über die spanischen Grenzen hinausreichten. Deutschland und Italien hatten die Gelegenheit genutzt, den Bombenterror zu erproben, während die westlichen Demokratien durch ihre Nichteinmischungspolitik ihre Schwäche demonstriert hatten, was sowohl den Achsenmächten als auch der Sowjetunion nicht entgangen war. Der Westen zog den Sieg Francos, so abscheulich seine Methoden auch waren, einem Triumph des Kommunismus in Spanien vor. Die Linke war, nicht nur in Spanien, besiegt und demoralisiert. Aber als der größte Teil Europas von einem Konflikt erfasst wurde, der sich bald zum Weltkrieg auswachsen sollte, geriet Spanien aus dem Blickfeld. Für die Ereignisse, die den Kontinent jetzt beanspruchten, war es nicht mehr wichtig. Dennoch spielte Franco auch im Zweiten Weltkrieg und im anschließenden Kalten Krieg eine, wenn auch kleine, Rolle in den größeren strategischen Planungen der Großmächte. Es war allerdings nicht die Rolle, die er sich vorgestellt hatte.

Zwei Gesichter

Franco war während des gesamten Spanischen Bürgerkriegs von Ehrfurcht für Mussolini und noch mehr für Hitler erfüllt gewesen. In den ersten Jahren des Zweiten Weltkriegs, als die Achsenmächte auf der Siegerstraße zu sein schienen, umwarb er beide Diktatoren. Er stimmte ideologisch mit ihnen überein. Darüber hinaus erhoffte er sich vom Krieg und von der sicher scheinenden Niederlage der westlichen Demokratien Vorteile für Spanien. Es sollte als Kriegsteilnehmer an der Seite des faschistischen Italiens und des »Dritten Reichs« kämpfen und an deren erwartetem Triumph teilhaben.

Nach dem Zweiten Weltkrieg wollte er den Spaniern und, wichtiger noch, den siegreichen Alliierten freilich ein anderes Bild vermitteln. Als sich das Blatt gegen die Achse wendete und ihre Niederlage immer sicherer wurde, war Francos anfängliche Begeisterung geschwunden. Gleichzeitig hatte die spanische Propaganda begonnen, das öffentliche Image des Caudillos zu ändern: Aus einem Anhänger der Achse wurde ein weiser Führer, dessen brillante Diplomatie Spanien geschickt aus dem Krieg herausgehalten und ehrenvoll seine Neutralität bewahrt hatte. Es war der Beginn des in der unmittelbaren Nachkriegszeit unternommenen Versuchs, die Ablehnung des Westens zu überwinden und Spaniens Pariastatus auf der Weltbühne zu beenden. Den Durchbruch zu einer Teilrehabilitation Spaniens bewirkten allerdings nicht Francos Fähigkeiten und Bemühungen, sondern die strategischen Erfordernisse des Kalten Kriegs. Sowohl im Zweiten Weltkrieg als auch im Kalten Krieg war nicht Franco derjenige, der die auswärtigen Beziehungen Spaniens gestaltete; ausschlaggebend waren vielmehr äußere Faktoren. Franco war nur ihr widersprüchliches öffentliches Gesicht.

Fraglos war er derjenige, der die spanische Politik bestimmte. Die Verantwortung lag letztlich bei ihm. Aber nichts deutet darauf hin, dass er gegen den Strom schwamm, dass er etwas anderes tat, als der spanischen Machtelite seine Stimme zu leihen. Was die Entscheidung gegen den Kriegseintritt betrifft, so spiegelte sie nur Spaniens wirtschaftliche und militärische Schwäche wider. Eine andere Entscheidung wäre kaum möglich gewesen. Hätte ein anderer Militärdiktator Spaniens Geschicke gelenkt, hätte er vermutlich dieselbe oder wenigstens eine sehr ähnliche Politik betrieben. Franco war kein schwacher Diktator; er hatte reale Macht, und seine Autorität wurde von der gesamten herrschenden Schicht Spaniens anerkannt. Aber sein Handlungsspielraum war durch unpersönliche Faktoren eingeschränkt. Wäre es nur nach Francos Willen gegangen, wäre Spanien auf Seiten der Achse in den Zweiten Weltkrieg eingetreten.

Franco bedauerte, dass der Krieg in Europa für Spanien zu früh gekommen war, da es weder militärisch noch ökonomisch so weit gewesen war, um in die Kämpfe eingreifen zu können. Seiner Überzeugung, dass Großbritannien bald um Frieden würde ersuchen müssen, entsprach die auf Anraten seiner »Wirtschaftsexperten« getroffene Entscheidung, die spanische Wirtschaft von derjenigen des Westens abzukoppeln, um autark zu werden. Die Folge war eine Verschärfung der vorher schon akuten Notlage eines großen Teils der Bevölkerung durch eine katastrophale Verknappung von Lebensmitteln und anderen Dingen des täglichen Bedarfs.[39] Die an Deutschland gerichtete Forderung nach massiver Wirtschaftshilfe und umfangreichen Rüstungslieferungen war einer der beiden Hauptgründe, aus denen Franco Spanien in den vermeintlich siegreichen Krieg führen wollte. Der andere war der nach der Niederlage Frankreichs im Juni 1940 erhobene Anspruch auf Französisch-Marokko. Francos Erwartung, dass Großbritannien eines Tages Gibraltar sowieso an Spanien abtreten würde, hinderte ihn nicht daran, einen Handel mit Hitler anzustreben. Dies setzte aus deutscher Perspektive allerdings den spanischen Kriegseintritt voraus, und der Handel hing daher von einer Lösung der anderen beiden Faktoren ab – die im Sommer 1940 Gegenstand intensiver, aber fruchtloser diplomatischer Bemühungen waren. Die deutsche Ablehnung der exorbitanten spanischen »Wunschliste« beruhte auf der Einschätzung, dass der Wert der spanischen Kriegsteilnahme vernachlässigbar war. Auch wenn sie die Möglichkeit mit sich gebracht hätte, Gibraltar einzunehmen und das Mittelmeer abzuriegeln, war sie den von Franco verlangten Preis einfach nicht wert.

Das deutsche Urteil über den geringen militärischen Wert Spaniens für die Achse – das auf der Annahme beruhte, dass eine spanische Kriegsanstrengung nur von begrenztem Umfang und kurzer Dauer sein konnte – war schon vor Kriegsausbruch gefällt und nie grundsätzlich geändert worden. Dennoch schlossen die im Sommer 1940 in Berlin angestellten strategischen Überlegungen – neben Hitlers Anweisung an die Wehrmacht, sich auf einen Krieg gegen die Sowjetunion im folgenden Frühjahr vorzubereiten – auch eine »periphere Strategie« ein, um Großbritannien aus dem Mittelmeer auszuschließen. Die Kontrolle von Gibraltar, einschließlich des spanischen Kriegseintritts, war also durchaus ein Thema, weshalb Berlin auch diese Möglichkeiten auslotete. Aber die Gespräche Mitte 1940 in Berlin zwischen dem deutschen Außenminister Joachim von Ribbentrop und Ramón Serrano Súñer, Francos Schwager und dem zweitmächtigsten Mann in dessen Regime, blieben ebenso ergebnislos wie im folgenden Monat diejenigen zwischen Hitler und Franco selbst in Hendaye an der französisch-spanischen Grenze. Franco war enttäuscht, stellte sich in seinen Äußerungen aber weiterhin hinter die Achse.

Doch die militärischen Rückschläge der Achse im Mittelmeerraum und die Tatsache, dass sie Großbritannien nicht aus dem Krieg zu drängen vermochte, ließen bei Franco Zweifel an einem raschen deutschen Sieg aufkommen. Seine Militärberater warnten ihn davor, dass es riskant wäre, in den Krieg einzutreten, bevor die Achse Suez erobert hatte. Aus deutscher Sicht wäre ein Angriff auf Gibraltar ohne Spaniens Kriegsteilnahme allzu verwegen gewesen. Im Zuge der Vorbereitungen auf den Überfall auf die Sowjetunion wurde dieses Vorhaben im Februar 1941, nachdem Franco derart maßlose ökonomische, militärische und territoriale Forderungen gestellt hatte, dass sie in Berlin eher als Vorwand für die Vermeidung des spanischen Kriegseintritts verstanden wurden, endgültig aufgegeben. Als sich ab Herbst 1942 das Kriegsglück unaufhaltsam gegen die Achse wandte und die Alliierten im folgenden Jahr die Kontrolle über das Mittelmeer und Nordafrika gewannen, ging Franco mit Unterstützung der Generalität zu einer zweigleisigen Taktik über. Einerseits versuchte er vergeblich, die spanische Neutralität zu nutzen, um von Deutschland Waffen für den Widerstand gegen die Alliierten zu bekommen, während er andererseits erste Annäherungsversuche an Briten und Amerikaner unternahm.[40]

Im Oktober 1943 wurde die Blaue Division (*División Azul*), die in der begeisterten Stimmung des Sommers 1941 aufgestellt worden war und insgesamt 47000 Spanier angezogen hatte, die an der Seite der Deutschen an der Ostfront kämpften – mit einer Verlustrate von rund 50 Prozent –, abgezogen und im folgenden Monat offiziell aufgelöst. Eine kleine Zahl von Fanatikern kämpfte allerdings noch einige Monate als Blaue Legion (*Legión Azul*) weiter, bis deren Reste schließlich in die Waffen-SS übernommen wurden.[41] Zu diesem Zeitpunkt hatte sich das Blatt endgültig gewendet. Im Herbst 1944 schlug Franco Großbritannien ein Bündnis gegen die Bolschewiken vor, und wenig später streckte er, trotz seiner Phantasien über in Amerika beheimatete Freimaurerverschwörungen, auch vorsichtig die Fühler in Richtung der Regierung Roosevelt aus. Beide Initiativen stießen auf Ablehnung.[42]

Francos Macht in Spanien blieb unangefochten, obwohl sein Image jetzt übermalt wurde. Die Nichtbeteiligung am Krieg wurde unterstrichen, die faschistische Färbung seines Regimes heruntergespielt, während seine katholischen und monarchistischen Wurzeln hervorgehoben wurden. Letztere wurden bekräftigt, als Spanien durch das Nachfolgegesetz von 1947 zur Monarchie erklärt wurde – wenn auch ohne König. Der maßlose Caudillo-Kult erreichte den Höhepunkt der Absurdität. Die offizielle Presse stellte Franco über Alexander den Großen und Julius Cäsar und bezeichnete ihn als »Mann Gottes«, »Herr der Kräfte von Himmel und Erde«, »Stern der ganzen Welt«, dem die »Mobilisierung des Vatikans, Washingtons und der ganzen Welt« zu verdanken sei.[43] Während der Vatikan den extrem antikommunistischen Verteidiger des katholischen Spaniens weiterhin nur zu gern unterstützte,[44] wurde er in der unmittelbaren Nachkriegszeit von den meisten Ländern Westeuropas geächtet. Doch dies sollte sich infolge des Kalten Krieges bald ändern.

Franco hatte so gut wie nichts mit den Umständen zu schaffen, die Spaniens internationale Isolation und Pariastellung aufheben sollten. Der Beginn des Kalten Krieges bedeutete, dass die Vereinigten Staaten – der neue westliche Sicherheitsgarant – unbedingt verhindern wollten, dass der Kommunismus nach Südeuropa vordrang. Westeuropa folgte bald, wenn auch zögerlich, dieser Linie. 1947 hatten die Amerikaner Franco noch als Geächteten betrachtet und Spanien vom Angebot der Marshallplanhilfe ausgenommen. Zwei Jahre später hatte der Kalte Krieg zu tiefem Frost geführt; die Sowjets hatten ihre erste Atombombe gezündet, und Mao Zedong hatte in China ein neues kommunistisches Regime errichtet. Im Jahr darauf brach der Koreakrieg aus. Die amerikanische Haltung zu Franco veränderte sich entsprechend der Einschätzung der internationalen Gefahren. Wie wenig man Franco auch mochte, ein Ende seines Regimes war nicht in Sicht, und seinen Quasi-Faschismus zog man einer kommunistischen Infiltration Südeuropas allemal vor. Aus dem »faschistischen Ungeheuer« war ein »Wächter des Abendlandes« geworden.[45] Die Notwendigkeit, Militärstützpunkte in Spanien zu errichten, überwog alle moralischen und politischen Einwände. 1951 vereinbarten Madrid und Washington die Verpachtung von Stützpunkten in Spanien, die dem Land wertvolle amerikanische Finanzhilfe einbrachte. Zwei Jahre später wurde daraus ein Vertrag, der in Spanien als große Errungenschaft Francos gefeiert wurde. Er war jetzt ein geschätzter Verbündeter der Vereinigten Staaten. 1955 trat Spanien in die Vereinten Nationen ein. Spanien war der internationalen Ächtung entkommen.

Im Lauf der Zeit war das Ziel des Franco-Regimes auf kaum mehr als die Sicherung des eigenen Überlebens geschrumpft. Seine faschistischen Elemente wurden verwässert, und jegliche Dynamik, die sie einst besessen hatten, verschwand. Es war immer noch hochrepressiv, aber nicht mehr offen terroristisch wie in den ersten Jahren nach dem Bürgerkrieg. Zudem vollzog es in der Wirtschaftspolitik einen völligen Kurswechsel hin zur Eingliederung ins übrige Westeuropa und in die Weltwirtschaft.

Zu dieser Richtungsänderung war man, trotz Francos anfänglichem Widerspruch, durch eine unerträgliche Wirtschaftskrise gezwungen: Inflation und ein massives Zahlungsbilanzdefizit hatten das Land an den Rand des Bankrotts gebracht.[46] 1959 wurde die Autarkiepolitik aufgegeben. Sie hatte die große Mehrheit der Bevölkerung in verheerende Armut gestürzt und ihr keine andere Wahl gelassen, als den niedrigen Lebensstandard und die Einschränkungen einer unveränderlichen Diktatur zu akzeptieren, während der größte Teil des westlichen Nachkriegseuropas eine erstaunliche Transformation und Erholung von den Verwüstungen des Weltkriegs erlebte.[47] Ende der 1950er Jahre wurde Spanien, das mittlerweile seinerseits ein rasantes Wirtschaftswachstum verzeichnete, jedoch in die Organisation für wirtschaftliche Zusammenarbeit und Entwicklung (Organisation for Economic Co-operation and Development, OECD) sowie die Weltbank, den Internationalen Währungsfonds und das Allgemeine Zoll- und Handelsabkommen (GATT) aufgenommen. Gemäß einem neuen »Stabilisierungsplan« wurden tiefgreifende Reformen durchgeführt, unter Leitung neuer Wirtschaftsexperten, sogenannter »Technokraten«, die eng mit Opus Dei verbunden waren, einer theologisch konservativen, aber ökonomisch liberalen elitären katholischen Laienorganisation, deren hochgebildete Mitglieder gute Beziehungen zur Geschäfts- und Finanzwelt hatten.[48] Die von ihnen betriebene einschneidende Neustrukturierung und Liberalisierung der Wirtschaft zahlten sich rasch aus, und Spanien erlebte, wenn auch verspätet, ein rasantes Wirtschaftswachstum, wie es im größten Teil Westeuropas bereits stattfand.[49] Zusätzlichen Auftrieb erhielt die boomende spanische Wirtschaft bald durch den wachsenden internationalen Tourismus.[50]

Keine dieser grundlegenden strukturellen Veränderungen war Francos Persönlichkeit – die in der Weltmeinung über Spanien immer noch einen negativen Faktor darstellte – oder seiner Begabung zuzurechnen. Vielmehr waren sie Teil der Modernisierung, die Spanien durch Druck nicht von innen, sondern von außen aufgenötigt wurde und anfangs bei Franco auf Ablehnung gestoßen war.[51] Zudem erschienen Franco und sein Regime, als sich die Lebensumstände für einen großen Teil der Bevölkerung erheblich zu verbessern begannen, im Licht der Modernisierung immer deutlicher als obsolete Überreste eines vergangenen Zeitalters, auch wenn die politische Umwälzung bis zum Tod des Diktators warten musste.

Das Machtkartell

Vor 1939 war Franco ein Militärkommandeur mit geringen politischen Verantwortlichkeiten gewesen. In der Folgezeit musste er sich in die neue Rolle des Staatschefs hineinfinden. Ein Gesetz vom 8. August 1939 verlieh ihm die höchste, unbeschränkte Legislativvollmacht. Konstitutionelle Restriktionen gab es nicht.[52] Franco sah sich selbst nicht als Diktator, obwohl zu regieren für ihn bedeutete, zu befehlen wie in der Armee.[53] Aber wie herrschte er tatsächlich vom Ende des Bürgerkriegs an über drei Jahrzehnte über Spanien? Bestimmte er aktiv und persönlich die Politik? Oder lieh er nur mächtigen Interessen, welche die Politik seines Regimes prägten und durchsetzten, seine Stimme? Und wie veränderten diese Interessen sich während seiner langen Herrschaft? Wie erreichte es Franco, insbesondere als er alt und gebrechlich wurde, dass seine persönliche Herrschaft weiterhin funktionierte? Abstrakter gefragt: Bestimmte er als Einzelner den Lauf der spanischen Geschichte, oder wurde sie durch breitere, unpersönliche politische, wirtschaftliche und kulturelle Strukturen und Zwänge geprägt?

Während des Bürgerkriegs unterstützte der größte Teil der herrschenden Schichten, die traditionell die spanische Machtelite stellten – das Militär, Großgrundbesitzer, Unternehmer, die Hierarchie der katholischen Kirche –, die nationalistische Sache. Dieselben Kräfte bildeten das Rückgrat des nach dem Bürgerkrieg errichteten Regimes. Die Eliten hatten Franco die Macht anvertraut – ähnlich wie die Eliten in Italien und Deutschland Mussolini beziehungsweise Hitler die Macht übergeben hatten – und waren im großen Ganzen zufrieden, solange seine Herrschaft ihren Interessen diente.[54] In Italien und Deutschland hatte die ideologische Dynamik des Regimes zu zunehmenden Spannungen mit den Interessen der konservativen Eliten geführt. Dagegen machte das franquistische Regime während der langen Ära der Diktatur zwar bedeutende Veränderungen durch, aber es untergrub nie in bedrohlicher Weise seine konservativen Stützen.

In dieser Hinsicht kann Francos Regime als Machtkartell beschrieben werden, das allerdings nicht aus gleichberechtigten Partnern bestand. Industriebosse und Großgrundbesitzer unterstützten das Regime, ohne direkten Einfluss auf dessen politische Entscheidungen zu haben. Die Industriellen waren mit der Ausmerzung der sozialistischen Bewegung und der Abschaffung der Arbeiterrechte durch die Ausschaltung unabhängiger Gewerkschaften zufrieden. Sie begrüßten den Aufbau eines korporativen Staats nach dem Vorbild des faschistischen Italiens, der ihre Kontrolle über die Arbeitsbeziehungen stärkte. Die Großgrundbesitzer profitierten vom agrarischen Protektionismus und von der staatlichen Rückendeckung für die unmäßige Macht, die sie über ihre Arbeiter ausübten. In einem Land, in dem die katholische Frömmigkeit so tief verwurzelt und verbreitet war wie in Spanien, verliehen Kirchenführer unverzichtbare ideologische Legitimation. Sie erinnerten sich daran, dass in der Zeit der Republik Kirchen zerstört und Geistliche attackiert worden waren, und dankten einem Führer, den sie als Beschützer betrachteten, als Verteidiger der Religion vor dem Atheismus und Bewahrer ihrer traditionellen sozialen Macht. Die Staatsbürokratie fand, wie in anderen Teilen Europas, Geschmack daran, politische Direktiven eines autoritären Regimes umzusetzen, während die Vollzugsorgane – Polizei, Justiz, Guardia Civil – die Gelegenheit ergriffen, ihre Zwangsbefugnisse zu nutzen. Die Falange, der wichtigste Träger und Vermittler des Caudillo-Kults, diente aufgrund ihrer Größe und Allgegenwart als wichtiges Instrument von alltäglicher Überwachung, Mobilisierung und Kontrolle, besaß aber kaum Einfluss auf die politische Willensbildung. Das Militär war der Nutznießer des Regimes, das zum großen Teil sein Werk war und auf das es sich als Vertreter seiner Interessen verlassen konnte.

Die politischen Entscheidungen wurden von einem relativ kleinen Kreis von Offizieren und zivilen Ministern getroffen, die allesamt von Franco ausgewählt worden waren und von seinem Wohlwollen abhingen. Auch Familienangehörige besaßen Einfluss.[55] In den frühen Jahren war Serrano Súñer die wichtigste Figur. Er war 1937 kurzzeitig für die Vereinigung der verschiedenen nationalistischen Gruppen in einer einzigen »Spanischen Falange« verantwortlich und spielte beim Aufbau des Apparats des autoritären Staats am Ende des Bürgerkriegs eine wichtige Rolle. Als Innenminister und ab 1940 als Außenminister war er die Nummer zwei hinter Franco. Aber seine wirkliche Machtbasis war der regelmäßige Zugang zum Diktator. Als Franco ihm im September 1942 nach einer Reihe von Zusammenstößen zwischen Falangisten und Monarchisten seine Gunst entzog, wurde er entlassen – und die Falange zugunsten der militärischen Komponente des Machtkartells erheblich geschwächt.

Regierung und Verwaltung ließen natürlich keine offizielle Form von Opposition zu. Dennoch besaßen die Minister einen erheblichen Handlungsspielraum. Es war allerdings eine relative Autonomie, die vom Maß der anerkannten persönlichen Autorität abhing; zudem konnte Franco stets eingreifen.[56] Ministerratssitzungen dauerten oft viele Stunden, manchmal von frühmorgens bis nach Mitternacht, nur unterbrochen durch eine lange Mittagspause. (Francos Blasenkontrolle war außergewöhnlich; bis Dezember 1968 unterbrach er – zum Unmut mancher Minister – nie eine Sitzung, um auf die Toilette zu gehen.) In den frühen Jahren prägte Franco mit gewundenen Redebeiträgen die Sitzungen. Gegen Ende seines Lebens sagte er kaum noch etwas. Er ließ den Ministern viel Redezeit, ohne zu fürchten, dass sie seine Autorität anzweifeln würden. Gab es Meinungsverschiedenheiten – die nie grundsätzlicher Art waren –, wurde die Entscheidung aufgeschoben, bis man sich irgendwie geeinigt hatte.[57] Aber der Ministerrat besaß keine reale Macht. Die meisten wichtigen Entscheidungen wurden außerhalb des Kabinetts getroffen und trugen die Handschrift von Francos innerem Kreis von vertrauten Generalen, besonderen Günstlingen und anderen Getreuen, die im Madrider El-Pardo-Palast, dem Zentrum der Diktatur, ein und aus gingen. Das hundertköpfige höchste Gremium der Falange, der Nationalrat der Bewegung, hätte theoretisch ein mächtiger Resonanzraum ihrer Führung sein können, war in der Praxis aber schwach und, schon bevor er in späteren Jahren jede Bedeutung verlor, lediglich ein Repräsentationsorgan ohne wirkliche Macht. Schließlich gab es noch das Parlament, die 1942 geschaffenen Cortes. Sie stellten jedoch bloß eine Fassade der Legitimität dar und besaßen nicht die Macht, die Regierung herauszufordern oder gar zu zügeln.

Franco stand unangefochten an der Spitze des Machtkartells. In den frühen Jahren griff er bis ins Detail in die Politik ein und korrigierte Entwürfe von Gesetzen und Verordnungen. Er ernannte und entließ Minister nach eigenem Gutdünken und hatte bei jeder Entscheidung das letzte Wort. Aber es entstand zu keiner Zeit ein tiefer reichender Bruch mit der fundamentalen Basis von Anhängern, auf der sein Regime beruhte. Er war geschickt genug, um die häufig widerstreitenden Interessen rivalisierender Einzelner oder Sektoren des Regimes so weit auszugleichen, dass Risse ausblieben. Insbesondere gelang es ihm, die Monarchisten auf seiner Seite zu halten. Immerhin hatte er ihnen mit dem Nachfolgegesetz von 1947 die Wiedererrichtung der Monarchie versprochen, allerdings ohne einen Zeitrahmen zu bestimmen und indem er sich das Recht vorbehielt, den neuen Monarchen auszuwählen. »Teile und herrsche« war eine Maxime, die ihm über die Jahre hinweg gute Dienste leistete.

Entscheidende Anreize und wichtige Elemente, mit denen Franco die Eliten an sich band, waren das Aufstiegsversprechen und die nahezu unbegrenzte Aussicht auf Bereicherung in einem System, das durch allgegenwärtige Bestechung und Korruption gekennzeichnet war.[58] Die Machtelite, die sich schranken- und straflos bereichern konnte, hatte allen Grund, das Regime zu stützen. So konnte sich Franco darauf verlassen, dass die Streitkräfte sowie die Sicherheits- und Geheimdienste, die allesamt gut versorgt waren, darauf achteten, dass sein Regime bestehen blieb und alle, die sich nicht mit ihm zu arrangieren vermochten, im Zaum gehalten wurden.

Ab Mitte der 1960er Jahre delegierte Franco das Tagesgeschäft des Regierens an Luis Carrero Blanco, einen Marineoffizier – zu diesem Zeitpunkt im Rang eines Admirals – und Erzloyalisten, der seit 1941 sein engster Vertrauter war.[59] Machtbefugnisse gab er jedoch nicht ab. Ein unflexibler Autoritarismus war fest im Regime verankert. Polizei und Guardia Civil erstickten rigoros jeden Widerspruch. Oppositionelle wurden zumeist zu apathischer Fügsamkeit gezwungen. Die Nationalbewegung – der Name »Falange« wurde 1970 abgelegt – half weiterhin dabei, die Basis ruhig zu halten. Dennoch begann sich, insbesondere unter Arbeitern und Studenten, eine unabhängige Zivilgesellschaft zu entwickeln, die freilich bei Weitem zu schwach war, um den Zwangsgriff des Regimes zu lösen. Dieser begann sich dennoch zu lockern, als Spanien nach und nach die ökonomischen, sozialen und kulturellen Veränderungen erlebte, die in ganz Westeuropa stattfanden. Ein speziell spanisches Phänomen war der bewaffnete Kampf für die Unabhängigkeit des Baskenlandes, obwohl bald auch anderswo in Westeuropa terroristische Gruppen aktiv werden sollten. Als baskische Nationalisten 1973 Carrero Blanco ermordeten, löste dies einen letzten Ausbruch gewaltsamer Repression in Francos Spanien aus. Aber zu diesem Zeitpunkt war das Ende des Regimes bereits abzusehen. Die Diktatur hatte dem nicht mehr zu unterdrückenden Ruf nach Liberalisierung und Demokratisierung nichts entgegenzusetzen. Solange der Diktator lebte, blieb eine echte Umwälzung jedoch unmöglich. Dies unterstrich neben vielem anderen, welche Bedeutung der Einzelne in der spanischen – und europäischen – Geschichte des 20. Jahrhunderts hatte.

Hinterlassenschaft

Franco war ohne Frage ein herausragender Militärführer, wie er in den 1920er Jahren in Marokko und später als Befehlshaber der nationalistischen Truppen im Spanischen Bürgerkrieg gezeigt hatte. Aber Fähigkeiten als politischer Führer hatte er vor den 1930er Jahren nicht bewiesen. Ohne die spezifischen Bedingungen, die damals in Spanien herrschten, wäre es wahrscheinlich auch dabei geblieben.

Die Gelegenheit zur Machtergreifung ergab sich für ihn aus dem Klassengleichgewicht im Spanien der Zweiten Republik, in der weder die Linke noch die Rechte die Oberhand zu gewinnen vermochte.[60] Der Bürgerkrieg beförderte ihn dann an die Spitze der nationalistischen Rebellen. In den anschließenden drei Jahrzehnten seiner Herrschaft als Staatschef bestand seine Hauptfähigkeit darin, seine persönliche Macht aufrechtzuerhalten, indem er die einzelnen Sektoren des Machtkartells geschickt spaltete und manipulierte. Enorm verstärkt wurde seine unangefochtene Autorität durch den »heroischen« Kult, der um seine Person herum inszeniert wurde. Ob die Verehrung für Franco nun echt oder vorgetäuscht war, jedenfalls schloss sich ein großer, wenn auch nicht quantifizierbarer Teil der Spanier dem Caudillo-Kult an, ebenso wie – zweifellos häufig in zynischer Weise – die Eliten, die von der Diktatur profitierten. Das öffentliche Image verbarg die Realität: eine Persönlichkeit, die in einer anderen Zeit keine Spur in der Geschichte hinterlassen hätte.

Nach dem Bürgerkrieg lief die Diktatur mehr oder weniger auf den bloßen Machterhalt hinaus – und die Anhäufung eines riesigen Vermögens im Rahmen eines Systems, das von Korruption im großen Stil geprägt war. Nachdem die inneren Feinde ebenso rachsüchtig wie gnadenlos beseitigt worden waren, besaß es keine starke ideologische Dynamik mehr. Übrig blieb nur der Glaube an Patriotismus, Religion, Einheit und Ordnung.[61] Franco hatte Mussolini und Hitler bewundert und sich mit ihnen identifiziert. Aber seine Begeisterung für die Achse wurde offiziell zu Grabe getragen, als sie aufgrund des immer unaufhaltsamer werdenden Sieges der Alliierten kontraproduktiv wurde. An der Phantasie einer internationalen Freimaurerverschwörung hielt Franco fest, aber dies hatte keine praktischen Folgen, wie auch immer sie sich auf seinen verdrehten Verstand ausgewirkt haben mag.[62] Als die Umstände eine Annäherung an die Vereinigten Staaten erforderten, das vermeintliche Zentrum der nebulösen Freimaurermacht, spielte seine persönliche Paranoia keine Rolle: Er vollzog den angesichts der geopolitischen Realitäten angeratenen pragmatischen Kurswechsel.

Im Lauf der Jahre und dann der Jahrzehnte schwand Francos Kraft zu herrschen, obwohl er zäh an der Macht festhielt. Sein Interesse am Tagesgeschäft ließ nach, und er verbrachte immer mehr Zeit mit seinen Hobbys Jagen, Hochseeangeln und – besonders in den letzten Jahren, als sein Gesundheitszustand sich verschlechterte – Fernsehschauen und Fußballwetten (bei denen er manchmal etwas gewann).[63] Die Diktatur funktionierte unterdessen weiter, nicht zuletzt, weil sie unverändert den Interessen der Herrschaftsschicht Spaniens diente, während der Großteil der Bevölkerung den aus dem verspäteten Wirtschaftsaufschwung resultierenden steigenden Lebensstandard genoss. Außerdem behielt Franco die lohnende Loyalität des Militärs und des Sicherheitsapparats.

Es wurde jedoch immer offensichtlicher, dass die Modernisierungskräfte den altmodischen Autoritarismus des Systems verdrängten. Dies erkannten alle Sektionen des Machtkartells. Deshalb waren sie bereit, nach Francos Tod ein neues Verhältnis zum Staat einzugehen, auch wenn sie sicherzustellen versuchten, dass die pluralistische Demokratie unter der wiedererrichteten Monarchie ihren Interessen diente wie zuvor die Diktatur.

Nach wochenlanger, sich ständig verschärfender medizinischer Krise verstarb Franco am 20. November 1975. Henry Kissinger hatte 1970 gesagt, Spanien warte darauf, »dass ein Leben endet, damit es sich wieder der europäischen Geschichte anschließen kann«.[64] Nach Francos Tod konnte dieser Wiederanschluss beginnen. Der Übergang zur Demokratie war allerdings erst wirklich geschafft, als 1981 ein letzter Versuch von Angehörigen von Armee und Guardia Civil, ihn aufzuhalten, gescheitert war. Beim Aufbau einer stabilen Demokratie spielte der von Franco ausgewählte Nachfolger, König Juan Carlos, eine wichtige Rolle.[65] In den 1980er Jahren regierte zum ersten Mal seit 1936 wieder eine sozialistische Regierung in Spanien. Das Land trat der NATO und der Europäischen Gemeinschaft bei. Aber Franco hatte eine unauslöschliche Spur in der spanischen Geschichte hinterlassen. Während man den Übergang von der Diktatur zur Demokratie vorantrieb, waren die Wunden der Franco-Zeit noch zu tief, um ihr neuerliches Aufbrechen zu riskieren.[66] Die Demokratie war noch nicht gefestigt, Polizei, Justiz und Guardia Civil noch nicht reformiert. Auf der Linken fürchtete man die Entstehung einer neuen Diktatur und sogar einen neuen Bürgerkrieg.[67] Die praktische Notwendigkeit, irgendeine Art von politischem Konsens zu schaffen, hatte – wie in den 1950er Jahren in Westdeutschland – Vorrang vor der Beschäftigung mit der Vergangenheit.

Erst nach dem Jahrhundertwechsel begann man ernsthaft mit der »Wiedergewinnung der historischen Erinnerung«.[68] Francos Ansehen begann zu bröckeln. 2006, im »Jahr der historischen Erinnerung« siebzig Jahre nach dem Ausbruch des Bürgerkriegs, fand eine intensive öffentliche Debatte über Franco statt.[69] Nach und nach kamen das Ausmaß des Mordens, des Leids und der Repression im Bürgerkrieg und viele – obwohl bei Weitem nicht alle – der während der Diktatur begangenen Gräuel ans Licht. Ab 2008 unterstützte die sozialistische Regierung die Suche nach Massengräbern von Menschen, die unter Franco hingerichtet worden waren.

Ganz ist die Verehrung für Franco indes nicht verschwunden. Die

Gräber von Falangisten, die im Zweiten Weltkrieg mit den Deutschen an der Ostfront gekämpft hatten, wurden mit Unterstützung der konservativen Regierung, die 2011 an die Macht kam, gepflegt.[70] Francos Grab in der Basilika im Tal der Gefallenen – einer Gedenkstätte für die Toten des Bürgerkriegs, die in den 1940er Jahren von Tausenden von Gefangenen errichtet worden war – war das Ziel von alljährlichen Wallfahrten von franquistischen Loyalisten und Ex-Falangisten, bis 2007 politische Versammlungen zu Ehren des früheren Diktators verboten wurden. Das Tal der Gefallenen wurde 2009 von der sozialistischen Regierung geschlossen, drei Jahre später aber von der neuen, konservativen Regierung wiedereröffnet. 2019 wurden Francos sterbliche Überreste nach jahrelangem politischen Streit, der zeigte, dass die Wunden des Bürgerkriegs immer noch nicht verheilt waren, schließlich umgebettet. Francos Leichnam in der Familiengruft vor der Öffentlichkeit wegzuschließen, war natürlich kaum geeignet, die jahrzehntelange Spaltung und den Streit über sein Erbe zu beenden. Es markierte gleichwohl einen Schluss eigener Art.

Wozu das Ganze? In den langen Jahren von Francos Diktatur hatten Militär, Polizei und Justiz der Gesellschaft deren Ordnung aufgezwungen. Die vielen, die die Unterdrückung der Linken begrüßt und die Bedrohung durch Anarchismus und Kommunismus gefürchtet hatten, fühlten sich in ihr geborgen. Für die Übrigen war es eine Ordnung, die von der eisernen Faust rigoroser sozialer Kontrolle, von Medienzensur und inszenierten Massenveranstaltungen geprägt war. Francos katastrophale Autarkiepolitik hatte den größten Teil der Gesellschaft bis in die 1960er Jahre zu anhaltender Armut verurteilt, während die herrschende Schicht sich in einem Maß bereicherte wie nie zuvor. Als Franco 1975 starb, begann Spanien langsam zum ökonomischen Fortschritt anderswo in Europa aufzuschließen.[71] Das beeindruckende Wirtschaftswachstum der späten Franco-Zeit war, wenn überhaupt, nur in geringem Maß seiner Initiative zu verdanken. Ausschlaggebend waren vielmehr internationale Trends und die »Aufholjagd« nach einer langen Zeit wirtschaftlicher Rückständigkeit.[72]

Die Fortschritte waren Folgen von Liberalisierungsmaßnahmen und notwendigen Modernisierungsreformen, die seinen lange gehegten Glauben an eine faschistisch grundierte Autarkie ad absurdum führten. Selbst seine reaktionäre Form des Katholizismus befand sich am Ende schon lange nicht mehr im Einklang mit den liberalen Reformen – obwohl die Kirche ihre Interessen weiterhin schützte.[73] Binnen einem Jahrzehnt nach Francos Tod wurde Spanien zu einer pluralistischen Demokratie und entwickelte sich rasch zu einem »normalen« westeuropäischen Staat.

Francos langer Schatten ist indes nicht ganz aufgelöst.[74] Im Jahr 2000 dachten zwar über drei Viertel der Spanier, dass von Francos Hinterlassenschaft nichts oder wenig übrig geblieben sei.[75] Aber auch über die Kontroversen der historischen Erinnerung hinaus konnte Spanien die Färbung durch seine franquistische Vergangenheit nicht völlig wegwaschen. Die Korruption bis in höchste Kreise, auch von Mitgliedern der konservativen Partido Popular, war nicht verschwunden.[76] Und die von den Unabhängigkeitsbestrebungen des relativ wohlhabenden Katalonien ausgelöste Krise und die aggressive Reaktion der konservativen Regierung weckten Erinnerungen an die Unterdrückung der katalanischen Identität unter Franco und die Art, wie sein Regime dem Land einen auf der Grundlage eines spanischen Hypernationalismus aufgebauten, extrem zentralisierten Staat aufzwang. Dennoch hat sich Spanien nach der Franco-Zeit tiefgreifend verändert. Trotz aller Probleme, welche die Finanzkrise von 2008, der Streit über die katalanische Unabhängigkeit und der Aufstieg des Populismus mit sich brachten, ist die spanische Gesellschaft weiterhin in überwältigender Mehrheit den europäischen Werten verpflichtet – der Antithese zu allem, wofür Franco stand. Dass Spanien sich zu einer Stütze der Europäischen Union entwickelt hat, ist nicht zuletzt eine unbeabsichtigte Folge von Francos langer Diktatur.

Die Erinnerung an die dunklen Jahre der Diktatur konnte dennoch nicht ausgemerzt werden. Sie bleibt auf ihre Weise, wie die dauerhafte Hinterlassenschaft der NS-Zeit in Deutschland, ein unabweislicher Teil der Gegenwart – eine »Vergangenheit, die nicht vergehen will«.[77] Franco hat sich unauslöschlich in die spanische Geschichte eingeschrieben. Darüber hinaus hat er durch seine Rolle im Bürgerkrieg, seine lange Diktatur und seine Hinterlassenschaft das Europa des 20. Jahrhunderts mitgestaltet.

Ein etwas gelangweilt wirkender Tito mit Sowjetführer Nikita Chruschtschow während dessen Jugoslawienbesuchs vom 20. August bis 3. September 1963 bei einer Kreuzfahrt auf der Adria. Nach Stalins Tod waren wieder freundschaftliche Beziehungen zwischen Jugoslawien und der Sowjetunion hergestellt worden. Chruschtschows Besuch verlief allerdings nicht rundum harmonisch. *Keystone / Hulton Archive*

NEUN

JOSIP BROZ TITO

Ungekrönter König des sozialistischen Jugoslawiens

Josip Broz war der Welt in den Jahrzehnten nach dem Zweiten Weltkrieg einfach als »Tito« bekannt. Diesen Kampfnamen benutzte er seit 1934, nachdem er sich vorher schon, wie andere politische Aktivisten auch, andere Pseudonyme zugelegt hatte, um einer Verhaftung zu entgehen. Der Name »Tito«, erklärte er später, habe keine besondere Bedeutung für ihn.[1] Aber er blieb ihm. Wie wichtig Tito für den Bestand Jugoslawiens als bundesrepublikanischer Vielvölkerstaat war, zeigte sich darin, wie schnell das von ihm aufgebaute Staatsgebilde nach seinem Tod durch nationalistische und ethnische Konflikte zerrissen wurde.

Internationale Berühmtheit erlangte Tito während des Zweiten Weltkriegs als unermüdlicher Anführer der Partisanen, die – als einzige unter den Widerstandsbewegungen – ihr Land ohne große militärische Unterstützung von außen von feindlicher Besetzung befreiten. Danach behielt er mit politischem Geschick und Rücksichtslosigkeit 35 Jahre lang die Hebel der Macht in Jugoslawien fest in der Hand, bis er 1980 in den Sielen starb. 1948 wehrte er erfolgreich massiven Druck von Seiten Stalins ab und machte Jugoslawien, indem er es aus dem Sowjetblock heraushielt, zum einzigen kommunistischen Land in Europa, das seine Unabhängigkeit von Moskau bewahrte. Eine Folge daraus war, dass die Sowjetunion ihre Vorherrschaft nicht auf den Balkan ausdehnen konnte. Durch geschickte Diplomatie sicherte Tito die internationale Bedeutung Jugoslawiens als Scharnier zwischen Ost und West im Kalten Krieg, so dass es die widerstreitenden Interessen der Sowjetunion und der Vereinigten Staaten gegeneinander ausspielen und für sich ausnutzen konnte. Er spielte eine entscheidende Rolle beim Aufbau der Bewegung der blockfreien Staaten, eines – im Grunde von Jugoslawien geführten – organisatorischen Schirms für asiatische, afrikanische und südamerikanische Länder, die sich nicht an eine der beiden Supermächte binden wollten. Im Ausland überstieg Titos Ansehen bei Weitem alles, was dem Führer eines kommunistischen Landes, dem es sowohl an wirtschaftlicher als auch an militärischer Macht fehlte, eigentlich zukam. Im Innern erwies er allein sich in der Lage, die Einheit des Staats aufrechtzuerhalten, dessen starke Zentrifugalkräfte selbst er nur mit Mühe im Zaum zu halten vermochte.

Wie konnte Tito sowohl in seinem eigenen Land als auch international eine solch tiefgreifende Wirkung erzielen? Welche Führungsqualitäten in Krieg und Frieden machten ihn zu solch einer herausragenden Figur? Welche Umstände ermöglichten es ihm, die Macht zu übernehmen und zu festigen? Und wie konnte er sie so lange behalten? Welche Herrschaftsstrukturen lagen seiner offensichtlichen Dominanz zugrunde? Und nicht zuletzt, warum hing die Existenz des von ihm aufgebauten Staats in solchem Maß von ihm persönlich ab? Warum brach Jugoslawien ein Jahrzehnt nach seinem Tod auf derart gewalttätige Weise zusammen?

Persönlichkeit

Josip Broz war eine beeindruckende Persönlichkeit – intelligent, selbstbewusst, resolut, ein dynamischer Mann der Tat. Er strahlte eine natürliche Autorität aus und gewann Anhänger durch sein persönliches Beispiel. Sowohl physisch als auch politisch war er, wie seine Kriegserfolge zeigten, mutig und in der Lage, Härten zu ertragen und andere zum Durchhalten zu motivieren.

Laut Milovan Djilas, einem seiner engsten Gefährten, bis er in den 1950er Jahren mit ihm brach, war Tito lebhaft, spontan, gesellig und in keiner Weise distanziert. Er war kein besonders guter Redner. Aber er konnte Ideen in einfache, direkte Worte fassen und seine Botschaft mit Überzeugungskraft, Energie und Entschlossenheit vermitteln. Er rief Zuversicht und Vertrauen hervor und überzeugte seine Zuhörer durch sein Gefühl, einen historischen Auftrag auszuführen und von der Vorsehung dafür auserkoren worden zu sein, ihn zu gestalten. Für diejenigen, die ihn aus nächster Nähe erlebten, waren sein politischer Instinkt und »ein enormes, nicht weniger spontanes als rationales *Gefühl für Gefahren* [...] und ein ständiger *Drang zur Macht*« am beeindruckendsten.[2] In seinen letzten Lebensjahren erinnerte Tito sich daran, dass Churchill gegen Ende des Zweiten Weltkriegs ihm gegenüber bemerkt hatte, »in einem bestimmten Moment [sei] nur eines wichtig [...]: Macht, Macht und noch einmal Macht«.[3]

Sein Machthunger war zwangsläufig mit einer anderen Eigenschaft verknüpft, die einen wesentlichen Bestandteil der Persönlichkeit von Diktatoren – und in gewissem Ausmaß aller politischen Führer – bildet: Rücksichtslosigkeit. Tito besaß nicht die psychotische Grausamkeit Stalins. Aber Partisanen zu führen, bedeutete kompromisslose Härte gegenüber Feinden. Der Sieg brachte grausame Vergeltung mit sich. Bei dem berüchtigten Massaker von Kočevski Rog im Mai 1945 erschossen Titos Männer rund 10 000 Kollaborateure, die ihnen von den britischen Truppen in Österreich übergeben worden waren. Bis Jahresende wurden Zehntausende weitere Opfer, überwiegend Kriegsgefangene, getötet. Und in den frühen Nachkriegsjahren hatte er keine Einwände dagegen, dass »innere Feinde« in ein vom neuen Staat errichtetes Konzentrationslager gesperrt wurden. Wenn er es für nötig hielt, enthob er sogar enge Mitstreiter ihres Postens. Bis zum Ende war er der Meinung, dass diejenigen, die das Herrschaftssystem des Einparteienstaats grundsätzlich ablehnten, hart bestraft werden müssten. Der Machterhalt und die Pflege seiner Aura von Autorität erforderten den unauslöschlichen Makel der Kaltherzigkeit. Aber der harte

Kern seiner Persönlichkeit war unter einer oberflächlichen Jovialität und Freundlichkeit versteckt und daher nicht sofort sichtbar.

Fitzroy Maclean, der Leiter der britischen Militärmission, die 1943 zu den jugoslawischen Partisanen entsandt wurde, war von dem damals 52-jährigen Tito beeindruckt: »Er war von mittlerer Größe, glattrasiert, mit sonnengebräunten regelmäßigen Gesichtszügen unter eisengrauem Haar. Er hatte einen sehr entschlossenen Mund und wachsame blaue Augen.« Er sei »völlig von sich überzeugt«, aber auch bereit gewesen, auf Argumente einzugehen. Wenn erforderlich, sei er jedoch in der Lage gewesen, »sofort eine Entscheidung zu fällen«. Maclean war sowohl von Titos Fähigkeiten als Organisator als auch von seinem »nie versagenden Sinn für Humor« und seinem »unverhüllten Vergnügen an den kleinen Freuden des Lebens« begeistert. Außerdem bescheinigte er ihm eine »natürliche Freundlichkeit« sowie »Umsicht und Großmütigkeit«. Aber er wurde auch Zeuge seines »wilden Temperaments, das zu plötzlichen Zornesausbrüchen auflodern konnte«.[4]

Sowohl Titos Macht und Prestige als auch sein gutes Aussehen wirkten auf Frauen anziehend, und er hatte selbst in fortgeschrittenem Alter noch ein starkes sexuelles Verlangen. Er war dreimal verheiratet und hatte, neben zahlreichen Affären, zwei weitere längere Beziehungen. Besonders zu wesentlich jüngeren Frauen fühlte er sich hingezogen – eine Neigung, die er mit Stalin und Hitler teilte. Ob Eroberungen seiner Eitelkeit schmeichelten, eine andere psychologische Ursache dahinterstand oder er bloß für die physische Attraktivität junger Frauen empfänglich war, lässt sich nicht sagen. Seine erste Frau, Pelagija, die Tochter eines St. Petersburger Arbeiters, war erst 14 Jahre alt, als er sie 1918 heiratete. Von ihren fünf gemeinsamen Kindern überlebte nur ein Sohn, Zarko. Sie ließen sich 1936 scheiden, und Tito heiratete eine 22-jährige Deutsche, Elsa Johanna König – auch bekannt als Lucie Bauer –, die nur ein Jahr später von Stalins Geheimpolizei verhaftet und unter dem falschen Verdacht, eine deutsche Spionin zu sein, hingerichtet wurde.[5] Tito sprach später nie von ihr. Ob er als glühender Stalinist den vorgeschobenen Grund für ihre Hinrichtung hinnahm, ist nicht bekannt. Binnen zwei Jahren hatte er jedenfalls eine neue Partnerin, die 25-jährige Herta Haas, Tochter eines österreichischen Rechtsanwalts, die ihm einen weiteren Sohn gebar, Alexander, Miša genannt, bevor sie sich 1941 trennten. Zu diesem Zeitpunkt hatte er bereits ein Verhältnis mit seiner Sekretärin Zdenka, wie Davorjanka Paunovič genannt wurde, begonnen. Sie starb 1946 im Alter von 27 Jahren an Tuberkulose. Titos letzte Frau, die aus einer Bauernfamilie stammende Jovanka Budisavljevič, war gerade einmal 17, als sie sich 1942 den Partisanen anschloss, und wurde fünf Jahre später, als sie halb so alt war wie er, Titos Geliebte. Sie war, zumindest am Anfang, bezaubernd, besaß aber einen starken Willen, war eifersüchtig und mischte sich in alles ein. Bald hatte sie fast alle in Titos Umgebung durch ihr grobes, hochmütiges Verhalten vor den Kopf gestoßen. Das Paar heiratete 1952, und er geriet, vielleicht weil er selbst gegenüber seinen engsten Mitstreitern immer misstrauischer wurde, in zunehmende Abhängigkeit von ihr, so brüchig ihr Verhältnis auch war. Schließlich war es jedoch derart von Bitterkeit erfüllt, dass sie sich 1977 trennten. Jovanka, die von den meisten, die ihr begegneten, verabscheut wurde, überlebte ihren Mann.

Werden eines politischen Führers

Bevor Tito ein militärischer Führer wurde, war er ein politischer Führer. Sein Weg an die Spitze war lang und gewunden. Zum Sozialismus zog es ihn anfangs wegen der Diskriminierung und der elenden Bedingungen, die er am Arbeitsplatz erfuhr. Erst später fand er schrittweise zu einer ideologischen Interpretation. Seine politischen Überzeugungen waren ihm nicht zu Hause eingeflößt worden und beruhten auch nicht auf einem intensiven Studium klassischer marxistischer Schriften. Doch am Ende bot der Marxismus ihm eine Erklärung für das herrschende soziale Elend und die Aussicht auf eine bessere Zukunft. Aber es war kein Damaskuserlebnis, das ihn zu einem ergebenen Kommunisten machte. Vielmehr führte sein Weg über mehrere Stadien dorthin.

Er war 1892 in Kumrovec geboren, einem Dorf in der Region Zagorje in Westkroatien, nahe der Grenze zu Slowenien, die damals noch zum österreich-ungarischen Reich gehörte. Sein Vater, ein Kleinbauer, der zu wenig Land besaß, um seine große Familie versorgen zu können, war ein schwerer Trinker. Seine Mutter, eine fromme Katholikin, die 15 Kinder zur Welt brachte, von denen acht im Säuglingsalter starben, konnte die Familie nur mit Mühe ernähren. Mit 18 fand Josip eine Anstellung als Metallarbeiter in Zagreb. Mittlerweile hatte er begonnen, sich für Politik zu interessieren, und schloss sich 1910 der Metallarbeitergewerkschaft und der Sozialdemokratischen Partei an. Dies war sein Einstieg in die Politik. Dennoch scheint er, als er vier Jahre später als Feldwebel in der österreichisch-ungarischen Armee kämpfte, keine sozialistischen oder pazifistischen Vorbehalte gegen seinen Dienst gehabt zu haben. Als er 1915 an der Karpatenfront verwundet wurde und in russische Gefangenschaft geriet, begann das zweite Stadium seiner ideologischen Radikalisierung. Er hatte als Gefangener keine großen Härten zu erdulden. Nachdem er sich ein Jahr lang hauptsächlich in einem Lazarett von seiner Verwundung erholt hatte, arbeitete er zuerst in einer Getreidemühle und dann bei der transsibirischen Eisenbahn. 1917 stand er auf Seiten der Bolschewiki. Im Chaos nach dem Sturz des Zaren konnte er nach Petrograd gelangen, wo er die revolutionäre Gärung erlebte, im Juli an Demonstrationen teilnahm und eine Zeitlang inhaftiert war, bevor er aus dem Zug, der ihn zurück in den Ural bringen sollte, fliehen konnte und sich nach Omsk begab, wo er sich der Roten Garde anschloss. 1920, inzwischen zum glühenden Kommunisten geworden, kehrte er nach fast sechsjähriger Abwesenheit in seine Heimat zurück.[6]

Die Verfolgung der Linken, die Tito in dem neugeschaffenen, höchst fragilen Königreich der Serben, Kroaten und Slowenen – das 1929 in Jugoslawien umbenannt wurde – erlebte, markierte das dritte Stadium seines politischen Werdegangs. Repression und Gewalt bestimmten die politische Bühne. Die neugegründete Kommunistische Partei wurde 1921 von der royalistischen Regierung verboten. Es folgten Jahre der Untergrundtätigkeit, in denen die Parteimitglieder ständig mit Verhaftung und Gefängnisaufenthalten rechnen mussten. Josip Broz stürzte sich in die politische Tätigkeit und stieg 1928 zum Sekretär der Zagreber Parteiorganisation auf. Im selben Jahr wurde er verhaftet und zusammen mit fünf Mitstreitern wegen illegaler kommunistischer Aktivitäten – einschließlich des Besitzes zweier Bomben, von denen er behauptete, sie seien ihm und seinen Genossen von der Polizei untergeschoben worden – vor Gericht gestellt. Er verteidigte sich bravourös, wurde aber dennoch zu fünf Jahren Zwangsarbeit verurteilt.

Während seiner Haftzeit verwandelte sich das korrupte jugoslawische Regime in eine unverhüllte Diktatur. Die verbotene Kommunistische Partei verlor ihre Anhänger, und ihre Organisation wurde weitgehend zerstört. Unmittelbar nach seiner Haftentlassung nahm Tito – jetzt unter diesem oder einem anderen Pseudonym – die gefährliche Aufgabe in Angriff, die Partei wiederaufzubauen. Gegen Ende 1934 – er war inzwischen zum Mitglied von Zentralkomitee und Politbüro der Partei gewählt worden – wurde beschlossen, ihn nach Moskau zu schicken, um Jugoslawien in der Kommunistischen Internationale (Komintern) zu vertreten.[7] Diese Tätigkeit sollte das letzte bedeutende Stadium seines Wegs an die Spitze der Kommunistischen Partei Jugoslawiens sein.

Er traf im Februar 1935, in einer Zeit, in der es höchst gefährlich war, sich in der Sowjetunion aufzuhalten, in Moskau ein. Nach der Ermordung des Leningrader Parteichefs Sergei Kirow, eines engen Gefährten Stalins, im vorangegangenen Dezember rollten große Säuberungswellen über das Land. Die von Verdächtigungen und Misstrauen geprägte bedrohliche Atmosphäre war überall zu spüren. Ausländer, einschließlich der Mitarbeiter der Komintern, waren besonders gefährdet, da man sie im Verdacht hatte, Spione oder, was genauso schlimm war, Trotzkisten zu sein. Als der Große Terror Ende 1937 seinen Höhepunkt erreichte, wurden drei Viertel der jugoslawischen Kommunisten in der Sowjetunion beschuldigt, Trotzkisten zu sein.[8] Hunderte wurden verhaftet und summarisch hingerichtet, unter ihnen der Generalsekretär der Kommunistischen Partei Jugoslawiens, Milan Gorkić. Tito hatte Glück, dass er sich in dieser Zeit außerhalb der Sowjetunion befand.

Er war Zeuge der ersten Schauprozesse in Moskau geworden, bevor er im Herbst 1936 aufbrach, um – vermutlich auf Kosten der Komintern – zwei Jahre lang heimlich im Ausland umherzureisen und Organisationsarbeit zu leisten. Er verbrachte einige Zeit in Wien und Paris, kehrte dann nach Jugoslawien zurück, um die geschwächte Kommunistische Partei wiederaufzubauen, und hielt sich während des Spanischen Bürgerkriegs kurzzeitig in Madrid auf – wo er sich möglicherweise an der Liquidierung von Trotzkisten durch den sowjetischen Geheimdienst beteiligte.[9] Unter falschem Namen zu leben, mit falschen Papieren zu reisen, parteiinterne Streitigkeiten und Rivalitäten zu schlichten, war eine ebenso gefährliche wie erschöpfende Arbeit – wenn auch vermutlich weniger gefährlich, als es ein Aufenthalt in Moskau gewesen wäre.

Als Tito im August 1938 nach Moskau zurückbeordert wurde, um sich vor einer fünfköpfigen Kommission der Kritik am schlechten Zustand der Kommunistischen Partei Jugoslawiens zu stellen, war der Höhepunkt der Säuberungen überschritten. Dennoch war seine Lage heikel. Verheerende, möglicherweise tödliche Konsequenzen dürften nur deshalb ausgeblieben sein, weil der Generalsekretär der Komintern, Georgi Dimitroff, sich hinter den Kulissen für ihn einsetzte. 1936 hatte Tito kurz vor seiner Abreise, wie erwähnt, Lucie Bauer geheiratet, eine junge deutsche Kommunistin, die 1934 nach Moskau geschickt worden war, um dort für die Untergrundarbeit der Kommunistischen Partei in Deutschland ausgebildet zu werden, 1937 aber verhaftet, der Spionage angeklagt und hingerichtet wurde. Dies brachte Tito in Gefahr, als er von der Kommission befragt wurde. Er verteidigte seine Frau nicht – was selbstmörderisch gewesen wäre –, sondern gestand, dass er nicht wachsam genug gewesen sei, als er ihr vertraut habe, und räumte ein, dass dies gegen ihn spreche.[10] Wie bei einigen anderen Angehörigen der sowjetischen Hierarchie auch, wurde die Tatsache, dass er sich von seiner Frau losgesagt hatte, zu seinen Gunsten gewertet.[11] Er kam mit einem blauen Auge davon.

Vermutlich wiederum dank Dimitroffs Einfluss wurde Tito am 5. Januar 1939 formell als Generalsekretär der Kommunistischen Partei Jugoslawiens bestätigt.[12] »Du bist als Einziger übrig geblieben«, sagte Dimitroff zu ihm. Er solle die Gruppenbildung ausmerzen und die Partei wiederaufbauen, andernfalls werde man sie auflösen. »Wir werden den Fleck abwaschen«, versprach Tito.[13] Stalin hätte dieser Absicht zugestimmt. Was er von Tito selbst und von seiner Ernennung zum Generalsekretär hielt, ist indes nicht aktenkundig. Er kannte ihn nicht persönlich; sie sollten sich erst 1944 zum ersten Mal begegnen.[14] Auf jeden Fall wurde Tito gestattet, die Sowjetunion zu verlassen und nach Jugoslawien zurückzukehren.

Wie Tito im Gegensatz zu vielen seiner Genossen den Klauen des NKWD entkam, insbesondere nach der Verhaftung seiner Frau, ist nicht klar. Arbeitete er stillschweigend für das NKWD? Dass und in welchem Ausmaß er an den Säuberungen beteiligt war, ist nie nachgewiesen worden. Nach Djilas' Meinung war er beteiligt, sein Anteil aber »nicht erheblich, nebensächlich und peripher«.[15] Als Djilas dies schrieb, hatte er schon lange mit Tito gebrochen, und er war während der Säuberungen nicht mit ihm in Moskau gewesen. Sicher ist jedoch, dass Tito sich nicht für seine jugoslawischen Genossen einsetzte und mit keinem Wort Kritik an Stalins Terror übte. Wie Djilas betonte, war die vollständige Treue zu Stalin überlebenswichtig. Tito war zu dieser Zeit ein gläubiger Stalinist. Er hatte Stalins Sowjetunion schon unterstützt, bevor er 1936 nach Moskau ging, und soll später geäußert haben, dass die Säuberungen, auch wenn sie übertrieben worden seien, im Prinzip richtig gewesen seien.[16] Tatsächlich hatte er später, als er in Jugoslawien die Macht in Händen hielt, keine Hemmungen, selbst

Säuberungen durchzuführen, wenn auch nicht mit Stalin'scher Brutalität.

Zurück in Jugoslawien unterzog Tito, während der Sturm des Krieges näher kam, die desorganisierte und gespaltene Partei einer radikalen Reform. Mit enormer Energie, unermüdlicher Entschlossenheit und Unduldsamkeit gegenüber opponierenden Fraktionen verwandelte er sie in eine hochzentralisierte, landesweit agierende stalinistische Organisation, die ideologisch ganz auf der Moskauer Linie lag. Er bestand jedoch darauf, dass sie finanziell unabhängig wurde, überwiegend durch Beiträge, die ihre Mitglieder von ihren mageren Löhnen abzweigten. Außerdem holte er das Zentralkomitee aus dem Ausland zurück und schuf eine innere Führung aus neuen, jungen Revolutionären, die sich sowohl Stalins Sowjetunion verpflichtet fühlten, als auch ihm treu ergeben waren. Drei von ihnen – Edvard Kardelj, Aleksandar Ranković und Milovan Djilas – sollten nicht nur im Partisanenkampf, sondern auch in der Machtstruktur des neuen Jugoslawiens nach dem Krieg seinen engsten Beraterkreis bilden.[17]

Die Partei hatte im Herbst 1940 gerade einmal rund 6500 reguläre Mitglieder und ihre Jugendorganisation etwa 18000. Sie war weiterhin verboten. Tito drängte es, einen Aufstand gegen den Staat zu entfachen, doch er wurde von Moskau zurückgehalten. Ein Versuch, die Regierung zu stürzen, wandte die Komintern auf überzeugende Weise ein, würde eine Katastrophe heraufbeschwören. Dennoch traf Tito, als die äußere Bedrohung des Landes zunahm, innerhalb der inzwischen disziplinierten und wachsenden Partei alle Vorbereitungen für eine bewaffnete Revolte. Die Situation sollte sich bald dramatisch verändern. Am 6. April 1941 marschierten die Deutschen in Reaktion auf einen Militärputsch in Belgrad, der sich gegen den Beitritt des Landes zum Dreimächtepakt zwischen Deutschland, Italien und Japan richtete, in Jugoslawien ein.

Die jugoslawische Armee brach ohne Kampf zusammen. Fast 350000 Mann, mehrheitlich Serben, wurden gefangen genommen, weitere 300000 konnten entkommen. Die Regierung und die Königsfamilie flohen ins Exil. Jugoslawien wurde auseinandergebrochen. Die Deutschen kontrollierten Serbien, und ihre Verbündeten Italien, Ungarn und Bulgarien besetzten andere Landesteile. Am 10. April wurde ein unabhängiger kroatischer Staat geschaffen, der von der faschistischen Ustascha regiert wurde, die ihre Kontrolle auf Bosnien-Herzegowina ausdehnte und bis Kriegsende eine unbeschreibliche Schreckensherrschaft ausübte, der 300 000 Serben und Zehntausende Juden und Roma zum Opfer fielen.

Tito wich, kurz bevor die Grenze zwischen Kroatien und Serbien geschlossen wurde, von Zagreb nach Belgrad aus und musste fortan unter größter Geheimhaltung operieren. Er begann bald ein Wanderleben, häufig durch entlegene Waldgebiete des Landes, das er bis zum Kriegsende führen sollte. Manche Parteimitglieder meinten, die Partei könne wenig mehr tun, als sporadische Sabotageakte auszuführen. Aber nach dem deutschen Überfall auf die Sowjetunion am 22. Juni 1941 drängte Tito erfolgreich darauf, den bewaffneten Kampf aufzunehmen. Am 27. Juni bildete das Politbüro der Partei einen Generalstab der Partisaneneinheiten, die bereit waren, einen Guerillakrieg zur Befreiung Jugoslawiens zu führen. Als ihr Oberbefehlshaber kam nur der Parteichef in Frage – Tito.

Vorbedingungen der Macht

Titos Herrschaft wurde durch den Krieg möglich. Ohne den Krieg, die deutsche Invasion, die Zerteilung des Landes, die grausame deutsche und italienische Besetzung, den furchtbaren Terror der Ustascha und die Spaltung des Widerstands zwischen kommunistisch geführten Partisanen und monarchistischen Tschetniks wäre Tito höchstwahrscheinlich nie in der Lage gewesen, die Macht in Jugoslawien zu übernehmen. Vor 1941 waren die Kommunisten eine kleine Bewegung ohne breite Anhängerschaft. Die ethnischen Spaltungen und rivalisierenden Nationalitäten machten es nahezu unmöglich, eine übergeordnete jugoslawische Klassenidentität zu schaffen. Das Potential für einen revolutionären Aufstand war nicht vorhanden, wie man in Moskau richtig erkannt hatte. Ohne eine Invasion wäre ein gemeinsamer kommunistischer Staat kaum vorstellbar gewesen. Wahrscheinlich wäre Jugoslawien, ein nach dem Ersten Weltkrieg zusammengestückeltes Konstrukt, irgendwann in eine Reihe kleiner Nationalstaaten zerbrochen.

Von den in diesem Buch behandelten Figuren kam Tito als Einziger an die Macht, nachdem er als Sieger sowohl aus einem Weltkrieg als auch aus einem gleichzeitigen Bürgerkrieg hervorging. Lenin, Mussolini, Hitler (indirekt), Churchill und de Gaulle kamen allesamt zumindest teilweise infolge eines Weltkriegs an die Macht (de Gaulle musste sich zudem mit den Ansprüchen des Vichy-Regimes auseinandersetzen). Franco verdankte die Macht dem Sieg in einem Bürgerkrieg, nahm aber nicht am Weltkrieg teil. Nur Tito kam an die Macht, nachdem er in einem Bürgerkrieg innerhalb eines Weltkriegs gekämpft hatte, und dies nicht von einem relativ sicheren Hauptquartier abseits der unmittelbaren Gefahrenzone aus, sondern an der Frontlinie eines erbittert geführten Kampfs. Seine Partisanen mussten nicht nur mit der mächtigen, tödlichen Macht der deutschen (und italienischen) Besatzer rechnen, sondern auch mit den barbarischen Gräueln der Ustascha und den gnadenlosen Angriffen der Tschetniks, einer königstreuen, serbisch-nationalistischen Bewegung mit einem Oberst der besiegten jugoslawischen Armee an der Spitze, Dragoljub »Draža« Mihailović. Grausamkeit gebiert Grausamkeit. Die Partisanen begingen ihrerseits Gräueltaten. Tito ordnete persönlich die Liquidierung aller Spione, fünften Kolonnen und »aktiven Gegner des Volksbefreiungskampfes« an.[18]

Am Beginn des Bürgerkriegs in Serbien zählten die Partisanen rund 40000 Mitglieder. Doch die alltägliche Verfolgung, die Vergeltungsmaßnahmen und die grauenhafte Brutalität wirkten, so einschüchternd sie waren, in der fanatischen Minderheit, die bereit war, für die Sache der Partisanen – die Befreiung des Vaterlandes von Faschisten und Imperialisten – alles zu opfern, geradezu als Rekrutierungsagent. 1943 standen rund 150 000 Partisanen unter Titos Kommando. Bis zum Ende des Jahres verdoppelte sich ihre Zahl, da die Menschen sahen, dass sich der Krieg unaufhaltsam gegen die Besatzer wendete. Bei der Befreiung Belgrads im Oktober 1944 war die Zahl der Partisanen auf 800 000 gestiegen.[19] Hinzu kam die wachsende Zahl von Familienangehörigen und anderen, die sich den Kämpfern zwar nicht anschlossen, aber mit ihnen sympathisierten und ihnen Hilfe leisteten.[20]

Tito war verärgert über die geringe Unterstützung der Sowjetunion, aber sie brauchte für den gigantischen Endkampf mit Hitlers Wehrmacht selbst alle Ressourcen, die sie zusammenklauben konnte. Auch von Großbritannien und den Vereinigten Staaten kam bis 1943 keine greifbare Hilfe. Churchills Sympathie lag anfangs bei den Tschetniks, aber für ihn zählte vor allem der Sieg über Deutschland, und ihm dämmerte nach und nach, dass er aufs falsche Pferd gesetzt hatte. Die Tschetniks arbeiteten mit Deutschen und Italienern zusammen und verloren die Unterstützung der Bevölkerung. Obwohl die Amerikaner wegen des vehementen Antikommunismus der Tschetniks weiterhin hinter diesen standen, stellte Churchill den Partisanen zunehmend britische Ressourcen zur Verfügung. Zum Zeitpunkt der Teheraner Konferenz im November 1943 waren die Alliierten bereit, die Partisanen als nationale Befreiungsarmee Jugoslawiens anzuerkennen. Churchill, der britische Führer adliger Herkunft, trug direkt zum Aufstieg des kommunistischen Führers Tito bei. Von britischen Waffenlieferung gestärkt, banden die Partisanen bis 1944 15 deutsche Divisionen auf dem Balkan.[21]

Tito war als Militärkommandeur keineswegs fehlerlos, wie Djilas später hervorhob.[22] Aber ihm unterstanden gute Offiziere. Und er war ein motivierender Führer – entschlossen, ruhig in der Gefahr, bereit, die Beschwernisse seiner Männer zu teilen, auf Disziplin achtend sowie Willensstärke und Siegeszuversicht ausstrahlend. Er baute einen Stab von rund dreißig Mann auf, der ihm Hunderte von Kilometern kreuz und quer durch Jugoslawien von einem Hauptquartier zum nächsten folgte.[23] Aber die Schlüsselentscheidungen traf er selbst. Alle Befehlsketten endeten bei ihm. Seine Autorität war unangefochten.

Über drei Jahre führte er als Partisanenführer ein derart außergewöhnliches Leben, dass es heute wie eine fiktionale Abenteuergeschichte erscheint. Aber es war real. So brachte er beispielsweise im März 1943 seine Partisanenarmee, einschließlich der Kranken und Verwundeten, in einem höchst riskanten Manöver über die Neretva in Sicherheit und rettete sie so vor der sicheren Vernichtung durch eine große Truppe bewaffneter Tschetniks. Mehr noch, die Partisanen waren danach trotz zahlenmäßiger Unterlegenheit in der Lage, im Kampf mit den Tschetniks das Blatt zu wenden. Davon sollten diese sich nie wieder erholen. Für ihren Anführer »Draža« Mihailović war es die entscheidende Niederlage.[24] In erbitterten Kämpfen im Juni entging Tito nur knapp dem Tod – ein Splitter einer in der Nähe explodierenden Granate verwundete ihn am Arm – und führte seine Männer dennoch aus der Einkreisung an der Sutjeska hinaus. Über 7000 Partisanen fielen, aber Tito entkam in die Wälder Ostbosniens. Im Mai 1944 folgten Tito und seine engsten Gefährten, die in einer Höhle in der Falle saßen, einem ausgetrockneten Flusslauf und konnten schließlich in die Berge fliehen. Solche Heldentaten wurden später ausgeschmückt, um das machtvolle Image eines legendären Partisanenführers zu schaffen, das einen Grundbestandteil des Tito-Kults bildete.

Im September 1944 flog Tito nach Moskau und erhielt von Stalin die Zusage, dass die Sowjetunion Truppen entsenden werde, um bei der Befreiung Jugoslawiens zu helfen. Beim finalen Angriff auf Belgrad kämpften an der Seite der Partisanen rund 400 000 Rotarmisten, die durch ihre Brutalität – berichtet wird von 1219 Vergewaltigungen, 111 Morden und 1204 Plünderungen – tiefen Abscheu hervorriefen.[25] Die sowjetische Militärhilfe war zu diesem Zeitpunkt alles andere als bedeutungslos,[26] und auch von britischen Waffenlieferungen hatten die Partisanen, wie erwähnt, seit etwa einem Jahr profitiert. Dennoch hatten sie fast drei Jahre lang im Grunde allein gekämpft, anfangs fast aussichtslos, und den Deutschen, den Italienern, der Ustascha und den Tschetniks getrotzt. Ihre Behauptung, ihr Land selbst befreit zu haben, war weitgehend gerechtfertigt. Im Unterschied zu anderen Gebieten Osteuropas hatte die Rote Armee erst spät eingegriffen und dann auch nur eine Nebenrolle gespielt.

Fünf Tage, nachdem die Partisanen nach heftigen Kämpfen am 20. Oktober 1944 in Belgrad eingezogen waren, kehrte Tito dorthin zurück – jetzt als triumphierender Kriegsführer und Befreier Jugoslawiens, als Held mit unbestreitbarem Anspruch auf die Nachkriegsführung des Landes.

Autokratie

Die Aufgabe, die auseinanderstrebenden und durch den Krieg vier Jahre lang getrennten Teile Jugoslawiens zu einem Einheitsstaat zusammenzuschweißen, wäre ohne Tito nicht lösbar gewesen. Er war Gründer, Inspirationsquelle sowie Dreh- und Angelpunkt des jugoslawischen Staats und bis zu seinem Tod dessen unverzichtbare Integrationskraft.

Die Grundzüge des Regierungssystems und der Verfassung des künftigen Jugoslawiens waren bereits am 29./30. November 1943 von den 142 Delegierten der zweiten Vollversammlung des Antifaschistischen Rats der Nationalen Befreiung festgelegt worden. Das neue Jugoslawien sollte ein demokratischer Bundesstaat und die Exilregierung von der Macht ausgeschlossen sein. Ein knappes Jahr später, am 1. November 1944, wurde eine provisorische Regierung gebildet, mit Tito als Ministerpräsident, aber auch einigen »bürgerlichen« Politikern der Vorkriegszeit, die sich nicht durch Kollaboration mit dem Feind kompromittiert hatten.[27] In den folgenden Monaten zerschlug sich jedoch die Hoffnung der Westalliierten auf eine pluralistische Regierungsform und demokratische Freiheiten. Als im November 1945

Wahlen zur Verfassunggebenden Versammlung stattfanden, stand nur eine einzige Partei auf dem Wahlzettel, die von Tito geführte Volksfront, die im Grunde der Kommunistischen Partei gleichkam und schließlich 92 Prozent der Stimmen erhielt.[28] Die Monarchie war abgeschafft. Zu diesem Zeitpunkt fand bereits die brutale Abrechnung mit früheren Kollaborateuren statt, von denen Tausende mit Titos ausdrücklicher Einwilligung erschossen wurden; Tausende andere, einschließlich des unsäglichen Ustascha-Führers Ante Pavelić, konnten sich zunächst nach Österreich und später in andere Länder, wie die Vereinigten Staaten, Argentinien und Spanien absetzen. Der Tschetnik-Führer Mihailović wurde im Juli 1946 hingerichtet.[29] Titos Herrschaft beruhte nicht nur auf seiner Kriegsführerschaft, sondern auch auf der Brutalität, mit der er in den ersten Nachkriegsmonaten Gräuel anordnete oder duldete.

Laut der in jenem Jahr in Kraft getretenen Verfassung war das neue Jugoslawien ein aus sechs Republiken – Serbien, Slowenien, Kroatien, Bosnien-Herzegowina, Montenegro und Mazedonien – bestehender Bundesstaat; den serbischen Provinzen Woiwodina und Kosovo mit ihren großen nichtslawischen Minderheiten wurde ein autonomer Status gewährt.[30] Eine pluralistische Demokratie nach westlichem Vorbild gab es nicht einmal theoretisch, und die von der Verfassung garantierte Autonomie war in der Praxis durch die Tatsache begrenzt, dass Jugoslawien ein Einparteienstaat war, der von der Kommunistischen Partei nach stalinistischen Grundsätzen regiert wurde.

Während des Krieges war die Kommunistische Partei zur einzigen politischen Kraft geworden, deren Ziel es war, ein vereinigtes Jugoslawien wiederherzustellen. Die abnehmende Zahl von Monarchisten hoffte natürlich auf die Wiedererrichtung der Monarchie, während die Tschetniks für ein »Großserbien« und die Ustascha für einen ethnisch gesäuberten kroatischen Staat kämpften. Inzwischen waren beide Organisationen zerschlagen. Dennoch wurden die Kommunisten nicht von allen willkommen geheißen. Um ihren Anspruch durchzusetzen, die herrschende Partei von ganz Jugoslawien zu sein, brauchten sie die enorme Popularität Titos. Die Anfänge des Personenkults um Tito – des unverzichtbaren Fundaments der Legitimität des neuen Staats – zeigten sich in der ungeheuren Beweihräucherung, die ihm zu seinem Geburtstag am 25. Mai 1946 zuteilwurde. Ein wahres Propagandasperrfeuer feierte ihn als Kriegshelden, Staatsmann und einfachen »Sohn des Volkes«. Drei Wochen zuvor waren 70000 Menschen mit roten Fahnen und den Rufen »Tito – Stalin«, »Lang lebe die Rote Armee« und »Lang lebe die Kommunistische Partei« durch Belgrad gezogen.[31]

Wenig später konnte man Tito und Stalin jedoch nicht mehr in einem Atemzug preisen. Das Verhältnis zwischen den beiden Führern, das sich schon seit einiger Zeit verschlechtert hatte, schlug schließlich in dauerhafte Verbitterung um. Hauptstreitpunkt war die Kontrolle über den Balkan. Nach Stalins Willen sollte Jugoslawien als Teil einer »Balkanföderation« ein ergebener Satellitenstaat der Sowjetunion werden.[32] Titos diplomatische Bemühungen, seinen Einfluss auf Bulgarien, Albanien und Griechenland auszudehnen, waren für Moskau untragbar. Hinzu kam, dass Tito auf einem auf fünf Jahre angelegten Industrialisierungsprogramm bestand, das nicht zu den sowjetischen Plänen passte, nach denen die Balkanländer, einschließlich Jugoslawiens, Agrarwirtschaften bleiben sollten, die die Ernährung der Sowjetunion und anderer industrialisierter Teile des Ostblocks sicherstellen sollten. Anfang 1948 ging Stalins Geduld zur Neige. Im März schickte er Tito einen langen Brief, in dem er ihm »Revisionismus« und trotzkistische Tendenzen vorwarf. Tito ließ sich davon nicht beirren. Er legte seine lange, unnachgiebige Antwort der Parteiführung vor, die sie nahezu einstimmig billigte. Stalin hielt in zwei weiteren Briefen mit seinem Zorn nicht hinterm Berg. Er verlangte von Tito, zu einem Treffen mit Vertretern des Kommunistischen Informationsbüros (Kominform) nach Bukarest zu reisen; das Kominform war im Oktober 1947 als Nachfolgeorganisation der Komintern gegründet worden, um die Tätigkeit der internationalen kommunistischen Parteien unter der Ägide Moskaus zu koordinieren. Tito war klar, dass er bei einem solchen Treffen zum Nachgeben gezwungen worden wäre, möglicherweise mit fatalen Folgen. Er wurde denn auch in Abwesenheit als »imperialistischer Spion« gebrandmarkt, und der Kommunistischen Partei Jugoslawiens wurde bescheinigt, sie habe sich selbst von der Gemeinschaft der Bruderparteien losgesagt.

Tito hatte sich im Duell der starken Willen behauptet. Er hatte sich von der unendlich viel mächtigeren Sowjetunion nicht einschüchtern lassen und sowohl persönlichen als auch politischen Mut bewiesen. Die sowjetischen Zeitungen überschütteten ihn mit bösartigen Kommentaren. Es gab sogar mehrere sowjetische Attentatsversuche. Aber Tito beugte sich Stalins Druck nicht. Nach dem Tod des Kremlführers fand man in seinem Schreibtisch eine Nachricht Titos: »Wenn Du nicht aufhörst, Mörder zu schicken, werde ich einen nach Moskau schicken, und ich werde keinen zweiten schicken müssen.«[33]

In Jugoslawien fürchtete man ernsthaft, dass die Rote Armee einmarschieren und das Land der sowjetischen Knute unterwerfen könnte. Angesichts der sich verschärfenden Spannungen mit den Westalliierten – die Vereinigten Staaten waren immer noch die einzige Atommacht – wollte Stalin, trotz aller Drohungen, die er ausstieß, wegen Jugoslawien (oder eines anderen Landes) keinen Weltkrieg riskieren. Am wichtigsten dürfte aber gewesen sein, dass Stalin den erfolgreichen Guerillakampf der jugoslawischen Partisanen gegen die Deutschen miterlebt hatte. Mit einer Invasion, selbst mit weit überlegenen Kräften, hätte er einen langwierigen Krieg mit entschlossenen patriotischen Guerillakämpfern riskiert. Deshalb obsiegte Tito, dessen ohnehin schon enormes Ansehen innerhalb Jugoslawiens durch seine unnachgiebige Haltung gegenüber Stalin weiteren Auftrieb erhielt.

Nach dem Sieg im Krieg war der Sieg über die Sowjetunion der zweite Grundbestandteil von Titos charismatischer Anziehungskraft. Immerhin hatte er nicht nur Jugoslawien im Krieg befreit, sondern jetzt auch dessen Unabhängigkeit erreicht. Dies machte ihn sogar für jene zu einem Nationalhelden, die er bisher nicht für sich gewonnen hatte und deren Unterstützung des Kommunismus bestenfalls opportunistisch oder einfach konformistisch war.

Obwohl sich der Kommunismus in Jugoslawien bald anders als im Sowjetblock entwickeln sollte – auch dies ein Grund für die Entfremdung zwischen Moskau und Belgrad –, stärkte der Bruch mit Stalin die jugoslawische Kommunistische Partei. Zunächst aber wurde sie noch monolithischer (dies sollte sich später etwas abschwächen) und stellte die Loyalität zu Tito verstärkt in den Mittelpunkt. Tito selbst traf die Entscheidung, zwei führende Kritiker, Wirtschaftsminister Andrija Hebrang, der als Stalins Favorit für Titos Nachfolge galt, und Finanzminister Sreten Žujović, einen überzeugten Stalin-Anhänger, ihrer Posten zu entheben, aus der Partei auszuschließen und als »Volksfeinde« verhaften zu lassen. Es folgte eine Propagandakampagne mit dem Ziel, innerparteiliche »Feinde« auszuschalten. Über 55000 moskautreue Parteimitglieder wurden ausgeschlossen. Tito stimmte dem Vorschlag zu, auf der Adriainsel Goli Otok (Kahle Insel) ein Konzentrationslager zu errichten, in dem zwischen 1949 und 1956 rund 13000 Häftlinge unter höllischen Bedingungen Zwangsarbeit leisteten. Tausende andere wurden in Arbeitslagern »umerzogen«.[34] Die Lücken in der Mitgliedschaft der Partei wurden rasch wieder aufgefüllt. Nach dem Bruch mit Moskau wurden binnen wenigen Jahren mehr als eine halbe Million neue Mitglieder gewonnen, allesamt Tito-Anhänger, von denen viele ihrer Loyalität zu ihm Karriere und materielle Vorteile verdankten. Regionale Parteiorganisationen wurden Belgrad unterstellt und wichtige Posten auf allen Ebenen der Regierung mit Parteimitgliedern besetzt. Hunderttausende von treuen Anhängern sorgten dafür, dass sich Titos Autokratie in alle Teile des jugoslawischen Staats verzweigte.

Innerhalb der alles beherrschenden Kommunistischen Partei setzten die zwölf Abteilungen des Zentralkomitees die Regierungspolitik um. Das wichtigste Machtorgan war jedoch das Sekretariat des zehnköpfigen Politbüros, dem neben Tito nur drei Mitglieder angehörten: Kardelj, Ranković und Djilas. Kardelj leitete die Außenpolitik, Ranković war für die Innere Sicherheit zuständig, und Djilas war für Propaganda und Geistesleben verantwortlich. Diese »Quadriga«, wie Djilas sie nannte, bestimmte die Politik, das Politbüro bestätigte sie, und die unteren Ränge der Partei – in denen junge ehemalige Partisanen mit wenig Bildung, aber glühendem Glauben an Tito den Ton angaben – setzten sie um.[35] Im Sekretariat selbst stand außer Frage, wer wirklich die Macht ausübte. Kardelj, Ranković und Djilas hatten allesamt neben Tito im Krieg gekämpft; sie wussten, wie er handelte, erkannten seinen Führungsanspruch an und beugten sich seiner unangreifbaren Autorität.

Was immer die Verfassung vorsah, in der Praxis war es eine Autokratie. »Ich trage die Verantwortung, ich entscheide!«, stellte Tito klar.[36] Es war keine bloße Prahlerei. Wichtige Entscheidungen traf er mit wenig oder ohne jede Beratung.[37] Und wenn er sich entschieden hatte, gab es kein Zurück. Als Partisanenführer war er es gewohnt gewesen, dass seine Befehle widerspruchslos befolgt wurden. Jetzt konnte er sein einzigartiges Prestige als Kriegsheld in autoritäre Staatsführung ummünzen. Sein opulenter Lebensstil strahlte absolute Macht und Autorität aus, er war ein bewusstes Statement seiner unanfechtbaren Vormachtstellung. Nachdem Tito sich lange mit harten Lebensbedingungen hatte abfinden müssen, genoss er den Luxus umso mehr. Es war eine groteske Parodie auf die sozialistischen Ideale. Geld war kein Thema. Er behandelte die Staatsfinanzen als privates Vermögen und gönnte sich, nach bescheidenen Anfängen, beträchtliche Auszahlungen. Er verwandelte sich in einen Pseudomonarchen, einen kleinen Sonnenkönig, der eine sozialistisch getönte Prachtentfaltung genoss, die von einem Hofstaat gepflegt wurde, der von der Nähe zur Macht und materiellen Vorteilen korrumpiert war. Einstige Revolutionäre wurden zu Neureichen, die sich eifrig dem Trend zur Anhäufung von Geld und Besitz anschlossen.

Tito zog in eins der Königsschlösser ein, ließ ein anderes für prächtige Staatsempfänge renovieren und fügte seiner Sammlung bald weitere ehemals königliche Paläste und riesige Jagdreviere hinzu. Eine seiner Lieblingsresidenzen war sein Sommerhaus auf der Insel Brioni, eine von Häftlingen erbaute extravagante neue Villa, samt geräumiger Unterkünfte für Staats- und Parteifunktionäre. Er richtete dort sogar einen eigenen Zoo ein. Bald besaß er einen gepanzerten Mercedes, einen Rolls-Royce, eine kostbar ausgestattete Hochseeyacht und eine umfangreiche Kunstsammlung. Er war stolz auf seine Stellung. Er sonnte sich in dem Marschalltitel, der ihm 1943 verliehen worden war, und erschien bei offiziellen Anlässen unweigerlich in einer prächtigen Marschalluniform, auf der seine Orden und Medaillen prangten. Manche fühlten sich angesichts dieser ostentativen Vulgarität an lateinamerikanische Diktatoren erinnert.[38]

Titos Position als Staatschef, Oberbefehlshaber und Parteiführer war unangreifbar und sollte es bis zu seinem Tod im Jahr 1980 bleiben. Seine Macht beruhte auf der Triade aus Partei, Armee und Sicherheitskräften. Viele seiner treuen Gefährten dienten in den Streitkräften, die aus der Partisanenbewegung hervorgegangen und daher durch eine starke persönliche Bindung an Tito geprägt waren. Praktisch alle Offiziere waren Parteimitglieder. Für die halbe Million Soldaten, die in den frühen 1950er Jahren in den Streitkräften dienten, gehörte ideologische Schulung zur militärischen Ausbildung. Tito sorgte dafür, dass die Streitkräfte gut bezahlt wurden und einen privilegierten Zugang zu vom Staat errichteten Wohnungen hatten. Ihre Loyalität stand nie in Frage.[39]

Die Geheimpolizei, das Amt für Staatssicherheit (Uprava državne bezbednosti, UDBA), das Titos engem Gefährten, Innenminister (und später Vizepräsident) Ranković, unterstand, sorgte für Konformität und bestrafte politische Abweichung. Wie in allen Diktaturen diente der »innere Feind« als Mittel, um Integration und Loyalität zu fördern, wobei die willkürliche Verhaftung und Bestrafung angeblicher »Verräter« darauf abzielte, Wohlverhalten und Fügsamkeit sicherzustellen. Das UDBA konnte Gebäude verwanzen, Post abfangen und Telefone abhören. Es kam dem Ausmaß des in der Sowjetunion ausgeübten Terrors nie auch nur nahe, aber wer gegen Titos Regime opponierte, musste damit rechnen, ins Gefängnis oder Arbeitslager zu kommen. Verständlicherweise passten sich die meisten gewöhnlichen Bürger, was auch immer sie dachten, dem System an, das sie nicht ändern konnten.

Titos Regime wurde jedoch nicht nur von Zwang und Einschüchterung aufrechterhalten. Seine Diktatur war viele Jahre lang durchaus beliebt. Wie sehr, lässt sich natürlich nicht sagen. Dass die gesellschaftliche Legitimität wenigstens zum Teil durch die staatlich kontrollierten Massenmedien und die Indoktrination in Partei und Streitkräften fabriziert war, ist jedoch klar. Nichts blieb von dem rasch allgegenwärtig werdenden Tito-Kult unberührt. Riesige Porträts von ihm schmückten öffentliche Gebäude. Straßen und Plätze wurden nach ihm benannt.[40] Die Aura des heroischen Führers beherrschte die politische Bühne. Keine andere politische Figur kam der Popularität des »Volkshelden« auch nur nahe. Aber wie viel die Propaganda auch dazu beitrug, es wäre irreführend abzustreiten, dass Tito echte persönliche Popularität genoss, insbesondere in den frühen Jahren, als er sich im Ruhm seiner legendären Kriegstaten und seiner Verteidigung der Nation gegen sowjetische Einmischung sonnen konnte. Er verkörperte den Nationalstolz. Und der Aufschwung war nicht nur psychologischer Art. Enorme soziale und politische Energie wurde freigesetzt. Neue Gebäude, Baustellen und große Infrastrukturprojekte waren materielle Zeichen eines tiefgreifenden Wandels. Der Lebensstandard stieg deutlich – im Vergleich zu den reichsten Teilen Europas, von den Vereinigten Staaten ganz zu schweigen, in bescheidenem Maß, aber stärker als alles, was die meisten Jugoslawen jemals erlebt hatten, und sie konnten auf mehr hoffen. Die 1950er Jahre waren von riesigen staatlichen Investitionen und einem beeindruckenden Wirtschaftswachstum geprägt: Die Industrieproduktion wuchs jährlich um 13 und das Einkommen um fast 6 Prozent. Dies bedeutete einen großen Schritt weg von der Agrar- und hin zur Industriegesellschaft. Aber der zunächst eingeleitete Prozess der Kollektivierung der Landwirtschaft, der von Anfang an ohne Stalins mörderische Brutalität auskam, wurde 1953 gestoppt, da er sich als unpopulär erwiesen hatte und ökonomisch ineffektiv war. Unproduktive Genossenschaften wurden aufgelöst, das Land den Bauern zurückgegeben und vermehrt in die Landwirtschaft investiert, was zu höheren Erträgen und wachsender Zufriedenheit in der großen bäuerlichen Bevölkerung führte.[41]

Nach dem Bruch mit der Sowjetunion wurden Änderungen in der Wirtschaftsleitung durchgeführt, die – wenigstens am Anfang –vielversprechend und attraktiv waren. Kardelj, der Cheftheoretiker, Boris Kidrič, ein führendes, für die Wirtschaft zuständiges Politbüromitglied, und Djilas, der Propagandist, überredeten Tito 1949, eine neue Art von Arbeitsbeziehungen einzuführen. Die »Selbstverwaltung« erlaubte Arbeiterräten, zumindest theoretisch, Fabriken zu leiten und den Aufbau des Sozialismus nicht auf Befehl von oben, wie in der Sowjetunion, sondern »von unten« voranzutreiben. In der Praxis häuften sich zwar bald die Probleme, aber am Anfang schien das neue System sowohl den Arbeitern als auch der Regierung zuzusagen. Für Tito, der sich nie in die Theorie vertiefte, wie es insbesondere Kardelj tat, überwogen die politischen und propagandistischen Vorteile des neuen Systems die rein ökonomischen. Entscheidend war für ihn, dass die Gesamtkontrolle der Partei – im großen Ganzen also seine eigene – durch die »Selbstverwaltung« nicht untergraben wurde. Der Widerspruch war offensichtlich. Aber letztlich bestand Tito auf dem Machtmonopol der Partei. Die Demokratisierung hatte ihre Grenzen.[42]

Dies wurde 1953 deutlich, als der als möglicher Nachfolger Titos gehandelte Milovan Djilas öffentlich das System kritisierte, das er selbst mit aufgebaut hatte. Als er, anstatt zurückzurudern, seine Kritik verschärfte – die er im wichtigsten Parteiorgan, der Zeitung *Borba,* veröffentlichte –, war der Gegenschlag unvermeidlich. Er wurde seiner Posten enthoben, zum Austritt aus der Partei gezwungen und schließlich für insgesamt neun Jahre ins Gefängnis gesteckt. Er wurde später amnestiert und konnte über seine Erlebnisse mit Tito schreiben. Aber sobald er aufhörte, Titos Interessen zu dienen, war er verzichtbar geworden. Tito sprach vom »politischen Tod« seines langjährigen Mitstreiters.[43] Aber wenigstens wurde er nicht wirklich getötet, wie es unter Stalin geschehen wäre.

In den 1960er Jahren befand sich Titos absolutistische Macht auf dem Höhepunkt. Gleichzeitig vertiefte sich jedoch die Kluft zwischen dem slowenischen Systemreformer Kardelj und dem serbischen konservativen Hardliner Ranković, den beiden Hauptanwärtern auf Titos Nachfolge nach Djilas' politischem Harakiri im vorangegangenen Jahrzehnt. Angesichts der Probleme der »Selbstverwaltung« – Ineffizienz und Korruption – richtete sich Titos Zorn zunächst vor allem gegen deren Verfechter, Kardelj. Er überlebte politisch nicht zuletzt aufgrund seines taktischen Geschicks, aber auch weil er die Unterstützung seiner slowenischen Heimat genoss – des reichsten und am weitesten entwickelten Teils Jugoslawiens. Mitte der 1960er Jahre wurde dann Rankovićs Position heikel. Er war Titos Zuchtmeister, der getreulich seine schmutzige Arbeit erledigte. Ihm unterstand ein Repressionsapparat, der Akten über Millionen von Staatsbürgern angesammelt hatte. Ein weiterer Pfeiler seiner Macht war seine Stellung als Organisationssekretär der Partei.[44] Aber er hatte sogar unter seinen serbischen Genossen Feinde. Darüber hinaus verfolgte Tito nicht nur die Intrigen und Grabenkämpfe an der Spitze der Partei mit großem Unbehagen, sondern sorgte sich auch um seine eigene Sicherheit und argwöhnte, dass die Sicherheitsdienste sich gegen ihn verschwören könnten. Er ließ sich leicht davon überzeugen, dass seine private Residenz und sogar sein Schlafzimmer vom Geheimdienst verwanzt worden und die Abhörgeräte mit Rankovićs Villa verbunden seien. In einer Sitzung des Zentralkomitees im Juni 1966 wurde Ranković zur Unterwerfung gezwungen. Er übernahm die Verantwortung – obwohl er überzeugt war, hereingelegt worden zu sein – und trat in der Folgezeit von allen seinen Ämtern zurück. Er wurde später begnadigt – im Gegensatz zu dem Schicksal, das ihn unter Stalin erwartet hätte – und zog sich, Tito insgeheim Betrug vorwerfend, aus der Öffentlichkeit zurück.[45]

Die Sicherheitsdienste wurden von Rankovićs einstigen Unterstützern gesäubert und – abgesehen von der bedeutenden Gegenspionage – dezentralisiert. Die Kontrolle über die Sicherheitsdienste ging an die Bundesstaaten über; subversives Verhalten wurde allerdings weiterhin an Belgrad gemeldet. Welche Gefahr für Tito auch von den Sicherheitsdiensten ausgegangen war – und sie war eher eingebildet als real –, sie war ausgemerzt und ihre totale Loyalität wiederhergestellt. Die Partei blieb, trotz Vorschlägen, sie weniger zentralistisch zu organisieren, im Wesentlichen ein Vehikel für Titos Macht. Hauptbastion seiner Macht waren jedoch weiterhin die Streitkräfte. Und er hatte den militärischen Dienst für Gegenaufklärung (Kontraobaveštajna služba, KOS) weiterhin fest im Griff.[46] Der Verteidigungsminister, General Ivan Gošnjak, ein früherer Partisanenkommandeur, der eine enge Arbeitsbeziehung zu Tito unterhielt, hatte sich stets als loyaler Mitstreiter gezeigt. Doch ihr Verhältnis trübte sich aufgrund von Forderungen nach Veränderungen nach der Ranković-Affäre, und Tito ersetzte ihn durch General Nikola Ljbučić, einen weiteren früheren Partisanenkommandeur und ehernen Getreuen.[47]

In den 1960er Jahren war Jugoslawien dank Titos internationalem Ansehen und der inneren Reformen, die unter ihm stattgefunden hatten, in den Augen der Welt das bei Weitem beliebteste kommunistische Land Europas. Es schien eine attraktivere Form des Kommunismus aufzubauen als die Länder des Sowjetblocks. Sein Wirtschaftswachstum erregte im Westen Bewunderung, und die Investitionen flossen reichlich. Zudem füllte der Massentourismus die Staatskasse. Die teilweise Liberalisierung der Kultur wirkte auf ausländische Besucher anziehend. Titos Ansehen im In- und Ausland befand sich auf dem Gipfel. Doch nicht alles war, wie es zu sein schien. Risse entstanden, die sich im folgenden Jahrzehnt erheblich vertiefen sollten. Das Wirtschaftswachstum verlangsamte sich, Arbeitslosigkeit und Inflation nahmen bedrohlich zu, das Handelsbilanzdefizit wuchs, und die Abhängigkeit von Auslandskrediten war eine Wette auf künftige Prosperität.[48] Bescheidene Liberalisierungsschritte stärkten die Wirtschaft nicht, sondern setzten sie in größerem Maß den internationalen Marktkräften aus. Tito, so mächtig er war, konnte nichts tun, um die strukturellen Probleme zu bewältigen, geschweige denn die Entwicklung umzukehren. In den 1970er Jahren sollten sie sich weiter vergrößern und damit auch die Schwierigkeit, die separatistischen nationalen Bestrebungen im Zaum zu halten. Tito war nach wie vor das Symbol der Einheit. Seine Autorität bildete den Zement für das Fundament des multinationalen sozialistischen Staats, den er aufgebaut hatte. Er hielt das Land zusammen. Aber Jugoslawien war in vieler Hinsicht, und zwar schon seit den Anfängen nach dem Ersten Weltkrieg, ein Konstrukt voller Mängel. 1972 wurde Tito achtzig Jahre alt. Wie lange würde die Einheit nach seinem Tod halten?

Staatsmann zwischen den Blöcken

Nur Tito hatte Jugoslawien – ein ökonomisch schwaches, mittelgroßes Land mit einer stolzen Kriegsvergangenheit, aber geringer militärischer Stärke – zu einem Schlüsselfaktor auf der Weltbühne machen können. Er wurde von beiden Supermächten umworben und war durch manchmal verschlagene Diplomatie in der Lage, sie gegeneinander auszuspielen, indem er Jugoslawiens strategische Bedeutung nutzte. Während er geschickt zwischen ihnen manövrierte, machte er Jugoslawien zum Anführer einer amorphen, über den Globus verstreuten Gruppe von Ländern, die sich zu der locker organisierten Bewegung der blockfreien Staaten zusammenschlossen, die sich zwischen den großen Machtblöcken positionierte und sich weder an die Vereinigten Staaten noch an die Sowjetunion band. Insbesondere seit Mitte der 1950er Jahre machte sich Tito zu einem der Hauptakteure auf der Weltbühne. Aus der anfänglichen Isolation nach dem Bruch mit der Sowjetunion brachte er allein Jugoslawien auf die politische Weltkarte zurück. Der Umfang seiner diplomatischen Aktivitäten war gewaltig: Zwischen 1944 und 1980 reiste er zu 169 Staatsbesuchen in 92 Länder, während er im eigenen Land 175 Staatsoberhäupter, 100 Regierungschefs und Hunderte anderer bedeutender politischer Figuren empfing.[49]

Grundlage dieses internationalen Einflusses war der Bruch mit Stalin. Während Stalin im Kreml vor Wut schäumte und Drohungen ausstieß, richtete sich die Aufmerksamkeit Washingtons auf Tito und Jugoslawien, das als wichtiger Keil im Sowjetblock betrachtet wurde. Strategisch war Jugoslawien das Portal zum Balkan. Wäre das Land als Satellitenstaat unter sowjetischer Ägide geblieben, hätte Moskau seinen Einfluss wahrscheinlich auf ganz Südeuropa ausdehnen können. Wie die Dinge lagen, stellte es jedoch eine offene Tür da, durch die der Westen in die kommunistisch beherrschte Hälfte Europas eindringen konnte. Durch diese Tür kam – überwiegend amerikanische – Finanzhilfe, die die boomende jugoslawische Wirtschaft weiter ankurbelte; zwischen 1950 und 1953 flossen immerhin 553,8 Millionen Dollar ins Land. Als der Koreakrieg die Furcht vor sowjetischen Expansionsgelüsten verstärkte, gingen amerikanische Mittel, in der Hoffnung, Jugoslawien in die westlichen Verteidigungspläne einbeziehen zu können, auch in die Rüstung.[50] In späteren Jahren, als die jugoslawische Wirtschaft unter wachsenden Druck geriet, sorgten amerikanische Gelder dafür, dass das Land liquide blieb, allerdings zum Preis wachsender Abhängigkeit von westlicher Hilfe und steigender Auslandsverschuldung.

Insbesondere in den Vereinigten Staaten und Großbritannien – das nach dem Zweiten Weltkrieg immer noch eine zu beachtende internationale Macht mit Stützpunkten rund ums Mittelmeer war – galt Tito nicht nur als bemerkenswerter ehemaliger Partisanenführer, sondern auch als außerordentlicher Staatsmann, der als Einziger die Nerven, den Willen und die Entschlossenheit besessen hatte, sich Stalin und der Macht der Sowjetunion zu widersetzen. Dies verlieh ihm einen großen Vorteil im Umgang mit dem Westen. Er nutzte ihn geschickt, während er gleichzeitig sicherstellte, dass Jugoslawien seinen Nutzen aus den erheblich verbesserten Beziehungen zur Sowjetunion zog – Chruschtschow hatte nach Stalins Tod die Initiative ergriffen, um den

Bruch zu kitten –, ohne sich ihr in die Arme zu werfen. Er handelte sowohl mit Washington als auch mit Moskau Finanzhilfen und technische Zusammenarbeit aus.[51]

Die Beziehungen sowohl zum Osten als auch zum Westen waren häufig angespannt. Das Verhältnis zu Moskau brach beispielsweise nach der Niederschlagung des ungarischen Aufstands von 1956 für mehrere Monate ein. Tito akzeptierte zwar die Notwendigkeit der Intervention, kritisierte aber die Fortführung des Stalinismus in der Sowjetunion und ihren Satellitenstaaten als Ursache des Aufruhrs.[52] Im Westen wiederum kam es nicht gut an, dass er sich im israelisch-arabischen Konflikt in den Kriegen von 1967 und 1973 auf die Seite der Araber stellte. Westdeutschland brach 1957 seine diplomatischen Beziehungen zu Jugoslawien eine Zeitlang ab, nachdem Belgrad die DDR anerkannt hatte. De Gaulle war verärgert über jugoslawische Waffenlieferungen an die algerische FLN. Die Sowjetunion wiederum war empört über Titos Verurteilung des Einmarschs in die Tschechoslowakei im August 1968. In jedem dieser Fälle bewirkten jedoch die Interessen beider Seiten, die geopolitischen von Moskau und Washington und die ökonomischen Belgrads, dass die beschädigten Beziehungen wieder geflickt wurden.

Angesichts der sowjetischen Verärgerung nach 1968 wandte sich Tito demonstrativ den Vereinigten Staaten zu. Im Oktober 1970 hieß er Präsident Richard Nixon in Jugoslawien willkommen, und im folgenden Jahr wurde Tito während eines Staatsbesuchs in Washington gefeiert. Er kehrte mit Kreditzusagen in Höhe von knapp einer Milliarde Dollar nach Hause zurück. Kurz vor Titos Amerikareise hatte Leonid Breschnew seinen Stolz geschluckt und war im Oktober 1971, trotz immer noch vorhandenen Grolls, nach Belgrad gereist. Die Atmosphäre der Gespräche mit Tito war frostig. Aber als Breschnew abreiste, hatte Tito Kreditzusagen in Höhe von 540 Millionen Dollar in der Tasche.[53]

Dass Jugoslawien der nach dem Bruch mit der Sowjetunion eingetretenen diplomatischen Isolation entkam und ein unverhältnismäßig großes Gewicht auf der Weltbühne gewann, war dem Bemühen zu verdanken, enge Beziehungen zu Ländern aufzubauen, die sich an keine der beiden Supermächte gebunden hatten. Diese Politik war nicht Titos eigene Initiative. Sie entstand als indirektes Produkt des guten persönlichen Verhältnisses zwischen dem indischen und dem jugoslawischen Delegierten im UN-Sicherheitsrat. Die beiden Länder nahmen diplomatische Beziehungen zueinander auf, und der jugoslawische Botschafter, Josip Djerda, schloss sich rasch der Überzeugung des indischen Ministerpräsidenten Jawaharlal Nehru an, dass eine »dritte Kraft« zwischen den Supermachtblöcken Potential hatte. Er sprach 1951 mit Kardelj darüber, der damals noch Außenminister war, und dieser brachte einem anfangs wenig begeisterten Tito die Idee nahe. Nach einigem guten Zureden erwärmte er sich jedoch für sie, bis er sie sich schließlich ganz aneignete.[54] Die erste Frucht war die Einladung zu einem Besuch in Indien, die Tito gern annahm. Im November 1954 reiste er als erster europäischer Staatschef zu einem offiziellen Staatsbesuch auf den Subkontinent.

Dies war nur der Anfang, denn Tito nahm nun eine rege Reisetätigkeit auf, häufig an Bord seiner luxuriösen Staatsyacht, der *Galeb* (Seemöwe). Er besuchte als erster kommunistischer Führer Subsahara-Afrika und Lateinamerika und weitete seine Beziehungen nach Asien aus. Diese persönliche Diplomatie war wichtig, denn durch sie knüpfte er gute Beziehungen insbesondere zu den Führern der neu unabhängig gewordenen Länder, die durch ihre Rolle in antikolonialen Bewegungen an die Macht gelangt waren. Zu den Bedeutendsten zählten, neben Nehru, Sukarno in Indonesien, Gamal Abdel Nasser in Ägypten, Kwame Nkrumah in Ghana, Julius Nyerere in Tansania und Kaiser Haile Selassi in Äthiopien. Manche von ihnen waren höchst abstoßende Figuren wie der ugandische Präsident Idi Amin und der Diktator der Zentralafrikanischen Republik, Jean-Bedél Bokassa. Vereint wurden die disparaten politischen Systeme durch die Doktrin der »friedlichen Koexistenz« und das Ziel, eine »dritte Kraft« zu schaffen, die Einfluss auf die Weltpolitik nehmen und der

Vorherrschaft der Supermachtblöcke entgegentreten sollte.[55] Als im September 1961 die Spannungen zwischen den Supermächten zunahmen, verkündete Tito diese Prinzipien auf einer Konferenz von 25 Ländern, die er nach Belgrad eingeladen hatte. Gleichzeitig verurteilte er sowohl die NATO als auch den Warschauer Pakt.[56] Es war der Höhepunkt seiner Führung der sogenannten Bewegung der blockfreien Staaten.

Doch trotz aller Rhetorik war die Wirkung der disparaten Ländergruppe der Blockfreien begrenzt. Sie hatte keinen wesentlichen Einfluss auf die Beziehungen zwischen den Supermächten und tat wenig bis nichts, um die Spannungen des Kalten Kriegs zu verringern. Aber für Jugoslawien zahlte sich die Politik der Blockfreiheit aus. Sie steigerte nicht nur das internationale Ansehen des Landes, sondern öffnete ihm auch Exportmärkte, die der Belgrader Staatskasse jährlich rund 1,5 Milliarden Dollar einbrachten. In der Innenpolitik trug sie dazu bei, die tief verwurzelte Spaltung zwischen Slowenien und Kroatien, die sich nach Westen orientierten, einerseits und dem traditionell Russland zuneigenden Serbien andererseits zu übertünchen. Zudem war sie wegen der Verbindungen zur islamischen Kultur auch für die bosnischen Muslime attraktiv.[57] Nicht zuletzt strahlte Titos weltweite Berühmtheit auf sein Image im Innern zurück. Sein Ansehen war gewaltig und seine Stellung unantastbar.

Schwindende Macht

Noch im Alter war Tito eine beeindruckende Erscheinung und dachte gar nicht daran, von der Macht abzulassen. Er legte eine bemerkenswerte Tatkraft an den Tag und erfüllte seine repräsentativen Pflichten im Ausland – die nebenbei Gelegenheiten für ausgedehnte luxuriöse Urlaube in der Sonne waren. In den 1970er Jahren reiste er, die europäischen Länder nicht mitgezählt, nach Indien, Syrien und Lateinamerika und nahm 1975 an der weltweit bedeutenden Konferenz für

Sicherheit und Zusammenarbeit in Europa in Helsinki teil. Sein Gesundheitszustand verschlechterte sich jedoch; diejenigen, die ihm nahe waren, bemerkten die Zeichen des Alters.[58] Die Jahrzehnte, in denen er als wesentliche Integrationskraft in Jugoslawien an der Macht war, neigten sich augenscheinlich dem Ende zu.

Das Gebälk des von ihm aufgebauten und aufrechterhaltenen Systems hatte bereits lange vor seinem Tod zu knarren begonnen. Trotz all seiner persönlichen Macht war er nicht in der Lage, die Verschärfung der inhärenten strukturellen Probleme der jugoslawischen Wirtschaft – zunehmende Staatsschulden, Inflation und Arbeitslosigkeit bei sinkender Produktivität – aufzuhalten, ganz zu schweigen davon, dass er sie lösen konnte. Zusätzlich verschärft wurden sie 1973 von der ersten Ölkrise und den folgenden ruinös hohen Kosten, mit denen alle auf Erdölimporte angewiesenen Länder zu kämpfen hatten. In der zweiten Hälfte der 1970er Jahre stieg die Verschuldung auf nahezu das Fünffache, während die Zinsbelastung sich verdreifachte. Es war weniger Geld vorhanden, um Konsumgüter zu importieren, was zwangsläufig zu einem Preisanstieg führte.[59] Auch die ökonomische Ungleichheit nahm zu, wodurch sich die nationalen Spannungen und Spaltungstendenzen verstärkten. Kroatien und Slowenien wehrten sich dagegen, dass »ihr« Geld an ärmere Teile des Landes verteilt wurde. Serbien und die wirtschaftlich schwächeren Bundesstaaten fühlten sich gegenüber den reicheren Landesteilen zurückgesetzt, die in ihren Augen unverhältnismäßig große Vorteile genossen. Der wirtschaftliche und soziale Unmut führte dazu, dass kulturelle Unterschiede und nationale Identitäten auf schrillere und zersetzende Weise betont wurden. Andererseits bröckelte die jugoslawische Staatsidentität.

Auch Jugoslawien war nicht immun gegen den Liberalisierungsdruck, von dem Europa in den späten 1960er Jahren erfasst wurde. Als 1968 Studentenunruhen ausbrachen, nahm Tito ihnen den Wind aus den Segeln, indem er Zugeständnisse versprach – die nie erfüllt wurden. Hinzu kam die Furcht vor einer sowjetischen Intervention, die durch den Einmarsch in die Tschechoslowakei erheblich verstärkt wurde. So konnte der Aufruhr beschwichtigt werden.[60] Beunruhigender war es, als Studenten in Zagreb 1971 die Unabhängigkeit Kroatiens forderten. Tito griff mit harter Hand durch. Er zwang die kroatische Parteiführung zum Rücktritt.[61] Fast 200 Personen wurden verhaftet, Hunderte anderer wurden aus der kroatischen Partei ausgeschlossen, und auch in den anderen Bundesstaaten, in denen nationalistische Regungen zu spüren waren, fanden umfangreiche Säuberungen statt. 1972 wurden über 5000 Liberale in der Wirtschaft und den Medien Serbiens zum Rücktritt gezwungen. 1973 wurde die Pressefreiheit erheblich eingeschränkt. Einige Spielfilme und Zeitschriften wurden verboten und eine Reihe von Professoren der Belgrader Universität entlassen. In der Mitte des Jahrzehnts saßen etwa 5000 politische Gefangene in jugoslawischen Gefängnissen.[62]

Aber es gab nicht nur die Peitsche der Repression, sondern auch ein Zuckerbrot, nämlich das Versprechen, den Bundesstaaten mehr Machtbefugnisse zu übertragen. Damit sollten offenbar die Spannungen verringert werden, die die Einheit Jugoslawiens – und das Überleben des Regimes – zu gefährden begannen. Der Entwurf einer neuen Verfassung – sie trat 1974 in Kraft – war Kardeljs Aufgabe. Er gefiel Tito nicht, und er bestand darauf, Klauseln einzufügen, die den Vorrang von Partei und Streitkräften garantierten. Außerdem verlangte er eine Bekräftigung seiner Stellung als Präsident auf Lebenszeit, wie sie bereits in der revidierten Verfassung von 1962 enthalten war.[63] In der Praxis konnte die sperrige neue Verfassung weder die separatistischen Tendenzen auflösen noch die zunehmende Zerrissenheit des Landes verhindern. Die Einheit Jugoslawiens wurde immer fragiler. Nur Streitkräfte und Geheimpolizei blieben unter gesamtstaatlicher Kontrolle, aber beide waren wie bisher durch und durch loyale Institutionen und zusammen mit der Partei die Grundpfeiler von Titos Macht. Er wusste, dass er sich immer auf die Streitkräfte würde verlassen können. Er hielt weiterhin die Hebel der Macht in Händen. Und wie viele andere Machthaber – nicht nur Diktatoren – war er nicht bereit, sie abzugeben. Aber er machte sich Sorgen darüber, was aus dem Land werden würde, wenn er nicht mehr da war.[64] Er war sich zunehmend darüber im Klaren, dass er das einzige Bollwerk gegen die Aufspaltung Jugoslawiens war.

Obwohl sich in den 1970er Jahren die Probleme häuften, blieb Titos Autokratie bis zu seinem Tod am 4. Mai 1980 im Alter von 87 Jahren intakt. Er war der letzte überlebende europäische Diktator gewesen, der in der schrecklichen Zeit der 1930er und 1940er Jahre an die Macht gekommen war. In seinen letzten Jahren hatte sich die Diabetes, unter der er seit Langem litt, so weit verschlimmert, dass ihm ein Bein abgenommen werden musste, und gegen Ende hatte sich sein Zustand drastisch verschlechtert. Die Nachricht von seinem Tod löste eine enorme Welle nationaler Trauer aus. Sein internationales Ansehen spiegelte sich darin wider, dass ausländische Würdenträger aus 128 Ländern an seiner Beisetzung teilnahmen.[65]

Hinterlassenschaft

Selten ist ein Staatsmann derart lange an der Macht gewesen und nach seinem Tod weltweit derart geehrt worden, und dennoch ist sein Lebenswerk binnen einem Jahrzehnt zerfallen. Deshalb kann man kaum von einer dauerhaften Hinterlassenschaft Titos sprechen. Allerdings hat der Zusammenbruch Jugoslawiens in dem furchtbaren ethnischen Konflikt der 1990er Jahre noch deutlicher vor Augen geführt, welch monumentale Leistung Tito vollbracht hatte, indem er ein politisches System aufbaute, das so lange die ihm innewohnenden zentrifugalen Kräfte zurückhalten konnte. Rund 35 Jahre lang war er die integrative Kraft, die Völker mit unterschiedlichen ethnischen, sprachlichen und religiösen Wurzeln und unterschiedlichem ökonomischem Entwicklungsstand zusammenhielt. Gleichzeitig belegt das Tempo, mit dem es auseinanderfiel, die strukturellen Mängel seines Konstrukts, das zwangsläufig die – bereits in den 1970er Jahren sichtbaren – Spannungen und Spaltungen hervorbrachte, die es letztlich zerreißen sollten.

Ohne Tito ließ sich der komplexe Balanceakt der Verfassung von 1974 nicht durchhalten. Am Ende waren die Streitkräfte die einzige Institution, die den einheitlichen Bundesstaat erhalten wollte. Zudem führte Gorbatschows Politik Ende der 1980er Jahre zu einer dramatischen Veränderung der internationalen Machtverteilung, was indirekt zur Folge hatte, dass die Sorge über eine mögliche Aufspaltung Jugoslawiens nachließ.[66] Tito hat Geschichte gemacht. Aber auch er besaß nicht die Macht, unpersönliche Tendenzen – die wachsenden und letztlich unbezähmbaren Kräfte von Nationalismus und Separatismus – daran zu hindern, das von ihm aufgebaute Jugoslawien zunächst zu unterminieren und dann zu zerstören. Seine persönliche Wirkung auf den Lauf der Geschichte war daher bedeutend, aber vorübergehend.

Sein Handeln wirkte sich nicht nur auf Jugoslawien aus. Dass er sich Stalin widersetzte, hatte bedeutende europäische und sogar weltweite Folgen. Auch sein Engagement für die Entwicklungsländer war von globaler Bedeutung. Fast vier Jahrzehnte lang traf Tito zweifellos alle wichtigen Entscheidungen, die das Schicksal seines Landes bestimmten, selbst. Er spielte eine einzigartige persönliche Rolle. Niemand sonst hätte es ihm gleichtun können. Er war für den Aufbau und die Aufrechterhaltung des sozialistischen Staats im Nachkriegsjugoslawien ebenso unverzichtbar wie vorher für den Sieg der Partisanen.[67] Seine Persönlichkeit und seine Leistungen brachten ihm die Loyalität und die einheitliche Unterstützung einer potentiell gespaltenen Führungsmannschaft ein. Er war im Sinne Max Webers ein »charismatischer Herrscher«, der von einer »charismatischen Gemeinschaft« unterstützt wurde. Dies war der Kern, um den herum die unermüdlich arbeitende staatliche Propagandamaschine den Tito-Kult fabrizierte, und die Grundlage seiner populären Legitimität und der Unangreifbarkeit seiner Position.

Titos »charismatische« Autorität blieb bis zu seinem Tod bestehen. Danach begann sie jedoch bald zu bröckeln. Seine Herrschaftszeit wurde kritisch unter die Lupe genommen und in einem anderen Licht betrachtet. Sein Privatleben, sein Hang zum Luxus, seine Eitelkeit und Machtgier standen in krassem Gegensatz zu den sozialistischen Idealen, die er predigte. Dies schadete in zunehmendem Maß sowohl dem Sozialismus als politischem System als auch der nationalen Einheit des Vielvölkerstaats Jugoslawien. Selbst Titos Kriegsleistungen wurden in Frage gestellt, als man ein komplexeres Bild des Kampfs gegen den Faschismus zu zeichnen begann, das die Tschetniks teilweise rehabilitierte und das Ausmaß der von den Partisanen begangenen Gräuel enthüllte.[68] Die Verwandlung Titos von einem nationalen Idol in eine politisch und historisch umstrittene Figur war ein Anzeichen der beginnenden tragischen Auflösung Jugoslawiens. Wenig mehr als ein Jahrzehnt nach seinem Tod wurden in Kroatien nach ihm benannte Straßen und Plätze umbenannt und Denkmäler für die Partisanen abgerissen. Im postkommunistischen, ethnisch gespaltenen früheren Jugoslawien ließen die zersplitterten kulturellen Identitäten keinen Raum für die Verehrung eines kommunistischen Diktators, der kraft seiner Persönlichkeit und mittels rücksichtsloser Repression die Einheit des sozialistischen Staats erhalten und nationalistische Feinde, die ihn zu zerstören drohten, abgeschreckt hatte. Er hatte es versäumt, einen Nachfolger aufzubauen. Und tatsächlich folgte kein Führer auf ihn, der fähig gewesen wäre, die Integrität des multinationalen Jugoslawiens aufrechtzuerhalten. Stattdessen schwangen sich »starke Männer«, die sich binnen wenigen Jahren eine Machtbasis aufgebaut hatten, zu Führern auf, die Öl ins Feuer der ethnischen Zerrissenheit gossen: Slobodan Milošević in Serbien, Franjo Tuđman in Kroatien, Alija Izetbegović in Bosnien-Herzegowina und Radovan Karadžić bei den bosnischen Serben.

Die Regierungen, die in den ehemaligen Bundesstaaten die Macht übernahmen, taten alles, um Tito zu diskreditieren und sich von der mit seinem Namen verbundenen Ära abzuwenden. Tito symbolisierte eine Vergangenheit, die sie auslöschen wollten. In den vier Jahrzehnten seit seinem Tod ist er zu einer Figur in einer heiß umstrittenen

Geschichte geworden. Nur ältere Bürger in Jugoslawiens Nachfolgestaaten erinnern sich an ihn noch als Staatsführer. Sie dürften sich auch noch an die unauflöslich miteinander verknüpften positiven und negativen Züge seiner langen Herrschaft erinnern.

Inzwischen ist Tito in eine ferne Vergangenheit entrückt. Für die meisten Menschen, die heute im ehemaligen Jugoslawien leben, reicht die politische Geschichte lediglich bis zur Gründung der gegenwärtigen Nationalstaaten zurück. Tito hat für sie keine reale Bedeutung mehr. Was bleibt, ist ein mythisches Bild von Tito als Symbol verlorener Einheit. Nur eine Minderheit hängt nostalgischen Gefühlen nach.[69] Mehr ist nicht geblieben von einem politischen Riesen, der Geschichte gemacht hat, aber dessen Hinterlassenschaft sich als vergänglich erwiesen hat.

MOVES FO
IS GREAT A

RWARD
AIN

Thatcher am Vorabend der allgemeinen Wahl von 1987 neben (von links nach rechts) Nigel Lawson (Schatzkanzler), Norman Tebbit (Vorsitzender der Konservativen Partei) und Paul Channon (Industrie- und Handelsminister). Ihr grundlegendes politisches Ziel war es, Großbritannien wieder »groß« zu machen. *Keystone / Hulton Archive*

ZEHN
MARGARET THATCHER
Nationale Erneuerin

Margaret Thatcher ist die einzige Frau in dieser Auswahl von Fallstudien über politische Führerschaft. Dies spiegelt die Tatsache wider, dass die Politik im 20. Jahrhundert überwiegend eine Domäne von Männern war. Es bezeugt aber auch die Stellung, die sie in den 1980er Jahren in Großbritannien, Europa und der Welt einnahm. In welchem Ausmaß hat Thatcher die Transformation Großbritanniens, die in den zwölf Jahren ihrer Regierung zweifellos stattfand, persönlich gestaltet? Hat sie lediglich einen Wandel gesteuert, der sowieso gekommen wäre? Oder hat sie trotz mächtigen Widerstands mit Erfolg »gegen den Strich« gehandelt? Wie ist ihre Rolle beim Umbau der britischen Wirtschaft, beim Sieg im Falklandkrieg und bei der Beendigung des Bergarbeiterstreiks zu bewerten? Und wie bedeutsam war ihre Wirkung auf das 20. Jahrhundert über die britischen Küsten hinaus?

Persönlichkeit und politischer Aufstieg

Thatcher musste sich in einem sozial elitären, männlich dominierten politischen Milieu behaupten, das snobistisch auf ihre provinzielle Herkunft aus der unteren Mittelschicht und ihr Geschlecht herabschaute. Dies dürfte zur Herausbildung ihrer stählernen Härte und sogar Aggressivität beigetragen haben. Es verstärkte ihr Gefühl, sich ständig selbst beweisen und zeigen zu müssen, dass sie fähiger, fleißiger und entschlossener war und die Zügel fester in der Hand hielt als jeder andere. Härte, Kampfgeist, Schroffheit werden für gewöhnlich nicht als weibliche Eigenschaften angesehen. Aber in einer machohaften politischen Umwelt musste sie – zumindest hatte sie das Gefühl, es tun zu müssen – von Männern geschätzte Eigenschaften an den Tag legen. Doch sie kombinierte ihre dominante Persönlichkeit mit einer offen weiblichen Seite, die sie zu ihrem Vorteil einsetzte. Sie konnte einen beachtlichen Charme verströmen, mit Gefühlen spielen und einen weichen, empfindsamen Aspekt ihres Charakters zeigen. Sogar sexy konnte sie erscheinen. Die angebliche Äußerung des französischen Präsidenten Mitterrand, sie habe »Caligulas Augen, aber Marilyn Monroes Mund«, ist nur ein, wenn auch etwas skurriler Hinweis auf ihre weibliche Anziehungskraft.[1] Sie war feminin, nicht feministisch. Ihre Haltung zum Geschlecht war traditionell. Sie betonte die Rolle der Frau als Hausfrau und Mutter. Mit den Forderungen der feministischen Bewegung hatte sie nichts am Hut. Nach ihrer Ansicht hatten Frauen jedes Recht, durch Leistung erfolgreich zu sein, verdienten aber keine Bevorzugung aufgrund ihres Geschlechts. Sich selbst sah sie als jemanden, der sich den Weg an die Spitze erkämpft hatte, weil sie die Beste für den Posten war, nicht weil sie eine Frau war.[2]

Sie war sich ihrer Ansichten ungewöhnlich sicher. Zusammen mit einem schnellen Verstand, Debattenhärte und der eisernen Weigerung, Kompromisse einzugehen, sorgte diese Gewissheit dafür, dass in politischen Diskussionen schwer gegen sie anzukommen war, ganz zu schweigen davon, die Oberhand zu gewinnen. Diese Haltung beruhte weitgehend auf ihren Instinkten und tief verwurzelten, in frühen Jahren geformten Werten. Sie war 1926 in der Marktstadt Grantham in Lincolnshire geboren. Ihr Vater, Alfred Roberts, war methodistischer Laienprediger, ein strenger, überwiegend autodidaktisch gebildeter Mann, der zu einer Säule seiner Gemeinde geworden war und Stadtrat und sogar Bürgermeister von Grantham wurde. Von ihrer Mutter, Beatrice Roberts, sprach Thatcher selten. »Seit ich 15 war, hatten wir uns nichts mehr zu sagen«, bekannte sie 1961.[3] Im Gegensatz dazu stellte sie später fest: »Ich verdanke fast alles meinem Vater« – obwohl sie ihn seit ihrem achtzehnten Lebensjahr nur noch selten sah.[4] Sie hatte seine im Grunde viktorianischen Werte aufgesogen: Ordnung, Sparsamkeit, Selbstvertrauen, harte Arbeit, Pflichtbewusstsein, Patriotismus. Diese Werte blieben ein wesentlicher Bestandteil ihres Charakters und änderten sich während des Chemie- und späteren Jurastudiums an der Universität Oxford nicht. Zusätzlich gefestigt wurden sie nach ihrer Heirat mit dem erfolgreichen, wohlhabenden Geschäftsmann Denis Thatcher, der ihr den Weg in konservative Kreise im Herzen Südostenglands ebnete. 1953 brachte sie die Zwillinge Carol und Mark zur Welt. Gesicherte finanzielle Verhältnisse erlaubten ihr, das Familienleben mit der Verfolgung einer politischen Karriere zu verbinden.

1959 wurde sie als Kandidatin der Konservativen Partei in Finchley, im Norden von London, ins Unterhaus gewählt. Bald darauf begann sie sich in der Partei einen Namen zu machen. In ihrem ersten Jahrzehnt im Parlament stieg sie zur Sprecherin der konservativen Unterhausfraktion in Verkehrsfragen auf. Nach dem konservativen Wahlsieg von 1970 trat sie als Bildungs- und Wissenschaftsministerin ins Kabinett ein. In manchen Kreisen wurde sie bereits als künftige erste Frau auf dem Posten des Premierministers gehandelt. Später behauptete sie, auf diese Gedanken nichts gegeben zu haben. Ihr höchster Ehrgeiz sei es gewesen, Schatzkanzler zu werden.[5] Selbst dieses Ziel war sehr hoch gesteckt.

Vorbedingungen der Macht

Mitte der 1970er Jahre hatten strukturelle Probleme der britischen Wirtschaft – wie die schlechten Arbeitsbeziehungen und eine niedrige Investitionsrate –, die von den Folgen der Ölkrise von 1973 noch verschärft wurden, eine teuflische Kombination von hoher Inflationsrate (von 27 Prozent im Jahr 1975) und hoher Arbeitslosigkeit (von über einer Million Menschen im selben Jahr) erzeugt. Die Staatsausgaben waren besorgniserregend hoch, und die seit der Ölkrise in die Höhe schnellenden Importpreise hatten zu einer Verdreifachung des Staatsdefizits geführt. 1976 musste die Labour-Regierung die Demütigung hinnehmen, den Internationalen Währungsfonds um einen umfangreichen Kredit bitten zu müssen, der eine Verringerung der öffentlichen Ausgaben nötig machte. Aber die mächtigen Gewerkschaften im öffentlichen Sektor weigerten sich verständlicherweise, Lohnerhöhungen zu akzeptieren, die deutlich unter der Inflationsrate lagen, da dies einen Einschnitt in den Lebensstandard ihrer Mitglieder bedeutet hätte. Die Industrieproduktion hatte unter ständigen Arbeitskämpfen zu leiden, die 1978/79 in dem berühmten »Winter of Discontent« (Winter der Unzufriedenheit) gipfelten, als der öffentliche Dienst durch Streiks an den Rand des Zusammenbruchs gebracht wurde. Zwischen 1974 – einem Jahr mit zwei allgemeinen Wahlen im Schatten der Vervierfachung des Ölpreises nach dem Jom-Kippur-Krieg – und 1979, als Thatcher Premierministerin wurde, war keine der beiden großen Parteien in der Lage, stabile Verhältnisse herzustellen und die scheinbar unlösbaren Wirtschaftsprobleme in den Griff zu bekommen.

Dem konservativen Parteichef Edward Heath, der seit 1970 Premierminister war, fiel es schwer, die Arbeitsunruhen beizulegen. Im Februar 1974, während eines verheerenden Bergarbeiterstreiks, in dessen Verlauf die Arbeitswoche allgemein auf drei Tage verkürzt wurde, verlor Heath eine Wahl, in der er sich mit der Frage »Wer regiert Britannien?« an die Wähler gewandt hatte. Im Oktober desselben Jahres verloren die Konservativen inmitten politischer und ökonomischer Turbulenzen eine weitere Wahl. Trotzdem wollte Heath den Parteivorsitz nicht abgeben. Auch als sein politisches Scheitern den Rücktritt geradezu erzwang, klammerte er sich weiter daran. Dies war das entscheidende Element, das Thatcher die Tür zum Spitzenposten in der Partei öffnete.

Niemand hatte Thatcher als Heaths Nachfolger auf der Rechnung gehabt. Nach der Wahlniederlage vom Februar hatte Heath, der jetzt Oppositionsführer war, sie zur umweltpolitischen Sprecherin in seinem Schattenkabinett ernannt, die für die Ausarbeitung einer neuen Wohnungsbaupolitik verantwortlich war.[6] Es war nicht gerade ein Posten, in dem man glänzen konnte. Aber sie legte radikale Vorschläge vor, einschließlich des Rechts von Mietern, ihre Sozialwohnungen zu kaufen. Ihr Plan umfasste auch Finanzfragen, wie insbesondere die unbeliebte kommunale Grundsteuer. Bemerkenswerterweise schlug sie vor, die Grundsteuer abzuschaffen und die Kommunalsteuern generell zu senken. Im zweiten Wahlkampf in jenem Jahr erwies sie sich als Hauptattraktion der Konservativen mit einem besonderen Talent für Fernsehauftritte.[7] Die Konservativen verloren die Wahl trotzdem. Aber Thatcher hatte sich ins Rampenlicht geschoben. Und Meinungsumfragen zeigten, dass die von ihr vorgeschlagene Politik ankam. Während Heath verzweifelt an seinem Posten festhielt, nutzte sie den ihr angebotenen neuen Posten der finanzpolitischen Sprecherin, um durch heftige Attacken auf die Wirtschaftspolitik der Labour-Regierung ihr Ansehen in der Partei zu steigern.

Anfang 1975 ließ sich die unvermeidliche Herausforderung des Parteivorsitzenden nicht mehr hinausschieben. Viele Konservative wollten einen Ruck nach rechts. Noch mehr wollten einfach, dass Heath ging. Aber die Kandidaten, die an seine Stelle treten wollten, fielen einer nach dem anderen aus. Keith Joseph, eine vergeistigte, etwas weltfremde Figur, die sich als Ideologe der Parteirechten hervortat, erwies sich rasch als ungeeignet, und Edward du Cann, der ultimative Hinterzimmertaktiker, stieg aus geschäftlichen Gründen aus dem Rennen aus. Viele der Parteigranden glaubten sich verpflichtet, sich hinter Heath zu stellen. Wäre er gleich nach der Februarwahl zurückgetreten, wäre die Parteiführung vermutlich an Willie Whitelaw gefallen, einen schottischen Grundbesitzer, der die paternalistischen Werte des »One Nation«-Konservatismus vertrat. Aber aufgrund seines starken Loyalitätsgefühls wollte er nicht gegen Heath antreten.

Thatcher hatte keine solchen Bedenken, und nachdem Joseph das Feld geräumt hatte, brachte sie sich als Kandidatin, die für einen radikalen Wandel eintrat, ins Gespräch. Mit Hilfe eines gut organisierten Wahlkampfs schlug sie Heath im ersten Wahlgang. Heath trat endlich zurück, woraufhin sich Whitelaw in der zweiten Runde gegen Thatcher zur Wahl stellte. Aber sie segelte vor dem Wind, und ihr Sieg war nicht aufzuhalten. Whitelaw hatte seine Chance vertan. Aber er hegte deswegen keinen Groll gegen Thatcher, passte seinen politischen Kurs der neuen Ordnung an und wurde zu einer zuverlässigen Stütze ihrer Macht. Die Außenseiterin hatte, wie angemerkt wurde, zur richtigen Zeit am richtigen Ort gestanden.[8]

Aber Thatcher war tatendurstig. Zwar war sie weder eine Theoretikerin noch eine kreative Vordenkerin, aber sie besaß eine rasche Auffassungsgabe und war bereit zu lernen. Mitte der 1970er Jahr war Keith Joseph ihr Guru. Er hatte sich damit abgefunden, dass es ihm an Führungseigenschaften fehlte, und wurde zum Haupttheoretiker einer radikalen Kursänderung in der Wirtschaftspolitik. Der frühere Minister in den Regierungen von Macmillan und Heath hatte sich in einer Kehrtwende von den Grundsätzen losgesagt, die auf der von John Maynard Keynes in den 1930er Jahren entwickelten Wirtschaftslehre beruhten. Keynes hatte sich als Mittel für die wirtschaftliche Erholung für die Steigerung der Nachfrage durch staatliches Eingreifen ausgesprochen, und diese Theorie hatte bis zum Sturz von Heath der Wirtschaftspolitik aller konservativen Regierungen der Nachkriegszeit zugrunde gelegen. Joseph hatte indes die von dem Chicagoer Wirtschaftsprofessor Milton Friedman in Umlauf gebrachten monetaristischen Ideen aufgegriffen. Friedmans zentrale These lautete, dass die Kontrolle der Inflation durch die Kontrolle der Geldmenge geschehe. Aus dieser Prämisse folge alles andere.

Weitere Schlüsselfiguren waren John Hoskyns, ein früherer Armeehauptmann und Unternehmer, der mit Computern ein Vermögen gemacht hatte, Alfred Sherman, einer der Gründer der konservativen Denkfabrik Centre for Policy Studies, der Joseph ebenfalls beeinflusst hatte, und Alan Walters, der Wirtschaftsprofessor an der London School of Economics und dann an der Johns Hopkins University war, bevor er zu Thatchers Wirtschaftsberater wurde. Es darf bezweifelt werden, dass Thatcher die monetaristische Theorie in allen Feinheiten verstand.[9] Damit stand sie nicht allein da. Aber sie konnte ihre Wirtschaftsphilosophie in gemeinverständliche Worte fassen, in die predigthaft vorgebrachte Auffassung, dass die Staatsausgaben auf die gleiche Weise begrenzt werden müssten, wie Hausfrauen das Familienbudget verwalten. In dieser wie in fast jeder anderen Hinsicht reichte ihre »Weltanschauung« zu den Werten ihrer Kindheit in Grantham zurück. Sie konnte auf einzigartige Weise nachvollziehen, »wie eine breite Schicht Mittelenglands fühlte, weil sie ebenso fühlte«.[10] Als sich die Krise in Großbritannien Ende der 1970er Jahre vertiefte, hatte sie sich philosophisch vollständig von der Politik ihrer Nachkriegsvorgänger gelöst und war mit einer Reihe leidenschaftlich verteidigter – wenn auch inkonsequent angewandter – Überzeugungen bewaffnet, die nach ihrer Ansicht die Antworten auf die strukturellen wirtschaftlichen und politischen Probleme enthielten, die für den weithin wahrgenommenen Niedergang Großbritanniens verantwortlich waren.

Die wachsende Unruhe im »Winter of Discontent« hatte zur Folge, dass die Labour-Regierung am 28. März 1979 in einer Vertrauensabstimmung – mit einer einzigen Stimme – unterlag. Das hieß, dass allgemeine Wahlen angesetzt werden mussten. Im vorangegangenen Oktober hatte Premierminister James Callaghan sich gegen das Risiko einer Wahl entschieden, die er – da sie vor der Winterkrise stattgefunden hätte – durchaus hätte gewinnen können. Hätte er sie abgehalten, wäre Thatcher möglicherweise nie an die Macht gekommen.[11] Aber wie die Dinge lagen, war die Konservative Partei vom Wahlkampf unter einer dynamischen Vorsitzenden elektrisiert, deren Ideen bei so vielen Mitgliedern an der Basis auf Zustimmung stießen. Labour befand sich in der Defensive, war bei einem großen Teil der Wähler unbeliebt und stand vor unüberwindlichen Problemen.[12] Bei der allgemeinen Wahl am 3. Mai 1979 erzielten die Konservativen einen überwältigenden Sieg, der ihnen im Unterhaus eine Mehrheit von 43 Sitzen einbrachte. Thatcher zog als Premierministerin in Downing Street Nr. 10 ein und versprach dem Land, das seit über einem Jahrzehnt durch politische und wirtschaftliche Turbulenzen erschüttert wurde und sich nach allgemeiner Ansicht im Niedergang befand, eine radikale Umwälzung.[13]

Die Kontrolle gewinnen

Die grundlegenden Prinzipien, die Thatchers Mission zugrunde lagen, waren: Begrenzung der Geldmenge, um die Wirtschaft zu lenken, Kürzung der Staatsausgaben, Schwächung der Gewerkschaften, Befreiung der Wirtschaft von durch »sozialistische« Regierungen eingeführten Zwängen, um die Marktkräfte stärker zum Zuge kommen zu lassen, und die Reduzierung des hohen Maßes an Abhängigkeit von Sozialleistungen. Am Anfang ihrer Regierungszeit war ihr gesamtes politisches und ökonomisches Programm auf das ehrgeizige Ziel ausgerichtet, den Niedergang Großbritanniens zu stoppen und seine Größe wiederherzustellen.

Ihre Auffassung, dass nur eine starke Führung, wie sie für die Durchsetzung radikaler politischer Veränderungen benötigt wurde, den steten Niedergang der einst großen Nation aufhalten und umkehren konnte, fand bei vielen Anklang. Der wirtschaftliche und politische Aufruhr der 1970er Jahre schien den nationalen Niedergang zur Genüge zu bestätigen. Man beklagte, wenn auch eher unbewusst als offen, den Verlust der Weltmachtstellung des Landes, der Zeit, als es »die Wellen beherrscht« und seine industrielle Vorreiterrolle es zur »Werkstatt der Welt« gemacht hatte. Außerdem grollte man, seit die besiegten Länder, Deutschland und Japan, Großbritannien in puncto Wohlstand überholt hatten, kaum verhüllt darüber, dass man »den Krieg gewonnen, aber den Frieden verloren« habe. Die Wahrnehmung des Niedergangs war weit verbreitet. Allerdings war sie, trotz aller Probleme der 1970er Jahre, eher eingebildet als real. Gewiss hatten andere Länder aufgeholt, aber dies war eine Folge der weltweiten Modernisierung. Großbritannien hatte seine Kolonien verloren, aber das Empire hatte die britischen Ressourcen schon seit Langem stärker belastet als vermehrt, von den moralischen Bedenken gegen die Kolonialherrschaft ganz zu schweigen. Großbritannien war trotz aller Schwierigkeiten seit dem Krieg wohlhabender, als es das Land in der imperialen Ära gewesen war, und seine Bevölkerung genoss zum größten Teil einen weit höheren Lebensstandard als damals. Darüber hinaus war sein weltweiter Einfluss für ein relativ kleines Land immer noch beeindruckend.[14] Doch vermeintliche Wahrnehmungen können die Realität überdecken. Und Thatcher verstand es, den verbreiteten Pessimismus in Bezug auf die britische Zukunft in ihre Bahnen zu lenken.

Sie präsentierte der Öffentlichkeit ein Image von Stärke und Unermüdlichkeit, von Geschick, Wendigkeit und Klarheit. Sie war jedoch, zumindest in den frühen Jahren, vorsichtiger als das Bild, das sich Partei und Öffentlichkeit von ihr machten. In der Praxis ordnete sie Prinzipien taktischen Erwägungen unter und passte ihre Politik den Realitäten an. Aber das, was ihre Ideologie ausmachte, blieb im Wesentlichen unverändert. Es wurde später zu dem einfachen und höchst einprägsamen Slogan verdichtet, dass es keine Alternative gebe: THERE IS NO ALTERNATIVE – oder abgekürzt: TINA.[15]

Anfangs musste Thatcher, trotz ihres Wahlsiegs von 1979 und ihrer großen Mehrheit im Unterhaus, vorsichtig vorgehen, um ihr Kabinett von der Notwendigkeit weithin unpopulärer und umstrittener Maßnahmen zu überzeugen. Praktisch das gesamte Kabinett – das, abgesehen von ihr selbst, rein männlich besetzt war – hatte schon unter Heath gedient. Es sah zwar ein, dass eine Veränderung nötig war, aber kaum eines der Mitglieder stimmte aus vollem Herzen dem radikalen Bruch mit der bisherigen konservativen Politik zu, wie Thatcher ihn im Auge hatte. Viele hatten Bedenken und sogar Befürchtungen hinsichtlich der Wahlaussichten der Konservativen Partei und möglicher sozialer Unruhen aufgrund der vorgesehenen drastischen Kürzungen der Staatsausgaben und der daraus folgenden steigenden Arbeitslosigkeit. Diese Bedenkenträger, überwiegend Verfechter einer traditionellen paternalistischen und weniger konfrontativen Spielart des Konservatismus, wurden bald als »Wets«, Waschlappen, verspottet, obwohl einige sehr erfahrene und hochgeachtete Parteigranden unter ihnen waren.

Thatcher hatte einige bemerkenswerte Vorteile auf ihrer Seite, die ihre immer unangreifbarer werdende Position untermauerten. Das britische Regierungssystem wird aufgrund der Machtfülle des Premierministers gelegentlich nicht ganz zu Unrecht als »Wahldiktatur« bezeichnet; es verleiht der Exekutive ein Übergewicht gegenüber der Legislative.[16] Außer durch eine Revolte hoher Regierungsmitglieder kann ein Premierminister, der über eine breite Mehrheit im Parlament verfügt, nicht gestürzt werden. Darüber hinaus ist die Macht der Patronage ein effektvolles Instrument. An Politikern, die für einen Anteil an der Macht und dessen Vergütung ihre Prinzipien zu opfern bereit sind, herrscht nie Mangel.

Nur eine entschlossene, einige Opposition innerhalb der Regierung kann einen Premierminister, der einen Kurswechsel verweigert, überstimmen. Thatchers Kabinett in den kritischen ersten Jahren war in seinem Widerspruch alles andere als entschlossen und einig. Manche »Wets« waren nasser als andere. Jedenfalls bildeten sie keine einheitliche Phalanx der Opposition zur Regierungspolitik; außerdem fehlte ihnen eine auch nur halbwegs klar formulierte Alternative. Andere Minister waren bereit, ihre Vorbehalte zu schlucken. Und schließlich gab es natürlich auch jene, die den Kurs der Premierministerin aus vollem Herzen unterstützten. Die »Wets« wurden einer nach dem anderen ersetzt, und das Kabinett wurde immer mehr zum Spiegelbild des Images der Premierministerin.

Angesichts der Zerrissenheit ihrer potentiellen Opponenten lag eine von Thatchers Stärken in ihrer ideologischen Klarheit und ihrer eisernen Entschlossenheit, ihre Politik gegen alle Einwände durchzusetzen. Ihre inneren Zweifel – und sie räumte bald nach ihrem Amtsantritt öffentlich ein, dass sie welche habe – schwächten weder ihren Durchhaltewillen, ganz gleich, wie groß die Hindernisse waren, noch ihre Überzeugung, im Recht zu sein. Wo andere zu schwanken begannen, blieb sie unbeugsam. Sie demonstrierte dies im Oktober 1980 unter enormem Beifall ihrer Getreuen auf einem Parteitag der Konservativen, als sie mit einer ihrer wenigen denkwürdigen rhetorischen Wendungen alle Forderungen nach einem Kurswechsel zurückwies. Wer kehrtmachen wolle, solle dies tun, erklärte sie. Sie werde es nicht tun: »The lady's not for turning.«[17]

Tatsächlich war sie jedoch vorsichtiger, anpassungsfähiger und pragmatischer, als ihr unflexibles öffentliches Image implizierte. Die Machtausübung in einer Demokratie erfordert zwangsläufig Zugeständnisse und Kompromisse. Gleichwohl gestand Thatcher weniger zu und ging weniger Kompromisse ein als jeder andere britische Premierminister der jüngeren Zeit. Opportunistische Anpassung stand bei all dem eher im Einklang mit ihrer ideologischen Entschlossenheit, als dass sie ihr widersprochen hätte.

Ihr Regierungsstil verschaffte ihr einen weiteren Vorteil. Statt nach einem Konsens zu streben – schon das Wort war ihr verhasst –, blühte sie im schroffen Streit und kämpferischen Disput auf. Aufgrund ihres Arbeitseifers – sie las bis spät in die Nacht Regierungspapiere, durchdrang Beratungsgegenstände bis ins Detail und beteiligte sich bis ins Kleinste an der Verwaltung – sowie eines ausgezeichneten Gedächtnisses und der gerichtlichen Verhörtechnik einer ausgebildeten Rechtsanwältin konnte sie ihre Anliegen gegen weniger gut vorbereitete oder nachgiebigere Kabinettskollegen durchsetzen. Manche hielten sich aufgrund traditioneller männlicher Oberschichthöflichkeit davon zurück, ihrem herrischen, einschüchternden Stil ähnlich aggressiv entgegenzutreten. »Sie schüchtern schwächere Kollegen ein«, hielt ihr John Hoskyns im August 1981 in einer vernichtenden Kritik ihres Führungsstils vor. »Sie können in Gegenwart anderer nichts erwidern, ohne gegenüber einer Frau und einer Premierministerin respektlos zu erscheinen.«[18]

Doch auf diese Weise konnte sie einen Grad an Kontrolle über die Regierung erlangen, der sie in die Lage versetzte, den von ihr gewünschten politischen Kurs durchzusetzen, wobei ihr, zumindest am Anfang, ein öffentlicher Dienst half, der die Klarheit der politischen Ausrichtung begrüßte. In ihrem Urteil und dessen öffentlicher Präsentation bestärkt wurde sie von zwei wichtigen Helfern, ihrem Privatsekretär (nominell für auswärtige Angelegenheiten) Charles Powell und ihrem Pressesprecher Bernard Ingham, über den sie eine wertvolle Verbindung zur Boulevardpresse hatte. Und auf dem zentralen Gebiet der Wirtschaftspolitik hatte Thatcher von Anfang an politisches Geschick bewiesen, indem sie die Schlüsselposten mit verlässlichen Personen besetzte, die ihren Grundsätzen folgen würden.[19] Der wichtigste von ihnen war Geoffrey Howe, den sie auf den Posten des Schatzkanzlers berief und damit zum zweitwichtigsten Kabinettsmitglied machte. Er erwies sich in den frühen 1980er Jahren als loyaler Manager der Wirtschaftspolitik der Premierministerin. Andere Thatcher-Getreue waren in Schlüsselpositionen im Finanzministerium und an die Spitze der Ministerien für Handel, Industrie und Energie berufen worden. Die Kraft ihrer Persönlichkeit, die Weigerung, vom eingeschlagenen Kurs grundsätzlich abzugehen – auch wenn gelegentlich temporäre Abweichungen und sogar raffinierte Kehrtwendungen nötig waren –, und nicht zuletzt die Unterstützung der Amtsträger in den entscheidenden, für die Wirtschaft zuständigen Ministerien verschafften ihr die nötige Grundlage, um den einmal eingeschlagenen Weg weiterzuverfolgen, ungeachtet aller Hindernisse.

Der Umbau der Wirtschaft

An den hochfliegenden Absichten für den Umbau der britischen Wirtschaft gemessen, war Thatchers erste Amtszeit in vielerlei Hinsicht ein Fehlschlag. Die tiefe Rezession von 1980/81 war zum Teil eine Folge – wie in anderen Ländern auch – der zweiten Ölkrise, die nach der iranischen Revolution von 1979 ausgebrochen war. Zum Teil war sie allerdings auch auf Thatchers Politik zurückzuführen: auf Einschnitte in die Staatsausgaben, gestiegene Zinssätze und – als indirekte Folge der Entdeckung des Nordseeöls – auf den Anstieg des Pfundkurses, aufgrund dessen Exportgüter nicht mehr konkurrenzfähig waren. Howes höchst unpopulärer Staatshaushalt von 1981, der die Finanzklemme verschärfte, vertiefte die wirtschaftliche Misere zusätzlich.[20] Aber bis 1983 hatte sich die Wirtschaft, unter anderem wegen der Einnahmen aus der Erdölförderung in der Nordsee, von der Rezession erholt.[21] Und das größte Problem, die Inflationskontrolle, hatte man in den Griff bekommen, wenn auch unter hohen Kosten. Zwischen Mai 1980 und Mai 1983 war die Inflationsrate von 22 auf 4 Prozent gesunken, was die Regierung natürlich laut hinausposaunte.

Ansonsten sah die Bilanz trostlos aus. Das Bruttoinlandsprodukt war geschrumpft, die Produktion der Fertigungsindustrie gesunken, die Arbeitslosenquote nahezu verdreifacht – für Monetaristen ein unvermeidliches Nebenprodukt der Inflationskontrolle –, die Steuerlast war nicht, wie von der Regierung angekündigt, geringer geworden, sondern gestiegen und die Geldmenge ironischerweise entgegen der monetaristischen Lehre gewachsen. Am bemerkenswertesten war jedoch, dass die Staatsausgaben 1983 auf einem höheren Niveau lagen als vier Jahre zuvor bei der Ablösung der damaligen Labour-Regierung.[22] Der *Economist*, der in der Regel auf Seiten der Regierung Thatcher stand, beurteilte die Bilanz ihrer ersten Amtszeit missgünstig: Sie habe »ihr Versprechen struktureller Radikalität« nicht gehalten, sei vor der Reform der Sozialleistungen zurückgeschreckt und habe, trotz aller Rhetorik, keine kühnen, strategisch ausgerichteten Entscheidungen getroffen.[23]

Aufgrund der Kosten der gestiegenen Arbeitslosigkeit konnten die Regierungsausgaben kaum, wie angekündigt, gesenkt werden. Erst in Thatchers letzten beiden Amtsjahren sanken sie, am Anteil am Bruttoinlandsprodukt gemessen, deutlich. Inflationsbereinigt stiegen die Staatsausgaben in der Ära Thatcher allerdings, wenn auch nur leicht.[24] Der Monetarismus hatte sich als unhandliches und nicht zufriedenstellendes Instrument für eine strenge Geldmengenkontrolle erwiesen.[25] Gleichwohl veränderten sich in den Thatcher-Jahren die Grundlagen für die Gestaltung der Wirtschaftspolitik tiefgreifend.

Der Staat sollte nicht mehr in die Leitung der Industrie eingreifen. Notleidende Unternehmen konnten nicht mehr mit staatlichen Hilfen rechnen – jedenfalls in der Theorie, denn deren Umsetzung in die Praxis nahm einige Zeit in Anspruch. In Thatchers ersten beiden Regierungsjahren stiegen die Hilfen für die bedrängte Auto- und Stahlindustrie sogar.[26] Die Macht der Gewerkschaften wurde durch Gesetze, die die Aufstellung von Streikposten begrenzten und politische Streiks verboten, eingeschränkt.[27] Die Inflationsbekämpfung galt als wichtiger als die Aufrechterhaltung der Vollbeschäftigung. Der monetaristischen Theorie zufolge – und die 1970er Jahre schienen sie zu bestätigen – bringt Inflation zwangsläufig die Forderung nach höheren Löhnen mit sich, welche die Gewerkschaften stärkt und den Staat schwächt und in einer endlosen Spirale Preissteigerungen nach sich zieht, die sowohl die Wirtschaftslenkung als auch die nationale Prosperität untergraben. Deshalb, so die Theorie, könne nur eine strenge Kontrolle der Geldmenge, um die Inflation zu verringern, die wirtschaftliche Erholung bewirken, selbst wenn dies kurz- und mittelfristig einen steilen Anstieg der Arbeitslosigkeit mit sich bringt. Die ideologischen Implikationen dieser Theorie gingen noch weiter. Der öffentliche Sektor der Wirtschaft wurde als monopolistisch, die Wahlfreiheit begrenzend, kostspielig und ineffizient verteufelt. Man begann, staatliche Unternehmen und öffentliche Versorgungseinrichtungen zu privatisieren – und sollte bald darüber hinausgehen. Durch die Ausgabe von Aktien und den Verkauf bisheriger Mietshäuser wurden viele Bürger zu kleinen Kapitaleignern.

Marktkräfte spielten bei der Gestaltung der Gesellschaft eine größere Rolle als zuvor, wobei sie – überwiegend durch neue Formen »marktorientierten« Managements – auf Gebiete vordrangen wie Sozialhilfe und Bildung (auch wenn sie nicht privatisiert wurden). Der »Big Bang« von 1986, als der Finanzmarkt dereguliert wurde, führte zur wachsenden Bedeutung Londons als einem Zentrum der globalen Bankenwelt. Dadurch floss neuer Reichtum in die britische Hauptstadt, der jedoch von einer starken Zunahme der Ungleichheit begleitet wurde. Die in der City of London konzentrierte Finanzwirtschaft verdrängte Industrie und verarbeitendes Gewerbe aus dem Fokus der britischen Wirtschaft, was den Niedergang der Industrieproduktion, der bei Thatchers Amtsantritt bereits im Gang war, weiter beschleunigte.[28] Die Depression der 1970er Jahre war vergessen. Doch der neue Reichtum konzentrierte sich in London und Südostengland.

In vielen Teilen Großbritanniens war der kalte Wind des postindustriellen Verfalls zu spüren. Kohlebergwerke, Stahlwerke und Werften befanden sich auf dem absteigenden Ast, und Zehntausende von Arbeitern standen vor einer ungewissen Zukunft; ganze Gemeinden fühlten sich von der Regierung alleingelassen. Die fühlbare, anhaltende Wut in solchen Gemeinden über ihre Behandlung durch die Regierung Thatcher stand in krassem Gegensatz zu der Verehrung, die der Premierministerin in wohlhabenderen, konservativ wählenden Teilen des Landes entgegenschlug. In Schottland und in gewissem Ausmaß auch in Wales verlor die Konservative Partei – die nicht mehr die patrizische »One Nation«-Partei der Vor-Thatcher-Ära war – in den Thatcher-Jahren an Terrain, das sie nie wieder zurückerobern sollte. Gleichzeitig verstärkte sich der Druck auf eine Dezentralisierung der Regierung, der erst ein Jahrzehnt nach Thatchers Abschied aus dem Amt Früchte tragen sollte.

Ein tiefgreifender Wandel der Wirtschaft hätte irgendwann auf jeden Fall stattgefunden, ganz gleich, wer Premierminister gewesen wäre. In den 1970er Jahren funktionierte die weltweite Nachkriegswirtschaft nicht mehr. Der Trend weg vom ökonomischen Rahmen der ersten Nachkriegsjahrzehnte hatte 1971 in den Vereinigten Staaten – dem Hauptvorbild Großbritanniens – mit der Aufgabe fester Wechselkurse eingesetzt. Die Ölschocks von 1973 und 1979 waren so tief, dass sie das Ende der keynesianischen Ökonomie nach sich zogen. Ähnliche Veränderungen wie in Großbritannien fanden in den 1980er Jahren fast überall in Westeuropa statt – infolge der Wirkung globaler ökonomischer Kräfte und nicht in Nachahmung von Thatchers Methoden. Deindustrialisierung und finanzielle Einschnitte waren nötig, um sich neuen ökonomischen Realitäten anzupassen. Aber anderswo in Europa wurden sie auf weniger traumatische Weise durchgeführt als in Großbritannien. Dass Westdeutschland in der Lage war, seine Großindustrie zu erhalten, deutet darauf hin, dass die umfangreiche Zerstörung der produzierenden Basis, wie sie Großbritannien erlebte, nicht der einzige mögliche Weg war.

Die Transformation in Großbritannien unterschied sich von der Entwicklung andernorts durch ihre Plötzlichkeit, Schnelligkeit und Härte. Dies war zum großen Teil eine Folge daraus, dass die britische Wirtschaft im internationalen Vergleich bis zu den 1970er Jahren so tief abgesunken war. Ein weiterer Grund waren die Bereitwilligkeit und der ideologische Eifer, mit denen die britische Regierung – im Gegensatz zu den Regierungen anderer ökonomisch bedeutsamer westeuropäischer Länder – das amerikanische Modell des Monetarismus übernahm und selbst dessen Anwendung in den Vereinigten Staaten übertraf. Thatchers persönlicher Beitrag dazu bestand darin, dass sie der Regierung klar die Richtung vorgab und – abgesehen von notwendigen pragmatischen und taktischen Anpassungen – an dieser Linie festhielt, ungeachtet selbst schwerwiegender Einwände und trotz der in der Anfangszeit damit verbundenen Kosten, was politischen Dissens und soziale Unruhe betraf.

Der Falklandkrieg

Ende 1981 war weniger als ein Viertel der britischen Wähler der Meinung, dass Thatcher als Premierministerin gute Arbeit leistete.[29] Doch dann änderte ein schicksalhafter Zufall ihre politischen Aussichten grundlegend. Die argentinische Besetzung der Falklandinseln hätte schlecht für sie ausgehen können. Aber sie machte den Falklandkrieg durch ihr eigenes Handeln zu einem großen Triumph. Es war der Wendepunkt ihrer Amtszeit als Premierministerin.[30]

Die weitab im Südatlantik gelegenen Falklandinseln waren seit anderthalb Jahrhunderten im Besitz Großbritanniens. Ihre Bevölkerung bestand aus nicht einmal 2000 Menschen zumeist britischer Herkunft. Dennoch erhob Argentinien, das inzwischen von einer Militärjunta unter General Leopoldo Galtieri beherrscht wurde, weiterhin Anspruch auf die Inseln. Der Invasion am 2. April 1982 folgte am nächsten Tag die Annexion von Südgeorgien, der Hauptinsel der ebenfalls im Südatlantik gelegenen gleichnamigen Inselgruppe, wo am 19. März unrechtmäßig die argentinische Flagge aufgezogen worden war. In London reagierte man mit Empörung und empfand das argentinische Vorgehen als nationale Demütigung. Es hatte allerdings warnende Vorzeichen gegeben, man hätte durchaus auf die Aggression vorbereitet sein können. Tatsache war, dass die Regierung Thatcher nicht auf der Hut war.

Bald nach Thatchers Amtsantritt hatte die britische Regierung einen Plan ausgearbeitet, der vorsah, Argentinien die Hoheit über die Inseln zu übertragen und sie gleichzeitig langfristig zu pachten. Für das Außenministerium waren sie – als winziges, wenn auch problematisches Überbleibsel der Kolonialära – kaum von Bedeutung. Ein Pachtvertrag schien eine elegante Lösung des Territorialstreits zu sein. Aber Thatcher teilte die Verärgerung der konservativen Rechten über diese Bereitschaft, britischen Besitz einfach so abzugeben. Die Aussicht auf eine Pachtlösung platzte, als der kriegerisch eingestellte General Galtieri im Dezember 1981 in Argentinien die Macht ergriff. Zu diesem Zeitpunkt hatte das britische Verteidigungsministerium aufgrund der Verpflichtung zur Kosteneinsparung das bewaffnete Überwachungsschiff HMS *Endurance* aus dem Südatlantik abgezogen. Schon vor Galtieris Machtergreifung hatte die argentinische Regierung dies zutreffend als Zeichen für ein schwindendes britisches Interesse an den Falklandinseln interpretiert. 1981 und Anfang 1982 standen die Inseln weit unten auf der Agenda der britischen Regierung. Erst im März 1982, unmittelbar vor der Invasion, wachte die Regierung – und die Premierministerin selbst – auf und bemerkte die Warnzeichen.[31]

Hätte die Regierung die flagrante Aggression gegen eine britische Besitzung geduldet, wäre sie höchstwahrscheinlich gestürzt worden.[32] Aber kraftlose Hinnahme kam für die Premierministerin nicht in Frage. Sie nahm den Ratschlag der Marine an, dass eine militärische Rückeroberung der Falklandinseln zwar riskant, aber möglich sei. Ohne zu zögern, ordnete sie die Aufstellung einer Marinekampfgruppe an, die in den Südatlantik aufbrechen sollte. Diese Anordnung wurde am Abend vor einer Sondersitzung des Unterhauses am Samstag, dem 3. April 1982, erteilt. Aber es war nicht die Premierministerin, sondern das Unterhaus – das sich von chauvinistischen Erzkonservativen bis zur Labour-Linken in seiner Empörung einig war –, das den Krieg im Südatlantik an diesem Tag nahezu unvermeidlich machte, indem es die Entsendung der Kampfgruppe beschloss. Zwei Tage darauf wurde sie in Portsmouth von einer Fahnen schwenkenden Menschenmenge verabschiedet. Ihr Einsatz erfolgte mit Zustimmung der übergroßen Mehrheit der Briten.[33]

Das Auslaufen der Kampfgruppe bedeutete noch keinen Krieg, so wahrscheinlich er damit auch wurde. In den sechs Wochen, die sie für die Fahrt in den Südatlantik brauchte, war genug Zeit für Verhandlungen. Dass sie ergebnislos blieben, war vor allem der Unnachgiebigkeit der argentinischen Junta geschuldet. Aber es spiegelte auch Meinungsverschiedenheiten im Kabinett in London wider. Außenminister Peter Carington lenkte durch seinen Rücktritt, mit dem er die Verantwortung für das Invasionsdebakel übernahm – obwohl sie eher beim Verteidigungsministerium und Thatcher selbst lag –, die Kritik von der Premierministerin ab. Sein Nachfolger wurde Francis Pym, ein »One Nation«-Tory alter Schule, der im Zweiten Weltkrieg gekämpft hatte und viel Erfahrung in der Außenpolitik besaß, sowohl als Schattenaußenminister vor 1979 als auch in jüngster Zeit als Verteidigungsminister. Es war naheliegend, ihn zum Außenminister zu ernennen, auch wenn Thatcher die Entscheidung nur zögerlich und erst nach Beratschlagung traf.[34] Tatsächlich war Pym in Bezug auf Temperament und Neigung die Antithese zur Premierministerin, die Taube zum Falken. Während Pym den Schrecken des Krieges zu vermeiden suchte, den er selbst aus erster Hand erlebt hatte, freundete sich Thatcher immer mehr mit dem Gedanken an. Ein ausgehandelter Kompromiss wurde, selbst wenn er erreichbar gewesen wäre, in ihren Augen zu einem Synonym für Appeasement – mit allen historischen Konnotationen dieses Begriffs.[35]

Während der langen Fahrt der Kampfgruppe und des anschließenden Krieges selbst befand sich Thatcher in völligem Einklang mit der Militärführung. Sie traf die Schlüsselentscheidungen, aber ansonsten hatte das Militär das Sagen, mehr als das innere Kabinett, das siebenköpfige Kriegskabinett, dem neben Thatcher selbst die Minister für Äußeres, Inneres und Verteidigung sowie der Parteivorsitzende und der Generalstaatsanwalt angehörten. Sie alle folgten, trotz aller Bedenken, die sie haben mochten, dem von der Premierministerin vorgegebenen Kurs. Sie selbst beriet sich mit dem Militär, das im Kriegskabinett durch Flottenadmiral Terence Lewin, den Chef des Verteidigungsstabs, vertreten wurde. Vor allem durch Lewin und den Ersten Seelord Henry Leach wussten die Streitkräfte, dass die Premierministerin vorbehaltlos hinter ihnen stand.[36]

Die enge Beziehung zwischen Thatcher und der Militärführung wurde durch den Eröffnungszug des Krieges untermauert, der klar zeigte, wie der Entscheidungsprozess ablief. Die Versenkung des argentinischen Kreuzers *General Belgramo* am 2. Mai außerhalb der vereinbarten Sperrzone um die Falklandinseln durch ein britisches U-Boot – bei der 363 seiner Besatzungsmitglieder ums Leben kamen – erfolgte nach einer Anfrage des Kommandeurs der Kampfgruppe, Konteradmiral J. F. Woodward, die Lewin der Premierministerin vorgelegt hatte. Sie hatte sofort zugestimmt. Die Grundentscheidung hatte zweifellos sie gefällt, auch wenn das Kriegskabinett sie – in Abwesenheit Pyms – einstimmig billigte.[37]

Thatcher zog trotz viel internationaler Empörung und heimischer Kritik nie in Zweifel, dass es die richtige Entscheidung war. Sie gab den Ton vor für die trotzige Entschlossenheit, die sie während des gesamten kurzen Krieges an den Tag legte. Sein Ergebnis stand keineswegs von vornherein fest, und Thatcher war sich bewusst, wie nah man einer Katastrophe gekommen war, insbesondere nachdem der Zerstörer HMS *Sheffield* von einer Exocet-Rakete getroffen worden und gesunken war, wobei 21 Todesopfer und viele Schwerverletzte zu beklagen waren. Die Wochen zwischen der Landung britischer Truppen auf den Falklandinseln am 21. Mai und der Kapitulation der Argentinier am 15. Juni waren höchst angespannt. Aber Thatcher behielt die Nerven. Am Ende stand ein vollständiger militärischer Sieg.

Er brachte ihr reiche politische Dividende ein. Einen Monat nach dem Sieg stieg ihre Popularitätsquote auf 51 Prozent.[38] Die Kritik aus den Reihen der Partei verstummte, und die gespaltene Opposition gab ein trauriges Bild ab. Thatchers internationales Ansehen als Verteidigerin demokratischer Rechtsstaatlichkeit gegen diktatorische Aggression stieg enorm an. In den Vereinigten Staaten wurde sie mit Lob überhäuft, insbesondere von Seiten rechter Republikaner. Ihre Freundschaft mit Präsident Reagan wurde zementiert, obwohl dessen Regierung sich nur zögerlich dafür entschieden hatte, die britische Haltung zur Falklandfrage rückhaltlos zu unterstützen.

In Großbritannien bewirkte der Sieg auf den Falklandinseln eine bemerkenswerte, allerdings recht kurzlebige Stimmungsaufhellung. Die im vorangegangenen Jahrzehnt arg gebeutelte Volksseele erfuhr einen Aufschwung. Die Jahre des Niedergangs, verkündete die Regierung, seien jetzt wirklich und wahrhaftig vorüber. »Das Groß in Britannien ist zurück«, jubelte eine Zeitung.[39] Euphorie lässt sich jedoch nicht konservieren. Bald wurden die Menschen wieder von ihren Alltagssorgen in Anspruch genommen. Dennoch hatte der Sieg im Falklandkrieg eine bleibende Nachwirkung, denn er revitalisierte und verlängerte das britische – und insbesondere englische – Gefühl der nationalen Sonderstellung. Das Land, das seit 1066 nicht mehr erobert worden war, das die spanische Armada, Napoleon und Hitler zurückgeschlagen hatte, war – dies schien der Sieg zu implizieren – immer noch eine ernstzunehmende Militärmacht, die bereit war, ihre Interessen zu verteidigen, Aggressionen zu widerstehen und Tyrannen zu Fall zu bringen. Das Empire mochte verloren sein, aber Großbritannien war ein Hauptakteur auf der Weltbühne geblieben.

Ein Jahr nach dem Falkland-Triumph führte Thatcher in einem zweiten Wahlkampf die Konservativen an. Das Glück war ihr wieder einmal hold: Die Opposition war durch eine tiefe Kluft geschwächt. Die Labour Party war unter ihrem im November 1980 gewählten neuen Vorsitzenden Michael Foot weit nach links gerückt, woraufhin 1981 ein Teil der Mitglieder austrat und eine neue Partei, die Social Democratic Party (SDP), gründete. In den Augen der SDP-Führung bewegte sich Labour auf den Marxismus zu und hatte keine Chance, eine Parlamentswahl zu gewinnen. Bald darauf hatte die SDP eine Wählerzustimmung gewonnen, die derjenigen der Labour Party fast gleichkam.

Am Vorabend des Falklandkrieges lag die Konservative Partei in Umfragen bei wenig mehr als 30 Prozent. 1983, nach dem Abklingen der Rezession, bei deutlich reduzierter Inflation und – was für den Wahlausgang entscheidend war – angesichts der Spaltung der Linken, hätte sie die Wahl wahrscheinlich auch ohne den Sieg im Südatlantik gewonnen. Tatsächlich war dessen Glanz zum Zeitpunkt der Wahl schon weitgehend verblasst. Die Bewunderung, welche die Premierministerin wegen ihres Vorgehens in der Falklandkrise weit über die Konservativen und ihre Anhänger hinaus genoss, wog die verbreitete

Ablehnung ihrer Wirtschaftspolitik nicht auf. Das Land war tief gespalten. Aber die Unwägbarkeiten des britischen Wahlsystems wirkten sich zugunsten der Konservativen aus. Obwohl ihr Stimmenanteil gegenüber 1979 von 43,9 auf 42,4 Prozent sank, konnten sie ihre Mehrheit im Unterhaus ausbauen, indem sie 58 Mandate – überwiegend von der Labour Party – hinzugewannen. So konnte Thatcher gestärkt und gegen eine stark geschwächte Opposition ihre Mission, Großbritannien umzubauen, fortsetzen.

Showdown mit den Bergleuten

Während des Studiums hatte Thatcher Friedrich von Hayeks 1944 erschienenes Buch *Der Weg zur Knechtschaft* gelesen, in dem der Sozialismus als Weg in die Unterwürfigkeit dargestellt und die These vertreten wird, nur ein freier Markt ohne staatliche Kontrolle bringe Freiheit hervor. In den 1970er Jahren, als die monetaristische Lehre ihr Denken bestimmte, las sie das Buch erneut. In dieser Zeit begann sie sich immer stärker auf die vermeintliche Notwendigkeit zu fokussieren, die Macht zu brechen, mit der nach ihrer Meinung die verstaatlichten Unternehmen und in deren Zentrum die Gewerkschaften die britische Wirtschaft im Würgegriff hielten. In ihren Augen waren die Gewerkschaften die Ursache der Krankheit, der die britische Größe zum Opfer gefallen war. Ihre Vorherrschaft zu beenden, war für Thatcher ein moralisches Anliegen.

Schon in ihrer ersten Amtszeit waren Gesetze erlassen worden, die die Rechte der Gewerkschaften beschnitten, insbesondere durch die Begrenzung der Aufstellung von Streikposten. 1984 unterstützte Thatcher persönlich die Entscheidung, Gewerkschaften vom Kommunikationszentrum der Regierung auszuschließen, und setzte trotz der vorhersehbaren Empörung der Gewerkschaften und des Unbehagens mancher kompromissbereiter Minister ihre Einhaltung durch. Dass die Regierung schließlich obsiegte, war zum großen Teil der unbeugsamen Entschlossenheit und Kampfbereitschaft, sogar Kampfeslust zu verdanken, mit der sie gegen die Gewerkschaften vorging. Der große Test stand indes noch bevor.

Die Bergarbeiter galten als stärkstes Bollwerk der Gewerkschaftsmacht. Sie hatten 1974 die Regierung Heath zu Fall gebracht, eine Demütigung, die sich tief ins Gedächtnis der Konservativen eingebrannt hatte. 1981 hatte sich die Regierung Thatcher wegen der Gefahr eines weiteren Minenstreiks gezwungen gesehen, einem Konflikt auszuweichen – und ihre Lehren daraus gezogen.[40] Inzwischen war Arthur Scargill zum Vorsitzenden der Bergarbeitergewerkschaft (National Union of Mineworkers, NUM) gewählt worden, ein militanter Marxist, den es danach dürstete, die Regierung herauszufordern. Sein Gegenspieler war der neue Chef des National Coal Board, der hartgesottene schottisch-amerikanische Industrielle Ian MacGregor, der zuvor erhebliche Einschnitte in der Stahlindustrie durchgesetzt hatte. Offensichtlich stand ein Showdown mit den Bergarbeitern bevor.

Anders als 1981 hatte die Regierung in Kraftwerken Kohle eingelagert und war auf einen langen Streik vorbereitet. Scargill gab ihr die Gelegenheit, es zu beweisen. Bergbau bedeutete Verluste. Von anderen Energiequellen bedrängt – Erdöl, Atomenergie und Erdgas –, befand sich die Kohleindustrie im Niedergang. Es gab nur noch weniger als halb so viele Bergleute wie in den 1950er Jahren.[41] Aber als im Frühjahr 1984 – im Rahmen eines damals noch geheim gehaltenen wesentlich umfangreicheren Schließungsprogramms – zwanzig unwirtschaftliche Bergwerke geschlossen werden sollten, löste die enorme Wut der Bergleute in einer Reihe von Gruben in Yorkshire inoffizielle Streiks aus. Die NUM war unter Druck, sie offiziell zu machen, und Scargill war, voller Wut auf die Regierung, nur zu gern bereit, ihm nachzugeben. Dass die Bergwerke unwirtschaftlich waren, wollte er nicht anerkennen.[42] Aus Gewerkschaftssicht war ein Bergarbeiterstreik im Frühjahr und Sommer taktischer Wahnsinn. Dennoch ging er weiter. In Scargills Augen war der Widerstand gegen die Grubenschließungen und den Verlust von Zehntausenden Arbeitsplätzen in der Bergwerksindustrie jedenfalls Teil eines revolutionären Kampfs.[43]

Er rief die Bergarbeiter zum Streik auf – ohne Urabstimmung (bei der er sich nicht sicher war, ob er sie gewinnen würde), um das Ausmaß der Unterstützung zu testen. In manchen Landesteilen weigerten sich die Bergarbeiter zu streiken, was zur Spaltung der Gewerkschaft führte. Die Schärfe und Bitternis des Konflikts waren enorm. Er zog sich hin, mit großer Unterstützung in Yorkshire, Schottland und Südwales, aber ohne Beteiligung einer Gewerkschaftsabspaltung in Nottinghamshire – was großen Groll zwischen streikenden und nichtstreikenden Bergarbeitern erzeugte. Die massive Aufstellung von Streikposten vor Kohlegruben und Kraftwerken führte zu gewalttätigen Zusammenstößen mit der Polizei, am heftigsten in Orgreave in Südyorkshire. Die öffentliche Meinung war gespalten. Bergarbeiter genossen traditionell große öffentliche Sympathie. Aber die meisten Menschen fühlten sich von der Gewalttätigkeit der Streikposten und auch von Scargills revolutionärer Rhetorik abgestoßen. Andererseits erregten die Fernsehbilder von berittener Polizei, die Bergleute in Orgreave niederritt, und von Polizisten, die mit Gummiknüppeln auf Streikende einprügelten, nicht nur bei Gegnern der Regierung Abscheu.

Im Herbst begann der Streik abzuflauen, und im März 1985, nach einem für die Bergarbeiter harten Winter, beschloss die Gewerkschaft, ihn zu beenden. Es war eine verheerende Niederlage für die Bergleute und ein Sieg für die Regierung. Aber das Streikende löste anders als das Ende des Falklandkonflikts keine allgemeine Freude aus. Thatcher versuchte den Kampf gegen den äußeren Feind mit demjenigen gegen den »Feind im Innern« zu verbinden,[44] aber der Anblick von Bergarbeitern, die mit erhobenen Gewerkschaftsfahnen wieder an die Arbeit gingen, löste nirgendwo Jubel aus.

Dennoch hatte die Regierung der größten Gewerkschaft im Land das Rückgrat gebrochen. Die Premierministerin hatte erneut ihre Stärke bewiesen. Ihre Stellung im Kabinett war unangreifbar. Diejenigen, die Bedenken gegen ein kompromissloses Kräftemessen mit den

Bergarbeitern gehegt hatten, waren verstummt. Auch die Labour-Opposition war geschwächt. Sie hatte eine zweideutige Haltung zum Streik eingenommen; einerseits hatte sie ihre gewerkschaftlichen Anhänger nicht verprellen wollen, andererseits war sie sich bewusst, dass viele ihrer Wähler Scargills Extremismus ablehnten.

Thatchers Rolle in dem Konflikt war weniger offenkundig als ihre direkte, bestimmende Rolle im Falklandkrieg. Mit ihrer militanten Rhetorik über eine Schlacht zwischen Freiheit und Tyrannei, in der es darum gehe, den Rechtsstaat vor der Gewalt des Mobs zu schützen, gab sie sicherlich den Ton vor. Und sie hatte 1983 der Ernennung MacGregors zugestimmt, dessen Aufgabe es augenscheinlich war, die Führung der Bergarbeiter zu einem Frontalzusammenstoß wegen der Grubenschließungen zu provozieren. In ihren Augen oblag es nicht der Regierung, sondern MacGregor als Vorsitzendem des Coal Board, Konflikte in der Kohleindustrie beizulegen. Dies war eine Fiktion, aber die Regierung hielt sich offiziell an sie.[45] Der Öffentlichkeit wurde die Regierungslinie von einem politisch überlebenden »Wet« aus der Heath-Zeit präsentiert, Energieminister Peter Walker, der voll und ganz hinter Thatchers unbeugsamer Entschlossenheit stand, Scargill eine Niederlage zu bereiten, aber die nötige Kommunikationsgabe besaß, um das raue, schroffe Image MacGregors auszugleichen.

Ökonomisch sprach nichts dafür, verlustreiche Bergwerke weiter zu betreiben. Seit den 1960er Jahren waren sowohl unter Labour- als auch unter konservativen Regierungen – so wie in anderen Teilen Europas auch – immer wieder Gruben geschlossen worden. Aber die Schließungen der 1980er Jahre hätten weniger aggressiv durchgesetzt werden können. Zur Schärfe des Konflikts trugen zudem die Persönlichkeiten von Thatcher und Scargill bei. Letzterer war in die Falle getappt, die ihm die Regierung gestellt hatte. Erstere hatte nur auf eine günstige Gelegenheit gewartet, die Bergarbeiter gefügig zu machen, und Scargill hatte sie ihr geliefert.

Die von Scargill vorausgesagten und nun nach der Niederlage der Gewerkschaften erfolgenden Schließungen höhlten ganze Gemeinden aus, die um die Kohlegruben herum entstanden waren. Auch ohne Thatcher wäre der Kohlebergbau, wie anderswo in der westlichen Welt, infolge von Postindustrialisierung, Globalisierung und wachsenden Umweltbedenken im Lauf der Zeit geschrumpft. Aber der Showdown mit den Bergleuten hatte zur Folge, dass das Ende der Kohleindustrie in Großbritannien als bleibendes Erbe einen bitteren Hass auf die Regierung Thatcher hinterließ. Es war nicht allein Thatchers Werk, aber ihr persönlicher Abdruck war unverkennbar.

Atlantizismus und Europa

Im Reich der Außenpolitik waren die Grenzen von Thatchers Macht offensichtlicher als in der Innenpolitik. Insbesondere in den Anfangsjahren konnte sie dort kaum Einfluss ausüben. Die Ereignisse unterlagen im großen Ganzen nicht ihrer Kontrolle. Dies allein war schon ein Symptom von Großbritanniens Niedergang als Weltmacht. Es gab jedoch offensichtlich einen persönlichen Draht zwischen der selbstsicheren, fleißigen britischen Premierministerin und dem entspannten, unbeschwerten Ronald Reagan, der 1980 zum US-Präsidenten gewählt wurde. Ihre Haltung zu »Europa« – in der Praxis also der EWG – war dagegen instinktiv weniger warm, kühlte sich weiter ab und endete nahezu bei Eiseskälte.

Der Kalte Krieg stand insofern im Mittelpunkt ihrer politischen Vorstellungen, als sie sich der moralischen Mission verpflichtet fühlte, für die freie Welt gegen das Böse zu kämpfen, den Kommunismus. Sie war im Kalten Krieg aufgewachsen, und die Erinnerung an den Sieg über NS-Deutschland im Zweiten Weltkrieg war tief in ihrer Psyche verankert. Sowohl der Kalte Krieg als auch die Erinnerung an den Zweiten Weltkrieg nahmen sie gegen Europa ein. »Die meisten Probleme, mit denen die Welt konfrontiert war«, schrieb sie nach dem Ausscheiden aus dem Amt, »kamen von Kontinentaleuropa und ihre Lösung von außerhalb.«[46] Die Vereinigten Staaten, Großbritanniens großer Verbündeter im Zweiten Weltkrieg, war die westliche Führungsmacht im Kampf gegen das »Reich des Bösen«, wie Reagan die Sowjetunion genannt hatte. Thatchers Atlantizismus und Herabstufung Europas waren daher tief in ihrer Persönlichkeit und Politik verwurzelt.

Die »besondere Beziehung« zu den Vereinigten Staaten blieb allerdings asymmetrisch. Wie herzlich das öffentliche Image ihrer Beziehung auch war und wie weit Thatchers Weltsicht auch mit Reagans übereinstimmte, wenn amerikanische Interessen auf dem Spiel standen, kam ihr nur eine untergeordnete Rolle zu. Als amerikanische Truppen im Oktober 1983 auf der winzigen Karibikinsel Grenada landeten, einer früheren britischen Besitzung, wo die Ermordung des marxistischen Regierungschefs den amerikanischen »Hinterhof« in Aufruhr zu versetzen drohte, wurde London vorher nicht einmal konsultiert. Thatcher war wütend und gedemütigt. Sie empfand das amerikanische Verhalten als Vertrauensbruch, musste sich aber mit dem Fait accompli abfinden.[47] Reagan tat den Affront leichthin als Kommunikationsfehler ab, und Thatchers Verärgerung legte sich bald. Die persönliche Herzlichkeit kehrte zurück. Gemeinsame außenpolitische Interessen, insbesondere gegenüber der Sowjetunion, bildeten die dauerhafte Basis ihrer Beziehung. Dass Thatcher eine kompromisslose Haltung im Kalten Krieg unterstützte, zeigte sich, als sie 1983 trotz heftiger öffentlicher Proteste der Stationierung amerikanischer Mittelstreckenraketen in Großbritannien zustimmte.

Nach dem Sieg im Falklandkrieg sonnte sich Thatcher in ihrem erheblich gestiegenen internationalen Ansehen. Und als sich die Sowjetunion Mitte der 1980er Jahre zu verändern begann, genoss sie es, eine wenn auch untergeordnete Hauptrolle in dem rasch wärmer werdenden Tauwetter am Ende des Kalten Krieges zu spielen. Sie hatte Michail Gorbatschow vier Monate, bevor er im März 1985 Generalsekretär der Kommunistischen Partei wurde, nach London eingeladen und trotz ihrer gegensätzlichen Ideologien Gefallen an ihm gefunden. Sie glaubte, mit ihm zusammenarbeiten zu können.[48] Das gute Verhältnis vertiefte sich, nachdem Gorbatschow in der Sowjetunion an die Macht gelangt war. Es eröffnete Thatcher die Chance, eine wichtigere Rolle auf der Weltbühne zu spielen als bisher, indem sie als wertvolle Vermittlerin auftrat, die Reagan, dessen Haltung gegenüber dem neuen Sowjetführer wesentlich kühler war als ihre, riet, Gorbatschows Bemühungen um eine Annäherung an den Westen ernst zu nehmen.

Reagan baute bald selbst eine gute Beziehung zu Gorbatschow auf. Aber nach ihrem Treffen in Reykjavik im Oktober 1986, bei dem er nahe daran gewesen war, dem Verbot sämtlicher Atomwaffen zuzustimmen, hatte Thatchers vehementer Widerspruch gegen die atomare Abrüstung dazu beigetragen, dass er seinen kurzzeitigen Flirt mit dieser Idee aufgab. Das Pentagon, das über die Linie, die Reagan in Reykjavik vertreten hatte, entsetzt war, nahm es mit Erleichterung auf. Dass Thatchers Intervention dabei entscheidend war, ist zweifelhaft. Sehr wahrscheinlich hätte der Einspruch des Pentagons Reagan ohnehin veranlasst, seine impulsive Zustimmung zurückzunehmen, wenn er versucht hätte, auf diesem Weg weiter voranzugehen.[49]

In den späten 1980er Jahren, als die erstaunliche Schwungkraft, die Gorbatschow entfesselt hatte, die Sowjetunion und ihre Herrschaft über die Satellitenstaaten in Mittel- und Osteuropa ins Wanken brachte, steuerte Thatcher – die inzwischen ihre dritte Amtszeit angetreten hatte und unangefochten die bestimmende Kraft in der Innenpolitik war – Großbritannien auf Gegenkurs zu den ersten Schritten einer engeren Integration der EWG.

Sie hatte Heath unterstützt, als dieser Großbritannien 1973 in die EWG geführt hatte, und sich im Referendum von 1975 für die Mitgliedschaft eingesetzt. Aber anders als Heath hing sie nicht emotional an ihr. Sie hatte die Einheit Westeuropas im Kalten Krieg als notwendig betrachtet, insbesondere als Stütze der NATO, und in einer Zeit, in der der britische Handel mit dem Commonwealth und anderen Regionen zurückging, die wirtschaftlichen Vorteile der Zugehörigkeit zum Gemeinsamen Markt gesehen. Aber sie hatte den Preis für die Mitgliedschaft als viel zu hoch eingeschätzt und schon 1979 darauf gedrängt, eine erhebliche Kürzung des britischen Beitrags zum EWG-Haushalt auszuhandeln. Spitzenpolitikern der EWG fielen ihre Tiraden auf die Nerven, aber sie mussten sich an sie gewöhnen. Sie wurde schließlich von ihrem eigenen Kabinett regelrecht gezwungen, 1980 eine Vereinbarung zu akzeptieren, die niedriger ausfiel als von ihr gewollt. Aber die jährlichen erbitterten Verhandlungen gingen weiter, bis sie drei Jahre später eine größere dauerhafte Verringerung des britischen Beitrags erreichte. Am Ende gaben die Staats- und Regierungschefs der EWG-Mitgliedsländer ihrem unaufhörlichen Drängen nach und stimmten einem Rabatt von zwei Dritteln der Differenz zwischen der britischen Einzahlung in die EWG-Kasse und den Auszahlungen zu, die Großbritannien aus ihr erhielt. Zu diesem Zeitpunkt hatte sie bereits erreicht, dass Großbritannien als schwierigstes Mitglied der Gemeinschaft galt. Dennoch erwartete sie von einer engeren ökonomischen Integration Vorteile für Großbritannien, und während ihrer zweiten Amtszeit spielte ihre Regierung eine wichtige Rolle bei dem Beschluss von 1986, einen Europäischen Binnenmarkt mit einheitlichen Vorschriften für den Verkehr von Gütern, Kapital, Dienstleistungen und Arbeitskräften zu schaffen.

Die wirtschaftliche Seite der EWG-Mitgliedschaft war eine Sache. Eine völlig andere war die engere politische Integration. Als Jacques Delors, der Präsident der Europäischen Kommission – dessen Berufung sie zugestimmt hatte –, Ende der 1980er Jahre in diese Richtung zu drängen begann, löste dies bei ihr offene Feindschaft gegenüber der Weiterentwicklung des »europäischen Projekts« aus. In einer berüchtigt gewordenen Rede, die sie 1988 in Brügge hielt, verkündete sie in unmissverständlichen Worten ihre Ablehnung: »Wir haben in Großbritannien die Grenzen des Staates nicht erfolgreich zurückgedrängt, nur um zu erleben, dass er auf europäischer Ebene in Gestalt eines europäischen Superstaats, der von Brüssel aus eine neue Vorherrschaft ausübt, wieder gestärkt wird.«[50] Damit wurde sie zur Vorkämpferin derjenigen, die bald »Euroskeptiker« genannt werden sollten.

Als der Eiserne Vorhang fiel, war Reagan nicht mehr im Amt, und seinem Nachfolger, George Bush, stand Thatcher weniger nah. In der Tatsache, dass Großbritannien in dem Drama, das sich 1989/90 entfaltete, eine relativ bescheidene Rolle spielte, spiegelten sich jedoch weniger veränderte persönliche Beziehungen wider als vielmehr die grundlegenden Realitäten der Macht. Obwohl Thatcher Regierungschefin einer der vier Besatzungsmächte von Nachkriegsdeutschland war, musste sie sich sowohl beim Zusammenbruch des Sowjetblocks als auch bei der anschließenden Vereinigung Deutschlands – die sie aufgrund ihrer tiefsitzenden antideutschen Einstellung nicht guthieß, aber nicht verhindern konnte – mit einer Nebenrolle begnügen. Die Hauptakteure waren Gorbatschow, Bush und der deutsche Bundeskanzler Helmut Kohl. Thatchers Großbritannien fand sich wie das Frankreich Mitterrands, abgesehen von diplomatischen Förmlichkeiten, an der Seitenlinie wieder. Ende 1990 waren Thatchers Tage als Premierministerin allerdings bereits gezählt, auch wenn sie es erst erkannte, als sie mit Angriffen auf ihre Autorität konfrontiert war.

Arroganz der Macht

Thatchers zweite Amtszeit von 1983 bis 1987 war für die Konservativen nicht ohne Probleme verlaufen. Gewiss gab es einige erfolgreiche Maßnahmen, vor allem den Verkauf von Sozialwohnungen, der Mieter zu Hausbesitzern machte – und gleichzeitig die Staatskasse füllte. Mit der Privatisierung einer Reihe von Staatsunternehmen, wie British Telecom, British Gas, British Airways und Rolls-Royce, begann ein unumkehrbarer Prozess, und eine weitere scheinbar erfolgreiche Initiative in Richtung eines Volkskapitalismus war, dass Millionen Menschen animiert wurden, Aktien zu erwerben – die allerdings bald von Großinvestoren eingesammelt wurden. Aber die Menschen, einschließlich vieler Gewerkschafter, konnten von solchen Dingen profitieren, ohne sich zum Thatcherismus zu bekehren. Anders als der

Falklandkrieg hatte der Sieg über die Bergarbeiter die Beliebtheit der Premierministerin nicht gesteigert. Sie wurde zwar allgemein, sogar von ihren Gegnern, für den Mut und die Zähigkeit bewundert, die sie nach dem Bombenanschlag der IRA auf das Hotel, in dem sie 1984 während des Parteitags der Konservativen in Brighton abgestiegen war, bewiesen hatte, aber dies schlug sich nicht in einem Anstieg ihrer Beliebtheitswerte oder der Zustimmung zur Regierungspolitik nieder. Und 1985 wurde die Regierung durch einen heftigen Streit über die Frage erschüttert, ob der nahezu bankrotte Hubschrauberhersteller Westland Aircraft an amerikanische Käufer (wie es Thatcher wollte) oder ein europäisches Konsortium (das Verteidigungsminister Michael Heseltine favorisierte) gehen sollte. Die Affäre führte dazu, dass Heseltine wegen des Regierungsstils und des persönlichen Verhaltens der Premierministerin von seinem Posten zurücktrat. In Meinungsumfragen wurde die Regierung in dieser Zeit von einer Mehrheit negativ bewertet.

Trotzdem erzielte Thatcher 1987 ihren dritten überwältigenden Wahlsieg. Wie vier Jahre zuvor fand die Wahl unter für die Regierung günstigen Umständen statt. Die Inflation, die in ihrer zweiten Amtszeit nie über 5 Prozent lag, war besiegt, und die Reallöhne waren gestiegen. Schatzkanzler Nigel Lawson, der drei Monate zuvor eine weitere Verringerung der Einkommensteuer und eine Erhöhung der Mittel für den National Health Service bekanntgegeben hatte, konnte sich auf eine boomende Wirtschaft stützen. Und Thatcher, die bei einem Besuch in der Sowjetunion begeistert empfangen worden war, hatte ihr Ansehen als herausragende globale Führerin untermauert.

Zudem profitierten die Konservativen weiterhin vom Schisma der Opposition. Schließlich kamen ihr eine weitgehend günstige Presseberichterstattung und das erfolgreiche Marketing ihrer Politik durch die PR-Experten der Werbeagentur Saatchi & Saatchi zugute. Thatcher selbst war nicht beliebter, als sie es immer gewesen war, ausgenommen in der kurzen Phase der Euphorie nach dem Sieg im Falklandkrieg. Tatsächlich deutete manches darauf hin, dass sie für ihre

Partei kein wahlwirksames Aushängeschild mehr war. Dennoch konnte sie einen weiteren deutlichen Sieg feiern, obwohl der Stimmenanteil von 42,2 Prozent im Vergleich zur Wahl von 1983 praktisch gleich geblieben war und die Konservativen sogar 21 Mandate verloren hatten; Labour war auf 30,8 und das Bündnis von SDP und Liberalen auf 22,6 Prozent gekommen.

Thatchers Dominanz war jetzt vollkommen. Die »Wets« waren vollständig von der Bühne verschwunden. Die Parteirechte war an die Seite gedrängt. Sie wurde von Parteigetreuen mit Lob überschüttet. Eine Herausforderung ihrer Führung war nicht in Sicht. In öffentliche Ämter wurden bei Neubesetzungen nur Kandidaten berufen, die ihrer Linie folgten. »Ist er einer von uns?«, soll sie bei solchen Gelegenheiten gefragt haben.[51] Tatsächlich war das Kabinett willfährig; unter der Oberfläche machte sich beim Gedanken an die Zeit nach Thatcher allerdings Sorge breit. Die größte Gefahr, und sie sollte sich als fatal erweisen, ging jedoch von der Arroganz der Macht der Premierministerin aus, die seit dem Triumph im Falklandkrieg noch zugenommen hatte und Ende der 1980er Jahre bedrohlich zu werden begann. Nicht alle Tory-Minister waren begeistert, als sie 1987 in einem Interview mit der BBC erklärte, sie könnte »immer so weitermachen«.[52]

Ein grober innenpolitischer Fehler enthüllte für alle sichtbar, dass Thatchers Macht bröckelte. Darüber hinaus zeigte er, dass ihre Antenne für das politisch Machbare nicht mehr funktionierte. Sie hatte so oft Zweifeln, Kritik und Opposition standgehalten, dass sich bei ihr ein illusionäres Gefühl der Unverwundbarkeit entwickelt hatte. In Wirklichkeit verlor sie den Kontakt zu vielen einfachen Unterhausmitgliedern. Die Arroganz der Macht bewirkte, dass sie für jeden ihr nicht genehmen Ratschlag unempfänglich wurde.

Das Thema, welches das wachsende Unbehagen an ihrer Führung in ihrer eigenen Partei an den Tag brachte, war die Einführung einer Gemeindesteuer, besser bekannt als »poll tax« (Kopfsteuer). Die Idee, die kommunale Grundsteuer durch eine Pro-Kopf-Pauschale für alle Erwachsenen zu ersetzen, die kommunale Dienstleistungen in Anspruch nahmen, war 1984 zum ersten Mal ins Gespräch gebracht worden. Thatcher hielt an dem Vorhaben fest, obwohl Lawson sie warnte, dass seine Umsetzung »politisch katastrophal« wäre.[53] Trotz erheblichen Widerstands aus den eigenen Reihen unterstützte sie 1988 die nötige Gesetzgebung. Es war kein Diktat; die Vorlagen wurden durch die zuständigen Kabinettsausschüsse geprüft.[54] Gleichwohl war die Autorität der Premierministerin ausschlaggebend. Die Ungleichheit und soziale Ungerechtigkeit der Kopfsteuer waren offensichtlich: Da sie nicht auf die Art des Eigentums, sondern auf die Person des Eigentümers abstellte, zahlten die ärmsten und die reichsten Hausbesitzer Steuern in gleicher Höhe. Als die Steuer im April 1989 in Schottland eingeführt wurde, weigerten sich viele, sie zu zahlen, und in England fanden im folgenden Jahr in vielen Städten große Demonstrationen statt. Doch Thatcher gab nicht nach. (Die Kopfsteuer wurde schließlich unter ihrem Nachfolger John Major durch eine neue Form der Grundsteuer, die Council Tax, ersetzt.) Dies bildete zusammen mit neuerlichen Problemen einer überhitzten Wirtschaft den Hintergrund, vor dem sich der Absturz der einst allmächtigen Premierministerin vollzog.

Der Streit über die Kopfsteuer vertiefte die Risse in der Konservativen Partei in der Europafrage, die sich seit Thatchers Rede in Brügge von 1988 vergrößert hatten. Die Rede signalisierte deutlich ihre – wie sich herausstellen sollte, gefährliche – Ablehnung der Haltung zweier Schwergewichte im Kabinett, ihres ältesten und loyalsten Helfers, Geoffrey Howe, inzwischen Außenminister, und des hochangesehenen Architekten des Wirtschaftsaufschwungs der späten 1980er Jahre, Schatzkanzler Nigel Lawson. Die Dinge spitzten sich zu, als 1989 der Delors-Bericht veröffentlicht wurde, der die Kontrolle der Geldpolitik durch eine europäische Zentralbank, die Einführung einer gemeinsamen Währung und Konvergenzkriterien für die Schaffung einer Europäischen Wirtschafts- und Währungsunion empfahl.

Sowohl Howe als auch Lawson setzte sich für den britischen Beitritt zum Wechselkursmechanismus (WKM) ein, einem Schlüsselelement des Europäischen Währungssystems (EWS), das einen von der Deutschen Mark dominierten gelenkten Wechselkurs mit begrenzter Währungsfluktuation beinhaltete. Dies war nach Thatchers Ansicht unvereinbar mit der vollen Kontrolle über die britische Währung, die für sie ein Grundbestandteil der nationalen Souveränität war. Im Rahmen einer umfangreichen Kabinettsumbildung im Juli 1989 wurde Howe auf den Posten des Unterhaussprechers abgeschoben und erhielt als fadenscheinigen Trost den bedeutungslosen Titel des stellvertretenden Premierministers. Im Oktober trat Lawson zurück, weil er den berechtigten Eindruck hatte, dass die Premierministerin seine Stellung untergraben hatte, indem sie in Bezug auf den WKM dem zu seiner Auffassung entgegengesetzten Rat des Erzmonetaristen Alan Walters folgte, den sie kurz zuvor als persönlichen Wirtschaftsberater aus den USA zurückgeholt hatte.[55] (Wie unnötig die Entfremdung solch fähiger Minister war, zeigte sich, als Thatcher sich dem vor allem vom neuen Schatzkanzler, John Major, ausgeübten Druck beugte und in den Beitritt zum WKM einwilligte, der schließlich im Oktober 1990 erfolgte.)[56] Howes Degradierung und Lawsons Weggang warfen ein Schlaglicht auf einen gravierenden Riss innerhalb der Regierung in Bezug auf ein zentrales Politikfeld. Und davon ging zum ersten Mal eine Gefahr für Thatchers Autorität aus.

Niemand anders als ihr zuverlässigster Gefolgsmann, der seit Langem drangsalierte und schließlich durch die Absetzung gedemütigte Geoffrey Howe, ging am 1. November 1990, nachdem Thatcher zum wiederholten Mal ihre Ablehnung weiterer Schritte zur europäischen Integration bekundet hatte, im Unterhaus in die Offensive, indem er Thatchers Führung einer vernichtenden Kritik unterzog. Michael Heseltine, der 1986 wegen der Westland-Affäre mit Thatcher gebrochen hatte, stellte sich gegen sie als Kandidat für den Parteivorsitz zur Wahl. Er unterlag in der Abstimmung, aber Thatcher hatte nur einen Pyrrhussieg errungen. Ihre Kabinettskollegen rieten ihr einer nach dem anderen, zurückzutreten, was sie mit größtem Widerstreben schließlich tat. Sie schied unter Tränen aus dem Amt und glaubte sich fortan betrogen. »Sie haben mich verraten und verkauft«, bemerkte sie bitter.[57] Der Groll blieb. Eine Phalanx von eisernen Getreuen hielt den Mythos vom Verrat noch lange aufrecht, was Thatchers Nachfolger John Major – dessen Autorität Thatcher mehrfach untergrub – das Leben erschwerte. Insbesondere ihre Haltung zu Europa machte sie zu einer Galionsfigur der Euroskeptiker in der Konservativen Partei.

Hinterlassenschaft

Trotz ihrer drei Wahlsiege hatte Thatcher nie auch nur die Hälfte der Wählerschaft für sich gewonnen. Aber aufgrund der unverhältnismäßigen Mandatsvergabe im britischen Wahlsystem besaß sie stets eine deutliche Mehrheit im Unterhaus – von 43 Sitzen ab 1979, von 144 Sitzen ab 1983 und von 102 Sitzen ab 1987. Dies eröffnete ihr eine außergewöhnliche Gelegenheit, ihre Politik in die Realität umzusetzen. Im Inneren beruhte diese auf ihrer frühen begierigen Übernahme der neoliberalen ökonomischen Ideen, die Großbritannien auf Jahrzehnte hinaus verändern sollten. Dies war ein Hauptteil ihrer Hinterlassenschaft für das Land.

Als sie aus dem Amt schied, hatte sich Großbritannien tatsächlich enorm verändert. Der »Sozialismus« mit seiner Basis in den Gewerkschaften war geschwächt, die wirtschaftliche Rolle des Staats geschrumpft, die Verstaatlichung zurückgenommen und die Privatisierung weit fortgeschritten, der Wechsel von der produzierenden zu einer finanzbasierten Wirtschaft vollzogen und die Herrschaft des Markts in allen Bereichen untermauert. Thatchers implizite – und von ihren ergebenen Anhängern vertretene – Behauptung, sie habe diese Transformation praktisch im Alleingang bewerkstelligt, ist jedoch übertrieben.[58] Zum einen reichte die Transformation weniger weit, als Thatcher dachte. Zum anderen war sie bei vielem, was sie erreichte, lediglich mit dem Strom geschwommen, wobei ihr ihre instinktive

Fähigkeit zugutekam, sich den vorherrschenden individualistischen Vorstellungen und Bestrebungen anzupassen. Seit dem Triumph im Falklandkrieg konnte sie, bis sie ihr Blatt im Vorspiel zum Schlussakt überreizte, mit der überwältigenden Zustimmung des Kabinetts sowie ihrer Partei und der Bevölkerung rechnen. Gleichwohl brauchte es Stärke, Tatkraft, Entschlossenheit und Mut, über einen derart langen Zeitraum hinweg eine häufig radikale Agenda umzusetzen. Und bei einer Reihe von wichtigen Themen – beispielsweise der Weigerung, Anfang der 1980er Jahre den Kurs der Wirtschafts- und Industriepolitik zu ändern, dem Entschluss, wegen der Falklandinseln Krieg zu führen, und dem Beharren auf einer Verringerung des Beitrags zum EWG-Haushalt – war ihre persönliche Rolle ausschlaggebend. Zur Bestätigung braucht man sich nur vorzustellen, diese Fragen wären unter einem anderen Premierminister entschieden worden, etwa William Whitelaw, James Prior oder Francis Pym. Thatcher nutzte die Macht ihres Amts bis an die äußersten Grenzen einer Demokratie in Friedenszeiten (Grenzen, die in jüngerer Zeit aber überschritten wurden).

In einem wichtigen Bereich hat sie indes so gut wie nichts verändert. Nordirland war am Ende ihrer Amtszeit ein ebenso beunruhigendes Problem wie an deren Anfang. Ihre tief verwurzelte Neigung zu den Unionisten begrenzte ihre Fähigkeit, sich flexible Lösungen vorzustellen. Gewiss, sie unterzeichnete im November 1985 zusammen mit dem irischen Taoiseach, Garret Fitzgerald, das Anglo-Irische Abkommen, das einen bescheidenen Schritt hin zur Zusammenarbeit beider Regierungen darstellte. Anschließend passierte jedoch nicht viel, bis die Geheimverhandlungen unter ihrem Nachfolger John Major zum Abschluss des bahnbrechenden Karfreitagsabkommens unter Tony Blair im Jahr 1998 führten.

In welchem Ausmaß man Thatcher die Veränderungen in Großbritannien auch zugutehalten mag, ihre globale Wirkung kann leicht übertrieben werden. So ist es sicherlich überzogen zu behaupten, ihre Erfolge seien »überall auf der Welt kopiert« worden.[59] Ihr unbezweifelbarer Triumph, der Sieg im Falklandkrieg, war in den Augen eines

Großteils der Welt nicht mehr als der Erfolg in einem anachronistischen Konflikt nach Art der Kolonialkriege. Er schmückte allerdings die Aura der »eisernen Lady«, erhöhte ihr Ansehen auf der Weltbühne und sprach für ein neubelebtes Großbritannien, das wieder in der Lage war, in der Welt oberhalb seiner Gewichtsklasse zu kämpfen. Ihre guten Beziehungen zu Reagan und später zu Gorbatschow untermauerten dieses Image. Durch ihre Besuche in Washington und Moskau blieb sie international im Rampenlicht – als eine Führerin von globaler Bedeutung, wie ihre Unterhandlungen mit den Supermächten zeigten. Aber beim Ende des Kalten Krieges spielte sie nur eine Nebenrolle.

Nach ihrem Ausscheiden aus dem Amt verging noch etwas mehr als ein Jahr bis zur Auflösung der Sowjetunion im Dezember 1991, die westliche Führer veranlasste, das europäische Projekt einer engeren Integration zu überdenken und voranzutreiben. Ihre Abneigung gegen die EWG hatte sich im Lauf der Jahre verstärkt. Sie betrachtete Brüssel mit zunehmender Geringschätzung und stand dessen Politik, die nach ihrer Ansicht auf einen europäischen Bundesstaat und die Schwächung der nationalen Regierungen abzielte, immer feindseliger gegenüber. Im Unterhaus hatte sie einen bravourösen Auftritt hingelegt, als sie Delors vorwarf, er strebe mit seinen Vorschlägen eine politische Union an, und ihre Ablehnung herausschleuderte: »No. No. No.«[60] Als Großbritannien im September 1992 auf schmähliche Weise zum Austritt aus dem WKM gezwungen wurde, fühlte Thatcher sich in ihrer Haltung bestärkt. Und der Maastrichter Vertrag, nach dem binnen wenigen Jahren eine gemeinsame europäische Währung eingeführt und eine gemeinsame europäischen Identität in Form der Unionsbürgerschaft der fortan als Europäische Union firmierenden Gemeinschaft geschaffen werden sollte, war für sie natürlich ein Gräuel.

Ein wesentlicher Teil ihrer Hinterlassenschaft war die Ablehnung der EU, die sie aus dem Ruhestand heraus in der Konservativen Partei zu stärken half. Sie hatte an der Schaffung des Binnenmarkts mitgewirkt, aber die politischen Konsequenzen des ökonomischen Schritts, den sie guthieß, nicht bedacht. Die Euroskeptiker blieben in den Reihen der Torys lange Zeit eine Minderheit. Aber Thatcher diente ihnen als unvergängliche Galionsfigur, als Stimme eines Großbritanniens, das nach Ansicht der Euroskeptiker erst wieder groß werden konnte, wenn es nicht mehr an Europa gefesselt war. Spätere Ereignisse sollten diese Minderheit zur anschwellenden Dünung derjenigen machen, die den Austritt Großbritanniens aus der EU betrieben. Thatcher war über ihren Tod hinaus die Patin des Brexits.

Die letzten Jahre vor ihrem Tod am 8. April 2013 verbrachte Thatcher, an Demenz leidend, in zunehmender Isolation. Ihre Trauerfeier wurde in der St.-Pauls-Kathedrale in London abgehalten, eine Ehre, die nur herausragenden nationalen Persönlichkeiten zuteilwird. Churchill hatte 1965 praktisch das ganze Land in Trauer vereint. Thatcher war jedoch eine entzweiende Premierministerin gewesen, die einerseits ungewöhnlich tiefe Verehrung genoss, der aber am anderen Ende des Spektrums nicht nur Abneigung, sondern Hass entgegenschlug. Entsprechend zwiespältig wurden ihr Tod und das anschließende Staatsbegräbnis aufgenommen. Über drei Jahrzehnte nach ihrem Auszug aus Downing Street Nr. 10 löst ihr Name immer noch die ganze Bandbreite der Gefühle aus, die sie als Premierministerin hervorrief. Die Wunden der vielen, die die Hauptlast ihrer Wirtschaftspolitik zu tragen hatten, sind bis heute nicht verheilt.

Charles Moore schließt seine monumentale dreibändige Thatcher-Biographie mit dem Urteil, sie sei »das größte Genie, das jemals die Angelegenheiten des Vereinigten Königreichs gelenkt hat«.[61] Dieser Lobpreis ist sicherlich unangebracht. Aber ob man sie nun mag oder verabscheut, sie war ohne Zweifel eine außergewöhnliche politische Führerin.

Gorbatschow am 17. April 1985 als frisch gewählter Generalsekretär der Kommunistischen Partei der Sowjetunion im Gespräch mit Moskauer Bürgerinnen und Bürgern. Seine Bereitschaft, sich die Ansichten einfacher Leute anzuhören, verhalf ihm zu großer Popularität, die jedoch durch den wirtschaftlichen Zusammenbruch und allgemeinen Aufruhr von 1989/90 schließlich untergraben wurde. *AFP via Getty Images*

ELF

MICHAIL GORBATSCHOW

Zerstörer der Sowjetunion, Schöpfer eines neuen Europas

Im Jahr 1990 hielten »Politiker ebenso wie einfache Bürger« Michail Gorbatschow für »einen der größten Staatsmänner des 20. Jahrhunderts«.[1] Vor allem im Westen, wo er als derjenige gefeiert wurde, der den Kalten Krieg beendet hatte, traf dies fraglos zu. Aus westlicher Perspektive hatte Gorbatschow sich erstaunlicherweise von der sowjetischen Vergangenheit abgewandt, die Demokratie einzuführen versucht und die Beseitigung der Gefahr eines Atomkriegs angestrebt. Für Bürger der früheren sowjetischen Satellitenstaaten in Mitteleuropa war er derjenige, der mitgeholfen hat, sie von über vierzigjähriger sowjetischer Herrschaft zu befreien. In der Sowjetunion selbst wurde er anders gesehen. Während seine Beliebtheit im Westen steil anstieg, sackte sie in seinem eigenen Land in den Keller, allerdings erst nach 1990; vorher war er auch dort ein beliebter Führer gewesen. Als er 1991 aus dem Amt schied, befand sich sein Ansehen auf einem Tiefpunkt. Ihm wurde weithin vorgeworfen, die Sowjetunion zerstört zu haben. 1985 war er zum Führer einer Supermacht aufgestiegen. Sechs Jahre später war eben diese Supermacht schwach, verarmt und gedemütigt.

Wie immer man Gorbatschows Führung beurteilen mag, er war auf jeden Fall die überragende politische Figur der zweiten Hälfte des 20. Jahrhunderts. Aber in welchem Maß lenkte er die Ereignisse, die während seiner Herrschaft über die Sowjetunion geschahen? Genügt es, sich seine eigenen Entscheidungen anzuschauen – seine Fehler ebenso wie seine Erfolge –, um die tiefgreifende Veränderung Europas in dieser Zeit zu erklären? Oder war er selbst kaum mehr als ein Vehikel von übermächtigem inneren und äußeren Druck, der sein Handeln bestimmte?[2] Hat er den unaufhaltsamen Zusammenbruch der Sowjetunion einfach nur begleitet, oder hat er ihn tatsächlich verursacht? War die Herrschaft der Sowjetunion über ihre Satellitenstaaten nicht mehr aufrechtzuerhalten? Oder ist die revolutionäre Dynamik erst durch Gorbatschows Handeln in Gang gesetzt worden? Und war seine Rolle auf der Weltbühne wirklich nur eine unvermeidliche Reaktion auf die amerikanische Überlegenheit im nuklearen Wettrüsten? Oder war seine Persönlichkeit der ausschlaggebende Faktor bei der Beendigung des Kalten Kriegs?

Persönlichkeit und der Weg an die Spitze

Gorbatschow stieg als archetypischer Insider, als Konformist, erkennbar befähigter Apparatschik des Regimes und gläubiger Anhänger der Grundsätze des Marxismus-Leninismus an die Spitze des Sowjetsystems auf. Ein anderer Weg dorthin war undenkbar und wäre ungangbar gewesen. Warum also änderte er sich in der kurzen Zeit, die er an der Macht war, derart radikal? Gestand er damit ein, dass er während seines ganzen vorherigen Lebens unrecht gehabt hatte? Lag es an der klarsichtigen Erkenntnis, dass das Sowjetsystem aufgrund fundamentaler Mängel und auf tiefgreifende Veränderung drängender innerer und äußerer Kräfte nicht aufrechtzuerhalten war? Oder war es einfach nur Opportunismus, die Anpassung an sich eröffnende Gelegenheiten? Gorbatschow war schwer zu verstehen, auch für diejenigen, die ihn gut kannten – und sogar für ihn selbst.[3]

Ohne das Rätsel von Gorbatschows außergewöhnlicher Persönlichkeit ist das erstaunliche Drama, das sich zwischen 1985 und 1991 in der Sowjetunion und Mitteleuropa abspielte, jedenfalls nicht zu erklären. Als er in der Sowjetunion an die Macht kam, zeichnete er sich durch ein unerschütterliches Selbstvertrauen und den naiven Glauben aus, dass er mit seiner Überzeugungskraft und seiner unerschöpflichen Energie ein dringend reformbedürftiges Regime würde verändern können. Zu diesen Charakterzügen hinzu kamen Impulsivität und die Bereitschaft, auf strategisches Planen zu verzichten und stattdessen »die Dinge laufen zu lassen«. Außerdem hegte er eine für Sowjetführer ungewöhnliche, tief verwurzelte Abneigung gegen Gewaltanwendung.[4] Seine Stärken und Schwächen gingen Hand in Hand und bildeten einen wesentlichen Bestandteil der epochalen Transformation, die nicht nur die Sowjetunion, sondern auch Europa in seiner Amtszeit erfasste.

1931 in Priwolnoje, einem Dorf in der nordkaukasischen Region Stawropol, in eine arme Bauernfamilie hineingeboren, wuchs Gorbatschow im Schatten des Stalinismus und der verheerenden Kriegsfolgen auf. Seine beiden Großväter waren verhaftet worden, hatten den Gulag aber überlebt. Sein Vater, Sergei, wurde im Zweiten Weltkrieg verwundet und fälschlicherweise als gefallen gemeldet, kehrte dann aber als dekorierter Kriegsheld heim. Er erzählte seinem Sohn später von dem Grauen, das er miterlebt hatte. Vielleicht rührte Gorbatschows spätere Abneigung, das taumelnde Sowjetreich mit Gewalt aufrechtzuerhalten, daher. Der Krieg war für die Gorbatschows wie für alle anderen sowjetischen Familien eine Zeit tiefer Furcht und großen Leids. Die deutschen Invasoren waren zwar nur kurze Zeit in Priwolnoje, hinterließen es aber als Trümmerwüste. Doch den Gorbatschows blieb das Schlimmste erspart. Sie überlebten. In der Nachkriegszeit waren die Lebens- und Arbeitsbedingungen extrem hart. Gleichwohl hatte Michail eine glückliche Kindheit. Besonders zu seinem Vater hatte er ein enges Verhältnis, weniger zu seiner strengen Mutter, Maria.

Michail musste während des Krieges rasch erwachsen werden. Er war praktisch ein Einzelkind – sein 1947 geborener Bruder Alexander war 16 Jahre jünger – und musste körperlich hart arbeiten, um seiner Mutter zu helfen, sie über die Runden zu bringen, während der Vater fort war und in den Schlachten bei Kursk, Kiew und Charkow kämpfte. Die Arbeit stärkte Michails Eigenständigkeit und Initiative. In der Schule tat er sich durch seine Begabung hervor. Außerdem zeigte er früh Anzeichen von Führungskraft und offenbarte einen Eifer, zu lernen und sich weiterzuentwickeln – beides Charakterzüge, die bleiben sollten. Er wuchs zu einem selbstbewussten, hochintelligenten und äußerst entschlossenen jungen Mann heran, der – wie eine Schulfreundin sich erinnerte – die Neigung hatte, beweisen zu wollen, dass er recht hatte, und ein »bemerkenswertes Talent« besaß, »anderen seinen Willen aufzuzwingen«.[5]

Im Alter von 15 Jahren trat er der sowjetischen Jugendorganisation Komsomol bei, in der er rasch zu einem örtlichen Führer wurde. Durch die Arbeit mit seinem Vater in der Kolchose lernte er die Landwirtschaftsproduktion kennen. Im Sommer 1948 gewann er, als er seinem Vater bei der Bedienung eines Mähdreschers half, einen Wettbewerb; da sie das meiste Getreide geerntet hatten, erhielt er den Orden des Roten Banners der Arbeit, mitsamt einer von Stalin persönlich signierten Urkunde. Seine Eltern waren nahezu Analphabeten. Aber er war ehrgeizig und erkannte rasch, dass Bildung ihm den Weg zu einem Leben jenseits der Kolchose von Priwolnoje ebnen konnte. Begabung, Zielstrebigkeit und Ehrgeiz ermöglichten es ihm, ihn einzuschlagen. 1950 wurde Gorbatschow an der angesehenen Lomonossow-Universität in Moskau aufgenommen, wo er Rechtswissenschaft studierte und seine spätere Frau, Raissa Titarenko, kennenlernte, von der er bis zu ihrem Tod im Jahr 1999 unzertrennlich war. Im selben Jahr beantragte er die Aufnahme in die Partei.

Es war der erste Schritt eines, wie sich herausstellen sollte, steilen Aufstiegs an die Spitze der Sowjetunion, der jedoch dem üblichen Karriereverlauf eines Parteikaders folgte. Er lernte rasch, wie man sich in den Etagen der Macht des Sowjetsystems verhalten musste. Um auf dem schlüpfrigen Weg des politischen Aufstiegs voranzukommen, war taktisches Geschick vonnöten. Er musste keine abweichenden Ansichten verstecken, er war ein waschechter Kommunist. Bis

Chruschtschows Abrechnung mit Stalin im Jahr 1956 ihm die Augen öffnete, gehörte er zu dessen Verehrern; 1953 hatte er zu den Tausenden von Menschen gehört, die dem aufgebahrten Diktator die letzte Ehre erwiesen.[6] Danach wurde er zwar zum ehernen Antistalinisten, hielt aber an seiner Bewunderung für Lenin fest.[7]

Nach dem Studium avancierte Gorbatschow zum Parteichef von Stawropol, bevor er 1970 von Leonid Breschnew zum Ersten Sekretär der Parteiorganisation der gesamten Region ernannt wurde. Im Jahr zuvor hatte er im Zuge der ideologischen Verhärtung nach der Invasion der Tschechoslowakei – die er gebilligt hatte – auf eine Anweisung hin das Buch eines Stawropoler Kollegen verrissen, in dem dieser Reformen des Systems gefordert hatte. Seine Ansichten seien »unserer Ideologie fremd«, lautete sein vernichtendes Urteil.[8] Tatsächlich waren sie denjenigen, die Gorbatschow selbst später zu verwirklichen trachtete, nicht unähnlich. Seine öffentlichen Äußerungen in dieser Zeit waren angemessen konformistisch – einschließlich überschwänglicher Schmeicheleien für Breschnew. Insgeheim verstärkte sich jedoch seine kritische Haltung zu den schädlichen Folgen einer hochzentralisierten Kommandowirtschaft.

Seine Energie, Initiative und Organisationsfähigkeit erregten höheren Orts Aufmerksamkeit. Insbesondere die von ihm erreichte Steigerung der Agrarproduktion und die Bewässerung einer von regelmäßigen Dürren heimgesuchten Region wurden beifällig bemerkt. Er begann gute Beziehungen zu einer Reihe mächtiger Figuren aufzubauen. So dürfte es seinen Karriereaussichten förderlich gewesen sein, dass er KGB-Chef Juri Andropow kennenlernte, der ebenfalls aus der Stawropoler Gegend stammte. Viele Sowjetführer mochten die Kurorte am Fuß des Kaukasus. Als Erster Sekretär der Partei in Stawropol hieß Gorbatschow sie offiziell willkommen.[9] So lernte er nicht nur Andropow, sondern auch Alexei Kossygin kennen, bis 1980 Vorsitzender des Ministerrats.

1978 wurde Gorbatschow zum Sekretär des Zentralkomitees der KPdSU für Landwirtschaft ernannt. Sein steiler Aufstieg setzte sich fort. Zwei Jahre später wurde er als jüngstes Mitglied ins Politbüro aufgenommen. Andropow hatte sein Talent erkannt, und nachdem er 1982 nach Breschnews Tod dessen Nachfolge als Generalsekretär der Partei angetreten hatte, dehnte er seinen Verantwortungsbereich auf die gesamte Wirtschaft aus. Nach weniger als zwei Jahren an der Spitze der Partei starb auch Andropow, dessen Gesundheitszustand schon bei seinem Amtsantritt schlecht gewesen war. Nach seinem Willen hätte sein Protegé sein Nachfolger sein sollen, aber die alte Garde entschied sich für Konstantin Tschernenko, einen weiteren nahezu invaliden Apparatschik, der sein Amt wenig mehr als ein Jahr bekleidete. Da Gorbatschow schon während Andropows Amtszeit gelegentlich den Vorsitz in Politbürositzungen innegehabt und während Tschernenkos Krankheit das Politbüro und das ZK-Sekretariat fast durchgehend geleitet hatte, war er, auch wenn er nicht jedermanns Lieblingskandidat war, zum gleichsam rechtmäßigen Thronanwärter geworden – zumal kein alternativer Kandidat in Sicht war. Einen Tag nach Tschernenkos Tod wurde er ohne Gegenstimme zum Generalsekretär der KPdSU gewählt.

Vorbedingungen der Macht

Als Gorbatschow im März 1985 Parteichef wurde, war die Sowjetunion sowohl ökonomisch als auch politisch geschwächt. Aber weder die Wirtschaftslage noch die Politik hatten zur Folge, dass das Sowjetsystem binnen wenigen Jahren zusammenbrach. Kaum jemand sah dies voraus. Selbst Experten, die die fundamentalen strukturellen Schwächen der Sowjetunion kannten und davon ausgingen, dass sie letztlich nicht überlebensfähig war, sahen keinen Grund, warum sie nicht trotzdem auf unabsehbare Zeit hinaus bestehen bleiben sollte. Die Auslandsverschuldung war gering, innerer Aufruhr war nicht zu befürchten, und das Regime konnte sich auf den Rückhalt bei Militär und Sicherheitsdiensten verlassen.[10] Autoritäre Herrschaftssysteme, besonders solch mächtige, wie es das sowjetische seit Jahrzehnten war, implodieren selten so rasch und auf so spektakuläre Weise – und ohne großes Blutvergießen. 1985 nahmen die meisten Kremlbeobachter an, dass die Sowjetunion trotz aller inneren Schwierigkeiten stabil war und nicht unmittelbar vor dem Zusammenbruch stand, auch wenn sie irgendwann in eine unlösbare Systemkrise stürzen würde. Wäre 1985 jemand anders als Gorbatschow zum Generalsekretär gewählt worden, hätte ein unreformiertes oder nur oberflächlich reformiertes Sowjetsystem wohl noch jahrelang weiterbestehen können. »Nicht die Krise erzwang Reformen, sondern die Reformen lösten die Krise aus«, resümiert Archie Brown, der führende Analytiker von Gorbatschows Herrschaft, zu Recht.[11] Fundamentale Reformen waren weder unvermeidlich noch ökonomisch erforderlich,[12] sondern die Folge von Gorbatschows Handeln.

Gorbatschow selbst hat später den trostlosen Zustand der sowjetischen Wirtschaft bei seinem Amtsantritt einprägsam beschrieben. Das von der Höhe der Militärausgaben – die nicht weniger als 40 Prozent des Staatshaushalts verschlangen – verursachte Ungleichgewicht war enorm; es verzerrte die gesamte Wirtschaftstätigkeit, begrenzte die Befriedigung ziviler Bedürfnisse massiv und untergrub das Potential des Wirtschaftswachstums. Die Mittel für Forschung und Entwicklung flossen zum überwiegenden Teil in den militärischen Bereich, so dass der zivile Sektor stark vernachlässigt wurde. Es gab kaum Anreize für eine Steigerung der Produktivität. Die Kosten für Arbeit, Treib- und Rohstoffe waren mehr als doppelt so hoch wie im Westen, in der Landwirtschaft, laut Gorbatschow, sogar zehnmal höher. Obwohl große Mengen von Kohle, Erdöl und anderen Bodenschätzen gefördert wurden, lag man beim »Endprodukt«, wie Gorbatschow es ausdrückte, um die Hälfte hinter den Vereinigten Staaten. Die enorme Ineffizienz und technologische Rückständigkeit im Vergleich mit dem Westen gingen Hand in Hand mit minderwertiger Qualität. Hinzu kam schlechtes Management, in dem sich die grundlegenden Probleme widerspiegelten. Die offiziellen Produktionszahlen hatten wenig mit der

Realität gemein. Die schwerfällige, strenge Zentralisierung erstickte jede Initiative. Korruption, Bestechung, Diebstahl und Veruntreuung waren an der Tagesordnung. Und zu allem Überfluss legten die unantastbaren politischen und ideologischen Imperative der Sowjetunion dem eigenständigen Denken und allem, was die herrschende Orthodoxie in Frage stellen konnte, enge Fesseln an.[13]

In den 1970er Jahren waren die relative Rückständigkeit und Starrheit der sowjetischen Wirtschaft zum Teil vom steilen Ölpreisanstieg nach dem Jom-Kippur-Krieg von 1973 verdeckt worden. Da die Sowjetunion über eigene reiche Ölfelder verfügte, profitierte sie zunächst vom unerwarteten Preisanstieg. Ein Jahrzehnt später traf es die sowjetische Wirtschaft daher schwer, als der Ölpreis fast ebenso steil sank, wie er zuvor gestiegen war. Gleichzeitig ging die sowjetische Erdölförderung zurück. Damit war jede Hoffnung auf eine wesentliche Anhebung des niedrigen Lebensstandards hinfällig. Es drohten der ökonomische Niedergang und mit ihm möglicherweise ein Ausbruch sozialer Unzufriedenheit.

Politisch war das von Gorbatschow übernommene Erbe nicht weniger entmutigend. Während die wirtschaftlichen Probleme zunahmen, stagnierte das politische System. Unter Breschnews langer Herrschaft war alle Energie, die unter seinem Vorgänger Chruschtschow flüchtig aufgeflammt war, verbraucht worden. Große Reformen waren angesichts der starren Strukturen von Regierung und Verwaltung so gut wie unmöglich. Als Breschnews Nachfolger Andropow sich 1982 bemühte, die Korruption einzuschränken und die Arbeitsdisziplin zu stärken, war bei reformwilligen Funktionären Hoffnung aufgekeimt. Der neue Generalsekretär wusste um die zugrunde liegenden tiefen Wirtschaftsprobleme und war bestrebt, den Lebensstandard zu erhöhen. Obwohl er im Politbüro von der konservativen alten Garde umgeben war, konnte er einige jüngere Parteifunktionäre – einschließlich Gorbatschow – in Positionen bringen, in denen sie beginnen konnten, ihre reformerischen Ziele in Angriff zu nehmen.[14] Diese Reformer repräsentierten unterschwellige soziale Entwicklungen in der

Sowjetunion, insbesondere den Wandel von einer agrarischen zu einer stärker urbanisierten, hochgebildeten Gesellschaft, die mit der wirtschaftlichen Rückständigkeit und den politischen Einschränkungen unzufrieden und für einen technologischen, modernisierenden Wandel offen war.[15] Aber Andropow wollte Reformen, die die Orthodoxie des Regimes unangetastet ließen. Zudem war er schwerkrank. Von seinem Nachfolger Tschernenko war ganz offensichtlich kein Reformeifer zu erwarten. Er war der Favorit der Konservativen, noch älter als Andropow, weit weniger kompetent als dieser und todkrank. Nach seinem Tod im März 1985 war selbst den anderen Greisen im Politbüro klar, dass sie nicht schon wieder einen alten, hinfälligen Führer wählen konnten, zudem stand kein offensichtlicher Kandidat aus der alten Garde mehr bereit. Dies war der nicht sehr vielversprechende Hintergrund, vor dem Gorbatschow am 11. März 1985 zum Generalsekretär gewählt wurde.

Gorbatschow war 54 Jahre alt. Nur Stalin war bei seiner Wahl zum Generalsekretär mit 43 Jahren jünger gewesen. Nachdem in rascher Abfolge drei alte, kranke Generalsekretäre an der Spitze der Sowjetunion gestanden hatten, fielen Gorbatschows Tatkraft und Energie besonders auf. Er sah die Notwendigkeit von Reformen, wusste aber auch, dass es ein steiniger Weg war. Das Durchschnittsalter der stimmberechtigten Politbüromitglieder lag bei 67 Jahren; fünf von ihnen waren über 70.[16] Das System wurde von Vertretern einer alten, konservativen Elite geführt, die keineswegs erpicht darauf waren, es tiefgreifend zu verändern, hatte es ihnen doch gute Dienste geleistet. Sie sahen jedoch ein, dass einige Reformen vonnöten waren, und Andropow hatte in seiner kurzen Amtszeit auch versucht, einige einzuführen. Aber weder wollten noch erwarteten sie irgendetwas Grundstürzendes. Sie glaubten, Gorbatschows Wahl würde einige Reformen nach sich ziehen. Aber dass er in der Sowjetunion selbst oder in Bezug auf die osteuropäischen Satellitenstaaten etwas tun könnte, das die Sowjetmacht in Gefahr bringen würde, lag jenseits ihrer Vorstellungskraft.[17]

Gorbatschow war der Einzige im Politbüro, der einen tiefgreifenden Wandel anstrebte. Aber was bedeutete dies? Er wusste es selbst nicht genau. Es gab keine umfassende Strategie. Er hatte keinen klaren Plan im Kopf. Reformen, ja, sie waren unbedingt nötig. Aber alles deutet darauf hin, dass er Reformen *innerhalb* des Systems im Sinn hatte. Er ging von der Annahme aus, dass das Sowjetsystem reformierbar war.[18] Nach seiner Ansicht war der politische Wandel die Voraussetzung für den ökonomischen Wandel. Er glaubte, dass er auf konstruktive Weise erreicht werden konnte, ohne die Basis der sowjetischen Machtstruktur zu erschüttern. Aber welche Absichten er auch gehabt haben mochte, er musste vorsichtig beginnen, um eine Gegenreaktion des konservativen »Establishments« in der Partei- und Staatsbürokratie zu vermeiden. Doch die Veränderung – die letztlich die Sowjetunion zerstören sollte – gewann rasch eine Eigendynamik.

Musste sie eine solch destruktive Richtung einschlagen? Wäre nicht auch eine »chinesische Lösung« möglich gewesen? Man hat sich damals und später häufig gefragt, warum Gorbatschow nicht Deng Xiaopings Linie der schrittweisen Umwandlung der Wirtschaft in eine neue Form des Staatskapitalismus folgte, ohne das Machtmonopol der Kommunistischen Partei im Geringsten anzutasten. Gorbatschow selbst wies den Vergleich als naiv zurück. Die beiden Länder, erklärte er, und ihre jüngste Geschichte unterschieden sich stark. Alles und jeden »in ein obligatorisches, uniformes Entwicklungsmodell stecken« zu wollen, das für China »mit seiner riesigen Bevölkerung und alten Zivilisation« passen mochte, wäre reinster Dogmatismus gewesen. Die dort angewandten Methoden seien auf das sowjetische System nicht übertragbar gewesen, »gerade auch was die Aufrechterhaltung der politischen Stabilität betrifft. Was in China möglich, ja notwendig gewesen sein mag, wäre unter [sowjetischen] Bedingungen inakzeptabel«. Für die Sowjetunion sei es kein gangbarer Weg, »zunächst wirtschaftliche und dann erst politische Reformen in Angriff [zu] nehmen«.[19] Deng soll Gorbatschow für einen »Dummkopf« gehalten haben, weil dieser versuchte, das politische System vor der Wirtschaft zu reformieren.[20] In Wirklichkeit versuchte Gorbatschow beide Sphären gleichzeitig zu verändern. Nach seiner Ansicht konnte die Wirtschaft ohne politische Reformen nicht grundlegend reformiert werden.

Kampf um Reformen

Gorbatschows Persönlichkeit unterschied sich nicht nur von den grauen alten Männern, die ihn im Politbüro umgaben, sondern auch von allen anderen Führern, welche die Sowjetunion zuvor gehabt hatte. Im Rückblick ist es bemerkenswert, dass das verknöcherte, unflexible System einen Insider hervorgebracht hatte, der mit dem Wunsch im Kopf an die Spitze aufstieg, eben jenes Machtgefüge zu verändern, das seinen Aufstieg ermöglicht hatte. Denn seine Karriere war auf herkömmliche Weise verlaufen, und nichts hatte darauf hingedeutet, dass die Reformen, die er im Sinn hatte, sich als derart zersetzend herausstellen würden; tatsächlich war dies nicht seine Absicht gewesen. Ein sich beschleunigender Lernprozess, in dem er die Probleme, mit denen er konfrontiert war, in ihrer ganzen Komplexität erkannte, und die Schwierigkeiten, die es bereitete, sie mit moderaten Reformen zu lösen, sollten ihn im Lauf der Zeit zu immer tieferen Eingriffen veranlassen.

Auch sein Führungsstil stand in scharfem Gegensatz zu dem öden, unveränderlichen Autoritarismus der etablierten politischen Elite. Seine Energie, Tatkraft und Dynamik erstaunten alle, die mit ihm in Berührung kamen. Er legte den Eifer eines Missionars an den Tag, war aber bereit, zuzuhören und zu lernen, und nicht nur zu predigen und Anweisungen zu geben. Er verband Überschwänglichkeit und Optimismus mit persönlichem Charme, Eloquenz und selbstgewisser Intelligenz. Seine Offenheit für Argumente war früheren Sowjetführern fremd gewesen. Er wirkte durch Überzeugung, nicht per Diktat. Mit ihm als Generalsekretär waren die Politbürositzungen wesentlich länger als zuvor. Er forderte zu Diskussion und Meinungsäußerung auf und war bereit, ausgearbeitete Positionen im Licht von Einsprüchen zu überarbeiten, um potentiell verärgerte Politbüromitglieder auf seiner Seite zu halten.[21] Aber die Selbstsicherheit, mit der er davon ausging, die intellektuellen Fähigkeiten, das Wissen und die Überzeugungskraft zu besitzen, jedem Argument begegnen und Zweifler für sich gewinnen zu können, grenzte an Arroganz.

Auf der unteren Ebene bemühte sich Gorbatschow, mit der Bevölkerung direkt ins Gespräch zu kommen, vor allem, um sich anzuhören, was die Menschen zu sagen hatten. Dies war so neu wie beliebt. Da er nicht nur ausgewählte Vertreter und Apparatschiks traf, sondern die Meinung gewöhnlicher Menschen hörte, vertiefte sich sein Eindruck davon, wie umfassend sowohl die politische als auch die wirtschaftliche Notlage des Landes war. Seine frühen Besuche in Leningrad, dann in der Ukraine, Sibirien und Kasachstan führten ihm vor Augen, in welchem Ausmaß die bisherige Wirtschaftspolitik gescheitert war, und bestärkten ihn in der Auffassung, dass es, wollte man Veränderungen erreichen, keiner Mahnungen von oben bedurfte, sondern direkter Kommunikation.[22]

Gorbatschows herausragendes Talent, die Beweglichkeit seines Verstandes, seine Beredsamkeit und sein Bemühen, nicht einfach nur einstudierte, abgesicherte Parteiauffassungen abzuhören, sondern in offene Diskussionen einzutreten, machten ihn auch außerhalb der Sowjetunion zu einem beliebten Gesprächspartner, auch wenn seine Worte von einem Dolmetscher übermittelt werden mussten. Bei seinem Englandbesuch im Jahr vor seiner Wahl zum Generalsekretär erwärmte sich die britische Premierministerin Thatcher, obwohl sie ideologisch weit von ihm entfernt war, für seine Persönlichkeit. Sie erlebte ihn als jemanden, dessen Charakter »mit dem des durchschnittlichen sowjetischen Apparatschiks nichts gemein« hatte. Ihr gefiel die selbstbewusste, ebenso geistreiche wie sachkundige und humorvolle Art, mit der er sich auf kontroverse Diskussionen über hohe Politik einließ. Auch der Eindruck, den sie von seiner kultivierten, hochintelligenten Frau, Raissa, gewann, trug dazu bei, dass die Begegnung zwischen solch gegensätzlichen Politikern zum Erfolg wurde. Ihr berühmtes Resümee lautete jedenfalls: »[D]as war ein Mann, mit dem ich verhandeln konnte.«[23] Dieselben Eigenschaften, mit denen Gorbatschow die britische Premierministerin für sich gewann, ebneten auch den Weg zu guten, sogar herzlichen und freundschaftlichen Beziehungen zu anderen konservativen westlichen Staatsmännern, vor allem zu Reagan, Bush und Kohl.

So ungeduldig Gorbatschow nach seinem Machtantritt politische und ökonomische Reformen einführen wollte, so sehr war er sich im Klaren darüber, dass er nicht mit ungestümer Eile vorgehen durfte. Darüber hinaus bildeten seine Ideen, obwohl er schon vor seiner Wahl zum Generalsekretär strukturelle Systemreformen im Sinn gehabt hatte, keineswegs eine kohärente Strategie. Und nicht zuletzt verlor er, wie er später eingestand, Zeit. Als er an die Spitze gelangt war und die schlechte Wirtschaftslage in vollem Umfang einschätzen konnte, glaubte er, »erst den Karren aus dem Schlamassel herausziehen« zu müssen, bevor »tiefgreifende Reformen« angepackt werden konnten.[24] Daher blieb ihm in der Anfangszeit als Generalsekretär kaum mehr übrig, als Slogans, die zwar durchaus wirkungsvoll waren, aber auch höchst unterschiedliche Interpretationen zuließen, und Handlungsanweisungen auszugeben, für die es in einem labyrinthischen bürokratischen System, das daran gewöhnt war, Initiativen zu blockieren, offensichtlich keine Realisierungsinstrumente gab. Im April 1985 hatte er von einer »Beschleunigung der sozialökonomischen Entwicklung unseres Landes« und dem Streben nach »Vervollkommnung aller Lebensaspekte der Gesellschaft« gesprochen. Einer derart vagen Absichtserklärung, die vollkommen mit den traditionellen sowjetischen Idealen vereinbar war, konnte niemand widersprechen. Eine »strategische Linie«, die Gorbatschow darin sah, stellte sie nicht dar.[25]

Einen Monat später konkretisierte er seine Ziele, wenn auch immer noch in weitgefassten Begriffen. Die Wirtschaft, stellte er fest, müsse modernisiert werden, indem man die Managementstrukturen veränderte, die Initiative von unten freisetzte und die zentrale Kontrolle auf die strategische Lenkung beschränkte.[26] Mitte Mai benutzte er in Leningrad, das später seinen alten Namen St. Petersburg zurückerhielt, erstmals den Begriff, der bald zum Symbol für seine Reformanstrengung werden sollte: Perestroika (Umbau). »Sicherlich müssen wir uns alle umstellen«, erklärte er. »Alle müssen sich neue Betrachtungsweisen zu eigen machen und begreifen, dass es einen anderen Weg für uns nicht gibt.«[27] Im Rückblick bezeichnete Gorbatschow die Leningrader Rede als »ersten Schritt in Richtung Glasnost«, womit er einen weiteren Schlüsselbegriff – er bedeutet Offenheit – ansprach, der den bemerkenswerten Wandel in der Sowjetunion charakterisierte, den jetzt auch die Außenwelt wahrzunehmen begann.[28] Wie die Perestroika sollte Glasnost eine unaufhaltsame Eigendynamik entwickeln. Dies war allerdings nicht von Anfang an zu erkennen. In den ersten beiden Jahren seiner Amtszeit als Generalsekretär hatte Gorbatschow damit zu kämpfen, die größten Hindernisse auf dem Weg zu einer grundlegenden Veränderung beiseitezuräumen. Wie er selbst später zugab, wurden in dieser Phase erstaunlich wenig greifbare Resultate erzielt, am wenigsten in der Wirtschaft.

Erfolgreicher war er in den ersten Monaten beim Umbau seiner zentralen Machtbasis, indem er mit viel taktischer Raffinesse die alte Garde aus ihren Machtpositionen im Politbüro entfernte und durch nachrangige Funktionäre aus Regionen und Städten ersetzte. Außerdem zog er Reformbefürworter als Berater und Mitarbeiter hinzu. Der langjährige Außenminister, der 76-jährige unflexible Andrei Gromyko, wurde durch den georgischen Parteichef Eduard Schewardnadse abgelöst, der sich als entscheidender, treuer Verbündeter in den sich rasch verbessernden Beziehungen zum Westen erweisen sollte.[29] Eine wichtige Rolle bei der Konkretisierung von Gorbatschows Reformvorstellungen und als Unterstützer im Zentralkomitee spielte Alexander Jakowlew, ein überzeugter Verfechter radikaler Veränderungen, der ein Jahrzehnt als Botschafter in Kanada verbracht hatte. Nikolai Ryschkow ersetzte den 80-jährigen Nikolai Tichonow als Ministerratsvorsitzenden und übernahm damit auch die Gesamtverantwortung für die Wirtschaft. Jegor Ligatschow, den Andropow auf den wichtigen Posten des Chefs der Organisationsabteilung des ZK berufen hatte, stieg zum Politbüromitglied auf.[30] Sowohl Ryschkow als auch Ligatschow wandten sich später gegen Gorbatschow, als dessen Reformen in ihren Augen zu radikal wurden, aber in den Anfangsjahren gaben sie ihm wichtigen Rückhalt. Eine weitere Beförderung sollte sich als schicksalhaft herausstellen. Boris Jelzin, der Parteichef von Swerdlowsk – das später seinen alten Namen Jekaterinburg zurückerhielt –, wurde gegen Ryschkows Rat zum ZK-Sekretär gewählt und übernahm im Juli 1985 von dem konservativen Hardliner Viktor Grischin, einem mächtigen Blockierer jeder Veränderung, den wichtigen Posten des Moskauer Parteichefs. Er sollte sich als Gorbatschows Nemesis erweisen, aber 1985 war er ein weiterer starker Reformbefürworter.

Mit den Streitkräften, zu denen er nie eine enge Beziehung hatte, musste Gorbatschow vorsichtig umgehen.[31] Aber als im Mai 1987 ein junger Westdeutscher mit einem Leichtflugzeug sowjetischen Luftraum durchquerte und auf dem Roten Platz in Moskau landete, bot der Skandal ihm eine passende Gelegenheit für einen Personalwechsel – ohne den eine Kürzung der Verteidigungsausgaben kaum durchsetzbar gewesen wäre. Verteidigungsminister Marschall Sergei Sokolow und der Chef der Luftverteidigung, General Alexander Koldunow, wurden zum Rücktritt gezwungen, und Hunderte führender Militärs, die Gorbatschows Reformen und seinen Kurs einer neuen Verständigung mit den Vereinigten Staaten ablehnten, wurden gedrängt, ihren Abschied zu nehmen.

Die Durchführung tiefgreifender Reformen in allen Bereichen des Sowjetsystems blieb jedoch schwierig. Gorbatschow hing bei der Umsetzung seiner Absichten von einer Vielzahl bürokratischer Partei- und Staatsinstitutionen ab.[32] Ermahnungen von oben, wie Gorbatschow sie bei seinen Reisen in verschiedene Landesteile aussprach, vermochten den tief verwurzelten Konservatismus auf allen Ebenen des politischen und ökonomischen Systems nicht zu überwinden.[33] Fast siebzig Jahre lang hatten die Menschen das System zu ihrem Vorteil genutzt. Es ächzte und quietschte weiter, wie es das seit Jahrzehnten tat. Korruption, Ineffizienz und gefälschte Berichte, die Kontrolleuren, Managern und Parteifunktionären sagten, was sie hören wollten, waren endemische Erscheinungen eines schlecht funktionierenden Systems, das gleichwohl fähig war, allen Reformanstrengungen zu widerstehen. Die Folge war ein enttäuschender Mangel an ökonomischen Fortschritten. Binnen einem Jahr musste Gorbatschow erkennen, dass alles »im alten Trott« lief und »eine ›Kopplung‹ der Perestroika mit dem Leben von Städten und Betrieben [...] bisher nicht sichtbar« war. Er konstatierte, dass die »Perestroika nicht wirklich griff«. Sie scheitere an dem »aufgeblähten Partei- und Staatsapparat [...], der, einem Damm gleich, den Reformen im Wege« stand.[34]

Und dies war noch vor dem furchtbaren Schock der atomaren Katastrophe von Tschernobyl am 26. April 1986, die in Gorbatschows Augen »schlaglichtartig [...] die eklatanten Mängel unseres Systems hervortreten« ließ. Sie habe alles offenbar gemacht, »was sich jahrelang angestaut hatte: Vertuschung von außergewöhnlichen Vorkommnissen, Verantwortungslosigkeit und Leichtsinn, Schlendrian und weit verbreiteten Alkoholmissbrauch«. Danach war er nur noch umso entschlossener, die Perestroika voranzutreiben und einen fundamentalen Wandel in Gang zu setzen: »Nur radikale Reformen konnten noch etwas bewirken.«[35] Und auch in der Bevölkerung, deren Glaube an das bestehende System durch die Katastrophe erschüttert worden war, gab es jetzt große Reformbereitschaft.

1987 stand Gorbatschows Reformpolitik an einem Scheideweg. Würde er sich damit abfinden, dass sie als kühner Versuch letztlich gescheitert war, ohne eine bleibende Spur in den verhärteten Strukturen der Sowjetunion zu hinterlassen? Oder würde er sie weiter vorantreiben und mit allen damit verbundenen Gefahren, in das unbekannte Gebiet einer fundamentalen Umwälzung vorstoßen? Was sie bringen würde, war unvorhersehbar. Später, als das System zusammenbrach, deutete Gorbatschow an, dass der von ihm eingeleitete Veränderungsprozess jede Wahlmöglichkeit ausgeschlossen habe. »Ich bin dazu verdammt, vorwärtszugehen«, soll er bemerkt haben, »immer nur vorwärts. Wenn ich zurücktrete, wird nicht nur meine Person untergehen, sondern auch die Sache!«[36]

War dies übertrieben? Die frühen Veränderungen waren im Land populär und wurden von den Reformern unterstützt, die Gorbatschow auf wichtige Posten berufen hatte. Er selbst genoss noch das Ansehen und die enorme Macht, die einem Generalsekretär der KPdSU zugestanden wurden. Doch die konservative Opposition gegen seine Reformen war nicht verschwunden, insbesondere nicht in der Militärführung, einem der Hauptnutznießer des bisherigen Systems. Gorbatschow als Sowjetführer zu stürzen und zu ersetzen, wäre ein schwieriges und halsbrecherisches Unterfangen gewesen. Aber es gab immer noch die Möglichkeit, dass er und seine Berater beschlossen, die Reformen zu begrenzen, die Macht zu konsolidieren, sich mit relativ geringfügigen Veränderungen zufriedenzugeben und zu akzeptieren, dass das bestehende Herrschaftssystem nicht grundlegend verändert werden konnte.

Stattdessen beschleunigte und radikalisierte Gorbatschow zwischen 1987 und 1989 die Veränderungsdynamik. Natürlich hatte er sein Gefolge von Unterstützern. Aber es besteht kein Zweifel daran, dass er die wichtigsten Entscheidungen selbst traf. Er war der Hauptakteur, der die Veränderung vorantrieb. Und er veränderte sich auch selbst. Der Wunsch nach Reformen verwandelte sich in die Entschlossenheit, das Sowjetsystem zu transformieren.[37] Nach seiner Ansicht mussten die systemimmanente Starrheit sowohl der Wirtschaft als auch der ihr zugrunde liegenden Machtstrukturen aufgebrochen werden, was nur durch ein gewisses Maß an Dezentralisierung und Liberalisierung zu erreichen war. Nachdem die Handbremse gelöst war, rief die Liberalisierung fast zwangsläufig an der Basis einen zunehmenden Druck in Richtung Demokratisierung hervor. Gorbatschow begrüßte diese Entwicklung, zunächst freilich nur *innerhalb* der Partei. Doch er erkannte rasch, dass die Demokratisierung bedeutete, das Monopol der Kommunistischen Partei auf sämtliche Machtpositionen zu brechen und diese für den Pluralismus zu öffnen.

Die Radikalisierung der Reformen begann Anfang 1987. Auf dem ZK-Plenum im Januar kritisierte Gorbatschow kühn die hergebrachte Parteidoktrin und unterstrich die Notwendigkeit der Perestroika, die es ohne Demokratie »einfach nicht geben« würde. »Nur durch Demokratie«, erklärte er, »kann man der stärksten schöpferischen Kraft des Sozialismus – der freien Arbeit und dem freien Denken in einem freien Land – weiten Spielraum sichern.«[38] Er sprach sich für geheime Wahlen auf allen Ebenen aus, meinte damit allerdings keinen Pluralismus im westlichen Sinn, sondern die Wahlmöglichkeit zwischen verschiedenen Kandidaten der Partei. Doch schon dies bedeutete einen scharfen Bruch mit dem bislang Üblichen.

Tiefgreifende Wirtschaftsreformen blieben immer noch aus. Die Liberalisierung hatte ihre Grenzen. Das Gesetz über die Staatsbetriebe von 1987 gab Fabrikmanagern bei der Festsetzung von Löhnen und Preisen mehr Freiheit von zentraler Kontrolle, brachte in der Praxis aber kaum mehr als höhere Preise für Güter von weiterhin mäßiger Qualität.[39] Das Gesetz über die individuelle Erwerbstätigkeit vom November 1987 erlaubte den Betrieb kleiner Privatunternehmen, aber die Zahl ihrer Mitarbeiter – 1989 waren es nur rund 300000 – bedeutete keinen Einschnitt in die staatliche Kommandowirtschaft. Wesentlich weitreichender war da schon das Gesetz über die Kooperativen vom Mai 1988, die fortan völlig unabhängig gegründet werden und eine unbegrenzte Zahl von Menschen beschäftigen konnten.[40] Gorbatschow wurde jedoch neben der Wirtschaft von vielen anderen Dingen in Anspruch genommen. »In der Hitze des politischen Gefechts«, gestand er später ein, »verloren wir die Wirtschaft aus den Augen, und die Menschen verziehen uns den Mangel an Gütern des täglichen Bedarfs und die Warteschlangen vor den Geschäften nie.«[41]

Es ist fraglich, ob er mehr hätte erreichen können. Politisch musste er immer noch einen Seiltanz vollführen. Sogar wichtige Verbündete wie Ryschkow und Ligatschow wollten die Reformen bremsen. Die konservative Opposition innerhalb der Führung meldete sich im Frühjahr 1988 mit einem Zeitungsartikel zu Wort, in dem sie den Reformkurs einer vernichtenden Kritik unterzog. Andere dagegen wollten den Reformprozess beschleunigen, allen voran Boris Jelzin. Gorbatschow hatte bereits einige Monate zuvor mit ihm gebrochen. Jelzin – arrogant, impulsiv, schroff und machthungrig – forderte schnellere und weitreichendere Reformen. Auf einer ZK-Sitzung am 21. Oktober 1987 hatte er die geringen Fortschritte der Perestroika kritisiert und sich über das vermeintliche Wiederaufleben des Personenkults beklagt – was natürlich gegen Gorbatschow gerichtet war. Die in der Sitzung Anwesenden wandten sich gegen Jelzin, und Gorbatschow unternahm nichts, um sie zu stoppen. Jelzin schied aus dem Politbüro aus und wurde binnen wenigen Wochen von seinem mächtigen Posten als Moskauer Parteichef entfernt. Gorbatschow und Jelzin waren nie gut miteinander ausgekommen. Aber von diesem Zeitpunkt an herrschte Feindschaft zwischen ihnen, und Jelzin sollte sich als gefährlicher Feind erweisen.

Die Diskussionen, die vor der für Ende Juni 1988 angesetzten XIX. Parteikonferenz in Gorbatschows Beraterkreis geführt wurden, schärften seine Reformziele. Auf der Konferenz selbst nutzte er seine Autorität als Generalsekretär – die sich zu diesem Zeitpunkt auf dem Höhepunkt befunden haben dürfte –, um Veränderungen durchzusetzen, die vielen der 5000 Teilnehmer ganz offensichtlich nicht behagten. Er verlangte eine »Vertiefung der Perestroika«, nicht nur in der Wirtschaft, sondern auch in der Außenpolitik, sowie die »Demokratisierung der sowjetischen Gesellschaft und des politischen Systems«.[42] Im Mittelpunkt seiner Vorschläge standen eine Reduzierung der Macht der Partei und eine Aufwertung des neuformierten quasiparlamentarischen Obersten Sowjets, von dessen Mitgliedern zwei Drittel in einer allgemeinen Wahl gewählt werden sollten.[43] In Bezug auf die gewünschte Demokratisierung von öffentlicher Meinung und Redefreiheit sprach er von »sozialistischem Pluralismus« – der allerdings noch weit vom westlichen Liberalismus entfernt war.[44] Bis zum Ende des Jahres wurden alle vorgesehenen Änderungen der Parteistrukturen und eine riesige Verringerung der Zahl der Parteifunktionäre gebilligt. Für die im Frühjahr 1989 angesetzte Wahl wurden ein neues Wahlgesetz und Verfassungszusätze beschlossen.[45]

1988 überschritt Gorbatschow den Punkt, an dem eine Umkehr noch möglich gewesen wäre. Fortan trieb die von ihm ausgelöste Dynamik den Transformationsprozess voran und riss ihn selbst mit. Er hatte die Ereignisse nicht mehr unter Kontrolle. In den letzten zweieinhalb Jahren seiner Machtstellung schwoll die Flut radikaler Veränderungen immer weiter an, bis sie schließlich die Sowjetunion zerstörte. Bereits 1988 waren die Warnzeichen nicht zu übersehen. In Kasachstan und im Kaukasus war Unruhe zu spüren. Die »Nationalitätenfrage« wurde zu einem ernsten Problem.[46] Unterdessen verschlechterten sich die ökonomischen Umstände deutlich. Immer länger werdende Schlangen vor Geschäften wurden zu einer alltäglichen Erscheinung.

Verringerung der nuklearen Gefahr

Die Vorbedingungen der atemberaubenden Veränderung der außenpolitischen Beziehungen, die sich in den folgenden Jahren vollzog, waren bei Gorbatschows Machtantritt alles andere als vielversprechend. Die Sowjetunion war seit 1979 in einen Krieg in Afghanistan verstrickt. Das Verhältnis zu den Vereinigten Staaten war schlecht. Der Westen hatte auf die sowjetische Stationierung von SS-20-Raketen in Osteuropa damit reagiert, dass er 1983 seinerseits Pershings und Cruise Missiles in Westeuropa stationierte. Im selben Jahr verkündete US-Präsident Reagan, ein außenpolitischer Falke, der die Sowjetunion als »Reich des Bösen« verurteilte, ein neues amerikanisches Nuklearprogramm, die Strategische Verteidigungsinitiative (SDI), allgemein als »Star Wars« bekannt, denn es zielte darauf ab, ein unüberwindliches Verteidigungssystem im Weltraum aufzubauen. Es war ein Zeichen der erhöhten internationalen Spannungen, als am 1. September 1983 ein koreanisches Verkehrsflugzeug, das irrtümlich in sowjetischen Luftraum eingedrungen war, vom sowjetischen Militär als vermeintliches Aufklärungsflugzeug abgeschossen wurde. Im November 1983 hielt Moskau eine NATO-Übung anfangs für den Auftakt eines Nuklearschlags gegen die Sowjetunion.[47] Die Gefahr eines – möglicherweise durch ein Missverständnis ausgelösten – Atomkriegs war offensichtlich.

Nichts in dem düsteren Bild, das die Beziehungen zwischen den Supermächten abgaben, ließ den außergewöhnlichen außenpolitischen Kurswechsel der Sowjetunion ahnen oder gar voraussehen, der bald solch dramatische Wirkung auf Europa und die übrige Welt entfalten sollte. Die ersten Reaktionen Moskaus auf die vermeintliche gefährliche Eskalationspolitik der Vereinigten Staaten wiesen nicht auf einen Kurswechsel hin, sondern eher auf eine Verhärtung der bisherigen Politik. Die Verteidigungsausgaben sollten nicht verringert, sondern erhöht werden, um mit den technologischen Fortschritten der Vereinigten Staaten Schritt zu halten. Wäre die alte Garde auf ihren Machtpositionen verblieben, hätte die Sowjetunion ihren Kurs zweifellos weiter verschärft. Wenigstens kurz- bis mittelfristig hätten sich die seit Langem bestehenden Prioritäten der sowjetischen Außenpolitik nicht geändert. Dafür hätten die Streitkräfte schon gesorgt.

Die Außenpolitik stellte jedoch ein Gebiet dar, auf dem Gorbatschow eine persönliche Spur zu hinterlassen in der Lage war. Sein Hauptinstrument hierbei war das Außenministerium, an dessen Spitze mit Eduard Schewardnadse einer seiner verlässlichsten Mitstreiter stand, der ähnlich dachte wie er. Gorbatschows innovatives Denken wirkte in der Außenpolitik wie eine frische Brise. Schon seine Bereitschaft, sich regelmäßig mit ausländischen Staatsmännern zu treffen, war neu. Früher waren sowjetisch-amerikanische Gipfeltreffen selten gewesen. Aber Gorbatschow hatte in den sieben Jahren seiner Herrschaft neun Begegnungen mit US-Präsidenten, drei davon in den Vereinigten Staaten, und zahlreiche Treffen mit europäischen Führern.[48] Dass er bei seinen Besuchen im Ausland, wo er als Weltführer von unbestreitbarer Statur galt, gefeiert und mit Lobreden überschüttet wurde, dürfte sein ohnehin schon unerschütterliches Selbstvertrauen zusätzlich gestärkt haben.

Bei der totalen Umgestaltung der sowjetischen Außenpolitik war Gorbatschows persönliche Rolle entscheidend. Zudem hatte er den loyalen und kompetenten Schewardnadse an seiner Seite und wurde vom inneren Kreis seiner politischen Berater unterstützt, allen voran Anatoli Tschernjajew. Die Konservativen waren geschwächt und hatten in der Außenpolitik, wie in der Innenpolitik, außer der traditionellen Linie des Kalten Kriegs keine Alternative anzubieten. Das neue Denken von Gorbatschows Team nahm im Lauf der Zeit immer konkretere Form an. Aber es kann kein Zweifel daran bestehen, wer sowohl der Architekt als auch die treibende Kraft der Transformation war.

Gorbatschow hatte von Anfang an erkannt, dass jegliche inneren Reformfortschritte von einer Absenkung des immens hohen Niveaus der Militärausgaben abhingen, was wiederum mit den Prioritäten der sowjetischen Außenpolitik verknüpft war. Der durch den Beginn des SDI-Programms offenbarte technologische Rückstand zu den Vereinigten Staaten verstärkte in seinen Augen die Notwendigkeit einer neuen Herangehensweise. Anstatt bei den Verteidigungsausgaben den Wettstreit anzunehmen – in einem Wettbewerb, den die Sowjetunion nicht gewinnen konnte –, schien die *Reduzierung* des nuklearen Rüstungswettlaufs eine logische und wesentlich vorteilhaftere Politik zu sein – wenn sie denn erreicht werden konnte. Gorbatschows Sorge angesichts der wachsenden Gefahr einer atomaren Katastrophe wurde durch Tschernobyl noch erheblich vertieft. So nahmen die Umrisse einer völlig neuen außenpolitischen Zielstellung – verbesserte Beziehungen zu den Vereinigten Staaten, Deeskalation des Rüstungswettlaufs und umfangreiche nukleare Abrüstung beider Supermächte – rasch Gestalt an. Fortschritte in dieser Richtung, da war Gorbatschow sicher, hingen davon ab, dass er eine gute persönliche Beziehung zum amerikanischen Präsidenten aufbaute.

Vom ersten Treffen mit Reagan in Genf im November 1985 an fand Gorbatschow einen Draht zu dem anfangs skeptischen US-Präsidenten. Die Persönlichkeiten beider Beteiligten halfen, ideologische Differenzen zu überbrücken. Die persönliche Chemie war entscheidend – wie später auch mit Präsident Bush. Nicht zuletzt war Margaret Thatcher hilfreich, die Reagan versicherte, dass Gorbatschow eine andere Art von Sowjetführer sei. Dennoch endete das zweite Treffen im Oktober 1986 in Reykjavik mit einem Missklang. Bemerkenswert war indes, dass beide Seiten kurz davor standen, sich auf eine drastische Verkleinerung ihrer Atomwaffenarsenale zu einigen. Nachdem Gorbatschow vorgeschlagen hatte, die Zahl der »strategischen Offensivwaffen« bis 1991 um 50 Prozent zu senken und sie bis 1996 ganz abzuschaffen, bemerkte Reagan, dem amerikanischen Protokoll zufolge, sogar, »es wäre auch in seinem Sinn, wenn wir alle Atomwaffen abschaffen würden«. Gorbatschow stimmte ihm umgehend zu.[49] So nah und doch so fern: Der Gipfel scheiterte.

Stolperstein war Reagans Weigerung gewesen, die Arbeit an SDI auf das Labor zu begrenzen. Dennoch stellte sich, als der aufgewirbelte Staub sich legte, heraus, dass das Treffen nicht nur den gegenseitigen Respekt zwischen Gorbatschow und Reagan vergrößert, sondern auch den Weg zu der bedeutenden Vereinbarung geebnet hatte, die beim nächsten Gipfel im Dezember 1987 in Washington geschlossen wurde: dem INF-Vertrag (Intermediate Range Nuclear Forces Treaty) über den Abzug der sowjetischen SS-20 und der westlichen Cruise Missiles und Pershings aus Europa. (Das SDI-Programm wurde nicht sofort verboten, verlor nach dem Ende des Kalten Kriegs in den Vereinigten Staaten aber an Unterstützung und wurde 1993 offiziell aufgegeben, nachdem es seine Aufgabe im Grunde erfüllt hatte.) Das Treffen zwischen Gorbatschow und Reagan im Frühjahr 1988 in Moskau war eher als Demonstration des neuen, freundschaftlichen Klimas denn wegen seiner greifbaren Resultate bemerkenswert. Doch die

Symbolkraft des Bildes, das die Führer der beiden Supermächte, die so lange verfeindet gewesen waren, Arm in Arm auf dem Roten Platz zeigte, unterstrich, wie weit man in kurzer Zeit gekommen war.[50]

Gorbatschows Rede vor der Vollversammlung der Vereinten Nationen im Dezember 1988 war ein überzeugender Beleg dafür, dass es ihm mit seinen Abrüstungs- und Friedensbemühungen ernst war. Er gab die Verkleinerung der Roten Armee um eine halbe Million Mann und den Rückzug von sechs gepanzerten Divisionen aus Mitteleuropa bis 1991 bekannt und hob den Aufbau einer friedlichen Welt als »gemeinsames Ziel« der Menschheit hervor. Vom Klassenkampf und Marxismus-Leninismus sprach er nicht. »Atemberaubend«, »heldenmütig«, »eine der herausragendsten Reden, die jemals in der UNO gehalten wurden«, befanden amerikanische Zeitungen.[51]

Eine ähnlich herzliche Beziehung wie zu Reagan baute Gorbatschow auch zu dessen Nachfolger George Bush auf, allerdings erst, nachdem sich die anfängliche Skepsis der neuen US-Regierung gegenüber dem Sowjetführer gelegt hatte. Beide Staatsmänner entwickelten ein gemeinsames Verständnis der großen Fragen, vor denen die Welt stand. Als sie im Dezember 1989 auf einem Schiff bei stürmischer See vor der Küste von Malta zu einem, wie sich herausstellen sollte, weiteren bedeutenden Gipfel zusammenkamen, waren gewichtige Veränderungen im Gang. Gorbatschow hatte die sowjetischen Truppen aus Afghanistan abgezogen und damit einen längst überfälligen Schritt getan, um die Verluste einer stillschweigend als solche akzeptierten schmerzlichen Niederlage zu begrenzen. Und in Deutschland hatte die Öffnung der Berliner Mauer einen Monat zuvor einen dominoartigen Zusammenbruch der sowjetischen Herrschaft über die mitteleuropäischen Satellitenstaaten ausgelöst.

Nur wenige Jahre zuvor hätte eine Krise in der DDR keine Annäherung zwischen den Supermächten nach sich gezogen, sondern die Spannungen zwischen ihnen erheblich verstärkt. Wie die Dinge lagen, wollte sowohl Gorbatschow als auch Bush in Malta in Bezug auf die deutsche Vereinigung, die zum vorrangigen Thema in der europäischen Politik zu werden begann, jedes Missverständnis vermeiden. Gorbatschow versicherte, dass »die Sowjetunion unter keinen Umständen einen Krieg beginnen« werde und bereit sei, »die USA nicht mehr als ihren Feind zu betrachten und dies auch öffentlich zu erklären«. Bush erwiderte mit dem Angebot von wirtschaftlicher Zusammenarbeit und Unterstützung der Perestroika. Der Gipfel festigte die guten und sich weiter verbessernden Beziehungen zwischen den Supermächten. Nach Gorbatschows Ansicht markierte er das unwiderrufliche Ende des Kalten Kriegs.[52]

Der Eiserne Vorhang hebt sich

Die sechs sich über Mitteleuropa erstreckenden Länder – die DDR, Polen, die Tschechoslowakei, Ungarn, Rumänien und Bulgarien – waren für die Sowjetunion, an die sie politisch, ideologisch, ökonomisch und militärisch gebunden waren, von immenser symbolischer Bedeutung. Die »Brüderlichkeit« dieser Staaten war ein Ergebnis der sowjetischen Eroberungen im »Großen Vaterländischen Krieg«. Sie bildeten einen soliden Block, der dem feindlichen Bündnisblock der Vereinigten Staaten auf der anderen Seite des Eisernen Vorhangs gegenüberstand. Und sie untermauerten die Stellung der Sowjetunion als Supermacht.

In den 1980er Jahren verschärften die mitteleuropäischen Satellitenstaaten jedoch die ohnehin schon vorhandenen ernsten ökonomischen Probleme der Sowjetunion. Gorbatschow wurde darauf aufmerksam gemacht, dass sie eine Last für die sowjetische Wirtschaft darstellten.[53] Ihre Wirtschaften mit ihren großen Schuldenlasten, ihrer Ineffizienz und mangelnden Modernisierung, die sie sich nicht leisten konnten, waren nicht gerade eine Reklame für den Sozialismus nach sowjetischer Machart. In den 1970er Jahren hatten sie sich infolge der Ölkrisen, die zugleich ihre Abhängigkeit von subventionierten sowjetischen Erdöllieferungen verstärkten, beim Westen verschuldet. Als der Ölpreis wieder sank, verringerten sich dementsprechend auch die sowjetischen Einnahmen aus den Satellitenstaaten. Letztlich befand sich die Wirtschaft sowohl der Satellitenstaaten als auch der Sowjetunion zum Zeitpunkt von Gorbatschows Machtantritt in besorgniserregendem Zustand. Das Überleben Ersterer hing – ökonomisch wie militärisch – völlig von der Unterstützung durch Letztere ab. Die Regime der Satellitenstaaten existierten, weil die Sowjetunion sie eingesetzt hatte und durch militärische Gewalt – oder die Drohung damit – aufrechterhielt. Ende der 1980er Jahre hielt man die militärische Stützung taumelnder Regime wie 1953 in Ostdeutschland, 1956 in Ungarn und 1968 in der Tschechoslowakei jedoch nicht mehr für machbar. Sie war 1981 als Lösung der Krise in Polen verworfen worden. Die Satellitenstaaten stellten also in jeder Hinsicht ein wachsendes Problem dar. Gleichzeitig war es undenkbar, sie freizugeben und zuzulassen, dass der Sowjetblock zerfiel.

Als Gorbatschow an die Macht kam, bestand diese Gefahr noch nicht. Doch 1988 mehrten sich die Vorzeichen der heraufziehenden Krise. Im Oktober wurde Gorbatschow ein dringliches Memorandum vorgelegt, in dem die Frage gestellt wurde, was man tun wollte, wenn ein oder mehrere Länder des Sowjetblocks bankrottgehen oder von »gesellschaftlicher Instabilität« erfasst werden sollten. Ihm wurde geraten, diese Frage im Politbüro zu besprechen. Doch er war mit anderen Dingen beschäftigt und sah sie offenbar nicht als dringend an. Seine Sorge galt vor allem den zunehmenden Schwierigkeiten in der Sowjetunion selbst. Erst vier Monate später fand eine folgenlose Diskussion über das Thema statt. Studien von Anfang 1989 untersuchten zwei gegensätzliche Szenarien: Entweder ein »neues Modell des Sozialismus« würde die kommunistische Herrschaft abstützen, oder es würde zum »Zusammenbruch des sozialistischen Gedankens« kommen.[54] Gorbatschow schloss militärische Interventionen aus, unternahm darüber hinaus aber nichts.

Die Länder des Sowjetblocks hatten auf den immer schneller werdenden Wandel in der Sowjetunion unter Gorbatschow unterschiedlich reagiert. Rumänien ging unter der unsäglichen Tyrannei Nicolae Ceauşescus weiterhin in gewisser Distanz zu Moskau seinen eigenen Weg – einer Art despotischen Nationalkommunismus – und war gegen jeden Reformgedanken immun. Bulgarien zollte der Reform Lippenbekenntnisse, verfolgte ansonsten aber die Absicht, das Machtmonopol der Kommunistischen Partei aufrechtzuerhalten.[55] Auch die Hardliner an der Spitze der Tschechoslowakei lehnten alles ab, was ihre Macht gefährden konnte. In der DDR erklärte man Reformen schlicht für unnötig. Perestroika eigne sich nicht für die DDR, bemerkte der ostdeutsche Staats- und Parteichef Erich Honecker lapidar.[56] Sowohl in der Tschechoslowakei als auch in der DDR gab es Anzeichen für Dissens in der Bevölkerung, aber solange Moskau den Regimen seine Unterstützung nicht entzog, war die Opposition viel zu schwach, um sie zu stürzen. In Ungarn und Polen hatte sich jedoch im Rahmen des monolithischen kommunistischen Systems über Jahre hinweg eine Opposition entwickelt, die jetzt, durch die in der Sowjetunion im Gang befindlichen Veränderungen bestärkt, neue Kraft gewann, so dass sich die Regime beider Länder zu Zugeständnissen genötigt sahen.

Bereits in den ersten Jahren von Gorbatschows Amtszeit hatte die Macht der Regime in den Ländern des Sowjetblocks zu bröckeln begonnen. Aber diese Macht war immer noch stark. Völlig untergraben wurden sie, als Gorbatschow klarstellte, dass die Sowjetunion nichts tun würde, um sie zu stützen. Es dauerte einige Zeit, bis den Führern – und Bürgern – der Ostblockländer und auch westlichen Beobachtern klar wurde, was diese prinzipielle Ablehnung der »Breschnew-Doktrin« bedeutete, nach der militärische Interventionen zur Aufrechterhaltung kommunistischer Regime gerechtfertigt waren. Gorbatschows zunächst ambivalente Äußerungen wurden nur schrittweise eindeutiger, bis die Führer der sowjetischen Satellitenstaaten begriffen, dass sie das Recht hatten, ihr Schicksal selbst zu bestimmen.[57] Dies war entscheidend. Die Völker der Satellitenstaaten waren gestärkt, die Machteliten geschwächt.

In Ungarn wurde der Druck in Richtung politischen Pluralismus derart groß, dass die Ungarische Sozialistische Arbeiterpartei im Januar 1989 formell das Ende der Ein-Parteien-Herrschaft beschloss. In Polen hatte man 1986 politische Häftlinge, die unter dem Kriegsrecht von 1981 verhaftet worden waren, amnestiert und einige Reformen eingeführt. 1988 hatte dann eine drastische Verschlechterung der Wirtschaftslage eine Streikwelle ausgelöst, die das Regime in Zugzwang brachte und den Druck auf demokratische Reformen verstärkte. Die entscheidende Zeit für den gesamten Sowjetblock kam im Herbst 1989, angefacht von den dramatische Ereignissen in der DDR. Gorbatschow hatte den ostdeutschen Führer Erich Honecker schon seit zwei Jahren als politischen Dinosaurier betrachtet, der sich notwendigen Reformen widersetzte. Aber er hatte nichts unternommen, um ihn aus dem Amt zu drängen, und blieb auch in der sich verschlechternden Situation untätig.[58] Es wurde jedoch klar, dass die ostdeutsche Polizei ohne Rückendeckung aus Moskau – die bereits ausgeschlossen worden war – nicht eingreifen würde, um die immer größer werdenden Demonstrationen zu unterdrücken, auf denen, vom außergewöhnlichen Wandel der sowjetischen Politik unter Gorbatschow ermutigt, demokratische Reformen gefordert wurden. Der Druck auf das System baute sich unaufhaltsam auf, bis am 9. November 1989 mit der Öffnung der Berliner Mauer der symbolische Augenblick der Veränderung gekommen war.

Bis Ende 1989 war die kommunistische Herrschaft in den Satellitenstaaten zusammengebrochen. Das sowjetische Reich in Mitteleuropa war verschwunden. Auf lange Sicht hätten die strukturellen Probleme des Sowjetblocks zu dessen Auflösung geführt. Aber dass sie zu diesem Zeitpunkt und derart schnell stattfand, war eine Folge von Gorbatschows Bereitschaft, sie zuzulassen und den Schutzschild der sowjetischen Interventionsdrohung zu entfernen. Das Ende der 45-jährigen sowjetischen Herrschaft über Mitteleuropa war eindeutig ein Resultat des Wirkens des »Gorbatschow-Faktors«.[59]

Infolge der grundstürzenden Veränderungen in Mitteleuropa war ein gewichtiges Thema von historischer und internationaler Bedeutung wieder akut geworden: die deutsche Frage. In den Wochen nach der Öffnung der Berliner Mauer häuften sich die Anzeichen, die unmissverständlich darauf hindeuteten, dass für die westdeutsche Führung – und in zunehmendem Maß auch für die Bevölkerung auf beiden Seiten des ehemaligen Eisernen Vorhangs – die Vereinigung Deutschlands von einem fernen Traum zu einer realen Möglichkeit geworden war. Zwei Jahre zuvor hatte Gorbatschow von einer möglichen Wiedervereinigung »in hundert Jahren« gesprochen.[60] Die Aussicht, dass sie in naher Zukunft zustande kommen könnte, löste bei ihm größtes Unbehagen aus, ebenso wie bei den meisten Sowjetbürgern, die sich nur zu bewusst waren, was Deutschland ihrem Land in jüngster Vergangenheit angetan hatte. Auf Helmut Kohls Rede vom 28. November 1989, in der er – offensichtlich als Vorstufe zur Vereinigung – vorschlug, eine »Konföderation« zwischen der Bundesrepublik und der DDR zu bilden, reagierte Gorbatschow emotional ablehnend.[61] Aber er erkannte, einem seiner Berater zufolge, nicht, wie schnell die unaufhaltsame Entwicklung vor sich ging.[62] Anfang 1990 wurde der Druck in Richtung Wiedervereinigung, der sich in beiden Teilen Deutschlands aufbaute, unwiderstehlich. Jetzt begriff auch Gorbatschow, dass er die steigende Flut nicht aufhalten konnte.

Eine mögliche Ausdehnung der NATO nach Ostdeutschland schloss er jedoch kategorisch aus, bevor er während eines Amerikabesuchs im Mai 1990 seine Meinung änderte. Vielleicht lag es an der sich vertiefenden Sorge über die Entwicklung in der Heimat, dass die Amerikaner ihn weniger »souverän« fanden als früher. Und während des Gesprächs mit Präsident Bush machte er aus heiterem Himmel das entscheidende Zugeständnis: dass das vereinte Deutschland selbst entscheiden dürfe, ob es der NATO angehören wolle. Das war der Durchbruch, der Bush und sein Gefolge in Erstaunen versetzte. Es war Gorbatschows eigene Initiative, die er vorher nicht mit seinen Beratern abgesprochen hatte. Die Amerikaner dachten noch lange danach, dass Gorbatschow durchaus erfolgreich auf der Neutralität des vereinten Deutschland hätte bestehen können. Er selbst erklärte sein

Zugeständnis später als schlichte Anerkennung des Rechts eines souveränen Volks, selbst zu entscheiden, was es wollte – ein Grundprinzip der Demokratie.[63] Sein Denken hatte sich in kurzer Zeit stark verändert. Die Erkenntnis der Schwäche der Sowjetunion war mit der echten und immer festeren Überzeugung verschmolzen, dass es nicht wünschenswert, aber auch nutzlos wäre, den Versuch zu unternehmen, die öffentliche Forderung nach Veränderung zu blockieren. Als Kohl Mitte Juli 1990 in Moskau Garantien dafür anbot, dass Deutschland kein Sicherheitsrisiko für die Sowjetunion darstellen würde, stellte Gorbatschow zur Freude des Bundeskanzlers klar: »Das vereinigte Deutschland werde Mitglied der NATO sein.«[64]

Geld war ein Schmiermittel. Die verzweifelte finanzielle Lage der Sowjetunion machte Gorbatschow empfänglich für das Angebot deutscher Kredite. Nach harten Verhandlungen erhielt er im September eine Zusage über Kredite in Höhe von 15 Milliarden D-Mark für die Finanzierung des Abzugs der sowjetischen Truppen aus Ostdeutschland.[65] Weitere sollten folgen. Mitte 1991 waren es an Krediten und Kreditbürgschaften, Zuwendungen für den Aufenthalt und Abzug der sowjetischen Truppen sowie ihre Wiederansiedlung in der Sowjetunion und übernommenen ostdeutschen Schulden schätzungsweise 60 Milliarden D-Mark.[66] Unterdessen war am 3. Oktober 1990 die deutsche Einheit Wirklichkeit geworden. Zu diesem Zeitpunkt hing Gorbatschows politisches Überleben bereits am seidenen Faden.

Auflösung

Zwischen Herbst 1989 und Herbst 1991 schwand Gorbatschows Macht zusehends, bis sie schließlich ganz zusammenbrach. Obwohl er bis zum Ende kämpfte, steuerte er in diesen zwei Jahren die Ereignisse nicht mehr, sondern wurde immer mehr zu ihrem Spielball. Mit seinem unerschütterlichen Reformwillen hatte er Kräfte freigesetzt, die weder beherrschbar noch aufzuhalten waren. Er hatte in der Tat die Büchse der Pandora geöffnet.

Wirtschaftlich war die Sowjetunion 1991 am Ende. Die Kommandowirtschaft war ernstlich geschwächt, aber die Entwicklung in Richtung einer Marktwirtschaft war noch nicht weit genug gediehen, um sie ganz zu untergraben. Die alten Wahrheiten wurden weithin in Frage gestellt. Aber die auf ihnen aufgebauten Strukturen waren zum großen Teil noch vorhanden. Im Verlauf mehrerer Jahre voller in Angriff genommener Veränderungen, Reformblockaden sowie viel Verwirrung und Entmutigung hatte die Wirtschaft immer weniger funktioniert. Dies hatte zur Rationierung von Treibstoff, Medikamenten und anderen notwendigen Waren geführt, was verständlicherweise zunehmende Verärgerung über Staat und Partei sowie Gorbatschow persönlich ausgelöst hatte. Die Popularität, die er in den Anfangsjahren der Reformpolitik genossen hatte, nahm im Jahr 1990 dramatisch ab.

Zwischen Herbst 1990 und Frühjahr 1991 versuchte er erfolglos eine wachsende konservative Opposition abzuwehren. Er war eingezwängt zwischen Konservativen – die seine Reformen, die nach ihrer Meinung nur in die Katastrophe führten, ablehnten, über den Verlust des sowjetischen Reichs in Mitteleuropa empört waren und immer noch auf die Wiedererrichtung des alten Systems hofften – und Radikalen, die, mit Jelzin an der Spitze, immer schärfere Attacken auf Gorbatschow ritten. Jelzin, der sich immer deutlicher als ernster Herausforderer von Gorbatschows Herrschaft herausschälte, war durch die Wahl zum Mitglied des Volksdeputiertenkongresses im März 1989 erheblich gestärkt worden. Trotz der konzertierten Gegnerschaft des Parteiapparats hatten ihm fast 90 Prozent der Moskauer Wähler ihre Stimme gegeben. Dieser Triumph war eine bedeutende Wegmarke in einer Entwicklung, die die Russische Sozialistische Föderative Sowjetrepublik (RSFSR) zum Hauptherausforderer der Macht – und letztlich der Existenz – der Sowjetunion machte.

1991 wurden die Überlebenschancen der Sowjetunion durch die wachsenden Unabhängigkeitsbestrebungen der nominell autonomen

Sowjetrepubliken verringert. In der Praxis war die Sowjetunion ein von Russland dominierter Bundesstaat, dem fast alle Republiken zu diesem Zeitpunkt seit nahezu sieben Jahrzehnten angehörten. Die baltischen Staaten – Litauen, Lettland und Estland – bildeten eine Ausnahme. Sie waren 1940 unter Stalin zwangsweise in die Sowjetunion eingegliedert worden und strebten jetzt aktiv die Unabhängigkeit an. Gewaltmaßnahmen gegen die Unabhängigkeitsbewegung – die gegen Gorbatschows Willen angewandt wurden und insofern seine zunehmende politische Schwäche zeigten – führten zu Blutbädern in Litauen und Lettland, die sowohl in den baltischen Republiken als auch in Moskau riesige öffentliche Proteste hervorriefen. Auch in den zentralasiatischen Republiken und im Kaukasus brachen 1990 gewalttätige Unruhen aus, die ebenfalls mit militärischen Mitteln unterdrückt wurden. In Georgien wurde auf Großdemonstrationen die Unabhängigkeit gefordert. Sogar in der Ukraine, einem integralen Bestandteil der Sowjetunion seit deren Gründung, entstand eine Unabhängigkeitsbewegung. Die Gefahr war akut.

Das Zentrum des Gesamtsystems begann in dieser Zeit zu implodieren. Die RSFSR, die bei Weitem größte Sowjetrepublik, bildete den Kern der Sowjetunion. Und ausgerechnet dort verstärkte sich unter Jelzin der Druck, den russischen Interessen Vorrang vor denen der Union einzuräumen.

Gorbatschows Macht hatte auf seinem Amt als Generalsekretär der KPdSU beruht. Doch was fünf Jahre zuvor unvorstellbar gewesen wäre, wurde im April 1990 Wirklichkeit: Die Kommunistische Partei verlor ihr Machtmonopol. Im vorangegangenen Monat war Gorbatschow ins neugeschaffene Amt des Präsidenten der Sowjetunion gewählt worden. Damit ruhte sein Machtanspruch auf den umfangreichen neuen Rechten des Staatsoberhaupts. Aber seine wirkliche Macht schwand rasant. Er hatte sich für den kurzen Weg zur Präsidentschaft entschieden: die Wahl nicht durch das Volk, sondern durch den Volksdeputiertenkongress. Jelzin, inzwischen offensichtlich Gorbatschows Hauptrivale, vermied diesen Fehler, indem er sich im Juni 1991 in einer direkten Wahl zum Präsidenten Russlands wählen ließ.[67] Über ein Jahr hatte er um Zustimmung geworben, indem er bei jeder sich bietenden Gelegenheit russische Interessen über diejenigen der Sowjetunion als Ganzer stellte. 1991 gab er sich damit zufrieden, gemeinsam mit Gorbatschow an einem Vertrag zu arbeiten, der die alte Unterordnung der Sowjetrepubliken durch eine neue Union souveräner Staaten ersetzen sollte. Doch dies war ein rein taktischer Schritt. Die Zeit war auf seiner Seite, nicht auf derjenigen Gorbatschows.

Im Hochsommer 1991 hatten die Hardliner und sogar einige Unzufriedene unter denjenigen, die Gorbatschow ihre Positionen verdankten, genug. Bisher hatte Gorbatschow mit politischem Geschick potentielle Versuche, ihn aus dem Amt zu entfernen, abgewehrt. Aber die Opposition wurde stärker. Es schien, als sei er blind für die Gefahr, als eine reaktionäre Zeitung einen von Hardlinern aus Militär, Wirtschaft und Kultur unterzeichneten Frontalangriff auf die neue Politik veröffentlichte. Unter dem Titel »Ein Wort an das Volk« hieß es darin: »Unser Heimatland geht zugrunde, zerbricht, versinkt in die Finsternis und ins Nichts.« Unmissverständlich gegen Gorbatschow gerichtet war die Klage darüber, dass man Personen an die Macht kommen ließ, »die ihr Land nicht lieben, die sich ausländischen Herren unterwerfen und sich im Ausland Rat und Anerkennung holen«.[68]

Als Gorbatschow im August auf der Krim Urlaub machte, schlugen seine Gegner zu. Der Putschversuch einer Gruppe von Verschwörern, zu denen auch einige seiner Vertrauten gehörten – wie Vizepräsident Gennadi Janajew, Ministerpräsident Valentin Pawlow, der Verteidigungs- und der Innenminister, der KGB-Chef sowie sein eigener verräterischer Stabschef, Waleri Boldin –, wurde rasch zu einem Fiasko. Wäre er erfolgreich gewesen, hätte er möglicherweise in einen Bürgerkrieg gemündet. Aber nach Lage der Dinge war er aufgrund der entschlossenen Haltung Gorbatschows, der Unfähigkeit der Verschwörer und des mutigen öffentlichen Widerstands in Moskau –

an dessen Spitze ausgerechnet Boris Jelzin stand – binnen drei Tagen zum Scheitern verurteilt. Gorbatschow hatte überlebt. Aber er war tödlich geschwächt und stand jetzt völlig in Jelzins Schatten. Er hielt sich noch im Amt. Aber das Ende war abzusehen. Er war zum Gefangenen der Ereignisse geworden.

Jelzin löste die Kommunistische Partei in Russland auf – und verbot sie bald ganz. Er bildete eine neue russische Regierung mit ihm als Ministerpräsident, die darauf abzielte, unverzüglich eine vollgültige Marktwirtschaft einzuführen. Gorbatschows Pläne für eine Union unabhängiger Staaten landeten im Papierkorb. Die nichtrussischen Republiken proklamierten mit Jelzins Unterstützung eine nach der anderen ihre Unabhängigkeit. Der letzte, tödliche Schlag traf die einst mächtige Sowjetunion, als die ukrainischen Wähler am 1. Dezember 1991 in einer Volksabstimmung mit überwältigender Mehrheit für die Unabhängigkeit votierten. Eine Woche später vereinbarten Russland, die Ukraine und Belarus, anstelle der Sowjetunion eine lockere Gemeinschaft Unabhängiger Staaten (GUS) zu bilden – der sich rasch acht weitere Republiken anschlossen. Am 25. Dezember erklärte Gorbatschow in einer Fernsehansprache seinen Rücktritt als Präsident der Sowjetunion – dem inzwischen jegliche Macht entzogen worden war und der ein Land repräsentierte, das kaum noch existierte. Seine Machtbefugnisse gingen an einen triumphierenden Boris Jelzin über. Sechs Tage darauf wurde die Sowjetunion formell aufgelöst.

Gorbatschow selbst hatte eine Metamorphose durchgemacht: von einem überzeugten Anhänger der kommunistischen Prinzipien zu einem Sozialdemokraten westlichen Zuschnitts. Was sein Volk betraf, entschied er sich für Freiheit statt Unterwürfigkeit. Aber er erkannte nur langsam, wenn er es denn überhaupt erkannte, dass die Strukturen der Sowjetunion mit einer auf persönlicher Wahl, individuellen Freiheiten und politischer Unabhängigkeit beruhenden sozialen Demokratie unvereinbar waren. Für die große Mehrheit der Bevölkerung waren diese Grundsätze attraktiv, wenigstens bis ihr eigener

Lebensstandard zusammenbrach. Aber mit der Zeit, und wenn sie gedeihen konnten, wie es unter Gorbatschow in zunehmendem Maß möglich war, mussten sie zwangsläufig die Bande auflösen, die das politische System der Sowjetunion zusammenhielten.

Hinterlassenschaft

Ohne Gorbatschow wären den Bürgern der Sowjetunion grundlegende bürgerliche Freiheiten weiterhin vorenthalten worden. Ohne ihn wäre es ausgeschlossen gewesen, dass die ehemaligen Staaten des Sowjetblocks in Mitteleuropa in (nahezu) unblutigen Revolutionen ihre Freiheit gewannen. Ohne ihn wäre eine Annäherung an die Vereinigten Staaten unwahrscheinlich gewesen und die Gefahr eines Atomkriegs größer geworden. Die Veränderungen innerhalb und außerhalb der Sowjetunion, die Gorbatschow selbst herbeiführte oder anregte, waren gewaltig. Mehr als jeder andere Einzelne war er es, der 1991 ein Land und einen Kontinent hinterließ, die sich grundlegend verändert hatten.

In seiner Abschiedsrede an die Sowjetbürger bei seinem Rücktritt von der Macht, als die Sowjetunion kurz vor der Auflösung stand, zeigte sich Gorbatschow keineswegs in defensiver Stimmung. Seine Reformen, erklärte er, seien notwendig und gerechtfertigt gewesen. Durch sie habe man den Totalitarismus überwunden, demokratischen Pluralismus hervorgebracht, bürgerliche Freiheiten eingeführt und nicht zuletzt die Gefahr eines Atomkriegs gebannt. Auf die Sowjetbürger machte diese Erfolgsbilanz kaum Eindruck. Ende 1991 gaben sie ihm die Schuld an ihrer wirtschaftlichen Misere und am Verlust des Sowjetreichs. Sie warfen ihm vor, alles weggeworfen und an den Westen »ausverkauft« zu haben, was der – unter kolossalen Verlusten erkämpfte – ruhmreiche Sieg von 1945 einst eingebracht hatte. Er hatte eine Supermacht übernommen, und jetzt, nur etwas mehr als sechs Jahre später, war sie verschwunden.

In Wirklichkeit war es nicht Gorbatschow, sondern Jelzin, der die Zerstörung der Sowjetunion aktiv vorantrieb. Gorbatschow hatte sein Möglichstes getan, um sie zu retten. Dass die ehemaligen Sowjetbürger ihm vorwarfen, die Zerstörung der Sowjetunion verursacht zu haben, ist dennoch verständlich. Um einen medizinischen Vergleich zu bemühen: Gorbatschows Reformen, vor allem die Einführung der Mehrkandidatenwahl im Jahr 1989, haben den Patienten künstlich am Leben erhalten. Jelzin hat nur den Strom ausgeschaltet.

Gorbatschows unmittelbare Hinterlassenschaft in Russland selbst war die katastrophale Jelzin-Ära. Jelzins rücksichtslose rasche Deregulierung der Preise in einer liberalisierten Marktwirtschaft hatte 1992 eine rasant steigende Inflation zur Folge, die die Ersparnisse vieler Sowjetbürger auffraß. Durch die im selben Jahr begonnene schnelle Privatisierung wurden enorme staatliche Vermögenswerte zu Ramschpreisen verschleudert, was einigen Oligarchen zu enormem Reichtum verhalf, die Russland mit mafiöser Gewalt in einen kriminalisierten Staat verwandelten. Angesichts von Wirtschaftschaos und wachsender politischer Opposition setzte Jelzin 1993 sogar militärische Gewalt gegen sein eigenes Parlament ein, um seine persönliche Macht zu sichern.[69] Jelzin verkörperte durch seine betrunkenen Auftritte und die herablassende Verachtung, die ausländische Staatsmänner ihm gegenüber in zunehmendem Maß an den Tag legten, Russlands Demütigung. Eine andere Führung hätte den Sowjetbürgern möglicherweise einen besseren Weg in die Zukunft gewiesen. Aber Jelzin war damals der Einzige, der bereitstand. Hätte der Westen mehr Hilfe leisten können? Vielleicht, obwohl die Unterstützung, die nötig gewesen wäre, um der vormals sowjetischen Wirtschaft aus dem katastrophalen Zustand, in dem sie sich befand, herauszuhelfen, den nach dem Zweiten Weltkrieg aufgelegten Marshallplan um Längen in den Schatten gestellt hätte. Und ob sie geholfen hätte, ist ungewiss.

Wladimir Putin, der seit 1999 an der Spitze Russlands steht, bot eine Alternative zu den chaotischen, zügellosen und desaströsen Jelzin-Jahren an. Die Rückkehr zur autokratischen Herrschaft eines

»starken Mannes« – wenn auch mit demokratischer Fassade –, die Beschwörung russischer Werte in bewusster Abkehr vom Westen und das Streben nach Wiederherstellung der russischen Großmachtstellung liefen jedoch auf eine Alternative nicht nur zur Jelzin-, sondern auch zur Gorbatschow-Ära hinaus. Gorbatschow hatte für Jelzin, der das Land ins Chaos gestürzt hatte, nur Verachtung übrig. Putin stand er mit gemischten Gefühlen gegenüber. Ihm gefiel, dass Putin das Land aus der von Jelzin angerichteten Unordnung herausführte. Zudem hielt er nach Jelzin »gewisse autoritäre Elemente« für nötig.[70] Und obwohl er Putin kritischer sah, als sich dessen Abstieg in offenen Autoritarismus beschleunigte, blieb er bei seiner generellen Unterstützung des russischen Präsidenten und wandte sich nie ganz von ihm ab. Sogar die Annexion der Krim im Jahr 2014 begrüßte er ausdrücklich.[71]

Gorbatschow war ein außergewöhnlicher Politiker, Staatsmann und Sowjetführer. Dass die Transformation, die er in Gang setzte, nicht allein sein Werk war, versteht sich von selbst. Gleichwohl war er die entscheidende Triebkraft. Ohne ihn wäre vieles von dem, was geschehen ist, nicht passiert. Europa – und die Welt – hat nach Gorbatschow gewiss ernste Probleme erlebt, die tiefe Besorgnis auslösen. Aber angenommen, man hätte die Wahl, würden sich nicht viele – insbesondere diejenigen nicht, die sich noch erinnern, wie es damals war – dafür entscheiden, in die Ära zurückzukehren, zu deren Ende Gorbatschow mehr als jeder andere beigetragen hat. In seinem Fall kann mit Bestimmtheit gesagt werden, dass ein Einzelner die Geschichte verändert hat – und zwar zum Besseren.

Der CDU-Vorsitzende Kohl winkt am 23. Juni 1975 einer in Bonn versammelten Menschenmenge zu. In der Bundestagswahl im folgenden Jahr unterlag er Helmut Schmidt, und es lagen noch einige Jahre in der Opposition vor ihm, bevor er 1982 schließlich Bundeskanzler wurde. *Thomas Imo/Photothek via Getty Images*

ZWÖLF

HELMUT KOHL

Kanzler der Einheit, treibende Kraft der europäischen Integration

Helmut Kohl, dem »Kanzler der Einheit«, ist ein Platz in der deutschen und europäischen Geschichte sicher. Er amtierte länger als jeder andere deutsche Kanzler seit Bismarck: von 1982 bis 1990 als westdeutscher Bundeskanzler und von 1990 bis 1998 als Bundeskanzler des wiedervereinten Deutschlands. Nach seinem Tod im Jahr 2017 im Alter von 87 Jahren priesen ihn Staatsmänner aus aller Welt überschwänglich als »einen der größten Staatsmänner Nachkriegseuropas«, »großen Europäer«, »großen Staatsmann«, »großen Politiker in außergewöhnlichen Zeiten«, »Giganten des vereinten Europas«, »überragende Figur der deutschen und europäischen Geschichte«.[1] Als er aus dem Amt schied, hatten Deutschland und darüber hinaus Europa sich tiefgreifend verändert. Aber hat er Geschichte gemacht? Oder hat die Geschichte ihn gemacht? Wäre er irgendwann vor 1989 aus dem Amt geschieden, wären seine Leistungen möglicherweise als ziemlich bescheiden eingeschätzt worden, verglichen mit seinen unmittelbaren Vorgängern Helmut Schmidt und Willy Brandt, vom ersten westdeutschen Bundeskanzler, Konrad Adenauer, ganz zu schweigen. Selbst in Westdeutschland, das damals noch bestand, hätte er nicht als herausragender Kanzler gegolten. Außerhalb Deutschlands hatte er bis zu diesem Zeitpunkt noch keine tiefen Spuren hinterlassen. Lobeshymnen, wie sie ihm nach seinem Tod gesungen wurden, wären damals niemandem eingefallen. Die internationale Anerkennung, sein Erbe und sein herausragendes Ansehen bildeten sich fast vollständig erst im Zuge der umwälzenden Ereignisse von 1989/90 und ihrer Auswirkung auf das »Projekt« der europäischen Integration heraus.

Fragen über seine persönliche Rolle in dem Transformationsprozess sind jedoch gestattet. Welches war sein persönlicher Beitrag zu den Veränderungen, die in jenen dramatischen Jahren in Deutschland und Europa stattfanden? Welche Rolle spielte er bei der Beschleunigung der europäischen Integration auf der nach der deutschen Vereinigung abgehaltenen Maastrichter Konferenz und nach ihr? War er kaum mehr als ein Agent unaufhaltsamer Kräfte? Oder wäre die Geschichte ohne ihn anders verlaufen?

Persönlichkeit und frühe Laufbahn

Kohl war unübersehbar. Seine Größe von 1,95 Meter machte ihn, bei einem Gewicht von mindestens 110 Kilogramm, zu einer imposanten, wenn nicht gar einschüchternden Erscheinung. Er wurde häufig als »Riese« beschrieben, satirisch aufgrund seiner Größe und seines zunehmenden Bauchumfangs auch als »Birne«. Seine Erscheinung und seine Figur machten ihn zum Traum eines jeden Karikaturisten.

Kohls Persönlichkeit war von seiner Identität als Pfälzer geprägt. Das unvermischt positive Grundgefühl der Zugehörigkeit zu einem bestimmten Ort und die starke Identifikation mit dessen Sitten und Gebräuchen, das Heimatgefühl, sind in Deutschland häufig tief verwurzelt. Die Pfalz vermittelte Kohl ein Gefühl der Solidität und Sicherheit. Sie bildete seine politische Basis. Darüber hinaus prägte sie seine geistige Welt.

In seiner Zeit als Bundeskanzler und internationaler Staatsmann fuhr Kohl jedes Wochenende zu seinem Haus in Oggersheim, einem wohlhabenden Vorort von Ludwigshafen in der Pfalz. Prominente

Gäste aus aller Welt wurden mit Pfälzer Köstlichkeiten bewirtet. In seinem Lieblingswirtshaus in Deidesheim, inmitten des Pfälzer Weinbaugebiets, hielt er in einer für ihn reservierten Ecke regelmäßig Hof. Dabei gewann er in – unweigerlich von ihm dominierten – Diskussionen mit einem kleinen Kreis von vertrauten Mitarbeitern neue Anregungen. Seine Pfälzer Herkunft half ihm, im Umgang mit anderen Politikern, ausländischen wie einheimischen, das Eis zu brechen und Beziehungen zu ihnen anzuknüpfen.

Als er dem ostdeutschen Staats- und Parteichef Erich Honecker Anfang 1984 in Moskau zum ersten Mal begegnete, eröffnete er das Gespräch damit, dass er Namen von saarländischen Bekannten erwähnte, die Honecker vor dem Krieg als Funktionär der kommunistischen Jugendorganisation gekannt hatte, und zum Spaß anregte, sie sollten im Dialekt reden, damit niemand verstünde, worüber sie sprächen.[2] Sein regionaler Akzent, seine schmucklose, manchmal plumpe Ausdrucksweise und seine Vorliebe für Pfälzer Speisen wie den Saumagen verliehen ihm eine persönliche charakterliche Wärme, waren aber auch Anlass für hämische Bemerkungen von Leuten, die sich für kultivierter hielten. Das Image eines Provinzpolitikers brachte ihm die Geringschätzung politischer Gegner ein, allen voran seines hocherfahrenen, kosmopolitisch-weltklugen unmittelbaren Vorgängers im Amt des Bundeskanzlers, Helmut Schmidt. Bis zu den Ereignissen von 1989/90 blieb Kohl eine in der deutschen Politik weitgehend unterschätzte Figur.[3]

Kohl war 1930 in Ludwigshafen geboren, der am linken Ufer des Rheins gelegenen einzigen großen Industriestadt der Pfalz, in welcher der Chemieriese BASF seinen Sitz hat. Seine Familie gehörte der gediegenen katholischen Mittelschicht an. Sein Vater, Hans Kohl, hatte im Ersten Weltkrieg als Offizier gedient und war Finanzbeamter in Ludwigshafen. Seine Mutter, Cäcilie Kohl, stammte aus einem Vorort der Stadt, der auch nach der im späten 19. Jahrhundert erfolgten Eingemeindung in die wachsende Industriemetropole seinen ländlichen Charakter bewahrt hatte. Helmut war das jüngste von drei Kindern, acht Jahre jünger als seine Schwester und fünf Jahre jünger als sein Bruder.

Der Zweite Weltkrieg – insbesondere, wie bei den meisten Deutschen, seine letzten traumatischen Monate – hinterließ eine unauslöschliche Spur in seinem Charakter. Sein Vater war als Reserveoffizier eingezogen worden und hatte in den Feldzügen in Polen und Frankreich gekämpft. Er war Patriot, aber kein Nationalsozialist. Die feste Bindung der Familie Kohl an den katholischen Glauben verhinderte die volle Unterstützung der antichristlichen Ideologie des Hitler-Regimes. Ab 1941 waren Kohls Eltern sich in zunehmendem Maß sicher, dass Deutschland den Krieg verlieren würde, und fürchteten die Folgen. Wie viele andere gaben sie Hitler die Schuld an der Katastrophe. Helmut war 13 Jahre alt, als seine Heimatstadt am 6. September 1943 durch einen massiven Luftangriff in Schutt und Asche gelegt wurde. Bis Kriegsende war Ludwigshafen aufgrund seiner Großindustrie eine der am meisten bombardierten deutschen Städte. Die Furcht vor Luftangriffen gehörte zum Alltag. Es war ein großer Schock für die Familie, als sie im Oktober 1944 erfuhr, dass Helmuts Bruder Walter bei einem solchen Angriff ums Leben gekommen war. Helmuts Schulbesuch wurde unterdessen immer stärker von Luftangriffen gestört. Wie alle Jungen wurde er zwangsweise ins Jungvolk aufgenommen, einer Vorbereitungsorganisation der Hitlerjugend. Bei Kriegsende musste er sich von einem vormilitärischen Ausbildungslager der Hitlerjugend bei Berchtesgaden, in das er im Februar 1945 geschickt worden war, allein nach Hause durchschlagen. Er brauchte fünf Wochen, um nach Hause zu gelangen, fand seine Eltern aber lebend vor; sogar ihr Haus stand noch.

Die Erinnerung an diese Monate war ihm immer gegenwärtig. Die Enthüllungen der Nürnberger Prozesse öffneten ihm endgültig die Augen über die Katastrophe des Nationalsozialismus. 1946 half er, inzwischen 16 Jahre alt, die Jugendorganisation der neugegründeten Christlich Demokratischen Union (CDU) aufzubauen. In der Weimarer Republik hatten seine Eltern die katholische Zentrumspartei gewählt.

Daher verstand es sich für sie, wie für Helmut, von selbst, jetzt die CDU zu unterstützen, die Partei, die sich christlichen – nicht mehr nur katholischen – Grundsätzen verpflichtet hatte. Helmuts früher politischer Förderer, Johannes Finck, ein örtlicher Pfarrer, war vor dem Machtantritt der Nationalsozialisten eine führende Figur des Zentrums in der Pfalz gewesen. Er vermittelte Kohl den Gedanken, dass auf christlichen Idealen beruhende soziale Solidarität die Zukunftshoffnung darstellte.

Schon 1949, als er noch zur Schule ging, machte sich Kohl in politischen Kreisen in Ludwigshafen einen Namen. Während des Studiums in Frankfurt am Main und dann in Heidelberg in den 1950er Jahren arbeitete er in den Semesterferien in Ludwigshafener Chemiefabriken. Aber sein Blick war bereits auf eine politische Laufbahn gerichtet. Seine Energie, Tatkraft und organisatorische Fähigkeit wurden bald erkannt und machten ihn zu einem wertvollen Mitglied der örtlichen CDU. Geschickt baute er ein Netzwerk ähnlich denkender politischer Kollegen auf. 1955 stieg er in den Landesvorstand der CDU von Rheinland-Pfalz auf. Vier Jahre später zog er als jüngster Abgeordneter in den Landtag ein. Zu dieser Zeit verdiente er auf einem Posten, den ihm die Vertreter der örtlichen Chemieindustrie angeboten hatten, die seine Parteibeziehungen als nützlich ansahen, gutes Geld. In den nächsten zehn Jahren verband Kohl die Tätigkeit für die Chemieindustrie mit seiner politischen Arbeit, bis er 1969 zum Ministerpräsidenten von Rheinland-Pfalz gewählt wurde.[4]

Unterdessen hatte er 1960 Hannelore Renner geheiratet und war Vater von zwei Söhnen geworden – Walter, geboren 1963, und Peter, geboren 1965. Er war immer noch keine vierzig Jahre alt, politisch erfolgreich, ausgesprochen ehrgeizig, und langsam machte er sich auch in der Bundes-CDU einen Namen. 1973 wurde er ihr Vorsitzender – was er bis 1998 blieb – und ihre beherrschende Figur.

Das föderale System ermöglichte – was in hochzentralisierten Systemen schwieriger ist – den Aufbau einer soliden regionalen Basis, die als Sprungbrett für den großen Schritt in die nationale Politik und an die Macht dienen konnte. Mitte der 1970er Jahre war Kohl, der sich drei Jahrzehnte lang fast ausschließlich der Festigung seiner politischen Karriere gewidmet hatte, bereit, um den höchsten Preis zu kämpfen: die Kanzlerschaft. Er sah sich schon lange als künftigen Kanzler.[5] Das Problem war nur, dass die Macht der Sozialdemokraten, die seit 1969 an der Regierung waren, unerschütterlich zu sein schien, solange ihr Koalitionspartner, die FDP, zu ihnen hielt.

Vorbedingungen der Macht

Trotz seines politischen Geschicks und seiner Erfahrung reichten Kohls Persönlichkeit und seine Position als CDU-Vorsitzender nicht aus, um ihn an die Macht zu bringen. Um dieses Ziel zu erreichen, mussten sich die Umstände ändern. Westdeutschland war vom Ölschock von 1973 weniger erschüttert worden als praktisch jedes andere europäische Land. Aber demokratische Politik funktioniert häufig in Kreisen. Regierende Parteien geraten ins Stolpern. Einflussreiche öffentliche Stimmen, nicht zuletzt in den eigenen Reihen, verlieren das Vertrauen in sie. Diese Tendenz nahm Ende der 1970er Jahre Fahrt auf, und 1982 stand Kohl an der Schwelle zur Macht.

In der Bundestagswahl von 1976 war es Kohl nicht gelungen, Helmut Schmidt aus dem Amt zu drängen, wonach er als rheinland-pfälzischer Ministerpräsident zurücktrat, um sich auf die Oppositionsführung im Bundestag zu konzentrieren. Vor der Wahl von 1980 war sein Rivale in den beiden Unionsparteien (neben der CDU ihre Schwesterpartei, die bayerische Christlich-Soziale Union, CSU), CSU-Chef Franz Josef Strauß, der ungekrönte König von Bayern, zum Spitzenkandidaten gekürt worden. Doch nachdem auch er Schmidt nicht hatte besiegen können, war Kohls Stellung als Führer der Opposition gegen die erneuerte Mitte-Links-Regierung unangefochten. Als zwei Jahre später die Gelegenheit kam, stand er bereit, Schmidts Nachfolge anzutreten.

Nur wenige, wie unzufrieden sie auch waren, strebten zu dieser Zeit einen radikalen Bruch an. Natürlich gab es Probleme, wie die unmittelbaren Sicherheitsfragen in Bezug auf die terroristischen Aktivitäten der Baader-Meinhof-Gruppe und die langfristigen Anpassungen im Zusammenhang mit dem Niedergang alter Industrien. Die neuerlich aufgeflammte Atomkriegsangst sorgte für viel Unruhe. Aber die westdeutsche Wirtschaft war stark, die Regierung stabil, das politische System fest gefügt, und der übliche Parteienstreit wurde überwiegend auf respektvolle, zivilisierte Weise ausgetragen. Die Demokratie stand auf einem festen Fundament. Die Unionsparteien hatten fast die Hälfte der Wählerstimmen erhalten. Für die Regierungsbildung reichte dies jedoch nicht aus. Sie brauchte einen Koalitionspartner, und solange der wahrscheinlichste Anwärter, die FDP, sich nicht auf die Seite der Union schlug, blieb die sozialliberale Koalition unter Helmut Schmidt stabil.

Unter der Oberfläche häuften sich jedoch die Schwierigkeiten, die Kohl schließlich zur Kanzlerschaft verhelfen sollten. In den 1970er Jahren nahmen sowohl die Arbeitslosigkeit als auch die Inflation zu. Obwohl im Vergleich mit Großbritannien mäßig, weckte die »Stagflation« alte Ängste und war durch traditionelle keynesianische Mittel nicht zu beheben. Nach der zweiten Ölkrise von 1979, die Westdeutschland härter traf als die erste, verstärkte sich das Gefühl, dass ein Kurswechsel vonnöten sei. Die Regierung stand vor einer gewaltigen Herausforderung: Das Wirtschaftswachstum schrumpfte, die Arbeitslosigkeit stieg, die Inflation blieb hoch, die Reallöhne sanken, die Bankrotte häuften sich, und die Staatsschulden wuchsen enorm an. Aus Sicht der Freien Demokraten waren neoliberale Heilmittel vonnöten, um der strauchelnden Wirtschaft auf die Beine zu helfen, das heißt mehr Spielraum für die Marktkräfte, Deregulierung und staatliche Ausgabenkürzungen. Der Bruch mit der SPD, die traditionell staatliche Interventionen und hohe Sozialausgaben befürwortete, war unvermeidlich. Obwohl 1980 als Kanzler wiedergewählt, verlor Schmidt binnen zwei Jahren die Unterstützung seines Koalitionspartners.[6] 1982 wechselte die FDP die Seite, und ihre relativ kleine Wählerbasis – 1980 hatte sie knapp 11 Prozent der Stimmen erhalten – sammelte sich jetzt hinter den Unionsparteien. Kohl wurde nicht durch Wahlen, sondern durch ein politisches Manöver Kanzler der Bundesrepublik Deutschland.[7] Dass er es 16 Jahre bleiben sollte – länger als Adenauer –, sah niemand voraus.

Bundeskanzler

Nichts in der ersten Phase seiner Kanzlerschaft von 1982 bis 1989 ließ erahnen, was kommen sollte. Wenig bis nichts wies darauf hin, dass Kohl das Zeug für einen außergewöhnlichen Kanzler hatte. Tatsächlich schien er häufig die – von einem großen Teil der Bevölkerung geteilte – geringschätzige Ansicht seiner Gegner zu bestätigen, dass er eine mittelmäßige Figur sei, der es an Charisma fehle und die insgesamt nicht die Statur seiner Vorgänger Brandt und Schmidt habe.

Er besaß jedoch einen unbändigen Hunger nach politischer Macht. Und die Regierung war für ihn ein Vehikel personalisierter Macht.[8] In seiner Partei war er eine dynamische Kraft, die der Führung Zielstrebigkeit und Tatendrang vermittelte und die Mitglieder mit Reden motivierte, die zwar keine rhetorischen Meisterleistungen waren, aber durch ihre impulsiv-emotionale und sogar sentimentale Art gewinnend wirkten. Er hatte sicherlich das Gefühl, dass die CDU erneuert und revitalisiert werden musste, um sie für alle Teile der Gesellschaft attraktiv zu machen und den deutschen Konservatismus zu modernisieren. Doch sein Führungsstil, der sich stark auf persönliche Loyalität stützte, war paradoxerweise altmodisch und wurde im Lauf der Zeit immer autoritärer. Gegen Ende seiner langen Amtszeit wurde er als »Patriarch« angesehen.[9] Tatsächlich nannte er die Frau, die schließlich seine Nachfolge an der Spitze von Partei und Regierung antreten sollte, Angela Merkel, in patriarchal-herablassender Weise »mein Mädchen«.

In seinen ersten Amtsjahren erhielt die CDU erheblichen Zulauf. Er festigte den Konsens in der Partei, der seine Machtbasis als Kanzler untermauerte. Innenpolitisch vertrat er in der Praxis einen konventionellen Konservatismus der Mitte, der ihn in die Lage versetzte, den liberaleren und den konservativeren Flügel seiner Partei zusammenzuhalten. Er behauptete allerdings, einen radikalen Wandel im Sinn zu haben.[10] In Wirklichkeit gab es keinen dramatischen Kurswechsel. Alles verlief unaufgeregt, war deshalb aber nicht unbedingt unpopulär. Die Deutschen hatten in der jüngsten Vergangenheit genug Aufregung und Angst erlebt. Solange wirtschaftliche Stabilität herrschte und der Wohlstand und seine sozialpolitische Unterfütterung nicht gefährdet waren, war eine vergleichsweise langweilige Zeit nicht unwillkommen.

Unter Kohls Regierung musste sich die Wirtschaft, wie in weiten Teilen Europas, auf eine Beschränkung der Staatsausgaben einstellen; das Wachstum der Sozialausgaben wurde reduziert, die Arbeitsflexibilität vergrößert, die Konkurrenzfähigkeit durch Steueranreize gestärkt und die Privatisierung mit ersten Maßnahmen angestoßen. Aber man übernahm nicht wie in den USA unter Reagan und in Großbritannien unter Thatcher die monetaristische Ideologie des reinen freien Markts. Stattdessen wurde die erprobte soziale Marktwirtschaft – bei etwas stärkerer, aber nicht vorrangiger Betonung des Markts – an die Imperative der durch die Krisen der 1970er Jahre erschütterten Weltwirtschaft angepasst.[11] Die westdeutsche Industriewirtschaft, die nach dem Zweiten Weltkrieg notgedrungen modernisiert worden war, hatte dem Land beispiellosen Wohlstand gebracht. Trotz aller aktuellen Probleme hatte man es nicht eilig, ihre Grundlagen, die den Ölschock und seine Folgen tatsächlich im Wesentlichen unbeschadet überstanden hatten, zu verändern. Es gab keine tiefe ökonomische Malaise wie diejenige, die in Großbritannien die tieferliegenden Probleme der britischen Wirtschaft in den 1970er Jahren offenbart hatte – einen Mangel an Investition und Innovation, nicht konkurrenzfähige Industrien und schlechte Arbeitsbeziehungen.

Deshalb vollzog die neue, konservativ geführte Regierung in Westdeutschland nach 1982 keinen scharfen Bruch mit der bisherigen Politik und stürzte das Land nicht in einen sozialen und politischen Konflikt, wie er in Großbritannien ausgebrochen war.

Genauso wenig gab es, zumindest in den Anfangsjahren, tiefergehende Risse in Kohls Regierung. Viele seiner Minister blieben während der gesamten 1980er Jahre im Amt, was umso bemerkenswerter war, als sie zumeist nicht aus einem favorisierten inneren Kreis kamen und er bei der Kabinettsbildung sowohl den Koalitionspartner als auch die Schwesterpartei CSU zufriedenstellen musste.[12] Er hatte kompetente Mitstreiter in Schlüsselpositionen, wie den Finanzminister Gerhard Stoltenberg, den Minister für Arbeit und Sozialordnung Norbert Blüm und vor allem den respekteinflößenden und aufgrund seiner Zeit in der Regierung Schmidt höchst erfahrenen Außenminister, den FDP-Vorsitzenden Hans-Dietrich Genscher. CDU-Generalsekretär Heiner Geißler sorgte dafür, dass die CDU als willfähriges Vehikel des Kanzlers funktionierte. Dass sich im Kabinett, dessen kollektive Stimme sehr viel leiser wurde, keine Risse auftaten, lag nicht zuletzt an Kohls Regierungsstil, einer merkwürdigen Mischung aus beinaheautoritärer Entscheidungsfindung, Kontrollzwang und jener Art von Leutseligkeit, die mit der Forderung nach unerschütterlicher Loyalität und Unterwerfung unter den Boss einhergeht.[13]

Die in der sozialliberalen Ära beschlossenen Sozialleistungen wurden nicht zurückgefahren. Die Rechte der Gewerkschaften beispielsweise blieben im großen Ganzen bestehen, wenn auch nicht ohne deren kämpferischen Einsatz. Nachdem die Metallarbeitgeber 1984 nach einem siebenwöchigen Streik der Metallarbeiter, die eine Reduzierung der Arbeitszeit auf 35 Wochenstunden forderten, 125 000 von ihnen ausgesperrt hatten, einigte man sich schließlich mit der Regierung auf die 38,5-Stunden-Woche für Metallarbeiter und gab damit den Ton an für andere Industrien. Die Gewerkschaften waren dadurch nicht ernstlich geschwächt, wie die Regierung gehofft hatte. Obwohl die Regierung die Leistungen für streikende Arbeiter verringerte, wurde die

Rolle der Gewerkschaften als wirkungsvolle und stabilisierende Kraft in den Arbeitsbeziehungen nicht ausgehöhlt.[14] Die staatlichen Zuwendungen zur Abmilderung der Folgen des Niedergangs der Kohle- und Stahlindustrie wurden sogar erhöht. Zudem verbesserte man, allerdings im Rahmen allgemeiner Einschnitte in die Sozialausgaben, die Leistungen für Arbeitslose und die Kinderbetreuung. Generell vollzog man auf der Basis einer starken Kontinuität maßvolle Veränderungen.

Westdeutsche Konservative bezeichneten den Regierungswechsel von 1982 als »Wende«. Abgesehen davon, dass dieser Begriff später allgemeiner und weit passender benutzt wurde, um die dramatische Transformation Deutschlands und Europas zwischen 1989 und 1991 zu benennen, war es eine grobe Übertreibung dessen, was unter Kohl nach 1982 stattfand. Es war allenfalls eine Halb-Wende.[15]

Bei Kohls Amtsantritt litt die westdeutsche Wirtschaft zwar noch unter den Folgen der globalen Erschütterungen des vorangegangenen Jahrzehnts, war aber gut positioniert und stark genug, um sich rasch wieder zu erholen. Außerdem war ihm das Glück hold, denn als er ins Amt kam, machte sich der Aufschwung, der 1982 in den USA eingesetzt hatte, langsam auch in Europa bemerkbar. In den USA und Westeuropa hatte die Geldpolitik die Inflation in den Griff bekommen. Der westdeutsche Export florierte wieder und fuhr 1989 einen größeren Überschuss ein als jemals zuvor. Kaum etwas davon war Kohls Werk. Natürlich konnte er das Verdienst für sich in Anspruch nehmen, an der Spitze einer Regierung zu stehen, welche die Bedingungen für eine positive Wirtschaftsentwicklung geschaffen hatte. Aber in den 1980er Jahren hätte Westdeutschland unter jedem Bundeskanzler ein deutliches Wirtschaftswachstum verzeichnet.

Eine vorgezogene Bundestagswahl im Jahr 1983, mit der sich die neue Regierungskoalition das Mandat der Wähler sichern wollte, endete für Kohl erfolgreich und stärkte seine Position im Bundestag. Sein Koalitionspartner, die FDP, dem viele wegen des Seitenwechsels im vorangegangenen Jahr Verrat vorwarfen, verlor ebenso wie die SPD an Stimmen – zum Teil an eine neue politische Kraft, die Grünen.

Vier Jahre später zeigten die Wähler jedoch, dass sie von Kohls erster Amtszeit wenig beeindruckt waren. Laut Meinungsumfragen hielten die meisten Westdeutschen nicht viel von ihm.[16] Die CDU verlor Bundestagssitze, konnte die Koalition aber weiterführen, da die FDP die Verluste der letzten Wahl weitgehend wettgemacht hatte, während der Stimmenanteil der SPD wiederum leicht zurückgegangen war und die Grünen – als Nutznießer der Ablehnung sowohl der Atomenergie als auch der Stationierung von amerikanischen Pershing-Raketen auf deutschem Boden – zugelegt hatten. Kohl blieb Bundeskanzler, wenn auch nicht auf der Grundlage eines überwältigenden Wahlsiegs.

Auch in der Außenpolitik gab es viel Kontinuität. Was vor 1989 besonders auffiel, war sein Bemühen um eine enge Beziehung zum französischen Präsidenten François Mitterrand als – seit Adenauer anerkannte – Hauptgrundlage eines neuen Europa, in dem Feindschaft und Konflikt durch herzliche Beziehungen und enge Zusammenarbeit zwischen den einzelnen Ländern ausgemerzt werden sollten. Dass Kohl, nach Herkunft und Erziehung Konservativer und Katholik, dies mit der frontalen Ablehnung des Sozialismus – und natürlich des Sowjetkommunismus – verband, versteht sich von selbst. Darüber hinaus fällt es schwer, eine klare ideologische Position auszumachen. Sein Auftreten konnte plump und gefühllos wirken. So sprach er 1984 im israelischen Parlament, der Knesset, von der »Gnade der späten Geburt«. Er meinte, dass er in der NS-Zeit zu jung gewesen sei, um in die nationalsozialistischen Verbrechen verwickelt zu werden, sich aber verpflichtet fühle, dafür zu sorgen, dass etwas Derartiges nie wieder passiert. Doch seine Worte wurden sowohl in Israel als auch in Westdeutschland als peinlich empfunden, denn sie schienen zu besagen, dass die Nachkriegsgeneration sich von der Last der deutschen Vergangenheit frei fühlen könne.[17]

Als wäre dies noch nicht schlimm genug gewesen, wurde dieser Eindruck ein Jahr später von der »Bitburg-Affäre« bestärkt. Vierzig Jahre nach dem Ende des Zweiten Weltkriegs versuchte Kohl eine Versöhnungsgeste, indem er zusammen mit dem Repräsentanten eines einstigen Kriegsgegners, US-Präsident Reagan, einen Soldatenfriedhof in Deutschland besuchte. Vorangegangen war eine bewegende Zeremonie im Jahr davor, bei der Kohl und der französische Präsident Mitterrand der furchtbaren Verluste beider Seiten in der Schlacht von Verdun im Jahr 1916 mit einer symbolischen Freundschaftsbezeugung gedacht hatten – auch wenn das Foto, das sie Hände haltend zeigt, etwas merkwürdig wirkt. Die deutsch-amerikanische Freundschaft und Versöhnung zu zementieren, schien eine ähnlich gute Idee zu sein. Weniger gut war freilich die Entscheidung, die Zeremonie auf dem Soldatenfriedhof bei Bitburg abzuhalten, auf dem auch Angehörige der Waffen-SS begraben waren. Dies erregte, wie kaum anders zu erwarten, in den USA große Empörung; Reagan wurde vorgeworfen, er sei bereit, SS-Männer zu ehren – vielleicht sogar welche, die an dem Massaker an amerikanischen Soldaten von 1944 in den Ardennen beteiligt gewesen waren. Kohl war befremdet, und es trug nicht gerade zur Beruhigung bei, dass er behauptete, eine Absage der Zeremonie würde »die Gefühle unseres Volks tief verletzen«.[18] Sie fand also statt, wobei Reagan versuchte, den Schaden durch einen anschließenden Besuch im ehemaligen Konzentrationslager Bergen-Belsen zu begrenzen. Die Episode erweckte den Eindruck, dass Westdeutschland auf ungeschickte Weise versuchte, aus dem dunklen Schatten der NS-Vergangenheit herauszutreten. Diese Ansicht wurde durch eine aufsehenerregende öffentliche Debatte im Jahr 1986 bestärkt, in der sich deutsche Historiker über den Platz des Holocausts in der deutschen Geschichte und nationalen Identität stritten.

Einen weiteren Beweis dafür, wie ungeschickt Kohl in der Außenpolitik sein konnte, lieferte er im Oktober 1986, als er in einem Interview mit dem amerikanischen Nachrichtenmagazin *Newsweek* den neuen Sowjetführer Gorbatschow beleidigte, den Mann, der mehr als jeder vor ihm auf eine Verbesserung des Verhältnisses zwischen der Sowjetunion und dem Westen hoffen ließ. Erstaunlicherweise verglich er ihn mit NS-Propagandaminister Joseph Goebbels, der »auch ein Experte für Public Relations« gewesen sei.[19] Die Sowjetunion reagierte, wie zu erwarten, empört. Aber auch im Westen war man von Kohls Plumpheit nicht begeistert. Kohl gab der Presse die Schuld. Dem fähigen, diplomatisch geschickten Genscher gelang es bald, die Wogen in Moskau zu glätten. Er erkannte früher als Kohl, welche Möglichkeiten sich eröffnen könnten, wenn man sich mit dem neuen Sowjetführer gut stellte, insbesondere im Hinblick auf die nukleare Abrüstung.

Das Verhältnis zur Sowjetunion verbesserte sich erheblich, nachdem Kohl im Oktober 1987 dem Abzug von Pershing-Raketen von deutschem Boden zugestimmt hatte, der im Rahmen einer umfassenderen Vereinbarung über die weltweit stationierten amerikanischen und sowjetischen Mittelstreckenraketen stattfinden sollte. Die Initiative war von Gorbatschow ausgegangen, und Reagan hatte sie unterstützt. Kohl hätte sich dem gemeinsamen Willen der beiden Supermächte kaum widersetzen können. Er gab in Washington sein eigenes Unbehagen darüber zu verstehen, dass er nun seine Verteidigungspolitik, die auf der Stationierung von Pershings als Antwort auf die Stationierung von SS-20 in Osteuropa beruhte, ändern sollte. Dennoch war es ein wichtiger Schritt, der zudem nicht leicht zu erreichen war. Er stieß in den Unionsparteien und im Verteidigungsministerium auf Widerstand.[20] Aber Kohl akzeptierte die veränderten Realitäten und passte ihnen die westdeutsche Verteidigungspolitik an. Dies trug wesentlich zur Schaffung einer Vertrauensbasis im Verhältnis zu Gorbatschow bei.

Kohls erster Moskaubesuch während Gorbatschows Amtszeit als Kremlherr im Oktober 1988 in Begleitung einer Delegation aus Regierungsmitgliedern und Wirtschaftsvertretern war ein großer Schritt in diese Richtung, zumal er durch Kredite in Höhe von 3 Milliarden D-Mark zur Stützung der maroden sowjetischen Wirtschaft versüßt wurde.[21] Gorbatschow bekundete später, wie wichtig die Begegnung mit Kohl war: »Das Vertrauen zueinander, das damals spontan entstand, ist wohl darauf zurückzuführen, dass er genauso wie ich seine politische Laufbahn nicht allein mit der Einleitung guter Beziehungen zwischen den Völkern unserer Länder, sondern darüber hinaus mit der Durchsetzung des Friedens in ganz Europa verband. Emotional nahm er diesen Komplex als konkretes Problem seiner persönlichen Biographie, der Zukunft seiner Familie und seiner Kinder wahr.«[22] Gorbatschows Gegenbesuch in Bonn im Juni 1989 verstärkte das gute Verhältnis zwischen ihm und Kohl. Dies sollte 1989/90 während des Zusammenbruchs der DDR von entscheidender Bedeutung sein.

Erst zu diesem Zeitpunkt konnte die Aussicht auf ein neues Europa reale Gestalt annehmen. Kohl sollte in diesem Prozess eine wichtige Rolle spielen. Für die Zeit davor überschätzt man leicht seine Leistung, auch wenn er unerschütterlich an das »europäische Projekt« glaubte, das nach seiner Ansicht letztlich in der politischen Union und einem europäischen Bundesstaat münden würde.[23] Er war sowohl emotional als auch verstandesmäßig sicherlich ein überzeugter Europäer. Aber vor dem Fall der Berliner Mauer kamen die bedeutenden Anstöße für das »europäische Projekt« von anderen. Der grundlegende Beschluss von 1986, einen Binnenmarkt zu schaffen, der einen wesentlichen Fortschritt in Richtung auf die ökonomische Integration darstellte, war zu einem großen Teil der Regierung von Margaret Thatcher zu verdanken. Und dass die stockende Entwicklung des politischen Rahmens der Europäischen Gemeinschaften neuen Antrieb und Schwung erhielt, war vor allem Jacques Delors' Verdienst. Kohl spielte bei beidem nur eine Nebenrolle.

Wäre Kohl im Frühjahr 1989 aus dem Amt geschieden, hätte er es in einem Augenblick getan, in dem es schlecht um sein politisches Schicksal und seine Popularität stand. Er wäre »als exemplarischer Parteiboss, aber bloß mittelmäßiger Bundeskanzler« in Erinnerung geblieben.[24] Die von ihm eingeleiteten moderaten innenpolitischen Reformen und insbesondere die Zustimmung zu beachtlichen nuklearen Abrüstungsmaßnahmen in Europa hätte man natürlich anerkannt, ebenso wie seinen beständigen Einsatz für eine engere europäische Integration. Aber das Lob wäre begrenzt und gedämpft gewesen. Die Lobreden, die später überall auf ihn gehalten wurden, wären zu diesem Zeitpunkt undenkbar gewesen.

Geschichtsmacher

Im Oktober 1989 erreichte der Wind der Veränderung, den Gorbatschow in Osteuropa entfesselt hatte, in großer Stärke die DDR. Bei einem Besuch in Ostberlin am Anfang des Monats war er begeistert empfangen worden und hatte sich klar von der ostdeutschen Führung distanziert. Zu diesem Zeitpunkt demonstrierten bereits Zehntausende von Ostdeutschen für eine Veränderung des Systems. Das stark von Moskau beeinflusste Regime sah von jeglicher Gewaltanwendung ab und geriet sichtlich ins Wanken. Der entscheidende Moment kam jedoch unerwartet, als das Regime seinen Bürgern am 9. November zum ersten Mal seit dem August 1961 erlaubte, ungehindert durch die Berliner Mauer in den Westen zu gelangen.

»Herr Bundeskanzler, im Augenblick fällt gerade die Mauer!« Mit diesen Worten erfuhr Kohl, der sich zu diesem Zeitpunkt nicht in Deutschland befand, von einem seiner Mitarbeiter die Neuigkeit.[25] Er hatte so wenig mit einem derart umwälzenden Ereignis gerechnet, dass er zu einem Staatsbesuch nach Polen gereist war und sich, als die sensationelle Nachricht ihn erreichte, in Warschau aufhielt. Aber er reagierte rasch. Er reiste umgehend ab und sprach am nächsten Tag vor dem Schöneberger Rathaus in Westberlin zu einer riesigen Menschenmenge. Neben ihm standen Außenminister Genscher, Willy Brandt – der fast zwei Jahrzehnte zuvor die ersten Schritte in Richtung einer Annäherung an die DDR unternommen hatte – und der Westberliner Regierende Bürgermeister Walter Momper. Kohl bewahrte trotz der Euphorie die Fassung.[26] Brandt hatte bereits die aussagekräftigste Phrase geprägt: »Jetzt wächst zusammen, was zusammengehört. […] die Teile Europas wachsen zusammen.« Es war ein inspirierender Gedanke, keine weitsichtige Prophezeiung. Niemand wusste, wie sich die Dinge entwickeln würden.[27]

Kohl sah sich in ein völlig neues Bedingungsgeflecht gestellt. Das vorherige hatte die frühen Jahre seiner Kanzlerschaft ab 1982 geprägt. Jetzt, im November 1989, war er mit neuen, herausfordernden Bedingungen konfrontiert, zu deren Entstehung er nichts beigetragen hatte, die ihm aber die Gelegenheit eröffneten, Geschichte zu machen. Er begann damit noch im selben Monat. Dabei stand er vor offensichtlichen Hindernissen. Das Schicksal der beiden deutschen Staaten lag nicht nur in den Händen der Deutschen. Es war eine internationale Angelegenheit, hauptsächlich der vier ehemaligen Kriegsalliierten. Die vier Mächte hatten als Garanten der Nachkriegsordnung immer noch das letzte Wort, wenn auch Frankreich und Großbritannien weniger als die beiden Supermächte. Sowohl Gorbatschow als auch Reagans Nachfolger George Bush rieten zur Vorsicht. Die aufgepeitschten Gefühle sollten nicht ausgenutzt werden, um die Lage durch Wiedervereinigungsgerede zu destabilisieren. Mitterrand und insbesondere Thatcher lehnten jede Veränderung des Status quo ab. Aufgrund der Geschichte fürchteten sie die Macht und die Ambitionen eines wiedervereinigten Deutschlands; das vereinte, wesentlich größer gewordene Land würde nicht nur zum bedeutendsten Schwergewicht in Europa werden, sondern möglicherweise auch den seit Langem ruhenden Nationalismus wiederbeleben. Der neue DDR-Regierungschef Hans Modrow wies jede Spekulation über die Wiedervereinigung vehement zurück, obwohl sich Ende November sowohl in der DDR als auch in Westdeutschland die Mehrheit genau für dieses Ergebnis aussprach. Kohl musste also Fingerspitzengefühl beweisen. Doch er nahm in den Ereignissen früher als jeder andere das Potential für einen epochalen Wandel wahr und ergriff die Initiative. Eine klare Vision hatte er nicht. Er folgte keinem Aktionsplan, sondern ließ sich von seinem politischen Instinkt leiten. Er nutzte mit einem improvisierten Schritt nach dem anderen die Gelegenheit, die sich ihm plötzlich und unerwartet geboten hatte. Kohl spürte die Chance und den aufgewühlten Geist jener Wochen und verwandelte beides in zwar noch unklare, schwankende Schritte, die aber gleichwohl immer deutlicher in eine bestimmte Richtung führten.

Kohls erste große Intervention war die Rede, in der er am 28. November 1989 einen »Zehn-Punkte-Plan« für die Überwindung der

Teilung Deutschlands und Europas vorstellte. Dabei hatte er »konföderative Strukturen zwischen beiden Staaten in Deutschland« im Sinn, vermied aber sorgfältig, im Ausland Befürchtungen und im Innern übersteigerte Hoffnungen auf eine baldige Wiedervereinigung zu wecken. Die »Konföderation« sollte für längere Zeit bestehen und kein schneller Weg zur Vereinigung sein. Hauptverfasser der Rede war Kohls langjähriger Mitarbeiter Horst Teltschik, der sie zusammen mit den üblichen Redenschreibern des Kanzleramts ausgearbeitet hatte.[28] Teltschik hatte offenbar bemerkt, dass Kohl bereits mit dem Gedanken der Wiedervereinigung spielte. Der frühere Verteidigungsminister Rupert Scholz hatte Kohl eine Woche vor der Rede darin bestärkt, indem er ein »schrittweises Programm« für die Vereinigung vorschlug, beginnend mit »konföderativen Strukturen«.[29] Kohls Rede war das Produkt einer Teamarbeit. Aber ihre Schlüsselpassagen gaben seine persönliche Haltung wieder. Und, was typisch für seinen Führungsstil war, das Kabinett wurde im Dunkeln gelassen, einschließlich Außenminister Genscher. Nur der amerikanische Präsident wurde vorher konsultiert. Dass Bush die Vereinigung nicht von vornherein grundsätzlich ablehnte, war für Kohl die Ermutigung, die er brauchte, um seine Initiative fortzusetzen.[30]

Die europäischen Staats- und Regierungschefs reagierten überwiegend negativ auf Kohls Rede. Ablehnung kam insbesondere aus der Sowjetunion. Dennoch markierte die Rede einen wichtigen Wendepunkt. Privat sprach er davon, dass die »konföderativen Strukturen« Jahre bestehen würden, vielleicht bis zu einem Vierteljahrhundert. In der Realität wandten sich die Überlegungen sowohl in Deutschland – Ost wie West – als auch im Ausland bald von der friedlichen Koexistenz der beiden deutschen Staaten ab und dem Gedanken der Vereinigung in absehbarer Zukunft zu.[31]

Bei einem Treffen zwischen Gorbatschow und Bush Anfang Dezember wurden immer noch Bedenken gegen eine rasche Vereinigung geäußert. Ablehnung kam insbesondere von Thatcher und Mitterrand, aber auch von einigen anderen westeuropäischen Staatsführern. Kohls persönliches Verhältnis zu Thatcher war jedenfalls schlecht. Zu Mitterrand pflegte er eine herzlichere Beziehung, und er beruhigte ihn mit der Zusicherung, dass ein vereintes Deutschland auf jeden Fall in eine engere europäische Integration eingebettet sein würde. Den ausländischen Staatsführern war darüber hinaus bewusst, dass in beiden Teilen Deutschlands der Druck auf die Vereinigung zunahm, und ihnen war klar, dass sie Deutschland nicht verweigern konnten, was sie in anderen Fällen als unumstößlichen Grundsatz ansahen: die Selbstbestimmung, das Recht von Nationen, ihr Schicksal selbst zu gestalten.

Kohl wurde auch vom Druck von unten vorangetrieben. Dies trat zutage, als er am 19. Dezember 1989 vor der Ruine der Dresdener Frauenkirche vor einer riesigen Menschenmenge eine emotionale Rede hielt. Er sprach wiederum vom Aufbau »konföderativer Strukturen«, fügte aber hinzu: »Und auch das lassen Sie mich hier auf diesem traditionsreichen Platz sagen: Mein Ziel bleibt – wenn die geschichtliche Stunde es zulässt – die Einheit unserer Nation.«[32] Genau das hatten die Menschen hören wollen. Der Ruf »Deutschland einig Vaterland« brandete auf. Kohl war tief bewegt von dem Empfang in Dresden und der Reaktion auf seine Rede. Es war für ihn ein »Schlüsselerlebnis« im Vereinigungsprozess.[33] Er verließ Dresden mit der Überzeugung, dass die »geschichtliche Stunde« nicht länger hinausgeschoben werden konnte.

Kohls Antennen reagierten auf die treibende Kraft der öffentlichen Meinung in beiden Teilen Deutschlands besonders empfindlich. Seine Reden spiegelten einerseits die Stimmung wider und stachelten andererseits das immer lauter und dringlicher geäußerte Verlangen auf, dass der an vielen Zeichen erkennbare Zusammenbruch der DDR nicht in ferner, sondern in naher Zukunft zur Vereinigung führen müsse. Sein Gespür dafür, dass die »geschichtliche Stunde« in der Tat näher rückte und man sich ihr nicht entgegenstellen, sondern sie nutzen sollte, vermittelte zugleich Bush und vor allem Gorbatschow die Botschaft, dass die Supermächte die entscheidenden Schritte unternehmen mussten, um der unwiderstehlichen Dynamik der Ereignisse einen Rahmen zu geben, der politisches Handeln ermöglichte. Kohl war nicht der Einzige, der erkannte, dass die steigende Flutwelle in Richtung Vereinigung strömte. Hatte der Slogan der ostdeutschen Demonstranten vor dem Mauerfall »Wir sind das Volk« gelautet, war daraus bis zum Jahresende »Wir sind *ein* Volk« geworden. Angesichts dessen war Modrow klar, dass die Entwicklung nicht mehr aufzuhalten war. Ende Januar 1990 bestärkte er Gorbatschow in seiner Auffassung, dass die »Wiedervereinigung Deutschlands [...] unvermeidlich« sei. »Die wachsende Mehrheit der DDR-Bevölkerung«, hielt er dem Sowjetführer vor Augen, »unterstützt die Idee von der Existenz zweier deutscher Staaten nicht mehr«; sie sei nicht mehr aufrechtzuerhalten.[34]

Im Rückblick scheint die Vereinigung von Anfang an unvermeidlich gewesen zu sein. Aber die Zeitgenossen, die die Ereignisse unmittelbar miterlebten, ob nun einfache Bürger oder führende Politiker, begriffen erst im Lauf der Wochen nach dem Fall der Berliner Mauer, dass die Entwicklung auf die Vereinigung zuraste. Kohls Anteil an dieser Entwicklung war insofern bedeutend, als er sie mit Nachdruck vorantrieb.

Gorbatschows Meinungsänderung war entscheidend für das, was folgte. Bei einem Treffen mit Kohl am 10. Februar 1990 in Moskau stimmte er dem amerikanischen Vorschlag zu, auf einer internationalen Konferenz der vier ehemaligen Besatzungsmächte in Deutschland und der beiden deutschen Staaten – eine Zusammensetzung, die sich rasch zur Formel »Zwei-plus-Vier« verdichtete – den weiteren Kurs zur Vereinigung abzustecken. Die Stellung der NATO blieb ein gewichtiges Hindernis. Die USA hatten in ihrer Antwort auf Kohls Zehn-Punkte-Plan darauf beharrt, dass ein wiedervereinigtes Deutschland als Ganzes der NATO angehören sollte. Gorbatschow wies diesen Gedanken auch noch im Februar 1990 rundum zurück. Für die Sowjetunion war dies eine Prestigefrage. Eine Ausdehnung der NATO zu akzeptieren, käme dem Eingeständnis gleich, dass die Sowjetunion den

Kalten Krieg verloren hatte.[35] Aber Gorbatschows Haltung wurde, wie Präsident Bush erkannte, zusehends weicher. Inzwischen bestanden die USA auf der Ausdehnung der NATO auf das Gebiet der DDR. Gorbatschow von seiner unnachgiebigen Haltung abzubringen, würde nicht leicht sein, zumal er bereits den festen Eindruck vermittelt hatte, dass die NATO nicht erweitert werden würde. An diesem Punkt ergriff wiederum Kohl die Initiative. Er wusste, dass er in Form der D-Mark einen Trumpf im »Verhandlungspoker« in der Hand hatte. Die Sowjetunion, deren finanzielle Notlage dem Kanzleramt nicht entgangen war, hatte bereits im Januar um Lebensmittelhilfe gebeten und einen Zuschuss in Höhe von 220 Millionen D-Mark erhalten. Bei einem Treffen mit Präsident Bush am 24./25. Februar erklärte Kohl nun, Finanzhilfen für die Sowjetunion könnten ein Schlüsselfaktor sein: Es sei »letztlich eine Frage des Preises«.[36] Die Sowjets müssten nur gedrängt werden, ihn zu nennen.

Anfang Mai ersuchte Moskau um massive westdeutsche Kredite zur Bewältigung der immer katastrophaleren Finanzlage der Sowjetunion, und Ende des Monats beugte sich Gorbatschow den westlichen Forderungen in Bezug auf die NATO.[37] Untermauert wurde die Einigung, als Kohl im Juli Moskau besuchte. Im September vereinbarten Kohl und Gorbatschow zinslose Kredite in Höhe von 15 Milliarden D-Mark für die Kosten des Rückzugs der sowjetischen Truppen aus dem Gebiet der DDR. Damit war die größte Hürde für die Wiedervereinigung aus dem Weg geräumt. Das andere große internationale Problem, der deutsche Anspruch auf die ehemaligen Ostprovinzen, die jetzt zu Polen gehörten, war im März 1990 durch den Verzicht auf diese Gebiete beigelegt worden. Die Regelung der Details nahm jedoch noch einige Zeit in Anspruch. Es war ein innenpolitisch diffiziles Thema, das Kohl mit Geschick handhabte, während Außenminister Genscher im Hintergrund die komplexen diplomatischen Verhandlungen führte. Das Ergebnis waren zwei Verträge zwischen Deutschland und Polen – die beide im Januar 1992 in Kraft traten –, der im November 1990 geschlossene Grenzvertrag, der die Oder-Neiße-Linie als deutsch-polnische Grenze bestätigte, und der im folgenden Jahr geschlossene Nachbarschaftsvertrag.[38]

In den ersten Monaten des Jahres 1990 wurde es immer offensichtlicher, dass die DDR kurz vor dem ökonomischen und politischen Zusammenbruch stand. Kohl weigerte sich, das taumelnde System durch eine riesige Finanzspritze aufrechtzuerhalten; eine Nothilfe für die medizinische Versorgung wurde allerdings gewährt. Unterdessen strömten Hunderttausende Ostdeutsche ins wohlhabende Westdeutschland, was die Wirtschaften beider deutschen Staaten erheblich belastete. Am 6. Februar beschloss Kohl, der DDR die Währungsunion anzubieten. Das Kabinett und die Bundestagsfraktion der Unionsparteien stimmten diesem entscheidenden Schritt auf dem Weg zur politischen Vereinigung sofort zu.[39] Nachdem Gorbatschow bei seinem Treffen mit Kohl in Moskau grünes Licht gegeben hatte, nahm der Druck auf rasche Fortschritte zu.

Die Wahl in der DDR am 18. März war ein Triumph für Kohl. Bei seinen Auftritten im ostdeutschen Wahlkampf war er jedes Mal von Zehntausenden begeistert begrüßt worden, die wohl insbesondere den Gedanken anziehend fanden, dass sie bald D-Mark in den Taschen haben würden. Die neue ostdeutsche Regierung willigte umgehend ein, die deutsche Vereinigung so bald wie möglich zu vollziehen, und schloss sich dem westdeutschen Vorschlag an, dass diese durch den Beitritt der fünf ostdeutschen Länder – die 1952 aufgelöst und im Juli 1990 wiedererrichtet worden waren – zur Bundesrepublik gemäß Artikel 23 ihres Grundgesetzes geschehen sollte. Die ostdeutsche Führung verband dies mit ihrer vorher erklärten Bereitschaft, auf der Grundlage eines Wechselkurses von Mark der DDR zur D-Mark von eins zu eins der Währungsunion beizutreten. Dies war ein kritischer Punkt, bei dem Kohls persönliche Rolle wiederum entscheidend war.

Der wahre Wechselkurs lag bei eins zu acht oder neun. Ein Umtauschkurs von eins zu eins war daher nicht nur extrem großzügig, sondern auch potentiell destabilisierend. Bei einem solchen Kurs drohte die nahezu bankrotte DDR-Wirtschaft überhaupt nicht mehr konkurrenzfähig zu sein, was aufgrund von Werkschließungen eine Massenarbeitslosigkeit zur Folge gehabt und riesige finanzielle Zuwendungen aus Westdeutschland nötig gemacht hätte. Die Bundesbank und Finanzminister Theo Waigel rieten daher nachdrücklich zu einem Wechselkurs von eins zu zwei. Kohl ließ sich anfangs von ihren Argumenten überzeugen. Doch als der ins Auge gefasste Wechselkurs an die Presse durchsickerte, reagierten die ostdeutschen Wähler mit einem Aufschrei der Empörung. Immerhin hatte man ihnen vor der Wahl den Eindruck vermittelt, dass der Wechselkurs bei der gewünschten Quote von eins zu eins liegen würde. Sie hatten verständlicherweise die Vorteile des günstigeren Kurses im Blick, ohne an die allgemeinen ökonomischen Implikationen zu denken – oder sie wahrzunehmen. Dieser Umtauschkurs wurde von allen DDR-Parteien, der westdeutschen SPD, den Gewerkschaften und sozialpolitischen Experten gefordert. Da in der DDR Kommunalwahlen bevorstanden, ruderte Kohl zurück und sprach sich jetzt dafür aus, Ersparnisse und Renten bis zur Höhe von 4000 DDR-Mark – bei über 60-Jährigen bis zu 6000 DDR-Mark – eins zu eins umzutauschen; der Kurs von eins zu zwei sollte nur bei größeren Sparguthaben und Unternehmensschulden zum Tragen kommen. Bei den Wahlen in der DDR zahlte sich dieser Kurswechsel aus. In Westdeutschland dagegen gingen Kohls Beliebtheitswerte zurück, da drei Viertel der Westdeutschen die ostdeutschen Forderungen in Bezug auf die wirtschaftliche Vereinigung für übertrieben hielten.[40]

Kohl gestand später ein, dass seine Regierung die negative Auswirkung auf die DDR-Wirtschaft unterschätzt hatte.[41] Die Kosten der Vereinigung sollten sich als exorbitant herausstellen und schwächten die deutsche Wirtschaft während der gesamten 1990er Jahre. Aber die Folgen für die Wirtschaft der ehemaligen DDR waren traumatisch. Da marode Industrien zusammenbrachen, stieg die Arbeitslosigkeit steil an. Ostdeutsche, die ihre Arbeit verloren und deren wirtschaftliche Aussichten trübe aussahen, zahlten einen hohen Preis für ihre neuen Freiheiten. Wer keine Ersparnisse hatte, die es ihm erlaubten, von dem günstigeren Wechselkurs zu profitieren, den traf es besonders hart. Was damals jedoch zählte, war die Tatsache, dass nach dem Inkrafttreten der Währungsunion am 1. Juli 1990 der Weg zur Vereinigung geebnet war. Bis Ende August wurden, nicht zuletzt dank der herausragenden Arbeit des westdeutschen Innenministers, Wolfgang Schäuble, die rechtlichen und administrativen Schwierigkeiten ausgeräumt. (Schäuble, der lange Zeit als Kohls »Kronprinz« galt, wurde kurz nach Vollendung der Wiedervereinigung von einem geistig verwirrten Attentäter schwer verletzt.) Als letzte Schritte vor der Vereinigung blieben nur noch der Austritt der DDR aus dem Warschauer Pakt und die Beendigung der Verantwortlichkeiten der vier Besatzungsmächte. Am 3. Oktober 1990 konnte Kohl inmitten einer riesigen feiernden Menschenmenge seinen historischen Triumph als »Kanzler der Einheit« genießen. Noch ein Jahr zuvor war dies kaum denkbar gewesen.

Die erstaunlichen Ereignisse, die in nur elf Monaten von der Öffnung der Berliner Mauer zur deutschen Vereinigung geführt hatten, waren durch die Entwicklung innerhalb der Sowjetunion seit 1985 möglich geworden – zum einen durch die von Gorbatschows Reformen bewirkte außerordentliche Transformation und zum anderen durch die damit zusammenhängende Änderung der sowjetischen Haltung zu den Satellitenstaaten in Mittel- und Osteuropa. Nach dem Fall der Berliner Mauer unterstützte auch US-Präsident Bush die zur deutschen Vereinigung führenden Schritte. Zudem beharrte die amerikanische Regierung hartnäckig auf der NATO-Mitgliedschaft des vereinten Deutschlands. Aber auch Kohl spielte eine Rolle. Er spürte instinktiv die sich eröffnende Möglichkeit eines grundlegenden Wandels. Der Zehn-Punkte-Plan vom November 1989, die Reaktion auf die aufgepeitschte Atmosphäre in Dresden, der im Februar 1990 gegenüber Bush geäußerte Gedanke, dass man mit einer großen Finanzspritze – im Grunde einer Bestechung – die sowjetischen Vorbehalte gegen die Ausweitung der NATO überwinden könne (und die anschließenden schwierigen telefonischen Verhandlungen darüber), der

Wahlsieg in der DDR im März 1990 und die Entscheidung für den im Juli eingeführten Umtauschkurs von eins zu eins: All dies war Kohls persönliches Werk – auch wenn er von ausgezeichneten Ministern und Beratern unterstützt wurde. Kohls Persönlichkeit war auch insofern von Bedeutung, als es ihm gelang, sowohl zu Gorbatschow als auch zu Bush ein vertrauensvolles und sogar freundschaftliches Verhältnis aufzubauen.

In dem Drama, das mit der deutschen Vereinigung endete, war Gorbatschow der Wegbereiter, Bush der Unterstützer und Kohl die treibende Kraft. Dabei ritt Kohl, der in den kritischen Monaten eine gediegene, beruhigende Figur abgab, auf einer starken Welle der Volksstimmung. Spätestens ab Dezember 1989 wäre es unmöglich gewesen, den auf Vereinigung gerichteten Druck, der sich bereits in beiden Teilen Deutschlands aufgebaut hatte, zu stoppen. Vermutlich hätte ein anderer Kanzler ähnlich gehandelt wie Kohl. Doch darüber kann man nur spekulieren. Wie die Dinge liegen, war er derjenige, der handelte.

Europäische Integration

An Selbstvertrauen hat es Kohl gewiss nie gefehlt. Aber vor dem Hintergrund all des Lobs, das auf ihn einprasselte, bewegte er sich jetzt auf der politischen Bühne in Deutschland und darüber hinaus mit einem Selbstbewusstsein, wie es nur ein unumstrittener großer Erfolg verleiht. Alles schien möglich. Optimismus lag in der Luft. Kohls eigener Optimismus war nie größer gewesen. Und Deutschland hatte im neuen Europa zentrale Bedeutung erlangt.

Kohls Herkunft aus der Pfalz, deren geographische Nähe zu Frankreich – das so lange Deutschlands Erzfeind gewesen war –, die Kindheitserfahrung der Schrecken des Krieges und die volle Erkenntnis dessen, was sein Land getan hatte, um Europa zu zerstören: All dies war zu einem leidenschaftlichen Glauben an die europäische Integration verschmolzen. Einst der Zerstörer Europas, durfte das neue Deutschland, soweit es nach Kohl ging, nicht die Chance versäumen, zur Triebkraft der europäischen Einigung zu werden. Für ihn war der Aufbau des neuen Europas eine Mission, zumal die Innenpolitik nach der Vereinigung rasch an Glanz und Dramatik verlor und verdrießlicher und problembeladener wurde, als man es sich in der Euphorie des Oktobers 1990 hatte vorstellen können.

EU-Kommissionspräsident Jacques Delors hatte der Europäischen Union schon vor dem Fall der Berliner Mauer neues Leben eingehaucht. Er wollte den Binnenmarkt, der 1993 Wirklichkeit wurde, als Sprungbrett für die politische Union nutzen. Nach seiner Meinung war dies innerhalb ungefähr eines Jahrzehnts erreichbar. Am Anfang der 1990er Jahre hatte sich eine einzigartige, unvorhergesehene Gelegenheit eröffnet, die »immer engere Union« Europas zu verwirklichen. Die deutsche Vereinigung, der Zusammenbruch der Sowjetunion und das Ende des Kalten Kriegs gaben der europäischen Integration einen dramatischen neuen Anstoß, und Kohl stand dabei an vorderster Front.

Als die europäischen Staats- und Regierungschefs im Dezember 1991 in Maastricht zusammenkamen, um den Plan für die neukonstituierte Europäische Union zu verabschieden, hatte Kohls Vision für Europa bereits Gestalt angenommen. Sie war ebenso optimistisch wie ambitioniert. Er glaubte fest an die politische Union Europas und sah die Chance, sie zu erreichen. Die politische Union bedeutete in seinen Augen einen europäischen Bundesstaat nach dem Vorbild der Bundesrepublik Deutschland. »Ich war aber noch nie in meinem Leben so motiviert auf ein bestimmtes Ziel hin«, sagte er im Frühjahr 1991 vor dem CDU-Bundesvorstand. »Das erste Ziel heißt für mich, nach der deutschen Einheit den entscheidenden Beitrag zum Bau der Vereinigten Staaten von Europa zu bringen.« Er sah darin ein im Wesentlichen westeuropäisches Projekt. Eine Erweiterung der Union auf osteuropäische Staaten hielt er zu einem späteren Zeitpunkt durchaus für möglich, aber nicht in absehbarer Zeit. Nach seiner Ansicht konnten die strukturellen Fundamente des europäischen Bundesstaats bis 1994 gelegt sein, und zwar auf unumkehrbare Weise.[42]

Die politische Union sollte auf die Währungsunion folgen. Ohne politische Union, erklärte er 1991 im Bundestag, könne die Währungsunion nicht auf Dauer aufrechterhalten werden.[43] Letztere würde nach deutschen Vorstellungen gestaltet sein, das heißt, sie beruhte auf Haushaltsdisziplin und der Vermeidung von Stützungsaktionen der Nationalbanken für Staaten mit unvernünftiger Ausgabenpolitik. Eine neu zu schaffende unabhängige Europäische Zentralbank sollte die Aufsicht über Geldpolitik und Preisstabilität übernehmen. Tatsächlich sollte sie nach dem Vorbild der Bundesbank aufgebaut sein.[44] Aber der Weg zur Währungsunion verlief alles andere als geradlinig. Jahrelang wurde nur über sie geredet. Sollte ihre Gründung der politischen Union vorangehen? Oder sollte sie, wofür unter anderen der Präsident der deutschen Bundesbank eintrat, ihr folgen?[45] Was die politische Union selbst betraf, sollte Kohl rasch lernen, dass die Verhandlungen über die deutsche Vereinigung im Vergleich hierzu simpel gewesen waren.

Das Ziel der politischen Union erwies sich bald als unerreichbar. Sie blieb eine Utopie – oder nach Ansicht mancher eine Dystopie. Sie hätte bedeutet, dass die Nationalstaaten zwar einige Kompetenzen behalten hätten – wie beispielsweise Bayern oder Sachsen innerhalb der Bundesrepublik Deutschland –, aber einen großen Teil ihrer Souveränität und viele ihrer grundlegenden Machtbefugnisse, einschließlich der Außen- und Verteidigungspolitik, an eine zentrale europäische Regierung hätten abgeben müssen. Ob dies für das deutsche Bundesverfassungsgericht akzeptabel gewesen wäre, ist fraglich.[46] Nach Lage der Dinge machten Begegnungen mit anderen europäischen Führern, angefangen mit der Schlüsselfigur Mitterrand, ohne dessen vorbehaltlose Unterstützung das Vorhaben keine Chance hatte, Kohl bald klar, dass die politische Union nicht mehr als ein Tagtraum war. Von Frankreich – von Großbritannien ganz zu schweigen – zu verlangen, wesentliche Befugnisse in der Außen- und Verteidigungspolitik, um nur diese Bereiche zu nennen, an eine europäische Regierung abzugeben, war von vornherein aussichtslos. Grundsätzliche Einwände gegen eine politische Union, die von Deutschland dominiert werden würde, waren von den meisten, wenn nicht allen Mitgliedsstaaten der EU zu erwarten. So wurde die politische Union, obwohl man sie als Ziel nicht offiziell aufgab, zu einer bloß rhetorischen Sprachfigur.[47] Die offensichtlichste Folge daraus war, dass die Währungsunion der politischen weder voranging noch folgte, sondern sie ersetzte.

Auf europäischer Ebene hatte Kohls Tatkraft deutliche Grenzen, wenn sie mit den Interessen anderer EU-Mitglieder kollidierte. Wo er mit anderen zusammen für diese Interessen arbeiten konnte, war seine Leistung, wie beim Maastrichter Vertrag, nicht unerheblich. Die Hauptrolle spielte allerdings Mitterrand. Sowohl der französische Präsident als auch die britische Premierministerin Thatcher war äußerst besorgt über die Folgen der deutschen Vereinigung für Frieden und Sicherheit in Europa. Diese Sorge war pessimistisch, aber historisch verständlich. Als die Maastrichter Konferenz stattfand, war Thatcher nicht mehr im Amt. Mitterrand war es indes noch, und er gab den Ausschlag. Für Frankreich, das zwischen 1870 und 1940 dreimal von jenseits des Rheins angegriffen worden war, war die Einbindung Deutschlands in das neue Europa zwingend erforderlich. Dies hatte dem französischen Interesse an der Währungsunion schon immer zugrunde gelegen, stimmte aber, aus anderer Perspektive gesehen, mit Kohls Bestreben überein. Der Vertrag von Maastricht, in dem unter anderem die Einführung einer gemeinsamen Währung vereinbart wurde, die zunächst noch keinen Namen hatte, aber bald Euro genannt werden sollte, war das Ergebnis dieser französisch-deutschen Übereinstimmung. Kohl war höchst zufrieden damit, dass die strukturellen Regelungen für die neue Währung den deutschen Stempel trugen.

Der Vertrag von Maastricht, der im Februar 1992 unterzeichnet wurde, hob die europäische Integration gewiss auf eine neue Ebene. Aber er war weniger, als Kohl gewollt hatte. Und dass Großbritannien und Dänemark – neben anderen Ausnahmen von den Vertragsbestimmungen – der Währungsunion nicht beitraten und der Vertrag in einer Reihe anderer Länder, einschließlich Frankreichs, kühl aufgenommen wurde, zeigte, wie weit Europa von der von Kohl angestrebten politischen Union entfernt war.

Schwindende Macht

Kohls Macht und Einfluss befanden sich zwischen 1989 und 1992, zwischen der Öffnung der Berliner Mauer und dem Vertrag von Maastricht, auf dem Höhepunkt. Natürlich war sein Ansehen als triumphierender »Kanzler der Einheit« international jetzt enorm. Zu Hause war sein Vorrang in seiner Partei unangefochten. Dennoch begann seine Popularität bald abzunehmen. Zu den Gründen gehörten die hohen Kosten der Vereinigung für die deutsche Wirtschaft und die Entscheidung, die D-Mark – die als Symbol des Wohlstands und der Stabilität nach dem Krieg Kultstatus genoss – durch eine gemeinsame europäische Währung zu ersetzen.

Kohls Versprechen an die Ostdeutschen, die Vereinigung werde ihnen »blühende Landschaften« bringen, klang in den frühen 1990er Jahren peinlich hohl. Der ökonomische Preis der Vereinigung war für sie, kurz gesagt, extrem hoch. Tatsächlich litt die Wirtschaft während des größten Teils der 1990er Jahre in ganz Deutschland. Staatsverschuldung und Arbeitslosigkeit nahmen zu, Wachstumsraten und Exporte sanken, und aufgrund der hohen Arbeitskosten und Sozialabgaben fiel es der Wirtschaft schwer, konkurrenzfähig zu bleiben. Man war selbstverständlich weiterhin stolz und froh über die Vereinigung, auch wenn selbst in den wohlhabendsten Teilen des früheren Westdeutschlands Unmut geäußert wurde. Zudem wurde das Ziel der engeren Integration Europas weithin unterstützt. Dieses Thema, das Kohl so sehr am Herzen lag, stand jedoch in der öffentlichen Diskussion in Deutschland in den 1990er Jahren selten im

Vordergrund, abgesehen von der starken Ablehnung dagegen, die geliebte D-Mark auf dem Altar der Europäischen Währungsunion zu opfern. Auch die Uneinigkeit und das Gezänk in der Regierungskoalition mit der FDP – besonders nach dem Rücktritt des hochgeschätzten langjährigen Außenministers Hans-Dietrich Genscher im Jahr 1992 – trugen dazu bei, dass Kohls Popularitätsquote steil abstürzte, im Westen mehr als im Osten. Vor der Bundestagswahl von 1994 wollte nur ein Drittel der Wähler ihn als Bundeskanzler.[48] Dennoch gewannen die Unionsparteien, obwohl sie in einer Flaute steckten, die Wahl.

Kohls eigener Beitrag zu diesem noch wenige Monate zuvor für unwahrscheinlich gehaltenen Erfolg sollte nicht unterschätzt werden. Er gab seiner Partei Schwung und strahlte in einem stark auf seine Führung ausgerichteten Wahlkampf Zuversicht und Optimismus aus. Er war unermüdlich im Wahlkampf unterwegs und hielt über hundert Reden, viele unter freiem Himmel vor manchmal mehr als 10000 Menschen – die ihm allerdings nicht mehr begeistert zujubelten wie vier Jahre zuvor.[49] Sein hohes internationalen Ansehen und die im Gegensatz zu seinen frühen Jahren meisterliche Handhabung des Fernsehens wirkten sich zu seinen Gunsten aus, zumal ihm in Gestalt des SPD-Vorsitzenden Rudolf Scharping ein vergleichsweise farbloser Oppositionsführer gegenüberstand. Kohl profitierte auch von Faktoren, die er nicht kontrollieren konnte. Zum einen war die SPD gespalten und ihre Führung schwach, und ihr linker Flügel ermöglichte es Kohl, sie auf zynisch wirkungsvolle Weise mit dem Marxismus in Verbindung zu bringen, indem er ihr vorwarf, mit den Kommunisten zusammen an die Macht kommen zu wollen. Mit Letzteren meinte er die Mitglieder der Partei des Demokratischen Sozialismus (PDS), der Nachfolgepartei der früheren herrschenden Partei der DDR, der Sozialistischen Einheitspartei Deutschlands (SED), die er, ein Diktum Kurt Schumachers, des ersten Nachkriegsvorsitzenden der SPD, aufgreifend, absurderweise als »rotlackierte Faschisten« bezeichnete.[50] Zum Zweiten nutzte es ihm, dass die Wirtschaft einige Monate vor der

Wahl Fahrt aufgenommen hatte, so dass er – nicht nur ostdeutschen Wählern gegenüber – behaupten konnte, dass seine Politik von Anfang an richtig gewesen sei.

Der Wirtschaftsaufschwung war zwar nur vorübergehend, aber der neubelebte Optimismus im Land kam für Kohl zur richtigen Zeit. Als die Stimmen ausgezählt waren, konnte er als Kanzler im Amt bleiben. Der Wahlsieg war jedoch kein ungetrübter Erfolg. Der Stimmenanteil der Unionsparteien war um 2,4 Prozentpunkte geschrumpft und derjenige ihres Koalitionspartners FDP um etwas mehr als 4 Prozentpunkte, während SPD und Grüne leichte Gewinne erzielt hatten. Doch die Koalition behielt eine knappe Mehrheit der Bundestagsmandate. Es war ein weiterer Sieg für Kohl, der sich allerdings als sein letzter Wahlsieg herausstellen sollte.

Zum Zeitpunkt der nächsten Wahl, 1998, bereitete die Wirtschaft erneut große Sorgen. Kohls Regierung ging offensichtlich die Luft aus. Doch der Wahlkampf belebte Kohl wieder. Er reiste kreuz und quer durchs Land, um auf riesigen Versammlungen zu sprechen. Am Ende des Wahlkampfs schätzte er, dass fast eine halbe Million Menschen an ihnen teilgenommen hatten.[51] Für seine Parteigänger war seine Anziehungskraft ungebrochen. Aber es gelang ihm nicht mehr, die Schwankenden und Unentschlossenen zu überzeugen. Seine Persönlichkeit reichte als Gegengewicht zu einem erneuten Wirtschaftseinbruch und düsteren Aussichten nicht aus. Vor dem Hintergrund struktureller Wirtschaftsprobleme wirkte seine Wahlkampfmagie nicht mehr. Sie vermochte das unbestimmte Gefühl, dass es nach einer derart langen Regierungszeit der CDU Zeit für einen Wechsel war, nicht zu überwinden. Hinzu kam, dass sein Gegenkandidat für das Amt des Bundeskanzlers, der wesentlich jüngere, vitalere und telegene Gerhard Schröder, viel Anklang fand. Er schien die Zukunft zu repräsentieren und, wie Blair in Großbritannien, den Schröder als Vorbild ansah, in der Lage zu sein, die Wirtschaftsprobleme zu bewältigen und Deutschland erfolgreich ins sich rasch nähernde 21. Jahrhundert zu führen. Am Beginn der heißen Wahlkampfphase sprachen sich in Meinungsumfragen doppelt so viele Deutsche für Schröder als nächsten Bundeskanzler aus wie für Kohl.[52]

1994 hatte Kohl Glück gehabt und von einem kurzlebigen Wirtschaftsaufschwung profitiert. Am Ende der 1990er Jahre war Deutschland, traditionell die Wirtschaftslokomotive Europas, nicht konkurrenzfähig und musste mit hohen Arbeitskosten und Sozialabgaben sowie der weiterhin großen finanziellen Belastung durch die Vereinigung zurechtkommen. Beunruhigendstes Anzeichen der Wirtschaftsprobleme und ein zentrales Wahlkampfthema war die hohe Arbeitslosigkeit, die 1996 offiziell bei vier Millionen Menschen, in Wirklichkeit aber noch höher lag. Kohl hatte kein greifbares Programm anzubieten. Der Zustand der Staatsfinanzen bedeutete, dass Kürzungen von Ausgaben, einschließlich von Sozialausgaben, zum Ausgleich des Etats Vorrang hatten. Der Wendepunkt von Kohls Popularitätskurve trat 1996 unmittelbar nach einer Kürzung der Lohnfortzahlung im Krankheitsfall ein. Hinzu kam die bevorstehende Einführung des Euros, die nur 21 Prozent der Deutschen begrüßten, 52 Prozent aber ablehnten.[53] Am deutlichsten sank seine Popularität in Ostdeutschland, wo er bei Wahlkampfauftritten einst bejubelt worden war, während er jetzt ausgebuht wurde.

Kohl wurde von vielen persönlich für die wirtschaftliche Malaise verantwortlich gemacht. Man glaubte, ihm fehlten die nötige Tatkraft und die Vision, um sie zu überwinden. Ironischerweise begannen sich die Lebensumstände der ehemaligen DDR-Bürger genau in dieser Zeit, nicht zuletzt aufgrund der riesigen Summen, die in den vorangegangenen acht Jahren in den Osten geflossen waren, endlich wesentlich zu verbessern. Baustellen zeugten von einem erheblichen Investitionsniveau. Aber natürlich blieben ernste Probleme bestehen. Die Arbeitslosigkeit war höher als im Westen und der Lebensstandard im Allgemeinen geringer. Die Wahrnehmung, dass Ostdeutschland vom reicheren Westen vernachlässigt werde, hielt sich hartnäckig. Kohl konnte weder etwas tun, um diesen Eindruck auszulöschen, noch eine Mehrheit der Westdeutschen davon überzeugen, dass er in der Lage sei, die Wirtschaft anzukurbeln und einen höheren Lebensstandard zu erreichen.

Die Wahl wurde für Kohl zum Fiasko. Die Christliche Union erhielt 35 Prozent der Stimmen, während die SPD auf 41 Prozent kam und mit den Grünen eine Koalition bilden konnte. Schröder wurde zum Bundeskanzler gewählt. Ausbaden musste die Niederlage natürlich Kohl, der mit einiger Berechtigung für sie verantwortlich gemacht wurde. Er sei beratungsresistenter geworden, hieß es, und habe ein noch stärker übersteigertes Selbstvertrauen entwickelt. Dass er nach 16 Jahren als Kanzler seine Amtszeit erneut verlängern wollte und sich geweigert hatte, einem anderen Platz zu machen, als seine Popularitätswerte geringer waren als diejenigen von Wolfgang Schäuble, der lange als sein Wunschnachfolger galt, wurde ihm als schwerer Fehler angekreidet. Wie vielen anderen Führern, die lange an der Macht waren, widerstrebte es ihm, sie aufzugeben. Aber er fand keinen Rückhalt mehr. Die nüchterne Tatsache war: Die Ära Kohl war vorüber.

Hinterlassenschaft

Helmut Kohl hat maßgeblich an einer fundamentalen und dauerhaften Veränderung Deutschlands und Europas mitgewirkt. Natürlich war es nicht allein sein Werk. Und natürlich war es ein Zufall, dass er ausgerechnet dann Regierungschef war, als dramatische Ereignisse, die er weder herbeigeführt noch vorausgesehen hatte, ihm die Gelegenheit eröffneten, einen einzigartigen Beitrag zum historischen Wandel zu leisten. Aber dass er sie ergriff, ließ ihn zu einem bedeutenden Geschichtsmacher werden. Das heutige Deutschland und Europa sind in nicht geringem Umfang sein Werk.

Die »Berliner Republik« ist an sich schon ein bleibendes Monument. Dieses Etikett erhielt das vereinigte Deutschland nach dem von Kohl initiierten, aber erst ein Jahr nach seinem Ausscheiden aus dem Amt verwirklichten Umzug der Regierung von Bonn in die neue

Bundeshauptstadt Berlin. Kohl sah voraus, dass ein vereinigtes, wirtschaftlich starkes Deutschland, der Staat mit der größten Bevölkerung Europas, durch seine geographische Lage in der Mitte des Kontinents wieder zur dominanten Kraft in Europa mit Verbindungen nach Ost wie West werden würde – jetzt allerdings mit friedlichen, internationalistischen Absichten. Das relativ kleine Bonn am Rhein, das der bescheidenen Politik Westdeutschlands jahrzehntelang eine passende Heimstatt geboten hatte, war nicht mehr die angemessene Hauptstadt für die zentrale Rolle des vereinigten Deutschlands in Europa.

In diesem breiteren, europäischen Kontext ist Kohls Haupthinterlassenschaft der kurz nach seinem Ausscheiden aus dem Amt eingeführte Euro. Neben François Mitterrand war er der Hauptarchitekt der Währungsunion. Mit ihr hatte er eines seiner Hauptziele erreicht: durch die Einbindung in ein stärker integriertes Europa die Zukunft Deutschlands zu sichern. Die Fundamente Europas seien derart stabil, erklärte er ein Jahr nach dem Ende seiner Kanzlerschaft in einem langen Zeitungsinterview, dass sie nicht grundlegend geändert werden könnten. Wie konnte er sich da so sicher sein? »Damit hat Europa den Rubikon überschritten«, stellte er fest. »Für mich war entscheidend, dass wir die Einführung des Euro erreichten – und ich bin sicher, dies wäre ohne mich als Bundeskanzler der Bundesrepublik Deutschland nicht möglich gewesen.«[54] War dies übertrieben? Eine gemeinsame Währung der Europäischen Union – die diejenigen, die ein vereintes Europa anstrebten, schon lange im Sinn gehabt hatten – wäre irgendwann vermutlich sowieso eingeführt worden. Aber Kohl hatte sicherlich recht damit, dass sie ohne sein enges Verhältnis zu Mitterrand mit großer Sicherheit in Maastricht nicht beschlossen worden wäre. Was immer seither geschehen ist, dies war ein Schlüsselmoment für Europa.

Kohls letzter Lebensabschnitt nach dem Ende seiner Kanzlerschaft bis zu seinem Tod im Jahr 2017 war von politischen und persönlichen Tragödien überschattet. Sein Ansehen litt erheblich, insbesondere in Deutschland selbst, als er 1999 in einen großen Spendenskandal verwickelt wurde, in dem er sich hartnäckig weigerte, die Namen derjenigen zu nennen, die seine Partei illegal finanziell unterstützt hatten. (Seit 1991 waren der CDU von unbekannten Spendern insgeheim Millionen von D-Mark übergeben worden. Dass Kohl persönlich davon profitierte, konnte nicht nachgewiesen werden. Dennoch wurden die Ermittlungen gegen ihn erst 2001 eingestellt, als er einwilligte, 300 000 D-Mark zu zahlen, je zur Hälfte an den Staat und für wohltätige Zwecke.) Im Jahr 2000 entzog ihm die CDU, deren Vorsitzender er ein Vierteljahrhundert lang gewesen war, den Ehrenvorsitz, den sie ihm bei seinem Ausscheiden aus dem Amt verliehen hatte.[55] Dass auch einstige Mitglieder seines unmittelbaren Gefolges, die wesentliche Stützen seiner Machtbasis gewesen waren, für diese Maßnahme gestimmt hatten, war in seinen Augen ein Zeichen von Untreue, das er nicht vergeben konnte. So brach er mit vielen seiner früheren Vertrauten, einschließlich Wolfgang Schäuble und Angela Merkel. In seinen *Erinnerungen* wird seine Überzeugung deutlich, dass man ihn zu Unrecht in den Schmutz gezogen hatte und seine großen historischen Leistungen nicht gebührend gewürdigt wurden.[56] Immerhin hatte er die Vereinigung Deutschlands herbeigeführt, wofür ihm nach seiner Ansicht nicht genügend gedankt wurde. Er war tief verärgert darüber, dass zwar ausländische Führer ihn mit Lobeshymnen überschütteten, er aber zu Hause – selbst in seiner eignen Partei – weithin auf Ablehnung stieß.

Eine persönliche Tragödie war, dass sich Kohls Frau, Hannelore, mit der er seit 41 Jahren verheiratet war, das Leben nahm. Der Spendenskandal hatte ihre vorher schon lähmende Depression verstärkt, und sie litt unter einer schmerzhaften, ihr Leben beeinträchtigenden Lichtallergie, welche die Ärzte nicht zu heilen vermochten.[57] Bei ihrem Begräbnis machte Kohl den Eindruck eines gebrochenen Mannes. Knapp sieben Jahre später, 2008, stürzte er in seinem Haus so schwer, dass er teilweise gelähmt und in der Folge auf einen Rollstuhl angewiesen war; auch sein Gehirn war geschädigt und seine Sprachfähigkeit eingeschränkt. Zu allgemeinem Erstaunen heiratete er während seines Krankenhausaufenthalts erneut. Seine neue Frau, Maike

Kohl-Richter, hatte im Kanzleramt für ihn gearbeitet und war 34 Jahre jünger als er. Sie errichtete eine derart dichte Schutzmauer um den Ex-Bundeskanzler, dass praktisch jeder ausgeschlossen war – nicht nur aufdringliche Journalisten, sondern auch fast sein gesamter früherer politischer Kreis, seine Freunde und, zu ihrem großen Bedauern, sogar seine beiden Söhne.[58] Das politische Leben hatte Kohl total vereinnahmt. Am Ende verschlang es sogar seine Familie.

SCHLUSSBETRACHTUNG

GESCHICHTSMACHER – IN IHRER ZEIT

In diesem Buch wurde untersucht, wieso elf europäische Staats- und Regierungschefs und eine Regierungschefin unterschiedlicher Herkunft und unterschiedlicher politischer Systeme in der Lage waren, die Macht zu erlangen und auszuüben, und in welchem Ausmaß diese Macht Europa im 20. Jahrhundert veränderte. Wenn diese Persönlichkeiten tatsächlich Geschichtsmacher waren, dann in jedem Fall, weil sie das Produkt einzigartiger Umstände waren, die ihre spezielle Art der Machtergreifung und Machtausübung ermöglichten. Ohne einen solchen außergewöhnlichen Kontext hätten sie vermutlich (auch wenn man natürlich nicht sicher sein kann) keine besonderen Spuren in der Geschichte hinterlassen. Sie ragten durch ihre Fähigkeit heraus, diese Umstände, an deren Schaffung sie kaum oder gar nicht beteiligt waren, erfolgreich zu nutzen und grundlegende – und manchmal höchst zerstörerische – Veränderungen herbeizuführen. Deshalb habe ich bei der Einschätzung der Rolle der Persönlichkeit im historischen Wandel nicht nur auf die persönlichen Aktionen des jeweiligen politischen Führers geschaut, sondern auch die *unpersönlichen, strukturellen* Bedingungen untersucht, die das Wirken des Individuums ermöglichten.

Einige der hier behandelten Persönlichkeiten waren Diktatoren, andere Demokraten. Hatten sie, außer der Tatsache, dass sie in ihren Ländern die Macht in Händen hielten, etwas gemeinsam? Haben Diktatoren derart unumschränkte Macht, wie es den Anschein hat, und wenn ja, wie sind sie in diese Position gelangt? Ist die Macht von Demokraten derart eingeschränkt, wie es die jeweilige Verfassung vorsieht? Wenn nicht, wann und wie überwinden Persönlichkeit und Umstände die theoretischen Restriktionen ihrer Machtausübung? In der Einleitung wurde der Kern des Problems umrissen, und ich habe eine Reihe von Annahmen und Vermutungen über das Wechselspiel zwischen strukturellen Bedingungen und individueller Macht geäußert. In dieser Schlussbetrachtung will ich untersuchen, inwieweit die hier behandelten Fälle diesen allgemeinen Annahmen entsprechen.

Wie in der Einleitung ausgeführt, sah Marx im Gleichgewicht der Klassen im Frankreich der Mitte des 19. Jahrhunderts die Vorbedingung dafür, dass Louis Bonaparte, den er für eine Null hielt, die Macht ergreifen konnte. Damit meinte er, dass sich, da weder die revolutionäre noch die bürgerliche Klasse stark genug war, um die Oberhand zu gewinnen, der Raum für einen »Außenseiter« öffnete, dem jegliche persönlichen Fähigkeiten für die Ausübung der Staatsmacht fehlten. In den oben untersuchten Fällen, vielleicht mit Ausnahme Spaniens in den 1930er Jahren, taugt das »Klassengleichgewicht« jedoch kaum als Erklärung.

Bei der Machtübernahme der kommunistischen Führer – Lenin, Stalin, Tito und Gorbatschow – gab es kein Klassengleichgewicht. In diesen Fällen war die herrschende Klasse bereits ausgeschaltet – auch wenn es in Russland unter Lenin eines grausamen Bürgerkriegs bedurfte, um die Eliminierung zu vollenden. Auch im Fall Gorbatschows war es offensichtlich irrelevant. Offiziell gab es im Kommunismus keine Klassenunterschiede. In der Wirklichkeit genoss – unter Gorbatschow ebenso wie während der gesamten Sowjetherrschaft – eine Schicht von Funktionären in Staat und Partei Privilegien und materielle Vorteile, die sie von der großen Mehrheit der Bevölkerung abhob. Aber das war kein »Klassengleichgewicht«.

Auch für die Machtergreifung Mussolinis und Hitlers war es keine Vorbedingung. Die politische Macht der Arbeiterklasse war bereits vor ihrem Machtantritt drastisch geschwächt worden. Die neu an die Macht gekommenen Diktatoren vollendeten ihre Vernichtung als politische Kraft allerdings mit brutaler Repression. In Francos Fall stand die Machtergreifung am Ende eines grauenhaften Bürgerkriegs, nach dem die Arbeiterklasse völlig der Gnade des Diktators und der herrschenden Klasse Spaniens ausgeliefert war. Die demokratischen Führer – Churchill, de Gaulle, Adenauer, Thatcher und Kohl – profitierten in unterschiedlicher Weise von den vorhandenen sozialen und politischen Machtstrukturen, die allerdings nicht als »Klassengleichgewicht« bezeichnet werden können. De Gaulle und Adenauer kamen zwar an die Macht, nachdem das vorherige politische System durch Krieg zerstört worden war, aber die ihm zugrunde liegenden traditionellen sozialen Strukturen waren nur zum Teil in Mitleidenschaft gezogen worden.

Nachdem wir kürzlich erlebt haben, wie eine Pandemie aus heiterem Himmel Gesellschaften überall auf der Welt auf den Kopf stellen kann, braucht es keine besondere Erinnerung an die Bedeutung unpersönlicher Faktoren für den historischen Wandel – obwohl deren schädliche Folgen durch die Einwirkung einzelner Führer, wie derjenigen Trumps oder des brasilianischen Präsidenten Jair Bolsonaro, erheblich verstärkt werden können. Auch das 20. Jahrhundert, in dem mächtige Persönlichkeiten eine solch herausragende Rolle gespielt haben, war von fundamentalen, manchmal verborgenen Veränderungsmustern geprägt, die unter der Oberfläche politischer Großereignisse lagen. Beispielsweise wuchs die Bevölkerung Europas, wenn auch mit geringeren Wachstumsraten, trotz Krieg, Krankheit, Hunger und Völkermord weiter. Hauptgrund dafür war der Rückgang der Todesraten seit Ende des 19. Jahrhunderts, der zum Teil auf erstaunliche medizinische Fortschritte zurückzuführen war. Industrialisierung und Urbanisierung hatten enorme Auswirkungen auf die Lebensgrundlagen von Millionen Menschen, und obwohl politische Führer den Versuch unternehmen konnten, diese Entwicklungen zu fördern oder zu behindern, setzten sie sich unaufhaltsam fort. Die in der zweiten Hälfte des Jahrhunderts, bei weiter wachsender Urbanisierung, beginnende Entindustrialisierung wäre – mitsamt ihren gravierenden sozialen und politischen Folgen – auf jeden Fall eingetreten, unabhängig von der

Art der politischen Führung – obwohl diese, wie das Beispiel Großbritanniens in der Thatcher-Ära zeigt, Einfluss darauf nehmen konnte, wie sie durchgeführt wurde.

Der größte Motor epochaler Veränderung waren die beiden Weltkriege. Die Komplexität ihrer persönlichen und unpersönlichen Ursachen und ihrer Führung ist offensichtlich. Während es beim Ersten Weltkrieg unmöglich ist, einer einzigen Person die Schuld zuzuschreiben, scheinen die Ursprünge des Zweiten Weltkriegs klar zu sein. Doch wie wichtig Hitlers persönliche Rolle auch war, er war, selbst was den europäischen Krieg anbelangt, der erst durch den Kriegseintritt der Vereinigten Staaten und Japans im Dezember 1941 zum Weltkrieg wurde, keineswegs die einzige Ursache. Genauso wenig war der Ausgang sowohl des Ersten als auch des Zweiten Weltkriegs allein in individuellem Handeln begründet. Obwohl die Handlungen Einzelner den Weg zu militärischem Erfolg oder Scheitern ebneten, hing der Sieg stark von Kräften ab, die außerhalb individueller Kontrolle lagen, wie Wirtschaftskraft, Geographie, internationalen Beziehungen, dem Ausmaß der Rüstungsproduktion und der Fähigkeit, eine riesige Streitmacht länger zu unterhalten als der Gegner.

Die beiden Weltkriege waren einerseits höchst zerstörerisch, brachten andererseits aber technologische Innovationen (wie das Düsentriebwerk, die Raumfahrttechnik und die Kernspaltung) und medizinische Fortschritte (wie Techniken der plastischen Chirurgie) mit sich. Sie zerstörten Monarchien und Kolonialreiche, gaben sowohl dem Kommunismus wie dem extremen Nationalismus Auftrieb, mobilisierten aber auch demokratische Bewegungen. Das Ende des Zweiten Weltkriegs hatte zur Folge, dass ein beispielloses Wirtschaftswachstum einsetzte, der Sozialstaat sich herausbildete, der Wohlstand ein ungeahntes Niveau erreichte und Europa in eine Epoche anhaltenden Friedens eintrat. Andere große Entwicklungen, wie der schwindende Einfluss der christlichen Kirchen, der Kampf für die Gleichberechtigung der Frauen, die stärkere Betonung der Menschenrechte, die Folgen von Massenmigration, die Verbreitung der Computertechnologie und in zunehmendem Maß die Auswirkungen des Klimawandels, haben die europäische Geschichte des 20. Jahrhunderts mit geprägt, waren aber bestenfalls am Rande vom Handeln einzelner politischer Führer beeinflusst.

Gleichwohl wäre das Leben von Millionen Europäern im 20. Jahrhundert ohne das Wirken (nicht nur) der in diesem Buch behandelten politischen Führer völlig anders verlaufen. Führerschaft war für den Gang der Geschichte nicht ganz nebensächlich. Vielmehr war sie eine ihrer Schlüsselkomponenten. Zwar wurde die Rolle dieser Führer erst durch unpersönliche, außerhalb der individuellen Kontrolle bestehende Kräfte ermöglicht, aber auf dieser Grundlage konnten sie durchaus eine bedeutende Rolle spielen.

Krieg war der wichtigste Wegbereiter. Ohne den Ersten Weltkrieg hätten Lenin – und sein Nachfolger Stalin –, Mussolini und Hitler kaum eine Chance gehabt, an die Spitze ihrer Staaten zu gelangen. Ohne den Zweiten Weltkrieg wäre es höchst unwahrscheinlich gewesen, dass Churchill, de Gaulle und Tito an die Macht gekommen wären. Krieg und seine verheerenden Folgen waren die offensichtlichsten Ursachen für die extremen Krisen, die den Aufstieg jenes Führertyps ermöglichten, der die Forderung nach einer radikalen Lösung der Krise am besten vertrat oder die Hoffnung auf eine nationale Rettung weckte. Außerdem eröffnen Kriege eine Vielzahl von Gelegenheiten, die manchmal außergewöhnlich schicksalhafte Folgen haben. Wie hätte Lenin 1917 ohne die Bereitschaft des deutschen Militärs, ihm die Passage nach Russland zu gestatten, an die Macht kommen können?

Unter bestimmten Umständen konnte die Persönlichkeit sich als ausschlaggebender Faktor erweisen. Die hier behandelten Persönlichkeiten waren nicht austauschbar. Andere hätten eine andere – möglicherweise grundlegend andere – Geschichte bewirkt. Bei den Diktatoren ist dies vielleicht am offensichtlichsten. Hitlers Führung ermöglichte den Holocaust. Ohne ihn als Staatschef wäre es wahrscheinlich nicht zur Vernichtung der europäischen Juden gekommen. Aber die entscheidende Rolle der Persönlichkeit trifft auch auf demokratische Führer zu. Dass im Mai 1940 nicht der von vielen favorisierte Halifax, sondern der bei einem großen Teil des politischen Establishments unbeliebte Churchill zum Premierminister ernannt wurde, veränderte die Geschichte, und zwar nicht nur die britische. Die knappe Wahl Adenauers zum westdeutschen Bundeskanzler im Jahr 1949 hatte im Kalten Krieg tiefgreifende Folgen nicht nur für Deutschland, sondern für ganz Europa. Thatchers Wirkung in Großbritannien, Europa und der Welt in den 1980er Jahren wäre so von keinem anderen Premierminister erzielt worden. Und es ist kaum vorstellbar, dass jemand anders als Gorbatschow die Politik hätte einführen und verfolgen können, die zum Zusammenbruch der Sowjetunion und zum Ende des Kalten Kriegs führte. Helmut Kohl unterscheidet sich in den letzten beiden Aspekten von den anderen in diesem Buch behandelten Führern. Weder war sein Aufstieg zum westdeutschen Bundeskanzler das Ergebnis einer großen Krise, noch hatte seine Persönlichkeit, bis 1989 äußere Umstände eintraten, die dies änderten, mehr als nationale Statur. Doch wie die vorangegangenen Seiten gezeigt haben, spielte er unter den außergewöhnlichen Umständen, die in Deutschland und Europa nach dem Fall der Berliner Mauer herrschten, eine herausragende internationale Rolle. Entscheidend war, dass er, zum Teil aufgrund seiner leutseligen Art, in der Lage war, zu den Führern der Supermächte und Europas – von Margaret Thatcher abgesehen – ein persönliches Verhältnis aufzubauen und ihr Vertrauen zu gewinnen. Sie hatten den Eindruck, dass sie sich auf ihn verlassen konnten – vor allem auf seine Verpflichtung auf die deutsche Schlüsselrolle in einem friedlichen Europa. Letzten Endes war auch in Kohls Fall die Persönlichkeit ausschlaggebend.

Gibt es Gemeinsamkeiten zwischen den zwölf in diesem Buch behandelten politischen Führern? Viele persönliche Merkmale dürften solch unterschiedliche Figuren nicht teilen. Ihre soziale Herkunft unterscheidet sich erheblich, ebenso wie ihre Kindheitserfahrungen. Der Versuchung, nach psychologischen Erklärungen und Wurzeln in

Kindheit und Familiengeschichte zu suchen, sollte man widerstehen. Abgesehen davon, dass die hier Behandelten nie auf der Couch eines Psychoanalytikers lagen und Jahrzehnte später aufgestellte Hypothesen nicht mehr als Spekulation sein können, ist die Reduktion der überaus komplexen Entwicklungen, die das Handeln politischer Führer begleiten und auf es einwirken, auf eine vermeintlich prägende einzige Erfahrung ein Kurzschluss, der jede lohnenswerte Erklärung des historischen Wandels verhindert.

Einige ähnliche Charakterzüge lassen sich vielleicht dennoch ausmachen. Jede der hier behandelten Führungspersonen legte sowohl vor als auch nach ihrer Machtergreifung eine ungewöhnliche Zielstrebigkeit an den Tag. Sie alle waren außerordentlich entschlossen und charakterstark bei der Überwindung von Schwierigkeiten und Rückschlägen. Sie besaßen einen unbändigen Erfolgswillen und ein Maß an Egozentrik, das extreme Loyalität verlangte und jeden und alles dem Erreichen des angestrebten Ziels unterordnete. Sie alle waren »Getriebene«. Sie hatten das Gefühl – das einige auch ausdrückten –, eine Mission zu haben, ein »Schicksal« zu erfüllen. Dieses Gefühl haben nicht viele. Jeder von ihnen war, wenn auch in unterschiedlichem Maß, instinktiv autoritär und bereit und entschlossen, zu befehlen. Begleitet wurde dies häufig von einschüchternden Äußerungen von Unduldsamkeit und Wut.

Diktatorische Systeme eröffneten natürlich ein weites Feld für despotische Herrschaft. Keiner war so tyrannisch wie Stalin, aber auch Hitler, Mussolini, Franco und Tito waren extrem autokratisch. Demokratische Führer mussten ihre autoritäre Neigung zurückhalten und stärker durch Überzeugung wirken. De Gaulle – wenn man ihn denn wahrhaft demokratisch nennen kann – verhielt sich allerdings ausgesprochen herrisch. Auch Adenauer konnte autokratisch sein, und Thatcher behandelte politische Gegner – und manche ihrer engen Kollegen – häufig geringschätzig. Churchill war gewöhnlich gutmütig, obwohl auch er unter großer Anspannung mit Kollegen und Untergebenen unangenehm hochfahrend umgehen konnte. Selbst demokratische Führer mussten eine gewisse Rücksichtslosigkeit besitzen. Bei Diktatoren gehörte sie zur Jobbeschreibung. Politische Führer, demokratische wie diktatorische, benötigen zudem die Fähigkeit, andere zu inspirieren und zu motivieren. Die hier Behandelten waren in der Lage, leicht verständliche Ideen in einer Sprache auszudrücken, die weithin geteilte Einstellungen, Hoffnungen und Vorurteile aufgriff. Und es muss nicht eigens hervorgehoben werden, dass jeder von ihnen sich durch ein ausgeprägtes Machtstreben auszeichnete und die Macht, einmal erlangt, nur äußerst widerwillig wieder abgab.

Aber in anderen Kontexten als denen, in denen sie eine solch bedeutende Rolle spielten, wären diese persönlichen Eigenschaften folgenlos geblieben. Wäre Russland nicht durch die katastrophalen Auswirkungen des Ersten Weltkriegs ins Taumeln geraten, wäre Lenin wahrscheinlich nicht vom exilierten Theoretiker zum Revolutionspraktiker geworden. Ohne die verheerenden Folgen des Ersten Weltkriegs hätte sich Hitler vermutlich kein Gehör verschaffen können. Franco wäre ein prominenter Militär geblieben, wenn er nicht durch den Spanischen Bürgerkrieg in die politische Führungsrolle gestoßen worden wäre. Ohne den deutschen Einmarsch in Frankreich hätte de Gaulle wahrscheinlich seine Offizierslaufbahn weiterverfolgt und wäre wie die meisten Militärs der Öffentlichkeit unbekannt geblieben. Ohne den Krieg wäre Churchill in der von ihm so genannten politischen Wildnis geblieben. Thatcher und Kohl andererseits stiegen in den üblichen parteipolitischen Strukturen westlich-liberaler Demokratien auf. Beide hätten theoretisch auch unter anderen Umständen Regierungschefs werden können. Gleichwohl erlangte Thatcher in einer Krise von Regierung und Wirtschaft in Großbritannien Bekanntheit, wo ihr Geschlecht und ihre soziale Herkunft ansonsten vielleicht unüberwindliche Hindernisse gewesen wären. Kohl war von allen in diesem Buch Behandelten derjenige, bei dem die Wahrscheinlichkeit am höchsten war, dass er den schlüpfrigen Aufstieg an die Macht irgendwann durch einen gewöhnlichen Wahlsieg sowieso erreicht hätte. Aber wie die Dinge lagen, spielte auch bei ihm eine Krise mit. Sein Türöffner zur politischen Macht war das verbreitete Gefühl, dass eine seit Langem regierende Koalition nicht mehr fähig war, die von der Ölkrise von 1979 offenbarten strukturellen Wirtschaftsprobleme zu lösen. Mit anderen Worten, auch in den Fällen von Thatcher und Kohl war der Führertyp ein Produkt der Umstände.

Wenden wir uns nun der Anwendbarkeit der in der Einleitung angeführten sieben allgemeinen Annahmen über die persönliche Führung zu:

Die Wirkung von Einzelnen ist in oder unmittelbar nach großer politischer Unruhe, wenn vorhandene Strukturen zusammenbrechen oder zerstört werden, am größten.

Diese Annahme ist weitgehend gleichbedeutend mit den Bedingungen, unter denen diktatorische Machthaber nahezu ungezügelt agieren können. Dennoch sind einige Einschränkungen zu machen. Der massive Aufruhr in Russland nach dem Sturz des Zarenregimes schuf die Basis von Lenins Macht. Aber wie groß seine persönliche Autorität auch war, er konnte nicht uneingeschränkt handeln. Gegenüber untergeordneten Funktionären der bolschewistischen Partei musste er sich auf Überredung und die Kraft von Argumenten verlassen. Stalins despotische Macht schälte sich nur langsam aus dem Mahlstrom des revolutionären Aufruhrs und den parteiinternen Fraktionskämpfen nach Lenins Tod heraus. Da er die Kontrolle über den Parteiapparat besaß, konnte er die bolschewistischen Herrschaftsstrukturen bestimmen – die Parteikongresse, das Zentralkomitee, das Politbüro –, die schwächer waren, als es den Anschein hatte. Durch ihre von verstärktem massivem Terror begleitete Zersetzung wurden alle Einschränkungen seiner persönlichen Macht beseitigt.

Mussolinis Handlungsfreiheit war in den Jahren des größten Aufruhrs unmittelbar nach dem Ersten Weltkrieg, in denen er an die Macht gelangte, begrenzt. Erst nachdem er die innere Krise des

Regimes in den Jahren 1924/25 überwunden hatte, weitete sie sich erheblich aus. In den späten 1930er Jahren war das Ausmaß seines unabhängigen Handelns, zumindest in der Außenpolitik, dann durch seine zunehmende Abhängigkeit von Deutschland beschränkt – auch wenn er es nicht wahrhaben wollte. Hitler ist in der unruhigen, chaotischen Zeit nach dem Ersten Weltkrieg gescheitert. Sein Aufstieg an die Macht fand ein Jahrzehnt später statt. Die sich hinziehende Krise von Staat und Gesellschaft, die seiner Machtübernahme vorausging, hatte sowohl ihm feindliche Parteien geschwächt als auch ihn in die Lage versetzt, eine riesige, auf ihn als »Führer« eingeschworene Partei aufzubauen. Gleichwohl hätte er, wenn Reichspräsident Hindenburg nicht dem Druck des engen Kreises seiner Berater nachgegeben hätte, nicht Reichskanzler werden können. Einmal an der Macht, beseitigte er, rascher als Mussolini es getan hatte, alle Einschränkungen, die sie begrenzten. Indem er im Sommer 1934 die potentielle Bedrohung durch den paramilitärischen Flügel seiner Bewegung beseitigte und sich selbst zu Hindenburgs Nachfolger machte, etablierte er seine absolute Macht.

Demokratische Macht profitiert im Allgemeinen nicht von Aufruhr und Zusammenbruch, sondern von Stabilität und Kontinuität. Und was entscheidend ist, sie ist verfassungsmäßig begrenzt. Die Macht politischer Führer ist eingeschränkt. Selbst wenn die Demokratie, wie in den Fällen von de Gaulle und Adenauer, aus enormem Aufruhr hervorging, war sie verfassungsmäßig beschränkt, wie groß die autoritären Neigungen des Führers auch waren. De Gaulle war nach der Befreiung Frankreichs im Jahr 1944 darauf bedacht, einerseits die Illegitimität des Vichy-Regimes, andererseits aber die Kontinuität des französischen Staats zu unterstreichen. Zu seinem Ärger musste er bald feststellen, dass die Aura, die er als Kriegsführer erworben hatte, sich nicht ins Klima des freien politischen Handelns in der wiedererrichteten Demokratie übertragen ließ. Nachdem er 1958 aufgrund der Algerienkrise wieder an die Staatsspitze berufen worden war, erhielt er durch die Verfassung der Fünften Republik zwar größere

Machtbefugnisse, war aber, obwohl er sich von Parlamentszwängen weitgehend befreit hatte, immer noch an die Verfassung gebunden und weit davon entfernt, in diktatorischer Weise zu regieren.

Adenauers Aufstieg zum westdeutschen Bundeskanzler folgte auf die totale Zerstörung des deutschen Staats im Jahr 1945. Aber die grundlegende Prämisse für seine Machtübernahme war die Rückkehr zu einer rechtsstaatlichen Regierungsform. Als Kölner Oberbürgermeister in der Zeit vor der Etablierung des NS-Regimes war er ein gewiefter Kommunalpolitiker im Rahmen demokratischer Macht gewesen. Diese Fähigkeiten brachte er ins Kanzleramt ein. Seine unbezweifelbaren autoritären Neigungen wurden von der Notwendigkeit, kollegial in einem demokratischen System zu handeln, gezügelt. Seine Ziele erreichte er durch seine – mit geschickter Manipulation der parteipolitischen Maschinerie gekoppelte – Überzeugungskraft. Sein Aufstieg ist ein Beispiel für den Fall, dass gewaltiger Aufruhr und die Zerstörung eines bestehenden Herrschaftssystems nicht dazu führten, dass Beschränkungen der Macht beseitigt, sondern dazu, dass sie verstärkt wurden.

Entschlossene Verfolgung leicht zu definierender Ziele und ideologische Unnachgiebigkeit, kombiniert mit taktischem Geschick, versetzen bestimmte Einzelne in die Lage, sich hervorzutun und Anhänger zu gewinnen.
Mit Ausnahme Helmut Kohls trifft diese Verallgemeinerung auf alle hier behandelten Persönlichkeiten zu, vor allem natürlich auf die Diktatoren. Kohl besaß gewiss taktisches Geschick, aber bis er im Herbst 1989 die Gelegenheit erhielt, die deutsche Vereinigung voranzutreiben, war er kein herausragender Bundeskanzler gewesen. Bis dahin war sein Aufstieg traditionell verlaufen. Er hatte ehrgeizig danach gestrebt, den Vorsitz seiner Partei zu übernehmen und Bundeskanzler zu werden. Als Regierungschef waren seine Ambitionen dann jedoch begrenzt. Sie gingen über diejenigen eines konventionell parteipolitischen, konservativen demokratischen Führers nicht hinaus. Er hatte weder klar definierte Ziele, noch war er ideologisch

festgelegt. Doch der Zufall kam ihm zu Hilfe und machte ihn zu einem Hauptakteur auf der Weltbühne mit dem klaren Ziel der deutschen Vereinigung vor Augen. Die anderen demokratischen Führer verkörperten ein einziges klares Ziel: Sieg im Krieg und Bewahrung der Freiheit (Churchill), die Befreiung Frankreichs (de Gaulle), den Wiederaufbau der Demokratie durch die Westbindung (Adenauer) und die Erneuerung britischer »Größe« durch die Ersetzung vermeintlicher ökonomischer Fesseln des »Sozialismus« durch Marktfreiheit (Thatcher).

Die klaren ideologischen Ziele der faschistischen Diktatoren traten deutlich zutage, nachdem sie die Macht erobert und gefestigt hatten. Aber sie waren nicht unbedingt ausschlaggebend dafür, dass sie die Massen für sich einnahmen. Mussolini war taktisch geschickt, aber ideologisch opportunistisch, wenn es darum ging, Unterstützung zu gewinnen. Seine Eroberung der Macht beruhte mehr auf ideologischer Verschleierung als auf Klarheit. Er spielte erfolgreich eine Doppelrolle: die des Revolutionärs für die paramilitärischen Radikalen und die des Ordnungshüters für die liberal-konservative Elite. Hitlers persönliche Besessenheit von der »Entfernung« der Juden und der Gewinnung von »Lebensraum« war nicht entscheidend für seinen Aufstieg an die Macht. In den Jahren seiner erstaunlichen Wahlerfolge zwischen 1930 und 1933 sprach er in seinen Reden weniger über Juden als ein Jahrzehnt zuvor, als er noch gescheitert war, und die Gewinnung von »Lebensraum« irgendwann in der Zukunft war für die meisten Deutschen in einer bedrückenden wirtschaftlichen und politischen Krise irrelevant. In dieser umfassenden Krise versprach Hitler wiederholt, das bestehende Regierungssystem zu beseitigen und Deutschlands innere Feinde zu vernichten. Er würzte sein Gift mit der vagen Idee einer künftigen »Volksgemeinschaft« und der Aussicht auf die Wiederherstellung des Stolzes und der Stärke des Vaterlandes. Genauere und klarere ideologische Ziele wären nicht hilfreich, sondern hinderlich gewesen. Sowohl für Mussolini als auch für Hitler war die Mischung aus Verachtung für ein weithin als bankrott angesehenes

Regierungssystem, aufgeputschter Furcht vor der revolutionären Linken und dem Versprechen einer nationalen Wiedergeburt, durch die eine völlig neue, starke und dynamische Gesellschaft entstehen würde, für die Eroberung der Macht wesentlich wichtiger als klar definierte Ziele. Diese Melange schuf die Atmosphäre, in der die Persönlichkeit des Führers eine entscheidende Rolle spielen konnte.

In Spanien brachte der erbitterte, gewalttätige Klassenkonflikt in den fünf Jahren vor dem Bürgerkrieg viele ähnliche Symptome einer nationalen Krise hervor. Franco hatte vor dem Bürgerkrieg keine Massenbasis; damals ragte er mit seinem persönlichen Verlangen nach einem nationalen Kreuzzug, durch den die Linke ein für alle Mal vernichtet und das ruhmreiche katholische Spanien erneuert werden sollte, unter seinesgleichen nicht heraus. Die Verehrung, die ihm nach dem Bürgerkrieg entgegengebracht wurde, war in militärischen Erfolgen begründet, nicht in einem demagogischen Talent. Und nachdem er die Macht gewonnen hatte, gab es über den ständigen Kampf gegen vermeintliche Feinde – innere wie äußere –, die Bewahrung nationalistischer Ideale und die Aufrechterhaltung seiner eigenen Macht hinaus keine klaren ideologischen Ziele mehr.

Die kommunistischen Führer Lenin, Stalin und Tito mussten öffentlich allesamt der von Karl Marx und Friedrich Engels ausgearbeiteten Lehre Tribut zollen, Stalin und Tito darüber hinaus rituell Lenin huldigen. Aber die ideologischen Rezepte des Marxismus-Leninismus waren für den Aufbau und Zusammenhalt der Führungskohorte der bolschewistischen Partei wichtiger als für deren Massenwirksamkeit. Der Aufbau einer Massenbasis erfolgte *nach* der Machtergreifung, nicht davor.

Die Ausübung und das Ausmaß der persönlichen Macht sind durch die Umstände der Machtübernahme und die erste Phase ihrer Konsolidierung bedingt.

Diese Annahme bezieht sich generell auf Diktatoren. Unabhängig davon, ob es sich um Kommunisten oder Faschisten handelte, war die frühe Festigung der diktatorischen Macht durch ein großes Ausmaß der Repression gegen Opponenten gekennzeichnet. Lenin verlangte im Bürgerkrieg die Ausweitung des Terrors gegen Sowjetfeinde. Als Lenins Nachfolger schuf Stalin sich durch seinen Sieg in der Auseinandersetzung über den wirtschaftspolitischen Kurs ein unerschütterliches Fundament, auf dem er seine persönliche Macht aufbauen konnte, die er durch extremen Terror gegen reale und eingebildete Bedrohungen immer weiter ausweitete. Mussolini und Hitler konnten, insbesondere in ihrem Kampf gegen die Linke, frühe Erfolge erzielen, die ihre Machtposition stärkten. Mussolini vermochte seine persönliche Herrschaft erst in vollem Umfang durchzusetzen, nachdem er Mitte der 1920er Jahre die Provinzbosse seiner Partei »gezähmt« hatte; doch auch danach stellte die Monarchie weiterhin eine alternative Quelle der Legitimität dar. Hitler vollendete seinen Weg zur offenen persönlichen Macht, indem er im Sommer 1934 die von den ruhelosen Paramilitärs in seiner Bewegung ausgehende potentielle Gefahr zerschlug. Franco übernahm die Macht als Sieger im Bürgerkrieg. Sein Vorrang war danach unanfechtbar. Gnadenlos ging er gegen innere Feinde vor, insbesondere während des Bürgerkriegs und in den Jahren unmittelbar nach seinem Ende. Seine persönliche Macht beruhte jedoch zum großen Teil auf seiner Fähigkeit, jene Sektoren der herrschenden Elite zu manipulieren, die unter seiner Führung ihre Interessen gewahrt sahen. Ähnliches galt für Tito, dessen Kriegserfolge ihn in die Lage versetzten, eine unangreifbare Machtbasis aufzubauen, die er durch Korruption – indem er, wie alle Diktatoren, insbesondere Partei, Streitkräfte und Sicherheitsdienste zufriedenstellte –, eine manipulative Teile-und-herrsche-Taktik gegenüber untergeordneten Funktionären und natürlich Repression festigte.

Auf die persönliche Macht demokratischer Führer trifft die Annahme zur Machtübernahme und Machtkonsolidierung nur bedingt zu. Sie gelangen im Allgemeinen in einem auf Regeln beruhenden System in hohe Ämter, nach denen sie zu Parteivorsitzenden und Regierungschefs gewählt werden, die danach zu kollegialem Handeln verpflichtet sind und nicht per Diktat herrschen. Thatcher und Kohl wurden im Rahmen festgefügter politischer Strukturen Regierungschefs. In beiden Fällen war der Kontext, in dem sie an die Macht gelangten und sie festigten, für die spätere Ausweitung ihrer persönlichen Macht nicht ausschlaggebend. Diese war weitgehend die Folge von unvorhergesehenen Ereignissen. Der Falkland-Triumph stellte fraglos eine erhebliche Stärkung des persönlichen Ansehens und der Autorität der britischen Premierministerin dar. Ganz ähnlich verliehen der Niedergang und dann Zusammenbruch der DDR Kohl neue persönliche Autorität – mehr als sieben Jahre, nachdem er (ein eher durchschnittlicher) Bundeskanzler geworden war.

In Notsituationen tritt indes auch bei demokratischen Führern ein anderes Muster zutage. Die Krise in Großbritannien im April und Mai 1940 eröffnete Churchill unerwartet eine Gelegenheit, die Macht zu übernehmen. In Kriegszeiten sind demokratische Einschränkungen begrenzt. Gleichwohl agierte Churchill, wie groß seine instinktive Selbstsicherheit auch war, im Rahmen einer kollektiven Regierung. De Gaulle und Adenauer mussten weitgehend bei null anfangen und weniger ein vorhandenes System gestalten, als vielmehr ein neues formen. In diesen Fällen dürfte die Annahme zutreffen. Adenauer wurde trotz seiner starken Parteibasis 1949 nur mit einer Stimme Mehrheit zum Bundeskanzler gewählt. Anschließend weitete er seine anfangs prekäre Machtposition durch erfolgreiches politisches Handeln – und das »Wirtschaftswunder« – so weit aus, dass man von einer »Kanzlerdemokratie« sprach. De Gaulles autoritäre Instinkte waren stets erkennbar. Sein Triumph im Zweiten Weltkrieg brachte ihm nicht, wie erwartet, die politische Macht. Doch die Umstände seiner Rückkehr an die Spitze seines Landes im Jahr 1958 im Zusammenhang mit der chronischen Instabilität der Vierten Republik und der Algerienkrise ermöglichten es ihm, die Fünfte Republik als Vehikel seiner eigenen erweiterten Macht zu formen – allerdings im Rahmen eines demokratischen Regelwerks, das schließlich zu seiner Niederlage im Jahr 1969 führte.

Gorbatschows Fall ist in einer Hinsicht anomal. Er war kein Diktator, kam aber in einem diktatorischen System an die Macht. Als überzeugtes Produkt leninistischer Herrschaftsstrukturen war er indes auch kein Demokrat – obwohl er gewissermaßen dazu wurde. In seiner Position als Generalsekretär der Kommunistischen Partei der Sowjetunion besaß er von Anfang an enorme Macht. Aber seine Reformagenda war stark umstritten. Er agierte durch nachdrückliche Überzeugungsarbeit. Seine persönliche Macht weitete sich infolge der anfänglichen Beliebtheit seiner Reformen schrittweise aus, aber eben diese Reformen untergruben seine Autorität nach und nach in solchem Ausmaß, dass schließlich seine persönliche Macht zusammenbrach und er zum Rücktritt gezwungen war. Man könnte also sagen, dass die Umstände seiner Machtübernahme und der frühen Festigung seiner Macht zwar Einschränkungen aufhoben, seine eigene Machtausübung aber dazu führte, dass er im Lauf der Zeit Restriktionen unterworfen wurde, die seine Macht aushöhlten.

In allen Systemen, einschließlich der Demokratien, gelangen Führer, die in der Lage sind, ihre Macht zu festigen und über lange Zeit auszuüben, in eine Position, die es ihnen erlaubt, Einschränkungen der Machtausübung auszuhebeln.

Machtkonzentration vergrößert das Wirkpotential des Einzelnen, häufig mit negativen, manchmal sogar katastrophalen Folgen.
Dies scheint bei Diktatoren offensichtlich zuzutreffen. Bei den oben behandelten demokratischen Führern ist es weniger offensichtlich.

Lenins Führerschaft dauerte zu kurz, um die Gültigkeit dieser Annahme beurteilen zu können. Immerhin war er in seinem letzten Jahr durch eine Reihe von Schlaganfällen gelähmt und nicht mehr mächtig genug, um zu verhindern, dass Stalin, trotz seiner Warnung vor dessen Eigenschaften – die den Spitzen der Partei bekannt war –, zu seinem Nachfolger wurde. Hätte er – bei guter Gesundheit – länger gelebt, hätte er, was man angesichts seines Ansehens als Architekt der bolschewistischen Revolution als sicher annehmen darf, im Rahmen des »demokratischen Zentralismus«, wie diese Lehre in der Sowjetunion genannt wurde, seine persönliche Macht weiter gefestigt. Wahrscheinlich hätte es keine staatlich angeordneten Tötungen von solchem Ausmaß wie unter Stalin gegeben, aber angesichts seiner eigenen Bilanz wären wahrscheinlich auch unter ihm vermeintliche innere Feinde weiterhin mit Gewaltmaßnahmen verfolgt worden. Stalin konzentrierte die Macht, nachdem er Mitte der 1920er Jahre seine Hauptrivalen ausgeschaltet hatte, unermüdlich in seinen eigenen Händen. Diese Macht war nicht nur unkontrolliert, sondern wurde auch dadurch gestärkt, dass das gesamte System mit extrem tödlichen Folgen daran arbeitete, die außergewöhnliche Paranoia des Führers in die Praxis umzusetzen.

Die Machtkonzentration in den Händen von Mussolini und Hitler versetzte sie persönlich in die Lage, die Entscheidungen zu treffen, die zum Krieg und zur kompletten Katastrophe für ihre Länder führten. Ihre Autorität wurde in den Anfangsjahren ihrer Diktaturen derart unangreifbar, dass diejenigen, die besorgt oder kritisch gegenüber dem waren, was sie als höchst gefährliche Strategien ansahen, keine Möglichkeit hatten, ihre Verwirklichung aufzuhalten. Die Unantastbarkeit der Figur des Führers beruhte zum Teil darauf, dass die Diktaturen über eine breite ihnen eigene Basis verfügten, die sie stützte oder sich auch nur mit ihr abfand. Dies galt zumindest so lange, bis die bevorstehende nationale Katastrophe eine neue, verzweifelte Bereitschaft hervorrief, den Diktator zu stürzen, in Italien in der faschistischen Elite, die Mussolinis Herrschaft ein Ende setzte, in Deutschland bei einer kleinen Gruppe couragierter Offiziere, deren Attentat auf Hitler fehlschlug. Ein institutioneller Rahmen für eine kollektive Entscheidungsfindung existierte nicht, und die Möglichkeit, Opposition zu organisieren, war nahezu vollständig ausgeschlossen. Außerdem sorgten die Diktatoren dafür, dass die wesentlichen Stützen ihrer Herrschaft – Partei, Streitkräfte und Sicherheitsdienste – zufrieden waren. Spanien und Jugoslawien wurden aufgrund der Machtkonzentration in den Händen von Franco und Tito von diesen abhängig. Der Unterschied war nur, dass sie ihre Macht, nachdem sie sie erobert und gefestigt hatten, nicht für die Erreichung breiterer ideologischer Ziele, die ihren Ländern Krieg und Zerstörung hätten bringen können, sondern überwiegend dafür einsetzten, sie als Zweck an sich aufrechtzuerhalten. Franco wurde allerdings nur durch die schlechte Wirtschaftslage des Landes und dessen militärische Unfähigkeit, einen Krieg zu führen, vom Eintritt in den Zweiten Weltkrieg abgehalten.

Das Kriterium der Machtkonzentration ist auf demokratische Führer weit weniger anwendbar, selbst bei denen, die eine umfassende persönliche Machtausübung anstrebten, wie de Gaulle. Adenauer, Thatcher, Kohl und, wenn auch in geringerem Maß, de Gaulle waren, ungeachtet ihrer autoritären Neigungen, von kollektiven Formen der Führung, institutionellen Zwängen und oppositionellen Strukturen eingehegt, die in der Regel zu einer rationaleren Entscheidungsfindung führten, als in hochpersonalisierten diktatorischen Systemen zu erwarten war. Churchills Neigung zu Augenblicksentscheidungen war in militärischen Angelegenheiten stärker ausgeprägt als in der Politik. Aber er akzeptierte in beiden Bereichen, wenn auch manchmal widerstrebend, die Empfehlungen seiner Berater.

Demokratische Führung muss viele Hindernisse überwinden, welche die Verantwortlichen häufig lästig finden. Sie kann von innen her ausgehöhlt werden, so dass sie sich gegen autoritäre Herausforderungen nicht behaupten kann, wie in Deutschland zwischen 1930 und 1933. Und sie ist nicht immun gegen falsche Vorgehensweisen und schädliche Entscheidungen. Chamberlains Beschwichtigungspolitik, die bis zum Herbst 1938 sowohl von einem großen Teil des politischen Spektrums als auch von der britischen Bevölkerung weithin unterstützt wurde, war solch ein Fall. Aber verfassungsmäßige Einschränkungen – und bis zu einem gewissen Grad auch eine kollektive Entscheidungsfindung – bedeuten ihrer Natur nach, dass eine demokratische Führung weit weniger als eine Diktatur dazu neigt, falsche Entscheidungen mit katastrophalen Folgen zu treffen.

Auch in dieser Hinsicht bildet Gorbatschow eine Ausnahme vom Normalfall sowohl der demokratischen als auch der diktatorischen Führung. Die Machtkonzentration in Händen des Sowjetführers verlieh ihm, trotz verschiedener Formen von Opposition, ein enormes Potential, seine Reformen voranzutreiben. Diese stellten sich für viele Sowjetbürger als wirtschaftlich nachteilig heraus. Außerdem schwächten und zerstörten sie schließlich die Sowjetmacht, auf die viele Menschen stolz gewesen waren. Andererseits befreiten die Reformen in der Sowjetunion und den Satellitenstaaten Millionen von Menschen, die jahrzehntelang von der Sowjetherrschaft unterjocht worden waren.

In Kriegen unterliegen sogar mächtige politische Führer den überwältigenden Zwängen der Militärmacht.
Krieg, sofern er zu territorialen Eroberungen führt, eröffnet die Aussicht auf eine Ausweitung der politischen Macht über die Grenzen hinaus, die ihr selbst in Diktaturen in Friedenszeiten gezogen sind. Die barbarische Eroberung Äthiopiens katapultierte Mussolinis Macht und Ansehen in Italien auf neue Höhen. Franco konnte sich durch die gnadenlose Verfolgung seiner politischen Gegner im Spanischen Bürgerkrieg eine unangreifbare Machtbasis aufbauen. Hitler gelangte durch die Unterwerfung Polens und dann den Krieg gegen die Sowjetunion in eine Position, die es seinem Regime ermöglichte, Maßnahmen zur Vernichtung der europäischen Juden zu planen und durchzuführen. Der sogenannte Generalplan Ost enthielt die Vorbereitungen für einen noch umfassenderen Genozid, der darauf abzielte, Millionen von Slawen auszulöschen, um ein deutsches Rassenimperium zu errichten. Aber obwohl der Krieg, solange er zu Siegen und Eroberungen führte, den Spielraum für extreme Unmenschlichkeit vergrößerte, waren selbst Diktatoren gezwungen, mit den ihrer Kontrolle entzogenen Unwägbarkeiten der Militärmacht zurande zu kommen.

Von den hier behandelten Führern waren nur Adenauer, Kohl und Gorbatschow nie Kriegsführer. Lenin beendete so schnell wie möglich und zu enormen anfänglichen Kosten für Russland dessen Teilnahme am Ersten Weltkrieg, in den es bei seiner Machtübernahme verwickelt war. Franco und Tito kamen durch Krieg an die Macht, hielten sich anschließend als Staatschefs aber aus äußeren bewaffneten Konflikten heraus. Die anderen Fallstudien unterstreichen die relative Autonomie der Militärmacht.

Hitler und Mussolini erwiesen sich als schreckliche Militärführer, deren Eingreifen in strategische und sogar taktische Entscheidungen katastrophale Folgen hatte, nachdem sich der Zweite Weltkrieg in einen langen Konflikt verwandelt hatte, der die fundamentalen Schwächen der Achse in Rüstung, Planung und Wirtschaftsressourcen offenbarte. So groß ihre Macht im Innern war, so sehr waren sie durch das begrenzte Potential ihrer Länder, einen Weltkrieg gegen weit stärkere Militärmächte zu führen, eingeschränkt. Wie sehr sich Hitlers Generale auch bemühten, seine manchmal unmöglichen Forderungen zu erfüllen, den militärischen Zusammenbruch, der das politische System mit sich in den Abgrund riss, konnten sie nicht verhindern. Mussolinis Regime, das von Anfang an militärisch schwächer war und von sich häufenden Katastrophen gedemütigt wurde, konnte 1943 aufgrund mangelnder Militärmacht von innen zerstört werden.

Auch die Entscheidungsfreiheit alliierter Führer war durch die Militärmacht beschränkt. Churchill geriet wiederholt mit der Militärführung aneinander, wobei er zumeist, ungeachtet seiner eigenen Wünsche, ihren Forderungen nachgeben musste. Später im Krieg beklagte er seine zunehmende Ohnmacht in Bezug auf die Festlegung der alliierten Strategie und seine Unterordnung unter die Imperative der amerikanischen Militärführung. Stalin begann den Krieg auf geradezu katastrophale Weise, indem er die Warnungen vor einem deutschen Angriff ignorierte und die Rote Armee riesigen unnötigen Niederlagen aussetzte. Später überließ er die operativen Entscheidungen über die Taktik häufig der Militärführung, griff aber, wenn er es für nötig hielt, weiterhin ein und behielt sich die Kontrolle über die Gesamtstrategie vor.

De Gaulles Macht als Führer des Freien Frankreichs erhielt im Zweiten Weltkrieg erst größere strategische Bedeutung, als Vichys Herrschaft über die Kolonien schwand und die Alliierten ihre Überlegenheit etabliert hatten. In der zweiten Hälfte des Krieges ermöglichten es ihm militärische Ereignisse, die seinem Einfluss und Kommando weitgehend entzogen waren, seine Machtbasis auszubauen. Doch selbst danach wurde er, sehr zu seinem Ärger, bei der Planung der Landung in der Normandie im Jahr 1944 weitgehend übergangen. Es folgte die lange Auszeit, da er nicht in der Lage war, militärische in politische Macht umzuwandeln. Seine Rückkehr an die Staatsspitze in der Krise von 1958 beruhte auf der Erwartung, dass er den Algerienkrieg gewinnen würde. Aber er hatte keinen Einfluss auf die militärische Machtverteilung in der Kolonie. Es stellte sich bald heraus, dass die französischen Truppen nicht in der Lage waren, den Krieg auf irgendeine erträgliche Weise zu gewinnen. De Gaulles Fähigkeiten als politischer Führer zeigten sich darin, dass er diese Tatsache erkannte und trotz erheblichen Widerstands derjenigen, die sich, besonders in der Armee, betrogen fühlten, akzeptierte.

Margaret Thatcher bewies politische Kühnheit, als sie 1982 den Krieg zur Rückeroberung der von Argentinien besetzten Falklandinseln begann. Sie war diejenige, die, von ihrem Kriegskabinett unterstützt, die Schlüsselentscheidungen im Verlauf des Krieges traf. Aber die entscheidenden Figuren, auf die sich ihre Macht während des kurzen Konflikts stützte, waren nicht die Politiker, sondern die Militärbefehlshaber. Nach ihrem Beginn entwickelten die militärischen Ereignisse eine Eigendynamik, die von London aus nur teilweise gesteuert werden konnte. Thatchers eigene Nervosität während des Konflikts belegt, wie ungewiss der Ausgang der Militäraktion war und wie sehr ihre politische Macht von der Macht der britischen Streitkräfte abhing. Der Sieg war ein Triumph für sie und ein Wendepunkt ihres politischen Schicksals. Eine Niederlage im Falklandkrieg hätte sie politisch nicht überlebt.

Macht und Handlungsspielraum von Führern hängen in erheblichem Maß von der institutionellen Basis und der relativen Stärke ihrer Unterstützer ab, vor allem im zweiten Rang der Macht, aber auch in der breiten Öffentlichkeit.

Die Fallstudien in diesem Buch zeigen überdeutlich, dass ein Einzelner, ob Diktator oder demokratischer Regierungschef und egal, wie mächtig er sein mag, einen ihm untergeordneten Herrschaftsapparat benötigt, der verpflichtet ist, ohne großen Widerspruch seine Befehle auszuführen. Dieser Apparat wird manchmal »Machtkartell« genannt. Der Begriff impliziert keine Gleichheit von Status und Entscheidungsmacht, sondern deutet lediglich darauf hin, dass der Führer von der Machtelite, die diese Art der Herrschaft unterstützt, nicht absolut, sondern nur relativ autonom agieren kann.

Bereits während des Aufstiegs zur Macht und dann der Machtübernahme baut ein künftiger Diktator eine Anhängerschaft auf, die durch seine Persönlichkeit und Ideologie sowie die Wahrscheinlichkeit seines Erfolgs angezogen wird. Max Weber nannte sie die »charismatische Gemeinschaft«. Deren Mitglieder sind für gewöhnlich Gefolgsleute aus der Frühzeit der jeweiligen Gruppe oder Bewegung. Hermann Göring, Joseph Goebbels, Heinrich Himmler und Hans Frank waren seit den frühen 1920er Jahren bis zum Ende wichtige Helfer Hitlers. Lasar Kaganowitsch und Wjatscheslaw Molotow waren seit den 1920er Jahren bis zu Stalins Tod ergebene Gefolgsleute ihres Herrn. Das enge Verhältnis zwischen Tito und den anderen drei Mitgliedern des »Führungsquartetts« seiner Diktatur – Edvard Kardelj, Aleksandar Ranković und Milovan Djilas – war im Krieg entstanden; von den letzten beiden wandte sich Tito allerdings später verbittert ab. Der Verdacht auf Untreue führte zum unbarmherzigen Bruch, ungeachtet dessen, wie eng die Bande vorher gewesen waren. Hitler offenbarte gewiss seine Unbarmherzigkeit, als er SA-Chef Ernst Röhm, einen seiner wichtigsten Helfer in den frühen Jahren der NS-Bewegung, 1934 ermorden ließ, weil er sich angeblich gegen ihn verschworen hatte. Säuberungen waren allerdings kein typisches Kennzeichen seiner Herrschaft.

In Diktaturen schließt das »Machtkartell« unweigerlich diejenigen ein, die den staatlichen Sicherheitsapparat kontrollieren. Werden sie so mächtig, dass sie eine potentielle Gefahr für den Diktator darstellen, entledigt sich ein starker Diktator dieser Helfer. Stalin ließ in seiner ungezügelten Paranoia zwei Sicherheitschefs – die ihm treu ergeben waren, aber sein Misstrauen erregt hatten – hinrichten. Hitler entließ in den letzten Tagen seines Lebens SS-Führer Himmler, dessen Loyalität, bis das Ende des Regimes absehbar wurde, eine Hauptstütze seiner Diktatur gewesen war.

Kein Diktator kann es einem Gefolgsmann erlauben, eine eigene Machtbasis aufzubauen, die seine Macht gefährden könnte. Jedes vermeintliche Anzeichen von Untreue oder auch nur von schwindender Nützlichkeit konnte furchtbare Folgen haben. »Teile und herrsche« war für einen ohnehin schon starken Diktator eine nützliche Strategie, um sich durch die Notwendigkeit, um die Gunst des Diktators zu konkurrieren, die Loyalität seiner Gefolgschaft zu sichern. Tito wandte diese Strategie geschickt an. Stalin verließ sich, selbst auf den höchsten Ebenen der Macht, lieber auf Furcht und Schrecken. Sowohl er als auch Hitler zerstörten die staatlichen Institutionen – oder ließen sie verkümmern –, die einen kollektiven Ausdruck von Opposition oder Kritik ermöglicht hätten. Mussolini dagegen dominierte zwar die Staats- und Parteistrukturen, schaltete sie aber nicht aus. Der Große Faschistische Rat, dem prominente Parteimitglieder angehörten, die seit zwei Jahrzehnten oder länger wichtige Stützen der Diktatur waren, besiegelte Mussolinis Schicksal, als er sich 1943 gegen ihn wandte. Hitler ließ in der NSDAP kein solches kollektives Gremium zu.

In jeder der hier behandelten Diktaturen sorgten vermeintliche Leistungen und Erfolge dafür, dass das »Machtkartell« enger an den Führer gebunden, Opposition abgeschreckt und die Basis der öffentlichen Unterstützung erweitert wurde, was wiederum die Sicherheit des Führers vor inneren Kampfansagen aus der Führungskohorte erhöhte. Untergeordnete Führer banden sich, zum Teil aus Furcht, aber hauptsächlich, um ihre Macht und ihr Vorankommen zu sichern oder zu fördern, immer enger an den Führer, indem sie ihre Treue und Verlässlichkeit demonstrierten. Dies stärkte die Stellung des Führers zusätzlich und vergrößerte seine Freiheit von inneren Handlungsbeschränkungen. Die exklusive Kontrolle über die Instrumente und die Herstellung der Propaganda ermöglichte es, die vorhandene genuine Beliebtheitsbasis, ungeachtet ihrer Größe, zu einem Personenkult aufzublasen, der den Führer weit über jeden seiner Untergebenen erhob. Auf diese Weise konnte ein Führer, der Erfolge versprach und brachte, im Lauf der Zeit seine Macht und mit ihr das Ausmaß ausweiten, in dem er seine Anhänger auf seine politischen Entscheidungen verpflichtete, egal, wie wenig Beratung ihnen vorangegangen war und als wie kostspielig und katastrophal sie sich herausstellen mochten.

Gorbatschow, der weder Demokrat noch Diktator war – wenn auch das Produkt einer Diktatur –, nimmt unter den in diesem Buch behandelten Führern auch in dieser Hinsicht einen einzigartigen Platz ein. Er fand kein fertiges »Machtkartell« vor. Auf die oberen Ebenen der Sowjetführung, die er übernahm und deren tief verwurzelter Konservatismus ein ernsthaftes Hindernis für sein Reformprogramm darstellte, konnte er sich nicht verlassen. Aber er konnte seine Macht und Patronage als Parteichef nutzen, um relativ schnell eine Reihe gleichgesinnter Reformer auf wichtige Posten zu berufen. Sie bildeten eine neue, für ihn unverzichtbare Führungsgruppe, die es ihm ermöglichte, trotz weiterhin erheblicher Hindernisse seine Reformen voranzutreiben. Als einige Mitglieder dieser Machtelite, die ihn bisher unterstützt hatten, in den späten 1980er Jahren wegen des Tempos und der Art der Reformen mit ihm brachen, wurde seine Macht erheblich geschwächt. Die Popularität, die er anfangs genossen hatte, schwand, als sich die ökonomische und politische Krise 1989/90 verschärfte.

Demokratische Strukturen von subsidiärer Macht sehen natürlich völlig anders aus. Erfolg oder Scheitern demokratischer Führer wird für gewöhnlich an ihrer Fähigkeit gemessen, Wahlen zu gewinnen, an deren Ergebnis das Maß an Zustimmung regel- und routinemäßig abgelesen werden kann. Churchills Kriegführung in einer Zeit, in der viele der normalen Regeln der Demokratie ausgesetzt waren, bildete eine Ausnahme. Aber als 1945 wieder demokratische Wahlen stattfanden, musste er, obwohl Kriegsheld, einen Wahlkampf als Parteivorsitzender führen – den er verlor.

Wahlerfolge erlaubten es den hier behandelten demokratischen Führern, den Spielraum für die Durchsetzung anspruchsvoller Vorhaben zu erweitern. Adenauer gewann ebenso wie Kohl vier Wahlen, Thatcher drei. Gleichwohl brauchte jeder Führer eine loyale Gefolgschaft, die von seiner Persönlichkeit und seinem Programm angezogen wurde und seinen Vorrang anerkannte. De Gaulle konnte sich in seinen späten Jahren als Präsident von Frankreich immer noch auf die persönliche Loyalität von Unterstützern verlassen, die er als Exilführer des Freien Frankreichs für sich gewonnen hatte. Seine parlamentarischen Unterstützer bezeigten ihre Loyalität sogar durch ihren Namen, indem sie sich als »Gaullisten« bezeichneten. Als Churchill 1951 erneut Premierminister wurde, holte er auch treue Anhänger aus der Kriegszeit in die Regierung, und aufgrund seines einzigartigen Ansehens konnte er sich natürlich großer persönlicher Loyalität sicher sein. Die Unterstützung, die er in den späten Jahren als Premierminister erhielt, war allerdings weniger persönlicher als parteipolitischer Art. Das heißt, sie beruhte hauptsächlich auf dem Parteiapparat und seinen Ministerkollegen, deren Loyalität durch seine offensichtlich nachlassende mentale und physische Kraft auf die Probe gestellt wurde. Obwohl er nur widerwillig abtrat, als er die Aufgaben des Premierministers nicht mehr erfüllen konnte, sorgten die etablierten staatlichen Strukturen dafür, dass er auf normale Weise und ohne Aufruhr abgelöst wurde.

Die Herrschaft über die Strukturen und den Apparat ihrer Partei bildete die Grundlage von Adenauers und Kohls Macht. Beide konnten sich jedoch auch auf eine solide innere Phalanx persönlicher Anhänger verlassen, die ihnen zum Teil schon vor ihrer Kanzlerschaft treu ergeben waren und dann einen wichtigen Resonanzboden bei der Vorbereitung bedeutender Entscheidungen bildeten. Als sie die Unterstützung des Machtkartells verloren, war ihre Zeit abgelaufen. Sie mussten, wie widerstrebend auch immer, ihre Macht abgeben. Thatcher hob sich insofern ab, als sie zwar schon in der Opposition Berater gewonnen hatte, die ihre radikalen Ziele teilten und sie in ihnen bestärkten, aber darüber hinaus keine starke Basis ministerieller Unterstützer übernahm. Im Gegenteil, musste sie sich in der Anfangszeit ihrer Regierung mit einer starken Opposition auseinandersetzen und konnte erst nach und nach – insbesondere nach dem Falklandkrieg – ein Kabinett aus weitgehend kritiklosen Unterstützern aufbauen, von denen manche ihr mittlerweile sklavisch ergeben waren. Ihre eigene Art der »charismatischen Gemeinschaft« war jedoch nicht so weit gefestigt, dass sie sich nicht gegen sie wenden konnte, wenn ihre politischen Entscheidungen zum Wahlrisiko wurden. Das Gefühl, betrogen worden zu sein, das sie beim Ausscheiden aus dem Amt im November 1990 erfüllte, war ein Anzeichen dafür, dass sie die Grenze zwischen persönlicher Loyalität und politischem Eigeninteresse ihrer Ministerkollegen und ihrer Partei verwischt hatte.

Eine demokratische Regierungsform legt dem Einzelnen hinsichtlich seiner Handlungsfreiheit und des Ausmaßes, in dem er den historischen Wandel bestimmen kann, die engsten Zügel an.
Dies ist die unkomplizierteste der sieben Annahmen. In einer kollektiven Regierungsform, in der Widerspruch geäußert und die Umsetzung politischer Richtlinien sogar behindert werden kann, ist die Handlungsfreiheit des individuellen Führers notwendigerweise begrenzt. Diktatoren stehen keinem solchen Problem gegenüber. Kollektive demokratische Führung ist häufig mühsam, umständlich, durch langsame Entscheidungsfindung gekennzeichnet und natürlich, sowohl was die Entscheidungen als auch was deren Umsetzung betrifft, nicht immer fehlerfrei. Dennoch ist bei gut durchdachten und sorgfältig ausgearbeiteten politischen Optionen die Erfolgschance größer

als bei diktatorischen Anordnungen. Je uneingeschränkter ein Führer, desto eher werden übereilte und möglicherweise katastrophale Entscheidungen gefällt.

Die in diesem Buch enthaltenen Fallstudien lassen jedoch darauf schließen, dass wenigstens einige der herausragenden demokratischen Führer des 20. Jahrhunderts vom Temperament her autokratisch und ihre autoritären Neigungen unter bestimmten Umständen sogar vorteilhaft waren. In großen Krisen, insbesondere einem Krieg, sind langsame und häufig schwerfällige Entscheidungsprozesse in der Regel unzweckmäßig. Von den hier behandelten Figuren mussten Churchill, de Gaulle und Thatcher schnelle Entscheidungen treffen, bei denen die demokratischen Prozeduren naturgemäß nicht in vollem Umfang eingehalten werden konnten. Dennoch handelten weder Churchill, als er im Mai 1940 die grundlegende Entscheidung traf weiterzukämpfen, noch Thatcher, als sie sich für die Militäraktion zur Rückeroberung der Falklandinseln entschied, isoliert oder als Quasi-Diktatoren. Sie berieten sich, wenn auch in einem kleinen Kreis, bevor sie ihre Entscheidung trafen. Auch Adenauer handelte, als er 1952 die »Stalin-Note« zurückwies, ebenso wie Kohl, als er im November 1989 die Initiative ergriff und damit die Tür zu einer baldigen Vereinigung Deutschlands aufstieß, ohne ausführliche demokratische Beratung. Die Entscheidungen waren zu heikel und bedurften eines derart raschen Handelns, dass eine vorherige Debatte als unangebracht, vielleicht sogar schädlich angesehen wurde.

Als de Gaulle 1958 an die Macht zurückkehrte, sorgte er durch die Vorlage einer neuen Verfassung dafür, dass er in einem nationalen Notfall nahezu unbeschränkte persönliche Machtbefugnisse erhalten würde. Sein Kabinett führte er sowieso auf eine derart selbstherrliche Weise, dass im Grunde nur sein eigenes Wort zählte. Dennoch blieb Frankreich, wie autokratisch er sich auch verhielt, ein Verfassungsstaat. Der lebhafte Parteienstreit ging weiter. Obwohl die Parlamentsfraktionen ihre eher obstruktiven Rechte weitgehend verloren hatten, die sie in der Vierten Republik regelmäßig genutzt hatten, blieb

Frankreich eine Demokratie. Bei einer Reihe von Anlässen erreichte de Gaulle erfolgreich eine plebiszitäre Unterstützung für seine Politik, die ihn in die Lage versetzte, die parlamentarische Opposition auszumanövrieren. Als er 1969 jedoch erkennen musste, dass seine Entscheidungen in der Bevölkerung keinen Rückhalt mehr hatten, trat er kurzentschlossen zurück. Dies ist der ultimative Test für demokratische Führer: Sind sie bereit zu gehen, wenn sie besiegt sind oder sich nicht mehr auf ihre Unterstützerbasis verlassen können? Den hier behandelten demokratischen Führern widerstrebte es abzutreten. Aber letzten Endes taten sie es – und zwar friedlich.

Als Helmut Kohl 1998 aus dem Amt schied, war das 20. Jahrhundert fast vorbei. Neue Führer betraten die Bühne und wurden zu bedeutenden Akteuren in wichtigen westeuropäischen Demokratien: Tony Blair in Großbritannien, Gerhard Schröder, gefolgt von – der bemerkenswerten (und langjährig amtierenden) – Angela Merkel in Deutschland, Nicolas Sarkozy und François Hollande in Frankreich. Die Persönlichkeit blieb zweifellos ein Faktor von herausragender Bedeutung für die Machtausübung, wie Blairs Redegabe und dynamische Überzeugungskraft oder Merkels ruhige Zuversicht und Pragmatismus gezeigt haben.

Ungeachtet der Persönlichkeit haben jedoch selbst die geschicktesten Politiker mit den gewaltigen strukturellen Problemen zu kämpfen, mit denen sie in der heutigen Welt konfrontiert sind und die sich erheblich von denjenigen unterscheiden, vor denen ihre Vorgänger im 20. Jahrhundert standen. Sie innerhalb der kurzen Wahlzyklen zu bewältigen, die die ständige Anpassung an die veränderliche öffentliche Meinung erfordern, die ihrerseits sowohl von aktuellen Nachrichten aus aller Welt als auch von den sozialen Medien beeinflusst ist, stellt demokratische Führer des 21. Jahrhunderts vor gewaltige Herausforderungen. Und je unzulänglicher die Demokratie zu funktionieren scheint, desto lauter wird der Ruf nach einer starken Führung. Parlamentarische Politik ist – als Spiegel der Gesellschaft – oftmals nicht nur von unüberbrückbaren Gegensätzen geprägt, sondern auch von einem Klima der Feindseligkeit, in dem politische Gegner zu Feinden werden. Geraten Demokratien in Schwierigkeiten, lauern die Versuchungen des Autoritarismus. Diese Versuchungen haben in der Vergangenheit Demokratien zerstört, wie einige der Fallstudien in diesem Buch zeigen. Sie könnten es wieder tun. Und wie in diesem Buch ebenfalls gezeigt wird, haben die Handlungen starker Führer, die nach ihrer Machtübernahme in der Lage waren, verfassungsmäßige Einschränkungen aufzuheben, häufig katastrophale Folgen gehabt.

Liberale Demokratien westlicher Art zu führen, ist sicherlich schwieriger geworden. Der Populismus, der die Nation über alles andere stellt, ist eine politische Kraft, die in der Lage ist, traditionelle demokratische Werte zu zersetzen. Er ist schwer zu bekämpfen. Der emotionalen Anziehungskraft der Identitätspolitik, einer Grundströmung, die der Populismus nutzen kann, ist mit rationalen, leidenschaftslosen Argumenten nur schwer beizukommen. Populistische Bewegungen untergraben die traditionellen Strukturen demokratischen Regierens und ziehen die Legitimität der politischen Elite in Zweifel. Sie sind zum Teil von Unterschieden im Lebensstandard – einem Ergebnis der Globalisierung und, mehr noch, neoliberaler Wirtschaftsmodelle – angetrieben, greifen die Probleme der Massenmigration auf und nutzen das neue Potential der Massenmobilisierung mit Hilfe der sozialen Medien. Riesige Protestbewegungen – wie Extinction Rebellion, Gilets Jaunes, MeToo und Black Lives Matter – können, wie sich gezeigt hat, nur schwer in die konventionelle Politik mit ihren demokratischen Sicherheitsleinen eingebunden werden. Die Gefahr ist, dass sie nicht einfach nur ineffektiv sind, was ihre vorgeblichen Ziele betrifft, sondern auch kontraproduktiv, indem sie einen Rückschlag auslösen, der sowohl autoritäre Tendenzen stärkt als auch rechten Populismus fördert. In Ungarn ist Viktor Orbán stolz auf seine »illiberale Demokratie«, wie er sie nennt; der Abstieg seines Landes in den Autoritarismus ist zu einem Stachel im Fleisch der Europäischen Union geworden. Auch Polen hat die demokratischen

Mechanismen benutzt, um autoritärer zu werden. In diesen Fällen zerstören demokratisch gewählte Politiker mit großer Anhängerschaft selbst die Demokratie.

Die Führer der liberalen Demokratien Europas müssen auch mit ihrer zunehmenden relativen Schwäche im Umgang mit mächtigen autoritären Führern einiger der größten Staaten der Welt zurande kommen. Dass im 21. Jahrhundert Wladimir Putin in Russland, Recep Tayyip Erdoğan in der Türkei, Narendra Modi in Indien und – der Wichtigste von allen – Xi Jinping in China an die Macht gekommen sind, hat das internationale Machtgleichgewicht zugunsten moderner Formen des Autoritarismus verschoben, wobei die chinesische Variante in Zukunft wohl die größten geopolitischen Probleme aufwerfen dürfte. Xi ist gewiss eine äußerst mächtige Persönlichkeit. Aber die potentielle Gefahr reicht über seine persönliche Macht hinaus. In wesentlich größerem Maß als die anderen erwähnten – und sonstigen – autoritären Führer herrscht Xi über ein festgefügtes und höchst erfolgreiches *Herrschaftssystem,* das nicht auf der Persönlichkeit eines spezifischen Führers beruht, sondern auf einer einzigartigen Mischung aus politischer, ökonomischer, ideologischer und militärischer Macht. Dieses System besitzt das Potential, Xis persönliche Wirkung zu überdauern. Es scheint ein solideres Fundament zu besitzen, sich selbst besser reproduzieren zu können und letztlich machtvoller zu sein als dasjenige der Sowjetunion, von der im 20. Jahrhundert lange Zeit die größte geopolitische Gefahr auszugehen schien.

Die Demokratie befindet sich in mancher Hinsicht auf dem Rückzug. Die vier Jahre von Donald Trumps Präsidentschaft in den Vereinigten Staaten haben auf beunruhigende Weise gezeigt, dass ein Einzelner die Strukturen der führenden Demokratie der Welt verändern und sogar verzerren kann. Die amerikanische Verfassung hat Trumps Attacken nur knapp überlebt, und ihr inzwischen arg gebeuteltes System von Gewaltenteilung und gegenseitiger Kontrolle hat sich als schwächer als gedacht herausgestellt. Die pseudomonarchischen Exekutivbefugnisse des US-Präsidenten sind, wie Trump gezeigt hat, derart umfangreich, dass sie in den falschen Händen eine Gefahr für die Demokratie darstellen können. Der Schaden, den Trumps narzisstische Persönlichkeit und autokratischer Führungsstil den Vereinigten Staaten und der Demokratie in anderen Teilen der Welt zugefügt haben, ist noch nicht in vollem Umfang einzuschätzen. Er kam mit dem Versprechen an die Macht, die amerikanische Stärke aufrechtzuerhalten, hat Amerika aber im Verhältnis zu den Kräften des Autoritarismus – insbesondere, aber nicht nur in China – unverkennbar schwächer hinterlassen.

Die Charakterzüge der in diesem Buch behandelten autoritären Führer des 20. Jahrhunderts und die Strukturen, die ihre Herrschaft unterfütterten, sind gelegentlich auch bei ihren Pendants im 21. Jahrhundert zu erkennen. Ob und in welchem Ausmaß sie in den kommenden Jahren die globale Entwicklung bestimmen werden, die ihrerseits das künftige Europa mitgestalten wird, kann man heute natürlich nicht wissen. Man kann jedoch mit Sicherheit annehmen, dass diese Zukunft nicht nur von den Handlungen politischer Führer geprägt sein wird, sondern auch von langfristigen sozioökonomischen und kulturellen Strömungen und Verwirbelungen sowie der globalen Sorge über die Folgen des Klimawandels. Zudem werden unvorhergesehene Ereignisse eintreten, die nicht einmal der mächtigste Führer kontrollieren kann. Gleichwohl wird die Persönlichkeit politischer Führer, wie schon im 20. Jahrhundert, im Rahmen der Bedingungen ihrer Machteroberung und Machtausübung durch von ihnen getroffene Entscheidungen das Leben von Millionen Menschen beeinflussen.

Die in den Fallstudien in diesem Buch behandelten Personen waren allesamt Geschichtsmacher. Die Rolle der individuellen Führung war als bestimmender Faktor des historischen Wandels offensichtlich von großer Bedeutung, ebenso wie die Eigenschaften der Persönlichkeit, die die jeweils spezifische Form der Führung prägten. Dies bedeutet nicht, dass die hier Behandelten als »groß« anzusehen sind. Den Begriff der »Größe« sollte man, wie ich in der Einleitung ausgeführt habe, in Bezug auf politische Führer ausmustern. Die historische Wirkung ist etwas anderes. Die höchste Wirkung hatten, zumindest in der ersten Hälfte des 20. Jahrhunderts, diejenigen Führer, die moralisch gesehen am abstoßendsten sind: Hitler, Stalin und Lenin. Ohne Zweifel haben die Handlungen aller zwölf hier behandelten Führungspersonen eine enorme Wirkung auf ihre eigene Gesellschaft, auf Europa und in einigen Fällen auf die Welt darüber hinaus gehabt. Ihre Hinterlassenschaft war bedeutend und manchmal beklagenswert. Es waren transformative Führer.

Doch wie mächtig sie auch waren, ihre Hinterlassenschaft ist im Lauf der Zeit verblasst, auch wenn es in manchen Fällen lange gedauert hat. (Man könnte behaupten, dass nur eine Handvoll religiöser Führer ein zeitloses Erbe hinterlassen hat.) Lenins Hinterlassenschaft blieb bis zum Zusammenbruch der Sowjetunion im Jahr 1991 bestehen. Zu Stalins Hinterlassenschaft gehörte die Unterjochung des größten Teils von Osteuropa, die über vier Jahrzehnte bestehen blieb, obwohl sein Personenkult schon 1956 von Chruschtschow verurteilt wurde. Die Wirkungsdauer war in diesen beiden Fällen damit verknüpft, dass die individuelle Führung in ein auf starken Fundamenten ruhendes Herrschaftssystem eingebettet war. Fehlte ein solches Fundament und hing die Legitimität des Systems weitgehend von einem Einzelnen ab, wie im Fall des kommunistischen Jugoslawiens – das nominell auf der marxistischen Lehre, in der Praxis aber fast vollständig auf Titos Führerschaft beruhte –, überlebte es den Tod des Führers nicht lange. Die höchst repressiven faschistischen Diktaturen in Italien und Deutschland waren untrennbar mit ihren Führern verknüpft. Als ihre Führer starben und die Regime militärisch zerschlagen wurden, bestand die einzige unmittelbare Hinterlassenschaft daher in Trümmern und Zerstörung. Hitlers, Mussolinis und Francos Systeme starben, ungeachtet der fortbestehenden Minderheit der Neofaschisten, mit ihnen. Der moralische Makel ist natürlich eine andere Sache. Die von Hitler hinterlassene moralische Schande hält bis heute an – und nicht nur in Deutschland. Der von Mussolini hinterlassene Makel, der nie derart ausgeprägt war, ist indessen verblasst. Spanien hat ein halbes Jahrhundert nach dem Ende von Francos Herrschaft immer noch damit zu tun, sein moralisches Erbe zu bewältigen.

Führer, die in demokratischen Systemen an die Macht kamen, hinterließen in der Regel ein nur kurzlebiges Erbe, denn ihre Politik konnte nach der Machtübernahme einer Oppositionspartei und ihres Führers erheblich verändert oder sogar ins Gegenteil verkehrt werden. Die Hinterlassenschaft kann aber auch auf andere Weise wenigstens in gewissem Ausmaß überwunden werden, nämlich durch die Wirkung langfristiger, machtvoller Strömungen des historischen Wandels, die der Einzelne nicht zu kontrollieren vermag. Churchill und de Gaulle, beide Produkte des Kolonialzeitalters, betrachteten das Kolonialreich als zentral für die Macht und Größe ihrer Länder und kämpften für dessen Erhalt. Doch Churchill lebte lange genug, um den unaufhaltsamen Niedergang des Britischen Empires mitzuerleben, und de Gaulle stand während der Auflösung des französischen Kolonialreichs selbst an der Spitze des Staats. Die kolonialen Unabhängigkeitsbewegungen, die den Zerfall der Kolonialreiche herbeiführten, hatten ihrerseits inspirierende Führer. Doch der Druck, den sie artikulierten, war nicht von ihnen geschaffen. Sie repräsentierten unwiderstehliche Kräfte, die aus der zunehmenden Ablehnung kolonialer Abhängigkeit erwuchsen. Europäische Führer, ob sie imperiale Herrschaft nun wie Mussolini und Hitler auf brutale Weise durchzusetzen oder wie Churchill und de Gaulle zu bewahren versuchten, waren mit dem unbezähmbaren Widerstand von Völkern konfrontiert, die – manchmal trotz grausamster Repression – nicht willens waren, die ihnen von Eroberern aufgezwungene Herrschaft länger zu akzeptieren.

Jeder der zwölf in diesem Buch behandelten Personen leistete einen einzigartigen – und in manchen Fällen katastrophalen – Beitrag zur Gestaltung Europas im 20. Jahrhundert. Aber sie waren nicht nur Macher der Geschichte, sie wurden auch von der Geschichte gemacht; sie waren das Produkt von spezifischen Umständen, die sie in die

Lage versetzten, ihre Art der Macht auszuüben. Die meisten waren auf die eine oder andere Weise durch die dramatischen zerstörerischen und transformativen Ereignisse der ersten Hälfte des Jahrhunderts geprägt.

Was ihre historische Bedeutung betrifft, waren die wirkmächtigsten Figuren ohne Frage Lenin, Stalin und Hitler. Lenin war der Architekt eines völlig neuen politischen und ökonomischen Systems, das sein eigenes Land grundstürzend veränderte und Europa für lange Zeit durch einen tiefen ideologischen Graben spaltete. Stalin entwickelte dieses System mit unvorstellbarer Grausamkeit weiter, um die Sowjetunion zu einem industriellen und militärischen Behemoth zu machen, der fähig war, den Zweiten Weltkrieg zu gewinnen und die Sowjetherrschaft über halb Europa auszudehnen. Dies war zum großen Teil eine Reaktion auf den von Hitler-Deutschland ausgelösten unglaublich grauenhaften Krieg in Osteuropa und im Westen der Sowjetunion. Hauptverursacher dieses Krieges und der immensen menschlichen und materiellen Zerstörung, die er in einem großen Teil des Kontinents anrichtete, war Hitler. Wenn beispiellose Verwüstung das herausragende Kennzeichen dieser Ära ist, dann ist es besonders Hitlers Wirken, das hervorsticht.

Die zweite Hälfte des Jahrhunderts war weit konstruktiver und gedeihlicher – und vor allem friedlicher. Aber sie war von einem Kalten Krieg und der Möglichkeit einer nuklearen Katastrophe geprägt. In den 1980er Jahren, als der Kalte Krieg seinen Tribut von der moribunden Wirtschaft der Sowjetunion verlangte, bildeten sich die Bedingungen heraus, die es Michail Gorbatschow ermöglichten, nicht nur in der Sowjetunion, sondern in der Geschichte Europas eine solch entscheidende persönliche Rolle zu spielen. Er zerstörte die Sowjetunion. Aber das Ende des Kalten Kriegs und der Übergang in eine neue Ära auf dem Kontinent – und der Welt – dürfte die zentrale, folgenreichste Episode der europäischen Geschichte seit der Zeit unmittelbar nach dem Zweiten Weltkrieg gewesen sein. Gewiss stand die neue Ära vor riesigen Problemen, aber sie unterschieden sich deutlich von den vorherigen. Und in dem komplexen Prozess, der zum Fall des Eisernen Vorhangs und zur Wiedervereinigung der zuvor getrennten Hälften des europäischen Kontinents führte, war Gorbatschows Handeln von entscheidender Bedeutung.

Ein größerer Gegensatz sowohl in Bezug auf die Persönlichkeit als auch auf die Machtausübung wie zwischen Hitler und Gorbatschow ist kaum vorstellbar. Doch auf ihre grundverschiedene Weise verkörpern Hitler in der ersten und Gorbatschow in der zweiten Hälfte des 20. Jahrhunderts am deutlichsten die Bedeutung der individuellen Persönlichkeit bei der Herbeiführung epochaler historischer Veränderungen.

DANK

Vor dem Hintergrund der durch die Coronapandemie verursachten Einschränkungen bin ich insbesondere Laurence Rees dankbar für seine Ermutigung, geistige Anregung und die wertvollen Anmerkungen zu den Entwürfen der einzelnen Kapitel, während sie entstanden, sowie für seine langjährige Freundschaft. Großen Dank schulde ich auch Nick Stargardt und Christian Goeschel, die anschließend das fertige Manuskript lasen und zu verbessern halfen. Für ihre kenntnisreichen Ratschläge zu spezifischen Fragen danke ich Robert Service, Stephen Smith, Geoffrey Hosking, Paul Preston, Mary Vincent und Matthew Kerry. Simon Winder war, wie stets, ein wunderbarer Lektor. Das ausgezeichnete Team von Penguin, insbesondere Eva Hodgkin und Rebecca Lee, war überaus hilfreich, effizient und eine große Stütze. Scott Moyers von Penguin in New York ermutigte mich nicht nur, sondern machte auch eine Reihe wichtiger Vorschläge. David Watson war ein sorgfältiger, aufmerksamer und engagierter Redakteur. Mark Wells hat ein großartiges Register zusammengestellt. James Pullen von der Wylie Agency in London leistete wie immer die ganze Zeit über hervorragende Arbeit. Ihnen allen gilt mein herzlicher Dank.

Eine unvermeidliche Begleiterscheinung zunehmenden Alters ist der Verlust naher Verwandter und enger Freunde. Der Tod unserer Schwiegertochter Becky im Alter von nur 42 Jahren hat in unserer Familie große Trauer ausgelöst. Unter unseren vielen deutschen Freunden nahmen Traude und Ulrich Spät stets einen besonderen Platz ein. Deshalb sind wir zutiefst betrübt darüber, dass Traude die Fertigstellung dieses Buchs, für das sie von Anfang an großes Interesse gezeigt hatte, nicht mehr miterleben konnte.

Was die deutsche Fassung angeht, bedanke ich mich sehr herzlich bei allen Kolleginnen und Kollegen von der DVA, die an diesem Buch mitgewirkt haben, insbesondere Julia Hoffmann, und nicht zuletzt Klaus-Dieter Schmidt für noch eine glänzende Übersetzung.

Meine Familie war für mich immer das Fundament, auf dem alles ruhte. Daher gilt wie bei früheren Büchern meine unermessliche Liebe und Dankbarkeit Betty, unseren Söhnen David und Stephen sowie unseren Enkeln Sophie, Joe, Ella, Olivia und Henry.

ANMERKUNGEN

1 Politologen haben sich natürlich häufig mit Fragen der politischen Führung beschäftigt, wenn auch für gewöhnlich, um abstrakte Modelle zu konstruieren oder Führungsarten zu unterscheiden. Nützliche Hinweise auf solche Arbeiten finden sich in R. A. W. Rhodes und Paul 't Hart, *The Oxford Handbook of Political Leadership*, S. 89, 150, 157, 210f., 220, 230, 322f., 343, 382ff. und Kap. 22–28.

2 Siehe beispielsweise Carr, *Was ist Geschichte?*, Kap. 2; Evans, »Introduction«, S. XVIf.

3 Tolstoi, *Krieg und Frieden*, Bd. 2, S. 109–115, 493–496, 675–680, 741–788.

4 Geiss, »Die Rolle der Persönlichkeit in der Geschichte«, S. 23.

5 Lässig, »Introduction«, S. 19.

6 Schwarz, *Das Gesicht des Jahrhunderts*, S. 18. Margaret MacMillan versucht in *History's People* in fünf thematischen Essays die Rolle von Führungsfiguren der Vergangenheit im Rahmen des breiteren Kontexts unpersönlicher ökonomischer, sozialer und kultureller Strukturen und Strömungen, die den historischen Wandel prägen, zu definieren.

7 Zu den Wurzeln und der Entwicklung der Vorstellung vom »großen Mann« siehe Decherf, *Le grand homme et son pouvoir*, S. 7–59.

8 Carlyle, *Über Helden, Heldenverehrung und das Heldentümliche in der Geschichte*, S. 23f.

9 Carlyle, *Über Helden, Heldenverehrung und das Heldentümliche in der Geschichte*, S. 270.

10 Carlyles »heroische« Biographie Friedrichs des Großen soll Hitler zu Tränen gerührt haben, als 1945 im Bunker in Berlin das Ende seines eigenen Dramas näher rückte (Trevor-Roper, *Hitlers letzte Tage*, S. 96).

11 Burckhardt, *Weltgeschichtliche Betrachtungen*, S. 199f. (Hervorhebung im Original).

12 Burckhardt, *Weltgeschichtliche Betrachtungen*, S. 216, 223.

13 Burckhardt, *Weltgeschichtliche Betrachtungen*, S. 233.

14 Burckhardt, *Weltgeschichtliche Betrachtungen*, S. 227.

15 Burckhardt, *Weltgeschichtliche Betrachtungen*, S. 202f.

16 Riall, »The Shallow End of History?«; dies., *Garibaldi*, S. 390–397.

17 Riall, *Garibaldi*, S. 387, 397.

18 Burckhardt, *Weltgeschichtliche Betrachtungen*, S. 216.

19 Fest, *Hitler*, S. 17–25; ders., »On Remembering Adolf Hitler«, S. 19.

20 Best, *Churchill*, S. 329f. Best hebt hervor, sein »Anspruch auf Größe« beruhe auf »Leistungen auf den Gebieten von Krieg und Politik«, und fügt hinzu, er habe getan, »was die größten Männer tun: Er hat den Lauf der Geschichte verändert.« Geoffrey Wheatcroft zeigt, wie weit verbreitet der »Churchill-Mythos« noch lange nach seinem Tod ist (*Churchill's Shadow*, Kap. 19–21).

21 A. Roberts, *Churchill*, S. 786–789.

22 Weber, *Wirtschaft und Gesellschaft*, S. 124, 140–147, 753–778. Arthur

Schweitzer wendet Webers Begriff des Charismas in *The Age of Charisma* auf eine ganze Reihe moderner politischer Führer an.

23 Zu Beispielen siehe Dikötter, *Diktator werden*.

24 Marx, *Der achtzehnte Brumaire des Louis Bonaparte*, S. 226.

25 Marx, *Der achtzehnte Brumaire des Louis Bonaparte*, S. 269 ff.

26 Brown, *Der Mythos vom starken Führer*, S. 53 f., 102.

27 Mitterer, »The Role of Personality in Leader Effectiveness«.

28 Mann, *The Sources of Social Power*, Bd. 3, S. 5–13.

29 Weber, *Wirtschaft und Gesellschaft*, S. 28.

30 Mann, *The Sources of Social Power*, Bd. 3, S. 13.

31 Brown, *Der Mythos vom starken Führer*, S. 82.

32 Ruth Ben-Ghiat stellt in *Strongmen* Donald Trump und andere populistische Führer der jüngsten Zeit in eine genealogische Linie, die zu den »großen« Diktatoren des 20. Jahrhunderts zurückreicht.

EINS – WLADIMIR ILJITSCH LENIN

1 Service, *Lenin*, S. 188 f.

2 Schwarz, *Das Gesicht des Jahrhunderts*, S. 231.

3 Hosking, *Russia and the Russians*, S. 362–385.

4 Mann, *The Sources of Social Power*, Bd. 3, S. 174–190, insbesondere S. 182 f., 188 f.

5 Service, *Lenin*, S. 332 f.; Wolkogonow, *Lenin*, S. 163.

6 Wolkogonow, *Lenin*, S. 111, 161.

7 Service, *Lenin*, S. 311, 332 f., 366.

8 Mann, *The Sources of Social Power*, Bd. 3, S. 175.

9 Mann, *The Sources of Social Power*, Bd. 3, S. 184.

10 Zit. in Sebestyen, *Lenin*, S. 38 f.

11 Sebestyen, *Lenin*, S. 194 ff.

12 Service, *Lenin*, S. 214 f., 307.

13 Service, *Lenin*, S. 47, 52–55; Payne, *Lenin*, S. 33.

14 Robert Service zählt für das zweite Exil ab Ende 1907 14 Städte auf (*Lenin*, S. 271).

15 Sebestyen, *Lenin*, S. 228.

16 Zu Zusammenfassungen der Schrift siehe Payne, *Lenin*, S. 115–121; Sebestyen, *Lenin*, S. 172–180; Service, *Lenin*, S. 190–194.

17 Service, *Lenin*, S. 209–212.

18 Service, *Lenin*, S. 228, 236, 241.

19 Hosking, *Russia and the Russians*, S. 361.

20 Service, *Lenin*, S. 341–348.

21 Service, *Lenin*, S. 355.

22 Lih, »›All Power to the Soviets!‹«.

23 Service, *Lenin*, S. 360 f.

24 Siehe die Kurzporträts in Wolkogonow, *Lenin*, Kap. 5.

25 Mann, *The Sources of Social Power*, Bd. 3, S. 185 f.

26 Hosking, *A History of the Soviet Union*, S. 43.

27 Zit. in Sebestyen, *Lenin*, S. 402 f.

28 Schapiro, *1917*, S. 131 f.

29 Deutscher, *Trotzki*, Bd. 1, S. 297.

30 Service, *Lenin*, S. 407 f.

31 Deutscher, *Trotzki*, Bd. 1, S. 310 f.; Service, *Trotzki*, S. 246.

32 Gellately, *Lenin, Stalin und Hitler*, S. 65 ff.

33 Service, *A History of Twentieth-Century Russia*, S. 73.

34 Schapiro, *1917*, Kap. 9 und 10; Service, *Lenin*, S. 415 f.

35 Sebestyen, *Lenin the Dictator*, S. 381; vgl. Payne, *Lenin*, S. 313 f.

36 Schapiro, *1917*, S. 147 ff.; Service, *A History of Twentieth-Century Russia*, S. 74 f.

37 Figes, *Tragödie eines Volkes*, S. 667 f., 678 f.; Gellately, *Lenin, Stalin und Hitler*, S. 72–77.

38 Zit. in Figes, *Tragödie eines Volkes*, S. 666.

39 Wolkogonow, *Lenin*, S. 333, 342.

40 Figes, *Tragödie eines Volkes*, S. 663–666.

41 Wolkogonow, *Lenin*, S. 157 f., Kap. 5 (zu Kurzporträts der Mitglieder von Lenins engstem Kreis).

42 Mawdsley, *The Russian Civil War*, S. 7.
43 Service, *Lenin*, S. 440–445 (Zitat auf S. 444f.); Mawdsley, *The Russian Civil War*, S. 42–46.
44 Service, *Trotzki*, S. 278.
45 Service, *Lenin*, S. 509, 521.
46 Zit. in Figes, *Tragödie eines Volkes*, S. 654, 658f.; ders., *Revolutionary Russia 1891–1991*, S. 153.
47 Zit. in Service, *Lenin*, S. 474 (Hervorhebungen im Original); Gellately, *Lenin, Stalin und Hitler*, S. 82.
48 Zit. in Wolkogonow, *Lenin*, S. 251.
49 Zit. in Wolkogonow, *Lenin*, S. 253f.
50 Figes, *Tragödie eines Volkes*, S. 676, 683–686 (siehe S. 663–686 allgemein für die Ausweitung des Terrors).
51 Service, *Lenin*, S. 570f., siehe auch S. 510f., 533.
52 Zit. in Figes, *Hundert Jahre Revolution*, S. 143.
53 Service, *Lenin*, S. 527f.; ders., *Trotzki*, S. 343–350; Sebestyen, *Lenin*, S. 537f.; Payne, *Lenin*, S. 387f.
54 Mawdsley, *The Russian Civil War*, S. 349–361.
55 Service, *Lenin*, S. 534, 540f.
56 Hosking, *A History of the Soviet Union*, S. 134f.
57 Figes, *Hundert Jahre Revolution*, S. 150, 166.
58 Service, *Lenin*, S. 544–557.
59 Figes, *Hundert Jahre Revolution*, S. 167–171.
60 Lenin, »Brief an den Parteitag«; Service, *Lenin*, Kap. 26 und 27.
61 Kotkin, *Stalin*, S. 498–501.
62 Brown, *Der Mythos vom starken Führer*, S. 304f.
63 Service, *Lenin*, S. 481–497.
64 Plamper, *The Stalin Cult*, S. 22.
65 Schweizer, *The Age of Charisma*, S. 167.
66 Lewin, *The Making of the Soviet System*, S. 57–71.
67 Plamper, *The Stalin Cult*, S. 24.
68 Zit. in Figes, *Hundert Jahre Revolution*, S. 161.
69 »Russians Say Lenin Played Positive Role: Poll«, https://www.rferl.org/a/russia-lenin-positive-role-levada-poll/28441045.html (geöffnet im November 2021).
70 Underwood, »Why Lenin's Corpse Lives on in Putin's Russia«.

ZWEI – BENITO MUSSOLINI

1 Sogar in den Vereinigten Staaten war Mussolini »überaus populär« (Diggins, *Mussolini and Fascism*, S. 23).
2 Churchill, *Der Zweite Weltkrieg*, Bd. 2.2., S. 358.
3 Mack Smith, *Mussolini*, S. 13, 179f.; Taylor, *Die Ursprünge des Zweiten Weltkrieges*, S. 72; Bosworth, *Mussolini*, S. 424.
4 R. J. B. Bosworth zeigt, wie langlebig das geringschätzige Mussolinibild als »Möchtegerndiktator« oder »Cäsarimitat«, letztlich also als prätentiöse Nullität, ist (*The Italian Dictatorship*, S. 76–81).
5 Passerini, *Mussolini Immaginario*, S. 70–76, 99ff.
6 Woller, *Mussolini*, S. 57f.
7 Woller, *Mussolini*, S. 59f.; Bosworth, *Mussolini*, S. 110; Mack Smith, Mussolin, S. 56f.
8 Gentile, »Paramilitary Violence in Italy«, S. 89.
9 Lyttelton, *The Seizure of Power*, S. 77; Paxton, *Die Anatomie des Faschismus*, S. 173ff.
10 Kirchner Reill, *The Fiume Crisis*, S. 16–21.
11 Gentile, »Paramilitary Violence«, S. 89–92; Mann, *Fascists*, S. 100–118; Schieder, »Strukturwandel der faschistischen Partei Italiens in der Phase der Herrschaftsstabilisierung«, S. 75.
12 Griffin, *The Nature of Fascism*, S. 26f.
13 Ebner, *Ordinary Violence in Mussolini's Italy*, S. 25–34; Millan, »The Institutionalisation of Squadrismo«, S. 556; Petersen, »Das Problem der Gewalt im italienischen Faschismus, 1919–1925« (mit Statistiken über das Ausmaß der Gewalt, S. 333, 336f., 347).

14 Lyttelton, *The Seizure of Power*, S. 44ff.; Mack Smith, *Mussolini*, S. 84.
15 Corner, *Fascism in Ferrara 1915–1925*, S. 170–176.
16 Snowden, *The Fascist Revolution in Tuscany, 1919–22*, S. 60f., 102, 147.
17 Gentile, »Fascism in Power«, S. 144.
18 Knox, *To the Threshhold of Power, 1922/33*, S. 328; Woller, *Mussolini*, S. 72ff.; Bosworth, *Mussolini*, S. 157–162; Milza, *Mussolini*, S. 282–289.
19 Knox, *To the Threshhold of Power, 1922/33*, S. 329.
20 Tarchi, »Italy: Early Crisis and Fascist Takeover«.
21 Knox, *To the Threshhold of Power, 1922/33*, S. 268–281, 327.
22 Albanese, *Mussolinis Marsch auf Rom*, S. 8–12, 95–101, 106f.
23 Mack Smith, *Mussolini*, S. 96ff.
24 Albanese, *Mussolinis Marsch auf Rom*, S. 124.
25 Woller, *Mussolini*, S. 67.
26 Zum Mitgliederanstieg und sich wandelnden Sozialcharakter der Faschistischen Partei siehe Schieder, »Strukturwandel der faschistischen Partei Italiens in der Phase der Herrschaftsstabilisierung«, S. 80–83.
27 Lyttelton, »Faschismus in Italien«, S. 111, 115.
28 Bosworth, *Mussolini*, S. 199; Lyttelton, *The Seizure of Power*, S. 250.
29 Lyttelton, »Faschismus in Italien«, S. 114f.
30 Bosworth, *Mussolini*, S. 203; Lyttelton, *The Seizure of Power*, S. 265f.; Milza, *Mussolini*, S. 345–350.
31 Woller, *Mussolini*, S. 115ff.
32 Millan, »The Institutionalisation of Squadrismo«, S. 550. Adrian Lyttelton beschäftigt sich ausführlich mit Farinaccis Amtszeit als Parteisekretär und dem Niedergang der Partei (*The Seizure of Power*, S. 269– 307). Pierre Milza beschreibt die Machtstruktur unterhalb Mussolinis im Einzelnen (*Mussolini*, Kap. 12).
33 Ebner, *Ordinary Violence in Mussolini's Italy*, S. 48–71.
34 Gentile, »Fascism in Power«, S. 169.
35 Osti Guerrazzi, »Das System Mussolini«.
36 Woller, *Mussolini*, S. 118f.
37 Gentile, *The Sacralization of Politics in Fascist Italy*, S. 136–139.
38 Gundle/Duggan/Pieri (Hg.), *The Cult of the Duce*, insbesondere dies., »Introduction«, und Duggan, »The Propagation of the Cult of the Duce, 1925–26«; Duggan, *Fascist Voices*, S. XI, 230, 241, 279; Melograni, »The Cult of the Duce in Mussolini's Italy«; Dikötter, *Diktator werden*, S. 21– 26; Woller, *Mussolini*, S. 114f.; Milza, *Mussolini*, S. 555–562; Corner, *The Fascist Party and Popular Opinion in Mussolini's Italy*, S. 210f., 280; ders., »Fascist Italy in the 1930s«.
39 Corner, »Fascist Italy in the 1930s«, S. 138–141; Gooch, *Mussolini's War*, S. 33.
40 Mack Smith, *Mussolini*, S. 265, 270f.
41 Knox, *Mussolini Unleashed, 1939–1941*, S. 9f.
42 Ciano, *Tagebücher, 1937/1938*, S. 183 (18. Juni 1938), 196f. (17. Juli 1938), 272f. (4. November 1938); ders., *Tagebücher, 1939–1943*, S. 62 (27. März 1939).
43 Erstmals benutzt hat diesen Begriff Hans Mommsen in seinem Buch *Beamtentum im Dritten Reich*, S. 98, Anm. 26.
44 Knox, *Common Destiny*, S. 142f.
45 Goeschel, *Mussolini und Hitler*, S. 58–66.
46 Goeschel, *Mussolini und Hitler*, S. 109ff.
47 Zit. in Ciano, *Tagebücher, 1939–1943*, S. 53 (15. März 1939).
48 Knox, *Common Destiny*, S. 137–144; Gooch, *Mussolini's War*, S. 15ff.
49 Gooch, *Mussolini's War*, S. 33.
50 Maiolo, *Cry Havoc*, S. 196–202; Gooch, *Mussolini's War*, S. 55f.; Knox, *Common Destiny*, S. 150f.
51 Corner, »Fascist Italy in the 1930s«, S. 138–141; Goeschel, »Mussolini, Munich and the Italian People«, S. 156ff., 161, 165f.

52 Woller, *Geschichte Italiens im 20. Jahrhundert*, S. 153–161; ders., *Mussolini*, S. 164– 171; Bosworth, *Mussolini*, S. 338–344.

53 Sarfatti, *Die Juden im faschistischen Italien*, S. X, 49f., 152–169.

54 Ciano, *Tagebücher, 1939–1943*, S. 130 (24. August 1939).

55 Knox, *Mussolini Unleashed, 1939–1941*, S. 104f.

56 Woller, *Mussolini*, S. 209.

57 Knox, *Mussolini Unleashed, 1939–1941*, S. 18–30.

58 Woller, *Mussolini*, S. 200.

59 Gooch, *Mussolini's War*, S. 296, 350.

60 Focardi, »Italy's Amnesia over War Guilt«, S. 8; Woller, *Mussolini*, S. 233f.

61 Baldoli, »Spring 1943«; Gooch, *Mussolini's War*, S. 365.

62 Bosworth, *Mussolini*, S. 403f.

63 Woller, *Mussolini*, S. 298–301; Knox, »Das faschistische Italien und die ›Endlösung‹ 1942/43«, S. 53ff., 77ff., 91f.; Michaelis, *Mussolini and the Jews*, S. 323, 348ff., 389f., 408–414.

64 Pavone, *A Civil War*, Kap. 5; Woller, *Geschichte Italiens im 20. Jahrhundert*, S. 197f.; Burgwyn, *Mussolini and the Salò Republic 1943–1945*, S. 335f.

65 Woller, *Die Abrechnung mit dem Faschismus in Italien 1943–1948*, S. 279.

66 Ginsborg, *A History of Contemporary Italy*, S. 92.

67 Woller, *Die Abrechnung mit dem Faschismus in Italien 1943–1948*, S. 271ff.; Focardi/Klinkammer, »The Question of Fascist Italy's War Crimes«.

68 Der Streit über das Ausmaß der Unterstützung für den Diktator entbrannte insbesondere nach Veröffentlichung des vierten Bandes, *Mussolini il duce. Gli anni del consenso 1929–1936*, im Jahr 1974. Starke Kritik an De Felices Methode, Blickwinkel und Urteil übt Wolfgang Schieder in *Faschistische Diktaturen*, S. 50–55.

69 Ledeen, »Renzo De Felice and the Controversy over Italian Fascism«; De Felice/Ledeen, *Fascism*.

70 Gundle, »The Aftermath of the Mussolini Cult«, S. 252ff.

71 Ruth Ben-Ghiat untersucht die Anziehungskraft solcher »starken Männer« wie Silvio Berlusconi und Matteo Salvini (*Strongmen*, S. 79–83, 244f.).

72 Amante, »Half of Italians Want ›Strongman‹ in Power, Survey Shows«.

73 Woller, *Mussolini*, S. 317–323; Bosworth, *Mussolini*, S. 413–419.

74 https://en.wikipedia.org/wiki/Benito_Mussolini (geöffnet im November 2021).

DREI – ADOLF HITLER

1 Adolf Hitler, »Ansprache Hitlers an die Oberbefehlshaber am 23. November 1939 über die Kriegslage und seine Kriegsziele«, in: *Der Nürnberger Prozess gegen die Hauptkriegsverbrecher*, Bd. 26, Dok. 789-PS, S. 332, 336. Umfassende Nachweise zu diesem Kapitel finden sich in Kershaw, *Hitler*. Weitere ausführliche Biographien sind u. a. Bullock, *Hitler;* Fest, *Hitler*; Ullrich, *Hitler;* Longerich, *Hitler*. Brendan Simms vertritt in seiner Biographie (*Hitler*) fast als Einziger die These, Hitlers zentrales ideologisches Motiv sei die Feindschaft gegenüber dem anglo-amerikanischen Kapitalismus gewesen.

2 Zu den unterschiedlichen Einstellungen zu Hitler in der Nachkriegszeit siehe Kershaw, *Der Hitler-Mythos*, S. 322ff.

3 Mommsen, »Nationalsozialismus«, Sp. 702.

4 Schmölders, *Hitlers Gesicht*, S. 7–14.

5 Hitler, *Sämtliche Aufzeichnungen, 1905–1924*, S. 69.

6 Weber, *Hitlers erster Krieg*, S. 293–296, 463f.

7 Zit. in Kershaw, *Hitler*, Bd. 1, S. 169.

8 Die heute maßgebliche, kritische Ausgabe von Hitlers *Mein Kampf* haben 2016 Christian Hartmann, Thomas Vordermayer, Othmar Plöckinger und Roman

Töppel veröffentlicht.
9 Dies hob Eberhard Jäckel in der ersten systematischen Analyse von *Mein Kampf* hervor (*Hitlers Weltanschauung*, S. 140 f.). Siehe aus jüngster Zeit auch Rees, *Hitler and Stalin*, S. 1 f.
10 Machtan, *Hitlers Geheimnis*, S. 46–57, 107–113 (zur »Künstlernatur« siehe S. 48, 113).
11 Anton Joachimsthaler gibt in *Hitlers Liste* viele unbewiesene Geschichten wieder und beleuchtet insbesondere seine Beziehungen zu Frauen.
12 Gritschneder, *Der Hitler-Prozeß und sein Richter Georg Neithardt*, S. 51.
13 Als Gregor Strasser 1927 die Beziehung zwischen »Führer« und Anhängern als Wesen der NS-Partei definierte, griff er zu einem mittelalterlichen Vergleich, indem er von »Herzog und Gefolgsmann« sprach (zit. in Kershaw, *Hitler*, Bd. 1, S. 377).
14 Sontheimer, *Antidemokratisches Denken in der Weimarer Republik*, S. 271.
15 Richard J. Evans zeichnet in *Aufstieg* ein scharfsinniges, komplexes Bild der vielschichtigen Krise.
16 Zit. in Broszat, *Der Nationalsozialismus*, S. 39 f.
17 Zu einer ausgezeichneten Darstellung der sich vertiefenden und schließlich tödlichen komplexen politischen Krise siehe Winkler, *Weimar 1918–1933*, Kap. 14–18.
18 Orlow, *The History of the Nazi Party 1919–1933*, S. 294 ff.
19 Benjamin Carter Hett äußert in *Der Reichstagsbrand* neuerlich Zweifel an der seit Langem gehegten Überzeugung, der junge holländische Kommunist Marinus van der Lubbe habe den Reichstag allein in Brand gesteckt.
20 Führende Verfassungsrechtler bestätigten diese Interpretation (Frank, *Im Angesicht des Galgens*, S. 466 f.; Ernst Rudolf Huber in: *Sopade*, 1938, S. 527; *Dokumente der deutschen Politik*, Bd. 4, S. 337).
21 Frank, *Im Angesicht des Galgens*, S. 466.
22 Zu den Ersten, die die Bedeutung von Hitlers charismatischer Herrschaft hervorhoben, gehörte Franz Neumann (*Behemoth*, S. 117); zu deren Wirkung siehe Rees, *The Dark Charisma of Adolf Hitler*.
23 Kershaw, *Hitler*, Bd. 1, S. 27.
24 Siehe Görtemaker, *Hitlers Hofstaat*.
25 Von Weizsäcker, *Die Weizsäcker-Papiere 1933–1950*, S. 162.
26 Zit. in Krausnick/Wilhelm, *Die Truppe des Weltanschauungskrieges*, S. 86.
27 Browning, *Die Entfesselung der »Endlösung«*, S. 356.
28 Fleming, *Hitler und die Endlösung*, S. 86.
29 Goebbels, *Die Tagebücher von Joseph Goebbels*, Teil II, Bd. 2, S. 498.
30 Hitler, *Reden und Proklamationen 1932–1945*, Bd. 2.1, S. 1058.
31 Longerich, *Der ungeschriebene Befehl*, S. 103 ff., 111 f., 136 f.
32 Himmler notierte am 18. Dezember 1941 in seinem Dienstkalender, dass Hitler der Erschießung von Juden als Partisanen zugestimmt habe (Himmler, *Der Dienstkalender Heinrich Himmlers 1941/42*, S. 294). Zu Himmlers Aussage, dass er mit Billigung Hitlers handle, siehe Fleming, *Hitler und die Endlösung*, S. 62–68, 163 ff.
33 Longerich, *Der ungeschriebene Befehl*, S. 103 f.
34 Von Below, *Als Hitlers Adjutant, 1937–45*, S. 398.
35 Dahrendorf, *Gesellschaft und Demokratie in Deutschland*, S. 446 ff.
36 Fulbrook, *Reckonings*, S. 245–258.

VIER – JOSEF WISSARIONOWITSCH STALIN

1 Chruschtschow, *Chruschtschow erinnert sich*, S. 515.
2 Im Folgenden stütze ich mich hauptsächlich auf Service, *Stalin;* Tucker, *Stalin as Revolutionary 1879–1929*; Montefiore, *Stalin;* Radzinsky, *Stalin*; sowie aus jüngerer Zeit auf Stephen Kotkins äußerst

detaillierte Studie *Stalin. Paradoxes of Power 1878–1928*.

3 Service, *Stalin*, S. 10f.

4 Rees, *Hitler and Stalin*, S. XXVI.

5 Chruschtschow, *Chruschtschow erinnert sich*, S. 284.

6 Kotkin, *Stalin. Waiting for Hitler 1929–1941*, S. 234f., 492f.

7 Montefiore, *Stalin*, S. 207–210, 392, 510ff.

8 Montefiore, *Stalin*, S. 335f.

9 Zit. in Wolkogonow, *Stalin*, S. 16; Kotkin, *Stalin*, Bd. 1, S. 422.

10 Mawdsley, *The Stalin Years*, S. 80.

11 Service, *Stalin*, S. 165f.

12 Lenin, »Brief an den Parteitag«, S. 579f.; Ulam, *Stalin*, S. 209ff.; Tucker, *Stalin as Revolutionary 1879–1929*, S. 288f.

13 Dass Lenin, der durch eine Reihe von Schlaganfällen nahezu völlig außer Gefecht gesetzt war, das Dokument selbst schrieb oder diktierte, ist zweifelhaft. Stephen Kotkin hat durchaus plausibel ausgeführt, dass seine Frau, Nadeschda Krupskaja, ihre Hände im Spiel hatte. Sie hat auch bei anderen Gelegenheiten versucht, durch abschätzige Bemerkungen über andere Anwärter Verwirrung in die Nachfolgefrage zu bringen (*Stalin*, Bd. 1, S. 498–501).

14 Service, *Stalin*, S. 147: »Wäre er im September 1917 gestorben, hätte sicherlich niemand seine Biographie geschrieben.« Dasselbe hätte wohl auch noch für den Zeitpunkt von Lenins »Testament« und für 1924 gegolten.

15 Siehe Lewin, *The Making of the Soviet System*, Kap. 11.

16 Service, *A History of Twentieth-Century Russia*, S. 162.

17 Zu den parteiinternen Rivalitäten siehe Tucker, *Stalin as Revolutionary 1879–1929*, S. 299–303.

18 Kotkin, *Stalin*, Bd. 1, S. 662–676; Nove, *Stalinism and After*, S. 29–37.

19 Mommsen, »Cumulative Radicalisation and Progressive Self-Destruction as Structural Determinants of the Nazi Dictatorship«; ders., »Der Nationalsozialismus. Kumulative Radikalisierung und Selbstzerstörung des Regimes«.

20 Zwischen 1928 und 1939 nahm der Beamtenapparat um 15 Prozent zu (Lewin, »Bureaucracy and the Stalinist State«, S. 62f.).

21 Kotkin, *Stalin*, Bd. 2, S. 162; Lewin, *The Soviet Century*, S. 84–89; Overy, *Die Diktatoren*, S. 106f., 191, 234.

22 Der Stalinkult wurde 1929 im Zusammenhang mit den Feierlichkeiten zum fünfzigsten Geburtstag des Diktators eingeführt. Danach war es allerdings für drei Jahre relativ ruhig um den Kult, wahrscheinlich, um Stalin nicht mit den durch die Kollektivierung verursachten Umwälzungen in Verbindung zu bringen. Ab Mitte 1933 nahm er dann jedoch umso monströsere Formen an (Plamper, *The Stalin Cult*, S. 29, 36).

23 Tucker, *Stalin in Power*, S. 444.

24 Kotkin, *Stalin*, Bd. 2, S. 497.

25 Kotkin, *Stalin*, Bd. 1, S. 739.

26 Kotkin, *Stalin*, Bd. 2, S. 131.

27 Brown, *Der Mythos vom starken Führer*, S. 306.

28 Service, *A History of Twentieth-Century Russia*, S. 215.

29 Kotkin, *Stalin*, Bd. 2, S. 391ff., 479, 542, 586, 618f., 740.

30 Besymenski, *Stalin und Hitler*, S. 282–290.

31 Overy, *Russlands Krieg, 1941–1945*, S. 188.

32 Overy, *Russlands Krieg, 1941–1945*, S. 435.

33 Rees, *Hitlers Krieg im Osten*, S. 230; Rees, *Hitler and Stalin*, S. 390f.; Service, *A History of Twentieth-Century Russia*, S. 512.

34 Rees, *Hitlers Krieg im Osten*, S. 153.

35 Baberowski, *Verbrannte Erde*, S. 426–434; McMeekin, *Stalin's War*, S. 317.

36 Baberowski, *Verbrannte Erde*, S. 440f.

37 Baberowski, *Verbrannte Erde*, S. 370f.

38 Baberowski, *Verbrannte Erde*, S. 383–395, 448–451; McMeekin, *Stalin's War*, S. 146–149.
39 G. Roberts, *Stalins Kriege*, S. 36.
40 Montefiore, *Stalin*, S. 429; Wolkogonow, *Stalin*, S. 566f.; Hosking, *A History of the Soviet Union*, S. 272; Radzinsky, *Stalin*, S. 472.
41 Radzinsky, *Stalin*, S. 472f.; Baberowski, *Verbrannte Erde*, S. 419.
42 Rees, *Hitlers Krieg im Osten*, S. 71–74; Kershaw, *Wendepunkte*, S. 365f.
43 Zu Stalins Verantwortung für den katastrophalen Verlust Kiews, bei dem den Deutschen 600000 Rotarmisten in die Hände fielen, siehe Rees, *Hitlers Krieg im Osten*, S. 63.
44 Erickson, *The Road to Stalingrad*, S. 335, 337f.; Glanz/House, *When Titans Clashed*, S. 105f.
45 Erickson, *The Road to Stalingrad*, S. 347, 349.
46 Schukow, *Gedanken und Erinnerungen*, Bd. 2, S. 61–69, 77; Rees, *Hitlers Krieg im Osten*, S. 139ff.; ders., *Hitler and Stalin*, S. 196–202; G. Roberts, *Stalins Kriege*, S. 149–157.
47 Schukow, *Gedanken und Erinnerungen*, Bd. 2, S. 71f.; Erickson, *The Road to Stalingrad*, S. 370f.
48 Schukow, *Gedanken und Erinnerungen*, Bd. 2, S. 77–90.
49 G. Roberts, *Stalins Kriege*, S. 180–184; Glanz/House, *When Titans Clashed*, S. 129, 198–201, 259, 266; Rees, *Hitler and Stalin*, S. 369f.
50 Rees, *World War Two Behind Closed Doors*, S. 211, 240ff.; McMeekin, *Stalin's War*, S. 507–511, 600ff.
51 Radzinsky, *Stalin*, S. 497.
52 Schwarz, *Das Gesicht des Jahrhunderts*, S. 260f.; Overy, *Russlands Krieg*, S. 442.
53 Bryant, *Kriegswende (1939–1943)*, S. 438.
54 Service, *Stalin*, S. 512; Montefiore, *Stalin*, S. 564.
55 Service, *Stalin*, S. 583.
56 Service, *Stalin*, S. 561, 563f.
57 Service, *Stalin*, S. 630.
58 Lewin, *The Making of the Soviet System*, S. 9; siehe auch ders., *The Soviet Century*, S. 10f.
59 Brown, *Der Mythos vom starken Führer*, S. 304f.
60 McMeekin, *Stalin's War*, S. 652–655.
61 Service, *Stalin*, S. 635f.
62 G. Roberts, *Stalins Kriege*, S. 13.

FÜNF – WINSTON CHURCHILL

1 »Churchill der Historiker hat unser Bild von Churchill dem Premierminister geprägt. Und dies war eindeutig seine Absicht« (Reynolds, *In Command of History*, S. XXI).
2 Jenkins, *Churchill*, S. 593.
3 Jenkins, *Churchill*, S. 775ff.; Brown, *Der Mythos vom starken Führer*, S. 133.
4 A. Roberts, *Churchill*, S. 904ff.
5 A. Roberts, *Churchill*, S. 113.
6 Jones, *A Diary with Letters 1931–1950*, S. 204.
7 A. Roberts, *Churchill*, S. 210f.
8 A. Roberts, *Churchill*, S. 294, 310, 314ff.
9 Schwarz, *Das Gesicht des Jahrhunderts*, S. 373.
10 Best, *Churchill*, S. 138.
11 A. Roberts, *Churchill*, S. 183.
12 Crowson, *Facing Fascism*, S. 185.
13 Ponting, *1940*, S. 57.
14 Churchill, *Der Zweite Weltkrieg*, Bd. 1.2, S. 337.
15 A. Roberts, *»The Holy Fox«*, S. 197.
16 Zu der Debatte siehe Jenkins, *Churchill*, S. 577–582; A. Roberts, *Churchill*, S. 494–500.
17 Ponting, *1940*, S. 57.
18 Ponting, *1940*, S. 65f.; Jenkins, *Churchill*, S. 583ff.; A. Roberts, *Churchill*, S. 507, 510f.; ders., *»The Holy Fox«*, Kap. 21.
19 Ponting, *1940*, S. 103–111; Lukacs, *Fünf Tage in London;* Kershaw, *Wendepunkte*, Kap. 1.
20 Ponting, *1940*, S. 110f.
21 Zit. in A. Roberts, *»The Holy Fox«*, S. 220.
22 Gleichwohl erwog das Außenministe-

rium ohne Churchills Zustimmung noch bis Mitte Juni die Möglichkeit, über Schweden einen Kompromissfrieden zu sondieren (Ponting, *1940*, S. 111–119).

23 Churchill, »Dünkirchen. Rede, gehalten im Unterhaus am 4. Juni 1940«, in ders., *Reden*, Bd. 1, S. 335.

24 Zu Beispielen siehe Hastings, *Finest Years*, S. 76f., 93.

25 Dieser Absatz stützt sich auf Toye, *The Roar of the Lion*, S. 227–232; siehe auch A. Roberts, *Churchill*, S. 535f., 715f.

26 A. Roberts, *Churchill*, S. 572, 747.

27 Toye, *The Roar of the Lion*, S. 206.

28 Zit. in Moran, *Churchill*, S. 321.

29 A. Roberts, *Churchill*, S. 689f.; Hastings, Finest Years, S. 211f.

30 Brooke, *War Diaries 1939–1945*, S. XXf.

31 A. Roberts, *Churchill*, S. 734.

32 Jenkins, *Churchill*, S. 622ff.; A. Roberts, *Churchill*, S. 573f.

33 Jenkins, *Churchill*, S. 777f.; Hastings, *Finest Years*, S. 246f.; A. Roberts, *Churchill*, S. 715. Die detaillierteste Einschätzung der Wirksamkeit der Luftangriffe bietet Richard Overy in *Der Bombenkrieg*.

34 Colville, *Downing Street Tagebücher*, S. 137; Brooke, *War Diaries 1939–1945*, S. 251.

35 Zit. in Hasting, *Finest Years*; A. Roberts, *Churchill*, S. 736.

36 Hasting, *Finest Years*, S. 43f.

37 Schwarz, *Das Gesicht des Jahrhunderts*, S. 384.

38 Hastings, *Finest Years*, S. 124–130; A. Roberts, *Churchill*, S. 683.

39 Jenkins, *Churchill*, S. 642; Hastings, *Finest Years*, S. 117; Colville, *The Fringes of Power*, S. 315.

40 Brooke, *War Diaries 1939–1945*, S. 282–286; Hastings, *Finest Years*, S. 312ff.

41 Hastings, *Finest Years*, S. 478–482, 493–496.

42 Hastings, *Finest Years*, S. 409–421; Bryant, *Sieg im Westen*, S. 55ff.

43 Zit. in Colville, *Downing Street Tagebücher*, S. 413f.

44 A. Roberts, *Churchill*, S. 812.

45 Rees, *Behind Closed Doors*, S. 155–163.

46 A. Roberts, *Churchill*, S. 884.

47 Hastings, *Finest Years*, S. 359f.

48 Rees, *Behind Closed Doors*, S. 214.

49 Moran, *Churchill*, S. 161.

50 Rees, *Behind Closed Doors*, S. 221, 239, 309, 315ff.

51 Preston, *Eight Days at Yalta*, S. 117, 245; Hastings, *Finest Years*, S. 551.

52 G. Roberts, *Stalins Kriege*, S. 247f.

53 Best, *Churchill*, S. 332.

54 Jenkins, *Churchill*, S. 792; Brown, *Der Mythos vom starken Führer*, S. 135.

55 Siehe Addison, *The Road to 1945*.

56 Addison, »The Three Careers of Winston Churchill«, S. 183.

57 Carlton, *Churchill and the Soviet Union*, S. 131, 136, 141ff.

58 Young, *This Blessed Plot*, S. 6, 10–18 (Zitat auf S. 13).

59 Young, *This Blessed Plot*, S. 19–22.

60 Jenkins, *Churchill*, S. 818.

61 A. Roberts, *Churchill*, S. 948f.

62 A. Roberts, *Churchill*, S. 963.

63 Addison, »The Three Careers of Winston Churchill«, S. 185.

64 A. Roberts, *Churchill*, S. 959. John Charmley hebt in *Churchill. Das Ende einer Legende* hervor, dass mit dem Verlust des Empires verloren ging, was Churchill bewahren wollte. Aber er schießt übers Ziel hinaus, indem er den unvermeidbaren Prozess der Entkolonialisierung als Ergebnis des Versagens seiner Führung interpretiert.

65 A. Roberts, *Churchill*, S. 943f.

66 Jenkins, *Churchill*, S. 818.

67 »Edward Heath, ›a Euro-sceptic‹? Churchill? Never«, in: *Independent*, 26. September 1996, https://www.independent.co.uk/voices/a-eurosceptic-churchill-never-1365239.html (geöffnet im November 2021).

68 A. Roberts, *Churchill*, S. 960.

69 Young, *This Blessed Plot*, S. 6.

70 Das kritische Urteil, das Geoffrey Wheat-

croft in seinem Buch *Churchill's Shadow* über dessen Hinterlassenschaft gefällt hat, ist nach Fertigstellung dieses Kapitels veröffentlicht worden.

SECHS – CHARLES DE GAULLE

1 Zit. in Jackson, *A Certain Idea of France*, S. 377 (Rede von 1959); Lacouture, *De Gaulle. The Rebel*, S. 215.
2 Schwarz, *Das Gesicht des Jahrhunderts*, S. 208.
3 Schwarz, *Das Gesicht des Jahrhunderts*, S. 216.
4 Zit. in Jackson, *A Certain Idea of France*, S. 305.
5 De Gaulle, *Memoiren. Der Ruf*, S. 7.
6 Lacouture, *De Gaulle. The Rebel*, S. 3; Jackson, *A Certain Idea of France*, S. 19.
7 Schwarz, *Das Gesicht des Jahrhunderts*, S. 208.
8 Zit. in Jackson, *A Certain Idea of France*, S. 329.
9 Churchill, *Der Zweite Weltkrieg*, Bd. 2.1, S. 195.
10 Colville, *Downing Street Diaries 1939–1955*, S. 159f.
11 De Gaulle, *Memoiren. Der Ruf*, S. 72; Lacouture, *De Gaulle. The Rebel*, S. 203–212; Jackson, *A Certain Idea of France*, S. 119; de La Gorce, *De Gaulle*, S. 252.
12 Schwarz, *Das Gesicht des Jahrhunderts*, S. 204.
13 De Gaulle, *Memoiren. Der Ruf*, S. 75f.; Lacouture, *De Gaulle. The Rebel*, S. 223–226; Jackson, *A Certain Idea of France*, S. 3–6; de La Gorce, *De Gaulle*, S. 254f.; Roussel, *Charles de Gaulle*, S. 126–231.
14 Jackson, *A Certain Idea of France*, S. 140.
15 Kedward, *La Vie en bleu*, S. 278.
16 De Gaulle, *Memoiren. Der Ruf*, S. 234f., 237; Lacouture, *De Gaulle. The Rebel*, S. 309–319.
17 Jackson, *A Certain Idea of France*, S. 162.
18 Lacouture, *De Gaulle. The Rebel*, S. 252–255; Roussel, *Charles de Gaulle*, S. 154ff.
19 Jackson, *A Certain Idea of France*, S. 186.
20 Kedward, *La Vie en bleu*, S. 276.
21 Jackson, *A Certain Idea of France*, S. 133f., 149.
22 De Gaulle, *Memoiren 1942–1946*, S. 38; David Schoenbrun, *The Three Lives of Charles de Gaulle*, Kap. 5.
23 Jackson, *A Certain Idea of France*, S. 153.
24 De Gaulle, *Memoiren 1942–1946*, S. 15ff., 72–75, 97–100, 103, 105–113.
25 De Gaulle, *Memoiren. Der Ruf*, S. 119; siehe auch Schoenbrun, *The Three Lives of Charles de Gaulle*, S. 94f.
26 Jackson, *A Certain Idea of France*, S. 158f.
27 Bergin, *A History of France*, S. 230.
28 De Gaulle, *Memoiren. Der Ruf*, S. 247f.; Jackson, *A Certain Idea of France*, S. 198ff.; Lacouture, *De Gaulle. The Rebel*, S. 378ff.; de La Gorce, *De Gaulle*, S. 353–359; Roussel, *Charles de Gaulle*, S. 267ff.
29 Lacouture, *De Gaulle. The Rebel*, S. 445; de La Gorce, *De Gaulle*, S. 457f.; Roussel, *Charles de Gaulle*, S. 362f.; Jackson, *A Certain Idea of France*, S. 271.
30 De Gaulle, *Memoiren 1942–1946*, S. 141–146.
31 De Gaulle, *Memoiren 1942–1946*, S. 209ff.; Lacouture, *De Gaulle. The Rebel*, S. 520–523; Jackson, *A Certain Idea of France*, S. 312f.; de La Gorce, *De Gaulle*, S. 516ff.; Roussel, *Charles de Gaulle*, S. 425–428.
32 Jackson, *A Certain Idea of France*, S. 315.
33 Lacouture, *De Gaulle. The Rebel*, S. 529.
34 De Gaulle, *Memoiren 1942–1946*, S. 285; Roussel, *Charles de Gaulle*, S. 450; Lacouture, *De Gaulle. The Rebel*, S. 575; Jackson, *A Certain Idea of France*, S. 328.
35 Jackson, *A Certain Idea of France*, S. 329; Lacouture, *De Gaulle. The Rebel*, S. 577f.; De Gaulle, *Memoiren 1942–1946*, S. 287ff.
36 De Gaulle, *Memoiren 1942–1946*, S. 331–337, 351–373; Jackson, *A Certain Idea of France*, S. 356; Roussel, *Charles de Gaulle*, S. 470–477; de La Gorce, *De Gaulle*, S. 678–682; Lacouture, *De Gaulle. The*

Ruler, S. 47–54. Stalin rühmte sich gegenüber de Gaulle offen der Brutalität seines Regimes (Rees, *Behind Closed Doors*, S. 331).

37 Preston, *Eight Days at Yalta*, S. 117.

38 De Gaulle, *Memoiren 1942–1946*, S. 512 ff.; Gildea, *France since 1945*, S. 37. Zu den von de Gaulle schon lange gehegten Auffassungen über Führerschaft und Persönlichkeit siehe Schoenbrun, *The Three Lives of Charles de Gaulle*, S. 79, 83.

39 De Gaulle, *Memoiren 1942–1946*, S. 550 ff.

40 Weber, *Wirtschaft und Gesellschaft*, S. 654–681. Arthur Schweitzer betrachtet de Gaulle als charismatischen Führer, allerdings nur im Kontext des Krieges (*The Age of Charisma*, S. 288–296); siehe auch Schoenbrun, *The Three Lives of Charles de Gaulle*, S. 179. Jean-Baptiste Decherf verweist auf de Gaulles neoromantischen Glauben, dass er vom Schicksal als Frankreichs Nationalheld auserwählt sei (*Le Grand Homme et son pouvoir*, S. 220–226).

41 Gildea, *France since 1945*, S. 38.

42 Jackson, *A Certain Idea of France*, S. 389; Lacouture, *De Gaulle. The Ruler*, S. 129 ff. (mit dem Text der Rede auf S. 130); Roussel, *Charles de Gaulle*, S. 534 f.; de La Gorce, *De Gaulle*, S. 749 f.

43 Kedward, *La Vie en bleu*, S. 381.

44 Jackson, *A Certain Idea of France*, S. 395.

45 Gildea, *France since 1945*, S. 45.

46 Zit. in Jackson, *A Certain Idea of France*, S. 429.

47 Jackson, *A Certain Idea of France*, S. 434–440; Lacouture, *De Gaulle. The Ruler*, S. 154 f., 188 f.; de La Gorce, *De Gaulle*, S. 825–829.

48 Jackson, *A Certain Idea of France*, S. 464 f.

49 Gildea, *France since 1945*, S. 50 f.; Kedward, *La Vie en bleu*, S. 339; Bergin, *A History of France*, S. 245.

50 Ein guter Leitfaden durch das Dickicht der historiographischen Interpretationen ist Natalya Vinces Buch *The Algerian War, the Algerian Revolution*.

51 Jackson, *A Certain Idea of France*, S. 549.

52 Sowohl Julian Jackson (*A Certain Idea of France*, S. 487 f.) als auch Éric Roussel (*Charles de Gaulle*, S. 603) betonen die absichtliche Zweideutigkeit; siehe auch Lacouture, *De Gaulle. The Ruler*, S. 186. Der Text der Rede ist abgedruckt in de La Gorce, *De Gaulle*, S. 923.

53 Gildea, *France since 1945*, S. 32.

54 Zit. in Jackson, *A Certain Idea of France*, S. 619.

55 Jackson, *A Certain Idea of France*, S. 641 f.; Lacouture, *De Gaulle. The Ruler*, S. 223 ff.; de La Gorce, *De Gaulle*, S. 1034–1038; Roussel, *Charles de Gaulle*, S. 622 f.

56 Jackson, *A Certain Idea of France*, S. 638 ff.

57 Jackson, *A Certain Idea of France*, S. 639. Der Ministerrat hatte schon unter dem Ministerpräsidenten de Gaulle, bevor er Präsident wurde, bloß »dekorativen« Charakter gehabt (Berstein/Milza, *Histoire de la France au XX. Siècle*, Bd. 3, S. 12).

58 Jackson, *A Certain Idea of France*, S. 562–565; Berstein/Milza, *Histoire de la France au XX. Siècle*, Bd. 3, S. 39–49.

59 Jackson, *A Certain Idea of France*, S. 669 ff.; Gildea, *France since 1945*, S. 58 f.; Berstein/Milza, *Histoire de la France au XX. Siècle*, Bd. 3, S. 62 f.

60 Kedward, *La Vie en bleu*, S. 392 ff.

61 Jackson, *A Certain Idea of France*, S. 758; Lacouture, *De Gaulle. The Ruler*, S. 572–576; de La Gorce, *De Gaulle*, S. 1317 ff.; Roussel, *Charles de Gaulle*, S. 906 f.

62 Jackson, *A Certain Idea of France*, S. 761; Lacouture, *De Gaulle. The Ruler*, S. 581.

63 So der Titel von Eugen Webers Buch *The Hollow Years*.

64 Jackson, *A Certain Idea of France*, S. 480 f.

65 Decherf, *Le grand homme et son pouvoir*, S. 14, 220–240.

66 Jackson, *A Certain Idea of France*, S. 781.
67 Jackson, *A Certain Idea of France*, S. XXIX.

SIEBEN – KONRAD ADENAUER

1 Schwarz, *Adenauer*, Bd. 1, S. 128.
2 Schwarz, *Adenauer*, Bd. 1, S. 347.
3 Schwarz, *Adenauer*, Bd. 1, S. 344f.
4 Ruhl (Hg.), *Neubeginn und Restauration*, S. 124.
5 Henke, *Die amerikanische Besetzung Deutschlands*, S. 67–72; Schwarz, *Adenauer*, Bd. 1, S. 429–434.
6 Schwarz, *Adenauer*, Bd. 1, S. 467–473; Knowles, »How It Really Was«.
7 Schwarz, *Adenauer*, Bd. 1, S. 473, 477f., 500–503, 508f.
8 Schwarz, *Adenauer*, Bd. 1, S. 432, 436, 619.
9 Hoffend, »Konrad Adenauer und das faschistische Italien«, S. 481. Ich danke Christian Göschel für den Hinweis auf diesen Aufsatz.
10 Schwarz, *Adenauer*, Bd. 1, S. 293ff., 333.
11 Bracher, *Das Deutsche Dilemma*, S. 201, 274.
12 Schwarz, *Adenauer*, Bd. 1, S. 522–527; Herbert, *Geschichte Deutschlands im 20. Jahrhundert*, S. 586f.; Bark/Gress, *A History of West Germany*, Bd. 1, S. 113f.
13 Schwarz, *Adenauer*, Bd. 1, S. 567, 619.
14 Adenauer, *Erinnerungen*, Bd. 2, S. 228; vgl. Bark/Gress, *A History of West Germany*, Bd. 1, S. 236–244, 250f.
15 *Archiv der Gegenwart*, Bd. 1, S. 660f.; Schwarz, *Adenauer*, Bd. 1, S. 909–917; Bark/Gress, *A History of West Germany*, Bd. 1, S. 298ff.; Winkler, *Der lange Weg nach Westen*, Bd. 2, S. 147–152; Ruhl (Hg.), *»Mein Gott, was soll aus Deutschland werden?«*, S. 130f., 143f.; Herbert, *Geschichte Deutschlands im 20. Jahrhundert*, S. 637f.
16 Noelle/Neumann (Hg.), *The Germans*, S. 471.
17 Siehe Schwarz, *Adenauer*, Bd. 1, S. 920–924; Bark/Gress, *A History of West Germany*, Bd. 1, S. 299f.; Hanrieder, *Deutschland, Europa, Amerika*, S. 182f.; Herbert, *Geschichte Deutschlands im 20. Jahrhundert*, S. 638; Winkler, *Der lange Weg nach Westen*, Bd. 2, S. 150f.; Baring, *Im Anfang war Adenauer*, S. 246–254; Ruhl (Hg.), *»Mein Gott, was soll aus Deutschland werden?«*, S. 122–152. Rolf Steininger vertritt die Ansicht, dass es eine Chance gab (*Eine Chance zur Wiedervereinigung?*, S. 75).
18 Hanrieder, *Deutschland, Europa, Amerika*, S. 183f.
19 Schwarz, *Adenauer*, Bd. 1, S. 926.
20 Herbert, *Geschichte Deutschlands im 20. Jahrhundert*, S. 636, 639; Adenauer, *Erinnerungen*, Bd. 1, S. 563, 570; Bd. 2, S. 298, 301–304.
21 Bark/Gress, *A History of West Germany*, Bd. 1, S. 330–333; Winkler, *Der lange Weg nach Westen*, Bd. 2, S. 164.
22 Bark/Gress, *A History of West Germany*, Bd. 1, S. 270; Winkler, *Der lange Weg nach Westen*, Bd. 2, S. 143.
23 Milward, *The European Rescue of the Nation-State*, S. 136f.
24 Bark/Gress, *A History of West Germany*, Bd. 1, S. 381.
25 Schwarz, *Adenauer*, Bd. 2, S. 287–291 (Zitat auf S. 291).
26 Zit. in Schwarz, *Adenauer*, Bd. 2, S. 285.
27 Noelle/Neumann (Hg.), *The Germans*, S. 505.
28 Bark/Gress, *A History of West Germany*, Bd. 1, S. 427; Winkler, *Der lange Weg nach Westen*, Bd. 2, S. 181.
29 Bark/Gress, *A History of West Germany*, Bd. 1, S. 431–434; Hanrieder, *Deutschland, Europa, Amerika*, S. 15ff.
30 Bark/Gress, *A History of West Germany*, Bd. 1, S. 454–457.
31 Bark/Gress, *A History of West Germany*, Bd. 1, S. 494.
32 Ruhl (Hg.), *»Mein Gott, was soll aus Deutschland werden?«*, S. 466–470 (Vertragstext); Bark/Gress, *A History of West Germany*, Bd. 1, S. 516f.; Winkler, *Der*

lange Weg nach Westen, Bd. 2, S. 215; Schwarz, *Adenauer*, Bd. 2, S. 810–826.
33 Schwarz, *Adenauer*, Bd. 2, S. 814 f.
34 Bark/Gress, *A History of West Germany*, Bd. 1, S. 496.
35 *Bulletin des Presse- und Informationsamtes der Bundesregierung*, 31. Januar 1963, S. 166; Bark/Gress, *A History of West Germany*, Bd. 1, S. 518; Winkler, *Der lange Weg nach Westen*, Bd. 2, S. 215.
36 Schwarz, *Adenauer*, Bd. 2, S. 824 ff.
37 Noelle/Neumann (Hg.), *The Germans*, S. 195, 200, 241, 243; Merritt/Merritt (Hg.), *Public Opinion in Occupied Germany*, S. 30 f.
38 Noelle/Neumann (Hg.), *The Germans*, S. 240 f.
39 Schwarz, *Adenauer*, Bd. 1, S. 796.
40 Winkler, *Der lange Weg nach Westen*, Bd. 2, S. 199 f.
41 Winkler, *Der lange Weg nach Westen*, Bd. 2, S. 175.
42 Winkler, *Der lange Weg nach Westen*, Bd. 2, S. 167 f., 180.
43 Zit. in Winkler, *Der lange Weg nach Westen*, Bd. 2, S. 169.
44 Frei, *Vergangenheitspolitik*, S. 401 f.
45 Merritt/Merritt, *Public Opinion in Occupied Germany*, S. 93 f., 121 ff., 161; Fulbrook, *Reckonings*, S. 216–219.
46 Winkler, *Der lange Weg nach Westen*, Bd. 2, S. 167 f.
47 Herbert, *Geschichte Deutschlands im 20. Jahrhundert*, S. 663 ff.
48 Conze u. a., *Das Amt und die Vergangenheit*, S. 493.
49 Fulbrook, *Reckonings*, S. 250 f.
50 Schwarz, *Adenauer*, Bd. 1, S. 658.
51 Fulbrook, *Reckonings*, S. 242.
52 Reinhard-M. Strecker hat in *Hans Globke* die antijüdischen Texte, an denen Globke mitgearbeitet hat, zusammengestellt. Globke wurde in der DDR in Abwesenheit in einem Schauprozess der Mittäterschaft an Kriegsverbrechen und Verbrechen gegen die Menschlichkeit schuldig gesprochen (Fulbrook, *Reckonings*, S. 242).
53 Noelle/Neumann (Hg.), *The Germans*, S. 296.
54 Ahonen, *After the Expulsion*, S. 104 f., 110–113; Winkler, *Der lange Weg nach Westen*, Bd. 2, S. 162.
55 Schwarz, *Adenauer*, Bd. 2, S. 530.
56 Zu den sozialpolitischen Reformplänen siehe Ruhl (Hg.), *»Mein Gott, was soll aus Deutschland werden?«*, S. 231–245.
57 Winkler, *Der lange Weg nach Westen*, Bd. 2, S. 209 f.; Herbert, *Geschichte Deutschlands im 20. Jahrhundert*, S. 756–769.
58 Der Verleger Gerd Bucerius in *Die Zeit*, 18. Oktober 1963, zit. in Schwarz, *Adenauer*, Bd. 2, S. 868.
59 Siehe https://de.wikipedia.org/wiki/Unsere_Besten; »First German Chancellor wins TV Search for Greatest German«, in: *Independent*, 1. Dezember 2003, https://www.independent.co.uk/news/world/europe/first-german-chancellor-wins-tv-search-for-greatest-german–94160.html (geöffnet im November 2021).
60 Schwarz, *Adenauer*, Bd. 1, S. 902 f.; Winkler, *Der lange Weg nach Westen*, Bd. 2, S. 161, 166.
61 Ruhl (Hg.), *»Mein Gott, was soll aus Deutschland werden?«*, S. 164.

ACHT – FRANCISCO FRANCO

1 Schwarz, *Das Gesicht des Jahrhunderts*, S. 198.
2 Zu Francos Anfängen und seiner Laufbahn vor dem Bürgerkrieg siehe Preston, *Franco*, Kap. 1–4; Payne/Palacios, *Franco*, Kap. 1–4.
3 Preston, *Franco*, S. 12.
4 Preston, *Franco*, S. 323; Moradiellos, *Franco*, S. 29.
5 Preston, *A People Betrayed*, S. 7, 19–24.
6 Vincent, *Spain 1833–2002*, S. 99.
7 Preston, *A People Betrayed*, S. 61, 81.
8 Vincent, *Spain 1833–2002*, S. 104–107; Lannon, »Iberia«, S. 143 ff.
9 Bernecker, »Spain: The Double Breakdown«, S. 405 f.

10 Bernecker, »Spain: The Double Breakdown«, S. 410ff.; Preston, *A People Betrayed*, S. XII f.
11 Quiroga/del Arco (Hg.), *Right-Wing Spain in the Civil War Era*, S. 52.
12 Preston, *A People Betrayed*, S. 228f.; Vincent, *Spain 1833–2002*, S. 120ff.; Payne, *Geschichte des Faschismus*, S 313f.
13 Preston, *A People Betrayed*, S. 237; Vincent, *Spain 1833–2002*, S. 122.
14 Mann, *Fascists*, S. 329.
15 Vincent, *Spain 1833–2002*, S. 134.
16 Kerry, *Unite, Proletarian Brothers!*, Kap. 6. Ich danke Dr. Kerry für die Information über die Opfer des Aufstands. Siehe auch Preston, *Franco*, S. 104–107; Vincent, *Spain 1833–2002*, S. 133f.
17 Moradiellos, *Franco*, S. 33.
18 Graham, *The Spanish Republic at War 1936–1939*, S. 76.
19 Preston, *Franco*, S. 124, 129–132; Payne/Palacios, *Franco*, S. 114f., 505.
20 Preston, *Franco*, S. 134f.
21 Payne/Palacios, *Franco*, S. 119f.
22 Payne/Palacios, *Franco*, S. 505.
23 Preston, *Franco*, S. XVIII.
24 Preston, *Franco*, S. 164.
25 Preston, *Franco*, S. 182f.; Payne/Palacios, *Franco*, S. 143–147.
26 Zur Entwicklung und Ausbeutung des Caudillo-Kults siehe Moradiellos, *Franco*, Teil 2.
27 Preston, *Franco*, S. 187ff.
28 Payne/Palacios, *Franco*, S. 168.
29 Preston, *The Spanish Holocaust*, S. 151ff., 191f., 229–235, 665–671; Vincent, *Spain 1833–2002*, S. 139f.
30 Preston, *Comrades*, S. 54; ders., *The Spanish Holocaust*, S. XI.
31 Steiner, *The Triumph of the Dark*, S. 192, 196f., 220, 231.
32 Preston, *The Spanish Holocaust*, S. XI; zu niedrigeren Schätzungen siehe Payne/Palacios, *Franco*, S. 198f., 203; siehe auch Winkler, *Geschichte des Westens*, Bd. 2, S. 817, mit wiederum anderen Zahlen.
33 Preston, *The Spanish Holocaust*, S. 505f.
34 Zit. in Richards, *A Time of Silence*, S. 47.
35 Preston, *The Spanish Holocaust*, S. XI.
36 Preston, *The Spanish Holocaust*, S. 119.
37 Payne/Palacios, *Franco*, S. 193ff.
38 Payne, *Falange*, S. 158–176; Ellwood, *Spanish Fascism in the Franco Era*, S. 40–45; Moriadellos, *Franco*, S. 99f., 127ff.
39 Preston, *Franco*, S. 344f.
40 Preston, *A People Betrayed*, 358f.
41 Payne, *The Franco Regime 1936–1975*, S. 282, 333; Moreno Juliá, *The Blue Division*, S. 67, 70f., 288, 297, 303f.; Núnez Seixas, »Spain«, S. 99f.
42 Preston, *Franco*, S. 517–525; Payne, *The Franco Regime 1936–1975*, S. 337.
43 Payne, *The Franco Regime 1936–1975*, S. 397f.
44 Payne/Palacios, *Franco*, S. 299, 316.
45 Payne, *The Franco Regime*, S. 397.
46 Payne, *The Franco Regime*, S. 469f.
47 Vincent, *Spain 1833–2002*, S. 167.
48 Payne, *The Franco Regime*, S. 437f., 470f.
49 Moradiellos, *Franco*, S. 76–80, 188f.
50 Pack, »Tourism and Political Change in Franco's Spain«, S. 55.
51 Stanley G. Payne und Jesus Palacios charakterisieren Franco in fragwürdiger Weise als »definitiven Modernisierer« Spaniens und »Entwicklungsdiktator« (*Franco*, Kap. 16 und 18, S. 515f.).
52 Payne, *The Franco Regime*, S. 23, 234.
53 Preston, *Franco*, S. 337.
54 Preston, *Franco*, S. 783.
55 Payne, *The Franco Regime*, S. 407–411.
56 Payne/Palacios, *Franco*, S. 365f.
57 Payne, *The Franco Regime*, S. 400f.; Fusi Aizpurúa, *Franco*, S. 43.
58 Payne, *The Franco Regime*, S. 399; Preston, *A People Betrayed*, Kap. 12–15.
59 Moradiellos, *Franco*, S. 81–88.
60 Enrique Moradiellos bezeichnet Franco als »bonapartistischen Militärdiktator« (*Franco*, S. 197).
61 Fusi Aizpurúa, *Franco*, S. 45.
62 Noch in seiner letzten öffentlichen Rede am 1. Oktober 1975, kurz vor seinem Tod,

wetterte er gegen »eine Verschwörung linker Freimaurer« (Fusi Aizpurúa, *Franco*, S. 167).

63 Preston, *Franco*, S. 706f.; Preston, *A People Betrayed*, S. 406f.; Payne, *The Franco Regime*, S. 405ff.

64 Zit. in Preston, *Franco*, S. 752.

65 Von einem »›spanischen Modell‹ der Demokratisierung« zu sprechen, für das Franco eine gewisse Anerkennung gebühre, geht allerdings zu weit (Payne/Palacios, *Franco*, S. 520).

66 Moradiellos, *Franco*, S. 3, 7f.; Casanova, »Disremembering Francoism«, S. 206f.

67 Preston, *A People Betrayed*, S. 547.

68 Townson, »Introduction«, S. 8.

69 Vincent, *Spain 1833–2002*, S. 240.

70 Preston, *A People Betrayed*, S. 549.

71 Einer Schätzung zufolge befand sich Spanien 1975 »ungefähr auf dem Stand der sozioökonomischen Entwicklung, auf dem es gewesen wäre, wenn [Franco] nie gelebt hätte« (Malefakis, »The Franco Dictatorship«, S. 253).

72 Townson, »Introduction«, S. 12f.; Aceña/Martínez Ruiz, »The Golden Age of Spanish Capitalism«, S. 45f.

73 Callahan, »The Spanish Church«, S. 191.

74 Siehe Casanova, »Disremembering Francoism«.

75 Moradiellos, *Franco*, S. 5f.

76 Preston, *A People Betrayed*, S. 539–543.

77 So der Titel eines Artikels von Ernst Nolte: »Vergangenheit, die nicht vergehen will«.

NEUN – JOSIP BROZ TITO

1 Es sei in dem Teil Kroatiens, aus dem er stammte, kein ungewöhnlicher Vorname, fügte er hinzu. Er habe ihn angenommen, »weil er mir in dem Augenblick einfiel« (zit. in Dedijer, *Tito Speaks*, S. 80f.).

2 Djilas, *Tito*, S. 21, 61, 56, 67, 85f., (Hervorhebungen im Original); siehe auch Calic, *Tito*, S. 95; Pirjevec, *Tito*, S. 493.

3 Pirjevec, *Tito*, S. 490.

4 Maclean, *Von Männern, Kampf und Mächten*, S. 279, 281, 295.

5 Calic, *Tito*, S. 96–101. Eher unwahrscheinlich ist die Behauptung von Jasper Ridley, sie habe die Säuberungen überlebt und im Jahr 1990 immer noch in der Sowjetunion gelebt (*Tito*, S. 344).

6 Dedijer, *Tito Speaks*, S. 35.

7 Dedijer, *Tito Speaks*, S. 90f.

8 Calic, *Tito*, S. 101.

9 Pirjevec, *Tito*, S. 34–47.

10 Calic, *Tito*, S. 86ff., 96–101, 104; Pirjevec, *Tito*, S. 55f.

11 Radzinsky, *Stalin*, S. 412.

12 De facto hatte er diese Position schon seit Gorkićs Hinrichtung im Jahr 1937 inne (Ridley, *Tito*, S. 134f.).

13 Calic, *Tito*, S. 105; Pirjevec, *Tito*, S. 58.

14 Ridley, *Tito*, S. 245.

15 Djilas, *Tito*, S. 45ff.

16 Calic, *Tito*, S. 106; Pirjevec, *Tito*, S. 60f.

17 Siehe Maclean, *Von Männern, Kampf und Mächten*, S. 295ff.

18 Calic, *Tito*, S. 145.

19 Pirjevec, *Tito*, S. 97, 139f.; Calic, *Tito*, S. 119, 149, 166, 179.

20 Calic, *Tito*, S. 136.

21 Schwarz, *Das Gesicht des Jahrhunderts*, S. 584; Pirjevec, *Tito*, S. 165.

22 Djilas, *Tito*, S. 18f.

23 Calic, *Tito*, S. 132, 134 (mit einer Karte, auf der Titos Bewegungen zwischen 1941 und 1944 eingezeichnet sind).

24 Djilas, *Tito*, S. 19.

25 Pirjevec, *Tito*, S. 167–172; Glenny, *The Balkans 1804–1999*, S. 532.

26 Maclean, *Von Männern, Kampf und Mächten*, S. 451–462.

27 Calic, *Tito*, S. 168, 182.

28 Brown, *Der Mythos vom starken Führer*, S. 275.

29 West, *Tito and the Rise and Fall of Yugoslavia*, S. 204–209; Pirjevec, *Tito*, S. 191f.; Calic, *Tito*, S. 206f.; Ridley, *Tito*, S. 260.

30 Calic, *Tito*, S. 195.

31 Calic, *Tito*, S. 198.

32 Swain, *Tito*, S. 92, 187.
33 Service, *Stalin*, S. 631.
34 Calic, *Geschichte Jugoslawiens im 20. Jahrhundert*, S. 191; dies., *Tito*, S. 239, 243. Jože Pirjevec spricht von 15 000 Gefangenen in Goli Otok und »anderen ähnlichen Lagern« (*Tito*, S. 259).
35 Pirjevec, *Tito*, S. 193 f.
36 Calic, *Tito*, S. 203.
37 Pirjevec, *Tito*, S. 240, 245, 258.
38 Djilas, Tito, S. 28 f., 55, 106–127; Pirjevec, *Tito*, S. 180–186; Swain, *Tito*, S. 183.
39 Calic, *Tito*, S. 239 f.
40 Calic, *Geschichte Jugoslawiens im 20. Jahrhundert*, S. 203.
41 Calic, *Geschichte Jugoslawiens im 20. Jahrhundert*, S. 198 ff.; West, *Tito and the Rise and Fall of Yugoslavia*, S. 244.
42 Pirjevec, *Tito*, S. 300–304; Calic, *Geschichte Jugoslawiens im 20. Jahrhundert*, S. 192 f.; Calic, *Tito*, S. 248 f.; Djilas, *Tito*, S. 92 f.
43 Djilas, *Tito*, S. 169.
44 Glenny, *The Balkans 1804–1999*, S. 579, 581.
45 Pirjevec, *Tito*, S. 411–428; Calic, *Tito*, S. 323–326.
46 Glenny, *The Balkans 1804–1999*, S. 582.
47 Pirjevec, *Tito*, S. 429 f., 449 f.
48 Swain/Swain, *Eastern Europe since 1945*, S. 151.
49 Calic, *Tito*, S. 283.
50 Calic, *Geschichte Jugoslawiens im 20. Jahrhundert*, S. 197; Ridley, *Tito*, S. 306 f.
51 Calic, *Tito*, S. 293.
52 Pirjevec, *Tito*, S. 346–350.
53 Calic, *Tito*, S. 310 f.
54 Pirjevec, *Tito*, S. 333–336.
55 Calic, *Tito*, S. 286 ff.
56 Ridley, *Tito*, S. 358.
57 Calic, *Geschichte Jugoslawiens im 20. Jahrhundert*, S. 202.
58 Pirjevec, *Tito*, S. 565 ff.
59 Calic, *Geschichte Jugoslawiens im 20. Jahrhundert*, S. 255 f.
60 Glenny, *The Balkans 1804–1999*, S. 583 ff.
61 Jelavich, *History of the Balkans*, Bd. 2, S. 397.
62 Calic, *Geschichte Jugoslawiens im 20. Jahrhundert*, S. 253 f., 257 f.; Calic, *Tito*, S. 331–337; Swain, *Tito*, S. 181.
63 Pirjevec, *Tito*, S. 503 f.; Glenny, *The Balkans 1804–1999*, S. 576.
64 Pirjevec, *Tito*, S. 507.
65 Calic, *Tito*, S. 375.
66 Glenny, *The Balkans 1804–1999*, S. 623.
67 Insbesondere Kroatien hätte ohne Titos Führung einen anderen Weg eingeschlagen. Dejan Jović hebt in seinem Aufsatz »Reassessing Socialist Yugoslavia, 1956–90« die einzigartige Bedeutung hervor, die Tito – der väterlicherseits kroatischer Herkunft war – bei der Integration Kroatiens in den jugoslawischen Staat zukam.
68 Calic, *Geschichte Jugoslawiens im 20. Jahrhundert*, S. 286 f.; dies., *Tito*, S. 380.
69 Calic, *Tito*, S. 384 f.; Velikonja, *Titostalgia*, S. 129–134; Ridley, *Tito*, S. 420.

ZEHN – MARGARET THATCHER

1 Young, *One of Us*, S. 383; Campbell, *Margaret Thatcher*, Bd. 2, S. 303; Moore, *Margaret Thatcher*, Bd. 1, S. 745.
2 Young, *One of Us*, S. 303–312.
3 Zit. in Campbell, *Margaret Thatcher*, Bd. 1, S. 19.
4 Zit. in Campbell, *Margaret Thatcher*, Bd. 1, S. 2, 32, 446; Moore, *Margaret Thatcher*, Bd. 1, S. 8 f.
5 Young, *One of Us*, S. 98.
6 Campbell, *Margaret Thatcher*, Bd. 1, S. 270–277; Moore, *Margaret Thatcher*, Bd. 1, S. 259–263; Young, *One of Us*, S. 82.
7 Richards, *The Prime Ministers*, S. 151–158.
8 Hennessy, *The Prime Minister*, S. 408.
9 Campbell, *Margaret Thatcher*, Bd. 1, S. 264.
10 Gamble, »The Thatcher Myth«, S. 9 f.
11 Campbell, *Margaret Thatcher*, Bd. 1, S. 414.

12 Moore, *Margaret Thatcher*, Bd. 1, S. 412 f.
13 Sandbrook, *Who Dares Wins*, S. 9, 48, 50, 57.
14 Zum Trugbild des Niedergangs siehe Tombs, *The English and Their History*, Teil 7.
15 Der Slogan stammt nicht von Thatcher selbst, sondern von Geoffrey Howe (Lawson, *The View from No. 11*, S. 100).
16 John Campbell benutzt diesen Begriff zur Beschreibung von Thatchers Verhältnis zum Kabinett (*Margaret Thatcher*, Bd. 2, Kap. 11).
17 Moore, *Margaret Thatcher*, Bd. 1, S. 533.
18 Zit. in Moore, *Margaret Thatcher*, Bd. 1, S. 641.
19 Hennessy, *The Prime Minister*, S. 405 ff.
20 Young, *One of Us*, S. 212–216; Hoskyns, *Just in Time*, S. 275–285; Thatcher, *Downing Street No. 10*, S. 202–211.
21 Lawson, *The View from No. 11*, S. 98 f., 246; Skidelsky, *Britain since 1900*, S. 339.
22 Young, *One of Us*, S. 203, 316, 318.
23 Zit. in Young, *One of Us*, S. 321.
24 Eaton, »How Public Spending Rose under Thatcher«.
25 Tatsächlich verfehlte die »Mittelfristige Finanzstrategie« von 1980 ihr Ziel, das Wachstum der Geldmenge jedes Jahr zu verringern, aber der von der Regierung selbst verursachte Wirtschaftsabschwung – der einen steilen Anstieg der Arbeitslosenquote mit sich brachte – hatte zur Folge, dass die Inflationsrate drastisch sank (Skidelsky, *Britain since 1900*, S. 341).
26 Young, *One of Us*, S. 144.
27 Young, *One of Us*, S. 193 ff., 353.
28 Rogers, »How Britain Changed under Margaret Thatcher«.
29 Young, *One of Us*, S. 241.
30 Hennessy, *The Prime Minister*, S. 412.
31 Young, *One of Us*, S. 263; Thatcher, *Downing Street No. 10*, S. 263–266.
32 Cannadine, *Margaret Thatcher*, S. 47.
33 Sandbrook, *Who Dares Wins*, S. 761–764.
34 Campbell, *Margaret Thatcher*, Bd. 2, S. 135.
35 Moore, *Margaret Thatcher*, Bd. 1, S. 700–703; Thatcher, *Downing Street No. 10*, S. 303–307; Hennessy, *The Prime Minister*, S. 419.
36 Young, *One of Us*, S. 275 f.
37 Young, *One of Us*, S. 276; Moore, *Margaret Thatcher*, Bd. 1, S. 712; Campbell, *Margaret Thatcher*, Bd. 2, S. 145 f.; Thatcher, *Downing Street No. 10*, S. 316 ff.
38 Cannadine, *Margaret Thatcher*, S. 49; Sandbrook, *Who Dares Wins*, S. 834 (mit einer Quote von 53 Prozent von Anfang Juni).
39 Sandbrook, *Who Dares Wins*, S. 837 f.
40 Thatcher, *Downing Street No. 10*, S. 211–217; Lawson, *The View from No. 11*, S. 141, 144; Hoskyns, *Just in Time*, S. 274 f., 289 ff.; Young, *One of Us*, S. 366.
41 Tombs, *The English and Their History*, S. 817.
42 Richards, *The Prime Ministers*, 178.
43 Moore, *Margaret Thatcher*, Bd. 2, S. 146 f. (mit einer Schätzung der Zahl der 1984/85 verloren gegangenen Arbeitsplätze).
44 Campbell, *Margaret Thatcher*, Bd. 2, S. 361 f.
45 Moore, *Margaret Thatcher*, Bd. 2, S. 151; Campbell, *Margaret Thatcher*, Bd. 2, S. 359 f.
46 Campbell, *Margaret Thatcher*, Bd. 2, S. 796; Hennessy, *The Prime Minister*, S. 428.
47 Campbell, *Margaret Thatcher*, Bd. 2, S. 273–279; Moore, *Margaret Thatcher*, Bd. 2, S. 117–135.
48 Thatcher, *Downing Street No. 10*, S. 463; Young, *One of Us*, S. 303; Moore, *Margaret Thatcher*, Bd. 2, S. 240.
49 Campbell, *Margaret Thatcher*, Bd. 2, S. 292; Moore, *Margaret Thatcher*, Bd. 2, S. 610.
50 Campbell, *Margaret Thatcher*, Bd. 2, S. 605; Cannadine, *Margaret Thatcher*, S. 101 f.
51 Cannadine, *Margaret Thatcher*, S. 98.
52 Cannadine, *Margaret Thatcher*, S. 95; Moore, *Margaret Thatcher*, Bd. 2, S. 693.
53 Lawson, *The View from No. 11*, S. 574.

54 Lawson, *The View from No. 11*, S. 561 f.; Thatcher, *Downing Street No. 10*, S. 917 f.; Hennessy, *The Prime Minister*, S. 428.
55 Lawson, *The View from No. 11*, Kap. 71–77.
56 Moore, *Margaret Thatcher*, Bd. 3, S. 561–566, 580–584, 587–592; Campbell, *Margaret Thatcher*, Bd. 2, S. 701–706; Seldon, *Major*, S. 110–116.
57 Campbell, *Margaret Thatcher*, Bd. 2, S. 744.
58 Cannadine, *Margaret Thatcher*, S. 96; Campbell, *Margaret Thatcher*, Bd. 2, S. 800; Clarke, *Hope and Glory*, S. 400.
59 Moore, *Margaret Thatcher*, Bd. 3, S. 853.
60 Moore, *Margaret Thatcher*, Bd. 3, S. 645 f.
61 Moore, *Margaret Thatcher*, Bd. 3, S. 853.

ELF – MICHAIL GORBATSCHOW

1 Taubman, *Gorbatschow*, S. 635.
2 Taubman, *Gorbatschow*, S. 31 f.
3 Taubman, *Gorbatschow*, S. 28–32.
4 Siehe Zubok, »Gorbachev and the End of the Cold War«. Ich danke Christian Göschel für den Hinweis auf diesen Aufsatz.
5 Taubman, *Gorbatschow*, S. 47, 51, 55–61, 64 (Zitat).
6 Brown, *Der Gorbatschow-Faktor*, S. 65 f.
7 Brown, *Der Gorbatschow-Faktor*, S. 161, 172; Taubman, *Gorbatschow*, S. 123–125, 130 f.
8 Taubman, *Gorbatschow*, S. 163.
9 Miller, *Mikhail Gorbachev and the End of Soviet Power*, S. 61.
10 Kotkin, *Armageddon Averted*, S. 27, 173 f.
11 Brown, *Der Mythos vom starken Führer*, S. 216.
12 Brown, *Der Gorbatschow-Faktor*, S. 157 ff.
13 Gorbatschow, *Erinnerungen*, S. 323 ff.
14 Miller, *Mikhail Gorbachev and the End of Soviet Power*, S. 62.
15 Lane, »The Roots of Political Reform«.
16 Brown, *Seven Years That Changed the World*, S. 32.
17 Brown, *Der Mythos vom starken Führer*, S. 214 f., 218.
18 Brown, *Der Mythos vom starken Führer*, S. 218 f.
19 Gorbatschow, *Memoirs*, 638 f.; ders., *Erinnerungen*, S. 969 f.
20 Taubman, *Gorbatschow*, S. 567.
21 Brown, *Der Mythos vom starken Führer*, S. 220 f.
22 Gorbatschow, *Erinnerungen*, S. 271–276.
23 Thatcher, *Downing Street No. 10*, S. 649–655.
24 Gorbatschow, *Erinnerungen*, S. 326.
25 Gorbatschow, *Erinnerungen*, S. 260, 326.
26 Gorbatschow, *Erinnerungen*, S. 270 f.
27 Gorbatschow, *Ausgewählte Reden und Aufsätze*, Bd. 2, S. 235.
28 Gorbatschow, *Erinnerungen*, S. 305.
29 Taubman, *Gorbatschow*, S. 271–277; Brown, *Seven Years That Changed the World*, S. 64, 202 (Anm. 28).
30 Taubman, *Gorbatschow*, S. 234 f., 272; Brown, *Seven Years That Changed the World*, S. 50, 64.
31 Brown, *Der Gorbatschow-Faktor*, S. 140; Miller, *Mikhail Gorbachev and the End of Soviet Power*, S. 54.
32 Brown, *Der Gorbatschow-Faktor*, S. 220 f.
33 Brown, *Seven Years That Changed the World*, S. 13.
34 Gorbatschow, *Erinnerungen*, S. 288 f.
35 Gorbatschow, *Erinnerungen*, S. 294. Nach John Millers Ansicht war 1986 das entscheidende Jahr, das aus dem Reformer Gorbatschow einen radikalen Systemveränderer machte (*Mikhail Gorbachev and the End of Soviet Power*, S. 64 f.). Dieser Wandel scheint allerdings nicht plötzlich, sondern schrittweise und kumulativ vonstattengegangen zu sein.
36 Zit. in Service, *A History of Twentieth-Century Russia*, S. 486.
37 Brown, *Der Gorbatschow-Faktor*, S. 259.
38 Gorbatschow, *Ausgewählte Reden und Aufsätze*, Bd. 4, S. 350 f., 397; Taubman, *Gorbatschow*, S. 374; Brown, *Der Gorbatschow-Faktor*, S. 277 f.
39 Service, *A History of Twentieth-Century Russia*, S. 452; Brown, *Der Gorbatschow-Faktor*, S. 247 f.

40 Brown, *Der Gorbatschow-Faktor*, S. 245 f.; Service, *A History of Twentieth-Century Russia*, S. 460.
41 Brown, *Der Mythos vom starken Führer*, S. 216.
42 Brown, *Der Gorbatschow-Faktor*, S. 297.
43 Service, *A History of Twentieth-Century Russia*, S. 461.
44 Brown, *Seven Years That Changed the World*, S. 110 f.
45 Taubman, *Gorbatschow*, S. 443 f.
46 Taubman, *Gorbatschow*, S. 437–443.
47 Brown, *Der Gorbatschow-Faktor*, S. 372 ff.
48 Brown, *Der Gorbatschow-Faktor*, S. 355.
49 Taubman, *Gorbatschow*, S. 363.
50 Taubman, *Gorbatschow*, S. 496.
51 Gorbatschow, *Erinnerungen*, S. 683–688 (Zitate auf S. 686).
52 Taubman, *Gorbatschow*, S. 588 f.
53 Crampton, *Eastern Europe in the Twentieth Century – and After*, S. 407.
54 Taubman, *Gorbatschow*, S. 567 ff.
55 Gorbatschow, *Erinnerungen*, S. 846, 893–896, 932 f.; Berend, *Central and Eastern Europe 1944–1993*, S. 280.
56 Gorbatschow, *Erinnerungen*, S. 846.
57 Brown, *Seven Years That Changed the World*, S. 263.
58 Zubok, »Gorbachev and the End of the Cold War«, S. 85 ff.
59 Zubok, »Gorbachev and the End of the Cold War«, S. 85–93; Brown, *Der Gorbatschow-Faktor*, S. 406–412.
60 Brown, *Der Gorbatschow-Faktor*, S. 401.
61 Taubman, *Gorbatschow*, S. 583.
62 Taubman, *Gorbatschow*, S. 577.
63 Taubman, *Gorbatschow*, S. 648–652.
64 Taubman, *Gorbatschow*, S. 664.
65 Brown, *Der Gorbatschow-Faktor*, S. 405.
66 Taubman, *Gorbatschow*, S. 670, 882 Anm. 101.
67 Brown, *Der Gorbatschow-Faktor*, S. 334–339, 469, 473.
68 Zit. in Taubman, *Gorbatschow*, S. 689.
69 Service, *A History of Twentieth-Century Russia*, S. 525 f.
70 Taubman, *Gorbatschow*, S. 764 f., 790.
71 *The Sunday Times*, 23. Mai 2016, S. 13; *The Guardian*, 21., 22. und 24. März 2017; Taubman, *Gorbatschow*, S. 791 f., 794 f., 800 f.

ZWÖLF – HELMUT KOHL

1 Eintrag für Helmut Kohl in der englischen Wikipedia, https://en.wikipedia.org/wiki/Helmut_Kohl (geöffnet im November 2021).
2 Kohl, *Erinnerungen. 1982–1990*, S. 270–273.
3 Sittner (Hg.), *Helmut Kohl und der Mantel der Geschichte*, S. 26.
4 Kohl, *Erinnerungen. 1930–1982*, Teil 1; Schwarz, *Helmut Kohl*, Teil 1.
5 Bahners, *Helmut Kohl*, S. 21.
6 Kohl, *Erinnerungen. 1930–1982*, S. 596 f., 606–609, 621.
7 Kohl, *Erinnerungen. 1930–1982*, S. 629–644, 649.
8 Bahners, *Helmut Kohl*, S. 120.
9 Sittner, *Helmut Kohl und der Mantel der Geschichte*, S. 94.
10 Kohl, *Erinnerungen. 1982–1990*, S. 52.
11 Kohl, *Erinnerungen. 1982–1990*, S. 261–268.
12 Kohl, *Erinnerungen. 1982–1990*, S. 27–30, 120–124.
13 Schwarz, *Helmut Kohl*, S. 309–321, bes. 312–316; Bahners, *Helmut Kohl*, S. 112, 122–125, 162, 281; Sittner, *Helmut Kohl und der Mantel der Geschichte*, S. 82–95, 196–201.
14 Wolfrum, *Die Bundesrepublik Deutschland 1949–1990*, S. 450.
15 Schwarz, *Helmut Kohl*, S. 326.
16 Schwarz, *Helmut Kohl*, S. 383.
17 Wolfrum, *Die Bundesrepublik Deutschland 1949–1990*, S. 455; Kohl, *Erinnerungen. 1930–1982*, S. 43 f.
18 Herbert, *Geschichte Deutschlands im 20. Jahrhundert*, S. 1018; Schwarz, *Helmut Kohl*, S. 377 ff.; Bahners, *Helmut Kohl*, S. 181.
19 Schwarz, *Helmut Kohl*, S. 383.
20 Schwarz, *Helmut Kohl*, S. 444–451.

21 Schwarz, *Helmut Kohl*, S. 460.
22 Gorbatschow, *Erinnerungen*, S. 637, siehe auch S. 703 ff.
23 Schwarz, *Helmut Kohl*, S. 398.
24 Schwarz, *Helmut Kohl*, S. 491.
25 Kohl, *Erinnerungen. 1982–1990*, S. 965.
26 Kohl, *Erinnerungen. 1982–1990*, S. 970 f.
27 Merseburger, *Willy Brandt 1913–1992*, S. 837; Wolfrum, *Die Bundesrepublik Deutschland 1949–1990*, S. 537 f.
28 Kohl, *Erinnerungen. 1982–1990*, S. 990–995.
29 Schwarz, *Helmut Kohl*, S. 531 ff.
30 Herbert, *Geschichte Deutschlands im 20. Jahrhundert*, S. 1108; Kohl, *Erinnerungen. 1982–1990*, S. 996.
31 Schwarz, *Helmut Kohl*, S. 534 f.
32 Kohl, *Erinnerungen. 1982–1990*, S. 1025.
33 Kohl, *Erinnerungen. 1982–1990*, S. 1020; Bahners, *Helmut Kohl*, S. 138.
34 Gorbatschow, *Erinnerungen*, S. 714 f.
35 Wolfrum, *Die Bundesrepublik Deutschland 1949–1990*, S. 542.
36 Kohl, *Vom Mauerfall zur Wiedervereinigung*, S. 218; Schwarz, *Helmut Kohl*, S. 570 ff.; Herbert, *Geschichte Deutschlands im 20. Jahrhundert*, S. 1123.
37 Herbert, *Geschichte Deutschlands im 20. Jahrhundert*, S. 1125 f.
38 Winkler, *Geschichte des Westens*, Bd. 3, S. 1064; Wolfrum, *Die Bundesrepublik Deutschland 1949–1990*, S. 544.
39 Kohl, *Vom Mauerfall zur Wiedervereinigung*, S. 194 ff.
40 Schwarz, *Helmut Kohl*, S. 585 ff.
41 Kohl, *Vom Mauerfall zur Wiedervereinigung*, S. 271 f.
42 Schwarz, *Helmut Kohl*, S. 692, 712 f.
43 Winkler, *Geschichte des Westens*, Bd. 4, S. 19.
44 Schwarz, *Helmut Kohl*, S. 691 ff.
45 Dyson/Featherstone, *The Road to Maastricht*, S. 32.
46 Das spätere Urteil des Bundesverfassungsgerichts im Zusammenhang mit dem Vertrag von Lissabon von 2007 wies auf die grundgesetzlichen Grenzen der Souveränitätsübertragung hin und schloss faktisch aus, dass die EU selbst ein Staat werden könnte (Grimm, *Europa ja – aber welches?*, S. 233).
47 Bahners, *Helmut Kohl*, S. 293.
48 Schwarz, *Helmut Kohl*, S. 736.
49 Sittner (Hg.), *Helmut Kohl und der Mantel der Geschichte*, S. 114 f.
50 Zurheide, »Helmut Kohl: ›Kommunisten sind rot-lackierte Faschisten‹«.
51 Schwarz, *Helmut Kohl*, S. 847; zu Kohls Wahlkampfstil siehe auch Sittner (Hg.), *Helmut Kohl und der Mantel der Geschichte*, S. 134–143.
52 Schwarz, *Helmut Kohl*, S. 848.
53 Schwarz, *Helmut Kohl*, S. 796, 831 f.
54 Sittner (Hg.), *Helmut Kohl und der Mantel der Geschichte*, S. 294.
55 Schwarz, *Helmut Kohl*, S. 870–896; siehe auch Bahners, *Helmut Kohl*, S. 191–195, 224 f., 240 f., 246–249; vgl. https://www.dw.com/en/the-scandal-that-rocked-the-government-of-helmut-kohl/a-5137950 (geöffnet im November 2021).
56 Sittner (Hg.), *Helmut Kohl und der Mantel der Geschichte*, S. 389.
57 Bahners, *Helmut Kohl*, S. 253–257.
58 Bahners, *Helmut Kohl*, S. 267–270, 275, 303; Sittner (Hg.), *Helmut Kohl und der Mantel der Geschichte*, S. 394–403, insbes. 399 f.

BIBLIOGRAPHIE

ALLGEMEIN

Ben-Ghiat, Ruth: *Strongmen. Mussolini to the Present*, New York 2020

Best, Geoffrey: *Churchill. A Study in Greatness*, London 2001

Brown, Archie: *Der Mythos vom starken Führer. Politische Führung im 20. und 21. Jahrhundert*, Berlin 2018

Burckhardt, Jacob: *Weltgeschichtliche Betrachtungen*, in ders., *Weltgeschichtliche Betrachtungen. Über geschichtliches Studium – Historische Fragmente*, hg. von Johannes Wenzel, Leipzig 1985

Carlyle, Thomas: *Über Helden, Heldenverehrung und das Heldentümliche in der Geschichte*, hg. von A. Pfannkuche, Leipzig o. J.

Carr, Edward H.: *Was ist Geschichte?*, Stuttgart/Berlin/Köln/Mainz 1969

Churchill, Winston: *Der Zweite Weltkrieg. Memoiren*, 12 Tle. in 6 Bden., Frankfurt am Main/Berlin/Wien 1985

Decherf, Jean-Baptiste: *Le grand homme et son pouvoir. Histoire d'un imaginaire de Napoléon à de Gaulle*, La Tour d'Aigues 2017

Dikötter, Frank: *Diktator werden. Populismus, Personenkult und die Wege zur Macht*, Stuttgart 2020

Fest, Joachim C.: *Hitler. Eine Biographie*, Berlin/München 2002

—: »On Remembering Adolf Hitler«, in: *Encounter*, 41 (Oktober 1973), S. 19–34

Geiss, Imanuel: »Die Rolle der Persönlichkeit in der Geschichte. Zwischen Überbewerten und Verdrängen«, in Michael Bosch (Hg.), *Persönlichkeit und Struktur in der Geschichte. Historische Bestandsaufnahme und didaktische Implikationen*, Düsseldorf 1977, S. 10–24

Lässig, Simone: »Introduction«, in Berghahn, Volker R./Lässig, Simone (Hg.), *Biography between Structure and Agency. Central European Lives in International Historiography*, New York/Oxford 2008, S. 1–26

MacMillan, Margaret: *History's People. Personalities and the Past*, London 2017

Mann, Michael: *The Sources of Social Power*, Bd. 3: *Global Empires and Revolution, 1890–1945*, Cambridge 2012

Marx, Karl: *Der achtzehnte Brumaire des Louis Bonaparte*, in ders./Engels, Friedrich, *Ausgewählte Schriften*, Bd. 2, S. 222–316

Mitterer, Heather Elizabeth: »The Role of Personality in Leader Effectiveness«, 22. Januar 2014, https://sites.psu.edu/leadership/2014/01/22/the-role-of-personality-in-leader-effectiveness (geöffnet im November 2021)

Riall, Lucy: *Garibaldi. Invention of a Hero*, New Haven, Connecticut/London 2007

—: »The Shallow End of History. The Substance and Future of Political Biography«, in: *The Journal of Interdisciplinary History*, 40/3 (2010), S. 375–397

Roberts, Andrew: *Churchill. Walking with Destiny*, London 2019

Schwarz, Hans-Peter: *Das Gesicht des Jahrhunderts. Monster, Retter und Mediokritäten*, Berlin 1998

Schweitzer, Arthur: *The Age of Charisma*, Chicago, Illinois, 1984

Tolstoi, Lew: *Krieg und Frieden*, 2 Bde., hg. von Gerhard Dudek, Berlin 1987

Trevor-Roper, Hugh: *Hitlers letzte Tage*, Zürich 1948

Weber, Max: *Wirtschaft und Gesellschaft. Grundriss der verstehenden Soziologie*, hg. von Johannes Winckelmann, Tübingen [5]1980

Wheatcroft, Geoffrey: *Churchill's Shadow. The Life and Afterlife of Winston Churchill*, London 2021

EINS – WLADIMIR ILJITSCH LENIN

Deutscher, Isaac: *Trotzki*, Bd. 1: *Der bewaffnete Prophet. 1879–1921*, Stuttgart 1962

Figes, Orlando: *Hundert Jahre Revolution. Russland und das 20. Jahrhundert*, Berlin 2015

—: *Die Tragödie eines Volkes. Die Epoche der russischen Revolution 1891 bis 1924*, Berlin 2008

Gellately, Robert: *Lenin, Stalin und Hitler. Drei Diktatoren, die Europa in den Abgrund führten*, Bergisch Gladbach 2009

Hosking, Geoffrey: *A History of the Soviet Union*, London 1985

—: *Russia and the Russians*, London 2001

Kotkin, Stephen: *Stalin. Paradoxes of Power 1978–1928*, London 2015

Lewin, Moshe: *The Making of the Soviet System*, London 1985

Lih, Lars T.: »›All Power to the Soviets!‹ Biography of a Slogan«, in: *International Relations*, 24. Juli 2017, https://socialistproject.ca/2017/07/b1454 (geöffnet im November 2021)

Mawdsley, Evan: *The Russian Civil War*, London 2000

McCauley, Martin (Hg.): *The Russian Revolution and the Soviet State 1917–1921. Documents*, London 1975

Payne, Robert: *Lenin. Sein Leben und sein Tod*, München 1965

Plamper, Jan: *The Stalin Cult*, New Haven, Connecticut/London 2012

Schapiro, Leonard: *1917*, London 1985

Schweizer, Arthur: *The Age of Charisma*, Chicago, Illinois, 1984

Sebestyen, Victor: *Lenin the Dictator. An Intimate Portrait*, London 2017 [dt.: *Lenin. Ein Leben*, Berlin 2017]

Service, Robert: *A History of Twentieth-Century Russia*, London 1998

—: *Lenin. Eine Biographie*, München 2000

—: *Trotzki. Eine Biographie*, Berlin 2012

Underwood, Alice: »Why Lenin's Corpse Lives on in Putin's Russia«, https://www.wilsoncenter.org/blog-post/why-lenins-corpse-lives-putins-russia (geöffnet im November 2021)

Wolkogonow, Dimitri: *Lenin. Utopie und Terror*, Düsseldorf 1994

—: *Stalin. Triumph und Tragödie. Ein Politisches Porträt*, Düsseldorf 1989

ZWEI – BENITO MUSSOLINI

Albanese, Giulia: *Mussolinis Marsch auf Rom. Die Kapitulation des liberalen Staates vor dem Faschismus*, Paderborn 2015

Amante, Angelo: »Half of Italians Want ›Strongman‹ in Power, Survey Shows«, https://www.reuters.com/article/us-italy-politics-survey-idUSKBN1YA1X5 (geöffnet im November 2021)

Baldoli, Claudia: »Spring 1943. The Fiat Strikes and the Collapse of the Italian Home Front«, in: *History Workshop Journal*, 72/1 (2011), S. 181–189

Bosworth, R. J. B.: *Mussolini*, London 2002
Burgwyn, James: *Mussolini and the Salò Republic 1943–1945*, Cham 2018
Ciano, Graf Galeazzo: *Tagebücher, 1937/1938*, Hamburg 1949
—: *Tagebücher. 1939–1943*, Bern 1946
Corner, Paul: *Fascism in Ferrara 1915–1925*, Oxford 1975
—: »Fascist Italy in the 1930s. Popular Opinion in the Provinces«, in ders. (Hg.), *Popular Opinion in Totalitarian Regimes*, Oxford 2009, S. 122–147
—: *The Fascist Party and Popular Opinion in Mussolini's Italy*, Oxford 2012
De Felice, Renzo: *Mussolini*, 8 Bde., Turin 1965–1997, Bd. 4: *Il duce. Gli anni del consenso 1929–1936*, 1974
—/Ledeen, Michael A.: *Fascism. An Informal Introduction to Its Theory and Practice*, London 2017
Diggins, John P.: *Mussolini and Fascism. The View from America*, Princeton, New Jersey, 1972
Dikötter, Frank: *Diktator werden. Populismus, Personenkult und die Wege zur Macht*, Stuttgart 2020
Duggan, Christopher: *Fascist Voices*, London 2012
—: »The Propagation of the Cult of the Duce, 1925–26«, in Gundle/Duggan/Pieri (Hg.), *The Cult of the Duce*, S. 27–40
Ebner, Michael R.: *Ordinary Violence in Mussolini's Italy*, New York 2011
Focardi, Filippo: »Italy's Amnesia over War Guilt. The ›Evil Germans‹ Alibi«, in: *Mediterranean Quarterly*, 25/4 (2014), S. 5–26
—/Klinkhammer, Lutz: »The Question of Fascist Italy's War Crimes. The Construction of a Self-Acquitting Myth (1943–1948)«, in: *Journal of Modern Italian Studies*, 9/3 (2004), S. 330–348
Gentile, Emilio: *The Sacralization of Politics in Fascist Italy*, Cambridge, Massachusetts, 1996
—: »Fascism in Power. The Totalitarian Experiment«, in Adrian Lyttelton (Hg.), *Liberal and Fascist Italy*, Oxford 2002, S. 291–302
—: »Paramilitary Violence in Italy. The Rationale of Fascism and the Origins of Totalitarianism«, in Robert Gerwarth und John Horne (Hg.), *War in Peace. Paramilitary Violence in Europe after the Great War*, Oxford 2012, S. 85–104
Ginsborg, Paul: *A History of Contemporary Italy. Society and Politics 1943–1988*, London 1990
Goeschel, Christian: *Mussolini und Hitler. Die Inszenierung einer faschistischen Allianz*, Frankfurt am Main 2019
—: »Mussolini, Munich and the Italian People«, in Julie Gottlieb, Daniel Hucker und Richard Toye (Hg.), *The Munich Crisis. Politics and the People*, Manchester 2021, S. 153–170
Gooch, John: *Mussolini's War*, London 2020
Griffin, Roger: *The Nature of Fascism*, London 1991
Gundle, Stephen: »The Aftermath of the Mussolini Cult. History, Nostalgia and Popular Culture«, in Gundle/Duggan/Pieri (Hg.), *The Cult of the Duce*, S. 241–256
—/Duggan, Christopher/Pieri, Giuliana: »Introduction«, in Gundle/Duggan/Pieri (Hg.), *The Cult of the Duce*, S. 1–9
—/Duggan, Christopher/Pieri, Giuliana (Hg.): *The Cult of the Duce. Mussolini and the Italians*, Manchester 2015
Kirchner Reill, Dominique: *The Fiume Crisis*, Cambridge, Massachusetts, 2020
Knox, MacGregor: *Mussolini Unleashed, 1939–1941*, Cambridge 1986
—: *Common Destiny. Dictatorship, Foreign Policy, and War in Fascist Italy and Nazi Germany*, Cambridge 2000

—: »Das faschistische Italien und die ›Endlösung‹ 1942/43«, in: *Vierteljahrshefte für Zeitgeschichte*, 55 (2007), S. 53–92
—: *To the Threshhold of Power, 1922/33*, Cambridge 2007
Ledeen, Michael A.: »Renzo De Felice and the Controversy over Italian Fascism«, in: *Journal of Contemporary History*, 11 (1976), S. 269–282
Lyttelton, Adrian: »Faschismus in Italien. Die zweite Welle«, in George L. Mosse und Walter Laqueur (Hg.), *Internationaler Faschismus, 1920–1945*, München 1966, S. 111–142
—: *The Seizure of Power. Fascism in Italy 1919–1929*, London 1987
Mack Smith, Denis: *Mussolini. Eine Biographie*, München/Wien 1983
Maiolo, Joe: *Cry Havoc. The Arms Race and the Second World War 1931–1941*, London 2010
Mann, Michael: *Fascists*, Cambridge 2004
Melograni, Piero: »The Cult of the Duce in Mussolini's Italy«, in George L. Mosse (Hg.), *International Fascism. New Thoughts and New Approaches*, London/Beverly Hills, Kalifornien, 1979, S. 73–90
Michaelis, Meir: *Mussolini and the Jews*, Oxford 1978
Millan, Matteo: »The Institutionalisation of Squadrismo. Disciplining Paramilitary Violence in the Italian Fascist Dictatorship«, in: *Contemporary European History*, 22/4 (2014), S. 551–573
Milza, Pierre: *Mussolini*, Paris 1999
Mommsen, Hans: *Beamtentum im Dritten Reich*, Stuttgart 1966
Osti Guerrazzi, Amedeo: »Das System Mussolini. Die Regierungspraxis des Diktators 1922 bis 1943 im Spiegel seiner Audienzen«, in: *Vierteljahrshefte für Zeitgeschichte*, 66/2 (2018), S. 201–231
Passerini, Luisa: *Mussolini Immaginario*, Rome/Bari 1991
Pavone, Claudio: *A Civil War. A History of the Italian Resistance*, London 2014
Paxton, Robert O.: *Anatomie des Faschismus*, München 2006
Petersen, Jens: »Das Problem der Gewalt im italienischen Faschismus, 1919–1925«, in Wolfgang J. Mommsen und Gerhard Hirschfeld (Hg.), *Sozialprotest, Gewalt, Terror. Gewaltanwendung durch politische und gesellschaftliche Randgruppen im 19. und 20. Jahrhundert*, Stuttgart 1982, S. 325–348
Sarfatti, Michele: *Die Juden im faschistischen Italien. Geschichte, Identität, Verfolgung*, Berlin 2014
Schieder, Wolfgang: »Strukturwandel der faschistischen Partei Italiens in der Phase der Herrschaftsstabilisierung«, in ders. (Hg.), *Faschismus als soziale Bewegung*, Hamburg 1976, S. 69–96
—: *Faschistische Diktaturen*, Göttingen 2008
Snowden, Frank M.: *The Fascist Revolution in Tuscany, 1919–22*, Cambridge 1989
Tarchi, Marco: »Italy: Early Crisis and Fascist Takeover«, in Dirk Berg-Schlosser und Jeremy Mitchell (Hg.), *Conditions of Democracy in Europe, 1919–1939. Systematic Case-Studies*, Basingstoke 2000, S. 294–320
Taylor, A. J. P.: *Die Ursprünge des Zweiten Weltkrieges. Die Jahre 1933–1939*, München 1980
Woller, Hans: *Die Abrechnung mit dem Faschismus in Italien 1943–1948*, München 1996
—: *Geschichte Italiens im 20. Jahrhundert*, München 2010
—: *Mussolini. Der erste Faschist*, München 2016

DREI – ADOLF HITLER

Below, Nicolaus von: *Als Hitlers Adjutant, 1937–45*, Mainz 1980

Broszat, Martin: *Der Nationalsozialismus. Weltanschauung, Programm und Wirklichkeit*, Stuttgart 1960

Browning, Christopher: *Die Entfesselung der »Endlösung«. Nationalsozialistische Judenpolitik 1939–1942*, München 2003

Bullock, Alan: *Hitler. Eine Studie über Tyrannei*, Düsseldorf 1967

Dahrendorf, Ralf: *Gesellschaft und Demokratie in Deutschland*, München 1965

Dokumente der deutschen Politik und Geschichte von 1848 bis zur Gegenwart, hg. von Klaus Hohlfeld, Bde. 4 und 5: *Die Zeit der nationalsozialistischen Diktatur 1933–1945*, Berlin 1953

Evans, Richard: *Das Dritte Reich*, Bd. 1: *Aufstieg*, München 2004

Fest, Joachim C.: *Hitler. Eine Biographie*, Berlin/München 2002

Fleming, Gerald: *Hitler und die Endlösung*, Wiesbaden 1982

Frank, Hans: *Im Angesicht des Galgens. Deutung Hitlers und seiner Zeit auf Grund eigener Erlebnisse und Erkenntnisse. Geschrieben im Nürnberger Justizgefängnis*, Neuhaus ^{2}1955

Fulbrook, Mary: *Reckonings. Legacies of Nazi Persecution and the Quest for Justice*, Oxford 2018

Goebbels, Joseph: *Die Tagebücher von Josef Goebbels. Sämtliche Fragmente*, hg. von Elke Fröhlich, Teil II: *Diktate 1941–1945*, Bd. 2, München/New York/London/Paris 1996

Görtemaker, Heike B.: *Hitlers Hofstaat*, München 2019

Gritschneder, Otto: *Der Hitler-Prozeß und sein Richter Georg Neithardt*, München 2001

Hett, Benjamin Carter: *Der Reichstagsbrand. Wiederaufnahme eines Verfahrens*, Reinbek 2016

Himmler, Heinrich: *Der Dienstkalender Heinrich Himmlers 1941/42*, hg. von Peter Witte, Martina Voigt, Dieter Pohl, Peter Klein, Christian Gerlach, Christoph Dieckmann und Andrej Angrick, Hamburg 1999

Hitler, Adolf: *Mein Kampf. Eine kritische Edition*, hg. von Christian Hartmann, Thomas Vordermayer, Othmar Plöckinger und Roman Töppel, München/Berlin 2016

—: *Reden und Proklamationen 1932–1945*, hg. von Max Domarus, 2 Bde., Wiesbaden 1973

—: *Sämtliche Aufzeichnungen, 1905–1924*, hg. von Eberhard Jäckel und Axel Kuhn, Stuttgart 1980

Jäckel, Eberhard: *Hitlers Weltanschauung. Entwurf einer Herrschaft*, Stuttgart ^{3}1986

Joachimsthaler, Anton: *Hitlers Liste*, München 2003

Kershaw, Ian: *Hitler*, 2 Bde., Stuttgart 1998/2000

—: *Der Hitler-Mythos. Führerkult und Volksmeinung*, Stuttgart 1999

Krausnick, Helmut/Wilhelm, Hans-Heinrich: *Die Truppe des Weltanschauungskrieges. Die Einsatzgruppen der Sicherheitspolizei und des SD 1938–1942*, Stuttgart 1981

Longerich, Peter: *Hitler. Biographie*, München 2015

—: *Der ungeschriebene Befehl. Hitler und der Weg zur »Endlösung«*, München/Zürich 2001

Machtan, Lothar: *Hitlers Geheimnis. Doppelleben eines Diktators*, Berlin 2001

Mommsen, Hans: »Nationalsozialismus«, in: *Sowjetsystem und demokratische Gesellschaft. Eine vergleichende Enzyklopädie*, hg. von Claus Dieter Kernig, Bd. 4, Freiburg 1971, Sp. 695–713

Neumann, Franz: *Behemoth. Struktur und Praxis des Nationalsozialismus 1933–1944*, hg. von Gert Schäfer, Köln/Frankfurt am Main 1977

Der Nürnberger Prozess gegen die Hauptkriegsverbrecher vor dem Internationalen Militärgerichtshof, Nürnberg 14. November 1945–1. Oktober 1946, 42 Bde., Nürnberg 1947–1949

Orlow, Dietrich: *The History of the Nazi Party 1919–1933*, Newton Abbot 1971

Rees, Laurence: *The Dark Charisma of Adolf Hitler*, London 2012

—: *Hitler and Stalin. The Tyrants and the Second World War*, London 2020

Schmölders, Claudia: *Hitlers Gesicht*, München 2000

Simms, Brendan: *Hitler. Eine globale Biographie*, München 2020

Sontheimer, Kurt: *Antidemokratisches Denken in der Weimarer Republik*, München 1962

Sopade – Deutschland-Berichte der Sozialdemokratischen Partei Deutschlands 1934–1940, 7 Bde., Salzhausen 1980

Ullrich, Volker: *Adolf Hitler. Biographie*, 2 Bde., Frankfurt am Main 2013/2018

Weber, Thomas: *Hitlers erster Krieg. Der Gefreite Hitler im Weltkrieg –Hitler-Mythos. und Wahrheit*, Berlin 2012

Weizsäcker, Ernst von: *Die Weizsäcker-Papiere 1933–1950*, hg. von Leonidas E. Hill, Frankfurt am Main/Berlin/Wien 1974

Winkler, Heinrich August: *Weimar 1918–1933. Die Geschichte der ersten deutschen Demokratie*, München 1993

VIER – JOSEF WISSARIONOWITSCH STALIN

Baberowski, Jörg: *Verbrannte Erde. Stalins Herrschaft der Gewalt*, München 2012

Besymenski, Lew: *Stalin und Hitler. Das Pokerspiel der Diktatoren*, Berlin 2004

Bryant, Arthur: *Kriegswende (1939–1943). Aus den Kriegstagebüchern des Feldmarschalls Lord Alanbrooke, Chef des Empire-Generalstabs*, Düsseldorf 1957

Chruschtschow, Nikita S.: *Chruschtschow erinnert sich. Die authentischen Memoiren*, hg. von Strobe Talbott, Reinbek 1992

Erickson, John: *The Road to Stalingrad*, London 1998

Glanz, David M./House, Jonathan: *When Titans Clashed. How the Red Army Stopped Hitler*, Lawrence, Kansas, 1995

Hosking, Geoffrey: *A History of the Soviet Union*, London 1985

Kershaw, Ian: *Wendepunkte. Schlüsselentscheidungen im Zweiten Weltkrieg*, München 2008

—/Lewin, Moshe (Hg.): *Stalinism and Nazism. Dictatorships in Comparison*, Cambridge 1997

Kotkin, Stephen: *Stalin*, Bd. 1: *Paradoxes of Power 1878–1928*, London 2015; Bd. 2: *Waiting for Hitler 1929–1941*, London 2018

Lenin, Wladimir I.: »Brief an den Parteitag«, in ders., *Werke*, hg. vom Institut für Marxismus-Leninismus beim ZK der SED, Bd. 36, Berlin 1962, S. 577–582

Lewin, Moshe: »Bureaucracy and the Stalinist State«, in Kershaw/Lewin (Hg.), *Stalinism and Nazism*, S. 53–74

—: *The Making of the Soviet System*, London 1985

—: *The Soviet Century*, London 2005

Mawdsley, Evan: *The Stalin Years. The Soviet Union, 1929–1953*, Manchester 1998

McMeekin, Sean: *Stalin's War*, London 2021

Mommsen, Hans: »Cumulative Radicalisation and Progressive Self-Destruction as Structural Determinants of the Nazi Dictatorship«, in Kershaw/Lewin (Hg.), *Stalinism and Nazism*, S. 75–87

—: »Der Nationalsozialismus. Kumulative Radikalisierung und Selbstzerstörung des Regimes«, in: *Meyers Enzyklopädisches Lexikon*, Bd. 16, München 1976, S. 785–790

Montefiore, Simon Sebag: *Stalin. Am Hof des roten Zaren*, Frankfurt am Main 2005

Nove, Alec: *Stalinism and After*, London 1981

Overy, Richard: *Russlands Krieg, 1941–1945*, Reinbek 2003

—: *Die Diktatoren. Hitlers Deutschland, Stalins Russland*, München 2005

Plamper, Jan: *The Stalin Cult. A Study in the Alchemy of Power*, New Haven, Connecticut/London 2012

Radzinsky, Edvard: *Stalin*, New York 1996
Rees, Laurence: *Hitlers Krieg im Osten*, München 2000
—: *World War Two Behind Closed Doors*, London 2008
—: *The Dark Charisma of Adolf Hitler. Leading Millions into the Abyss*, London 2013
—: *Hitler and Stalin. The Tyrants and the Second World War*, London 2020
Roberts, Geoffrey: *Stalins Kriege. Vom Zweiten Weltkrieg bis zum kalten Krieg*, Düsseldorf 2008
Schukow, Georgi K.: *Gedanken und Erinnerungen*, 2 Bde., Berlin [7]1983
Service, Robert: *A History of Twentieth-Century Russia*, London 1998
—: *Stalin. A Biography*, London 2004
Tucker, Robert C.: *Stalin as Revolutionary 1879–1929*, London 1974
—: *Stalin in Power. The Revolution from Above, 1928–1941*, New York 1990
Ulam, Adam B.: *Stalin. Koloss der Macht*, Esslingen 1977
Wolkogonow, Dimitri: *Stalin. Triumph und Tragödie. Ein Politisches Porträt*, Düsseldorf 1989

FÜNF – WINSTON CHURCHILL

Addison, Paul: *The Road to 1945. British Politics and the Second World War*, London 1975
—: »The Three Careers of Winston Churchill«, in: *Transactions of the Royal Historical Society*, 11 (2001), S. 183–199
Best, Geoffrey: *Churchill. A Study in Greatness*, London 2001
Brooke, Alan, Lord Alanbrooke: *War Diaries 1939–1945*, hg. von Alex Danchev und Daniel Todman, London 2001
Bryant, Arthur: *Kriegswende (1939–1943). Aus den Kriegstagebüchern des Feldmarschalls Lord Alanbrooke, Chef des Empire-Generalstabs*, Düsseldorf 1957
—: *Sieg im Westen (1943–1946). Aus den Kriegstagebüchern des Feldmarschalls Lord Alanbrooke, Chef des Empire-Generalstabs*, Düsseldorf 1960
Carlton, David: *Churchill and the Soviet Union*, Manchester 2000
Charmley, John: *Churchill. Das Ende einer Legende*, Berlin/Frankfurt am Main 1995
Churchill, Winston: *Reden*, Bd. 1: *Reden, 1938–1940. Ins Gefecht*, Zürich 1946
Colville, John: *The Fringes of Power. Downing Street Diaries, 1939–1955*, London 1985 [dt.: *Downing Street Tagebücher. 1939–1945*, Berlin 1988]
Crowson, Nick J.: *Facing Fascism. The Conservative Party and the European Dictators 1935–40*, London 1997
Hastings, Max: *Finest Years. Churchill as Warlord 1940–45*, London 2009
Heath, Edward: »A Euro-sceptic? Churchill? Never«, in: *Independent*, 26. September 1996, https://www.independent.co.uk/voices/a-eurosceptic-churchill-never-1365239.html (geöffnet im November 2021)
Jenkins, Roy: *Churchill*, London 2001
Jones, Thomas: *A Diary with Letters 1931–1950*, Oxford 1954
Kershaw, Ian: *Wendepunkte. Schlüsselentscheidungen im Zweiten Weltkrieg*, München 2008
Lukacs, John: *Fünf Tage in London. England und Deutschland im Mai 1940*, Berlin 2000
Moran, Charles Wilson, Lord: *Churchill. Der Kampf ums Überleben 1940–1965*, München/Zürich 1967
Overy, Richard: *Der Bombenkrieg. Europa 1939–1945*, Berlin 2014
Ponting, Clive: *1940. Myth and Reality*, Chicago, Illinois, 1993
Preston, Diana: *Eight Days at Yalta*, London 2019
Rees, Laurence: *Behind Closed Doors. Stalin, the Nazis and the West*, London 2008
Reynolds, David: *In Command of History*, London 2004

Roberts, Andrew: *»The Holy Fox«. The Life of Lord Halifax*, London 1997
—: *Churchill. Walking with Destiny*, London 2019
Roberts, Geoffrey: *Stalins Kriege. Vom Zweiten Weltkrieg bis zum kalten Krieg*, Düsseldorf 2008
Toye, Richard: *The Roar of the Lion. The Untold Story of Churchill's World War II Speeches*, Oxford 2015
Wheatcroft, Geoffrey: *Churchill's Shadow*, London 2021
Young, Hugo: *This Blessed Plot. Britain and Europe from Churchill to Blair*, London 1998

SECHS – CHARLES DE GAULLE

Bergin, Joseph: *A History of France*, London 2015
Berstein, Serge/Milza, Pierre: *Histoire de la France au XX. Siècle*, Bd. 3: *1958 à nos jours*, Paris 2006
Colville, John: *The Fringes of Power. Downing Street Diaries, 1939–1955*, London 1985 [dt.: *Downing Street Tagebücher. 1939–1945*, Berlin 1988]
Gaulle, Charles de: *Memoiren. Der Ruf, 1940–1942*, Berlin/Frankfurt am Main 1955
—: *Memoiren 1942–46. Die Einheit – Das Heil*, Düsseldorf 1961
Gildea, Robert: *France since 1945*, Oxford 2002
Jackson, Julian: *A Certain Idea of France. The Life of Charles de Gaulle*, London 2019
Kedward, Rod: *La Vie en bleu. France and the French since 1900*, London 2006
La Gorce, Paul-Marie de: *De Gaulle*, Paris 1999
Lacouture, Jean: *De Gaulle. The Rebel, 1890–1944*, London 1990
—: *De Gaulle. The Ruler, 1945–1970*, London 1991
Preston, Diana: *Eight Days at Yalta*, London 2019
Rees, Laurence: *Behind Closed Doors. Stalin, the Nazis and the West*, London 2008
Roussel, Éric: *Charles de Gaulle*, Paris 2002
Schoenbrun, David: *The Three Lives of Charles de Gaulle*, London 1966
Vince, Natalya: *The Algerian War, the Algerian Revolution*, Cham 2020
Weber, Eugen: *The Hollow Years. France in the 1930s*, New York 1996

SIEBEN – KONRAD ADENAUER

Adenauer, Konrad: *Erinnerungen*, 4 Bde., Stuttgart 1965–1968
Ahonen, Pertti: *After the Expulsion. West Germany and Eastern Europe 1945–1990*, Oxford 2003
Archiv der Gegenwart. Deutschland 1948–1999, 10 Bde., Sankt Augustin 2000
Baring, Arnulf: *Im Anfang war Adenauer*, München 1971
Bark, Dennis L./Gress, David R.: *A History of West Germany*, Bd. 1: *From Shadow to Substance 1945–1963*, Oxford 1989
Bracher, Karl-Dietrich: *Das deutsche Dilemma. Leidenswege der politischen Emanzipation*, München 1971
Conze, Ekart/Frei, Norbert/Hayes, Peter/Zimmermann, Moshe: *Das Amt und die Vergangenheit. Deutsche Diplomaten im Dritten Reich und in der Bundesrepublik*, München 2010
Frei, Norbert: *Vergangenheitspolitik. Die Anfänge der Bundesrepublik und die NS-Vergangenheit*, München 1996
Fulbrook, Mary: *Reckonings.Legacies of Nazi Persecution and the Quest for Justice*, Oxford 2018
Hanrieder, Wolfram F.: *Deutschland, Europa, Amerika. Die Außenpolitik der Bundesrepublik Deutschland 1949–1989*, Paderborn/München/Wien/Zürich 1991
Henke, Klaus-Dietmar: *Die amerikanische Besetzung Deutschlands*, München 1996

Herbert, Ulrich: *Geschichte Deutschlands im 20. Jahrhundert*, München 2014

Hoffend, Andrea: »Konrad Adenauer und das faschistische Italien«, in: *Quellen und Forschungen aus italienischen Bibliotheken und Archiven*, 75 (1995), S. 481–544

Knowles, Christopher: »How It Really Was. Konrad Adenauer and His Dismissal as Mayor of Cologne by the British in 1945«, 30. März 2008, https://howitreallywas.typepad.com/how_it_really_was/2008/03/konrad-adenauer.html (geöffnet im November 2021)

Merritt, Anna J./Merritt, Richard L. (Hg.): *Public Opinion in Occupied Germany. The OMGUS Surveys, 1945–1949*, Urbana, Illinois, 1970

Milward, Alan S.: *The European Rescue of the Nation-State*, London 1992

Noelle, Elisabeth/Neumann, Erich Peter (Hg.): *The Germans. Public Opinion Polls 1947–1966*, Allensbach/Bonn 1967

Ruhl, Klaus-Jörg (Hg.): *Neubeginn und Restauration*, München 1982

—: *»Mein Gott, was soll aus Deutschland werden?« Die Adenauer-Ära 1949–1963*, München 1985

Schwarz, Hans-Peter: *Adenauer*, München 1994, Bd. 1: *Der Aufstieg, 1876–1952;* Bd. 2: *Der Staatsmann, 1952–1967*

Steininger, Rolf: *Eine Chance zur Wiedervereinigung? Die Stalin-Note vom 10. März 1952*, Bonn 1985

Strecker, Reinhard-M.: *Hans Globke. Aktenauszüge. Dokumente*, Hamburg 1961

Winkler, Heinrich August: *Der lange Weg nach Westen*, Bd. 2: *Deutsche Geschichte 1933–1990*, München 2000

ACHT – FRANCISCO FRANCO

Aceña, Pablo Martin/Martínez Ruiz, Elena: »The Golden Age of Spanish Capitalism«, in Townson (Hg.), *Spain Transformed*, S. 30–46

Bernecker, Walther: »Spain: The Double Breakdown«, in Dirk Berg-Schlosser und Jeremy Mitchell (Hg.), *Conditions of Democracy in Europe, 1919–39*, Basingstoke 2000, S. 396–425

Callahan, William J.: »The Spanish Church. Change and Continuity«, in Townson (Hg.), *Spain Transformed*, S. 182–194

Casanova, Julián: »Disremembering Francoism. What Is at Stake in Spain's Memory Wars?«, in Helen Graham (Hg.), *Interrogating Francoism*, London 2016, S. 203–222

Ellwood, Sheelagh M.: *Spanish Fascism in the Franco Era*, Basingstoke 1987

Fusi Aizpurúa, Juan Pablo: *Franco. Spanien unter der Diktatur 1936–1975*, München 1992

Graham, Helen: *The Spanish Republic at War 1936–1939*, Cambridge 2002

Kerry, Matthew: *Unite, Proletarian Brothers! Radicalism and Revolution in the Spanish Second Republic*, London 2020

Lannon, Frances: »Iberia«, in Robert Gerwarth (Hg.), *Twisted Paths. Europe 1914–1945*, Oxford 2008, S. 136–160

Malefakis, Edward: »The Franco Dictatorship. A Bifurcated Regime?«, in Townson (Hg.), *Spain Transformed*, S. 248–254

Mann, Michael: *Fascists*, Cambridge 2004

Moradiellos, Enrique: *Franco. Anatomy of a Dictator*, London 2018

Moreno Juliá, Xavier: *The Blue Division. Spanish Blood in Russia, 1941–1945*, Eastbourne 2015

Nolte, Ernst: »Vergangenheit, die nicht vergehen will«, in: *Frankfurter Allgemeine Zeitung*, 6. Juni 1986

Núnez Seixas, Xosé M.: »Spain«, in Jochen Böhler und Robert Gerwarth (Hg.), *The Waffen-SS. A European History*, Oxford 2017,

Pack, Sasha D.: »Tourism and Political Change in Franco's Spain«, in Townson (Hg.), *Spain Transformed*, S. 47–66
Payne, Stanley G.: *Falange. A History of Spanish Fascism*, Stanford, Kalifornien, 1961
—: *The Franco Regime 1936–1975*, Madison, Wisconsin, 1987
—: *Geschichte des Faschismus. Aufstieg und Fall einer europäischen Bewegung*, München/Berlin 2001
—/Palacios, Jesus: *Franco. A Personal and Political Biography*, Madison, Wisconsin, 2014
Preston, Paul: *Franco. A Biography*, London 1993
—: *Comrades. Portraits from the Spanish Civil War*, London 1999
—: *The Spanish Holocaust. Inquisition and Extermination in Twentieth-Century Spain*, London 2012
—: *A People Betrayed. A History of Corruption, Political Incompetence and Social Division in Modern Spain, 1874–2018*, London 2020
Quiroga, Alejandro/Arco, Miguel Ángel del (Hg.): *Right-Wing Spain in the Civil War Era*, London/New York 2012
Richards, Michael: *A Time of Silence. Civil War and the Culture of Repression in Franco's Spain, 1936–1945*, Cambridge 1998
Steiner, Zara: *The Triumph of the Dark. European International History 1933–1939*, Oxford 2011
Townson, Nigel: »Introduction«, in ders. (Hg.), *Spain Transformed*, S. 1–29
— (Hg.): *Spain Transformed. The Late Franco Dictatorship, 1959–75*, London 2010
Vincent, Mary: *Spain 1833–2002. People and State*, Oxford 2007
Winkler, Heinrich August: *Geschichte des Westens. Die Zeit der Weltkriege*, München 2011

NEUN – JOSIP BROZ TITO

Calic, Marie-Janine: *Geschichte Jugoslawiens im 20. Jahrhundert*, München 2010
—: *Tito. Der ewige Partisan*, München 2020
Dedijer, Vladimir: *Tito Speaks. His Self Portrait and Struggle with Stalin*, London 1953
Djilas, Milovan: *Tito*, München 1982
Glenny, Misha: *The Balkans 1804–1999*, London 1999
Jelavich, Barbara: *History of the Balkans*, Bd. 2: *Twentieth Century*, Cambridge 1983
Jović, Dejan: »Reassessing Socialist Yugoslavia, 1956–90. The Case of Croatia«, in Jović, Dejan und James Ker-Lindsey (Hg.), *New Perspectives on Yugoslavia. Key Issues and Controversies*, Abingdon 2011, S. 117–129
Maclean, Fitzroy: *Von Männern, Kampf und Mächten. Im Russland Stalins, gegen Rommel in Afrika, unter Titos Partisanen*, Stuttgart/Herford 1985
Pirjevec, Jože: *Tito. Die Biografie*, München 2016
Radzinsky, Edvard: *Stalin*, New York 1996
Ridley, Jasper: *Tito. A Biography*, London 1994
Service, Robert: *Stalin. A Biography*, London 2004
Swain, Geoffrey: *Tito. A Biography*, London 2011
—/Swain, Nigel: *Eastern Europe since 1945*, London [4]2009
Velikonja, Mitja: *Titostalgia. A Study of Nostalgia for Josip Broz*, Ljubljana 2008
West, Richard: *Tito and the Rise and Fall of Yugoslavia*, London 2009

ZEHN – MARGARET THATCHER

Campbell, John: *Margaret Thatcher*, Bd. 1: *The Grocer's Daughter*, London 2000; Bd. 2: *The Iron Lady*, London 2003

Cannadine, David: *Margaret Thatcher. A Life and Legacy*, Oxford 2017

Clarke, Peter: *Hope and Glory. Britain 1900–1990*, London 1996

Eaton, George: »How Public Spending Rose under Thatcher«, in: *New Statesman*, 8. April 2013, https://www.newstatesman.com/politics/2013/04/how-public-spending-rose-under-thatcher (geöffnet im November 2021)

Gamble, Andrew: »The Thatcher Myth«, in: *British Politics*, 10, 1 (2015), S. 3–15

Hennessy, Peter: *The Prime Minister. The Office and Its Holders since 1945*, London 2000

Hoskyns, John: *Just in Time. Inside the Thatcher Revolution*, London 2000

Lawson, Nigel: *The View from No. 11*, London 1992

Moore, Charles: *Margaret Thatcher. The Authorized Biography*, Bd. 1: *Not for Turning*, London 2013; Bd. 2: *Everything She Wants*, London 2015; Bd. 3: *Herself Alone*, London 2019

Richards, Steve: *The Prime Ministers. Reflections on Leadership from Wilson to May*, London 2019

Rogers, Simon: »How Britain Changed under Margaret Thatcher. In 15 Charts«, in: *The Guardian*, 8. April 2013, https://www.theguardian.com/politics/datablog/2013/apr/08/britain-changed-margaret-thatcher-charts (geöffnet im November 2021)

Sandbrook, Dominic: *Who Dares Wins. Britain, 1979–1982*, London 2019

Seldon, Anthony: *Major. A Political Life*, London 1998

Skidelsky, Robert: *Britain since 1900*, London 2014

Thatcher, Margaret: *Downing Street No. 10. Die Erinnerungen*, Düsseldorf/Wien/New York/Moskau 1993

Tombs, Robert: *The English and Their History*, London 2014

Young, Hugo: *One of Us*, London 1990

ELF – MICHAIL GORBATSCHOW

Berend, Iván Tibor: *Central and Eastern Europe 1944–1993. Detour from the Periphery to the Periphery*, Cambridge 1996

Brown, Archie: *Der Gorbatschow-Faktor. Wandel einer Weltmacht*, Frankfurt am Main/Leipzig 2000

—: *Seven Years That Changed the World*, Oxford 2008

Crampton, Richard J.: *Eastern Europe in the Twentieth Century – and After*, London 1997

Gorbatschow, Michail: *Ausgewählte Reden und Aufsätze*, 5 Bde., Berlin 1987–1990

—: *Erinnerungen*, München 1996

—: *Memoirs*, London 1997

Kotkin, Stephen: *Armageddon Averted. The Soviet Collapse*, 1970–2000, Oxford 2001

Lane, David: »The Roots of Political Reform. The Changing Social Structure of the USSR«, in Catherine Merridale und Chris Ward (Hg.), *Perestroika. The Historical Perspective*, London 1991, S. 95–113

Miller, John: *Mikhail Gorbachev and the End of Soviet Power*, London 1993

Service, Robert: *A History of Twentieth-Century Russia*, London 1998

Taubman, William: *Gorbatschow. Der Mann und seine Zeit*, München 2018

Thatcher, Margaret: *Downing Street No. 10. Die Erinnerungen*, Düsseldorf/Wien/New York/Moskau 1993

Zubok, Vladislav M.: »Gorbachev and the End of the Cold War. Perspectives on History and Personality«, in: *Cold War History*, 2, 2 (2002), S. 61–100

ZWÖLF – HELMUT KOHL

Bahners, Patrick: *Helmut Kohl. Der Charakter der Macht*, München 2017

Dyson, Kenneth/Featherstone, Kevin: *The Road to Maastricht. Negotiating Economic and Monetary Union*, Oxford 1999

Garton Ash, Timothy: *Zeit der Freiheit. Aus den Zentren von Mitteleuropa*, München/Wien 1999

Gorbatschow, Michail: *Erinnerungen*, München 1996

Grimm, Dieter: *Europa ja – aber welches? Zur Verfassung der europäischen Demokratie*, München 2016

Herbert, Ulrich: *Geschichte Deutschlands im 20. Jahrhundert*, München 2014

Kohl, Helmut: *Erinnerungen. 1930–1982*, München 2004

—: *Erinnerungen. 1982–1990*, München 2005

—: *Vom Mauerfall zur Wiedervereinigung. Meine Erinnerungen*, München 2009

Merseburger, Peter: *Willy Brandt 1913–1992*, München 2002

Schwarz, Hans-Peter: *Helmut Kohl. Eine politische Biographie*, München 2014

Sittner, Gernot (Hg.): *Helmut Kohl und der Mantel der Geschichte*, München 2016

Winkler, Heinrich August: *Geschichte des Westens*, Bd. 2: *Die Zeit der Weltkriege. 1914–1945*, München 2011; Bd. 3: *Vom Kalten Krieg zum Mauerfall*, München 2014; Bd. 4: *Die Zeit der Gegenwart*, München 2015

Wolfrum, Edgar: *Die Bundesrepublik Deutschland 1949–1990*, Stuttgart 2005

Zurheide, Jürgen: »Helmut Kohl: ›Kommunisten sind rot-lackierte Faschisten‹«, in: *Der Tagesspiegel*, 17. Juni 2001, https://www.tagesspiegel.de/politik/helmut-kohl-kommunisten-sind-rot-lackierte-faschisten/234806.html (geöffnet im November 2021)

REGISTER

Anmerkung zu den Abbildungen auf der folgenden Doppelseite

Oben: Lenin spricht vor einer großen Menschenmenge in Petrograd bei der Eröffnung des Zweiten Weltkongresses der Komintern im Juli 1920. *Fine Art Images/Heritage Images*

Unten: Helmut Kohl bei seinem Besuch in Dresden am 19. Dezember 1989. Der stürmische Empfang der riesigen Menschenmenge ließ ihn zu der Überzeugung gelangen, dass die »historische Stunde« der deutschen Wiedervereinigung nahe sei. *Getty Images/Ulrich Baumgarten*

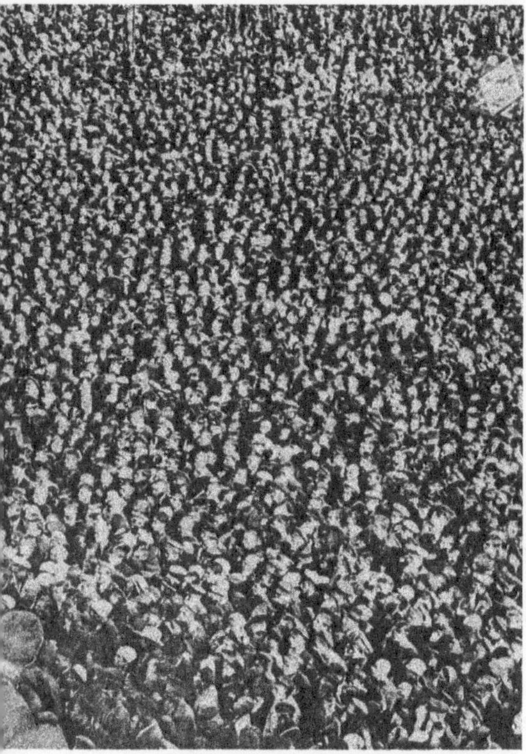

Die zehn wichtigsten Entscheidungen des Zweiten Weltkriegs und die Männer, die sie trafen

Der Beginn des Zweiten Weltkriegs stellte die Regierungschefs der Welt vor lebenswichtige Entscheidungen. In London, Berlin, Washington, Rom, Moskau und Tokio mussten Politiker und Generäle weitreichende Beschlüsse fassen. Ian Kershaw nimmt zehn Entscheidungen, die für den Verlauf des Zweiten Weltkriegs von zentraler Bedeutung waren, in den Blick und macht deutlich, dass in diesem Kampf nichts vorherbestimmt war.

Der Historiker Ian Kershaw vermittelt dem Leser einen einzigartigen Eindruck davon, wie groß der Entscheidungsspielraum der einzelnen Politiker tatsächlich war und welche Rolle ihre ganz individuelle Persönlichkeit dabei spielte.